結構分析
第二版

Fundamentals of Structural Analysis

Second Edition

Kenneth M. Leet
Emeritus, Northeastern University

Chia-Ming Uang
University of California, San Diego

原著

朝陽科技大學營建工程學系

余志鵬　博士　翻譯

國家圖書館出版品預行編目資料

結構分析 / Kenneth M. Leet, Chia-Ming Uang 原著 ； 余志鵬翻譯.
-- 初版. -- 臺北市 ： 麥格羅希爾, 2004〔民 93〕
面 ；   公分. -- (土木 / 建築叢書 ；CV001)
譯自 : Fundamentals of structural analysis
ISBN 978-957-493-909-1(平裝)

1. 結構工程   2. 結構力學

441.21　　　　　　　　　　　　　　　　　　93007727

土木/建築叢書 CV001

結構分析(第二版)

作　　　者	Kenneth M. Leet, Chia-Ming Uang
譯　　　者	余志鵬
特 約 編 輯	莊麗娜
企 劃 編 輯	陳　靖
業 務 行 銷	李本鈞 陳佩狄 曹書毓
業 務 副 理	黃永傑
出　版　者	美商麥格羅・希爾國際股份有限公司台灣分公司
地　　　址	10044 台北市中正區博愛路 53 號 7 樓
網　　　址	http://www.mcgraw-hill.com.tw
讀 者 服 務	E-mail: tw_edu_service@mheducation.com
TEL: (02) 2311-3000   FAX: (02) 2388-8822
法 律 顧 問	惇安法律事務所盧偉銘律師、蔡嘉政律師
總經銷(台灣)	臺灣東華書局股份有限公司
地　　　址	10045 台北市重慶南路一段 147 號 3 樓
TEL: (02) 2311-4027   FAX: (02) 2311-6615
郵撥帳號：00064813
網　　　址	http://www.tunghua.com.tw
門　市　一	10045 台北市重慶南路一段 77 號 1 樓 TEL: (02) 2371-9311
門　市　二	10045 台北市重慶南路一段 147 號 1 樓 TEL: (02) 2382-1762
出 版 日 期	2013 年 6 月（初版三刷）

Traditional Chinese Translation Copyright ©2004 by McGraw-Hill International Enterprises, LLC., Taiwan Branch.
Original: Fundamentals of Structural Analysis, Second Edition   ISBN: 978-0-07-286322-2
Original title copyright © 2002 by McGraw-Hill Education
All rights reserved.

ISBN：978-957-493-909-1

※著作權所有，侵害必究。如有缺頁破損、裝訂錯誤，請寄回退換

譯者序

結構學是力學領域中相當基本且重要的一門課程。雖然，國內相關的中英文教科書為數不少，但身為在大學裡專職教導基本力學與結構分析課程的老師，多年來，一直苦於無法為學生尋得適當之中文或中譯版基本結構分析教科書。坊間雖不乏優良中文原著書籍，例如：謝元裕老師或徐德修老師之著作都是相當精闢，且對欲專精結構分析技巧之學生（甚至教師）而言，都具高度啟發性。但這些優良教材對於初次接觸結構學之部分學生而言，顯得較艱深或說明過於簡略。相反的，坊間之英文原文書通常具有兩個特點；一是內容解釋非常詳盡，二是提供較多之例題與習題供讀者練習。因此，整體內容較為簡單之原文教科書通常更適合初學者使用。適合初學者學習之原文教科書不少，但對於英文閱讀能力不佳的同學而言，中譯本才是他們真正學習的媒介。

以個人教學經驗來看，只要學生稍具英文閱讀能力，規定使用原文教科書，不僅讓他們科技英文能力大幅提升，且此類學生學習成效非常好，這要歸功於前述原文書之兩項特點。另一方面，靠研習中譯本之學生，當然無可避免地在科技英文表現上落後，但真正令人擔憂的是不正確與不貼切的翻譯內容，間接造成學生專業知識學習的障礙，而這種情形有時相當嚴重，特別是譯者非專業領域人員時。曾有相當認真之學生拿著課程規定之原文書中譯本，請我解釋部份課文內容，結果發現有些基本觀念的譯文，在瀏覽數遍後仍令人無法確定所云何物。最後由原文發現，其實是很簡單的專業概念，但當譯者不了解時，竟可將其一目了然的意義徹底瓦解與扭曲。事實上，再怎麼博大精深的原著，其翻譯本的層次會變成只與譯者的程度相當。現今坊間所見之結構分析教科書中譯本中，可惜部分是原文書好，但翻譯品質不良，有些則是翻譯良好，但選擇之原文書內容並不盡理想。

Leet & Uang 這本教科書，是我在朝陽科技大學營建工程系教授之結構學指定用書，除了與其他知名結構分析用書一樣，具有豐富且切重要點的解說外，其例題之精心安排與案例選擇，較其他同類用書更有系統，且敘述相當平易近人。我發現它相當適合朝陽營建系的學生研讀，尤其在許多基本原理之敘述與公式推導上，本書之說明相當有系統也較其他相似之原文書詳細，這使得在我的班上，中上程度同學以死記方式學習之比例明顯改善，唯一美中不足之處，便是學生之英文閱讀能力仍普遍不足，使得他們的學習成效仍受到限制。因此，針對重要內容之章節將原文大意摘要成輔助講義，是我正式課堂外協助並鼓勵學生閱讀原文的方式。而這樣的經驗與認知，也間接促成日後應允著手翻譯此書的遠因之一。

譯者序

翻譯此書的機緣相當偶然，不在此贅述。雖然McGrow-Hill台灣公司與我個人的最大目標不盡相同，但我們都有一共同目的，便是希望將優良的教科書，推廣予高等教育領域裡相關的授課教師與學生，提供坊間優良工具用書更多的選擇。在翻譯過程中，我深深體會將原文鉅細靡遺之敘述方式以中文流暢表達的不容易，但在尊重原著之前提下，中譯本儘可能保持了原始內容之文法與編輯架構，也將原文中若干編輯錯誤予以更正。在有限的時間中，翻譯品質難免未臻完善之境界，但在McGrow-Hill台灣公司鼎力支援下，相信讀者不難發現不論在編輯品質上或是在譯文流暢度上，本書都維持相當之水準。本中譯本教科書不僅適合一般土木與營建系大學生研讀，對於將此譯本用來對照原文本加速學習之同學而言，本書對他們將有相當大之助益。

現今，電腦應用於結構分析已成為主流，多數主修結構工程之學生皆會陸續修習結構矩陣分析或結構電腦分析等較高階結構分析課程，鑑於這些高階課程之內容較原著第16至18章所摘要之矩陣勁度法內容廣泛與艱深，而坊間優質之矩陣電腦結構分析相關教科書為數亦不少。本中譯版之安排僅將原文版中，古典結構分析方法完整呈現，以使本書之厚度適中方便讀者研讀。

藉此撰序機會，我衷心感激近一年的翻譯期間，家人的耐心支持與包容。也要謝謝朝陽營建系多位教授朋友的鼓勵與意見，特別是前後兩任系主任，潘吉齡教授與鄭道明教授，不僅感謝他們兩位的支持，更要謝謝他們給予了身為朋友所能付出的最大關心。本書得以順利完成，需特別感謝策劃此中譯版的陳明昌先生，以及McGrow-Hill台灣公司編輯部相關人員細心的編排與校訂。

本書從翻譯、編輯、校對至訂正各階段之工作繁多，疏忽錯誤之處在所難免，期盼諸教學先進不吝指教，隨時予以斧正。

朝陽科技大學營建工程系
專任助理教授
余志鵬

ABOUT THE AUTHORS
關於作者

Kenneth Leet 在麻省理工學院獲得結構工程博士學位,目前任教於東北大學(Northeastern University) 土木工程學系,在過去超過三十年的教學經驗中,曾在研究所及大學部中教授鋼筋混凝土設計、結構分析、基礎工程、版與薄殼結構以及許多統合工程專案計畫之關鍵性啟發課程等。Leet 教授在 1992 年獲頒東北大學優異教學獎項。他在東北大學獲聘終身教授之前,曾在費城卓克索大學三(Drexel University) 擔任教師達十年。

本作者除了是本書第一版(1988 年由 Macmillan 出版)結構分析的作者之外,還是另一本著作;基礎鋼筋混凝土學(Fundamentals of Reinforced Concrete,1982 年由 McGraw-Hill 出版)的作者,目前該書已是第三版。

在教書工作之前,本作者曾擔任美國陸軍工兵署營建管理工程師、Catalytic Construction Company 的現場工程師、以及數家工程顧問公司的結構設計工程師。並擔任過政府及私人單位之結構顧問,包括美國交通部、Procter & Gamble、Teledyne Engineering services、費城橋樑局,以及波士頓大都會區域委員會等。

本作者也同時為美國仲裁人協會(AAA)、美國混凝土協會(ACI)、美國土木工程學會(ASCE)、波士頓土木工程師協會及其他同類型團體之會員。Leet 教授多年來非常積極地參與專業性社團,他目前是東北大學的資深名譽教授。

Chia-Ming Uang 是加州大學聖地牙哥分校 (UCSD) 結構工程教授。他在台灣大學土木工程學系畢業後,陸續在加州大學博克來分校取得碩士及博士學位。他的研究領域包括地震分析與鋼結構、複合結構以及木造結構設計。

Uang 教授同時為鋼結構韌性設計(Ductile Design of Steel Structures,McGraw-Hill 出版)一書的共同作者。他也分別為地震設計手冊 (Seismic Design Handbook) 以及橋樑設計手冊 (Bridge Design Handbook),撰寫鋼結構耐震設計的章節。在 1996 年及 1999 ~ 2001 年,Uang 教授多次獲得加州大學聖地牙哥分校工學院教學傑出獎項。在 2001 年更獲頒美國土木工程師學會 Raymond C. Reese 研究獎的榮譽。

IV

TABLE OF CONTENTS

目錄

前言

Chapter 1　概論
- 1.1　本書內容概述 1-3
- 1.2　設計過程：分析與設計的關係 1-5
- 1.3　強度與服務功能度 1-6
- 1.4　結構系統之發展歷史 1-7
- 1.5　基本結構元件 1-10
- 1.6　組合基本元件構成穩定結構系統 1-19
- 1.7　電腦分析 1-21
- 1.8　準備計算過程 1-23
- 　　總結 1-23

Chapter 2　設計載重
- 2.1　建築規則與設計規範 2-3
- 2.2　載重 2-4
- 2.3　靜載重 2-5
- 2.4　活載重 2-12
- 2.5　風載重 2-18
- 2.6　地震力 2-31
- 2.7　其他載重 2-35
- 2.8　載重組合 2-36
- 　　總結 2-38

Chapter 3　結構靜力學－反作用力
- 3.1　簡介 3-3
- 3.2　力量 3-4
- 3.3　支承 3-11
- 3.4　將結構理想化 3-14
- 3.5　自由體圖 3-15
- 3.6　靜力平衡方程式 3-17
- 3.7　條件方程式 3-23
- 3.8　反力對結構穩定性及可定性之影響 3-26
- 3.9　結構分級 3-34
- 3.10　靜定與靜不定結構間之比較 3-38
- 　　總結 3-40

Chapter 4　桁架

- 4.1　簡介 4-3
- 4.2　桁架的種類 4-6
- 4.3　桁架的分析 4-7
- 4.4　接點法 4-8
- 4.5　零力桿 4-12
- 4.6　斷面法 4-13
- 4.7　可定性與穩定性 4-20
- 　　　總結 4-26

Chapter 5　樑與構架

- 5.1　簡介 5-3
- 5.2　本章的內容範圍 5-8
- 5.3　剪力與彎矩方程式 5-8
- 5.4　剪力與彎矩曲線 5-17
- 5.5　疊加原理 5-33
- 5.6　繪製樑或構架的變位形狀 5-36
- 5.7　靜不定度 5-41
- 　　　總結 5-44

Chapter 6　鋼索

- 6.1　簡介 6-3
- 6.2　鋼索的特性 6-4
- 6.3　繩力之變化 6-5
- 6.4　繩索之重力（垂直）載重分析 6-6
- 6.5　簡易繩索理論 6-8
- 6.6　建立拱的索線外形 6-11
- 　　　總結 6-14

Chapter 7　拱

- 7.1　簡介 7-3
- 7.2　拱的類型 7-4
- 7.3　三鉸拱 7-5
- 7.4　承載均佈載重之拱的索線外型 7-7
- 　　　總結 7-12

Chapter 8　活載重造成之力：靜定結構的影響線

- 8.1　簡介 8-3
- 8.2　影響線 8-3
- 8.3　建立影響線 8-4
- 8.4　穆勒原理 8-12
- 8.5　影響線的用途 8-15
- 8.6　承載地板系統之樑的影響線 8-18

8.7	桁架的影響線	8-24
8.8	公路與鐵路橋樑之活載重	8-29
8.9	增量－減量法	8-32
8.10	絕對最大活載重彎矩	8-36
8.11	最大剪力	8-39
	總結	8-41

Chapter 9　樑與構架的變位

9.1	簡介	9-3
9.2	雙重積分法	9-4
9.3	彎矩面積法	9-10
9.4	彈性載重法	9-28
9.5	共軛樑法	9-32
9.6	樑之輔助設計	9-40
	總結	9-43

Chapter 10　功能法計算變位

10.1	簡介	10-3
10.2	功	10-4
10.3	應變能	10-6
10.4	功能法計算位移（實功法）	10-8
10.5	虛功法：桁架	10-9
10.6	虛功法：樑與構架	10-25
10.7	有限累加法	10-35
10.8	伯努利的虛位移原理	10-37
10.9	Maxwell-Betti 變位互易定理	10-40
	總結	10-44

Chapter 11　靜不定結構分析：柔度法

11.1	簡介	11-3
11.2	贅力的概念	11-4
11.3	柔度法基本規則	11-4
11.4	柔度法之另類觀點（將缺口閉合）	11-8
11.5	內部解束之分析方式	11-17
11.6	支承沉陷，溫度變化與製程誤差	11-24
11.7	多度靜不定結構之分析	11-28
11.8	彈性支承上之樑	11-35
	總結	11-38

Chapter 12　靜不定樑與構架分析：傾角變位法

12.1	簡介	12-3
12.2	傾角變位法之說明	12-4

12.3　推導傾角變位方程式 12-5
　　　12.4　以傾角變位法分析結構 12-11
　　　12.5　可自由側移之結構的分析 12-24
　　　12.6　動不定性 12-33
　　　　　　總結 12-34

Chapter 13　彎矩分配法

　　　13.1　簡介 13-3
　　　13.2　推導彎矩分配法 13-4
　　　13.3　接點不平移之彎矩分配法：摘要 13-9
　　　13.4　以彎矩分配法分析樑 13-9
　　　13.5　桿件勁度的修正 13-16
　　　13.6　可側移構架之分析 13-26
　　　13.7　受一般載重之無側撐構架分析 13-30
　　　13.8　多樓層構架之分析 13-35
　　　13.9　非稜柱構件 13-36
　　　　　　總結 13-46

Chapter 14　靜不定結構影響線

　　　14.1　簡介 14-3
　　　14.2　以彎矩分配法建立影響線 14-4
　　　14.3　穆勒原理 14-7
　　　14.4　樑之定性影響線 14-9
　　　14.5　最大化多層建築受力時之活載重分佈型態 14-15
　　　　　　總結 14-23

Chapter 15　靜不定結構近似分析方法

　　　15.1　簡介 15-3
　　　15.2　受重力載重作用之連續樑的近似分析 15-4
　　　15.3　受到垂直載重作用之剛架的近似分析 15-10
　　　15.4　連續桁架之近似分析 15-13
　　　15.5　桁架變位之估計 15-18
　　　15.6　具交叉斜桿之桁架 15-19
　　　15.7　受重力載重之多樓層剛架的近似分析 15-22
　　　15.8　受側向載重之無側撐構架的分析 15-29
　　　15.9　門型框架法 15-32
　　　15.10 懸臂法 15-37
　　　　　　總結 15-43

附錄

名詞解釋

習題解答

索引

PREFACE
前言

這本書是針對工程及建築背景的學生，介紹常見主要結構的基本分析技巧，所指結構包括樑、構架、拱、桁架以及鋼索等。雖然作者假設讀者已有修習過靜力學與材料力學等基本課程，我們在第一次提到一些基本觀念時，仍然會作基本的回顧與複習。為了增加讀者循序漸進的了解，我們慎重地選擇了許多工程上實際面臨的案例，來說明書中介紹的各種不同結構分析方法。

此版本新增的部分

1. 增訂載重討論的章節：在第二章中有針對載重的完整討論，我們新增關於靜載重、活載重、載重分擔區域 (tributary area)、地震與風力載重等段落。並將 1998 年後大幅修訂之美國國家規範 (ANSI/ASCE 7-98) 中，相關之專業規定加以濃縮簡化呈現，以期提供學生對高層建築、橋樑以及其他結構，在地震與風力載重作用下會如何反應有基本的了解。

   此一新增章節，不僅可被用來作為融合分析與設計之課程的內容，也可成為涵蓋完整設計專案過程之整合性課程中的參考資料。

2. 增加更多的習題作業：我們增加了相當數量的習題（公制與英制皆有），多數是實務上所遭遇之典型的分析問題。更多的習題作業提供教授本課程的教師多樣的選擇，可針對課程或特別需加強的部分來挑選適合的問題。

3. 增加勁度法之討論主題：我們延續原本第 16 章中有關一般勁度法之討論，擴增成為第 17 章與第 18 章內容，提供讀者由傳統分析方法過渡至使用矩陣分析的電腦方法，一個更清楚的學習方式。但這三章是屬於高階結構分析之內容，所以本中文版將不納入。

4. 更多真實完整的圖示：舊版的圖示已被重新製作，新版的圖示使結構元件更為逼真，使學生能更清晰的了解設計者如何模擬接合點與邊界條件。更多的照片提供許多建築物及橋樑失敗的案例。

5. 提供電腦程式及應用軟體：提供電腦程式 RISA 2-D 教育版，可在本書之教科書資源網頁上取得，學生可利用該程式解決書內所附之問題，並可核對書末所提供之章節解答。相關細節可在網頁中下載。
6. 每章節最後附有簡短摘要：提供每章新的摘要複習重點。

本書目標

本書的主要目標在於使學生能了解結構的物理行為，進而使他們能判斷數學分析之結果是否與預測的結果一致。

現代電腦提供工程師一項強而有力的分析工具，可以用來快速精確地分析大型複雜的結構物，而這在過去是不可能的。然而，電腦輸出數值如果是在輸入資料時便有錯誤產生，或者是結構物沒有正確模擬的話，那麼分析的結果便不正確。因此，結構工程師必須發展出直覺感來判斷數值分析結果之正確性及合理性，避免因錯誤設計而導致結構破壞以及高昂的結構修補費用。而本書的目標是；我們希望學生能逐漸累積發展出，對結構物理行為直覺性的了解，並能辨認出錯誤或不合理的分析方式與結果。

本書內容及編排次序

我們精心的規劃本書內容及編排次序，輔導學生逐步了解各種分析方式。除此之外，作者根據多年的分析教學經驗，針對本書讀者在其學習過程的初期所可能具有的程度，來調整說明與解釋的方式。

- 第 1 章：提供結構工程的歷史回顧，從最早的門柱－橫樑系統 (post-and-lintel) 到現代的高樓大廈及鋼索橋。本章說明分析及設計彼此間相互的關係。同時，也介紹各種基本結構型態的特性及其優缺點。
- 第 2 章：主要介紹本版新增之載重內容。
- 第 3、4、5 章：涵蓋求取桁架內力、樑與構架之剪力及彎矩的基本技巧。本章所回顧的方法將用在求解之後各章節中的所有問題。
- 第 6、7 章：將拱與鋼索結構間之力學特性關聯起來（主要說明利用正向應力觀念來有效使用材料）。
- 第 8 章：涵蓋求取靜定結構中特定位置內力最大值的方法。
- 第 9、10 章：說明求取結構變位的基本方法，以及分析靜不定結構的諧和變位法。

- 第 11、12、13 章：介紹傳統分析靜不定結構的方法。雖然，現今大部分複雜的靜不定結構分析皆以電腦進行，部分傳統方法（如彎矩分配法）仍用於估計高度靜不定樑與構架之內力，來驗證電腦分析的結果。

- 第 14 章：延伸第八章的方法至靜不定結構的分析。工程師可以運用此兩章的分析技巧來設計橋樑等，受到移動載重或者其活載重為可改變位置之結構。

- 第 15 章：介紹分析高度靜不定結構特定位置內力之簡易近似方法。利用這些近似方法，工程師便可輕易確認電腦分析結果的合理性，或者驗證傳統方法冗長手算結果的正確性。

- 原版書第 16 章是講述一般勁度法的使用延伸至多種簡單形態之結構、第 17 章是講述用矩陣勁度法來分析桁架、第 18 章則是講述樑與構架之分析，皆是介紹矩陣分析方法，屬於高階結構分析之內容，是以不納入在本中文版的內容中。

誌謝

我們要感謝我們的前任編輯者，Macmillan 公司的 David E. Johnstone 在本書前一版所做的貢獻。

我也非常感謝 Richard Scranton 花了他許多時間在討論本書內容；另外還有 Dennis Bernal 的協助撰寫第 17 章及第 18 章，Saul Namyet 及 Robert Taylor 兩位東北大學教授具建設性的建議。也要感謝 Marilyn Scheffler 協助許多章節的編輯，Anne Gilbert 準備解答手冊。

另外，由衷感謝我的內人 Judith Leet 的支持以及她花許多功夫在編輯工作上。

同時，我們感謝所有 McGraw-Hill 公司相關工作人員的全力協助，本書方得以順利改版。我們感謝 Christopher Grieb 謹慎校閱手稿以及所給予的意見。最後，非常感謝下列教授事業的審查委員所提供寶貴的建議與指正：

Edwin Burdette	*University of Tennessee, Knoxville*（田納西大學）
Norman Cluley	*California State Polytechnic University, Pomona*（加州科技大學）
George Dewey	*Michigan Technological University*（密西根科技大學）
Robert Dexter	*University of Minnesota*（明尼蘇達大學）

Gregory Fenves	*University of California-Berkeley*（加州大學柏克萊分校）
Kurt Gurley	*University of Florida*（佛羅里達大學）
Joel Moore	*California State University, Sacramento*（加州州立大學）
David Pecknold	*University of Illinois at Urbana-Champaign*（伊利諾大學香檳校區）
G. E. Ramey	*Auburn University*（奧本大學）
Ann Sardo	*Iowa State University*（愛荷華州立大學）
Andrea Schokker	*Pennsylvania State University*（賓州州立大學）
Eric Williamson	*University of Texas-Austin*（德州大學奧斯汀分校）

Kenneth Leet
Emeritus Professor（名譽教授）
Northeastern University（東北大學）

Chia-Ming Uang
Professor（教授）
University of California,
San Diego（加州大學聖地牙哥分校）

結 構 分 析
第二版
Fundamentals of Structural Analysis
Second Edition

布魯克林橋，啟用於 1883 年，當時造價為 900 萬美金，被稱為世界第八大奇景。這座橋跨越紐約東河(East River)，其中跨高 135 呎橫跨於兩橋塔間達 1600 呎。一半透過工程判斷以及部分力學計算，最終設計使得布魯克林大橋可支撐原設計載重三倍以上之載重。大型之磚石造橋塔是由平面尺寸 102 × 168 呎之充氣式沉箱所支承。本大橋建造計畫主持人，羅布林上校 (Colonel Washington A. Roebling) 在巡視其中一座水下橋墩之施工時，不幸罹患潛水夫症導致全身癱瘓。雖然終身殘廢而須臥病在床，他仍在妻子與幕僚的協助下繼續督導完成建橋計畫(譯者按：羅布林上校租了一間由窗戶望去便可一覽大橋全景之公寓，他堅持完成建橋使命之意志，是近代偉大橋樑建造史上令人稱道的傳奇事蹟之一。)。

CHAPTER 1

概論
Introduction

1.1 本書內容概述
Overview of the Text

身為一位設計建築物、橋樑以及其他建築物的工程師或建築師，你將在選擇一個結構系統上做出技術性的決定，這些決定包括：(1) 選擇一個有效率、經濟的且吸引人的結構外型。(2) 評估它的安全性是否足夠，也就是結構的強度與勁度。(3) 考慮臨時建築過程中的載重，規畫出建造的方式。

設計結構之前，你必須學會以結構分析(*structural analysis*)來計算設計載重下所造成的內力與變位。設計者須計算出主要構材的內力，以便決定構材及接頭的尺寸，同時設計者評估變形大小，以確保結構應具有的服務性功能－結構在力的作用下不得過量變形或者振動過劇，否則它的服務 (serviceability) 功能受損。

分析基本結構元件

在靜力學與材料力學中，已使我們獲得結構分析的部分背景，我們知道如何計算桁架中的桿軸力，也會建立樑的剪力與彎矩圖。本書將擴展你在結構分析上的背景，利用有系統的內容及許多分析技巧，來決定樑、桁架、構架、拱及繩索等基本結構元件的受力與變形，而這一些元件代表更複雜結構系統的基本組成要素。

此外，藉由分析問題以及檢視不同形態結構中力的分佈，你將更了解結構如何受載重作用與變形，同時你也將逐漸理解什麼樣的結構輪廓會是某一特定設計情境的最適當選擇。

而且，當你培養出了解結構行為的直覺時，你將學習以一些簡單的計算便能估計出結構中最重要斷面所受的力量。這個能力將對你很有幫助，它使你能 (1) 辨別由電腦分析大型複雜結構之結果的正確性。(2) 在初期設計階段預測出初步設計作用力，以便決定暫定結構系統中各單位元件的尺寸。

分析二維結構

當你在觀看一個多層建築物建造的過程，也許你已經發現，如果這個結構物能被透視，結構不折不扣是一個由樑、柱、版、牆及斜撐所組成的複雜三度空間系統。雖然三度空間結構中某一特定點受力加載時，所有鄰接的構件會產生應力，但大部分的載重通常會由某些主要構材，直接傳遞至它們的支承構材或傳入基礎。

當三度空間結構中各個組成元件的行為與功能都已被了解，設計者通常可將真實結構的分析加以簡化，將結構切割為較小的二度空間次要系統，如樑、桁架或構架。這樣的過程也大量簡化了分析的複雜度，因為二度空間結構，遠較三度空間結構簡單且可被快速分析，除少數例外（例如：輕質管狀桿所形成之測地型圓頂結構，geodesic domes）。設計者通常分析一系列的簡單二維結構－儘管所設計的結構是複雜的三度空間系統－本書將著重在二維或所謂平面(planar)結構的分析，這一些結構承載的力量皆在結構所在平面內。

當你清楚了解本書所涵蓋的基本主題後，你將取得設計專業生涯中所會遇到大部分的建築物、橋樑以及結構系統的基本技能，當然在你能有信心的進行設計與分析工作前，從職業專業者的觀點來看，你將要有數個月以上在工務所實際設計的經驗，並獲得對整體過程更深入的了解。

對於你們當中想成為結構方面專家的人，精通本書內容將提供你繼續學習更深入分析課程的基本結構原理－例如：結構矩陣法或板殼力學。此外，因為設計和分析是緊密關連的，未來在更專業的鋼結構設計、混凝土結構設計以及橋樑設計的課程中，你將再次用到本書所涵蓋的許多解析過程。

1.2 設計過程：分析與設計的關係
The Design Process : Relationship of Analysis to Design

任何結構的設計－無論是太空梭、高層建築、吊橋、海岸鑽油平台、燧道－通常是在設計(*design*)與分析(*analysis*)交替的步驟中完成。每一個步驟會提供新的資訊，使得設計者將進度進行到下一個階段，設計過程將持續到分析結果顯示構材尺寸不再需要改變為止，整個設計過程中不同的步驟描述如下。

概念設計

一個建築計畫起源於業主的特定需求，比方說一個開發業主可能授權工程師或建築師事務所，籌畫興建一個運動場來容納一個一般規格的足球場，包括六萬個座位、四千個停車位以及其他主要設施的空間。再舉一例，市政府可能雇用一位工程師來設計一座橋樑，以便橫越2000英尺寬的河流以及輸送平時的交通流量。

設計者首先需考慮所有可能滿足興建計畫需求的配置方案與結構系統。通常建築師與工程師在此階段會組成諮詢團隊，來建立能提供有效結構系統的配置方案，並可滿足建築(功能、美觀)的需求。設計者接著需準備建築草圖，展現出設計中的主要結構元件，此時結構系統的細部通常只是素描草圖。

初步設計

在初步設計階段，工程師由概念設計的結構系統中選擇較可行的系統，並決定主要元件的尺寸。在決定結構元件初步尺寸時，需對結構行為及載重情況已有了解(靜載重、活載重、風載重等)，此時有經驗的設計者可以利用粗略之計算，估計出每一結構關鍵斷面的尺寸。

初步設計的分析

在此階段，因為構材的真實尺寸以及建築細部設計仍未定案，結構準確的載重仍無法得知。利用載重的估計值，工程師可進行考慮中的數個結構系統的分析，決定出主要斷面之力量，以及任何可能影響結構服務性功能位置上的變位大小。

構材的真實重量在結構尺寸未確定前無法計算。此外，部分建築細節也受結構尺寸的影響。例如：機械設備的尺寸及重量，在建築物的容量未確定前是無法決定的。但無論如何，設計者可由過去類似結構經驗，預測出非常接近最後結果的載重大小。

結構重新設計

利用初步設計的分析結果，設計者重新計算結構中主要元件之尺寸。雖然分析是根據載重的估計值所進行。此階段作用力的決定，可能由特定結構物應承載之指定值所決定，所以尺寸的改變不會因最終計設的細節而有明顯的改變。

初步設計的評估

接下來，數個初步設計方案，將彼此互相比較其成本、材料供需、外形、維護、興建時間以及其他相關考量。最符合業主訂定之要求條件的結構，便被選為最後設計階段之方案並進行設計改善。

最終設計與分析階段

在最終階段，工程師對所選結構進行次要調整，使結構成本及外觀進一步改善。此時設計者需詳細估算靜載重，並考慮可能產生最大應力的特定位置與活載重，並考慮可能造成最大應力的特定斷面，及所對應活載重加載的特定位置。最終階段的分析包括，以所有重要的環境載重及靜與活載重的組合來評估結構的強度與勁度。環境載重包括：風、雪、地震、溫度變化以及沉陷等。如果最終分析結果確認結構之尺寸選擇足以承受設計載重，則設計完成。另一方面，如果分析結果顯示設計仍有缺陷，例如，某些構材受過大應力，或結構無法有效抵抗橫向風載重，或構材撓度過高或成本高於預算等。設計者將必須修正結構設計或考慮使用替代結構系統。鋼、鋼筋混凝土、木及金屬皆以相同方式分析，材料的不同特性在設計過程中應加以考慮。在決定構材尺寸時，設計者應參考設計規範。

本書主要談論上述之結構分析細節，有關設計方面之主題則在其他工程課程中討論。然而，由於分析與設計兩者緊密相關，我們仍將涉及部分設計相關內容。

1.3 強度與服務功能度
Strength and Serviceability

設計者必須攤配 (proportion) 結構尺寸，使得結構在任何可能載重之情況下，都不至於損毀或過量變形。構材總是以顯著大於其所預期需承載之服務載重（*service loads*，真實載重或設計規範所規定之載重）來設計其容量。此額外之容量也提供防止不預期超載時的安全因子。此外，藉由限制應力的大小，設計者間接控制結構的變形量。構材的最大允許應力，是由材料的張力或壓力強度所決定。對細長受壓構材而言，是由引起構材挫屈之應力大小決定。

結構除了必須被設計成具有足夠安全因子，以便降低破壞機率到一可接受的程度外，工程師也必須確認結構有足夠之勁度，使得在所有載重條件下，其使用功能性不至降低。比方說，版樑不可過度下陷，也不可發生活載重引起振動的情形。過大之樑變形可能導致磚牆或天花板龜裂，或可能損壞儀器，使之失調。高樓建築在風載重作用下，不可過度搖晃（否則建築物會造成上層樓居民動暈 (motion sickness) 之現象）。建築物過大之移動，不只驚嚇居住者，使其產生結構安全疑慮，同時可能造成帷幕牆或窗戶龜裂。照片1.1所示為一現代辦公大樓，其外牆由大片之玻璃框架所組成。就在此高樓建築剛完成時，發生超過預期風載重之作用力，造成許多玻璃框架破裂乃至掉落，而掉落之玻璃碎片顯然造成下方街道行人之安危。經過徹底調查與進一步測試後，所有原始設計之玻璃框架全部移除，為了改正此一設計缺失，建築物之結構體需加勁，且其外觀以較厚之強化玻璃框架重新建造。照片1.1之深色區域為臨時性夾板框架，乃是將原始玻璃框架改換為較耐用之強化玻璃之期間，做為封閉建築物之用。

照片1.1：風力損壞。在此高層辦公建築物之隔熱窗戶裝設完成後不久，窗戶開始損壞並四散掉落至下方的人行步道。在建築能開始使用前，其結構構架必須先加勁，且所有原始玻璃框架，必須更換為較厚之強化玻璃－此成本提高的過程，總共延後建築物開張使用達數年之久。

1.4　結構系統之發展歷史
Historical Development of Structural Systems

為了提供讀者結構工程的歷史觀點，我們將簡要回溯，由古代埃及與希臘人利用試誤法所設計之結構，到現今高度複雜結構系統的演化歷史。結構形式的演化與可使用的材料、營造技術、設計者對結構行為的知識（乃至於分析）以及營造工人的技能等息息相關。

早期埃及建造者，沿著尼羅河畔採集天然石材，建造廟宇與金字塔等偉大的工程事蹟。由於石頭為脆性材料，其張力強度低，且具高度變異性（因為包含眾多的內部裂縫及孔隙）。廟宇建築中樑之跨度必須很短（如圖1.1才能避免彎矩破壞的產生）。這一種門柱－橫樑系統 (*post-and-lintel*)－由巨大石樑平衡於相當粗之石柱上－對於水平或者偏心垂直載重之容量有限，因此建築物高度必須相對較矮。在結構穩定方面，柱必須粗－細長柱較粗柱容易傾倒。

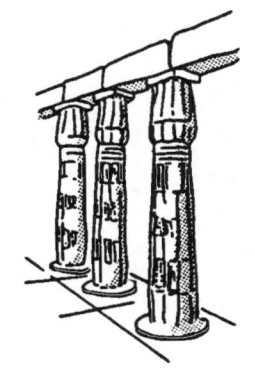

圖1.1：早期埃及神殿之門柱－橫樑系統 (post-and-lintel) 建築。

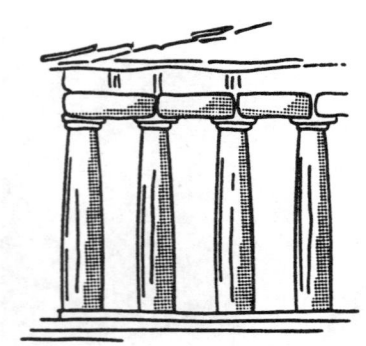

圖1.2：巴特農神殿 (Parthenon) 正面，錘形柱具笛狀裝飾凹槽。

古代希臘人相當有興趣追求細緻化石柱的美學外觀。他們也以此種門柱－橫樑系統完成巴特農神殿 (Parthenon) 之建造（約西元四百年前），此神殿被公認是史上最優雅之石建築典範（圖1.2）。即使在20世紀初，門柱－橫樑系統建築早被鋼與鋼筋混凝土構架建築所取代，建築師持續採用古典希臘廟宇之外觀於公共建築物之入口處，顯然古希臘優雅之建築傳統在他們的文明沒落後數個世紀仍具相當大之影響力。

羅馬工程師是與生俱來的建造者，他們廣泛的使用拱型結構在大劇場、高架溝渠以及橋樑的建造上（照片1.2）。拱的曲線外形，使它較磚造門柱－橫樑系統能允許更大的淨跨空間。磚拱的穩定性取決於：(1) 在所有載重組合下整個斷面必須為壓應力作用，(2) 支座或磚牆必須有足夠的強度來抵抗拱底部巨大之斜推力。羅馬人也以試誤的方式，發展出磚造圓頂提供室內空間的方式，例如：現仍存在羅馬的巴特農神殿。

在哥德式建築時期的偉大教堂建築（夏特勒大教堂 (Chartres) 以及巴黎聖母院 (Notre Dame)）其拱形更加細緻。因消去外形中多餘的材料，使得外形更加細長。拱形圓頂是一種三度空間的拱結構，也出現於教堂屋頂之建築中。*斜撐扶壁(flying buttresses)* 是拱的磚造元件，與礅柱（厚磚柱）或牆一起承受拱型屋頂的推力，並將之傳至地面（圖1.3）。這個時期的工程幾乎全部依照經驗的傳承來完成，也就是說，工匠大師將其建築經驗傳承給學徒，並代代相傳。

照片1.2：羅馬人開創將拱使用於橋樑、建築物與輸水溝渠。(Pont-du-Gard) 為羅馬人於西元前19年所造之輸水道。第一與二層之跨長分別為16與24米（53與80英尺）。

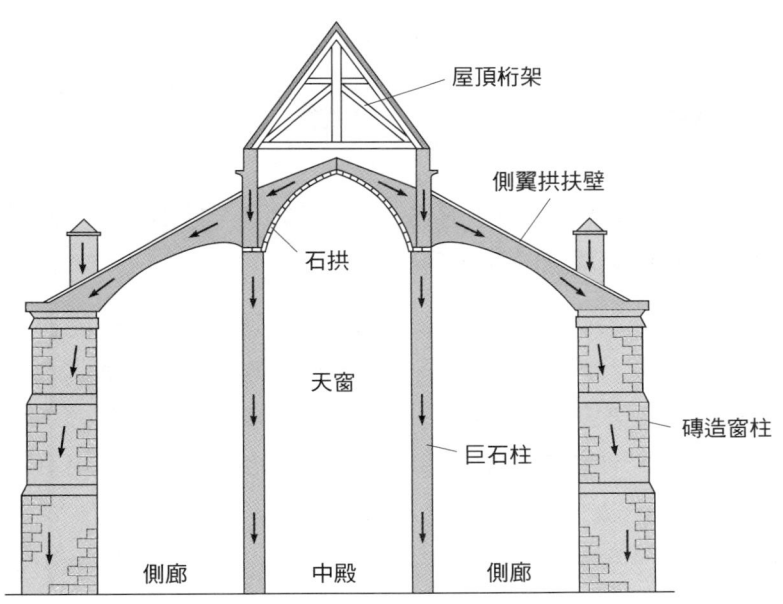

圖1.3：簡易剖面圖說明教堂建築之主要結構元件。外部磚拱稱為扶壁 (flying buttresses) 用來穩定中廊上方之石拱屋頂。石拱屋頂之向外推力會經由扶壁作用在建築外側厚重的磚造礅座上。通常愈接近底部，礅座厚度愈大。為了使結構穩定，磚造礅座必須完全受壓力作用。箭號所示為力傳遞路徑。

雖然歐洲的建築大師過去幾世紀中，建造了壯觀的教堂與宮殿。人類的建築技術並沒有太大的改變，直到十八世紀中鑄鐵的發明與量產後才有變化，鑄鐵的引用使得工程師能以更輕巧斷面的樑與柱來設計建築物。也因此允許設計出具長跨與大型開窗面積的輕型結構。磚構造所需龐大的承重牆不再需要之後，具高張力與壓力強度的鋼材，更使得較高結構乃至於現今摩天大樓的建築成為可能。

十九世紀末法國工程師艾菲爾 (Eiffel) 不僅建造許多長跨鐵橋更完成他的曠世鉅作艾菲爾鐵塔，舉世聞名的巴黎地標（照片 1.3）。隨著高強度鋼索的發展，工程師有能力建造長跨吊橋。紐約港入口處的委拉察諾橋 (verrazano) — 世界上最長的橋之一 — 雙塔間跨長約 1280 米（4260 英尺）。

在混凝土中加入加勁鋼筋，使得工程師能將無筋混凝土（脆性似石材之材類）成為堅韌具延展性的結構構材。鋼筋混凝土可澆製成任何形狀，允許建造相當多變化之結構外形。由於鋼筋混凝土結構具整體無接縫(monolithic)的特性，故為高度靜不定。

在可讓設計者預估鋼筋混凝土建築之內力的靜不定分析改良方法被提出前，設計停留在半依據經驗的情勢。也就是說，設計之依據是由觀察結構之行為與試驗以及力學原理所

照片 1.3：艾菲爾鐵塔 (Eiffel Tower)，1889 年建造之鍛鋼 (wrought steel) 建築。此鐵塔在當時聳立於巴黎的天際線上，是現代鋼構架建築的先驅，由 100.6 m (300 ft) 見方之正方形基座向上爬昇 300 m (984 ft) 之高度。其寬廣的基座與尖細之主幹，提供抵抗巨大風傾倒作用之有效結構型式。在風速最大之塔頂，建築的寬度為最小。

得之簡化計算。直到 1920 年代初期，Hardy Cross 發明彎矩分配法(*moment distribution*)後，工程師才獲得分析連續結構的一種相當簡易的技巧。隨著設計者越來越熟悉彎矩分配法，他們有能力分析靜不定構架，也因此加速了鋼筋混凝土成為建築材料的腳步。

十九世紀末，焊接的發明改善了鋼構材的連接方式－焊接消除了早期螺栓方法所需之厚重襯板與角鋼－減化了剛性接頭鋼構架的建造過程。

近年電子計算機以及材料科學的研究，大幅提升工程師建造特殊用途結構的能力，例如：太空梭。電子計算機的發明以及伴隨而來的樑、板、薄殼元素的勁度矩陣法的發展，使得設計者能快速且正確的分析許多複雜結構。1950 年代仍需成隊工程師分工數個月才能完成之結構分析，現在只要一位設計者使用一台電腦即可在數分鐘內做出更為準確的分析。

1.5 基本結構元件
Basic Structural Elements

所有結構系統都是由許多的基本結構元件所組成－樑、柱、吊桿、桁架等。本節我們將描述這一些基本元件的主要特徵，使得讀者了解如何有效利用它們。

吊桿與吊索－軸向受張力之構材

由於軸力桿件整個斷面均勻受力，其材料使用為最佳效率。張力構材的容量為材料張力強度的直接函數，當構材由高強度材料所構成，例如：合金鋼，即使構材的斷面很小，也能具有足以支承大載重的容量（如圖 1.4）。

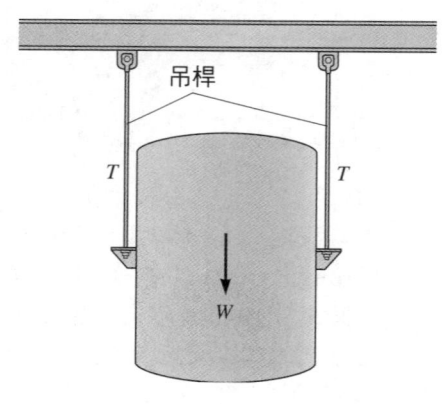

圖 1.4：由傳遞張力 T 之張力吊桿所承載的化學儲存槽。

小斷面尺寸的一項負面特點為柔韌易彎曲。因此，在移動載重作用下，容易產生振動。為降低此種振動的傾向，大部分建築規則規定，特定型態之張力構材需有其長細比 (*slenderness ratio*)l/r 之上限值，以確保有一最小量之撓曲勁度，其中 l 為長度，r 為迴轉半徑 (radius of gyration)。迴轉半徑的定義為：$(r = \sqrt{I/A})$，其中 I 等於慣性矩而 A 等於斷面面積。當載重方向突然轉向（如風或地震所造成的情況），細長張力構材在未能提供任何抵抗力之前便已挫屈。

柱－軸向受壓力之構材

柱亦為傳遞直接應力非常有效率的構材，壓力構材的容量是長細比 (l/r)的函數，當 (l/r) 很大時，構材在應力很低時便因挫屈而失去作用－且通常毫無預警。當 (l/r) 很小時，代表構材粗且短，由於粗短構材受過大應力時才失去作用－肇因於壓碎或降伏－其軸向載重容量很高。細長柱的容量也取決於其兩端之束制條件。例如細長懸臂柱－一端固定另一端為自由端－只能支承同一根柱其兩端皆為銷接 (pinned) 情況時四分之一的載重（如圖 1.5b,c）。

事實上，柱只有在理想狀態下承載純軸向載重。在實際情形中，柱輕微的起始彎曲程度或受偏心載重所引起的彎矩，設計者皆應加以考量。而在鋼筋混凝土或焊接建築構架中，樑柱由剛性接頭所連接時，柱可同時傳遞軸力與彎矩，此種構材稱為*樑柱*（*beam-columns*，如圖 1.5d）。

樑－載重造成之剪力與彎矩

樑是承載垂直作用於其縱軸之載重的細長構材（如圖 1.6a）。當載重作用時，樑會彎曲且變形成一淺形曲線。此時樑之特定斷面會形成剪力 V 與彎矩 M 之內力（如圖 1.6b）。除了在短且受到巨大載重之樑外，剪力所造成之剪應力 τ 很小，但彎矩所產生之軸向彎曲應力相對很大。如果樑保持彈性行為，一個斷面的彎曲應力（上斷面受壓，下斷面受張），由斷面之中性軸呈線性變化，彎曲應力與彎矩成正比關係，並沿樑之軸方向改變大小。淺樑在傳遞載重方面相對沒有效率，因為介於組成斷面力偶之壓力 C 與張力 T 兩力間之力臂很小，為了增加力臂，可將斷面中心之材料移至頂面及底面，形成 I 型斷面（如圖 1.6c 和 d）。

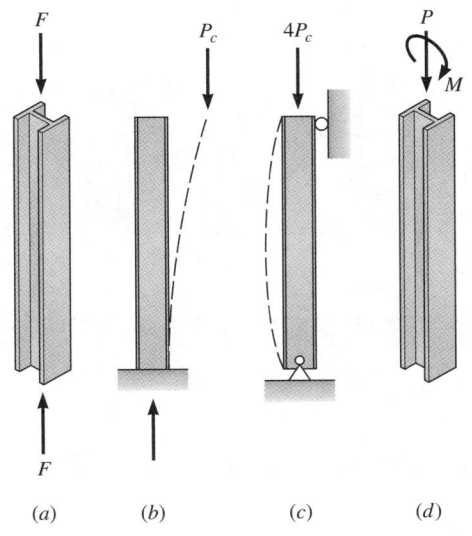

圖 1.5：(*a*) 軸向受載之柱；(*b*) 受挫屈載重 P_C 之懸臂柱；(*c*) 承受挫屈載重 $4P_C$ 之銷支柱；(*d*) 樑柱桿件 (beam-column)。

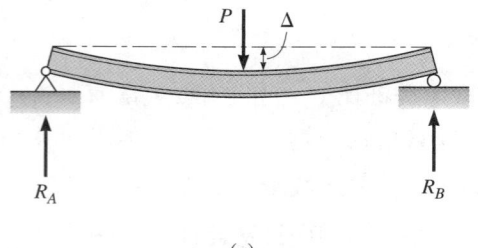
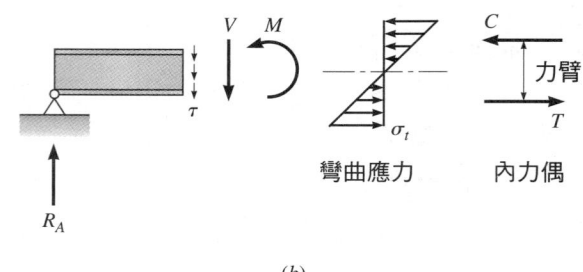
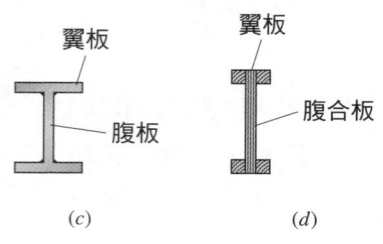

圖 1.6：(a) 淺變形曲線之樑；(b) 內力（剪力 V 與彎矩 M）；(c) I 型鋼斷面；(d) 層板 I 型樑。

圖 1.7：(a) 三角形基本單元所組成之桁架；(b) 二種常見以原始設計者命名之桁架。

平面桁架－所有構材軸向受力

桁架是由細長桿組合而成之結構元件，其細長桿兩端假設以無摩擦之銷接頭所連接，如果載重只作用在銷接頭之接點上，所有的桿只產生正向應力，則其材料使用為最佳效率。通常桁架桿會組成三角形之形式－最簡單的穩定幾何構造（如圖 1.7a）。十九世紀時，特定輪廓的桁架皆以其計設者的姓氏命名（如圖 1.7b）。

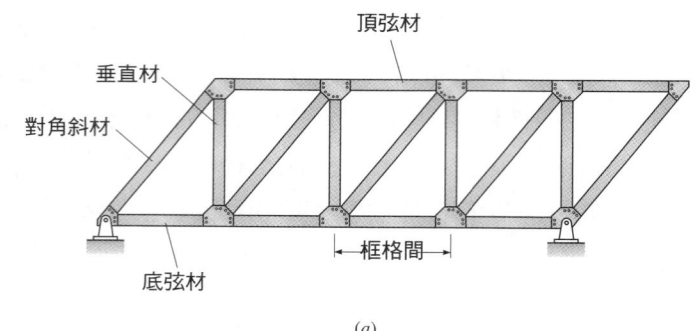
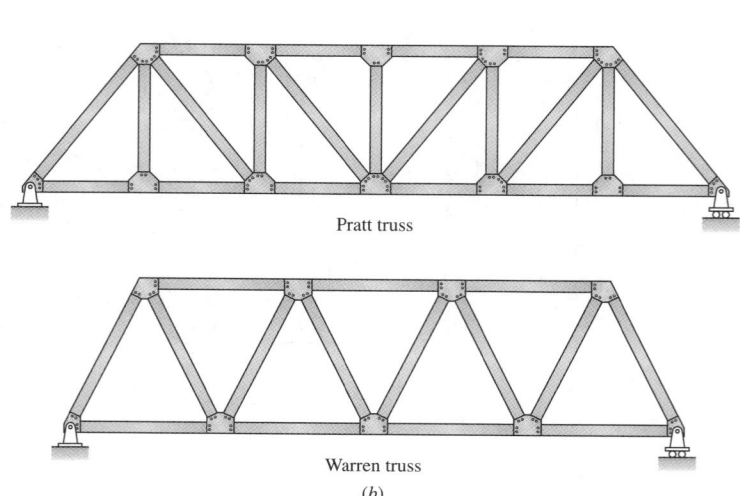

桁架的行為與樑的行為是類似的，只是樑的實心腹部（傳遞剪力）被一連串的垂直及斜線桿所取代。利用此種消減實心腹部的方式，設計者可大量降低桁架的自重。由於相同容量的桁架遠比樑來的輕，桁架為較易架設之選擇。雖然大部分桁架的接頭是以焊接或鎖螺栓的方式，將桿連接於接頭（或襯板）上（如圖1.8a）。以銷接頭之假設分析桁架已可獲得合理的結果。

雖然桁架在其所在平面具有相當高之勁度，它們對垂直於其平面之載重而言卻顯得相當柔軟，基於這一項原因，桁架的壓力弦材，必須以交叉斜撐的方式加以穩定與校準（如圖1.8b）。例如：在建築中，桁架接頭會連接至上弦材的屋頂或地板系統，其作用如同避免弦材發生橫向挫屈的橫向撐材。

拱－受巨大正向壓力之曲形構材

拱在自重作用下通常受壓應力。由於材料使用效能高，拱之建造跨長可大於600米（2000英尺）。為使拱受純壓力，此為有效能之應力狀態，拱之外形必須使得斷面內力的合力通過其斷面形心。對一特定跨長及矢高(rise)而言，一個特定的作用力系統，只存在一種拱的形狀能產生正向應力。對於其他的載重條件，則會形成彎矩並對細長拱造成極大變形。由早期羅馬及哥德時期建造者，能選擇出相當適當的拱建築形狀，顯示其對結構行為有相當透徹的了解（當然歷史也記載許多磚拱的破壞，顯然並非所有建造者都了解拱的作用）。

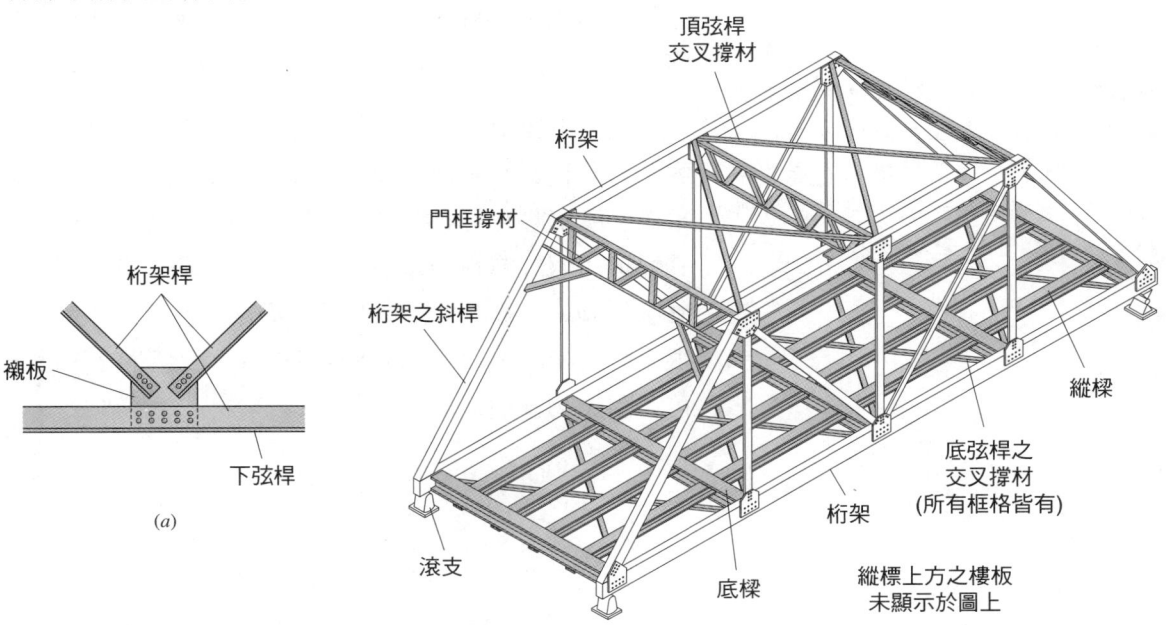

圖 1.8：(a) 螺栓接合細節；(b) 桁架橋展示穩定兩座主要桁架所需之交叉撐材。

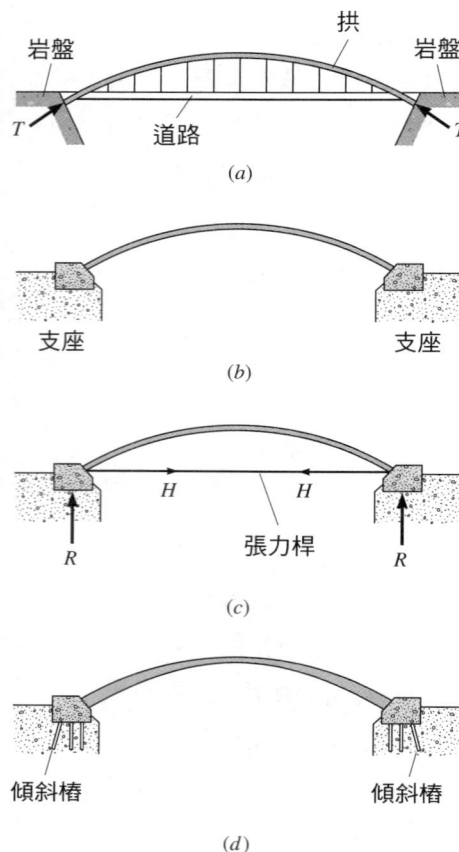

圖 1.9：(a) 岩壁提供過河固定拱橋兩側拱推力 T 之天然支承；(b) 大型支座傳遞拱推力；(c) 基座加設張力連桿以傳遞水平推力，基礎僅依垂直反力 R 設計；(d) 基礎由樁承載，使用傾斜樁將推力水平分量傳至地體。

由於拱的基座以相當尖銳的角度貫穿其支承（稱為：*abutments* 支座）。該端點之內力將對支座產生水平及垂直的推力，當跨長很長且載重很大時，如果拱端的斜率很淺，則推力的水平分量相當巨大。因此，若無岩盤吸收此水平推力（如圖1.9a），便必須建造支座（如圖1.9b），或拱之兩端以張力桿件加以束制（圖1.9c），或支座必須以樁加以支撐（如圖 1.9d）。

繩索－側向載重引起張應力之撓性構材

繩索是相當細長且柔軟的構材，由一群高強度鋼索以機械方式捻搓而成。利用將合金鋼棒拉過壓鑄模－將金屬分子整直的過程－製造商有能力生產強度高達 1862 MPa (270,000psi) 之鋼線。由於繩索沒有抗彎勁度，它們只能傳遞正向張應力（顯然在極小的壓力下，它們也會挫屈）。由於其高張力強度以及極有效率傳遞載重的方式（以正向應力），繩索結構具有可支撐長跨結構巨大載重的強度，且相較於大部分其他結構元件的使用更為經濟。例如，當跨距超過600米（2000英尺）時，設計者通常選擇吊橋或者斜張橋系統（見照片 1.4）。繩索亦可使用於建造屋頂以及牽線鐵塔 (guyed towers)。

在自重作用下（沿繩索弧度作用的均佈載重），繩索的形狀稱為懸垂曲線（catenary，如圖 1.10a）。如果繩索所傳遞的均佈載重是沿著跨長水平投影所分佈，其變形可假設為拋物線(*parabola*，如圖 1.10b)。當懸垂量（*sag*，繩索兩端點的弦與繩索中點之垂直距離）很小時（如圖 1.10a）。繩索因其自重所產生之形狀，可以用拋物線逼近。

1.5 基本結構元件 1-15

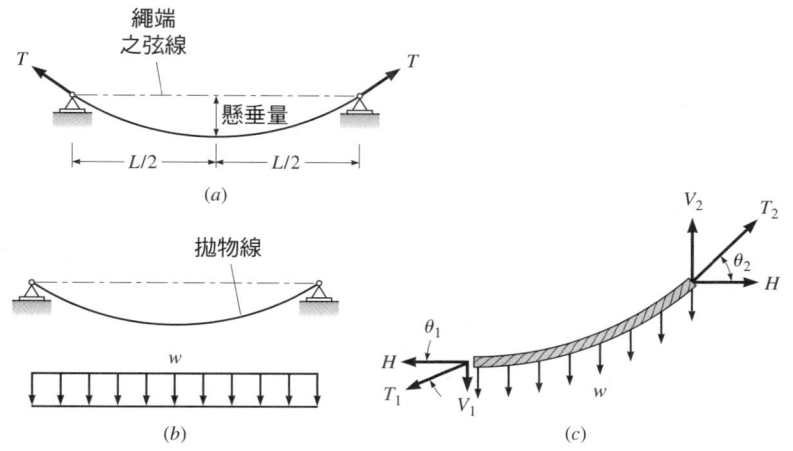

圖1.10：(a) 靜載重作用下呈索線型之鋼索；(b) 均佈載重所造成之拋物線型鋼索；(c) 承載均佈垂直載重之繩元素的自由體，水平方向平衡說明鋼索之水平張力 H 為定值。

(a)

照片 1.4：(a) 金門大橋（舊金山灣區）。1937年通車，主跨長1260公尺 (4200 ft) 為當時最長之單跨長度，此記錄保持29年。總設計工程師 Joseph Strauss 亦參與紐約市喬治華盛頓大橋之建造；(b) 單橋塔設計之德國萊茵河大橋，以單列鋼索連接至橋板中心，每側皆有三線車道。此種配置下之結構整體穩定性取決於橋板之扭矩勁度。

(b)

圖 **1.11**：繃緊鋼索之技術：(a) 牽索塔架起施力約為 50% 極限張力強度之預力鋼索；(b) 三度空間鋼索網；以下拉鋼索穩定上傾鋼索；(c) 鋼索屋頂鋪以混凝土磚。將鋼索下拉固定減少振動，鋼索兩端由巨大高塔（或柱）支承。

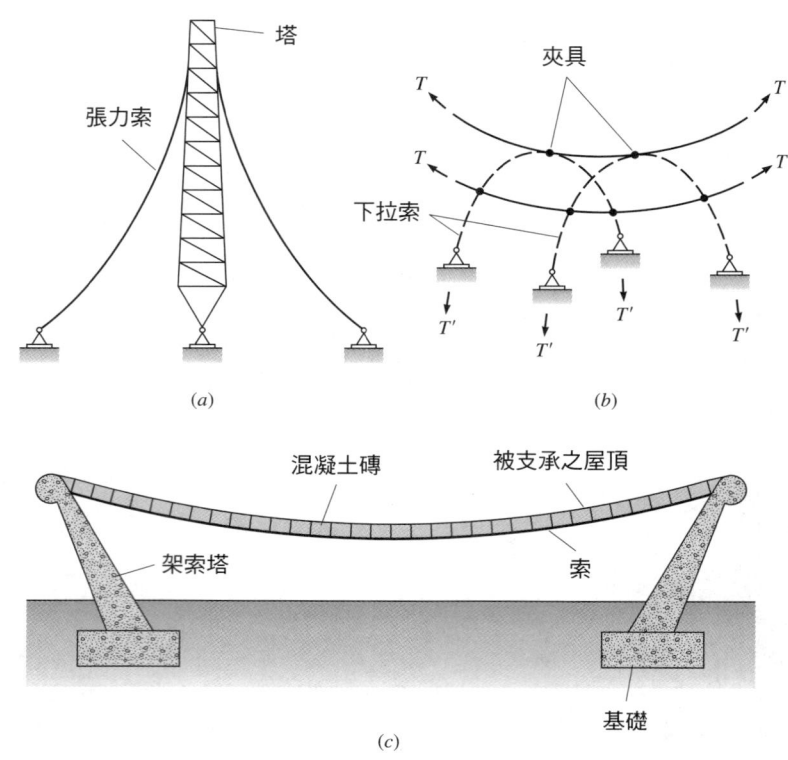

由於缺乏抗彎勁度，受到集中荷載時，繩索之外形將產生巨大改變。缺乏抗彎勁度也使其極易受小的外在擾動（如風），引發振動（顫動）至繩索所支承的屋頂與橋樑上。為使繩索有效成為結構構材，工程師發明了許多大幅降低活載重引起變形與振動的技術。這一些繃緊繩索的技術包括：(1)預力；(2)使用下拉繩以及(3)增加額外靜載重（如圖 1.11）。

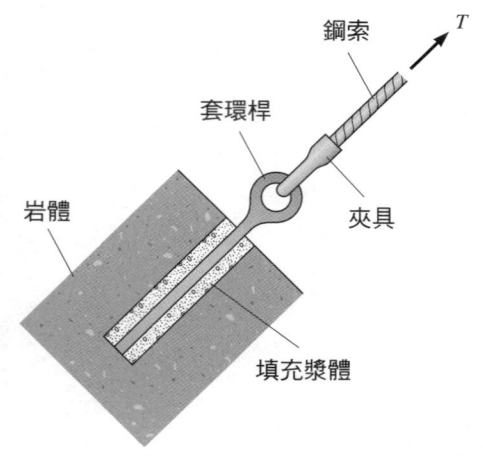

圖 **1.12**：錨定至岩體的鋼索詳圖。

繩索系統之支承必須被設計為能吸收繩索端點反力。如有堅硬岩盤可應用，可將繩索錨座灌漿入岩盤內，此為較經濟的錨定施工方法（如圖 1.12）。如果沒有岩盤，則必須建造厚重的基礎來錨定繩索。在懸吊橋的案例中，需有巨大橋塔來支承繩索，其作用有如晾衣桿架起晒衣線一般。

剛性構架－受軸向載重與彎矩作用

剛性構架（具剛性接頭之結構）的例子如圖 1.13a 與 b。剛性構架之構材通常傳遞軸力與彎矩，稱為樑柱(beam-columns)。一個接點成為剛性的條件是，連接至此接頭所有構材的角度在載重作用下不會改變。在鋼筋混凝土結構中，建造剛性接頭相當容易，這是因為澆製混凝土具整體無接縫的特性。但由具翼板鋼樑所製造的剛性接頭（如圖1.6c），通常需要加勁板來傳遞構材翼版巨大內力至接頭處（如圖1.13c）。雖然錨釘與螺栓之接合方式皆可形成接頭，但利用焊接大量簡化了鋼構架中剛性接頭的製造。

板或厚版－以彎曲作用傳遞載重

板為平面元件其深度（或厚度）較其長度與寬度小，它們通常用在建築物及橋樑的地版或儲存槽的牆版。板的行為取決於其邊界上支承的位置，如果矩型板支承於一組對邊上，它們會彎曲成單一曲率形狀（如圖1.14a），如果支承連續縈繞於板的邊界上，將產生雙曲率的彎曲現象。

由於深度小，板相當柔軟。在不發生超量下垂的情況下，板所能跨越的距離相當小（例如：鋼筋混凝土版跨長通常為3.5至5米（12~16英呎））。如果跨距大，則板通常由樑支撐或以加入肋材的方式加勁（圖1.14b）。

如果板與其支承的樑間的連接方式能被適當設計，使得兩元件能一體作用（稱為複合作用(composite action)），則形成梯形樑（如圖1.14c）。當板的作用如同矩形樑的翼板，樑的勁度將約略增加為兩倍。

利用產生皺摺的板，設計者可使用一系列的深樑（稱為摺板(folded plates)）來跨越更長的距離。在波士頓的拉根機場(Logan Airport)，圖1.14d所示的預力混凝土摺板形式屋頂，被使用來跨越50米（270英尺）規模的懸吊桿結構系統。

薄殼（曲面元件）－應力主要作用在元件平面上

薄殼是三度空間的曲面，雖然其厚度通常很小（數英寸厚度之鋼筋混凝土版相當常見），但由於其曲面形狀在強度與勁度上所具的特性，它們能跨越相當大之距離。普遍用於遮蔽室內運動場以及儲存槽的球形拱頂(spherical domes)，便是最常見的薄殼建築。

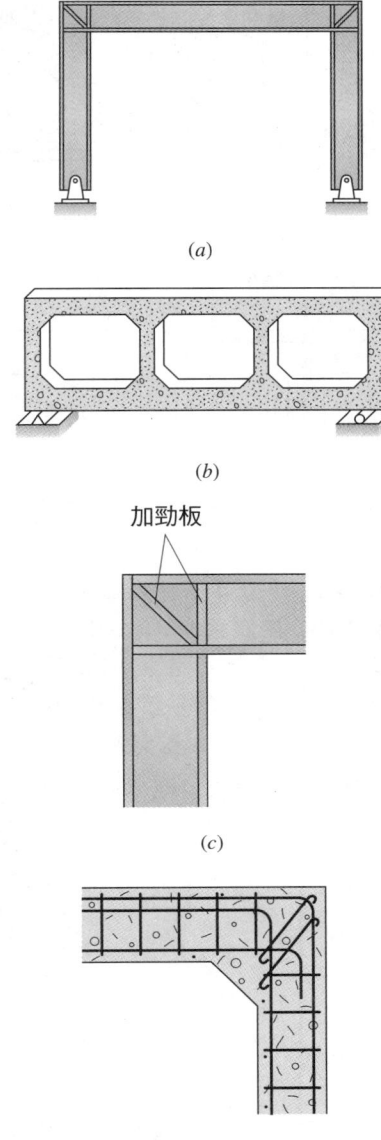

圖1.13：剛性接頭結構：(a) 單層剛構架；(b) Vierendeel桁架，同時傳遞正向與彎曲應力；(c) 位於鋼構剛性構架一角之焊接結點細部；(d) 圖 (b) 所示混凝土構架角落之鋼筋細節。

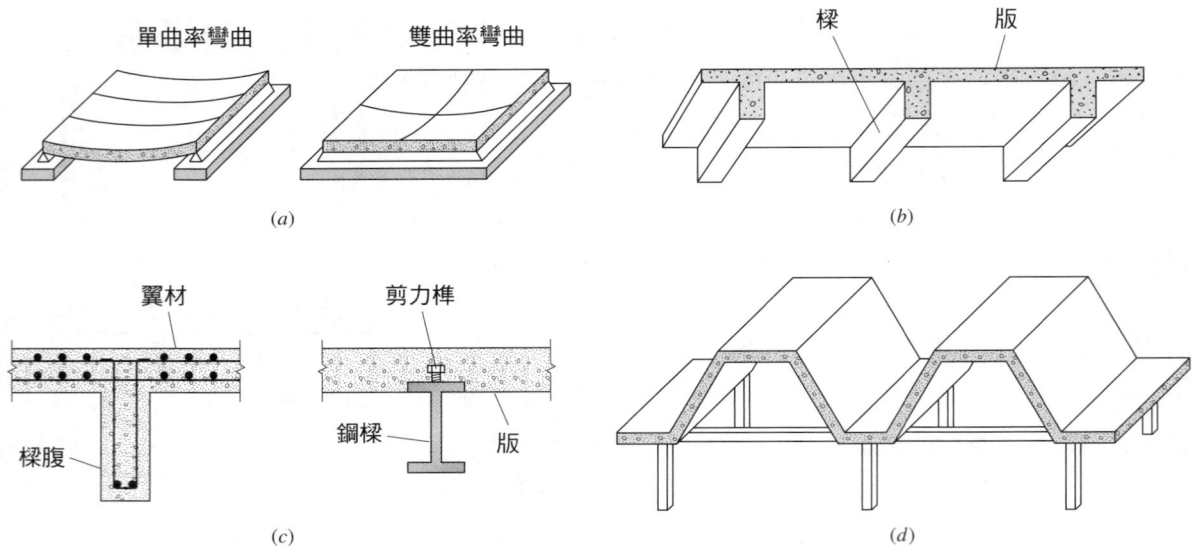

圖1.14：(a) 邊界條件對曲率之影響；(b) 樑版系統；(c) 版與樑為一體之單元。左圖中混凝土版與樑身同時澆置成 T 型樑；右圖中混凝土版與鋼樑以剪力連接器形成一複合樑。(d) 摺板屋頂系統。

在均佈載重作用下，薄殼產生平面內應力（稱為**薄膜應力**(*membrane stresses*)）可有效支承外在載重（如圖1.15）。除了大小通常很小的薄膜應力外，垂直於薄殼平面之剪應力、彎矩以及扭力也皆會發生。如果薄殼的邊界能平衡各點的薄膜應力（如圖1.16a與b），主要的載重將由薄膜應力所傳遞。但如果薄殼邊界無法提供薄膜應力所需之反作用力（如圖1.16d），薄殼接近邊界的區域將會變形。由於這一些變形產生垂直於薄殼表面方向的剪力與彎矩，薄殼必須加厚或以一邊緣構材輔助。對大部分薄殼而言，邊界剪力與彎矩隨著遠離邊緣的距離增加而迅速減小。

薄殼跨越巨大無障礙區域的能力，向來吸引工程師與建築師很大的興趣。但薄殼昂貴的造價、引發的音響問題、製造不透水屋頂的困難、及低應力下產生挫屈的問題等，限制了它們的使用。此外，如果沒有增加肋材或其他形式的加勁材，薄殼無法傳遞巨大的集中載重。

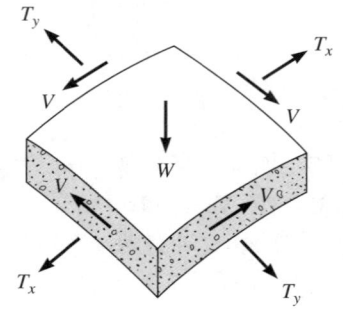

圖1.15：作用在微小薄殼元素上之薄膜應力。

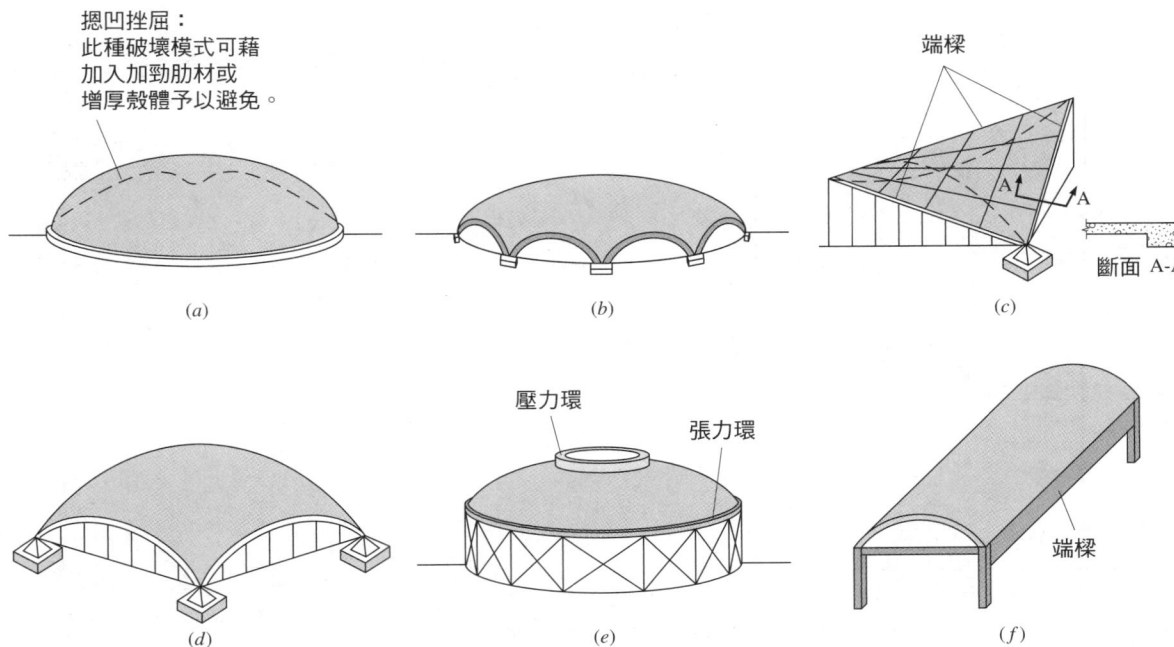

圖 1.16：常見薄殼建築之類型。(a) 連續支承之球型拱頂。邊界條件可提供薄膜作用。(b) 具開放間距支承的改良拱頂造型。由於開孔，邊界之薄膜條件多少受到擾動，在開孔處，薄殼必須加厚或由端樑 (edge beam) 支承。(c) 雙曲線拋物面型。此薄殼由直線型板體所構成，必須使用邊緣構材提供薄膜應力所需之反力。(d) 由寬闊間距所支承之拱頂。邊界無法產生薄膜反力，圓頂周圍需使用端樑或加厚殼體。(e) 由頂部壓力環與底部張力環所形成的拱頂，此兩環提供薄膜應力所需之反力。柱必須只傳遞垂直載重。(f) 圓柱薄殼。

1.6 組合基本元件構成穩定結構系統
Assembling Basic Elements to Form a Stable Structural System

單層建築

為說明設計者如何結合基本結構元件（描敘於 1.5 節）成為一穩定系統。我們將詳細討論簡單結構的行為。考慮圖 1.17a 所示盒狀之單層結構，此建築物代表一小型倉儲設施，是由結構鋼構架覆蓋輕型金屬浪板所構成（為簡化說明，我們忽略了窗、門以及其他建築細節）。

圖 1.17b 中所示為此建築物磚牆（如圖 1.17a 標示 ABCD）內側之鋼構架。此處金屬屋頂板，由跨越於建築物角落之兩管狀柱上的樑 CD 所支承。如圖 1.17c 所示，樑端以螺栓的方式連接於柱頂，螺栓通過樑之底翼版以及焊接於柱頂的罩板 (cap plate)。由於此種接頭無法有效傳遞樑端與柱頂之彎矩，設計者假設此類接頭之作用如同一小直徑之鉸接頭。

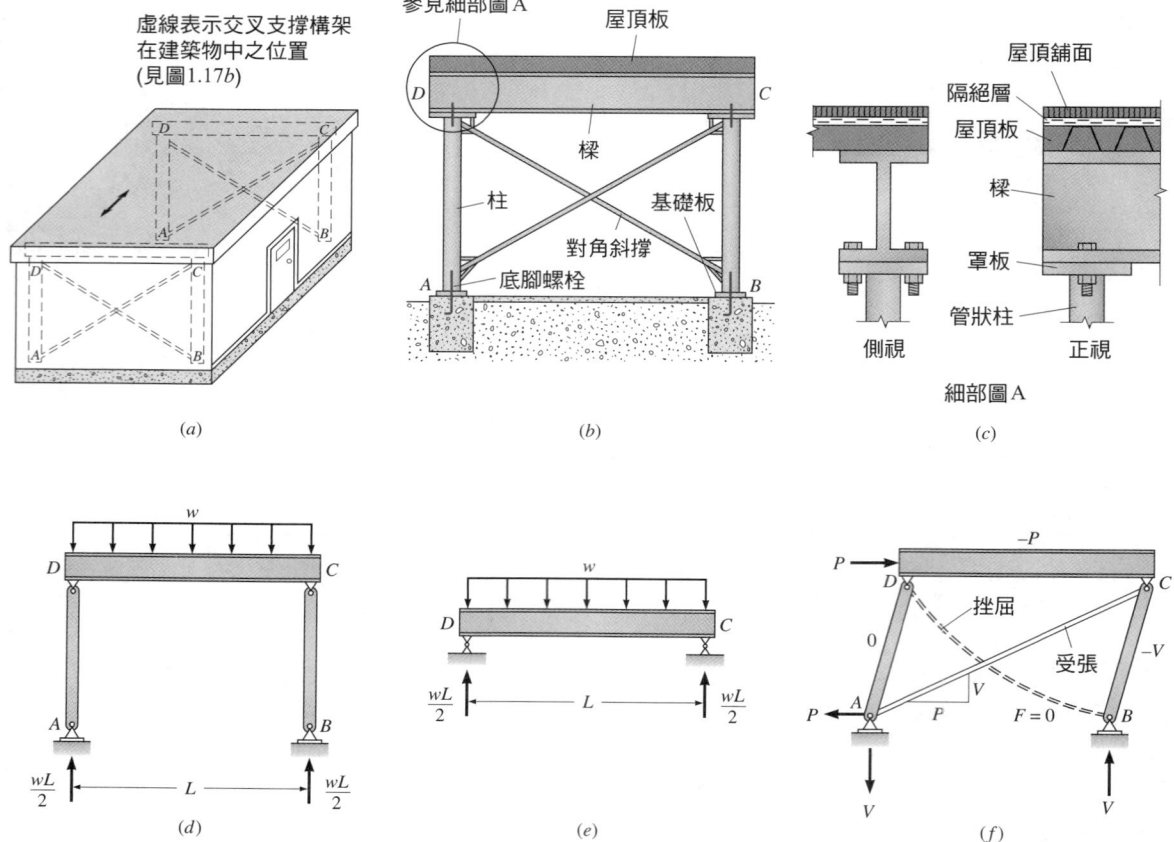

圖1.17：(*a*) 建築物三度空間透視圖（箭號所示方向為屋頂板跨向）；(*b*) 具螺栓接頭之交叉支撐構架之細部示意圖；(*c*) 樑柱接合處之細節；(*d*) 傳遞屋頂重力載重結構系統之理想化模型；(*e*) *CD* 樑之模型；(*f*) 傳遞向右作用橫向載重桁架系統之理想化模型。斜桿 *DB* 挫屈且無作用。

由於這一些螺栓接頭並非剛性，可用額外的輕構材（通常為圓柱或角鋼構材）以斜對角方式連接構架平面內相鄰的柱。其作用為進一步穩定結構。若無此對角斜撐（如圖 1.17*b*），構架抵抗側向載重的能力很小，且結構缺乏勁度。設計者在其他座牆也安插類似的交叉撐條－有時亦安裝於屋頂所在平面內。

構架以螺栓透過焊接於柱底的輕型鋼基礎版連接至基礎。螺栓的底端稱為底腳螺栓 (*anchor bolts*)，埋設於柱正下方混凝土墩座上。通常設計者假設此種簡單之螺栓接頭其作用如銷支承(*pin support*)；也就是說，此接頭防止柱底垂直及水平向之移動，但並沒有足夠之勁度來阻止旋轉（學生通常誤以為以螺栓連接至混凝土墩座上之平底版會產生固定端條件。但事實上，即使是版很小的撓屈變形，也會造成極大的旋轉束制損失）。

雖然螺栓接頭確可提供少量但不確定大小之旋轉束制，對柱底端的旋轉束制，設計者通常保守的將其視為*無摩擦銷 (frictionless pin)*。但無論如何，通常我們沒有必要去達成更剛性的接頭，因為那會相當的昂貴，而且額外的剛度可輕易的以更經濟的方式辦到，即利用增加柱的慣性矩來達成。如果設計者希望以增加勁度的方式產生柱底部的固定支承，則必須使用厚重的加勁底版且基礎必須非常巨大。

構架之重力載重設計 為分析此小型構架之重力載重，設計者假設屋頂重量及任何垂直之活載重（例如雪或冰）由屋頂板傳遞（作用如一系列小的平行樑）至構架，如圖 1.17d 所示。設計者將此構架理想化為一根以銷接方式連接至柱的樑，設計者忽略交叉斜撐之次要構材作用－假設垂直載重施加時沒有二次彎矩作用。由於樑的端點假設沒有彎矩產生，設計者將此樑視為受均佈載重簡支構材來分析（如圖 1.17e）。由於樑的反作用力直接作用於柱中心線，設計者可假設柱僅傳遞正向應力，其行為可被視為軸向承載壓力之構材。

側向載重設計 設計者接下來須檢核側向載重。假如一側向載重 P（例如由風產生）作用在屋頂上（如圖 1.17f）。設計者可假設其中一根斜撐材與屋頂樑及柱共同作用形成桁架。如果斜撐為輕型柔軟構材，當樑向右移動時，只有從 A 到 C 的斜撐會因伸展而產生張應力，可被視為有效構材。而反向斜撐 BD 則被假設發生挫屈，因其為細長桿且當樑側移時會產生壓力。如果風轉向時，則斜撐 BD 變為有效構材，而斜撐 AC 產生挫屈。

如我們在此簡單問題中的說明，在特定形態載重作用下，某些構材會扮演傳遞載重進入支承的角色。只要設計者了解如何選擇這一些載重合理的力徑 (force path)，則結構分析可因刪除無作用構材而被大量簡化。

1.7 電腦分析
Analyzing by Computer

在1950年代末期以前，分析特定形態的靜不定結構是一冗長繁瑣的程序，分析一個具有許多接點與桿件的結構（譬如一個空間桁架，可能需花上一組有經驗結構工程師數個月的時間）。此外，還需要許多對結構行為的簡化假設，因此，最終分析結果的正確度也具不確定性。現今有許多電腦程式皆能快速且準確的分析大部分的結構，但仍有一些例外存在。例如：結構的外型不尋常或複雜－一座擁有厚牆的核原料圍阻體或潛水艇的船殼－電腦分析仍是複雜且曠日廢時的。

大部分用於分析結構的電腦程式，是為產生*第一階分析*（*first-order analysis*）所撰寫的；也就是說這一些程式假設 (1) 線彈性行為，(2) 結構變形（幾何改變）不影響桿件內力以及 (3) 柱的撓屈勁度，不會受到壓力的折減。

本書所涵蓋的典型分析方法能產生第一階分析結果，此種分析適合於大部分的結構，包括桁架、連續樑等工程實務中常遭遇者。當第一階分析被使用時，結構設計規範提供經驗公式，以便適當調整被低估的計算力。

另一方面，使用上較為複雜的二階分析程式，可考慮非彈性行為、幾何改變，以及可影響內力大小的其他因素，故為可以獲得更精準、正確結果的分析方式。比方說，受移動載重作用之細長拱會經歷幾何變形，導致彎矩大幅提升。對此種形態之結構，二階分析是必須的。

工程師所使用的電腦程式，通常是由身兼經驗豐富的程式設計師，也是數學家的結構專家團隊所準備的。當然，如果設計者所設立的並非穩定結構，或者如果忽略了某一關鍵載重條件，則分析結果所提供的設計資訊，顯然不足以產出一座安全可正常服務運作的結構。

1977年，支承90×110米（300×360英尺）哈法特市民中心廣場 (Hartford Civic Center Arena) 屋頂的大型三度空間桁架（具數千個接點）的損壞，便是一個很好的例子。其中，設計者仰賴不完整的電腦分析，因此無法製造一安全結構。造成此一災難的因素包括；不正確的資料（設計者低估屋頂靜載重達150萬磅之多）以及電腦程式無法預測桁架中壓力構材的挫屈載重。換句話說，電腦程式的假設前提是，結構是穩定的－此亦為大部分結構分析電腦程式的標準假設。

就在一個冬季暴風在屋頂上遺留厚重的溶雪及冰載重後不久，屋頂桁架中部分細長壓力構材的挫屈，導致整個屋頂瞬間坍塌。所幸屋頂破壞發生在一群達5,000位球迷觀賞籃球比賽後數小時才發生。倘若破壞提前數小時發生（當建築物擠滿人群時），數以百計的民眾可能因此傷亡。雖然沒有人員損傷，此建築有很長一段時間無法使用，且需耗費巨資清理殘骸、重新設計建築物以及重新建造此球場。

雖然使用電腦降低了分析結構所使用的時間，設計者仍需具有對所有潛在破壞模式的基本洞察力，才能評估電腦產生之計算結果的可靠度。準備能充分代表結構行為的數學模式，仍舊是結構工程中最重要的一環工作。

1.8 準備計算過程
Preparation of Computations

準備一份清楚、完整的計算過程,是每一位工程師重要的責任。一份組織完整的計算過程,不只能降低發生計算錯誤的可能性,同時能提供未來如果一座現存結構的強度必須被探討時所必須的重要資訊。比方說,建築物的業主可能希望知道,在現存結構上增加一或多個額外的樓層,是否造成結構構架或基礎受到過大應力。如果原始計算過程完整,而且工程師能獲得原始分析與設計所依據的設計載重、容許應力以及假設等,都將對評估整修結構後之強度有相當大的幫助。

有時結構可能會失去功能(最差的情形造成死亡)或被認定無法滿足其服務功能(例如樓板下垂或振動、牆面龜裂等)。在這一些情形下,原始計算資料將被各方專家仔細審視,以確定設計者的可信賴度。馬虎或不完整的計算資料,會損壞一位工程師的聲譽。

由於解答本書習作問題所需的計算,類似於執業工程師在設計辦公室內所做之計算,同學應視每次作業為改進產出專業品質計算技能的機會。心中有此目標,我們提供下列建議:

1. 簡單說明分析的目標。
2. 準備一清楚的結構草圖,圖中顯示所有載重及尺寸,利用尖頭鉛筆與直尺畫直線。圖與數字亦求簡潔清楚,使其更具專業外觀。
3. 包含所有計算步驟。除非所有步驟皆呈現,否則計算過程很難由其他工程師檢核,必要時應加入簡單文字說明。
4. 檢查結果。通常可以靜力平衡檢核計算結果。
5. 如果為複雜結構可以利用近似分析方法來檢核計算結果(見第15章)。
6. 確認變位方向是否與施加外力方向一致。如果以電腦分析結構,將接點的位移(輸出資料的一部分)依比例畫出,以獲得結構變形的清楚輪廓。

總結
Summary

- 為了開始研習結構分析,我們回顧了規劃、設計及分析之間的關係。在這相互關連的流程中,結構工程師首先建立一或多個可能結構外形的初始輪廓,估計靜重、選擇關鍵設計載重以及分析結構。一旦結構完成分析,主要構材需重新調整尺寸。如果,設計分析結果確認初始假設值為正確,則設計完成。如果,初始及最終尺寸比

- 例間仍有很大差異，須修正設計。且分析與尺寸設計重複進行，直到最終結果與結構攤配尺寸相符，則不需進一步修正設計。
- 同時，我們回顧構成典型建築物與橋樑之一般結構元件的特性。這一些元件包括樑、桁架、拱、剛性接頭構架、繩索以及薄殼等。
- 雖然大部分結構為三度空間配置，設計者在追求對結構行為的了解時，通常將結構細分為一系列較簡易之平面結構進行分析。設計者可以選擇一個較簡單的理想化模型，只要該模型能正確的代表真實結構行為的精髓。比方說，雖然外磚牆或建築的窗戶及牆板連接至結構構架時，理想增加了結構的勁度，但此種作用通常被忽略。
- 由於大部分結構都以電腦分析，結構工程師必須發展一種對結構行為的了解方式，使得他們能以一些簡單計算便能確認電腦分析結果是否合理，畢竟結構破壞不只造成高成本之社會損失，也可能導致民眾的傷亡。

日本阪神地震中，發生大量建築物損毀。如照片中所示建築物，最嚴重之損壞發生於引發最大地震慣性力之較低樓層。此外，地震造成瓦斯管線、電線斷裂，因而引發火災，照片中消防人員正試圖撲滅火苗。

CHAPTER 2

設計載重
Design Loads

2.1 建築規則與設計規範
Building and Design Code

建築規章泛指建築物、建築設備及橋樑在分析、設計及施工過程中,所需遵循的技術規範與標準。其目的是為確保結構之安全性與經濟性,並使大眾免於遭受不良設計與不良施工結構物的危害。

建築規章通常有兩類型態,第一種稱做結構設計規範 (*structural code*),此種規範通常由熟悉各種特殊結構(如:建築物、公路橋樑、核能電廠)或特定材料(如:鋼、混凝土、鋁、木料)之工程專家訂定之。其內容包括指定設計載重,各種構材的容許應力,設計的假設條件,以及對材料之特殊要求規定。在美國,常用的結構設計規範包括:

1. **AASHTO** 標準公路橋樑設計規範。由美國州公路與運輸官員協會 (American Association of State Highway and Transportation Officials) 所出版之規章,涵蓋公路橋樑分析與設計細則。
2. **AREMA** 鐵路工程手冊。由美國鐵路工程協會 (American Railway Engineering and Maintenance of Way Association) 所出版之規章,涵蓋鐵路橋樑之分析與設計規定。

3. **ACI318 鋼筋混凝土建築技術規則**。由美國混凝土學會 (American Concrete Institute) 所出版之規章，涵蓋混凝土結構之設計與分析。
4. **AISC 鋼構造手冊**。由美國鋼構造學會 (American Institute of Steel Construction) 所出版之規章，涵蓋鋼結構之設計與分析規定。
5. **AFPA 木構造國家設計規範**。由美國森林與紙業協會 (American Forest & Paper Association) 所出版之規章，涵蓋木造建築之分析與設計。

第二種建築規章稱為**建築規則**(*building code*)。這是用來規範某一特定行政區域內之營建規則。建築規則包含；建築、結構乃至於機電需求上的附屬條款，其目的在於考量局部地區特有條件對施工品質之影響的前提下，確保大眾一個安全的營建環境。與結構設計者息息相關的規定包括土壤條件、活載重、風載重以及地震力等相關條款。在美國大部分地區的建築規則，都採納ASCE美國土木工程師協會的最小設計載重規則，或ICC國際建築規則規章會議的"國際建築規則"(*International Building Code*)IBC 中的相關規定，在台灣則有內政部營建署所頒訂之"建築技術規則"。

隨著新結構系統的演進、新材料的使用、或符合建築規則規定的結構卻發生破壞的情形一再重演時，建築規章有需要適時保持更新與修正的。例如：美國ACI規章委員會每六年便對其頒佈之規則進行改版，每年進行條文補遺修正。而國內之技術規範大都參考美國規則修訂改版後，進行適合國情之增刪與修訂。

最後，大部分建築規章都允許設計者在能提出試驗或理論研究支持的前提下，得不依規範所列之標準進行安全的結構設計。

2.2 載重
Loads

結構的尺寸必須能確保它在載重作用下，不會破壞或產生過大變形。因此，設計者必須評估出結構可能遭受之載重型式及大小。雖然規範所規定的設計載重，對大多數的建築物是合宜的，但設計者仍須對某些特定的結構物加以確認，是否這些規定載重是足夠的。比方說，如果有一建築的外形極為特別，並因此引起顯著大於規範所規定大小的風力作用在此結構上。在這種情形下，設計者應當以風洞試驗決定出適當之風載重大小，而非使用規範的規定值。設計者也必須預見到結構未來可能因改變用途後，所會遭遇的載重改變。例如：如果較重之設備有可能在未來佔據原先以較小設計載重所設計的空間的話，設計者可增加規範所規定的設計載重。設計者通常將載重區分為兩種型式：活載重與靜載重。

2.3 靜載重
Dead Loads

靜載重是指結構本身及其永久組件（包括樓板、天花板、牆等）的重量；由於靜載重需由構件的尺寸計算，而設計之初，構件尺寸尚未確定，故其大小需先粗略估計，俟構件尺寸及建築細節確定後，靜載重方能準確計算出來。所以，如果計算出之靜載重與起始估測值相當，則此部分分析即已底定。反之，如計算值與初始假設值差距仍大，設計者需修正計算，逐漸逼近較準確的靜載重值。

針對設施及隔間牆所作之靜載重調整

在大部分建築物樓板下方，包含許多設施管線，例如：空調管道、給水與排水管、機電管道及附屬裝置。設計者通常以額外之重量賦予樓板系統，而不是將上述管線及附屬裝置的詳細重量、位置算出。此額外重量通常為（0.479 至 0.718 kN/m^2 或 10 至 15 lb/ft^2），以確保樓板、柱等結構元件擁有足夠之設計強度。

通常設計者會將樑配置於磚牆正下方，以直接傳遞這些重量至支承上。如果業主要求可任意移動牆之位置，以便獲得較具彈性之使用空間，設計者可增加一適當之樓板靜載重容許值。如果隔間材很輕，額外之靜載重可為（0.479 kN/m^2 或 10 lb/ft^2）或更少，對廠房及實驗室等配置重型實驗儀器者，此容許值應提高 3~4 倍。

靜載重之分佈方式

許多樓板系統是由矩型配置的格樑支承鋼筋混凝土板所形成。這些樑減小了板之跨度，使得設計者可降低樓板系統之深度與重量。分配至地板樑之載重取決於樑所形成之框格的幾何配置。為了瞭解板之載重是如何傳遞至下方之支承樑，我們檢視圖2.1的三個案例。第一案例中，正方形板的均佈重由四根端樑支承（如圖2.1a），由對稱性我們可以知道每根端樑承受相同之三角形載重。事實上，如果版在 x 與 y 方向上之鋼筋分佈面積相同，當加載均佈載重至發生破壞時，大開口裂縫將沿著主對角線方向生成，此亦佐證每根樑所分擔的載重面積為一個三角形區域。一特定樑所支承的板面積就稱做該樑的載重分擔面積 (*tributary area*)。

圖 2.1：載重分擔面積之概念。
(a) 方型版，每一邊樑皆支承三角形區域；(b) 兩平行邊樑平分載重；(c) 作用於圖 (b) 中一單位寬度版之載重；(d) 陰影面積代表 B1 及 B2 樑之載重分擔面積，所有的對角線角度為 $45°$；(e) 上方圖表示 B2 樑可能之載重，下方圖為簡化之載重方式；(f) B1 樑可能之載重分佈；(g) B1 樑簡化之載重方式。

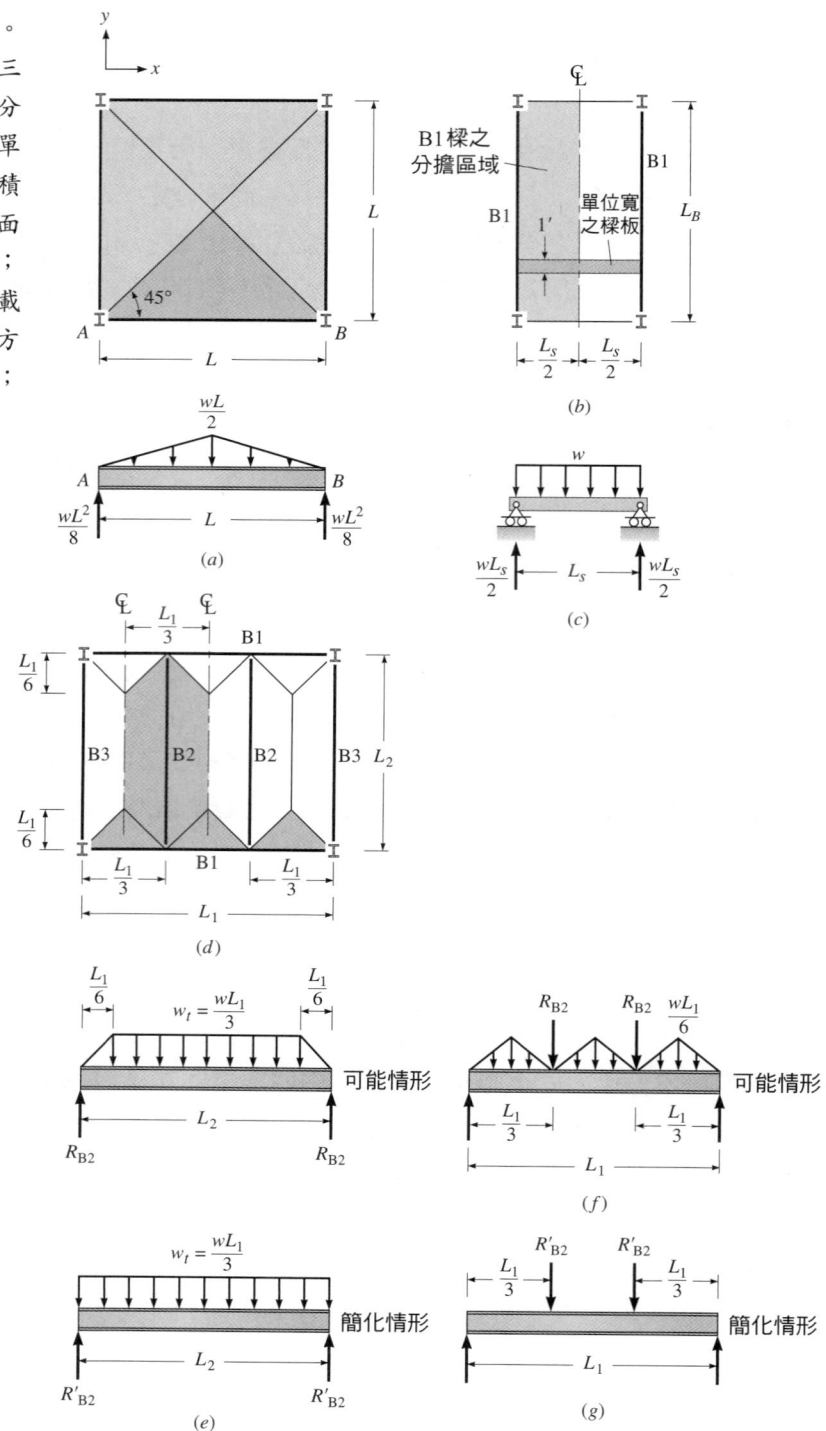

2.3 靜載重

在第二案例中，我們考慮二根平行樑所支撐之矩型板（如圖2.1b）。在這個案例中，想像每一單位寬之版就像是橫跨於兩樑間之一根樑，故每一端樑承受$wL_s/2$之均佈載重。而此例之載重分擔面積為由端樑向版中心延伸$L_s/2$距離之矩形面積。

在圖2.1d所示的第三例中，均佈載重由格子型式的樑所支承。此時，各樑所負責之載重分擔面積如圖2.1d中陰影所示。內樑B2所承受為一梯形分佈載重。端樑B1則承受三個三角形分佈載重與二個由B2樑所作用之集中載重（如圖2.1f）。通常長邊比短邊大於2時，可保守地假設B2樑承受整個矩形長度範圍內之載重，$w_t = wL_l/3$（如圖2.1e），並造成反力R'_{B2}。而由B2樑端再傳遞R'_{B2}至B1樑之1/3跨處，成為集中載重（如圖2.1g）。

表2.1a為常用結構材料之單位體積重，表2.1b為一般建築結構構材之單位面積重。這些表列數值將在例題與習題問題中用到。

例題2.1與2.2將介紹靜載重之計算。

例題 2.1

圖2.2所示三層油毛氈包含下方2英吋（5公分）厚隔熱板，由18英吋（45公分）深之預鑄混凝土樑所支承，樑之翼寬為3英呎（90公分）。已知隔熱層重（3 lb/ft²）油毛氈屋頂層重（$5\frac{1}{2}$ lb/ft²），決定單位長度（每英呎）樑所需支承的總靜載重。

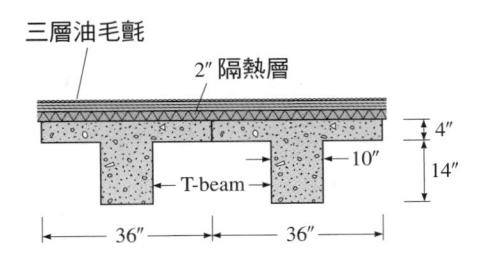

圖 2.2：鋼筋混凝土樑橫斷面。

解答：

決定樑重如下：

樑翼板 (Flange)　　$\dfrac{4}{12}$ ft $\times$ $\dfrac{36}{12}$ ft $\times$ 1 ft $\times$ 150 lb/ft³ = 150 lb/ft

樑腹身 (Stem)　　$\dfrac{10}{12}$ ft $\times$ $\dfrac{14}{12}$ ft $\times$ 1 ft $\times$ 150 lb/ft³ = 145 lb/ft

隔熱層 (Insulation)　　3 lb/ft² × 3 ft × 1 ft = 9 lb/ft

屋頂鋪面 (Roofing)　　$5\frac{1}{2}$ lb/ft² × 3 ft × 1 ft = 16.5 lb/ft

　　　　　　　　　　　　　　Total = 320.5 lb/ft,
　　　　　　　　　　　　　　　　四捨五入至 0.321 kip/ft

例題 2.2　圖 2.3a 所示為一小型鋼構架之平面圖，樓板由鋼樑支承 5 in 厚之鋼筋混凝土版所構成（如圖 2.3b 之 1-1 斷面），樑間及樑與角柱間皆以角鋼連接（如圖 2.3c）。夾型角鋼可視為樑之銷接支承，意即只可傳遞垂直載重卻不傳遞彎矩。混凝土版下方所支承緊密懸吊之吸音用途天花板，重 1.5 lb/ft²，可視為作用在版之額外均佈載重。為計入版與天花板間各種管道設備之重量，假設一容許附加靜載重 20 lb/ft²。設計者初估 B1 樑重 30 lb/ft，橫跨柱 1 與柱 2 間之大樑 B2 重 50 lb/ft，計算樑 B1 與大樑 B2 上靜載重之分佈情形。

解答：

假設 B1 樑之載重分擔面積為其兩側框格 (panel) 中心線間之區域（如圖 2.3a 之陰影部分），換句話說，如前面所說明，我們將版視為連續排列之單位長度簡支樑（如圖 2.3a 之斜線區域），跨於柱線 A 與 B 及 B 與 C 之間，並將其所承受之載重傳至樑。因此每根支承樑分別承載一半之斜線區域載重，wL/2（如圖 2.3d），而作用在每單位長度（呎）鋼樑上之總樓板反力為 wL=8w（如圖 2.3e）。

作用在 B1 樑之總靜載重：

　　版重　　　　　1 ft × 1 ft × $\frac{5}{12}$ ft × 8 ft × 150 lb/ft³ = 500 lb/ft
　　天花板重　　　1.5 lb/ft² × 8 ft = 12 lb/ft
　　管線等設施重　20 lb/ft² × 8 ft = 160 lb/ft
　　估計樑重　　　　　　　　　　　= 30 lb/ft
　　　　　　　　　　　　　　　總重 = 702 lb/ft,
　　　　　　　　　　　　　　　　　　四捨五入至
　　　　　　　　　　　　　　　　　　0.71 kip/ft

每根樑所受之靜載重如圖 2.3e 與 f 所示。B1 樑端之反力 (8.875 kips) 傳遞至柱線 2 之大樑 B2 的 1/3 跨位置（如圖 2.3f），其中均佈載重 (0.05 kips/ft) 是大樑 B2 之自重。

2.3 靜載重 2-9

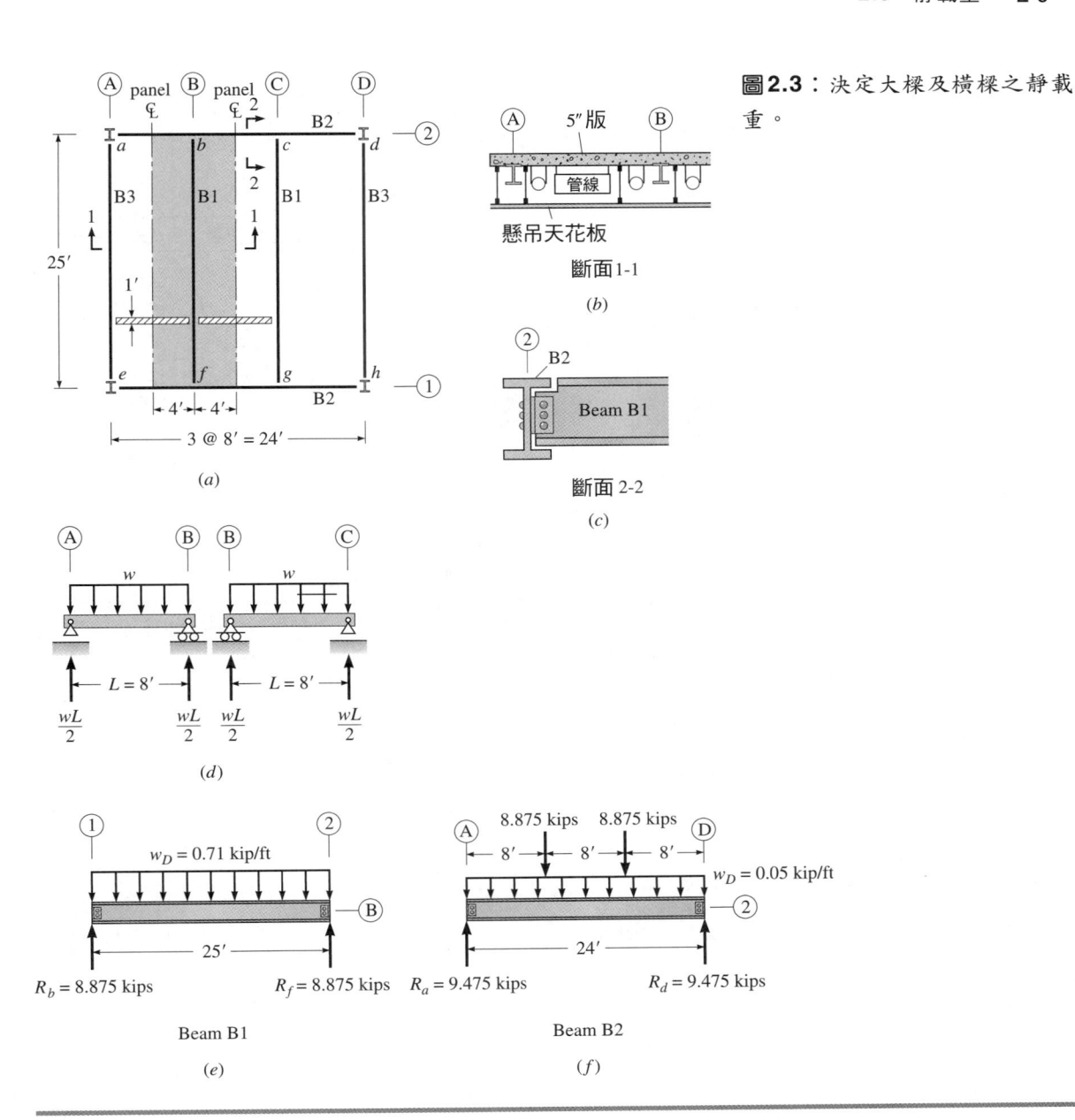

圖2.3：決定大樑及橫樑之靜載重。

表 2.1
ASCE 典型設計靜載重

(a) 材料載重

名稱	單位體積重，lb/ft³ (kN/m³)
鋼	490 (77.0)
鋁	165 (25.9)
鋼筋混凝土	
普通	150 (23.6)
輕質	90–120 (14.1–18.9)
磚	120 (18.9)
木材	
南方松木	37 (5.8)
寒帶杉木	34 (5.3)

(b) 建築元件重量

元件	單位面積重，lb/ft² (kN/m²)
天花板	
石灰版條	10 (0.48)
吸音版	5 (0.24)
地版	
每英吋厚RC樓版	
普通	$12\frac{1}{2}$ (0.60)
輕質	6–10 (0.29–0.48)
屋頂	
三層油毛氈	$5\frac{1}{2}$ (0.26)
5公分隔絕層	3 (0.14)
牆壁	
石膏版（1英吋）	4 (0.19)
磚（每呎厚）	10 (0.48)
混凝土空心磚（一尺厚）	
重骨材	80 (3.83)
輕骨材	55 (2.63)
空心土磚（半尺厚）	30 (1.44)
$\frac{1}{2}$吋厚石膏版條牆	8 (0.38)

柱之載重分擔區域

欲決定由樓版傳遞至柱的靜載重，設計者可以下列兩種方式之一進行。一是由柱上方的樑所產生的反力來決定，第二種是將柱上方所分配到的分擔面積乘上單位面積的樓版靜載重來決定。柱的載重分擔面積的定義是：與柱相鄰之版的中心線所圍成的面積。以載重分擔區域來計算柱的載重是兩種方法中較常用的一種。圖2.4的陰影區域，代表角

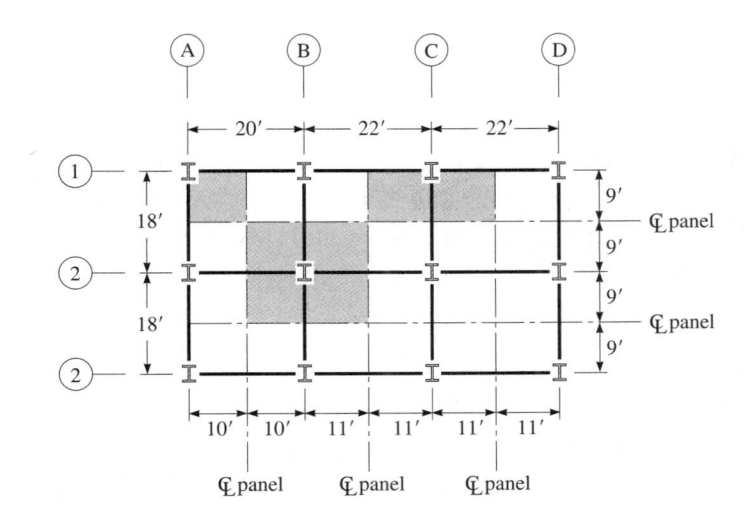

圖 2.4：柱 A1、B2 與 C2 之載重分擔面積如陰影區域所示。

柱 A1、內柱 B2 以及外柱 C1 所分配到的載重分擔面積。在建築物四周的外柱除了支承樓版的載重外，通常也要支承外牆的載重。

如圖 2.4 所示，當樓版的兩方向尺寸相當時，角柱所承擔的載重約只有內柱的四分之一。當我們使用載重分擔面積來計算柱載重時，我們並沒有考慮地板樑的位置，但我們可以設定一容許值來規範此地板樑的重量。

以載重分擔面積來計算柱的載重是較通用的一個方式，其原因是規範規定傳遞至柱的活載重與載重分擔面積的大小有關。這一個關係與載重分擔面積的大小成反比函數的關係，也就是說載重分擔面積增加時，活載重的折減也相對增加。因此，支承相當大面積的柱，它的活載重折減率可高達 40~50％。在 2.4.1 節，我們將討論 ASCE 7-98 規範中，有關活載重折減的規定。

例題 2.3

以載重分擔面積法計算，圖 2.4 所示 A1 與 B2 柱所承載之樓版靜載重，樓板由 6 英吋厚混凝土版，重 75 lb/ft² 所構成。樓板樑、管線及懸吊之天花板之總容許重量為 15 lb/ft²，此外容許考慮輕隔間重 10 lb/ft²，周圍外樑需承載外牆重為 600 lb/ft。

解答：

樓版總靜載重

$$D = 75 + 15 + 10 = 100 \text{ lb/ft}^2 = 0.1 \text{ kip/ft}^2$$

分配到 A1 之靜載重：

$$A_t = 9 \times 10 = 90 \text{ ft}^2$$

樓版靜載重　　$A_t D = 90 \times 0.1 \text{ kip/ft}^2 = 9 \text{ kips}$

外牆重　　　　= 單位長度 ×（長度）

　　　　　　　= $(0.6 \text{ kip/ft})(10 + 9) = 11.4 \text{ kips}$

總和 = 20.4 kips

分配到 B2 之靜載重：

分配的面積 = $18 \times 21 = 378 \text{ ft}^2$

所有靜載重 = $378 \text{ ft}^2 \times 0.1 \text{ kip/ft}^2 = 37.8 \text{ kips}$

2.4 活載重
Live Loads

建築物載重

活載重是指能被移上建築物或由建築物卸下的載重。活載重包括：使用者、家具、機械以及其他設備的重量。活載重會隨時間而改變，特別是當建築物的使用功能改變時。建築規則所規定的建築物活載重，代表在該建築物可能的使用情況下，所會遭遇的最大載重。各地區的建築規則通常都會規範設計活載重的大小。在美國大部分地區的建築規則，都採行 ASCE 的設計標準與程序；這一個標準已經行之有年，而且歷經多次的修定，可確保結構的安全使用。在決定構材尺寸時，設計者也必須考慮，於建造過程中所發生的短暫活載重，尤其是當這些活載重很大時。過去曾發生一些建築物破壞的例子，他們的發生原因是在建造過程中，由於堆放過重的營建材料，導致尚未完成的建築物在小區域的樓版或屋頂面積下，遭受了巨大的集中載重。此時，構材的強度比預期的要低，因此部分元件尚未與結構整體完全結合。

　　ASCE 設計標準通常會指定，各種結構物的分佈活載重的最小值，如表 2.2。如果建築物，例如：停車場，可能遭受巨大的集中活載重，設計標準也可要求設計過程中針對活載重與集中載重所造成構件的內力進行比較。而設計所採用的載重條件是選取能產生最大靜力的情況。舉例說明，ASCE 建築標準規定對停車場結構桿件設計所採用的計算值，應以均佈活載重 50 lb/ft^2 (2.4 kPa) 或在 6.25 ft^2 平方英呎（約 0.6 平方公尺）區域內的集中 2000 磅（900 公斤重）載重，兩者中較大者為依據。

活載重折減

設計規範所規定的最大活載重完全作用在一個大面積的可能性,遠較使此最大活載重完全作用在一個較小樓版面積的可能用來的小。因此,設計規則允許載重分擔面積較大的構材,可以將其活載重折減。針對這個情況,ASCE設計標準允許;當下列公式中之影響面積 (*influence areas*) $K_{LL}A_T$ 大於 400 ft² (37.2 m²) 時,可將表2.2所列之設計活載重加以折減。但對於支承單一樓版之構材的折減量不可小於 50%。支承兩層樓版以上的構材不可小於 40%。

表 2.2
ASCE 典型設計活載重

用途類別	活載重,lb/ft² (kN/m²)
集會場所及戲院	
有固定座位	60 (2.87)
大廳,公共走廊	100 (4.79)
舞臺	150 (7.18)
圖書館	
閱覽室	60 (2.87)
庫房	150 (7.18)
辦公建築	
大廳,公共走廊	100 (4.79)
辦公室	50 (2.40)
住宅	
旅館客房	30 (1.44)
非居住用途之儲物空間	20 (0.96)
其他	40 (1.92)
學校	
教室	40 (1.92)
室外迴廊	80 (3.83)

$$L = L_o \left(0.25 + \frac{15}{\sqrt{K_{LL}A_T}} \right) \quad \text{英制} \tag{2.1a}$$

$$L = L_o \left(0.25 + \frac{4.57}{\sqrt{K_{LL}A_T}} \right) \quad \text{SI公制} \tag{2.1b}$$

式中 L_o = 表2.2所列設計載重
         L = 折減後之活載重
         A_T =(載重)分擔面積,ft² (m²)
         K_{LL} = 活載重桿件因子,柱為 4,樑為 2

對於支承超過一層樓的柱與樑,式中的 A_T 項代表總樓層中,載重分擔面積的總合。

例題 2.4

圖 2.5a 與 b 所示三層樓建築，計算 (1) 地板樑 A，(2) 大樑 B，(3) 一樓之內柱2B所需承載的設計活載重。假設所有樓板及屋頂之設計活載重 L_o 為 50 lb/ft²。

解答：

(1) 地板樑 A

跨長 = 20 ft　　分配的面積 $A_T = 8(20) = 160$ ft²　　$K_{LL} = 2$

決定活載重是否可忽略：

$$K_{LL}A_T = 2A_T = 2(160) = 320 \text{ ft}^2 < 400 \text{ ft}^2$$

因此，不允許活載重折減。

作用於樑上之單位長度均佈活載重：

$$w = 50(8) = 400 \text{ lb/ft} = 0.4 \text{ kip/ft}$$

載重及反應如圖 2.5d 所示。

(2) 樑 B

樑 B 在 1/3 跨位置受到兩根地板樑反力的作用。其分擔面積由其軸向兩側延伸 10 ft 至相鄰框格中心線（如圖 2.5a 之陰影面積）；$A_T = 20(16) = 320$ ft²

$$K_{LL}A_T = 2(320) = 640 \text{ ft}^2$$

由於 $K_{LL}A_T = 640$ ft² > 400 ft² 允許活載重折減。利用（式 2.1a）

$$L = L_o\left(0.25 + \frac{15}{\sqrt{K_{LL}A_T}}\right) = 50\left(0.25 + \frac{15}{\sqrt{640}}\right) = 50(0.843) = 42.1 \text{ lb/ft}^2$$

由於 42.1 lb/ft² > 0.5 (50) = 25 lb/ft²（下限值），仍使用 $w = 42.1$ lb/ft²

$$\text{在1/3跨位置之載重} = 2\left[\frac{42.1}{1000}(8)(10)\right] = 6.736 \text{ kips}$$

所導致之設計載重如圖 2.5e 所示。

(3) 第一層樓之柱 2B

圖 2.5c 所示陰影面積為**每一層樓**內柱之**分擔面積**。計算每一層樓之載重分擔面積：

$$A_T = 20(24) = 480 \text{ ft}^2$$

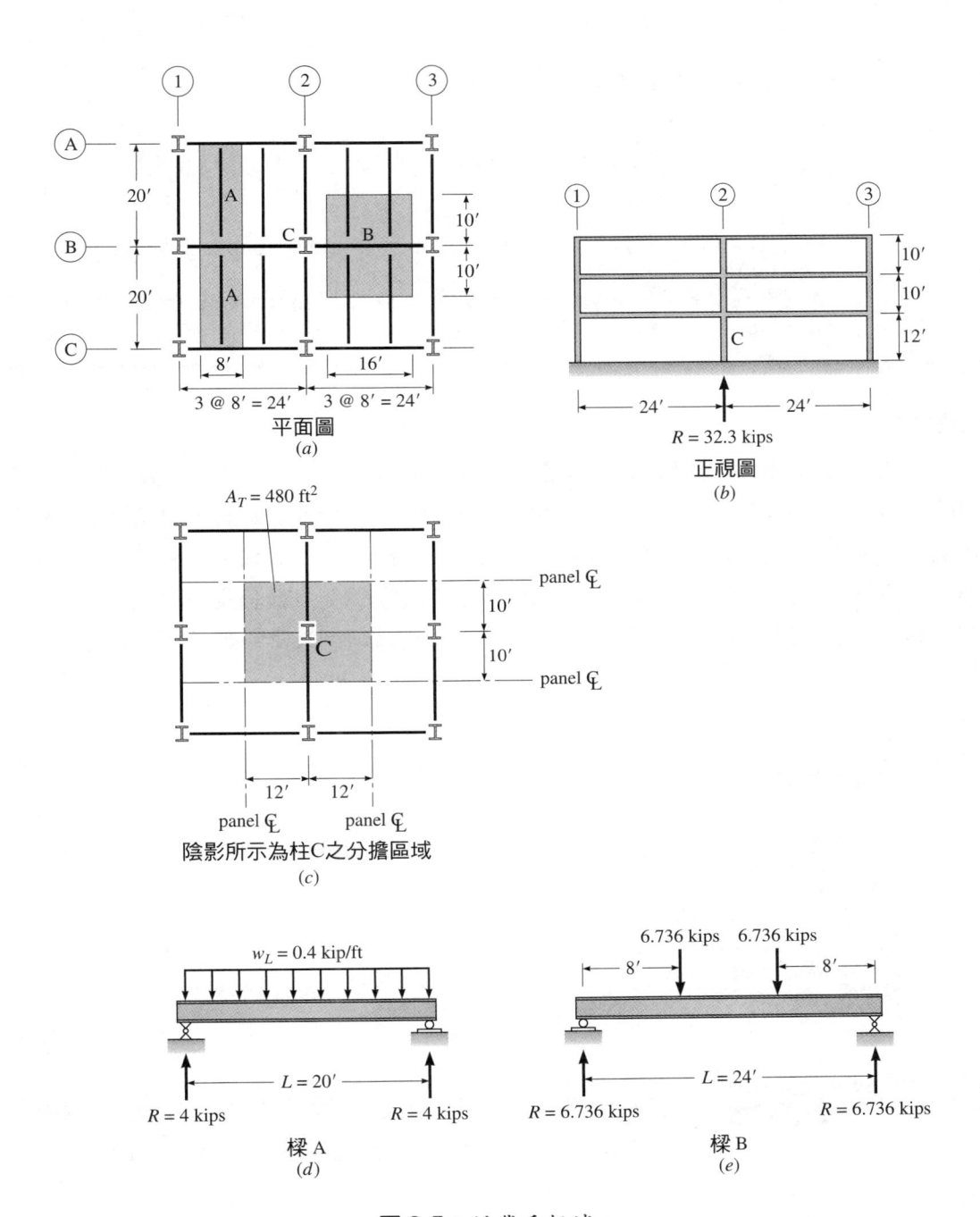

圖 2.5：活載重折減。

計算三個樓層之載重分擔面積：

$$3A_T = 3(480) = 1440 \text{ ft}^2$$

且

$$K_{LL}A_T = 4(1440) = 5760 \text{ ft}^2 > 400 \text{ ft}^2$$

因此，以（式 2.1a）折減活載重（但不可小於 $0.4L_o$）：

$$L = L_o\left(0.25 + \frac{15}{\sqrt{K_{LL}A_T}}\right) = 50 \text{ lb/ft}^2\left(0.25 + \frac{15}{\sqrt{5760}}\right) = 22.4 \text{ lb/ft}^2$$

由於 $22.4 \text{ lb/ft}^2 > 0.4 \times 50 \text{ lb/ft}^2 = 20 \text{ lb/ft}^2$ (the lower limit)，使用 $L = 22.4 \text{ lb/ft}^2$。

作用在柱之載重 = $(A_T)(22.4 \text{ lb/ft}^2) = (1440)(22.4 \text{ lb/ft}^2) = 32{,}256$ lb = 32.3 kips

衝擊力

一般而言，建築規則所規範的活載重都被當成靜力載重，這是因為大部分的載重來源（書桌、書架、檔案櫃等）都是靜止不動的。假如載重是瞬間加載的，則我們須額外考慮衝擊力。當一個移動的物體（例如移動中的電梯瞬間停止）加載在一結構物上，該結構物會變形，並吸收移動物體的動能。另一種分析的方式是，將移動中的載重當成靜力來處理，其值並以經驗決定之衝擊因子 I 放大。表 2.3 所列為常見支承結構之衝擊因子的大小。

表 2.3
活載重衝擊因子

載重情況	衝擊因子 I（百分比）
承受電梯之構材	100
承受輕型馬達驅動式機械	20
承受往復式機器或原動機之構材	50
懸吊之樓版或陽台	33
承受架空吊車之大樑	25

例題 2.5 計算圖2.6所示，支承電梯之樑的設計集中載重大小。電梯自重 3000 lb，最大容量為六人，每人平均重量 160 磅。

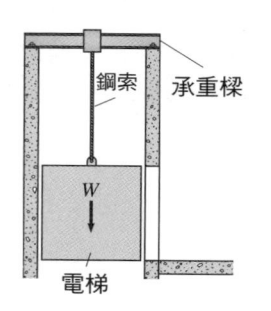

解答：

參考表 2.3 可得百分之百的衝擊因子 I，將之加到電梯載重內。因此，電梯子加上乘客重必須加倍。

總重 = D + L = 3000 + 6 × 160 = 3960 lb
設計載重 = (D + L)2 = 3960 × 2 = 7920 lb

圖 2.6：支承電梯之樑。

橋樑

在美國，公路橋樑設計的標準是由AASHTO規範所控制。此規範要求工程師需考慮一台單獨的HS20卡車，或是如圖2.7所示的分佈與集中載重作用力。通常跨度不超過44米（145英呎）的短橋，其設計值會由HS20卡車控制。較長跨度的橋樑則由分佈載重的形式來控制。

因為交通流量的關係，尤其是因路面不平坦產生行車跳動，卡車所造成的載重被視為衝擊力，必須以衝擊力因子著量增加。

$$I = \frac{50}{L + 125} \quad \text{英制} \tag{2.2a}$$

$$I = \frac{15.2}{L + 38.1} \quad \text{SI公制} \tag{2.2b}$$

但衝擊因子的增加量不必大於30%，L則是跨長內產生構件最大應力時的加載長度。

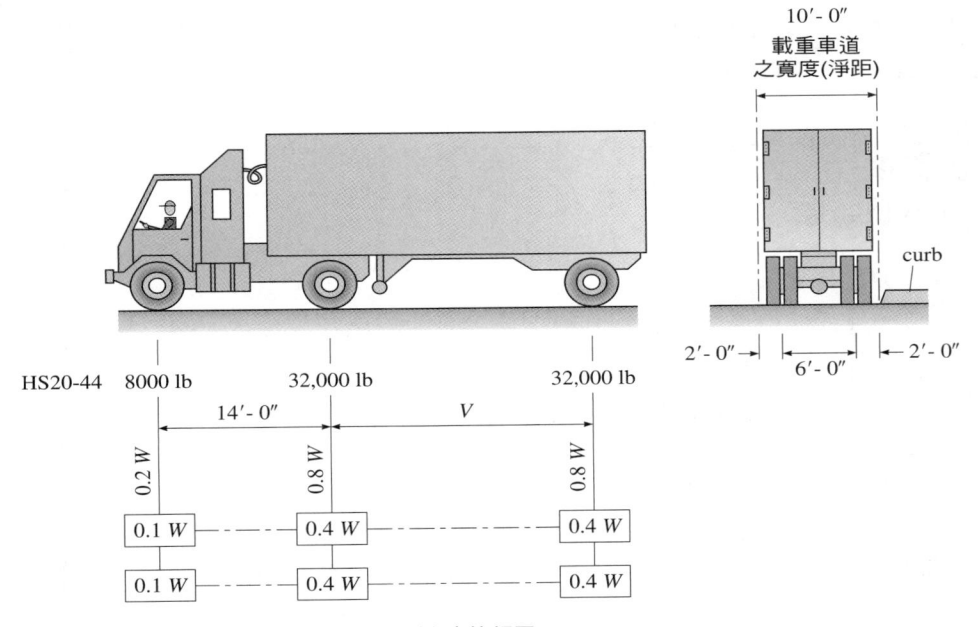

HS20-44　8000 lb　　32,000 lb　　32,000 lb

14′-0″　　V

W = 前兩輪軸之總重量，對所有之H型卡車皆相同。
V = 可變間距－4.2~9公尺(14~30英呎)間，所用之間距值為可產生最大應力之距離。

(a)

每單位長度之車道載重為均佈之 640 lb/ft（約970 kgf/cm）

集中荷重：計算彎矩時用18 kips (8.2 tons)
計算剪力時用26 kips (11.8 tons)

(b)

圖 2.7：AASHTO HS20-44 設計活載重。

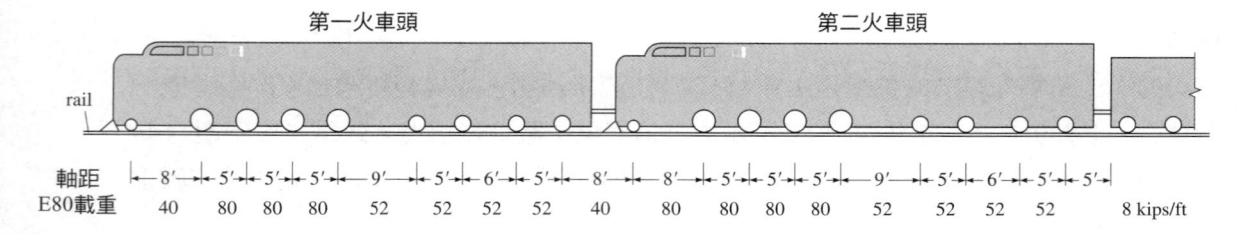

圖 2.8：AREMA E80 鐵道載重。

（式2.2）顯示，衝擊所額外增加的力與跨長成反比。換句話說，長跨度的樑自然週期較長，短跨度的樑頻率較高，動態載重在短跨橋樑所造成的力量，較在長跨度橋樑所造成的力為大。

鐵路橋樑的設計，是依據 AREMA 的鐵路工程手冊所規定的 Cooper E80 載重來計算。這一個載重是由兩個火車頭與其後接著均勻分佈的載重，來代表貨櫃連結車的重量。AREMA 手冊也提供計算衝擊力的方程式，由於 AASHTO 以及 Cooper 載重的計算，皆需要使用影響線來求得橋樑桿件受到最大作用力時，車輪的所在位置。我們將在第九章的設計例題中，說明輪載重的計算方法。

2.5　風載重
Wind Loads

簡介

正如我們在颱（颶）風或龍捲風中所觀察到的損壞，高速的風釋放相當大的力量。這些力量能夠吹斷樹枝、移走屋頂、破壞窗戶。由於風的速度及方向隨時改變，風作用在結構上真實的壓力或吸力是很難正確估算的。利用風是流體的特性，我們仍可了解與估算出合理的設計風載重大小。

作用在結構上的風壓力取決於風速大小、結構形狀與勁度、附近地表的粗糙度與輪廓以及鄰近結構的影響。當風吹向一個物體時，空氣粒子的動能會轉化成壓力，其計算方式為：

$$q_s = \frac{mV^2}{2} \tag{2.3}$$

其中 m 代表空氣的密度，V 等於風速。因此風壓隨著空氣密度改變－為溫度的函數且與風速的平方成正比。

風與地表的摩擦力影響風速大小，比方說，風吹過開闊且有地表鋪面的區域（例如機場跑道）或水表面時，受阻的程度不像風吹過崎嶇不平或者森林茂密的區域時來的大。此外，接近地表時，空氣與地面間的摩擦力會減低風速，而在較高的地方摩擦力的影響較小。因此，高程大的地方風速比地表高了許多。圖 2.9a 所示為風速隨高度影響的大致變化趨勢，這項資訊可由風速計所量測之風速得到佐證。

風壓大小也取決於迎風表面的形狀，流線形表面的物體所造成的風壓較小，而鈍的或者凹的斷面，因無法讓風平順的通過表面，所造成的風壓最大（如圖 2.10 所示）。有些建築規則是以拉曳係數 (drag factor) 來考慮形狀因數對風壓所造成的影響。

另有一些建築規則，規定了一個等效水平風壓力，做為由風速計算風壓的一種方式；此壓力隨著高度增加（如圖 2.9b）。風作用力被假設等於風壓力乘上建築物表面積。

當風吹過一斜坡面屋頂時（如圖 2.11a），通過斜面的空氣必須增加速度來維持其流體連續性。當風速增加時，作用在屋頂上的壓力減少（伯努利定理），壓力降低造成屋頂受到一個上揚力－類似風吹過飛機翅膀－導致未妥善錨釘之屋頂被吹走。當風快速吹過建築物時，類似的負壓情形會發生在建築物兩側，同時在背風側也有少量的負壓產生（如圖 2.11b 之 AB 側與 BB 側）。

旋渦分離現象 當風以等速通過物體時，空氣粒子受到表面摩擦的阻擋，在某些情況下（指風之臨界速度與表面形狀），少量的受束制空氣反覆的被截斷與再吹離（如圖 2.12）。這樣的過程稱為旋渦分離 (vortex shedding)。當空氣質量移開時，空氣速度造成接觸表面的壓力改變。如果旋渦離開接觸表面的週期，接近結構的自然週期，此壓力變化將造成結構產生振盪。隨著時間增加，這種振盪將造成結構猛烈搖晃。照片 2.1 所示 Tacoma Narrows Bridge 的破壞，就是一個戲劇性的破壞實例。高聳煙囪及懸吊管線也是對風所引起振動相當敏感的結構。為了防止旋渦分離現象造成對振

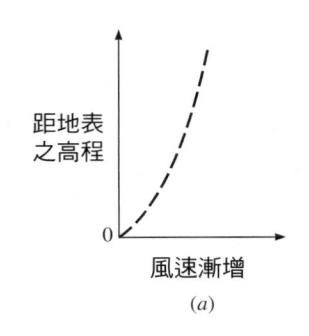

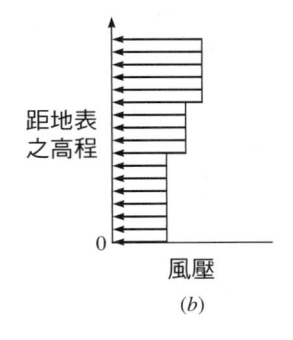

圖 **2.9**：(a) 風速隨距地表距離的變化；(b) 典型建築設計規則中，所規定之建築物迎風側風壓變化趨勢。

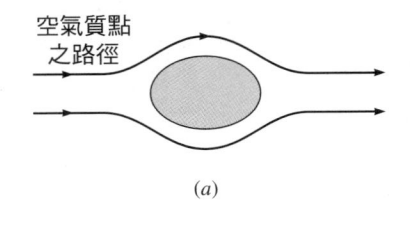

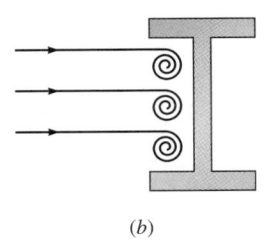

圖 **2.10**：形狀對拉曳係數之影響：(a) 曲線輪廓使空氣容易通過（拉曳係數較小）；(b) 翼板使空氣受到阻擋，造成樑之腹板壓力增（拉曳係數大）。

圖2.11：(a) 斜面屋頂之上揚壓力；因為路徑2的長度較大，使得路徑2的風速大於路徑1的風速。風速增加使得屋頂上部之壓力降低，產生建物內外之壓力差。上揚力為屋頂坡度角度 θ 之函數。(b) 風速增加使得側面與下風側產生負壓力（抽吸之力量 suction），而迎風側 AA 為正向壓力。

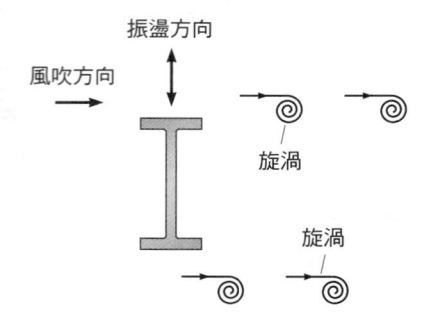

圖 2.12：由鋼樑所造成之旋渦。當旋渦離開時，壓力降低造成樑橫向之移動。

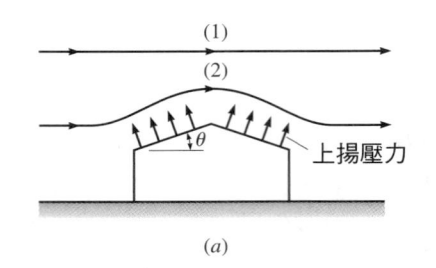

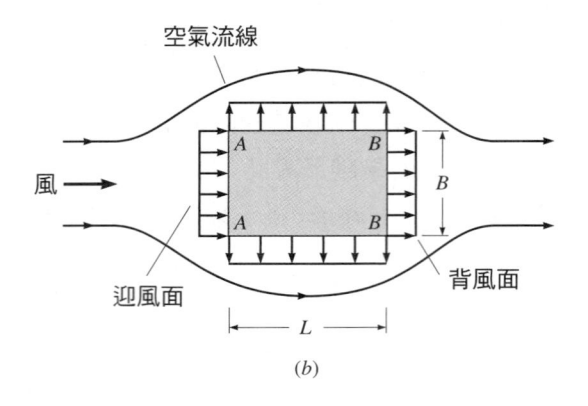

動敏感之結構的損壞，在風接觸表面我們可使用擾流板(spoilers)(如圖2.13)。使得旋渦以不規則形式離開，或以阻尼器(dampers)來吸收能量。另一種解決方案，是將結構的自然週期加以改變，使它落在發生旋渦分離現象週期的範圍之外。通常以增加結構系統的勁度來改變結構的自然週期。

照片 2.1：Tacoma Narrows Bridge 破壞當時，其中一段車道破碎落入河中之情形。此窄而柔軟之橋的破裂是由風所引起的巨大振盪所造成。

在 Tacoma Narrows Bridge 破壞的數十年後，設計者在吊橋兩側增設加勁桁架，來減少橋面版的彎曲程度（照片2.2）。現今設計者使用強韌的空氣動力箱型斷面來有效抵抗風所引起的變位。

抗風與地震力之結構側撐系統

建築物的樓版通常由柱所支撐，在受到垂直向下的靜載重與活載重（也稱重力載重(gravity load)）作用時，柱主要是承受軸壓力。因為柱能有效承受軸力所造成之正向應力，柱通常有相對較小的截面－對業主而言這是一個正面的結果，因為可有較大之樓地版可用空間。

當側向力，如風力或地震引起之慣性力作用在建築物，將會產生側向變位。這個變位在建築基部為零並逐漸隨高度增加。由於細長柱有較小之斷面，其撓曲勁度較小。因此，對於柱為唯一承重元件之建築物而言，將產生大的側向變位。這樣的側向變位會造成隔間牆破裂、維生管線損害，以及造成使用者暈眩現象（特別是多層樓的上方樓層）。

為了限制側向變位的大小，結構設計者通常在建築物適當的地點安設加勁磚牆或鋼筋混凝土牆。對這一些剪力牆(shear walls)而言，它們在牆所在平面上勁度極高，較所有柱之總勁度還高好幾個數量級。由於此巨大勁度之故，通常我們假設剪力牆可承受所有風力與地震力，並將之傳至基礎。

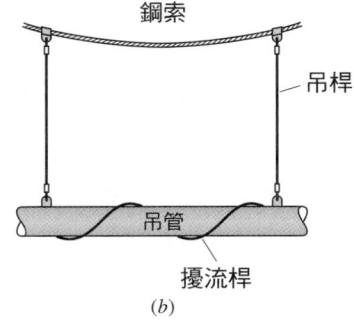

圖 2.13：焊接於吊管之擾流板改變旋渦發生之週期：(a) 三角形之擾流板；(b) 焊接於吊管之螺旋狀細桿，其作用亦如擾流板。

照片 2.2：紐約市港口之 Verrazano Narrows Bridge。此樑連接 Staten 島與布魯克林區，於 1964 年通車。照片中顯示車道高度位置之加勁桁架，可用來降低風引起之振盪。

由於橫向力垂直作用於牆之縱軸方向，此行為類似於樑的剪力作用，我們稱它為剪力牆（如圖2.14a）。事實上，剪力牆在它的兩個垂直側邊也必須加勁，因為在垂直平面方向上牆會受彎矩作用。圖 2.14b 所示為典型剪力牆之剪力與彎矩圖。

分析牆所受的載重時，是將連續樓版視為剛性版，樓版以所謂隔牆作用（diaphragm action）將力傳至牆（如圖2.14a）。對風載重而言，樓版的力是由外牆受空氣壓力作用所產生的。以地震力而言，當建築物隨地表運動時，傳遞至剪力牆的地震力是由樓版及其連接構材的總質量所決定的慣性力。

剪力牆可安置在建築物的內部或外牆位置（如圖2.14c）。由於牆只有沿縱身之方向的撓曲勁度有顯著作用，建築物的兩個水平方向都需要牆來抵抗橫力。圖2.14c的兩座剪力牆，標號 W_1 者是用來抵抗建築物較短邊之東西向風載重，另一座剪力牆標號 W_2，則是用來抵抗作用在建築物長邊，也就是南北方向的風載重。

對鋼結構建築而言，取代剪力牆的一個替代方案，是增設X型或V型的側撐系統於柱間形成抗風力桁架（如圖 2.14d）。

預估設計風壓的方程式

確立作用於建築物風壓的主要目的，是為了決定用來設計結構構材尺寸，以及抗風側撐系統的作用力大小。這一節我們將討論確立風壓力的程序，所使用的是最新版ASCE建築最小設計載重標準(ASCE Standard for Minimum Design Loads on Buildings) 所規定

圖 **2.14**：抵抗風或地震側向載重之結構系統。(a) RC 剪力牆傳遞所有橫向風載重。(b) 作用於圖 (a) 建築物迎風及背風側總風力，所造成的剪力與彎矩圖。(c) 建築平面圖顯示剪力牆與柱之位置。(d) 鋼柱間之交叉側撐形成一個桁架，將橫向風載重傳遞至基礎。

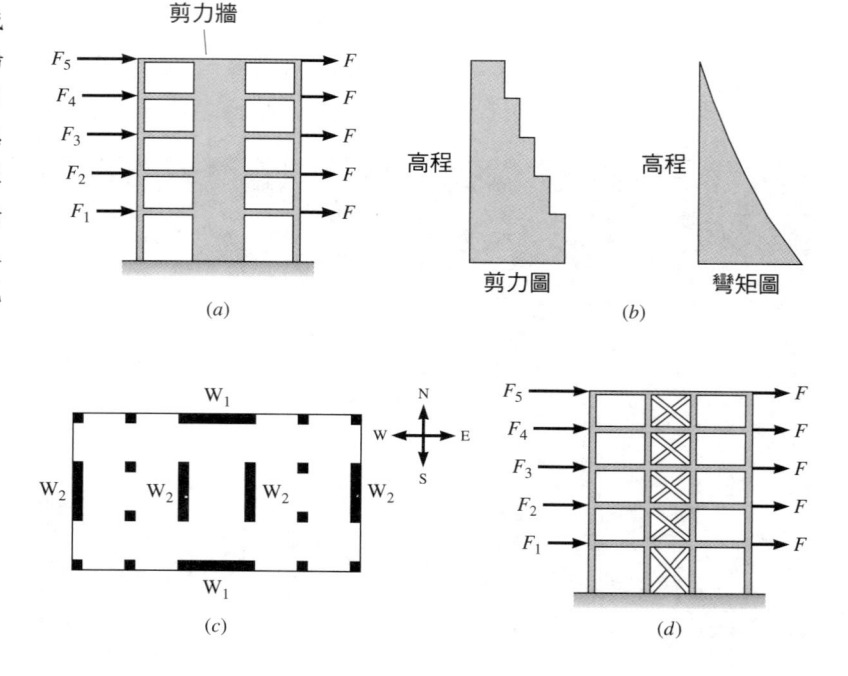

的簡化計算。此一版本之ASCE標準包含：依據近年我們對建築物受風作用力反應更深入的了解，所做成關於風載重規定的主要修訂。

假如將空氣在15°C (59°F) 的密度代入（式2.3a）中，原式之靜力風壓力q_s變成（式2.4）的兩個方程式。

$$q_s = 0.00256V^2 \quad \text{英制} \qquad (2.4a)$$

$$q_s = 0.613V^2 \quad \text{SI公制} \qquad (2.4b)$$

其中　q_s = 靜力風壓，N/m² (lb/ft²)

　　　V = 基本風速，m/s (mph)。基本風速用來確立特定地區之設計風力，如圖2.15所示為美國所使用之風速圖。這一些風速是由風速計在開放的平坦地勢距地表十公尺的高度所測得，他們也代表任一年內超過此風速的機率為百分之二的風速值。值得一提的是，最大風速發生在海岸沿線，風與水間摩擦力最小的地方。

接著將（式2.4）的靜風壓q_s以（式2.5）表示，式中利用四個經驗因數來確立地表上不同高程的速度風壓q_z。

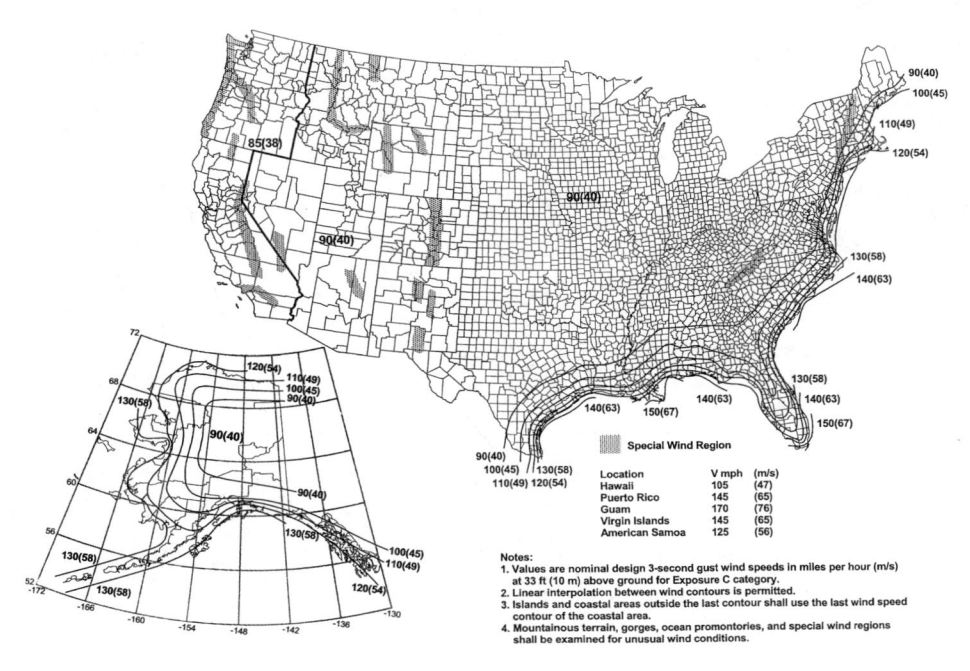

圖 2.15：ASCE基本風速等高線圖。最高風速發生在美國東及東南沿岸地區。

$$q_z = 0.00256V^2IK_zK_{zt}K_d \quad \text{英制} \tag{2.5a}$$

$$q_z = 0.613V^2IK_zK_{zt}K_d \quad \text{SI公制} \tag{2.5b}$$

或利用（式 2.4a），我們可將（式 2.5）之前兩項以 q_s 取代如下：

$$q_z = q_sIK_zK_{zt}K_d \tag{2.6}$$

其中　q_z = 地表高度 z 的速度風壓。

　　　I = 重要性因子（*importance factor*），代表特定結構物對社會之重要性。比方說，辦公建築 $I = 1$，但對於醫院、警察局或其他攸關社會安全與財產的公共設施，則增至 1.15。至於結構損壞不會產生嚴重經濟損失或導致大眾遭受危險者，I 可降至 0.87。或當 V 超過 160 km/hr（100 mph）時之 0.77。

　　　K_z = 風速暴露係數（*velocity exposure coefficient*），用於考量高度以及暴露條件的影響。共可分為四種暴露種類 (A~D) 如下：

　　　　A：大城市之都會中心，其百分之五十建築物高度大於 70 英呎（21.3 公尺）。
　　　　B：都會及郊區或具低矮結構的樹木綠化區域。
　　　　C：具零星障礙物之開放地域，障礙物通常低於 9.1 米（30 英呎）以上
　　　　D：平坦無障礙區域，暴露於風吹之開放水域達 1.6 公里（1 英哩）以上。

K_z 之值列於表 2.4，並作圖於圖 2.16。

圖 2.16：K_z 之變化趨勢。

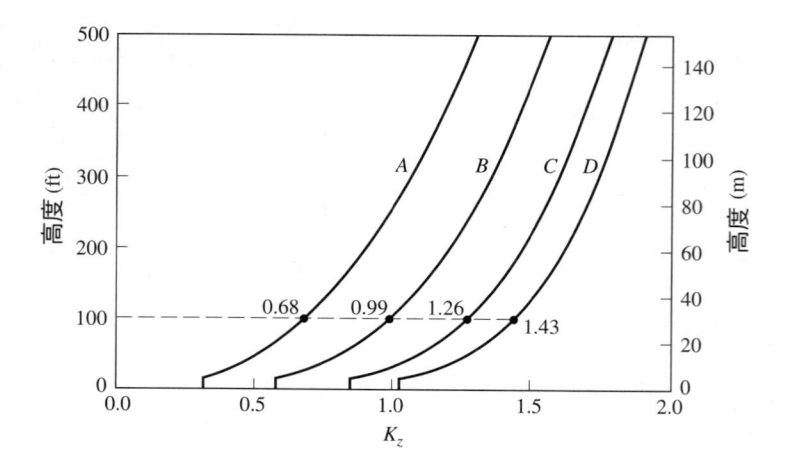

表 2.4
風壓暴露係數 K_z

高程 z		暴露等級			
ft	(m)	A	B	C	D
0–15	(0–4.6)	0.32	0.57	0.85	1.03
20	(6.1)	0.36	0.62	0.90	1.08
25	(7.6)	0.39	0.66	0.94	1.12
30	(9.1)	0.42	0.70	0.98	1.16
40	(12.2)	0.47	0.76	1.04	1.22
50	(15.2)	0.52	0.85	1.09	1.27
60	(18)	0.55	0.82	1.13	1.31
70	(21.3)	0.59	0.89	1.17	1.34
80	(24.4)	0.62	0.93	1.21	1.38
90	(27.4)	0.65	0.96	1.24	1.40
100	(30.5)	0.68	0.99	1.26	1.43
120	(36.6)	0.73	1.04	1.31	1.48
140	(42.7)	0.78	1.09	1.36	1.52
160	(48.8)	0.82	1.13	1.39	1.55
180	(54.9)	0.86	1.17	1.43	1.58

表 2.5
風向因子 K_d

結構類型	K_d
建築物	
主要抗風力系統	0.85
構件與帷幕	0.85
煙囪，水塔等類似結構	
方形	0.90
圓形	0.95
桁架鐵塔	
三角形，方形，矩形	0.85
其他形狀	0.95

K_{zt} = 地形因子 (topographic factor)，對座落於地表之建築為 1，對座落於高處（山丘頂）之建築，K_{zt} 因較大之風速應予以增加。

K_d = 風向因子 (wind direction factor)，考量了由任一特定方向吹來最大風壓之機率予以折減（見表 2.5）。

決定設計風壓力(design wind pressure)的最後一個步驟是以額外的兩個因子 G 與 C_p，修正（式 2.5）中之 q_z

$$p = q_z G C_p \tag{2.7}$$

其中　p = 建築物特定面上之設計風壓。

G = 陣風因子(*gust factor*)，剛性結構其自然週期小於1秒者為0.85。至於柔性結構其自然週期大於1秒者，ASCE標準規範中有一系列計算 G 之公式。

C_p = 外壓係數(*external pressure coefficient*) 用來決定將（式2.5）所得之風壓分配在建築物四個面上之比例（見表2.6）。對於建築物迎風面之牆 $C_p = 0.8$。背風側 $C_p = -0.2$ 至 -0.5，負號表示壓力作用方向遠離建築物表面。C_p 的大小為風吹方向長度 L 與迎風面垂直面尺寸 B 之比例 L/B 的函數。主要設計抗風側撐系統必須設計來抵抗迎風與背風側之總風力。最後，在平行於風吹方向之兩側亦產生負風壓，其 $C_p = -0.7$。

表 2.6
外壓係數 C_p

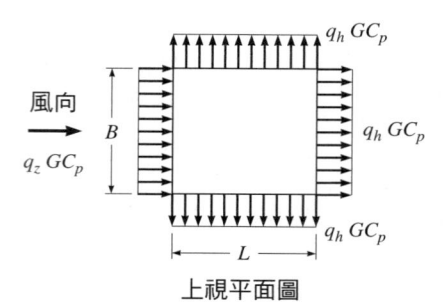

牆面壓力係數 C_p

表面	L/B	C_p	套用於
迎風牆	所有比值	0.8	q_z
背風牆	0–1	−0.5	
	2	−0.3	q_h
	≥4	−0.2	
側面牆	所有比值	−0.7	q_h

註：
1. 正與負符號分別表示壓力作用方向指向表面或遠離表面。
2. B 為建築物垂直於風吹方向之水平尺寸，L 為建築物平行於風吹方向之尺寸。

風壓在迎風面作用方面為指向牆面，且隨作用高度增加而增大。而在另三個方向之牆面，風壓方向為遠離牆面之負風壓，且在任何高度皆為定值。K_z之值是依據平均屋頂高度h計算。典型的風壓分佈示意圖如圖2.17。例題2.6將說明一棟高30米（100英呎）建築物四周風壓之計算過程。

由於風可作用在任何方向上，設計者須考慮風載重作用在不同角度時之可能性。對於高層建築而言－特別是具特殊外型之建築－通常使用小尺寸模型進行風洞試驗，來決定最大風壓之大小。進行這些研究時，可能妨礙風吹方向鄰近之高層建築的影響必須加以考慮。建築模型通常製作於可旋轉的小平台上，以便於風洞中決定出造成最大正風壓與最大負風壓之風吹角度。

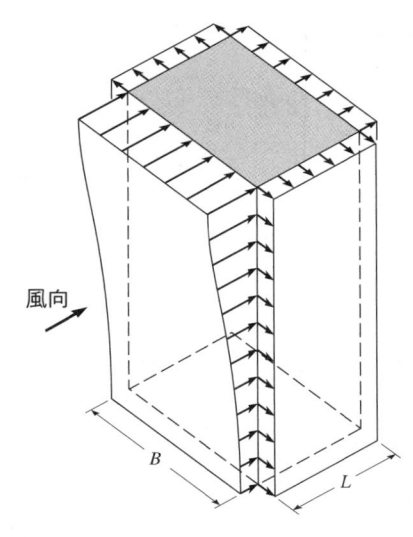

圖2.17：多層建築上之典型風載重分佈示意圖。

例題 2.6

決定一棟八層樓高旅館建築四側之風壓分佈，此建築座落於南卡羅萊納州海岸線上－此區域常有颶風侵襲。考慮圖2.18a所示，強風直接作用於建築物之AB表面的情況。圖2.15之風速圖顯示建築物設計之基本風速為$V = 130$ mph由海上吹來。假設建築物之自然週期小於1秒，被歸類為陣風係數$G = 0.85$之結構物。重要性因子I等於1.15。由於建築物位於海岸旁之平地，$K_{zt} = 1$。

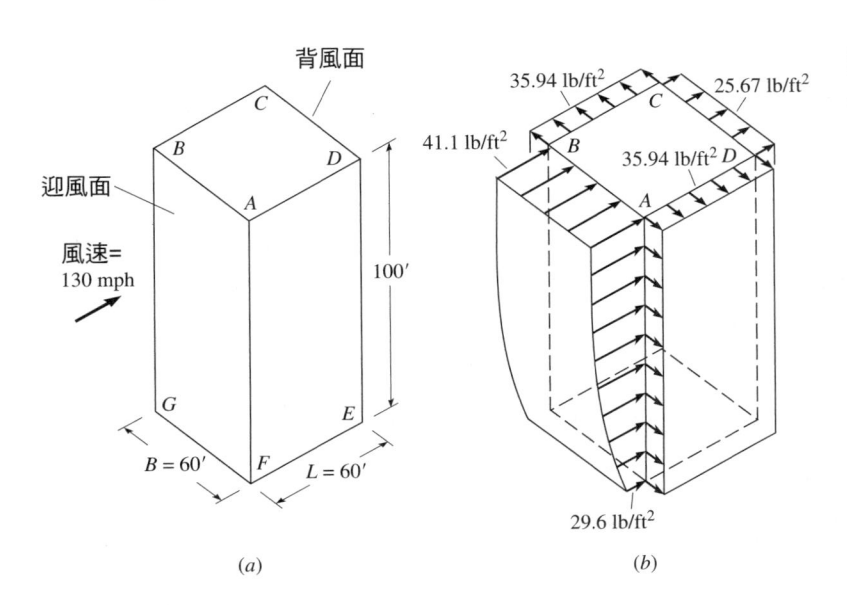

圖2.18：建築物側面之風壓變化。

解答：

步驟一 以（式 2.4a）計算靜風壓：

$$q_s = 0.00256 V_{II} = 0.00256(130)^2 = 43.26 \text{ lb/ft}^2$$

步驟二 以（式 2.5a）計算建築物頂高度 100 ft 處迎風面之風壓。由於風由海上吹來，暴露條件為 D。

$$I = 1.15$$
$$K_z = 1.43 \quad \text{（如圖2.16或表2.4）}$$
$$K_{zt} = 1 \quad \text{（平地）}$$
$$K_d = 0.85 \quad \text{（表2.5）}$$

將上述數值代入（式 2.6）中，可得 100 ft 高度之設計風壓為

$$q_z = q_s I K_z K_{zt} K_d$$
$$= 43.26(1.15)(1.43)(1)(0.85) = 60.4 \text{ lb/ft}^2$$

註： 要計算迎風側不同高度處之風壓，僅需改變式中 K_z 之值。例如：由表 2.4 可知在 50 ft 高度，$K_z = 1.27$ 所以 $q_z = 53.6 \text{ lb/ft}^2$。

步驟三 以（式 2.7）決定迎風面 AB 之設計風壓。

陣風係數 $G = 0.85$，由表 2.6 可讀取 $C_p = 0.8$，代入（式 2.7）可得

$$p = q_z G C_p = 60.4(0.85)(0.8) = 41.1 \text{ lb/ft}^2$$

步驟四 決定背風側風壓

$$C_p = -0.5 \quad \text{（表2.6）} \quad \text{以及} \quad G = 0.85$$
$$p = q_z G C_p = 60.4(0.85)(-0.5) = -25.67 \text{ lb/ft}^2$$

步驟五 計算兩個垂直面側邊之風壓

$$C_p = -0.7, \quad G = 0.85$$
$$p = q_z G C_p = 60.4(0.85)(-0.7) = -35.94 \text{ lb/ft}^2$$

風壓之分佈圖如圖 2.18b 所示。

決定低層建築風載重之簡易方法

除了上述計算風載重之方法，ASCE規範亦針對9.1米（30英呎）高度以下之規則建築物，提供一簡易方法，其適用條件如下：

1. 樓板之作用可視為剛性板（如隔板 diaphragms）並連接至主要抗風力系統。
2. $K_{zt} = 1$（無地形因子效應）。
3. 屋頂斜面角度小於 10°。
4. 建築物為高勁度建築，其自然頻率大於 1 Hz（計算建築物自然頻率之方法涵蓋於研究所結構動力課程中）。

對於此種規則外型而言，決定其設計風壓力之步驟如下：

1. 使用圖 2.15 決定風速 V。
2. 由表 2.7 讀取設計風壓。此數據代表暴露於 B 條件下之迎風與背風總風壓值。對於暴露條件 C 與 D，分別乘上 1.4 與 1.66。每一表面上之壓力皆假設為定值。由於風速是在 10 米（33 英尺）之高度所量測，且它應隨著高度降低而遞減。上述風壓不隨高度改變之假設為保守之步驟。
3. 如果 I 值不為 1，將風壓修正為正確之 I 值。
4. 其他三個表面之風力計算使用相同步驟。

例題 2.7 說明一棟三層樓建築之簡易分析步驟。

表 2.7
ASCE 簡易風載重決定法之設計風壓

重要性因子為1，暴露條件為B

基本風速 (mph)	85	90	100	110	120	130	140	150	160	170
設計風壓 (lb/ft^2)	12	14	17	20	24	29	33	38	43	49

註：
1. 設計風壓代表垂直於迎風牆面方向之迎風向與背風向風壓力的總合。
2. 暴露條件 C 乘上係數 1.4。
3. 暴露條件 D 乘上係數 1.66。
4. 若重要性因子非 1，乘上 I 值。

例題 2.7

圖 2.15 顯示，作用於圖 2.19a 之 30 英呎高三層樓建築之風速為 90 mph。如果暴露條件為 C，請決定出由兩面大型 RC 剪力牆所形成之抗風系統，傳遞至建築物基礎之風作用力大小。牆位於建築物兩側之中點，具有相同性質且平分橫向風力。重要性因子 I 為 1。

解答：

步驟一 由表 2.7 讀取風速為 90 mph 時，風壓為 14 lb/ft²

步驟二 調整為暴露條件 C

$$q_s = 14(1.4) = 19.6 \text{ lb/ft}^2, \text{ 四捨五入為 } 20 \text{ lb/ft}^2$$

步驟三 計算由迎風面之牆傳遞至屋頂及各樓版之風載重。假設每單位寬度之垂直條狀外牆作用有如簡支於兩層樓版上之樑；因此，虛構樑的載重各有一半傳遞至上下兩層樓版上（如圖 2.19b）。

傳至屋頂版每單位英呎載重 = 20 lb/ft² × 5 ft = 100 lb/ft = 0.1 kip/ft

屋頂版總風載重 = 0.1 kip/ft × 40 ft = 4 kips

傳至第二與三層樓版每單位英呎載重 = 20 lb/ft² × 10 ft
= 200 lb/ft = 0.2 kip/ft

第二與第三層樓版總風載重 = 0.2 kip/ft × 40 ft = 8 kips

總風載重 = 4 + 8 + 8 = 20 kips

作用於各剪力牆之載重 = 20/2 = 10 kips

圖 2.19c 所示為剪力牆之自由體圖及作用於各樓版之載重。

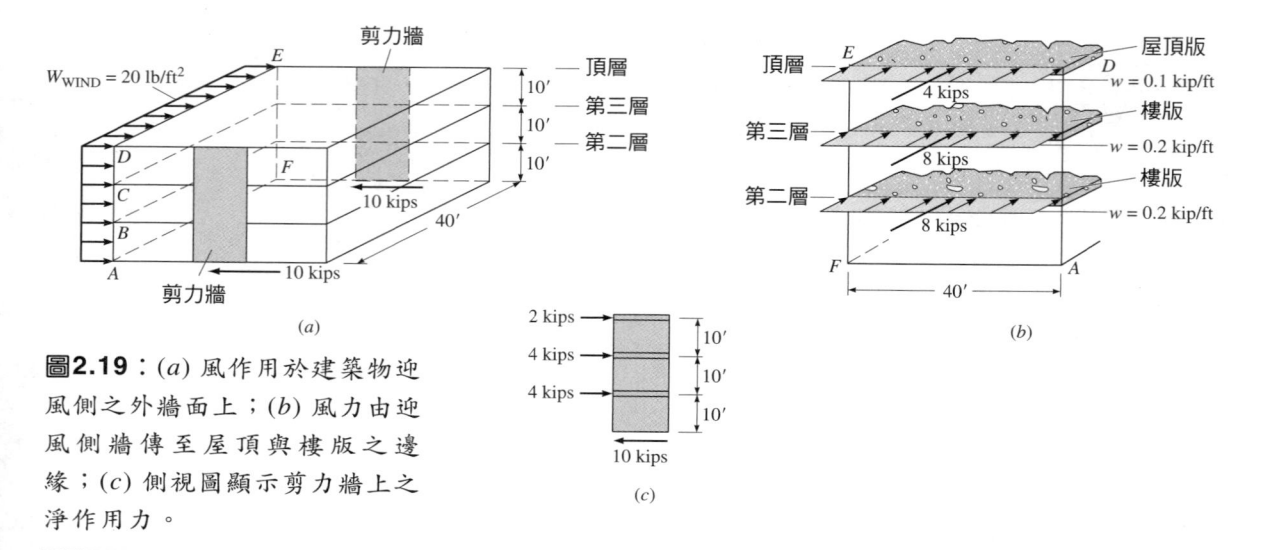

圖 2.19：(a) 風作用於建築物迎風側之外牆面上；(b) 風力由迎風側牆傳至屋頂與樓版之邊緣；(c) 側視圖顯示剪力牆上之淨作用力。

2.6 地震力
Earthquake Forces

世界上的許多地區都有發生地震的可能，有些地區地表憾動的強度較弱，設計者不需要將地震的效應加以考慮。但在其他地方，特別是接近活動斷層的區域，例如加州西海岸的聖安德烈斷層 (San Andreas fault)－偶而發生之劇烈地表運動，會造成很大區域範圍內的建築與橋樑被摧毀或損壞（如照片 2.3a 和 b）。例如舊金山在 1906 年的大地震中幾乎被摧毀，當時建築與橋樑設計規則都還沒有耐震設計的相關規定。

大地震的地表運動，造成建築物前後擺動。想像建築物的底部固定，則樓版將由底部的靜止逐漸改變至屋頂的最大位移（如圖 2.20a）。當樓版側向移動時，側向側撐系統為了抵抗樓版的側向位移，將產生內力的作用。此種**慣性力**(*inertia force*)與樓版及其附屬設備（含隔間等）的重量，以及結構物的勁度有關。所有樓版橫向慣性力的總合，會傳至基礎並稱為**基底剪力**(*base shear*)，以 V 來表示（如圖 2.20b）。對大部分各層樓重量相仿的建築物而言，慣性力的分佈與 2.6 節所討論風力的分佈類似。

雖然有數種決定建築物設計基底剪力值分佈之方法，我們將只考慮美國國家標準協會／美國土木工程師學會 (ANSI/ASCE) 設計標準所描敘之等量橫力法(*equivalent lateral force procedure*)。在這個方法中，基底剪力之計算方式如下：

$$V = \frac{S_{D1}W}{T(R/I)} \qquad (2.8a)$$

但不超過

$$V_{max} = \frac{S_{DS}W}{R/I} \qquad (2.8b)$$

照片 **2.3**：地震對結構之損害。(*a*) 1995 年日本阪神地震中阪神新幹線高架橋倒塌。(*b*) 1999 年集集大地震中倒塌之住宅大樓。

圖2.20：(a) 當結構物側移時所產生之位移；(b) 樓板運動所產生之慣性力。

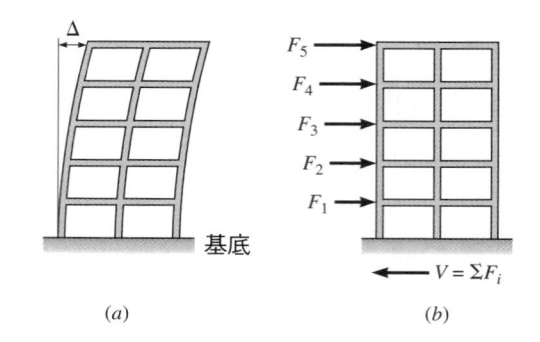

也不小於

$$V_{\min} = 0.0441 I S_{DS} W \qquad (2.8c)$$

其中　W = 建築物及其永久設施與隔間之總靜重

　　　T = 建築物基本自然週期，可由下列經驗公式估計

$$T = C_T h_n^{3/4} \qquad (2.9)$$

式中　h_n = 建築物高度；剛性鋼構架，RC 剛構架及其他系統之 C_T 值分別為 0.035，0.03 及 0.02（SI 制則為 0.085、0.073 及 0.0488）。建築物的自然週期為其側向勁度與質量之函數。由於基底剪力 V 與自然週期成反比，V 值隨結構側撐系統勁度增加而減少。如果側向支撐系統之勁度太小，理所當然的，側向位移可能過大，造成窗戶、外牆及其他非結構元件之損壞。

　　　S_{D1} = 自然週期 T = 1 秒之結構的設計地震強度，由震度圖求得。表 2.8 為美國數個城市之對應值。

　　　S_{DS} = 自然週期 T=0.2 秒之結構在特定場址上之設計地震強度，由震度圖求得，表 2.8 為美國數個城市之對應值。

　　　R = 反應修正因子(response modification factor)，代表一個結構系統抵抗地震力的能力，表2.9所列為常見結構系統之值，最高值8指定予延展度佳之結構系統，最低值 1.25 賦予脆性結構系統。由於 R 在（式 2.8）之分母中，較大之 R 值表示結構所承受之設計地震力有較大之折減量。

　　　I = 用途係數(occupancy importance factor)，代表結構對社會之重要性。例如：辦公室建築為 1，但醫院、警察局及其他與大眾安危及社會福祉相關之設施則增為 1.5。

註：（式2.8b）規定之上限值是為了避免，（式2.8a）對估計勁度高、週期短之建築物的基底剪力過於保守。而 ASCE 規範所規定之最小值（式2.8c）是為確保建築物起碼以一最小地震力進行設計。

表 2.8
S_{DS} 與 S_{D1} 在選擇地區之代表值

城市	S_{DS}, g	S_{D1}, g
加州洛杉磯	1.3	0.5
猶他州鹽湖城	1.2	0.5
田納西州曼菲斯	0.83	0.27
紐約州紐約市	0.27	0.06

註：表列 S_{DS} 與 S_{D1} 值假設基礎位於岩盤上。對於較軟弱土層而言，此兩係數值會增加。

表 2.9
常見側向支撐結構系統之 R 值

結構系統之描述	R
具剛性接頭之韌性鋼或混凝土構架	8
普通RC剪力牆	4
普通加強磚造剪力牆	2

各樓層之地震基底剪力分配

地震基底剪力(*seismic base shear*)V 分配至各樓層之大小係使用（式 2.10）計算

$$F_x = \frac{w_x h_x^k}{\sum_{i=1}^{n} w_i h_i^k} V \qquad (2.10)$$

式中　　F_x = 第 x 層之橫向地震力
　　　　w_i 與 w_x = 第 i 與 x 層之樓板靜重
　　　　h_i 與 h_x = 由基底至 i 與 x 樓層之高度
　　　　k = 1 當 $T < 0.5$s，2 當 $T > 2.5$s。至於結構週期介於 0.5 至 2.5 間者，可以線性內插求得如下

$$k = 1 + \frac{T - 0.5}{2} \qquad (2.11)$$

（式 2.11）之圖示如圖 2.21。

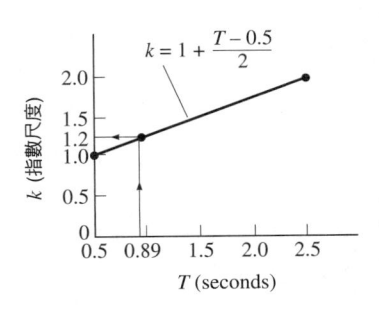

圖 2.21：k 值之插值示意圖。

例題 2.8

決定作用於圖 2.22 所示六層樓辦公建築各樓層之設計地震力。建築物之結構體包含剛性接頭鋼結構抗彎構架（moment frame），其 R 值為 8。此 75 英呎高建築物座落於強震區，對於支承於岩盤之建築物而言，$S_{D1} = 0.4g$，$S_{DS} = 1.0g$。g 為重力加速度，各樓層靜重 700 kips。

解答：

先以（式 2.9）計算基本週期

$$T = C_T h_n^{3/4} = 0.035(75)^{3/4} = 0.89 \text{ seconds}$$

假設樓板靜重已包括柱、樑、隔間、天花板等之重量，則建築物之總重量為

$$W = 700(6) = 4200 \text{ kips}$$

辦公建築之用途係數 I 為 1。以（式 2.8a）至（式 2.8c）計算基底剪力 V

$$V = \frac{S_{D1}}{T(R/I)}W = \frac{0.4}{0.89(8/1)}(4200) = 236 \text{ kips} \tag{2.8a}$$

但不必大於

$$V_{\max} = \frac{S_{DS}}{R/I}W = \frac{1.0}{8/1}(4200) = 525 \text{ kips} \tag{2.8b}$$

也不小於

$$V_{\min} = 0.044 I S_{DS} W = 0.044 \times 1 \times 1.0 \times 4200 = 184.8 \text{ kips} \tag{2.8c}$$

因此，使用 $V=236$ kips。

各樓層上之橫向地震力的計算歸納於表 2.10。為了說明這些計算值，我們以作用在第三層樓版之力為例計算。由於 $T = 0.89$ 秒，介於 0.5 秒與 2.5 秒間我們以（式 2.11）內插 k 值（如圖 2.21）。

圖 2.22：(a) 六層樓建築；(b) 側向載重分佈

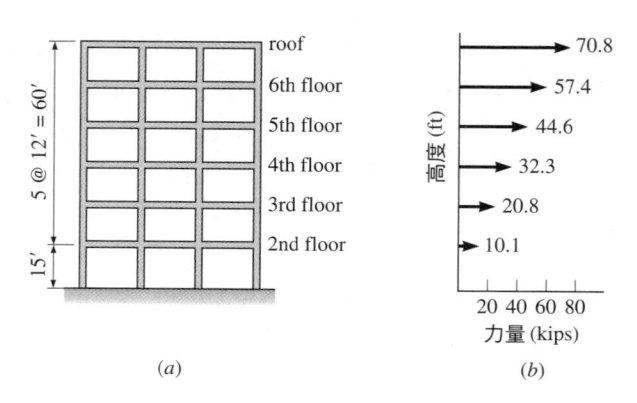

(a) 六層樓建築示意圖，樓層由下至上為 2nd floor、3rd floor、4th floor、5th floor、6th floor、roof，底層高 15'，上方 5 @ 12' = 60'。

(b) 側向載重分佈：
- roof：70.8
- 6th floor：57.4
- 5th floor：44.6
- 4th floor：32.3
- 3rd floor：20.8
- 2nd floor：10.1

橫軸：力量 (kips)，縱軸：高度 (ft)

$$k = 1 + \frac{T - 0.5}{2}$$

$$k = 1.0 + \frac{0.89 - 0.5}{2} = 1.2$$

$$F_{\text{3rd floor}} = \frac{w_3 h_3^k}{\sum_{i=1}^{n} w_i h_i^k} V$$

$$= \frac{700 \times 27^{1.2}}{700 \times 15^{1.2} + 700 \times 27^{1.2} + 700 \times 39^{1.2} + 700 \times 51^{1.2} + 700 \times 63^{1.2} + 700 \times 75^{1.2}}(236)$$

$$= \frac{36{,}537}{415{,}262}(236) = 20.8 \text{ kips}$$

表 2.10
地震橫力之計算

樓層	總重 w_i (kips)	樓高 h_i ft	$w_i h_i^k$	$\dfrac{w_x h_x^k}{\sum_{i=1}^{6} w_i h_i^k}$	F_x (kips)
Roof	700	75	124,501	0.300	70.8
6th	700	63	100,997	0.243	57.4
5th	700	51	78,376	0.189	44.6
4th	700	39	56,804	0.137	32.3
3rd	700	27	36,537	0.088	20.8
2nd	700	15	18,047	0.043	10.1

$$W = \sum_{i=1}^{6} w_i = 4200 \qquad \sum_{i=1}^{6} w_i h_i^k = 415{,}262 \qquad V = \sum_{i=1}^{6} F_i = 263$$

2.7 其他載重
Other Loads

在寒冷的區域，屋頂的積雪載重必須加以考慮。ASCE設計標準所規定的設計雪載重規定如下：

$$p_s = 0.7 C_s C_e C_t I p_g \tag{2.12}$$

式中　p_g = 設計地表雪載重（如波士頓 40 psf，芝加哥 25 psf）

　　　C_s = 屋頂坡度因子（隨坡度增加由 1.0 遞減）

C_e = 暴露因子（強風區 0.7，受遮蔽區 1.3）

C_t = 溫度因子（無暖氣建築 1.2，有暖氣建築 1.0）

I = 重要因子

平坦的屋頂需要適當的排水系統來防止雨水造成積水，所以ASCE設計標準要求屋頂的每一單元，必須被設計成足以承受，當主要排水系統阻塞，所有雨水累積在屋頂上時的載重。如果設計中未加以考慮積水的功能，則雨載重可能造成屋頂樑超量的變形，造成不穩定的問題，導致屋頂坍塌。另外某些情況下，其他類型的載重視需要可加入結構設計的考量中，包括：土壓力、水壓力、溫度效應引起的力量等。

2.8 載重組合
Load Combinations

由前幾節所討論的各種載重所造成的力量（例如軸力、彎矩、剪力等），必須加以放大（以放大因數）並以適當之方式組合，以達到設計所需之安全水平。組合載重之效應，有時稱為因數化強度需求(*required factored strength*)，代表用來設計構材的最起碼強度值。考慮靜載重 D、活載重 L、屋頂活載重 L_r、風載重 W 以及地震載重 E 之效應下，ASCE 規範要求須考量下列之載重組合：

$$1.4D \tag{2.13}$$

$$1.2D + 1.6L + 0.5L_r \tag{2.14}$$

$$1.2D + 1.6L_r + 0.5L \tag{2.15}$$

$$1.2D + 1.6W + 0.5L \tag{2.16}$$

$$1.2D + 1.0E + 0.5L + 0.2S \tag{2.17}$$

產生最大值力量之載重組合，便代表用於構材設計之載重情形。

例題 2.9 已知某一建築物內的一根柱只受到垂直載重作用，由載重分擔概念已得知，該柱由靜載重、活載重及屋頂載重所引起之軸力大小分別為

$$P_D = 90 \text{ kips}$$
$$P_L = 120 \text{ kips}$$
$$P_{Lr} = 20 \text{ kips}$$

請問柱所需之軸向強度為何？

解答：

$$1.4P_D = 1.4(90) = 126 \text{ kips} \tag{2.13}$$

$$1.2P_D + 1.6P_L + 0.5P_{Lr} = 1.2(90) + 1.6(120) + 0.5(20) = 310 \text{ kips} \tag{2.14}$$

$$1.2P_D + 1.6P_{Lr} + 0.5P_L = 1.2(90) + 1.6(20) + 0.5(120) = 200 \text{ kips} \tag{2.15}$$

因此，所需之軸向載重由（式2.14）所計算之值所控制，為310 kips。然而，如果靜載重顯著大於活載重時，（式2.13）便可能取而代之。

例題 2.10

決定一混凝土構架中，樑端點所需之撓曲強度。已知靜、活及風載重所造成之彎矩大小分別為

$$M_D = -100 \text{ kip·ft}$$
$$M_L = -50 \text{ kip·ft}$$
$$M_w = \pm 200 \text{ kip·ft}$$

其中，正與負號代表樑端受到順時針與逆時針彎矩。M_w 具有正負兩個值是因為風載重可作用在建築物二個方向上之一。計算所需之正彎矩與負彎矩強度。

解答：

負彎矩：

$$1.4M_D = 1.4(-100) = -140 \text{ kip·ft} \tag{2.13}$$

$$1.2M_D + 1.6M_L = 1.2(-100) + 1.6(-50) = -200 \text{ kip·ft} \tag{2.14}$$

$$\begin{aligned}1.2M_D + 1.6M_w + 0.5M_L &= 1.2(-100) + 1.6(-200) + 0.5(-50) \\ &= -465 \text{ kip·ft} \quad \text{(控制值)}\end{aligned} \tag{2.15}$$

正彎矩：（式2.13）與（式2.14）顯然不用考慮，因為它們皆產生負彎矩值。

$$\begin{aligned}1.2M_D + 1.6M_w + 0.5M_L &= 1.2(-100) + 1.6(+200) + 0.5(-50) \\ &= +175 \text{ kip·ft}\end{aligned} \tag{2.16}$$

因此，此樑必須依正彎矩 175 kip·ft 與負彎矩 465 kip·ft 進行設計。

總結
Summary

- 工程師在設計建築物與橋樑時，所需要考慮之載重包括；靜載重、活載重、水及環境所造成之力量－風力、地震力、雪及雨重量等。其他型式的結構物，如壩，蓄水槽及基礎則必須抵抗流體壓力及土壓力，此等力量的計算必須諮詢這些領域專家的意見。
- 結構設計時所引用的載重由建築規則所規定。結構設計規範亦規定適用於特定建材如鋼、鋼筋混凝土、鋁及木材之額外載重規範。
- 由於活載重及雪、地震等載重之最大值不太可能同時發生，設計規範允許，當數種載重進行組合時，可將個別載重予以折減。除非靜載重所產生之效應是有利於結構力學行為的，否則靜載重不可折減。
- 要將由車輛、電梯、往復運轉機械之支承等，所造成之動力效應加以考量時，建築規範中規定衝擊因子，用於增加活載重之影響。
- 在風與地震力很小的區域，低矮建築首先以靜載重與活載重進行尺寸設計，隨後再依地域特性以風或地震力進行檢核，設計可依需要輕易地進行修正。反之，在大地震或巨大風力頻仍地區的高層建築，設計者在初步設計階段便應優先選擇有效之抗橫力結構系統（如剪力牆或側撐構架）。
- 風速隨離地面高度而增加。正風壓由表 2.4 所列風速暴露係數 K_z 所決定。
- 在矩形結構三面受到均勻負風壓的牆，其壓力計算為將迎風面頂之正壓力值乘上表 2.6 所列係數。
- 各方向側撐系統的設計力為建築物迎風與背風面風作用力之總合。
- 對於高樓建築或形狀不尋常之建築，風壓力之大小與分配方式通常以縮小建築模型於風洞試驗中決定。模型中必須也將可影響目標結構之鄰近建築物加入考量。
- 地震所產生之地表運動造成建築物、橋樑及其他結構發生側移。在建築物中，此運動產生橫向慣性力，我們將之假設集中作用於各樓層。最大的慣性力發生在建築物的頂部，該處之位移（同理，加速度）為最大。
- 慣性力的大小取決於地震的強弱、建築物的重量、建築物的自然週期、結構構架之勁度與韌性以及土壤之類型等。
- 具韌性構架之建築物（可經歷大變形而不致倒塌），相較於依賴脆性結構系統（如未加勁磚造物）之建築物，可依較小之地震力設計。

習題

P2.1. 決定如圖P2.1所示之1 ft長鋼筋混凝土箱形樑,其靜載重為何?樑體由一般(normal weight)混凝土所構成(性質參閱表2-1)。

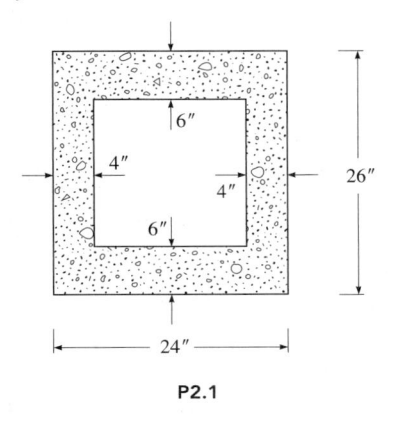

P2.1

P2.2. 決定如圖P2.2所示之1 m長鋼筋混凝土箱形樑,其靜載重為何?樑體由單位重為 16 kN/m³ 之輕質(lightweight)混凝土所構成。

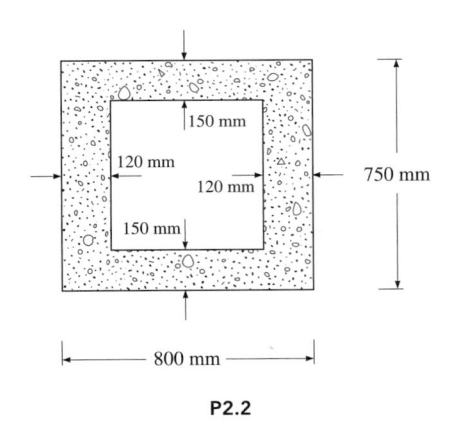

P2.2

P2.3. 圖2.3所示為典型標稱尺寸 2 in×14 in 南方松木材質的樑所支承之每單元18 in寬之屋頂。已知樑之實際尺寸比標稱值少 $\frac{1}{2}$ in,厚度 $\frac{3}{4}$ in之合板重 3 lb/ft²,決定每單元屋頂1英呎長之樑體靜載重為何?

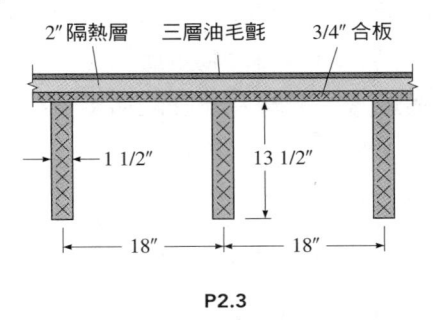

P2.3

P2.4. 考慮如圖 P2.4 所示之樓版,計算下列元件之載重分擔面積(tributary areas);(a)樓版梁B1,(b)大梁G1,(c)大梁G2,(d)角柱C3以及(e)內部柱B2。

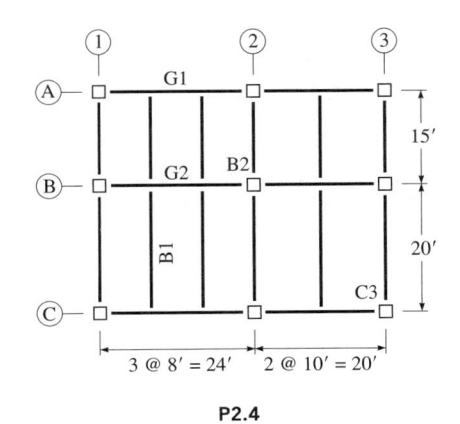

P2.4

P2.5. 如圖P2.4所示之樓版,計算下列元件之載重影響面積(influence areas) (a)樓版梁B1,(b)大梁G1,(c)大梁G2,(d)角柱C3以及(e)內部柱B2。

P2.6. 如圖 P2.4 所示之樓版，其均勻分佈之活載重為 60 lb/ft²，計算下列構件所承受之載重為何(a)樓版樑 B1，(b)大樑 G1，以及(c)大梁 G2。考慮 ASCE 規範允許之活載重折減係數。

P2.7. 圖 P2.4 所示之樓版所組成之構架，其高程如圖 P2.7 所示。假設三層樓版上之活載重皆為 60 lb/ft²，計算柱 B2 在第一層與第三層中由活載重所引起之軸力為何？考慮 ASCE 規範允許之活載重折減係數。

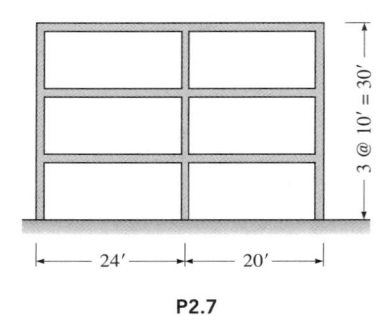

P2.7

P2.8. 如圖 P2.8 所示一個五層的結構物，依據 ASCE 標準，迎風側所受之風壓計算如 P2.8(c)所示，考慮風向為東西向，使用載重分擔面積之概念（參考例題 2.7）去計算每一層樓所承受之風力為何？

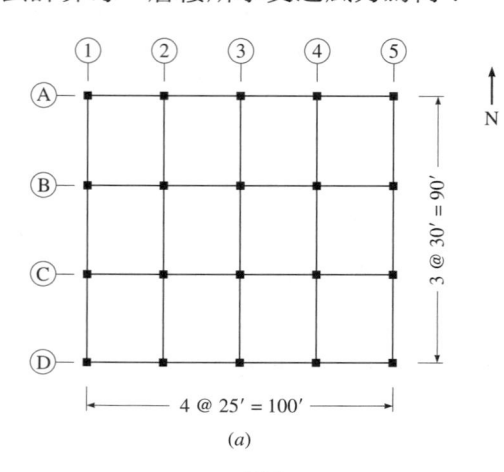

(a)

P2.8

(b)

風壓 (lb/ft²)

(c)

P2.8

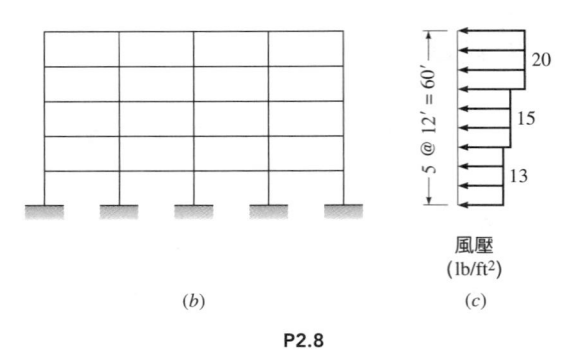

P2.9. 如圖 P2.9 所示為一個高 30 ft 的倉儲空間，迎風側與背風側的風壓亦如圖所示，除了可使用一個連續的函數代表 K_z 值(參閱圖 2.9a)外，ASCE 規範亦提供了各高度所對應的 K_z 值(參閱表 P2.9)。利用以下條件計算風力：風速 = 80 mi/h，風速暴露係數為 C 級，$K_d = 0.85$，$K_{zt} = 1.0$，$G = 0.85$，迎風側 C_p 值 = 0.8，背風側 C_p 值 = −0.2。求倉庫長向所受之風力為何？

表 P2.9
風速暴露係數 K_z

高度, ft	0–15	20	25	30	40	50
K_z	0.85	0.90	0.94	0.98	1.04	1.09

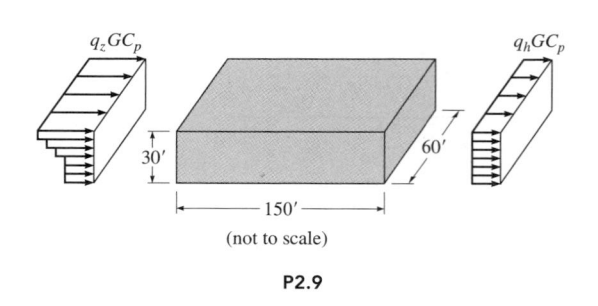

P2.9

P2.10. 如圖2.10a所示之人字頂建築物,垂直於各表面的外部風壓如圖P2.10b,注意風向可能吹向或吹離迎風側屋頂,就圖示結構物而言,屋頂之 C_p 值依據 ASCE 標準可由表P2.10得知,其中正負號代表風吹向或吹離屋頂,表列C_p的正負值代表迎風側斜屋頂承受的正壓力或負壓力,屋頂結構應由這兩個條件來設計;依據 ASCE 標準,各θ所對應之 C_p 值可由線性內插法求得,但線性內插法受限於單一正負號。計算風吹向迎風面屋頂時之風壓為何?採用以下條件:風速 =100 mi/h,風速暴露係數為 B 級,K_d = 0.85,K_{zt} = 1.0,G = 0.85,迎風側 C_p 值 = 0.8,背風側 C_p 值 = −0.2。

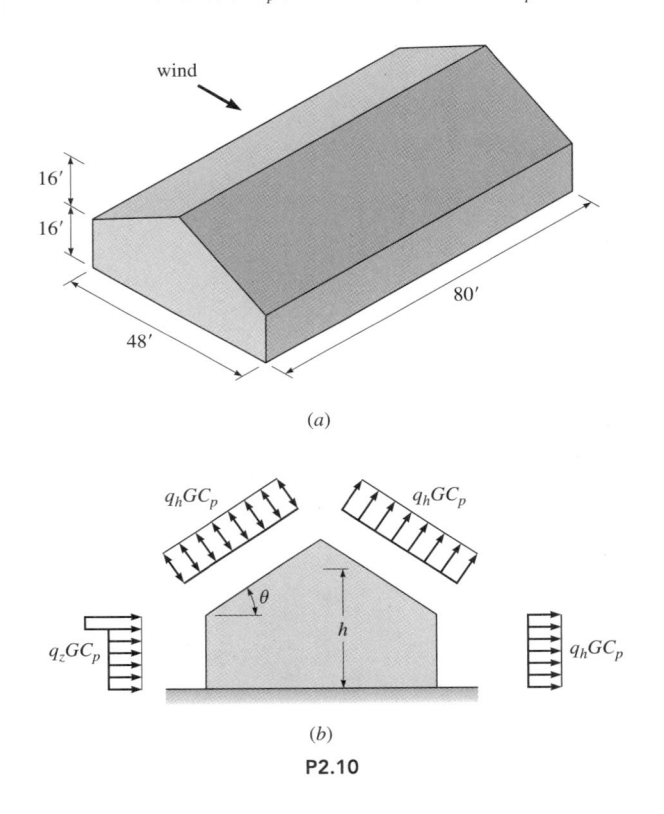

(a)

(b)

P2.10

表 P2.10
屋頂外壓係數 C_p

*θ 如圖P2.10之定義

屋頂傾角 θ	迎風側								背風側		
	10	15	20	25	30	35	45	≥60	10	15	≥20
C_p	−0.9	−0.7	−0.4	−0.3	−0.2	−0.2	0.0	0.01θ*	−0.5	−0.5	−0.6
			0.0	0.2	0.2	0.3	0.4				

P2.11. 如題 P2.10，求當風吹離迎風側屋頂時風壓為何？

P2.12. 考慮一個五層的結構物如圖 P2.8 所示，平均樓版單位重為 150 lb/ft²，S_{DS} 和 S_{D1} 分別為 $0.8g$ 和 $0.3g$，混凝土抗彎構架被使用在承受東西向之地震力，以（式 2.9）去計算結構物基本的振動週期，混凝土構架採 $R = 5$ 設計，計算沿各個高度的地震基底剪力。

P2.13. 當一個抗彎構架之高度不超過 12 層且層高至少 10 ft 時，ASCE規範提供一個簡易的經驗公式去計算近似基本週期

$$T = 0.1N$$

其中 N = 層數，以上述條件重新計算 T 值並與 P2.12 所得之結果比較，哪一個方法得到較大的地震基底剪力？

支撐 Hartford 市民中心體育館之空間桁架。這個涵蓋面積達 300 × 360 呎之大型結構，只由四個角落之柱所支撐。為了加速建造進度，桁架先在地面進行組裝，然後再吊上固定位置。照片中桁架被吊離地面一小段高度，方便工作人員從地面安裝管道、管線以及其他附屬設施。在 1977 年冬天，此結構因無法承受大量濕雪載重而倒塌。

CHAPTER 3

結構靜力學－反作用力
Statics of Structures — Reactions

3.1 簡介
Introduction

除了在極少數的例外情況外，結構在所有載重情況作用下必須保持穩定。也就是說，它們必須能夠承載施加於其上之載重（自重、預期的活載重、風載重等），卻不會改變其外形、產生大的位移、或者坍塌。由於穩定的結構受載重時，並不會產生肉眼可見的移動－其內力與外力（反作用力）的決定方式－絕大部分建構在工程力學中靜力學的原理與技巧上。讀者先前於靜力學所學習的主題主要包括：靜止中（最常見的情形）或者以等速度運動的剛體受力系統的作用情形；也就是說，上述兩個情形下加速度皆為零。

本書所研讀的結構，在加載時會產生小的彈性變形，所以它們並非絕對的剛體。在大部分的情況下，結構的變位很小，我們可以 (1) 將結構或它的組成元件視為剛體，以及 (2) 將分析架構在結構初始的尺寸上。

在本章，我們首先簡要的回顧靜力學。在此回顧中，我們考慮力的特徵，討論二維（平面）結構的靜力平衡方程式，以及以靜力平衡方程式來決定如樑、桁架以及簡單構架等靜定結構的反作用力與內力。

本章的後半段，我們討論可定性（determinacy）與穩定性（stability），可定性的意思是；單以靜力方程式是否足以允許進行完整結構分析。如果結構無法只以靜力方程式進行分析，此結構稱為不可定（indetminate）。欲分析一不可定（靜力方程式相關之不定性，則稱為靜不定）結構，我們必須考量結構變形的幾何條件所提供的額外方程式。而靜不定結構將於後續章節中進行討論。

　　穩定性的意思是；能否產生一穩定結構所需要的構材與支承的幾何排列，也就是說，結構在抵抗來自各方向的載重時，外形不會產生本質上的改變或明顯的剛體位移。在這章中，我們所考慮的穩定與靜（可）定結構，可視為一簡單剛體或數個相互連接剛體。我們以這一些簡單結構所建立的原理，將在後續章節中陸續推廣至更複雜的結構。

3.2 力量
Forces

求解典型結構問題時，我們只用到包含力或其分量的方程式。力量可包含產生移動的**直線力**（linear force）或產生物體旋轉的**力偶**（couple）。由於力量具有大小與方向，它可以用向量來表示。例如，圖 3.1a 所示力量 **F** 位於 xy 平面上且通過 A 點。

　　力偶包含一組位於相同平面之大小相等方向相反的力（如圖3.1b）。力偶所產生之力矩 **M** 等於力量 **F** 與兩力間垂直距離（或力臂）d 的乘積。由於力矩是向量，它也具有大小及方向。雖然，有時我們用圓弧形箭頭以順時鐘方向或逆時鐘方向來代表力矩（如圖3.1c），我們也可用向量表示力矩—通常為一個雙頭箭號－並依據**右手定則**（right-hand rule）。使用右手定則時，我們將右手手指順力矩方向彎曲，而拇指所指方向即為向量方向。

圖 3.1：力與力矩向量；(a) 直線力向量分解為 x 與 y 分量；(b) 大小為 Fd 之力偶；(c) M 的可能表示方式（右手定則）。

我們通常會進行必要的運算，來將一個力分解成它的分量或組合數個力量來產生一個單一合力。為便於計算，通常可以選擇任意方便的水平與垂直軸——一個 xy 座標系統——當作基本參考方向。

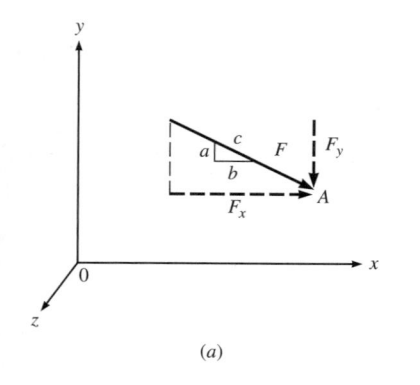

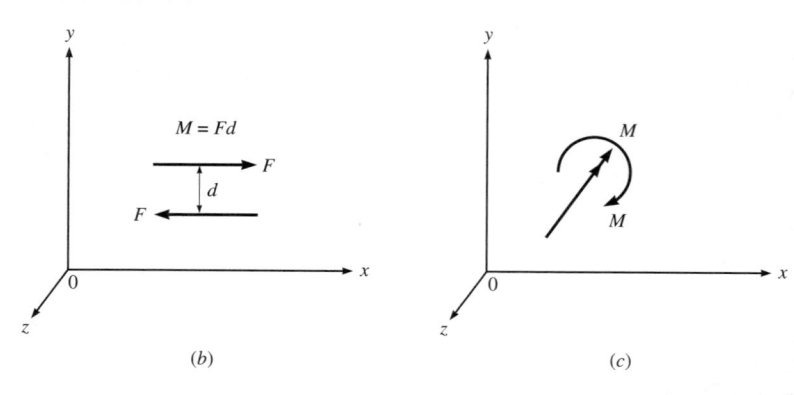

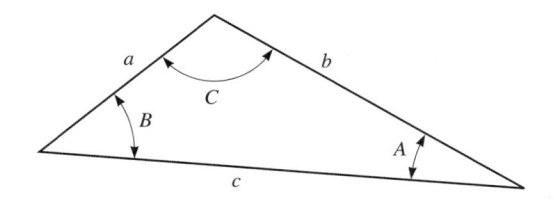

圖 **3.2**：正弦定律示意圖。

一個力可以幾何關係－存在於向量分量與其斜率之間的相似三角形─將之分解為分量。例如；要將圖 3.1a 向量 F 的垂直分量 F_y 以向量斜率表示時，利用相似三角形我們可以寫出

$$\frac{F_y}{a} = \frac{F}{c}$$

以及

$$F_y = \frac{a}{c} F$$

同理，如果我們設定水平分量 F_x 和 F 以及向量三角形兩個邊之間的比例，我們可寫出。

$$F_x = \frac{b}{c} F$$

若要將一個力量分解成不平行於 xy 座標系統的分量，正弦定律 (*law of sines*) 提供對邊及對角間簡單的關係式。以圖 3.2 所示的三角形而言，我們可將正弦定律寫為

$$\frac{a}{\sin A} = \frac{b}{\sin B} = \frac{c}{\sin C}$$

其中 A 為對邊 a 之對角，B 為對邊 b 之對角以及 C 為對邊 c 之對角。

例題 3.1 說明，將一垂直力量以正弦定律分解為任一方向的直角分量之計算。

例題 **3.1**

利用正弦定律將圖 3.3a 所示 75 磅垂直力 $\mathbf{F}_{AB}$ 分解成沿直線 a 與 b 之分量。

解答：

通過 B 點畫出與直線 b 平行之直線，形成三角形 ABC。三角形之內角可由圖示之幾何資訊輕易求得。向量 AC 與 CB 分表示 $\mathbf{F}_{AB}$ 的兩個分量。由正弦定律可得

$$\frac{\sin 80°}{75} = \frac{\sin 40°}{\mathbf{F}_{AC}} = \frac{\sin 60°}{\mathbf{F}_{CB}}$$

式中 sin 80° = 0.985，sin 60° = 0.866 以及 sin 40° = 0.643。求解 $\mathbf{F}_{AC}$ 與 $\mathbf{F}_{CB}$ 可得

圖 3.3：將一垂直向的力量分解為指定方向的分量。

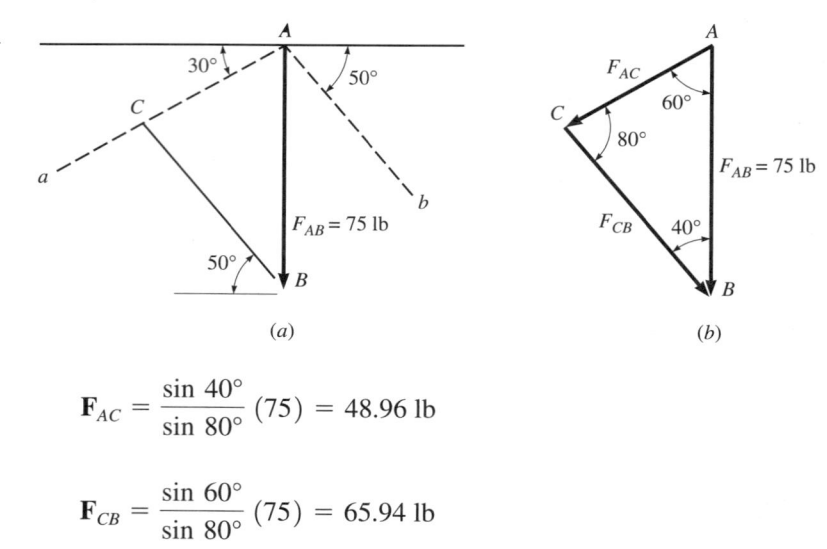

$$F_{AC} = \frac{\sin 40°}{\sin 80°}(75) = 48.96 \text{ lb}$$

$$F_{CB} = \frac{\sin 60°}{\sin 80°}(75) = 65.94 \text{ lb}$$

平面力系統的合力

在某些結構問題中，我們將會需要決定一個力系統合力的大小及作用位置。由於合力是可產生與原來力系統相同外在效果的單一力量，合力 R 必須滿足下列三個條件。

1. 合力的水平分量 R_x 必須等於所有力量水平分量之總合。

$$R_x = \Sigma F_x \tag{3.1a}$$

2. 合力的垂直分量 R_y 必須等於所有力量垂直分量之總合。

$$R_y = \Sigma F_y \tag{3.1b}$$

3. 合力對通過 o 點參考軸的力矩 M_o，必須等於原系統所有力量及力偶對 o 點所產生的力矩和。

$$M_o = Rd = \Sigma F_i d_i + \Sigma M_i \tag{3.1c}$$

其中　　$R = $ 合力 $= \sqrt{R_x^2 + R_y^2}$

　　　　$d = $ 合力作用力線到力矩計算支點之垂直距離（力臂） (3.1d)

　　　　$\Sigma F_i d_i = $ 所有力量對參考軸之力矩和

　　　　$\Sigma M_i = $ 所有力偶和

例題 3.2　　合力之計算

決定圖 3.4 中所示三個輪載重之合力大小及作用位置。

解答：

因為沒有任何水平方向之力或分量，

$$R_x = 0$$

利用（式3.1b）可得

$$R = R_y = \Sigma F_y = 20 + 20 + 10 = 50 \text{ kN}$$

至於合力之位置，可以（式3.1c）求得。亦即原來力系統所產生之彎矩等於合力所造成之彎矩。選擇通過 A 點之參考軸（A 為隨意選擇之點）

$$Rd = \Sigma F_i d_i$$
$$50d = 20(0) + 20(3) + 10(5)$$
$$d = 2.2 \text{ m}$$

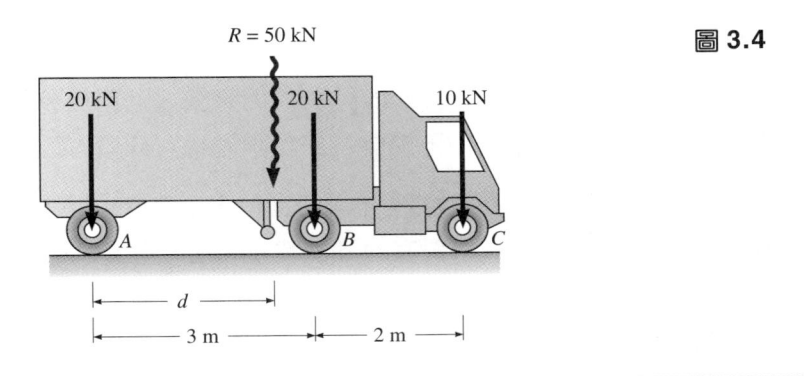

圖 3.4

分佈載重的合力

除了集中載重與力偶外，許多結構傳遞分佈載重。分佈載重的外在效果（例如：計算所產生之反作用力），通常可以一等量合力加以取代輕易地被簡化。如讀者先前在靜力學及材料力學課程中所學到的，一個分佈載重合力的大小等於載重曲線下的面積，且作用位置位於其形心上（見表 A.1 所列常見幾何形狀之面積與形心位置）。例題 3.3 說明，使用積分來計算拋物線變化之分佈載重的合力大小及作用位置。

如果分佈載重的形狀複雜，設計者通常可將載重面積細分為數個已知性質之較小幾何形狀，來簡化合力的大小及位置之計算。大部分情形下，分佈載重都是均勻分佈或線性變化。對後者而言，讀者可將其切割為三角形與矩形面積（見例題 3.7）。

設計者的另一個替代作法是，將複雜變化的分佈載重以圖 3.5 所示之公式替換為一組靜力相等 (*statically equivalent*) 的集中載重。使用這些公式時，我們將分佈載重切割為任意數量，長度為 h 的段落。每一段之端點稱為節點 (*nodes*)。圖 3.5 所示為兩種典型的段落，節點標示為 1、2 及 3。計算載重時，分段的數目取決於分佈載重的長度與形狀，以及我們所希望的計算值準確度。如果分佈載重在節點間為線性變化，每一節

圖 3.5：(a) 將梯形載重轉換為一組等間距之等量集中載重的表示式；(b) 將梯形載重轉換為一組等間距之等量集中載重之方程式。這些方程式對於凹面向上亦適用，且可相當逼近高階曲線之結果。

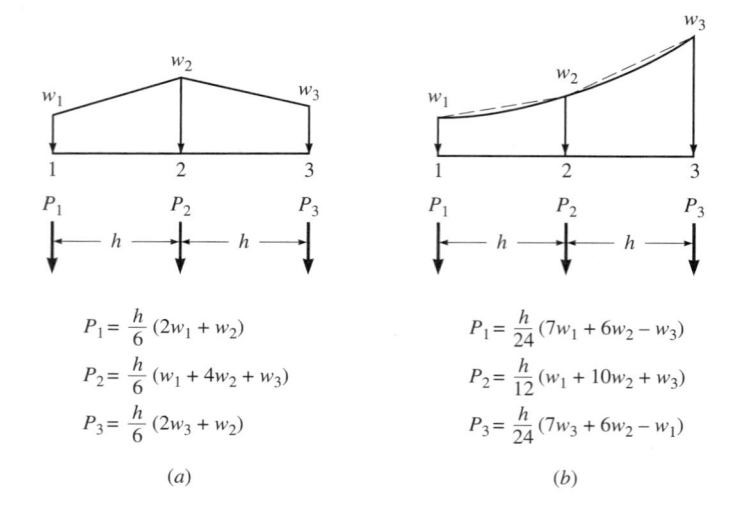

(a)
$$P_1 = \frac{h}{6}(2w_1 + w_2)$$
$$P_2 = \frac{h}{6}(w_1 + 4w_2 + w_3)$$
$$P_3 = \frac{h}{6}(2w_3 + w_2)$$

(b)
$$P_1 = \frac{h}{24}(7w_1 + 6w_2 - w_3)$$
$$P_2 = \frac{h}{12}(w_1 + 10w_2 + w_3)$$
$$P_3 = \frac{h}{24}(7w_3 + 6w_2 - w_1)$$

點之等量集中力由圖 3.5a 之公式計算。標示為 P_1 與 P_3 的力量公式適用於外部節點－節點僅鄰接一個分段者，而 P_2 公式適用於內部節點－節點兩側皆有分段者。

具拋物線(parabolic)曲線變化之均佈載重（不論凹面向上或凹面向下），必須使用圖 3.5b 之公式。對形狀為高階函數曲線所代表的分佈載重，這一些公式給予不錯的估計結果（與真實值之誤差在 1 或 2 個百分比以內）。假如分段的長度並不長，圖 3.5a 之較簡易公式亦可取代圖 3.5b 之公式來進行計算。以這種方式計算時，我們是將真實的載重曲線，以一連串的梯形分段加以取代，如同圖 3.5b 之虛線所示。隨著我們減小節點間之距離 h（換句話說，增加分段的數量），使梯形近似方式趨近於真實曲線。例題 3.4 說明圖 3.5 中公式的使用。

雖然一個分佈載重的合力，所造成的物體外在效應與原系統相同，它所造成的內部應力卻與分佈載重所造成的並不相同。舉例說明，合力可用來計算一根樑的反作用力，但內力的計算－比方說剪力與彎矩－則必須根據實際的載重來計算。

例題 3.3

計算圖 3.6 中拋物線分佈載重之合力大小與作用位置。拋物線在原點之斜率為零。

解答：

利用積分拋物線方程式 $y = (w/L^2)\,x^2$ 下方面積來計算 R 值。

$$R = \int_0^L y\,dx = \int_0^L \frac{wx^2}{L^2}\,dx = \left[\frac{wx^3}{3L^2}\right]_0^L = \frac{wL}{3}$$

至於形心位置；使用（式 3.1c）並對原點 o 取彎矩和，可得

$$R\bar{x} = \int_0^L y\, dx(x) = \int_0^L \frac{w}{L^2} x^3\, dx = \left[\frac{wx^4}{4L^2}\right]_0^L = \frac{wL^2}{4}$$

將 $R = (wL/3)$ 代入上式，可得

$$\bar{x} = \frac{3}{4}L$$

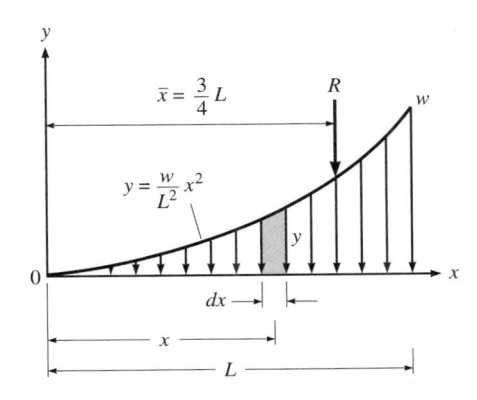

圖 3.6

例題 3.4

圖 3.7a 所示之樑承載一段拋物線形狀之分佈載重。將此分佈載重替換成一組等量集中載重。

解答：

將載重細分為三段長度 h 為 5 英呎的片段。以（式 3.5b）計算各段之等量載重

$$P_1 = \frac{h}{24}(7w_1 + 6w_2 - w_3) = \frac{5}{24}[7(4) + 6(6.25) - 9] = 11.77 \text{ kips}$$

$$P_2 = \frac{h}{12}(w_1 + 10w_2 + w_3) = \frac{5}{12}[4 + 10(6.25) + 9] = 31.46 \text{ kips}$$

$$P_3 = \frac{h}{12}(w_2 + 10w_3 + w_4) = \frac{5}{12}[6.25 + 10(9) + 12.25] = 45.21 \text{ kips}$$

$$P_4 = \frac{h}{24}(7w_4 + 6w_3 - w_2) = \frac{5}{24}[7(12.25) + 6(9) - 6.25] = 27.81 \text{ kips}$$

我們也可使用圖 3.5a 中梯型載重之公式計算 P_1 與 P_2 載重的近似值。

$$P_1 = \frac{h}{6}(2w_1 + w_2) = \frac{5}{6}[2(4) + 6.25] = 11.88 \text{ kips}$$

$$P_2 = \frac{h}{6}(w_1 + 4w_2 + w_3) = \frac{5}{6}[4 + 4(6.25) + 9] = 31.67 \text{ kips}$$

上述之分析顯示，對這個案例而言，P_1與P_2之近似值與真值差異小於1%。

圖 3.7：(a) 分佈載重之樑（單位為 kips/ft）；(b) 等量集中載重之樑。

傳遞原理 (principle of transmissibility)

傳遞原理陳述；一個力量可沿其作用力線移動，而不改變它在物體上所造成的外部效應。舉例說明，由圖 3.8a 中，考慮 x 方向之力平衡，我們可看出作用於 A 點的水平力 P，將造成支承 C 產生一水平反作用力，其大小也等於 P。如果在 A 點的力沿著其作用力線移動至樑右邊端點 C（如圖 3.8b），C 點仍產生相同的水平反作用力 P。雖然沿作用力線移動，力量並沒有造成反作用力的改變，我們可看出桿件的內力受到載重位置的影響。舉例說明，在圖 3.8a 中 A 點與 C 點間將產生壓應力。反之，如果作用力在 D 點，A 點與 C 點間之應力為零，而 C 點與 D 點間將產生張應力（如圖 3.8b）。

工程師經常在結構分析中，應用向量可沿其作用線移動的作法來簡化計算，利用向量圖示來解決問題，以便獲得對結構行為更好的了解。舉例說明，在圖3.9作用於檔土牆的力包括樑的重量 W 及牆被土壤壓力所造成的側推力 T。這一些力向量可在圖中相加，將 T 與 W 沿著它們的作用力方向滑動直到交於 A 點。在此點向量可融合加成產生出作用於牆的合力 R。R 之大小與方向可以作圖計算，如圖 3.9b。根據傳遞原理，合力可沿著其作用力線移動至與基線之交點 x。我們可證明，當合力與基線交點位於中間三分之一位置內時，整個基座皆受到壓應力—因為土壤無法傳遞張應力，此為妥當的應力狀態。反之，如果合力落在基線外部的三分之一區域，僅有一部分的基座受到壓力，則牆的穩定性—牆傾倒與土壤受超載應力的可能性—必須加以探討。

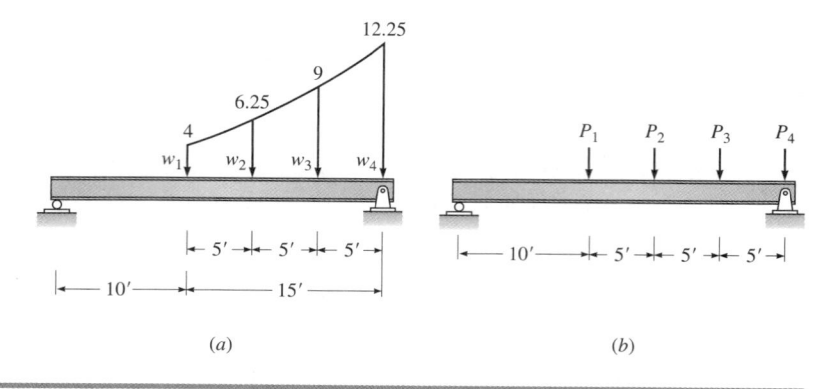

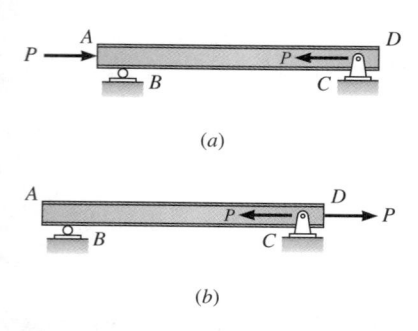

圖 3.8：傳遞原理。

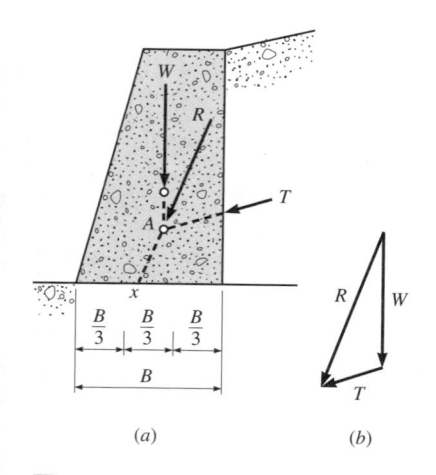

圖 3.9：作用於牆上之力量：(a) 重量 W 與土壓力 T 相加成；(b) 向量 W 與 T 相加產生 R。

3.3 支承
Supports

為確保結構或結構元件，在所有載重條件下皆能維持其所需保持的位置，它必須以支承連結至基礎或其他構材上。在某些輕型建築中，支承的提供可利用將構材以打釘或螺栓的方式連接至牆、樑或柱來進行。此種支承的建造簡單，且不需要詳細的設計細節。在其他承受巨大載重之結構必須被支撐的情形下，大型、複雜的機械設施，必須加以設計來傳遞巨大載重，此類特定設施通常允許某種程度位移的產生。

雖然可當作支承的設施在外形及形式上有很大的變化，我們可依據支承作用於結構上之束制(*restraints*)或反力(*reactions*)，將其分類為四大類。最常見的支承包括：銷支承 (pin)、滾支承 (roller)、固定支承 (fixed support)以及連桿 (link)，其特性歸納於表 3.1 中。

表 3.1 案例 (*a*) 所示的銷支承，代表該裝置以一無磨擦之銷接頭連接構材至一固定點。雖然此類支承防止任何方向之位移，卻允許構材端點自由轉動。固定支承（見表 3.1 案例 (*f*)）雖不常見，通常存在於將構材端點以灌漿方式深入巨積混凝土中，或以灌漿方式深入岩盤的情形中（如圖 3.11）。

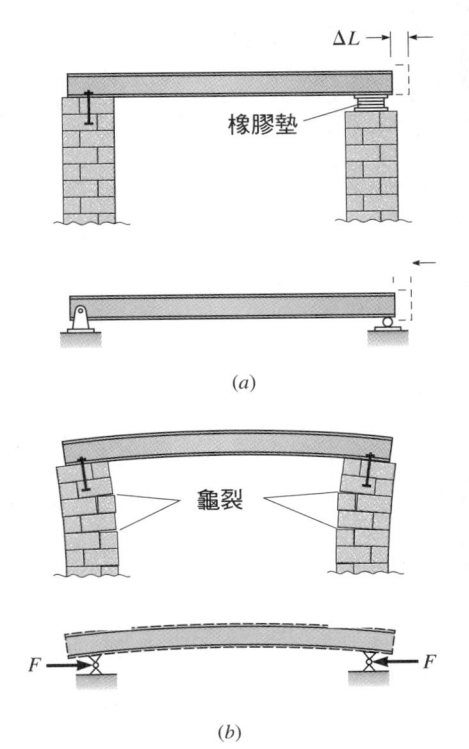

圖 **3.10**：支承之影響：真實建造情境下方為理想化之示意圖：(*a*) 右端可自由伸展，溫度變化不產生應力；(*b*) 兩端皆束制，樑產生壓力與彎曲應力。牆會龜裂。

照片 **3.2**：銷支承之載重來自於拱底部之反力以及外側橋大樑的載重。

照片 **3.1**：一座混凝土薄殼屋頂連接至其基礎之銷支承。

表 3.1
各種支承的特性

型式	草圖	符號	允許與禁止之動作	反力	所產生之未知數
(a) 銷支承		OR	禁止：水平移動、垂直移動 允許：轉動	未知方向之反力或未知比例之水平與垂直反力分量	
(b) 鉸接點			禁止：兩端相對位移 允許：可轉動，可上下左右移動	大小相等，方向相反之水平與垂直內力	
(c) 滾支承			禁止：垂直移動 允許：水平移動、轉動	單一直線力 （向上或向下＊）	
(d) 搖擺支承		OR			
(e) 彈性支承墊					
(f) 固定支承			禁止：水平與垂直移動轉動 允許：無	合力之水平與垂直分量，彎矩	
(g) 連桿			禁止：連桿方向之移動 允許：連桿垂直方向之移動、轉動	連桿方向上之單一直線力	
(h) 滑軌			禁止：垂直移動、轉動 允許：水平移動	一垂直力與彎矩	

＊ 由於簡化之關係，雖然滾支承之符號並未顯示阻止向上移動之束制，滾支承必要時是可以提供向下之反力的。

設計者所選擇的支承系統，將影響結構內所產生的力量以及傳遞到支撐元件的力量。舉例說明，在圖 3.10a 樑的左端，以螺栓連接至牆來防止樑與牆間發生相對位移。同時右端點由橡膠墊支撐，允許樑端點可側向移動而不產生任何束制力量。假如樑的溫度增加，樑會伸長。由於沒有縱向束制在右側端點生成藉以阻止樑伸展，樑或牆皆不會產生應力。反之，如果樑的兩端皆以螺栓連接至磚牆（如圖 3.10b），溫度增加所造成的樑伸長，將使牆被推向外，也可能產生裂縫。如果牆相當堅硬，則牆將對樑產生一束制力，並使樑產生壓應力（如果支承偏心，也可能產生彎曲應力）。雖然當跨長短、溫度變化不大時，這一些效應通常對結構之影響很小。當跨度長或溫度變化大時，仍會產生我們不希望見到的效應（挫屈或構材過度受壓）。

鋼樑或柱之固定端條件的製造是昂貴且很少見的。鋼樑的固定端產生方式可將樑之一端埋入巨積鋼筋混凝土中而形成（如圖 3.11）。

要在鋼柱的底部產生固定端條件，設計者必須指定使用厚鋼底板，並以垂直向鋼板連接柱與底板的方式加勁（如圖 3.12）。此外，底板必須以高拉力螺栓錨定至支承。

另一方面，當結構構材是由鋼筋混凝土建造時，固定端與銷接端可較容易製造。對樑而言，固定端的產生可藉由延伸鋼筋入支撐元件一段指定之長度而達成（如圖 3.13a）。

對鋼筋混凝土柱而言，設計者欲在其底部製造鉸接頭，可利用圖 3.13b 所示 (1) 在支承柱底部之牆或基腳上方形成缺口，以及 (2) 將鋼筋交錯如圖。如果柱的軸力很大，為確保缺口區域之混凝土不至於壓碎破壞，在柱中心線的位置必須加入額外的垂直鋼筋以傳遞軸力。

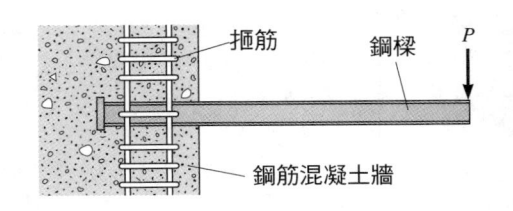

圖3.11：左端埋入鋼筋混凝土牆之固定端樑。

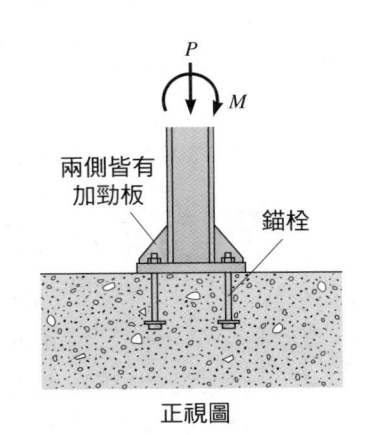

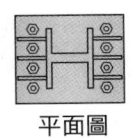

圖3.12：加勁基座板上之鋼柱以螺栓固定至混凝土基礎，在此基座形成固定端條件。

圖3.13：(a) 具一固定端之鋼筋混凝土樑；(b) 下部端細部設計成銷接頭之鋼筋混凝土柱。

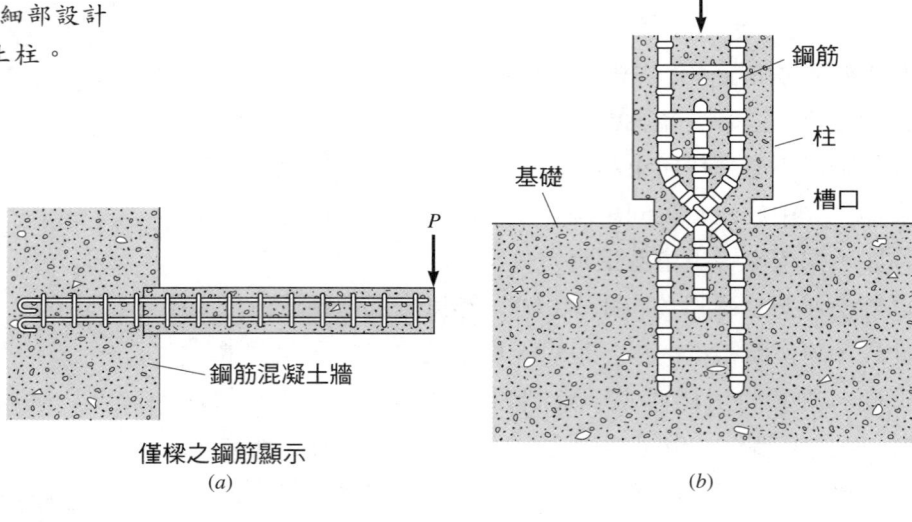

僅樑之鋼筋顯示
(a)

鋼筋混凝土牆

基礎　鋼筋　柱　槽口
(b)

3.4　將結構理想化
Idealizing Structures

在一個結構可被分析之前，設計者必須發展出結構與其支承以及施加載重的簡化物理模式。此模式通常可以由簡單之線桿示意圖表示。為說明此一過程，我們舉圖3.14a中的剛性結構鋼構架做說明。為了分析的目的，設計者可將鋼構架以圖3.14b的簡化草圖表示之。在此草圖中，柱與樑皆由實際構材的中心線所表示。雖然作用在構架橫樑上的最大載重，可能由不規則且深厚的積雪造成，設計者根據建築設計規則，將以一等量均勻載重w來設計此構架。一旦使等量載重所產生之桿件力與真實載重相同後，設計者便可依承載實際載重所需強度來決定構材尺寸。

在實際結構中，焊接於柱基底的板會以螺栓鎖至基礎牆來支承構件。有時，柱基之間亦可以一張力桿貫穿，來傳遞由橫樑垂直載重所造成的側向推力。以張力桿來傳遞，將支承於基礎牆上之柱底座向外側移動的水平力量後，設計者可只依一垂直載重來決定牆與基礎的尺寸，此種條件可明顯降低牆的建築成本。雖然柱的底部明顯產生一些旋轉的束制，設計者通常將之忽略，並假設實際支承可以無摩擦銷來表示。此項假設之原因如下：

1. 設計者無任何簡單的程序來評估旋轉束制的實際大小。
2. 由於板的撓曲變形、螺栓的伸長以及牆的微小側向移動，使得旋轉束制並不大。
3. 最後，將柱底視為銷支承是保守的假設（任何形式的束制將使結構勁度增加）。

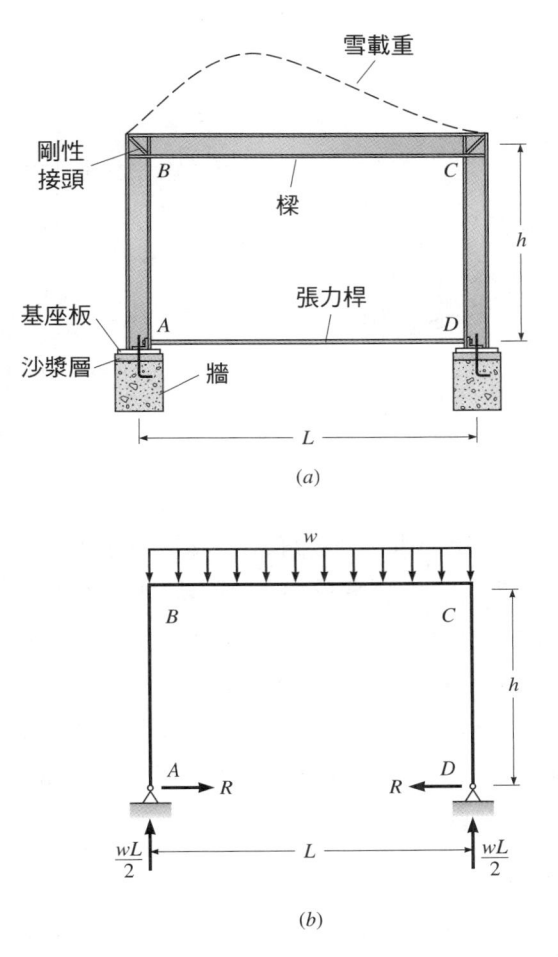

圖3.14：(a) 受雪載重之焊接剛性構架；(b) 分析步驟所依據之理想化構架圖。

再舉一例，我們考慮如圖 3.15a 所示兩鋼樑間之標準腹板連接接頭的行為。如圖 3.15所示，樑1的上翼板被削角，如此兩翼板得以在同一高度。兩根樑的連接則是以一對角鋼螺栓（或焊接）至兩根樑的腹板而成。螺栓作用在構材的力量如圖 3.15c 所示。由於樑2的腹板相對較柔軟，此接頭通常設計成只傳遞兩構材間之垂直載重。雖然此接點仍有一些抵抗水平載重的容量，但樑1主要傳遞重力載重，且幾乎完全無軸向載重，因此該容量並無作用。設計者通常將此類型接合方式模擬成一個銷或滾接頭（如圖 3.15d）。

3.5 自由體圖
Free - Body Diagrams

在結構分析的第一步驟中，設計者通常將結構或所考慮的部分結構畫成簡單的草圖。此草圖呈現所需之尺寸資料以及所有作用於結構之內力與外力，稱為*自由體圖*（*free-body diagrams*；*FBD*）。舉例說明，如圖 3.16a 所示為一傳遞兩個集中載重的三角拱之自由體圖，由於支承 A 與 C 之反力為未知，其作用方向必須假設。

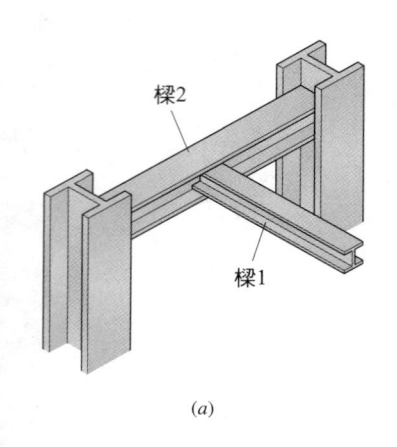

圖 3.15：螺栓腹板接合處被理想化為一個銷支承：(a) 接合點透視圖；(b) 放大尺度之接合處詳圖：樑1之傾角造成樑2之柔性腹板彎曲。此柔性接頭被假設不具旋轉束制；(c) 由於接合點只提供垂直束制（其側向束制之能力並未啟動），我們可隨意將此接頭模擬成；(d) 所示之銷或滾接頭。

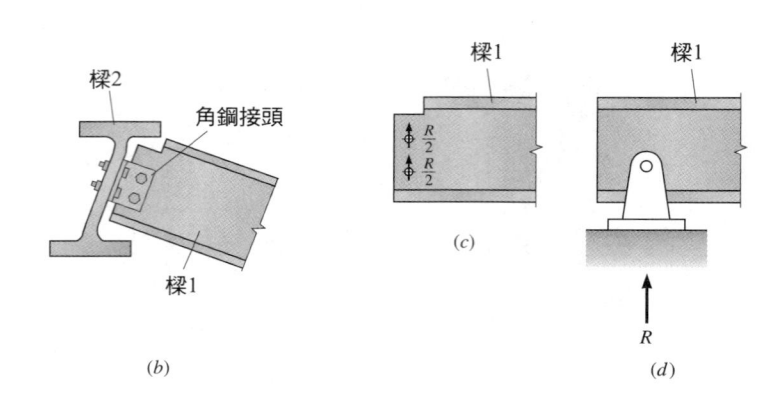

設計者也可將此拱以圖3.16b之草圖表示。雖然支承並未如圖3.16a中呈現出來，且拱僅以一條線表示，此自由體圖包含了所有分析此拱所需要的資訊。由於 A 與 C 點之銷支承並未畫出，對於不熟悉問題（且第一次見到此草圖的人），不易看出 A 與 C 兩點會因銷接的關係而沒有產生位移。在不同的情況下，設計者必須自行判斷，需要用那一些細節來釐清問題的描述。如果想要計算在B點鉸之內力，可以圖3.16c中所示兩個自由體其中之一來進行。

當一作用於自由體的力的方向為未知，設計者可自由假設其方向。如果力的方向假設正確，以平衡方程式分析所得之力為正值。反之，如果分析所得之未知力為負值，則假設之方向不正確，此時設計者必須將力之方向顛倒過來（見例題 3.5）。

自由體圖也可用來決定結構中之內力。在欲研究的斷面，我們想像結構被一虛構面所切開。如果該切面垂直於構材的縱軸，且如果該斷面之內力分解為平行及垂直於切面的分量。大部分情形下，作用於切面之力包括一個軸力 F 與一個剪力 V 以及一個彎矩 M（本書不考慮傳遞扭力之構材）。一旦 F、V 以及 M 計算出，我們可利用標準公式（在材料力學課程中所學）來計算該斷面之軸向應力、剪應力以及彎矩應力。

舉例說明，如果我們希望決定左半段拱之 1-1 斷面的內力（如圖3.16c），我們可利用圖3.16d之自由體。依據牛頓第三定律「每一作用力存在一大小相等方向相反之反作用力」，我們可知切面兩側之內力其大小相等且方向相反。假設拱底部之反作用力及 B 位置鉸的力量已求出，我們可依圖3.16d中任一自由體，應用三個靜力學公式來決定剪力、彎矩以及軸力的大小。

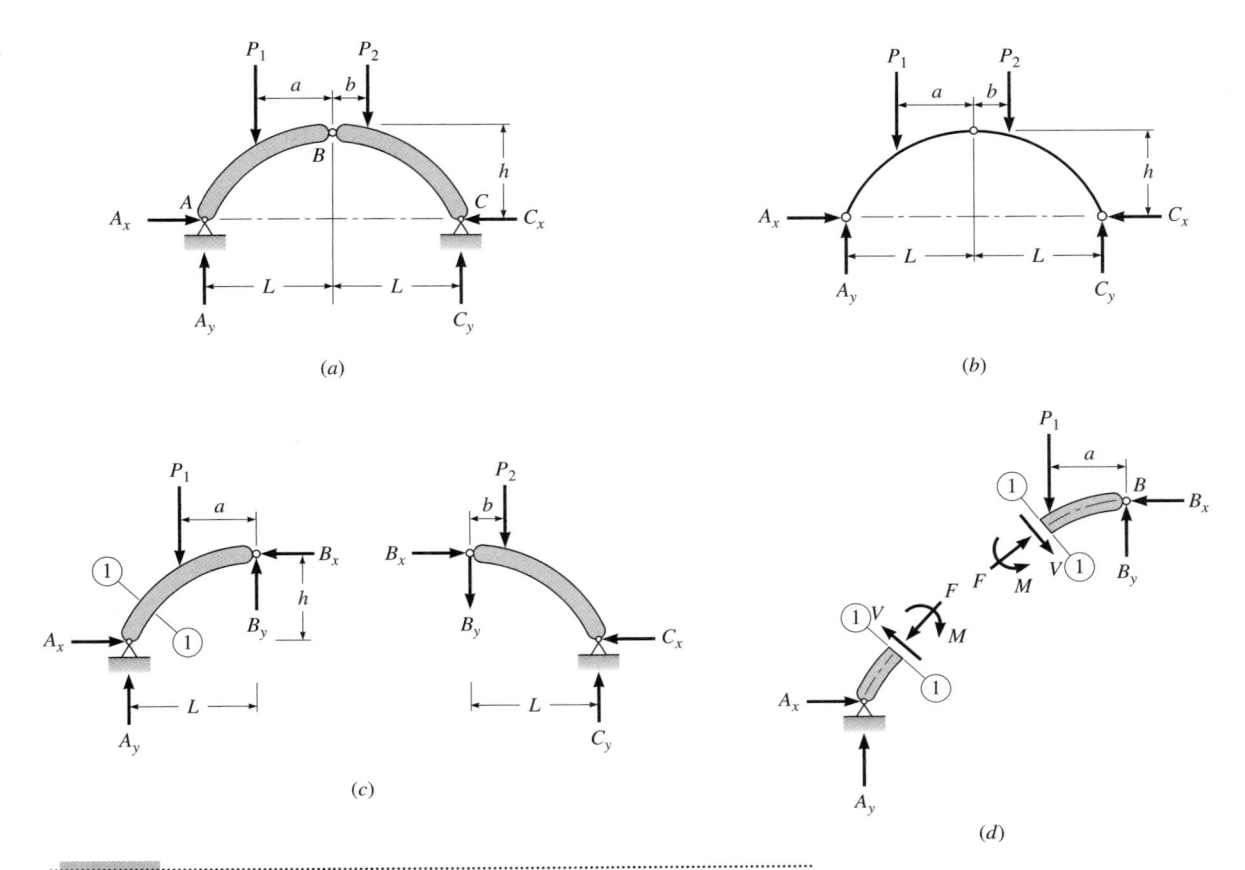

圖3.16：自由體圖：(a) 三鉸拱之自由體圖；(b) 圖(a)之簡單自由體；(c) 拱分段之自由體圖；(d) 用來分析斷面 1-1 之內力的自由體圖。

3.6　靜力平衡方程式
Equations of Static Equilibrium

如讀者在動力學中所研習，作用於剛體結構之一個平面力系統（如圖 3.17），可被簡化為兩個合力：

1. 一個直線力 R 通過結構之重心，其中 R 等於所有直線力之向量總和。
2. 一個以重心為軸的力矩 M。力矩 M 之計算，可將所有作用於結構的力及力偶，針對通過重心且垂直於結構平面之軸取力矩和而得。

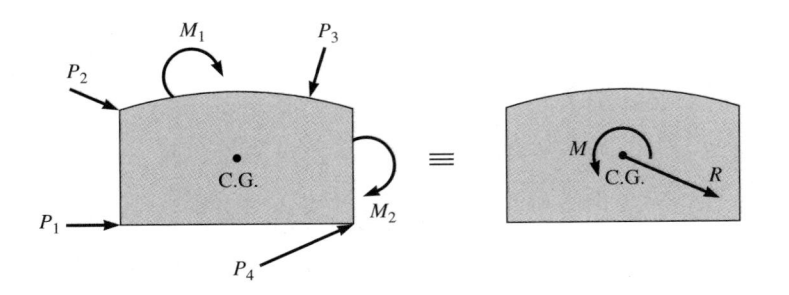

圖3.17：作用在一個剛體上的等量平面力系統。

以牛頓第二定律，可將物體重心之直線加速度 a 與角加速度 α，以及合力 R 與 M 之關係表示如下。

$$R = ma \tag{3.2a}$$
$$M = I\alpha \tag{3.2b}$$

其中 m 為物體質量，I 為通過重心參考軸之慣性矩。

如果物體靜止－稱為**靜力**平衡狀態－直線加速度 a 與角加速度 α 皆為零。對此條件而言，（式 3.2a）與（式 3.2b）變成

$$R = 0 \tag{3.3a}$$
$$M = 0 \tag{3.3b}$$

如果將（式 3.1a）與（式 3.1b）之實際作用力系統，改以其分量 R_x、R_y 表示，我們可將一平面力系統之平衡方程式寫為

$$\Sigma F_x = 0 \tag{3.4a}$$
$$\Sigma F_y = 0 \tag{3.4b}$$
$$\Sigma M_z = 0 \tag{3.4c}$$

（式 3.4a）與（式 3.4b）確立結構在 x 或 y 方向不會移動，而（式 3.4c）則確定結構不會旋轉。雖然（式 3.4c）是針對結構重心所取的力矩和而言，但對靜力平衡之結構，此重心限制可解除，即（式 3.4c）對任一點皆適用。很顯然地，假如結構靜止則合力為零。由於真實的力系統可以被它的合力取代，既然合力為零，可得知對任意一個垂直於結構平面且平行於 z 軸之參考軸，所取的力矩和必須等於零。

讀者可回想在靜力學課程中，（式 3.4a）與（式 3.4b）也可以彎矩方程式加以取代。以下為同樣適用的平衡方程式：

$$\Sigma F_x = 0 \tag{3.5a}$$
$$\Sigma M_A = 0 \tag{3.5b}$$
$$\Sigma M_z = 0 \tag{3.5c}$$

以及

$$\Sigma M_A = 0 \tag{3.6a}$$
$$\Sigma M_B = 0 \tag{3.6b}$$
$$\Sigma M_z = 0 \tag{3.6c}$$

其中點 A 與 B 不在一直線上。

由於發生在真實結構中的變形通常非常小，我們可依據結構起始之幾何尺寸來寫出平衡方程式。在分析柔軟的柱、長跨的拱或其他會產生挫屈的柔性結構時，結構或結構

元件受到特定載重條件下的變形，可能大到足以造成內力明顯的增加。在此種情況下，如果想獲得正確的結果，分析所用的平衡方程式必須以變形後的幾何條件來表示，本書不涵蓋會歷經大量變形之結構的分析。

如果作用於結構的力－包括反力與內力－能以前述的靜力平衡方程式加以計算，該結構稱為靜（可）定[註](*statically determinate*) 或更簡單地稱為可定 (*determinate*)。例題 3.5 到 3.7 舉例說明，以靜力平衡方程式來計算，可被視為單一剛體之靜定結構的反力。

如果結構為穩定，但平衡方程式數量不足以進行靜力結構分析，該結構稱為靜不可定或靜不定 (*indeterminate*)。欲分析靜不定結構時，我們必須由變形結構的幾何條件，獲得額外的條件方程式，來彌補平衡方程式的不足。此類結構分析的主題涵蓋於第 11 章、第 12 章及第 13 章。

計算圖 3.18a 中樑的反力。　　　　　　　　　　　　　　　**例題 3.5**

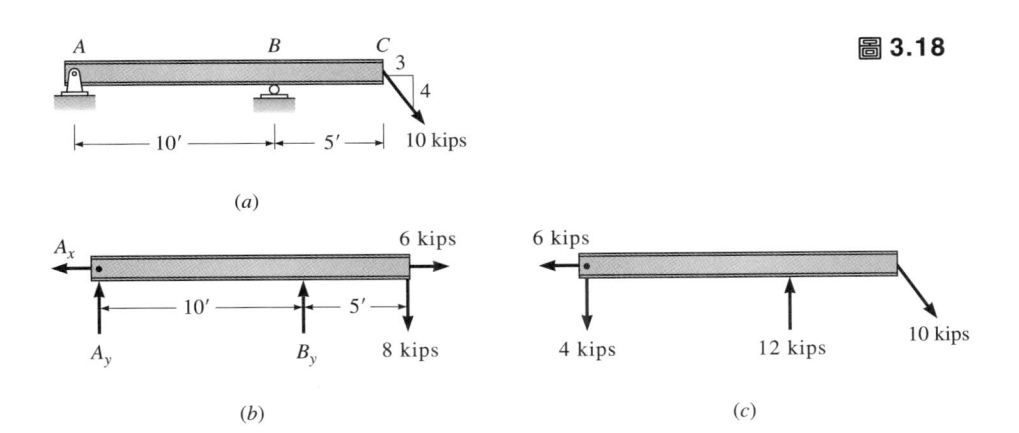

圖 3.18

解答：

將 C 點力量分解為其座標分量，並假設 A 與 B 點之反力方向（如圖 3.18b）。不計樑的深度影響。

方法 1　以（式 3.4a）至（式 3.4c）求解反力。假設箭頭方向為正值：

$$\rightarrow^+ \quad \Sigma F_x = 0 \qquad -A_x + 6 = 0 \qquad (1)$$

$$\uparrow^+ \quad \Sigma F_y = 0 \qquad A_y + B_y - 8 = 0 \qquad (2)$$

$$\circlearrowleft^+ \quad \Sigma M_A = 0 \qquad -10B_y + 8(15) = 0 \qquad (3)$$

[註] 本書所指可定性、不可定性在未特別說明時，泛指與靜力相關的靜（可）定性、靜不定性。

3-20　第 3 章　結構靜力學－反作用力

聯立式 (1) 至 (3) 之解為

$$A_x = 6 \text{ kips} \quad B_y = 12 \text{ kips} \quad A_y = -4 \text{ kips}$$

其中正號表示假設的方向正確，負號表示方向不正確需顛倒過來。如圖 3.18c 之最終結果。

方法 2　重新計算反力。一次只以一個平衡方程式求解一個未知數。其中一種可能性為

$$\circlearrowleft^+ \quad \Sigma M_A = 0 \quad -B_y(10) + 8(15) = 0$$

$$\circlearrowleft^+ \quad \Sigma M_B = 0 \quad A_y(10) + 8(5) = 0$$

$$\rightarrow^+ \quad \Sigma F_x = 0 \quad -A_x + 6 = 0$$

可再次解得相同之結果，$A_x = 6$ kips、$B_y = 12$ kips、$A_y = -4$ kips。

例題 3.6　　計算圖 3.19 所示桁架之反力。

解答：

將桁架視為剛體。設定反力方向（如圖 3.19）。以靜力平衡方式可得

$$\circlearrowleft^+ \quad \Sigma M_C = 0 \quad 18(12) - A_y(14) = 0 \quad (1)$$

$$\rightarrow^+ \quad \Sigma F_x = 0 \quad 18 - C_x = 0 \quad (2)$$

$$\uparrow^+ \quad \Sigma F_y = 0 \quad -A_y + C_y = 0 \quad (3)$$

聯立解（式 1）至（式 3），可得

$$C_x = 18 \text{ kips} \quad A_y = 15.43 \text{ kips} \quad C_y = 15.43 \text{ kips}$$

圖 3.19

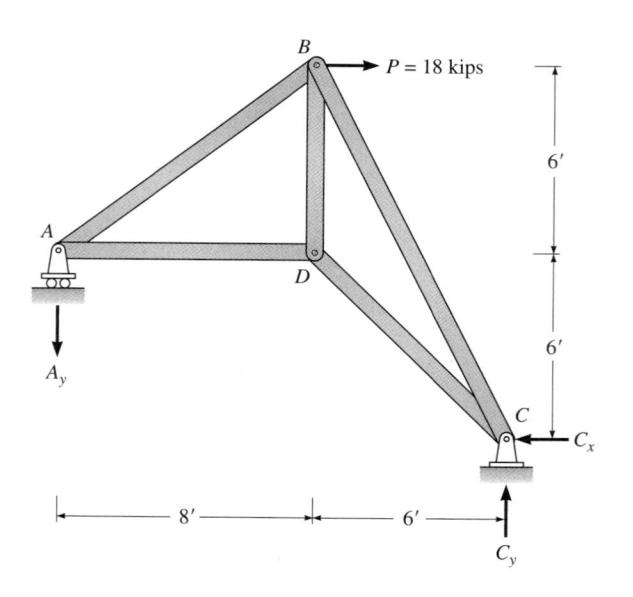

註記 本例題反力的計算，是依據未受力前結構的初始尺寸。由於良好設計之結構的位移很小，既使我們使用變形後結構的尺寸來計算反力的大小，兩者之間也沒有明顯的不同。

比方說，假設支承 A 向右邊移動 0.5 英吋，而接點 B 向上移動 0.5 英吋。當 18 kips 的載重施加時，（式 1）中 A_y 及 18 kips 載重的力臂，會變成 13.96 英呎與 12.02 英呎。將這一些數值代入（式 1），我們可得 A_y 等於 12.47 kips。如你所見 A_y 之值的改變（在此問題中為 0.3%），不足以成為說服我們使用變形後結構尺寸的理由，因其計算是相當費時的。

例題 3.7

圖 3.20 所示構架承載之分佈載重由 4 kN/m 線性遞增至 10 kN/m。計算反力。

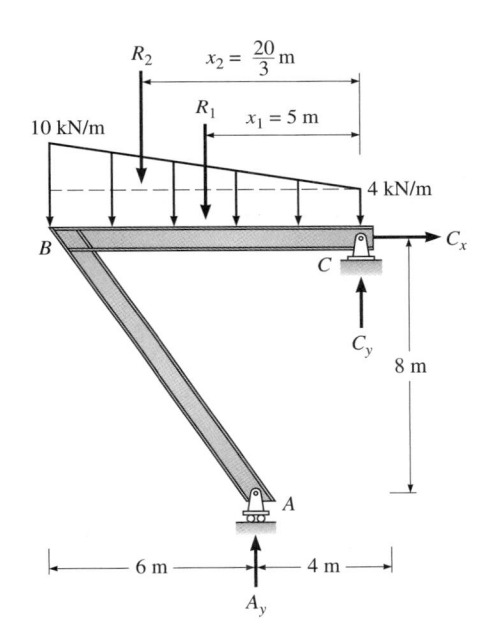

圖 3.20

解答：

將分佈載重切割成一個三角形及一個矩形區域（見虛線）。將分佈載重置換成此兩形狀之合力

$$R_1 = 10(4) = 40 \text{ kN}$$

$$R_2 = \frac{1}{2}(10)(6) = 30 \text{ kN}$$

計算 A_y

$$\circlearrowleft^+ \quad \Sigma M_C = 0$$

$$A_y(4) - R_1(5) - R_2\left(\frac{20}{3}\right) = 0$$

$$A_y = 100 \text{ kN}$$

計算 C_y

$$\uparrow^+ \quad \Sigma F_y = 0$$

$$100 - R_1 - R_2 + C_y = 0$$

$C_y = -30 \text{ kN} \downarrow$（負號表示起始假設之方向不正確）

計算 C_x

$$\rightarrow^+ \quad \Sigma F_x = 0$$

$$C_x = 0$$

例題 3.8　計算圖 3.21a 所示樑之反力，將桿 AB 視為連桿。

解答：

首先計算連桿之力量。由於連桿 AB 在 A 與 B 為銷接端，此兩端點不具彎矩。假設這些銷接頭是可同時傳遞剪力 V 與軸力 F（如圖 3.21b）。以水平方向為 x 軸時，我們可寫出下列平衡方程式：

$$\rightarrow^+ \quad \Sigma F_x = 0 \quad\quad 0 = F_A - F_B \tag{1}$$

$$\uparrow^+ \quad \Sigma F_y = 0 \quad\quad 0 = V_A - V_B \tag{2}$$

$$\circlearrowleft^+ \quad M_A = 0 \quad\quad 0 = V_B(5) \tag{3}$$

求解上列三式可得

$$F_A = F_B \text{（令為 } F_{AB}\text{）} \quad \text{and} \quad V_A = V_B = 0$$

這些計算結果顯示，兩端銷接且端點間未加載之桿件只會傳遞軸力，也就是一根**二力桿**（*two-force member*）。接著求 F_{AB}。考慮樑 BC 為一自由體（如圖 3.21c）。將 F_{AB} 在 B 點分解並對 C 點取彎矩和。

$$\circlearrowleft^+ \quad \Sigma M_c = 0 \qquad 0 = 0.8F_{AB}(10) - 36(2)$$

$$\rightarrow^+ \quad \Sigma F_x = 0 \qquad 0 = 0.6F_{AB} - C_x$$

$$\uparrow^+ \quad \Sigma F_y = 0 \qquad 0 = 0.8F_{AB} - 36 + C_y$$

求解可得 $F_{AB} = 9$ kips，$C_x = 5.4$ kips，與 $C_y = 28.8$ kips。

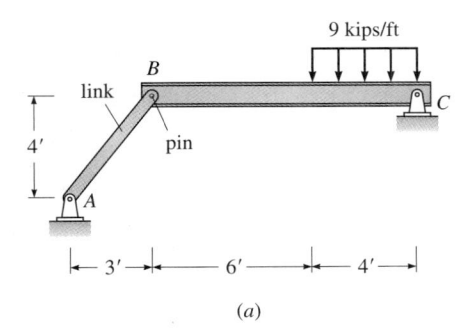

圖 **3.21**：(a) 由連桿 AB 所支承之樑 BC；(b) 連桿 AB 之自由體；(c) 樑 BC 之自由體。

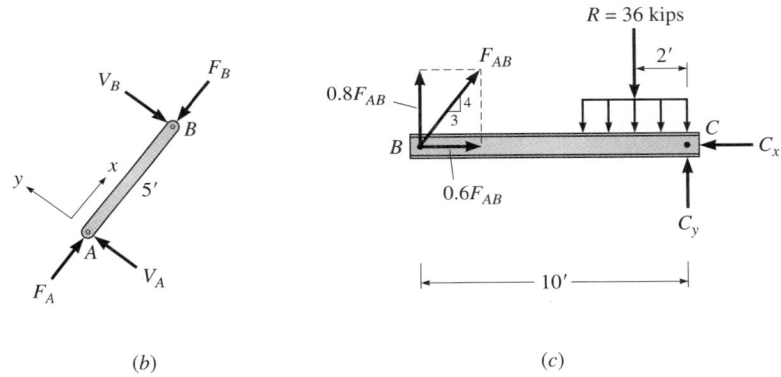

3.7 條件方程式
Equations of Condition

許多結構反力的求得，可利用將結構視為一個單一剛體而決定出。其他由數個剛體單元—以一個鉸或某種解除特定內在束制的裝置，或建築條件所連結在一起的穩定結構—則需要將結構細分為若干剛體，以便計算反力。

舉例說明，考慮圖 3.16a 所示的三鉸拱。如果將整個結構的平衡方程式寫出，將發現只有三個方程式，能用來解四個未知反力分量 A_x、A_y、C_x 與 C_y。為能獲得解答，必須在沒有引進新變數的情況下，增加一個額外的平衡方程式。我們可利用 B 點的鉸與各端點支承間之半段拱（如圖 3.16c）的平衡，來寫出第四個獨立平衡方程式。由於 B 點的鉸只能傳遞水平及垂直力分量，但無法傳遞力矩（也就是 $M_B = 0$）。我們可針對此鉸取力矩和，以支承反力與施加載重來表示所產生之額外方程式。此額外的方程式稱作**條件方程式**（equation of condition）或**構造方程式**（equation of construction）。

如果拱為連續拱（即 B 點的鉸不存在），B 點將產生內彎矩，則此時我們不得不引進一個額外增加的未知數－B 點的彎矩 M_B－來寫出此額外的方程式。

另一種替代方案是，我們依據圖 3.16c 所示兩個半拱的平衡方程式，來解得支承處反力與中央鉸接點之力。考慮此兩個自由體時，共有六個平衡方程式，剛好可解六個未知力量（A_x、A_y、B_x、B_y、C_x 與 C_y）。例題 3.9 與 3.10 說明包含解除內部束制裝置（鉸與滾）的結構分析過程。

例題 3.9　　計算圖 3.22a 所示樑之反力。12 kips 之外力直接作用在 C 位置之鉸接點。

解答：

支承共提供四個反力。由於圖 3.22a 結構之整體可有三個平衡方程式，加上在 C 點鉸接頭之一個條件方程式，此結構為靜定。對 C 點取彎矩和可計算 E_y（如圖 3.22b），

$$\circlearrowleft^+ \quad \Sigma M_c = 0$$
$$0 = 24(5) - E_y(10) \quad 故 \quad E_y = 12 \text{ kips}$$

剩下之反力計算可由圖 3.22a 之自由體求得如下：

$$\rightarrow^+ \quad \Sigma F_x = 0 \quad 0 + E_x = 0$$
$$E_x = 0$$

$$\circlearrowleft^+ \quad \Sigma M_A = 0 \quad 0 = -B_y(10) + 12(15) + 24(20) - 12(25)$$

$$B_y = 36 \text{ kips}$$

$$\uparrow^+ \quad \Sigma F_y = 0 \quad 0 = A_y + B_y - 12 - 24 + E_y$$

最後代入 $B_y = 36$ kips 以及 $E_y = 12$ kips，可得 $A_y = -12$ kips（向下）。

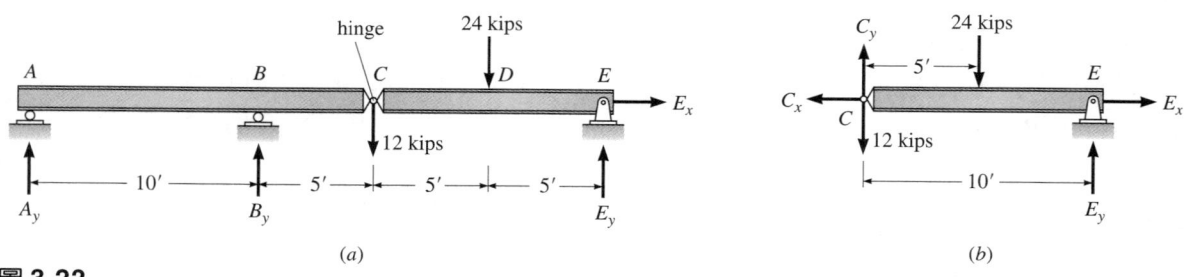

圖 3.22

例題 3.10

計算圖 3.23a 中樑的反力。

解答：

如果我們將圖 3.23a 所示結構整體當作一個剛體，外部支承共提供五個反力：A_x、A_y、C_x、D_x 與 D_y。由於只有 3 個平衡方程式可用，不足以求得所有反力，但因為在 B 點之滾支承可提供 2 個額外之資訊（也就是，$M_B = 0$ 與 $B_x = 0$），此題仍可解。將結構分隔成兩個自由體（如圖 3.23b），我們共可寫出六個平衡方程式（每個自由體三個）。剛好可用來決定外部反力與 B 點滾支作用力之六個未知數。

由圖 3.23b 所示之 BD 桿，可得平衡方程式如下：

$$\rightarrow^+ \quad \Sigma F_x = 0 \quad 0 = 15 - D_x \tag{1}$$

$$\circlearrowleft^+ \quad \Sigma M_D = 0 \quad 0 = B_y(10) - 20(5) \tag{2}$$

$$\uparrow^+ \quad \Sigma F_y = 0 \quad 0 = B_y - 20 + D_y \tag{3}$$

可解得 $D_x = 15$ kips、$B_y = 10$ kips、以及 $D_y = 10$ kips。

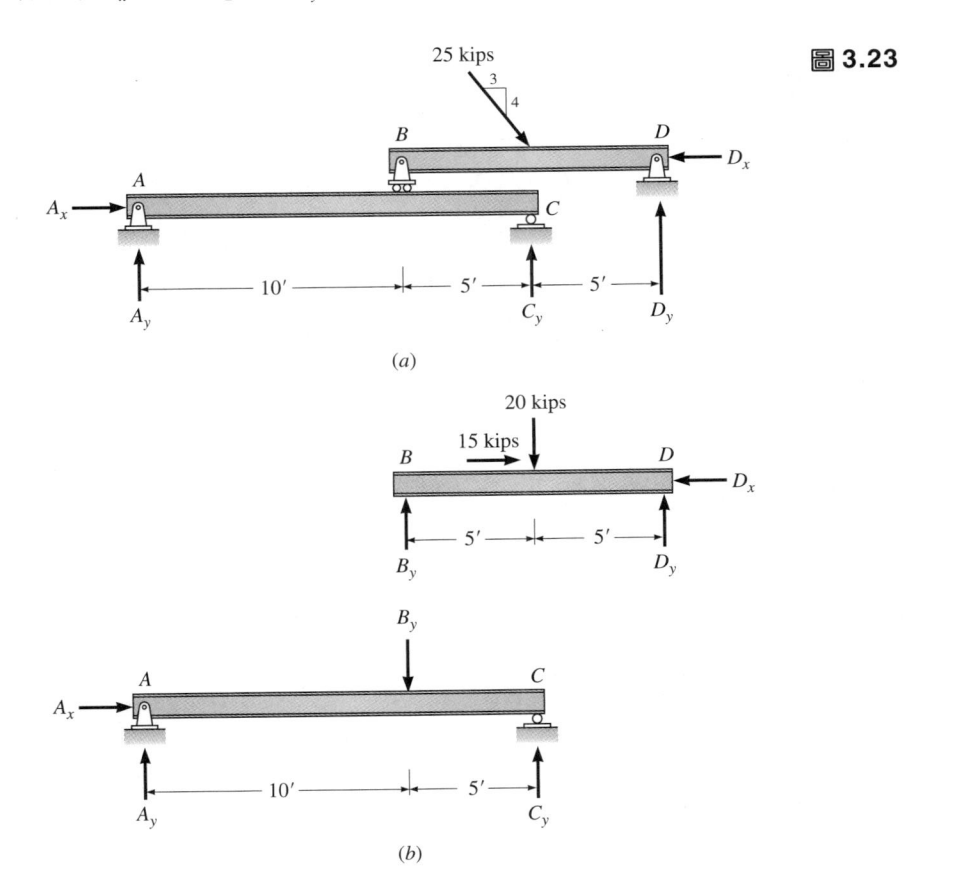

圖 3.23

利用已求得 B_y 之值，我們可由圖 3.23b 之桿件 AC 平衡方程式，求得其他反力。

$$\xrightarrow{+} \Sigma F_x = 0 \qquad 0 = A_x \qquad (4)$$

$$\circlearrowright^+ \Sigma M_A = 0 \qquad 0 = 10(10) - 15 C_y \qquad (5)$$

$$\uparrow^+ \Sigma F_y = 0 \qquad 0 = A_y - 10 + C_y \qquad (6)$$

由（式 4）至（式 6）可得 $A_x = 0$、$C_y = 20/3$ kips、以及 $A_y = 10/3$ kips。

由於在 B 點之滾支無法傳遞樑間之水平力，我們可發現作用於 BD 桿外力的水平分量 15 kips，必須由反力 D_x 來平衡。既然沒有水平力作用在 AC 桿上，$A_x = 0$。

靜力檢核：為了確定計算結果正確，我們將圖 3.23a 整個結構以 $\Sigma F_y = 0$ 進行確認。

$$A_y + C_y + D_y - 0.8(25) = 0$$

$$\frac{10}{3} + \frac{20}{3} + 10 - 20 = 0$$

$$0 = 0 \qquad \text{OK}$$

3.8 反力對結構穩定性及可定性之影響
Influence of reactions on Stability and Determinacy of Structures

為了形成一個穩定的結構，設計者必須提供一組適當的支承，以防止結構或它的任何組成構件產生剛體移動。穩定一個結構所需的支承數量與形態，取決於構材的幾何配置、結構內建的建築條件（比方說，鉸接點）、以及支承的位置。3.6 節中的平衡方程式，提供了瞭解反力對 (1) 穩定性與 (2) 可定性的影響所需要的理論。首先，我們考慮由單一剛體所形成的結構來開始討論，其次我們會將此結果拓展至包含數個相互連接剛體的結構。

對於一組能阻止結構在任何可能載重條件下產生移動的支承而言，支承所提供的反力與施加的載重必須滿足三個靜力平衡方程式。

$$\Sigma F_x = 0 \qquad (3.4a)$$

$$\Sigma F_y = 0 \qquad (3.4b)$$

$$\Sigma M_z = 0 \qquad (3.4c)$$

為了發展出計算結構穩定性與可定性的準則，我們將細分此項討論為三個以反力數量為函數的情況。

情況一：支承提供束制少於三個：R < 3（R = 反力或束制數目）

由於一個剛體處於平衡狀態時，必須滿足三個平衡方程式。設計者至少需設置三個反力，以產生穩定結構。如果支承提供反力少於三個，將有一或多個平衡方程式無法滿足，則結構不處於平衡狀態。一個結構不處於平衡狀態便是不穩定（unstable）。

舉例說明，讓我們以平衡方程式來決定圖3.24a所示之樑的反力。此樑由兩個滾支所支承，並承載於中跨的垂直載重 P 以及於端點的水平力 Q。

$$\uparrow^+ \quad \Sigma F_y = 0 \quad 0 = R_1 + R_2 - P \tag{1}$$

$$\circlearrowright^+ \quad \Sigma M_A = 0 \quad 0 = \frac{PL}{2} - R_2 L \tag{2}$$

$$\rightarrow^+ \quad \Sigma F_x = 0 \quad 0 = Q \quad 不合；故不穩定 \tag{3}$$

假如 $R_1 = R_2 = P/2$，則（式1）與（式2）可滿足；但因為 Q 是一真實力且不等於零，（式3）無法滿足。因此，此案例並不滿足平衡狀態，所以樑為不穩定，且在此不均

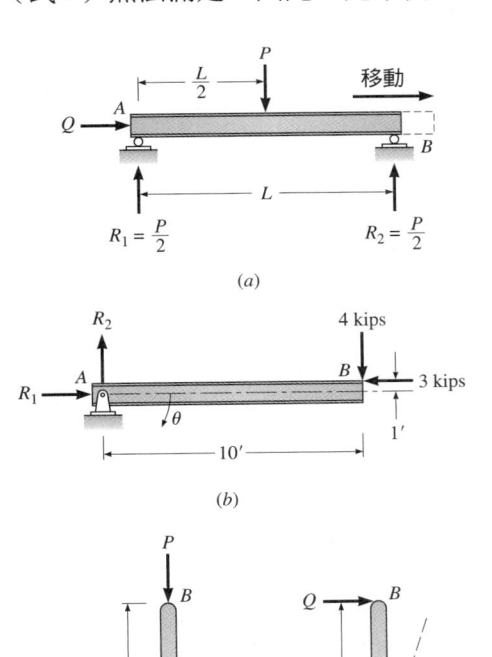

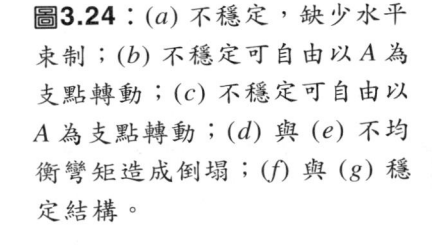

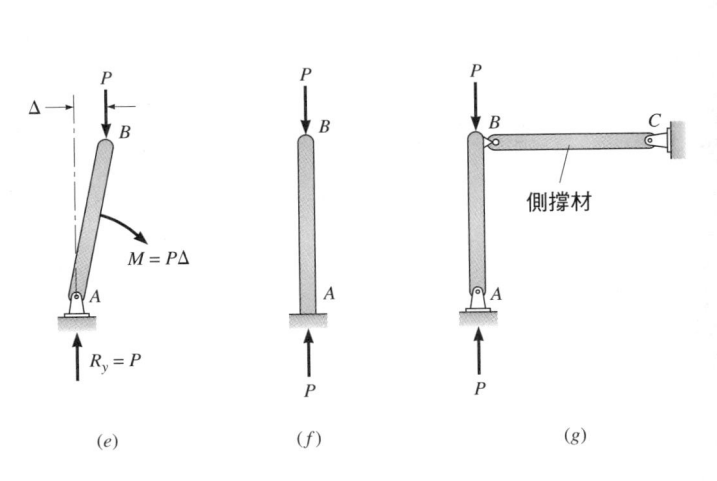

圖3.24：(a) 不穩定，缺少水平束制；(b) 不穩定可自由以 A 為支點轉動；(c) 不穩定可自由以 A 為支點轉動；(d) 與 (e) 不均衡彎矩造成倒塌；(f) 與 (g) 穩定結構。

力作用下會向右移動。數學家會說上述的聯立方程式是矛盾（*inconsistent*）或不相容（*incompatible*）。

在第二個例子中，我們將應用平衡方程式於圖 3.24*b* 所示僅由 *A* 點銷支承承載的樑。

$$\xrightarrow{+} \quad \Sigma F_x = 0 \quad\quad 0 = R_1 - 3 \tag{4}$$

$$\uparrow^+ \quad \Sigma F_y = 0 \quad\quad 0 = R_2 - 4 \tag{5}$$

$$\circlearrowright^+ \quad \Sigma M_A = 0 \quad\quad 0 = 4(10) - 3(1) = 37 \tag{6}$$

檢視（式 4）至（式 6）可發現，如果 $R_1 = 3$ kips 且 $R_2 = 4$ kips 時，（式 4）與（式 5）可滿足；但（式 6）無法滿足，因為右手邊等於 37 kip·ft，但左手邊卻等於零。由於彎矩平衡方程式無法滿足，此結構為不穩定；也就是說，樑將相對於 *A* 點之銷支承進行旋轉。

在最後一個例子中，我們應用平衡方程式於圖 3.24*c* 中的柱。 (7)

$$\xrightarrow{+} \quad \Sigma F_x = 0 \quad\quad 0 = R_x \tag{8}$$

$$\uparrow^+ \quad \Sigma F_y = 0 \quad\quad 0 = R_y - P \tag{9}$$

$$\circlearrowright^+ \quad \Sigma M_A = 0 \quad\quad 0 = 0$$

檢視平衡方程式可發現，如果 $R_x = 0$ 且 $R_y = P$，所有方程式可滿足，且結構處於平衡狀態（因為所有力量通過力矩中心，所以（式 9）可自動滿足）。即使在柱承載一垂直力量時平衡方程式仍可滿足，我們卻可由直覺看出此結構為不穩定。雖然在 *A* 點的銷支承可防止柱的底部產生任何方向的位移，它無法提供柱任何的旋轉束制。因此，給予柱很小的側向力 *Q*（如圖 3.24*d*）或給予通過 *A*（鉸接點）之垂直軸些微的偏量時，在垂直載重作用下（如圖 3.24*e*），將產生傾倒力矩，進而造成柱沿著 *A* 之鉸接端倒塌。由此案例，我們可知結構要歸類為穩定，其必須具有抵抗來自任意方向載重的能力。

為了提供抵抗旋轉的束制，據以穩定此柱，設計者可採取下列方式之一：

1. 將 *A* 點銷接以固定支承取代，則可提供柱基座之束制彎矩（如圖 3.24*f*）。
2. 如圖 3.24*g* 所示，將柱上端連接至一個穩定支承，以一水平構材 *BC* 連接柱之上端至一穩定支承上（如 *BC* 桿件，其主要功能為校準柱之垂直而非傳遞載重，故稱為撐材（*bracing*）或副桿（*secondary member*））。

總言之，我們歸納；如果結構之支承提供少於三個反力則結構為不穩定。

情況二：支承提供三個束制：$R = 3$

如果支承提供三個反力，通常三個平衡方程式便可能滿足（未知數的數目等於方程式的數目）。明顯的，如果三個靜力平衡方程式滿足，則結構處於平衡狀態（也就是穩定）。此外，如果平衡方程式滿足，則三個反力的值具唯一解，則此時我們稱此結構為**外在可定** (*externally determinate*)。最後，由於三個平衡方程式必須滿足。意味著，要產生在任何載重條件下皆能穩定的結構，需具備至少三個束制。

如果有一個支承系統提供了三個反力，但其配置使得平衡方程並不滿足，此結構稱為**幾何不穩定** (*geometrically unstable*)。舉例說明，在圖 3.25a 中構件 ABC 承載一個垂直載重 P 與一平水平力 Q，由一連桿與兩個滾支承所支撐，共計使用三個束制在 ABC 構件上。由於所有束制均作用於垂直方向上，它們無法提供任何對水平方向上位移的抵抗力（也就是說，它們是平行力系統的反力）。將樑 ABC 在 x 方向上的平衡方程式寫出，我們發現

$$\rightarrow^+ \quad \Sigma F_x = 0$$
$$Q = 0 \quad （不合）$$

由於 Q 是一真實力且不等於零，平衡方程式無法滿足，因此，此結構為不穩定。在力量 Q 的作用下，結構將向右移動，直到連桿產生一水平分量（因為幾何的改變）來平衡 Q（如圖 3.25b）。因此，一個結構要被歸類為穩定結構，我們需要；施加的載重能在未受

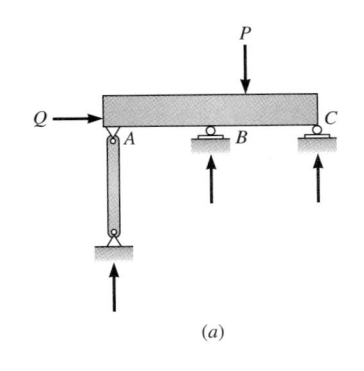

圖3.25：(*a*) 幾何不穩定，反力為平行力系統；(*b*) 當連桿伸長並改變斜率後方可產生水平反力；(*c*) 幾何不穩定－反力為通過 A 點銷支承之共點力系統；(*d*) 靜不定樑。

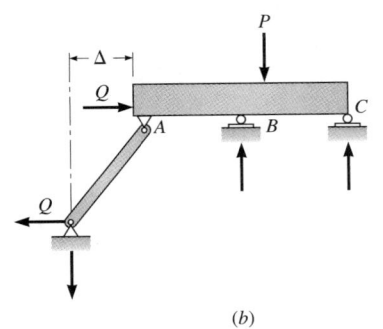

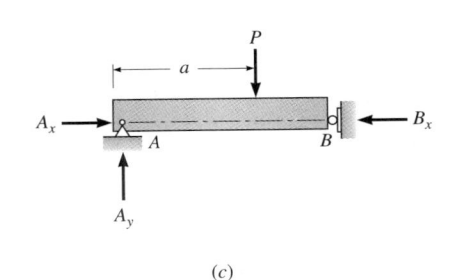

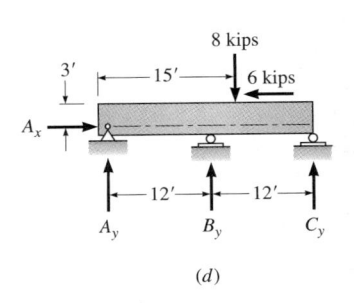

力結構之反力原始方向上被平衡掉。若一個結構必須歷經幾何改變，才能啟動其反力來平衡施加載重，應被歸類為不穩定。

再舉一個具有三個反力但仍為不穩定結構的案例。我們考慮圖3.25c中，一個由銷支承在A點與一個滾支承在B點所支撐的樑。此樑B點反力之方向為水平。雖然，由支承所提供的水平與垂直束制能滿足x與y方向上的平衡方程式，但這一些束制所在位置無法避免結構進行以A點為支點的旋轉。寫出A點的力矩平衡方程式得

$$\circlearrowleft^+ \quad \Sigma M_A = 0 \tag{3.4c}$$
$$Pa = 0 \quad （不合）$$

因為P與a皆不為零，乘積Pa不會等於零。因此，有一平衡方程式不滿足─表示結構為不穩定。由於所有反力的作用力線通過在A之銷支承（也就是說，這一些反力相當於一個共點力系統），它們無法防止旋轉。

總言之，我們歸納；對一個單一剛體而言，要形成一穩定結構至少需要三個束制（使處於平衡狀態）─而這一些束制力受限於不可相當於一個平行 (parallel) 或一個共點 (concurrent) 力系統。

我們也說明了，一個結構的穩定性，總是可由分析結構在數種任意載重條件下的平衡方程式來加以確認。如果分析顯示為矛盾的結果，也就是，並非結構的所有組件都能滿足平衡方程式，則我們可歸納該結構為不穩定。此過程將在例題 3.11 中舉例說明。

情況三：束制數大於三：$R > 3$

如果一個支承系統並不相當於一個平衡或共點力系統，且提供多於三個束制給一個單一剛性結構，則這些束制的值不具唯一性，因為未知數的數量超過可供求解的三個平衡方程式。既然一個或多個反力無法被決定，此結構稱為靜不可定或靜不定，而靜不定度 (degree of indeterminacy) 等於束制數減去 3，也就是

$$靜不定度 = R - 3 \tag{3.7}$$

其中，R等於反力的數目，而3代表靜力方程式的數目。

以圖3.25d中，由A點銷接，B與C點滾支所支承的樑為例。應用三個平衡方程式可得

$$\rightarrow^+ \quad \Sigma F_x = 0 \qquad A_x - 6 = 0$$
$$\uparrow^+ \quad \Sigma F_y = 0 \qquad -8 + A_y + B_y + C_y = 0$$
$$\circlearrowleft^+ \quad \Sigma M_A = 0 \qquad -6(3) + 8(15) - 12B_y - 24C_y = 0$$

由於有四個未知數 A_x、A_y、B_x 與 C_y，而只有三個可用的方程式，完整的求解是不可能的（A_x 可由第一式求得），因此我們稱此結構為一度靜不定。

如果 B 點的滾支承被移除，則我們有一穩定且靜定的結構，因為此時未知數的數目等於方程式的數目。這一項觀察提供給我們在計算靜不定度之通用過程時的一項基礎。在此方法中，我們藉由移除束制，直到形成一穩定、靜定結構，來決定靜不定度。所移除的束制數目就等於靜不定度。舉例說明，我們將以移除束制來決定圖3.26a中樑的靜不定度。在許多可能的方式中，我們選擇首先移除支承 A 的旋轉束制（M_A），但維持其水平與垂直束制。此步驟相當於將固定支承以一銷支承取代。如果我們接著移除C點的連桿與E點的固定支承，我們總共移除五個束制，才獲得圖3.26b所示之穩定、靜定之**母體** (base) 或稱為**放鬆** (released) 結構（所移除的束制可視為**贅餘束制** (redundants)）。我們歸結此原始結構為五度靜不定。

由數個剛體形成之結構的靜定性與穩定性

如果一個結構由數個剛體以某種裝置（例如，鉸）相互連接，而裝置解除了C個內部束制，則可有C個額外的平衡方程式（也稱，條件方程式），能用來求解反力（見3.7節）。對於此一類的結構，先前由單一剛體結構所發展出決定穩定性及靜定性的準則，必須加以修正如下：

1. 如果 $R < 3 + C$，則結構為不穩定。
2. 如果 $R = 3 + C$，且整體結構的反力與部分結構之反力並未形成平行或共點力系統時，結構為穩定且靜定。

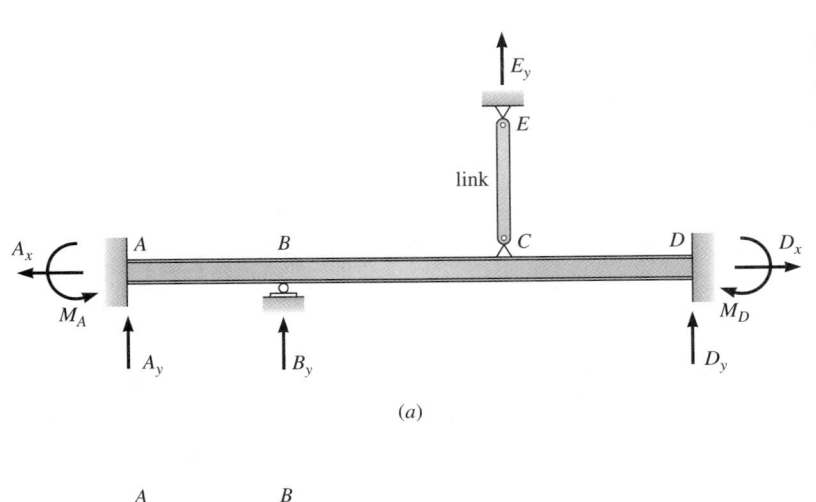

圖 3.26：(a) 靜不定結構；(b) 移除贅餘支承束制後所遺留之母體（或放鬆）結構。

3. 如果 $R > 3 + C$，且反力未形成平行或共點力系統，結構為穩定且靜不定。此外，由（式 3.7）所計算的靜不定度必須修正為；減去反力數 $(3 + C)$。此數字表示可用來求解反力的平衡方程式的數目；也就是說

$$靜不定度 = R - (3 + C) \tag{3.8}$$

表 3.2 歸納有關反力對結構穩定性與靜定性影響的討論。

表 3.2a
單一剛性結構穩定性與靜定性判斷準則歸納表

條件*	結構級別		
	穩定		
	靜定	靜不定	不穩定
$R < 3$	—	—	所有可能之載重情況，皆無法滿足3個平衡方程式。
$R = 3$	是，若反力具唯一性	—	若反力形成平行或共點力系時。
$R > 3$	—	是；靜不定度 = $R - 3$	若反力形成平行或共點力系時。

*R 為反力的數目

表 3.2b
數個相互連接之剛性結構穩定性與靜定性判斷準則歸納表

條件*	結構級別		
	穩定		
	靜定	靜不定	不穩定
$R < 3 + C$	—	—	是；若3個平衡方程式並未使所有可能之載重情況滿足。
$R = 3 + C$	是，若反力具唯一性	—	若反力形成平行或共點力系時。
$R > 3 + C$	—	是；靜不定度 $= R - (3 + C)$	若反力形成平行或共點力系時。

*此處 R 為反力的數目，C 為條件方程式數目

例題 3.11

探討圖 3.27a 所示結構之穩定性。接點 B 與 D 為鉸接頭。

解答：

穩定性所要求的必要條件是

$$R = 3 + C$$

由於反力數 R 為 5，而條件方程式數為 2，此必要條件滿足。但是由於結構具有多個鉸接頭與銷支承，幾何不穩定之可能性仍存在。為了探討這種可能性，我們施加任意載重於結構上，以確認對每一結構組件而言，平衡方程式皆可滿足。想像我們施加一個垂直載重於 DE 桿之中點（如圖 3.27d）。

步驟 1 檢核 DE 桿之平衡狀態

$$\rightarrow^+ \quad \Sigma F_x = 0 \qquad E_x - D_x = 0$$
$$E_x = D_x$$

$$\circlearrowleft^+ \quad \Sigma M_D = 0 \qquad 8(2) - 4E_y = 0$$
$$E_y = 4 \text{ kips}$$

$$\uparrow^+ \quad \Sigma F_y = 0 \qquad D_y + E_y - 8 = 0$$
$$D_y = 4 \text{ kips}$$

結論 雖然我們無法決定出 D_x 與 E_x 之值，平衡方程式是可以滿足的。同時，自由體上之各作用力也非平行或共點作用力系統，在此，我們未觀察到此結構有成為不穩定的任何徵兆。

圖 3.27：(a) 結構之詳圖；(b) 桿 AB 自由體；(c) 桿 BD 自由體；(d) 桿 DE 自由體；(e) 不穩定結構（如果將 AB 與 ED 視為連桿，則反力形成共點力系統）。

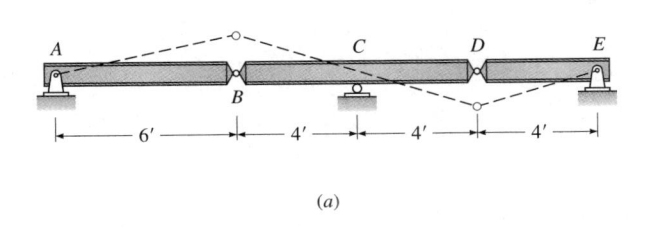

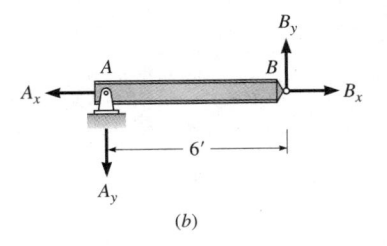

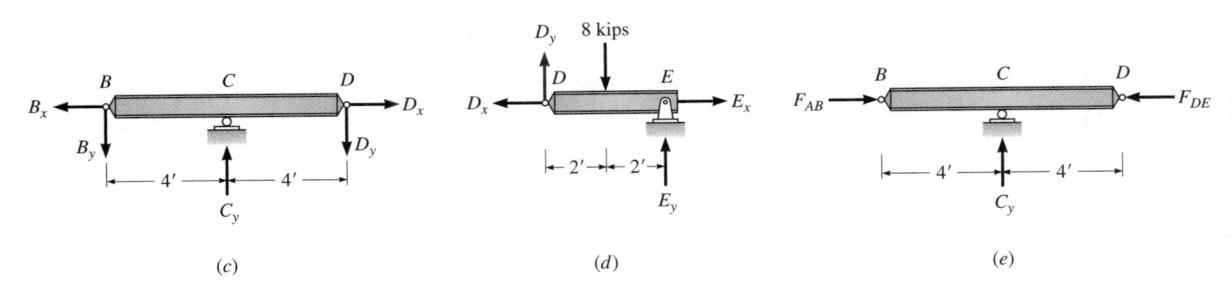

步驟 2 檢查 BD 桿之平衡狀態（如圖 3.27c）。

$$\circlearrowleft^+ \quad \Sigma M_c = 0 \qquad 4D_y - 4B_y = 0$$
$$B_y = D_y = 4 \text{ kips}$$
$$\rightarrow^+ \quad \Sigma F_x = 0 \qquad D_x - B_x = 0$$
$$D_x = B_x$$
$$\uparrow^+ \quad \Sigma F_y = 0 \qquad -B_y + C_y - D_y = 0$$
$$C_y = 8 \text{ kips}$$

結論 BD 桿之所有平衡方程式顯然滿足。因此，無不穩定之徵兆。

步驟 3 檢查 AB 桿之平衡狀態（如圖 3.27c）。

$$\circlearrowleft^+ \quad \Sigma M_A = 0 \qquad 0 = -B_y(6) \qquad （矛盾）$$

結論 由於先前對 BD 桿之計算已知 $B_y = 4$ kips，上式之右側為 -24 kip·ft，並不等於零。因此，平衡方程式不能滿足，此結構為**不穩定**。更仔細地檢視 BCD 桿（如圖 3.27e），可發現 AB 桿與 DE 桿之力量以及 C 點滾支之反力，有可能成為一組共點力系統。因此，此結構確為不穩定。圖 3.27a 所示虛線形狀為可能之不穩定機制之一。

3.9 結構分級
Classifying Structures

本章的重要目的之一，是要建構形成一個穩定結構的準則。我們已經看到在這樣的過程中，設計者必須同時考慮，結構的幾何尺寸以及可加以使用的支承數量、位置與形態。在本節的結尾，我們將檢視圖 3.28 與 3.29 的結構，並確立針對外部反力而言，這一些結構是否為穩定或不穩定。對於穩定結構，我們也同時確定它們是靜定或靜不定。最後，如果結構是靜不定，我們將決定其靜不定度。本節中，所有結構將被視為單一剛體，有些結構並包含解除內部束制的裝置。內部絞或滾接頭的影響，將會以相關的條件方程式加以考慮。

在大部分的情形下，要確定結構是否為靜定或靜不定，我們只需比較外部反力的數目與可用來求解的平衡方程式數目－也就是說，三個靜力方程式加上任何條件方程式的數量。其次，我們檢視反力是否相當於一個平行或共點力系統來檢核穩定性。如仍有疑惑存在，則可使用最後一個辨識方式。我們可施加一個載重至結構上，並以靜力平衡方程式進行分析。如果有解－表示平衡方程式可以滿足－則結構為穩定。反之，如果產生不一致之關係式，便可知道結構為不穩定。

3.9　結構分級　3-35

圖 3.28：穩定與不穩定結構之案例：(a) 一度靜不定；(b) 靜定穩定；(c) 二度靜不定；(d) 一度靜不定。

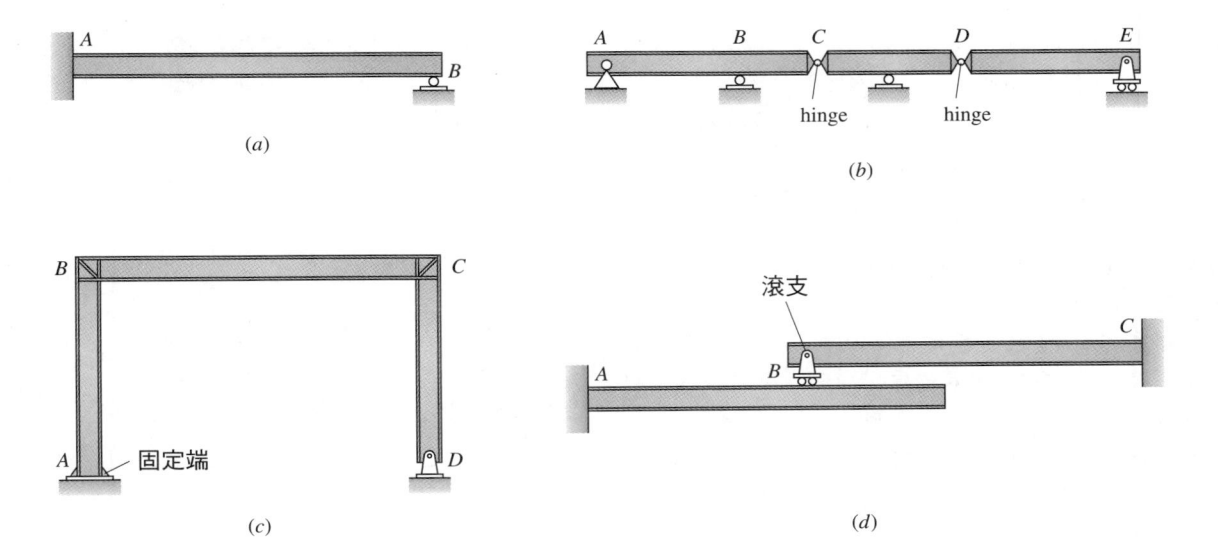

　　圖3.28a的樑由四個反力所束制－三個在固定端，一個在滾支。由於只有三個平衡方程式可用，此結構為一度靜不定。此結構很明顯為穩定，因為它的反力既不是一個平行力系統，也不是一個共點力系統。

　　圖3.28b 中的結構，因為反力數目等於平衡方程式數目，所以為穩定且靜定的結構。共有五個反力－兩個來自A點銷接，而三個滾支分別提供一個反力。欲求解這一些反力，整個結構共有三個平衡方程式可用，而在 C 與 D 的鉸接頭可提供二個條件方程式。我們也可以觀察的方式來推論結構是否為穩定－ABC 桿由 A 點之銷支與 B 點之滾支所支撐－故為穩定。因此，連接在 ABC 桿的鉸接點 C 為空間中一個穩定的點，作用正如一個銷支承，可對 CD 桿同時提供水平與垂直的束制。事實上，在 C 點的鉸接頭由於結構的彈性變形，可能具有少量的位移，但這並不會影響其將 CD 桿束制的能力。由於 CD 桿的第三個束制，由在中跨的滾支所提供，我們可推知 CD 桿亦為一穩定的構件；也就是說，它由三個非平行或共點力系的束制所支撐。瞭解在 D 點的鉸接頭是連接到一個穩定結構後，我們可知道 DE 桿也是被穩定的方式所支撐。也就是說，由鉸接頭提供兩個束制，而由 E 點的滾支提供一個束制。

　　圖3.28c 所示，為一個由在 A 點固定支承與在 D 點銷支承所束制的剛性構架。由於只有三個平衡方程式可用，而兩個支承共使用五個束制，此結構為兩度靜不定結構。

　　圖3.28d 的結構，包含兩個在 B 點以一個滾接頭所連接的懸臂樑。如果系統被視為一個單一剛體，則A與C兩個固定支承共使用六個束制。由於滾接頭可提供兩個條件方程式（B點彎矩為零與接合點 B 不可傳遞水平力），再加上三個可用的靜力方程式後，此結構為一度靜不定。第二個方法是，我們可利用移除B點滾接頭來計算靜不定度。為

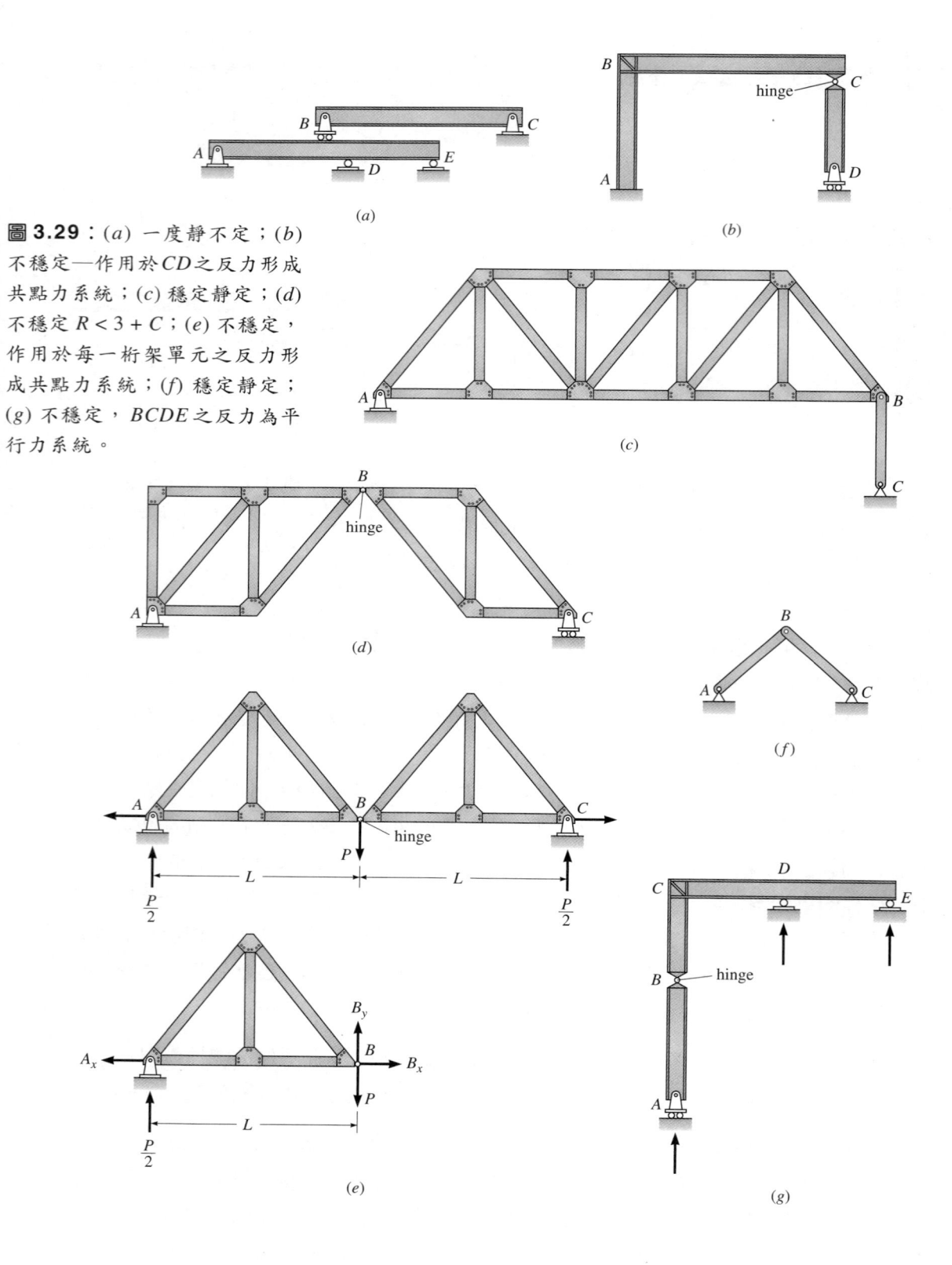

3-36　第 3 章　結構靜力學－反作用力

圖 3.29：(a) 一度靜不定；(b) 不穩定—作用於CD之反力形成共點力系統；(c) 穩定靜定；(d) 不穩定 R < 3 + C；(e) 不穩定，作用於每一桁架單元之反力形成共點力系統；(f) 穩定靜定；(g) 不穩定，BCDE 之反力為平行力系統。

了產生兩個穩定、靜定的懸臂樑，需移除B點滾支所提供的單一垂直反力。由於只需要移除一個束制，便可得到一個靜定母體結構（如圖3.26），我們得知此結構為一度靜不定。計算靜不定度的第三個方法，是將結構分割成兩個自由體圖，並計算支承與內部滾支承所使用的未知反力數目。每一自由體皆受到在A或C的固定支承作用三個反力，以及在B之滾支承作用一個垂直反力－兩個自由體共有七個反力。由於，可用的平衡方程式總數為六－每一自由體為三個－我們再一次得到此結構為一度靜不定的結論。

在圖3.29a中的結構，A與C點的銷支承以及B與E點的滾支承，共提供六個外部反力。由於共有三個平衡方程式與兩個條件方程式可用，此結構為一度靜不定。樑BC由C點的銷支承與B點的滾支承所支撐，其為此結構的一個穩定、靜定部分。因此，不論施加於BC的載重為何，在B點滾支承的垂直反力皆可被計算。此結構為靜不定，是因為ADE桿由四個反力所束制－兩個來自A點的銷支承以及D與E之滾支承各一個。

圖3.29b的構架由四個反力所束制－三個來自A點固定支承以及一個來自D點滾支承。由於有三個平衡方程式與一個條件方程式（由C點鉸接頭之$M_c = 0$）可用，此結構可能是穩定且靜定。雖然桿ABC因包含一個單一L形構件且連接至A點固定支承，必定為穩定；桿CD卻不是以穩定的方式被支撐。因為D點滾支承的垂直反力會通過C點的鉸接頭。因此，作用在CD桿的反力會形成一個共點力系，顯示此構件為不穩定。舉例說明，如果我們施加一個水平力在CD桿上，然後對在C點的鉸接頭取彎矩和，其結果為一個矛盾的平衡方程式。

在圖3.29c中的桁架，可被視為一個剛體，由A點的銷支承與BC連桿所支撐。由於反力共提供三個束制，且並非一個平行或共點力系，此結構為外部穩定且靜定（在第4章中，我們將更詳細檢視桁架的性質，此結構也是內部靜定（*internally determinate*））。

我們考慮圖3.29d所示，由B點鉸接頭連接兩個剛體所組成之桁架。將結構視為一整體時，我們知道在A與C之支承共提供三個束制。但是，由於共有四個平衡方程式要滿足（包含在B點之條件方程式），我們推斷此結構為不穩定；也就是說，平衡方程式數目大於反力數目。

將圖3.29e之桁架視為一個單一剛體，且包含B點鉸接頭時，我們可發現A與C銷支承共提供四個反力。由於整個結構有三個平衡方程式可用，且B點鉸接頭提供一個條件方程式，此結構似乎是穩定且靜定。然而，如果施加一垂直載重P在B點鉸接頭時，由對稱性可知，A與C兩支承分別產生垂直反力P/2。如果我們將A與B間之桁架取出當作自由體，並對B點鉸接頭取彎矩和，我們發現：

$$\circlearrowleft^+ \quad \Sigma M_B = 0$$
$$\frac{P}{2}L = 0 \quad (不合)$$

因此，我們可知平衡方程式$\Sigma M_B = 0$並不滿足，故我們推斷此結構為不穩定。

圖3.29f中，A與C點的銷支承共提供兩根銷接桿四個反力，而共有三個平衡方程式與一個條件方程式（在B點）可用，此結構為穩定且靜定。

圖3.29g中的剛性構架，由一連桿（AB桿）與兩個滾支承所支撐。由於作用於桿BCDE的所有反力皆為垂直方向（形成一平行力系統），桿BCDE毫無抵抗水平載重的能力，因此我們判斷此結構為不穩定。

3.10 靜定與靜不定結構間之比較
Comparison Between Determinate and Indeterminate Structures

由於靜定與靜不定結構被廣泛的使用，對設計者而言相當重要的一件事是：必須能了解兩者間之差異，以便能預期在施工過程中或稍後結構已被使用時，可能遭遇的問題。

如果一個靜定結構損失了一個支承，將產生立即的破壞，因為此結構不再是穩定結構。照片3.3所示為一個由簡支樑形式構成的橋樑，在1964年的日本新潟 (Nigata) 地震中發生坍塌的案例。當地震造成結構擺動時，在每一跨中由滾支承所支撐的樑，便由

照片 3.3：1964年日本新潟地震中，一座由簡支樑構成之橋樑遭到破壞之例子。

橋墩上滑落，並落入水中。假如樑的端點為連續或相互連接，此橋樑非常有可能在此地震中，僅受到最少量的損壞。在美國加州，類似的簡支形式公路橋樑，於地震中發生坍塌的經驗，已經使得設計規則被修正為；橋樑之大樑需安全連接至支承，以確保橋樑結構之安全。

另一方面，在一個靜不定結構中，存在數個替代的力徑可將載重傳遞至支承。當一個靜不定結構喪失一個或多個支承時，只要殘存的支承仍可提供三個或三個以上適當排列的束制，其仍為穩定結構。雖然一個靜不定結構損失一個支承後，可能造成特定構材明顯的應力增加、導致大的變形、甚至局部破壞，一個細部設計謹慎的結構具有韌性的行為，可能擁有足夠的強度來防止全面性的坍塌破壞。即使一個受損、變形嚴重的結構可能無法繼續正常的使用，建築物也能避免其使用者受到傷害。

在二次大戰中，當城市遭受砲擊或空襲時，許多具高度不定性構架的建築物，在主要結構構材─樑與柱─已嚴重受損或被摧毀時，卻仍能屹立不搖。舉例說明，如果圖3.30a中的支承 C 不見了，則圖 3.30b 所示的穩定且靜定懸臂樑仍存在。同樣的，如果損失支承 B 將留下一個穩定的簡支樑，如圖 3.30c 所示。

相同跨長的靜不定結構，通常較靜定結構強壯，因為前者具有額外的支承，提供更多的束制。舉例說明，如果我們比較圖 3.31 中兩個相同性質樑的變形大小，我們將發現簡支靜定樑的中點變形是靜不定固端樑中點變形的五倍。雖然兩根樑的支承處垂直反力的大小相等，在固定端樑中，支承端的負彎矩亦抵抗由施加載重所產生的垂直位移。

由於靜不定結構較靜定結構有更多的束制，支承沉陷、潛變、溫度變化以及建造誤差，都可能增加施工中搭建的困難度，或者在結構的服務年限中可能產生不利的應力情況。舉例說明，如果圖3.32a的 AB 橫樑製造的過長或因溫度升高而增加長度，結構的底部將延伸超過支承 C 的位置。為了要能搭建此構架，施工人員使用千斤頂或其他裝置，使結構變形直到它能連接於支承位置（如圖 3.32b）。這樣的搭建程序所造成的結果是，即使結構未受載重，構材仍產生內力且有反力形成。

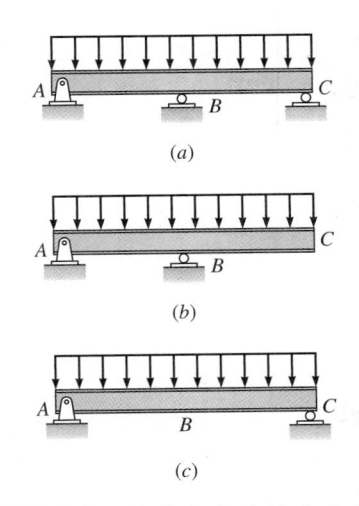

圖3.30：將載重傳遞至支承的替代模式。

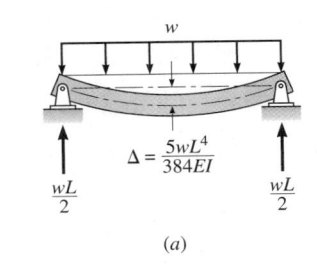

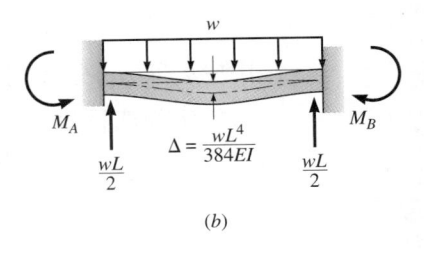

圖3.31：靜定與靜不定結之柔度比較。(a) 圖中靜定樑之變位為 (b) 圖中靜不定樑的 5 倍。

圖 3.32：製程中構件之誤差所造成之結果：(*a*) 因為樑太長，柱落於支承之範圍外；(*b*) 強制柱基連接至支承，將造成反力。

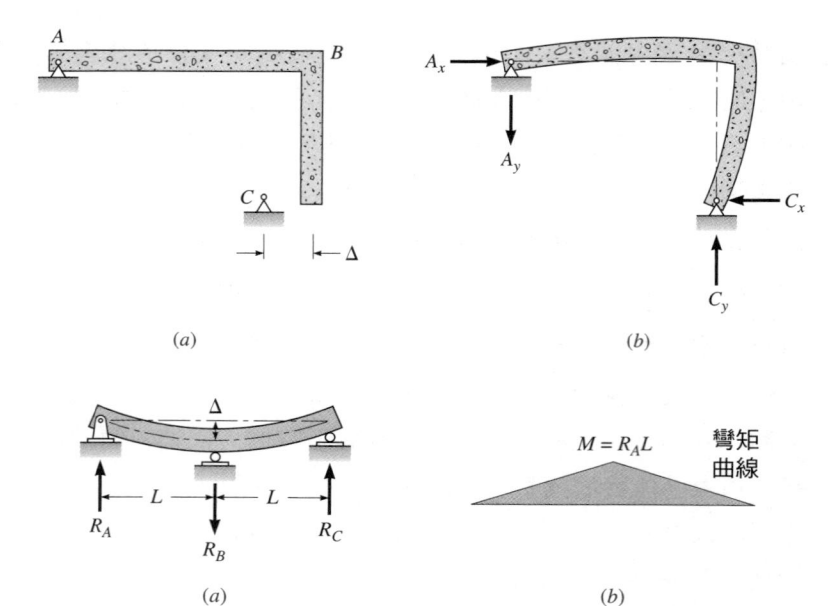

圖 3.33：(*a*) 支承 B 沉陷造成反力；(*b*) 支承沉陷所造成之彎矩曲線。

如圖3.33所示，當連續樑之中間支承沉陷時將產生力量。由於沒有載重作用於樑上－假設忽略樑本身重量－樑本身必須產生一組自我平衡的反力。如果此為一個鋼筋混凝土樑，由支承沉陷所產生的彎矩，被加到原本由服務載重所產生的彎矩時，將造成主要斷面設計載重值大幅的改變。視樑如何加勁而定，彎矩的改變可使樑受過大應力，或沿樑軸在特定斷面產生廣佈的裂縫。

總結
Summary

- 由於大部分受載重作用的結構為靜止的，且其支承處的位移受到束制，其行為皆由靜力定律所控制。對於平面結構而言，其遵守的定律如下：

$$\Sigma F_x = 0$$
$$\Sigma F_y = 0$$
$$\Sigma M_o = 0$$

- 平面結構的反力及內力能以三個靜力方程式決定者，稱為**靜定結構**。被高度束制的結構，無法單以三個靜力方程式加以分析者，稱為**靜不定結構**。此類結構需要依照變形的幾何尺寸，來增加額外的方程式。如果一個結構或結構中的任一部分無法滿足靜力方程式，則此結構被視為不穩定。

- 設計者使用許多的符號來代表真實的支承，如表3.1所歸納。這一些符號代表某一特定支承的主要作用；但為了簡化分析，我們將其次要的影響加以忽略。舉例說明，一個銷支承被假設能提供任意方向上的位移束制，但沒有任何旋轉束制。事實上，由於接合點摩擦力的關係，銷支承可以提供些微程度的旋轉束制。

- 因為靜不定結構具有多於形成一個穩定、靜定結構所需之最少支承與構材數，通常較靜定結構強韌。且當一個支承或構材失效時，較不易產生坍塌。
- 以電腦進行分析時，靜不定結構的分析與靜定結構的分析是一樣簡單的。然而，如果一個電腦分析產生不合邏輯的結果，設計者應考慮所分析的結構極可能為不穩定結構。

習題

P3.1. 到 **P3.6.** 求圖 P3.1 至 P3.6 各結構物的反力。

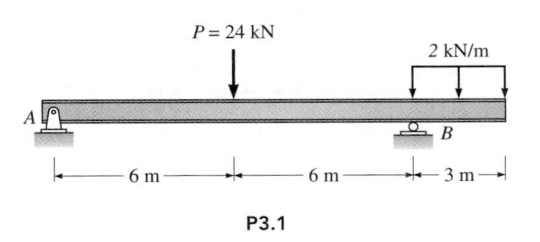

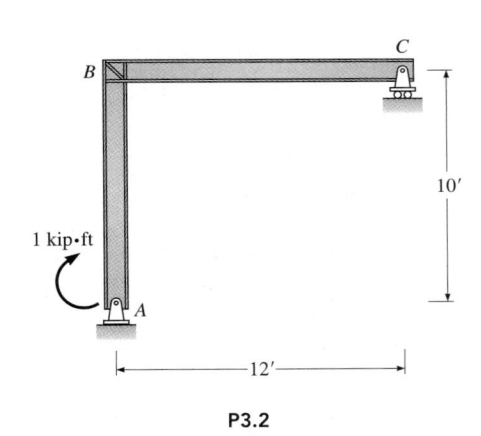

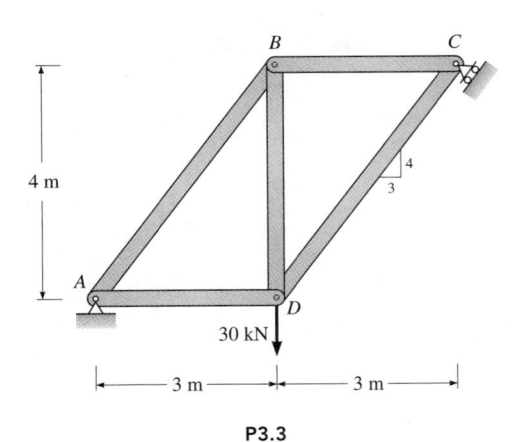

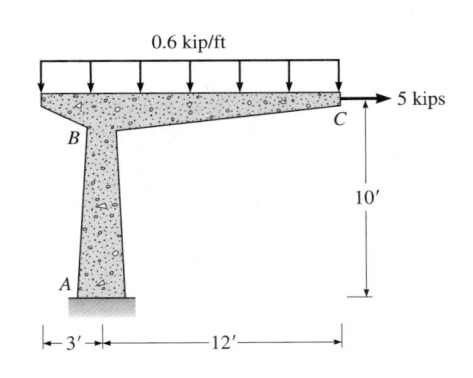

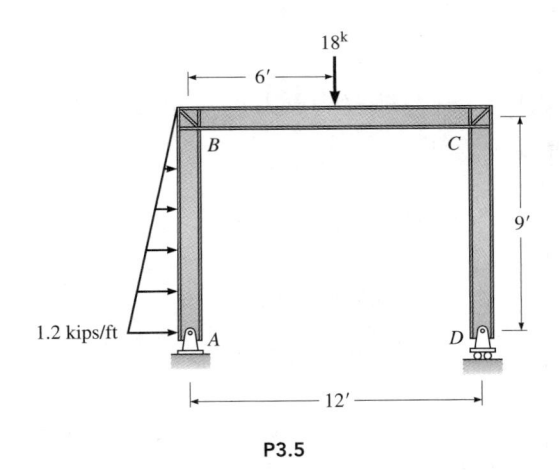

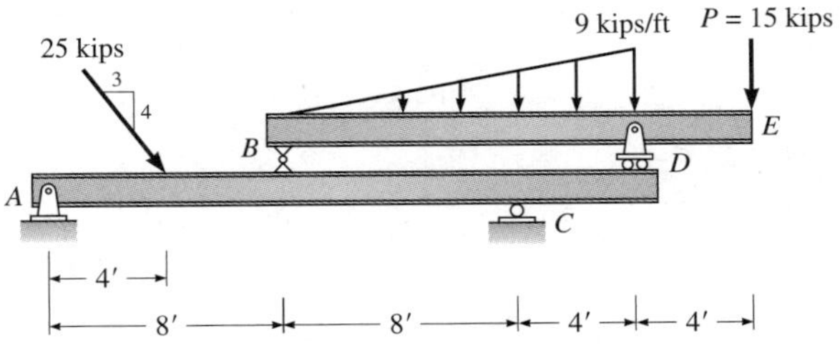

P3.7. 計算圖 P3.7 所有支承之反力，A 點為固定端。

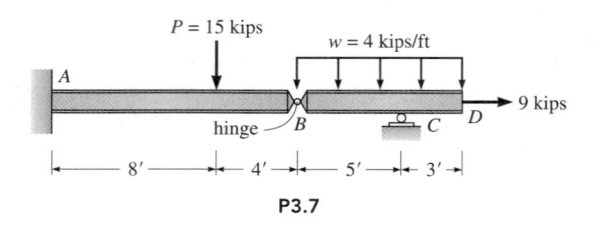

P3.8. 到 **P3.10.** 計算各結構物的反力。

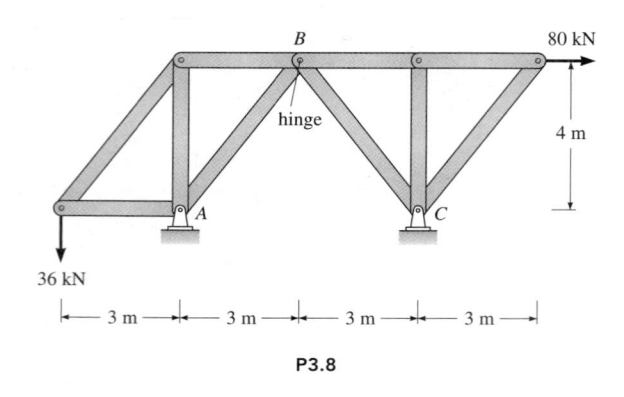

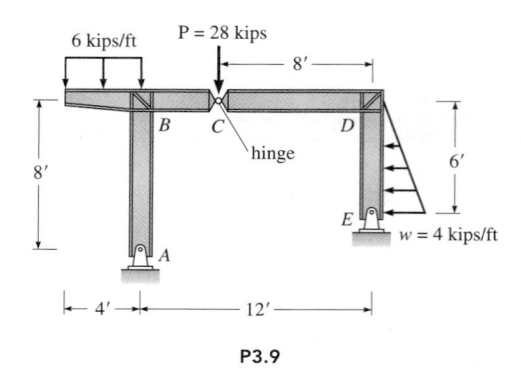

P3.11. 計算所有的反力，C 點銷接頭可視為鉸接點。

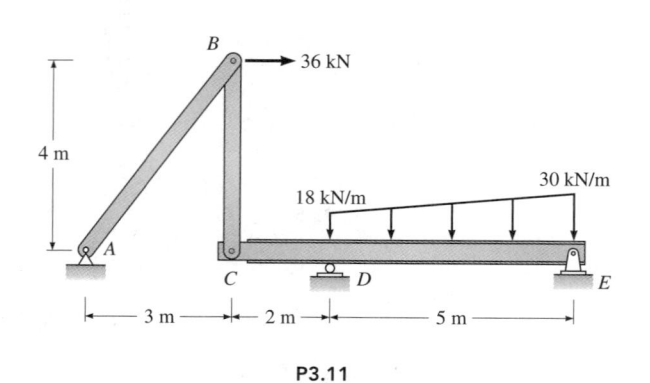

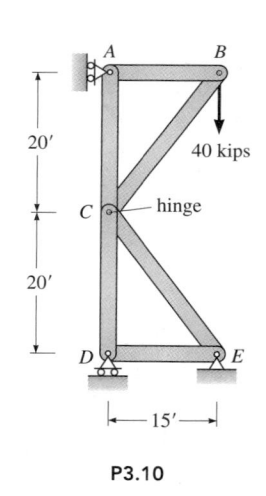

P3.12. 計算所有的反力，E 點銷接頭可視為鉸接點。

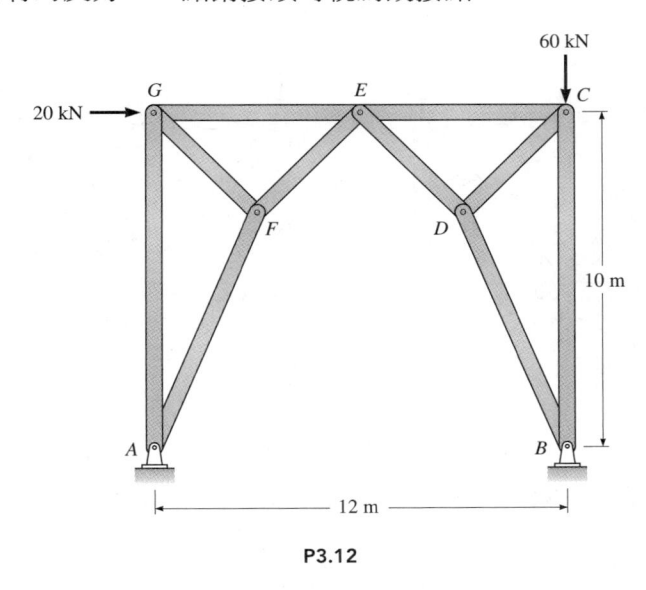

P3.12

P3.13. 計算所有支承的反力與鉸接點 B 所受的內力。

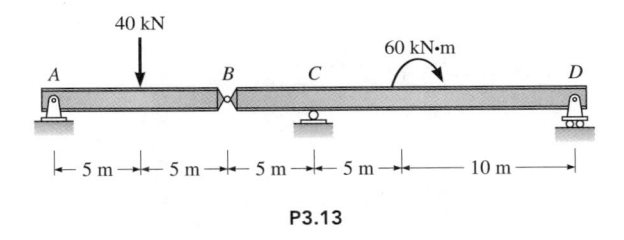

P3.13

P3.14. 計算支承 A 與 D 之反力，接點 B 與 C 為剛接。

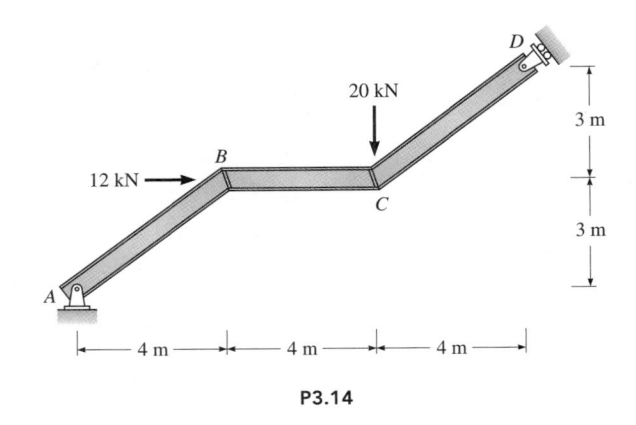

P3.14

P3.15. 計算所有反力，接點 E 視為鉸支承。

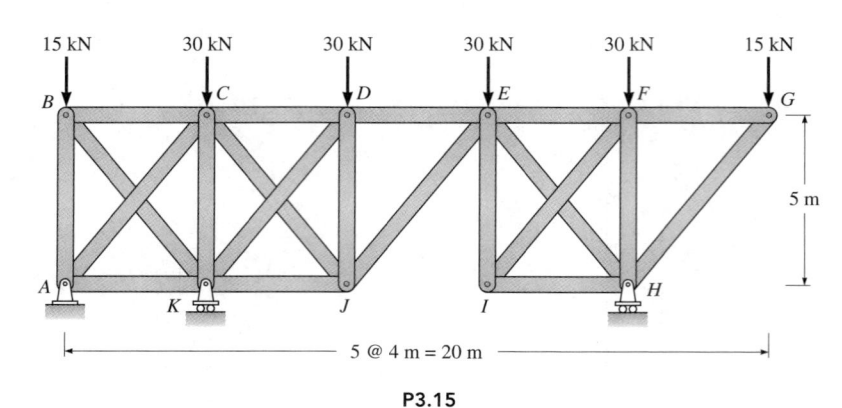

P3.15

P3.16. 計算所有反力，大樑上之均勻分佈載重及尺寸皆以柱中心線計算。

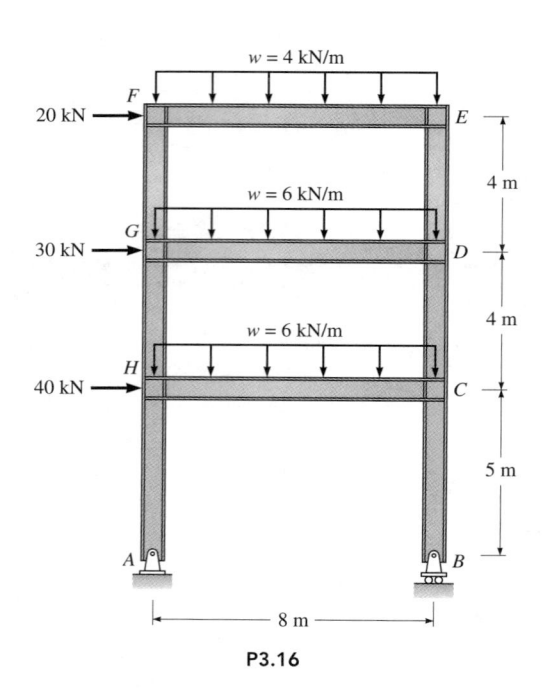

P3.16

P3.17. 及 **P3.18.** 計算所有反力。

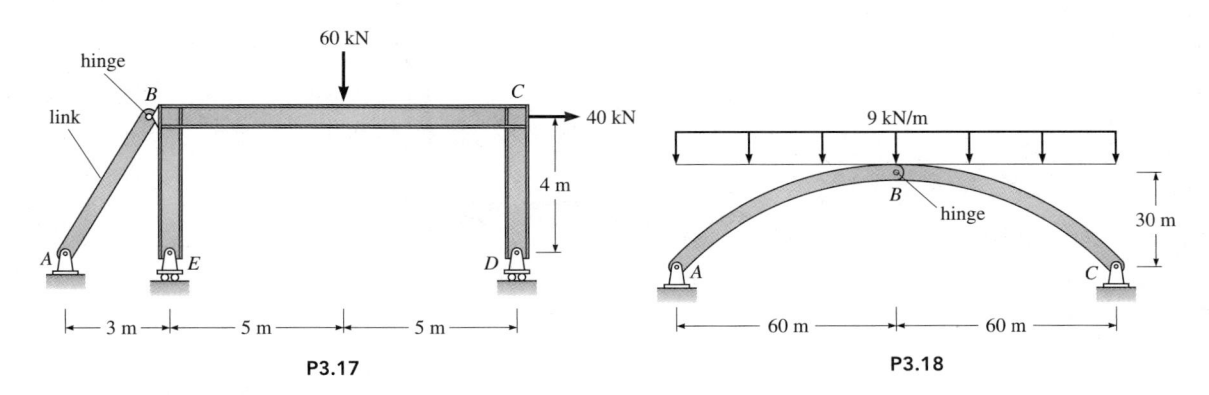

P3.17

P3.18

P3.19. 一個屋頂桁架以螺栓連結於加強磚造之礎座，並以彈性支承墊承載於 C 點。彈性支承墊可視為滾支承提供垂直方向的束制，支承 A 可視為銷支承，計算風載重下支承 A 與 C 之反力。

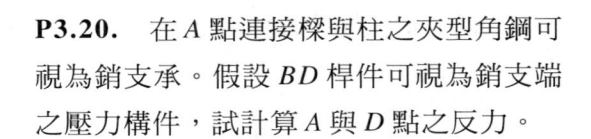

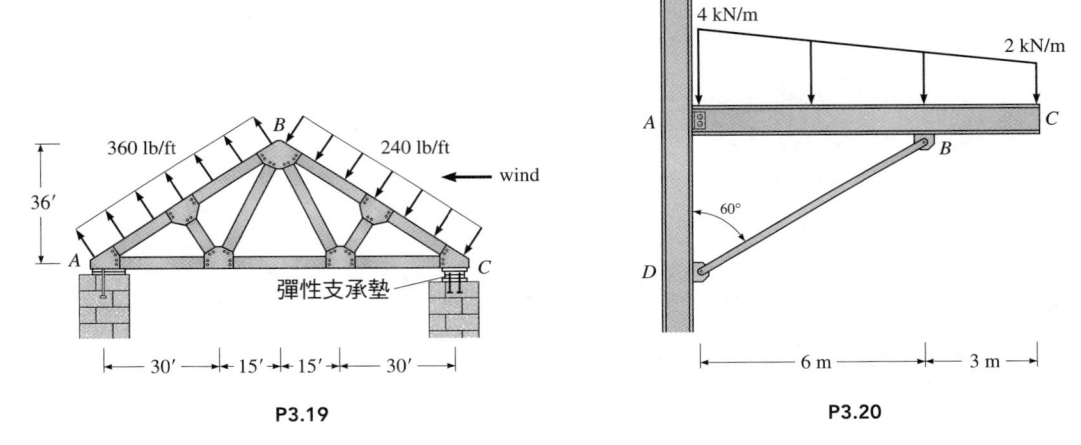

P3.20. 在 A 點連接樑與柱之夾型角鋼可視為銷支承。假設 BD 桿件可視為銷支端之壓力構件，試計算 A 與 D 點之反力。

P3.19

P3.20

P3.21. 計算支承 A 與 D 之反力，以及鉸接點作用於構件 CD 之力。

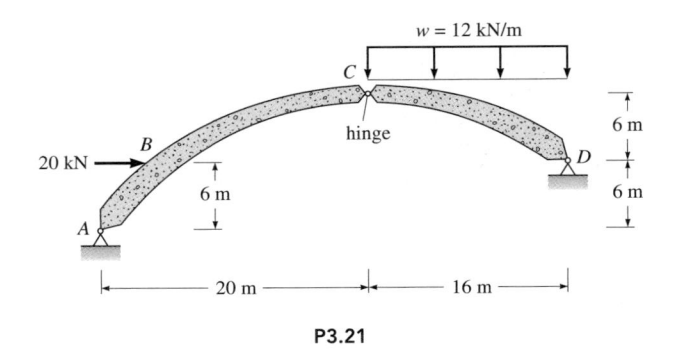

P3.21

P3.22. 計算所有反力。

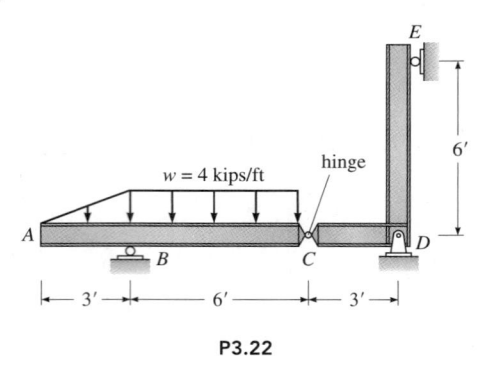

P3.22

P3.23. 柱基版於接點 A 與 D 可視為以銷支承的方式栓於基礎上，接點 B 為剛接，接點 C 為大樑以罩板焊接於柱端點處，可視為鉸接（無法承受彎矩），計算 A、D 之反力。

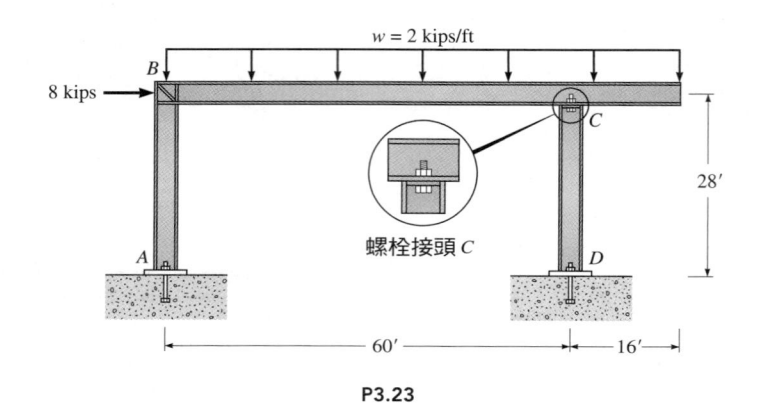

螺栓接頭 C

P3.23

P3.24. 使用斷面法，切剛架於支承 A 上方與接點 B 的右側與下方，畫柱 AB 與樑 BC 以及接點 B 之自由體圖，並計算各自由體圖的內力。

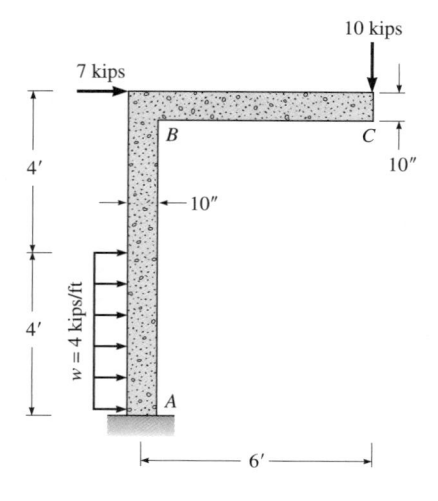

P3.24

P3.25. 如圖P3.25所示之剛架，其接點以無摩擦力之銷接頭連接，畫各桿件之自由體圖及計算各銷接點作用於桿件之內力。

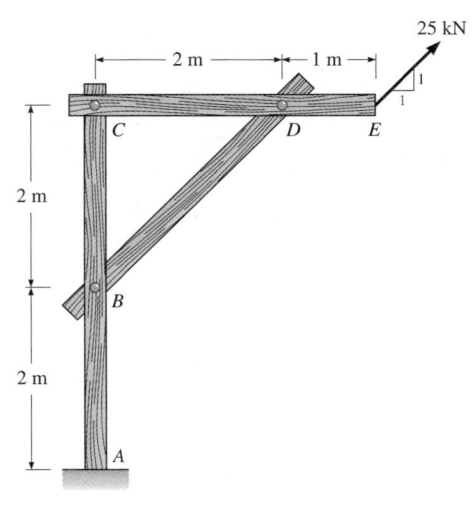

P3.25

P3.26. 如圖P3.26所示之桁架，由只能承受軸向力之桿件銷接而成，以垂直斷面切於桁架中心計算桿件 a、b、c 之內力。

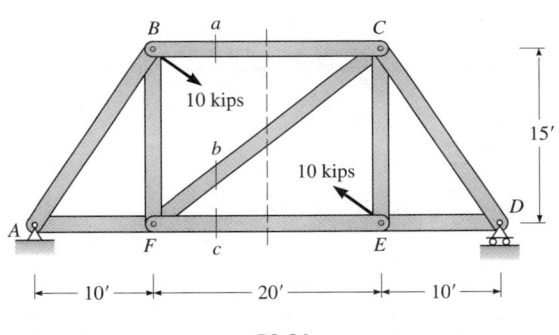

P3.26

P3.27. (a) 如圖 P3.27，桁架 1 與桁架 2 為可視穩定的剛體構件，計算所有反力。(b) 畫各桿件之自由體圖及計算接點 C、B 與 D 作用於桿件上之內力。

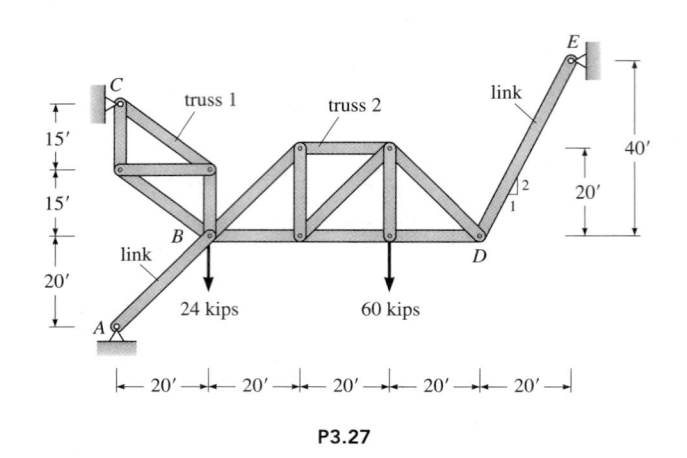

P3.27

P3.28. 及 **P3.29** 將圖 P3.28 及 P3.29 之結構物分級，判斷其為穩定或不穩定，如不穩定，說明其理由；若為穩定，判斷其為靜定或靜不定，若為靜不定，說明為幾度靜不定。

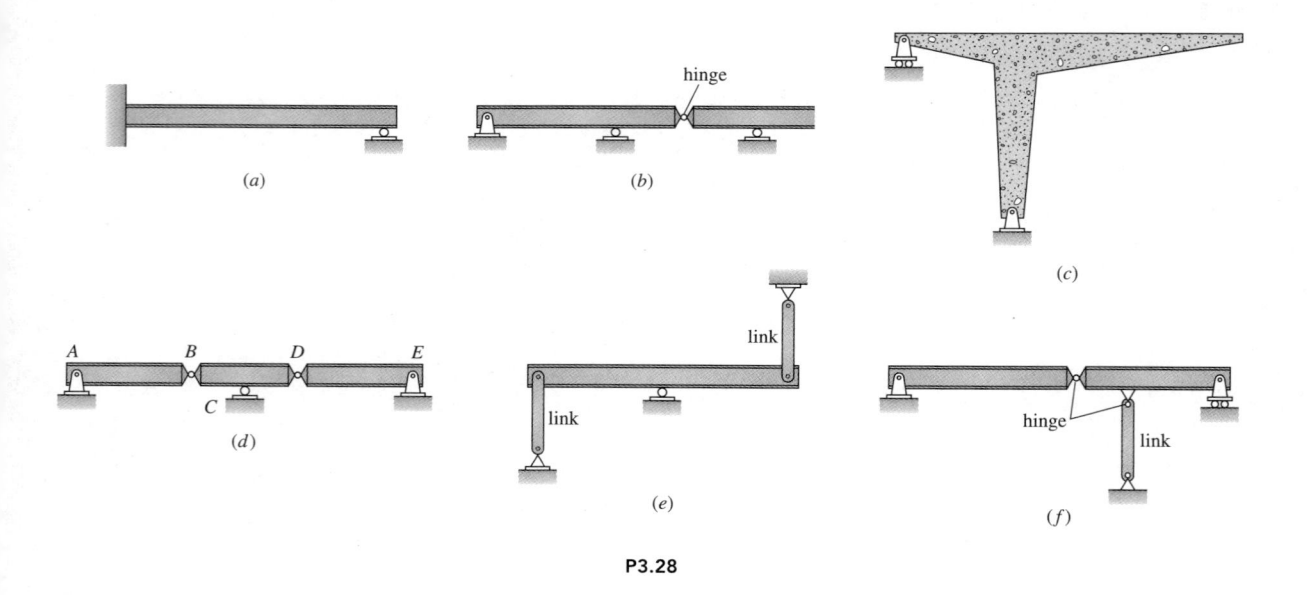

P3.28

(a)

(b)

(c)

(d)

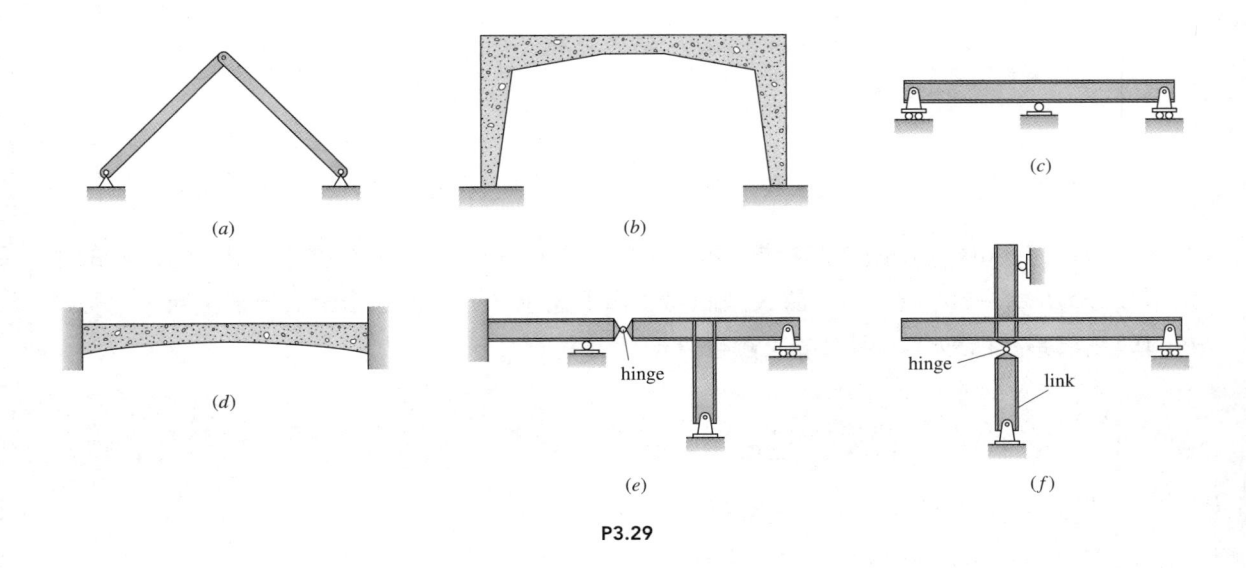

(e) hinge

(f) hinge, link

P3.29

P3.30. 實際應用：一座單車道的橋，橋面版為 12-in 厚、16-ft 寬，架於間隔 10 ft 之鋼樑上；鋼樑長 52 ft、重 300 lb/ft；橋樑設計為全線可同時承受 700 lb/ft 之活載重，求靜載重、活載重及衝擊載重作用下端點支承所承受之最大反力。活載重可假設作用於橋面版之中心線上，並平均分配於二根大樑上。混凝土柵欄底座重 240 lb/ft、柵欄重 120 lb/ft，橋面版混凝土單位重為 150 lb/ft^3。假設衝擊係數為 0.29。

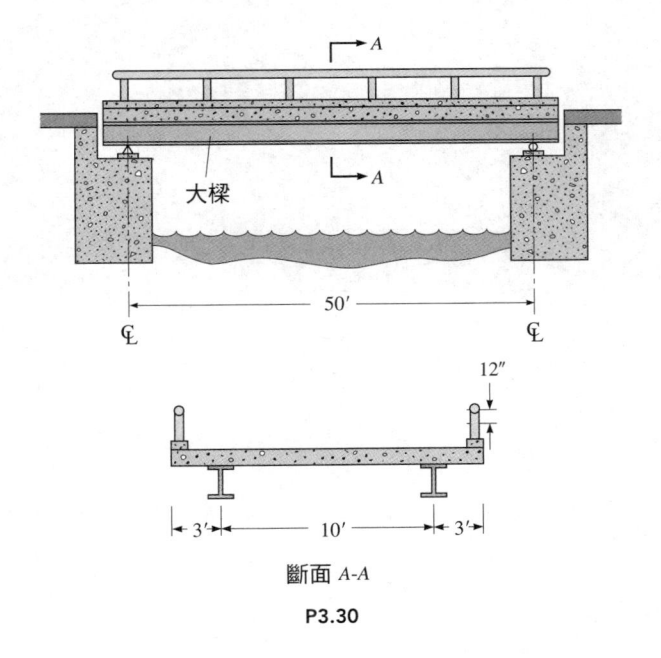

斷面 A-A

P3.30

連接Staten Island與紐澤西之澳特橋(Outerbridge Crossing)為一座連續桁架橋。這座橋的中跨淨高135呎跨長750呎，可允許大型商船由橋下通過。近年來，桁架橋已被更新、更強之材料與結構系統所取代，所以越來越少見到了！

CHAPTER 4

桁架
Trusses

4.1 簡介
Introduction

桁架為一種結構元件，由相互連接的細長桿件，以穩定的排列方式組合而成（如圖 4.1a）。桿所組合之桁架樣式為有效率、輕質的載重構件，通常可細分為數個三角形單元。雖然接合點通常以焊接或將桁架桿鎖至襯板的方式形成（如圖 4.1b），設計者假設構材是以無摩擦之銷接頭連接，如圖 4.1c 所示。

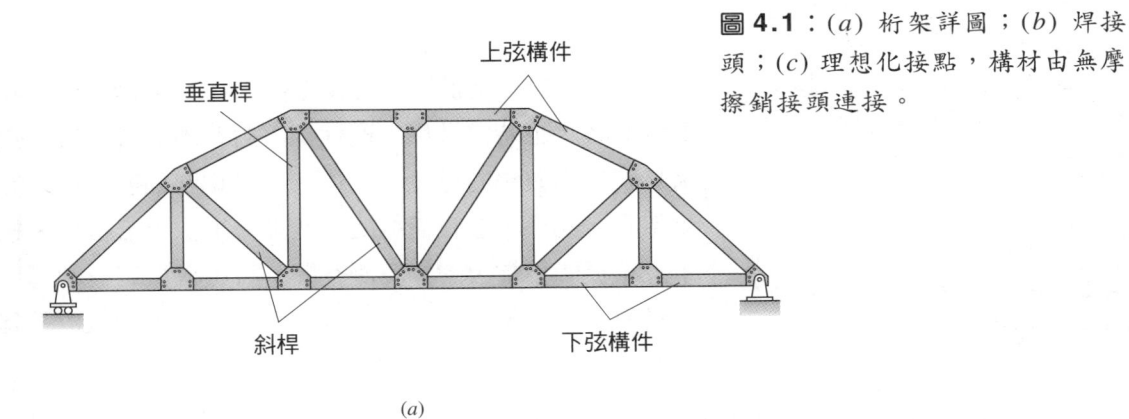

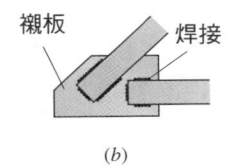

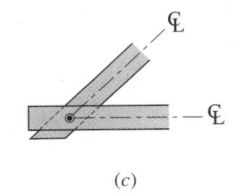

圖 4.1：(a) 桁架詳圖；(b) 焊接頭；(c) 理想化接點，構材由無摩擦銷接頭連接。

由於無摩擦之銷接頭無法傳遞彎矩，桁架構材被假設為僅能傳遞軸力—張力或壓力。由於桁架構材以正向應力作用，可有效率的傳遞載重，因此通常具有相對於其他構材較小的截面。

如圖4.1a所示，在頂部及底部的水平或傾斜構材被稱為上弦材（或頂上弦材；top chord）與下弦材（或底弦材；bottom chord）。上、下弦材間再由垂直與斜對角構材所連接。許多桁架的結構行為與樑的行為類似。事實上，桁架時常被當成是一個樑，但多餘的材料已被移除以減輕自重。桁架的弦材，其作用相當於樑的翼板。在弦材所產生的力量，會形成一組內力矩，以傳遞由施加載重所造成的外力矩。而垂直與斜對角構材的主要作用，是將垂直力（剪力）傳遞至桁架端點的支承。一般而言，以單位重量計算時，製造一個桁架的費用高於一個鋼樑；然而桁架所需的材料較少，因為其使用材料的效率較高。對一個長跨結構而言，如60公尺或200英呎以上，結構的自重將佔結構所需負載的設計總重中的大部分（約在70~85％間）。以桁架取代樑時，設計者通常可以較低之造價設計出更新且更強的結構。

即使樑的跨長很短，稱為托樑(joist)的淺桁架，在載重較輕時，也時常被用來取代樑。對較短跨長而言，托樑構材因為它較輕的重量，使得它比具相同強度的樑來的容易架設。此外，在腹構材間之空隙，提供上方樓板與托樑下天花板間相當大的無障礙空間，可被機械工程師運用來架設熱水與空調導管、給水排水管線、電器管線以及其他主要之設施。

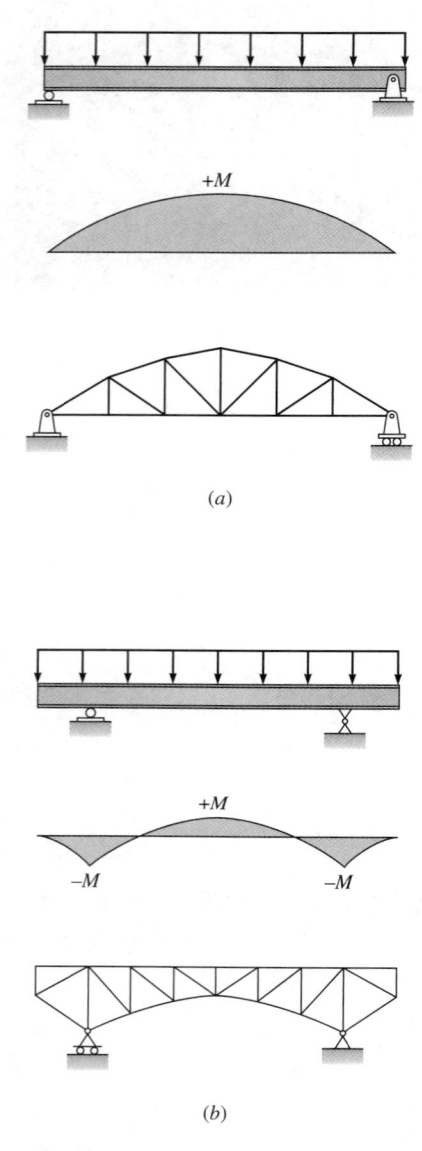

圖4.2：桁架之深度改變以符合彎矩曲線之變化。

除了改變桁架構材的截面積外，設計者亦可改變桁架深度來降低其重量。在彎曲力矩大的區域—簡支結構中點或連續結構之支承位置—桁架的深度可加大（如圖4.2）。

桁架的斜桿通常向上傾斜45~60°之間。在一個長跨桁架中，框格（分段）點的距離不應超過15~20英呎（4.5~6公尺），此為受壓弦材未支撐長度的限制，而弦材應被設計為具柱的功能。當一個受壓弦材的細長度增加時，便越容易受到挫屈的損壞。至於張力構材的細長度，也應加以限制，以減少由風或活載重所造成的振動。

如果一個桁架中所有框格點所傳遞的載重相等或相近時，斜桿的傾斜方向將決定其傳遞的為張力或壓力。以圖4.3為例，兩個除了斜桿方向不同而其他條件完全一致的桁架（相同的跨長、載重），其斜桿的力量剛好相反（T表示張力而C表示壓力）。

雖然桁架在平行於其所在平面之勁度極高，它們在垂直於所在平面方向上卻相當柔軟，因此必須加以支撐或加勁，以達穩定的目的。由於桁架通常成雙或並列使用，我們可將數個桁架連接在一起，形成一個剛性箱型的結構。舉例說明，圖4.4所示橋樑由兩個桁架所建造而成。在上弦材與下弦

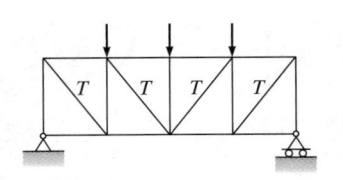

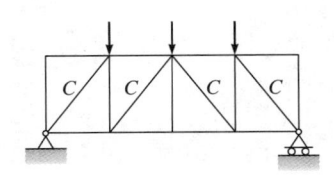

圖4.3：T代表張力而C代表壓力。

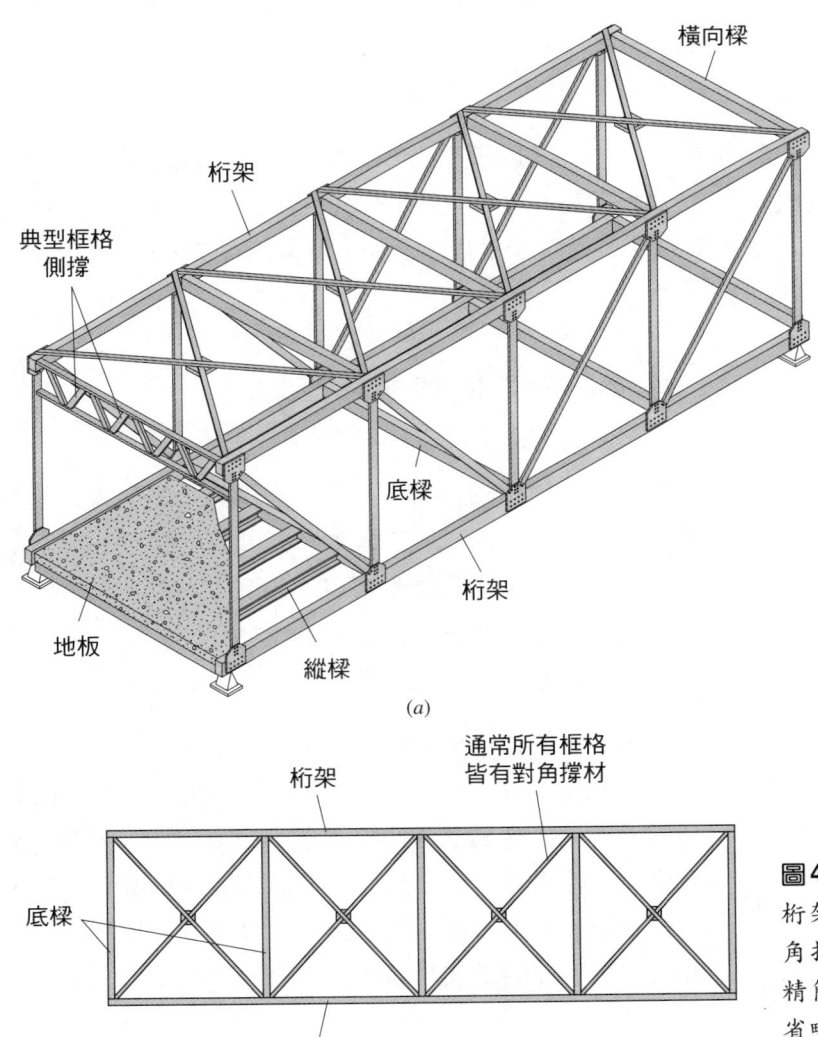

(a)

(b)

圖4.4：包含底樑與輔助側撐之桁架：(a) 桁架內部橫向樑與對角撐材接合點之透視圖，為了精簡示意圖，底部之對角撐材省略，但繪於 (b) 中；(b) 底樑與對角撐材之下視圖。

照片 4.1：以螺栓接頭與襯板所構成之巨型屋頂桁架。

照片 4.2：重建後之 Tacoma Narrows bridge，其車道板系統以桁架加勁。參見照片 2-1，P2-20 頁之原橋。

材所在的水平面上，設計者將加上側向構材橫跨框格點之間，以及加上斜桿支撐來加勁結構。這一些側向構材將上下弦材支撐在一起，形成水平面上的一個桁架，並將側向風載重傳遞至端點支承。工程師也在結構兩端垂直面上加上斜撐隅材 (knee bracing)，來確保桁架始終與結構的上下平面保持垂直。

4.2 桁架的種類
Types of Trusses

大部分現今使用的桁架，其構材皆以三角形配置，因為即使當接合點為銷接頭，三角形型式為幾何穩定的形狀；且在載重作用下，不會產生坍塌（如圖 4.5a）。反之，一個銷接矩形元件（如圖 4.5b），其行為如同一個不穩定之連接裝置，在最小的側向載重作用下便會坍塌。

建造一個穩定桁架的方法之一，是先構建一個基本三角形單元（如圖 4.6 陰影三角形元件 ABC），然後由此三角形元件之接合點以延伸桿建立新的接合點。舉例說明，我們可由接合點 B 與 C 延伸兩桿形成接合點 D。同理，我們可想像接合點 E 是由接合點 C 與 D 之延伸桿所形成。以此種方式形成的桁架，稱作簡單桁架(*simple trusses*)。

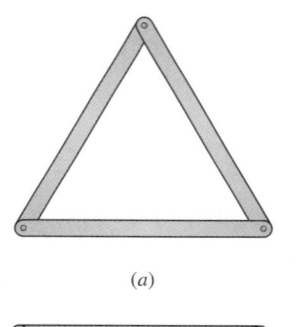

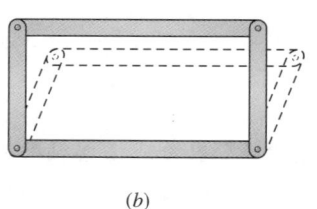

圖 4.5：銷接構架：(a) 穩定；(b) 不穩定。

如果兩個或兩個以上之簡單桁架，由一個銷接頭或由一個張力連桿與一個銷接頭連接，則形成複合桁架（如圖 4.7 之 compound truss）。最後，如果一個桁架—通常為一個不尋常外形—既非簡單桁架亦非複合桁架，則稱作複雜桁架（如圖 4.8 之 complex truss）。在現今的實務上，使用電腦進行分析時，這一些桁架的分類並無太大的實質義意。

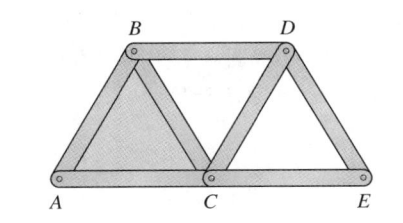

圖 4.6：簡單桁架。

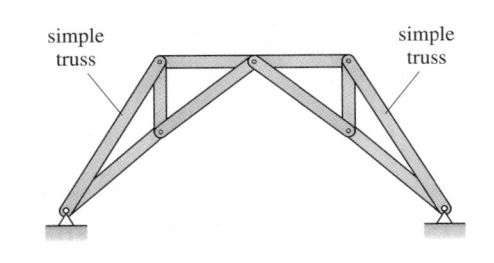

圖 4.7：簡單桁架構成之複合桁架。

4.3 桁架的分析
Analysis of Trusses

完整的桁架分析包括，決定出所有桿的力量及反力的大小與其正負的義意（張力或壓力）。要計算一個靜定桁架的反力，我們可將整個結構視為一個剛體，如同在 3.6 節所討論的方式，再應用靜力平衡方程式與可能存在的任何條件方程式進行分析。計算桿力量的分析方式架構在下列三個假設下：

1. 桁架桿為筆直且只傳遞軸向載重（也就是說，桿力量之方向為沿著桁架構材縱軸方向）。此假設也暗視我們已將桿之自重忽略掉。如果桿的重量不可忽略，我們可將一半的桿重量當成一個集中載重，分別作用於桿兩端之接合點上，藉此來近似其自重的效果。
2. 構材由無摩擦銷接頭相互連接。也就是說，桿的端點及其所連接之接合點間沒有彎矩傳遞（如果接合點為剛性，且構材勁性高，則此結構應視為剛性構架進行分析）。
3. 載重僅作用於接合點上。

在桿力量的正負義意設定後，我們的符號規則通常標示張力為正而壓力為負。另一個作法是，我們可將力量的義意標示於其數值之後，T 表示張力而 C 表示壓力。

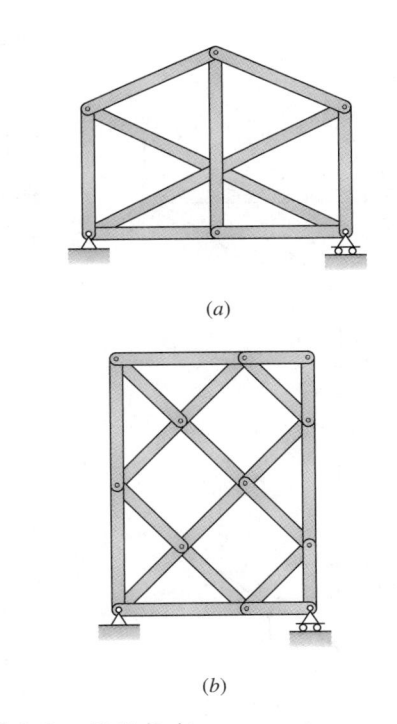

圖 4.8：複雜桁架。

圖 4.9：軸向受載之桿與其鄰接接合點之自由體圖：(a) 桿 AB 受張力；(b) 桿 AB 受壓力。

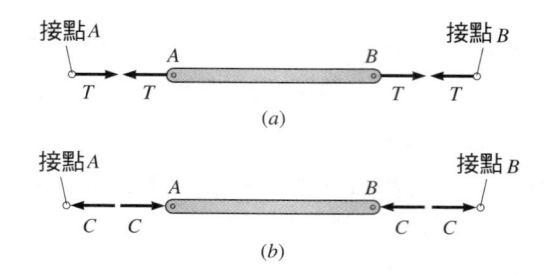

如果一個桿受張力，桿端點的軸力作用方向朝外（如圖 4.9a）且有將桿拉長趨勢。此作用於桿端點大小相等方向相反的力，代表接點對桿的作用力。由於桿施加大小相等方向相反的力於接合點上，一個張力桿作用於接合點的力，其方向為遠離接合點的方向。

如果一根桿受到壓力，則作用於桿端點的軸力方向朝內，並壓縮該桿（如圖 4.9b）。相對應的，受壓力的桿對接合點以推力作用（也就是說，作用力方向指向接合點）。桿內力的分析可利用考慮接合點的平衡──**接點法**(*method of joints*)──或利用考慮桁架斷面的平衡──**斷面法**(*method of sections*)。在後者中，斷面的產生是以一虛構的切斷面通過桁架而得。接點法將在 4.4 節中討論；斷面法則在 4.6 節討論。

4.4 接點法
Method of Joints

以接點法決定桿內力時，我們分析接合點的自由體圖。自由體圖的形成是利用一個虛構斷面將接合點與桿切開。舉例說明，在圖 4.10a 中，要決定構材 AB 與 BC 的桿力時，我們使用如圖 4.10b 中所示接合點 B 之自由體；由於桿僅傳遞軸力，每一桿力的作用方向為沿著桿縱軸的方向。

因為所有作用於接合點的力通過銷接頭，可視為一個共點力系統。對於此種形態的力系統而言，只有兩個靜力平衡方程式（也就是，$\Sigma F_x = 0$ 與 $\Sigma F_y = 0$）可以用來計算未知的桿力。既然只有兩個平衡方程式可用，我們只能分析最多具有兩個未知桿力的接點。

使用接點法時，分析者可依循數種不同的方式。對於還不熟悉桁架結構分析的同學而言，最好仍由以桿力量的分量寫出平衡方程式的方式著手。另一方面，隨著經驗的增加且熟悉接點法後，便可能在沒有正式寫出平衡方式的情況下，仍可由觀察在某一特定方向，得到平衡所需桿力量的大小與

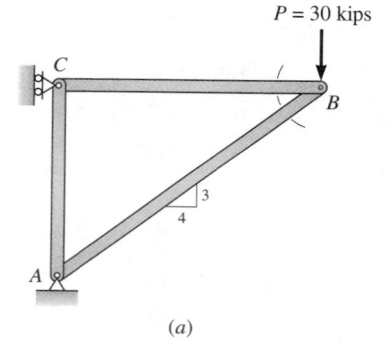

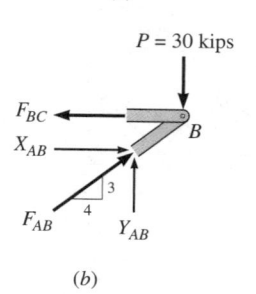

圖 4.10：(a) 桁架；(b) 接點 B 之自由體。

方向，來決定僅包含一斜桿的接合點上所有桿的內力。上述第二種方法，允許我們對桁架進行較快速的分析。本節我們討論此兩種分析方式。

要以寫出平衡方程式來決定桿內力，我們必須對每一未知桿力假設一個方向（且已知桿力必須以正確的正負意義表現出來）。對任一個未知桿力，分析者可任意假設其為張力或壓力（許多工程師喜歡假設所有桿皆受張力；換句話說，他們將所有未知桿力表示為作用方向遠離接合點的力）。接著，力量要被分解為其 X 與 Y（直角座標）的分量。如圖4.10b所示，一根特定桿的力量或力分量的表示，是將桿的兩端的接合點標示為下標的方式來表達。欲獲得解答，我們需寫出並求解兩個平衡方程式。

如果在某一特定方向上只有一個未知力作用，最快速的計算方式是在該方向上取力量和，算出未知力。一旦，一個分量計算出來，其他分量可由力分量與桿斜率之間的比例關係來求得。

如果一個平衡方程式所得到的解答為具正值的力量，則此力量起始的假設方向為正確的。反之，如果力為負值，則它的大小正確，但起始假設之方向不正確。因此，在自由體圖上力的方向必須相反過來。當一個接合點上的反力求得後，工程師繼續分析鄰近的節點並重複上述的步驟，直到所有桿力被計算出來為止。這個程序我們將在例題4.1中說明。

以檢視法決定桿件力

桁架通常可以利用「檢視僅包含一個未知斜桿力量之接點上的桿力與載重」，快速的進行分析。在許多情形下，一旦已知力的合力計算出來後，特定桿力的方向將一目了然。舉例說明，由於圖4.10b中，作用於接合點 B 的施加載重 30 kips 其方向向下，構材 AB 的 Y 分量 Y_{AB}——構材 AB 為唯一具有垂直分量的桿——便必須等於 30 kips 且方向向上，才能滿足垂直方向的平衡關係。如果 Y_{AB} 向上，力 F_{AB} 必須方向向上且向右，則它的水平分量 X_{AB} 必須向右。既然 X_{AB} 方向向右，由水平方向的平衡可知 F_{BC} 方向向左。X_{AB} 之值可由相似三角形的關係輕易計算出，因為桿的斜率與桿力間斜率的關係一致（見 3.2 節）。

$$\frac{X_{AB}}{4} = \frac{Y_{AB}}{3}$$

且

$$X_{AB} = \frac{4}{3}Y_{AB} = \frac{4}{3}(30)$$

$$X_{AB} = 40 \text{ kips}$$

4-10　第4章　桁架

要決定 F_{BC}，我們以心算將 x 方向力加成起來，可得

$$\rightarrow + \quad \Sigma F_x = 0$$
$$0 = -F_{BC} + 40$$
$$F_{BC} = 40 \text{ kips}$$

例題 4.1　以接點法分析圖 4.11a 所示桁架。支承反力為已知。

解答：

每根桿件之斜率已求得，如圖所示。例如，上弦 ABC 在 16 英呎距離中上升高度 12 英呎，所以斜率為 3：4。

分析必須由最多只有兩根桿連接之接點開始。接點 A 與 C 皆合乎要求。由於只具一根斜桿之計算較兩根者簡單，我們由 A 點開始。在接點 A 之自由體上（如圖 4.11b），我們先隨意假設桿力 F_{AB} 與 F_{AD} 為張力並指向遠離接點之方向。接著以 F_{AB} 之直角座標分量 X_{AB} 與 Y_{AB} 取代 F_{AB}。寫出 y 方向之平衡方程式後便可計算 Y_{AB}。

$$\uparrow + \quad \Sigma F_y = 0$$
$$0 = -24 + Y_{AB} \quad \text{and} \quad Y_{AB} = 24 \text{ kips}$$

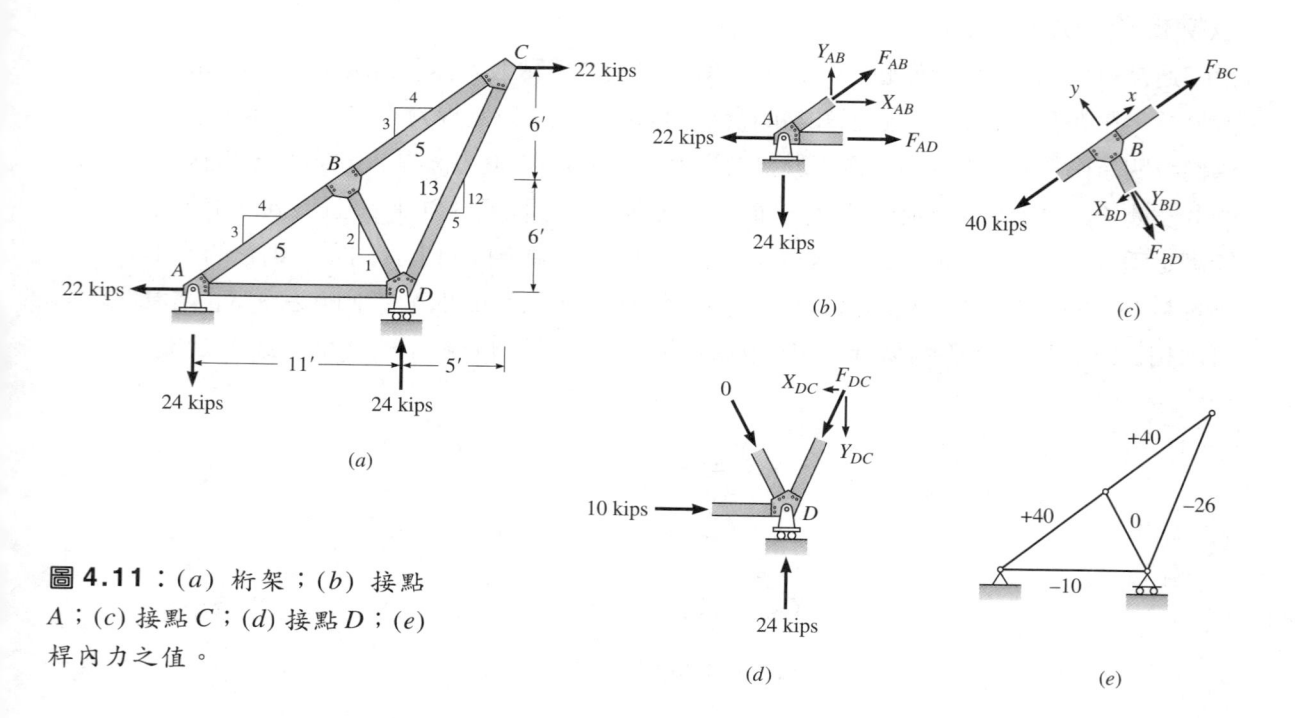

圖 4.11：(a) 桁架；(b) 接點 A；(c) 接點 C；(d) 接點 D；(e) 桿內力之值。

由於 Y_{AB} 為正，代表為張力，原先假設之作用方向正確。利用比例關係計算 X_{AB} 與 F_{AB}，由桿之斜率可得

$$\frac{Y_{AB}}{3} = \frac{X_{AB}}{4} = \frac{F_{AB}}{5}$$

因此

$$X_{AB} = \frac{4}{3}Y_{AB} = \frac{4}{3}(24) = 32 \text{ kips}$$

$$F_{AB} = \frac{5}{3}Y_{AB} = \frac{5}{3}(24) = 40 \text{ kips}$$

計算 F_{AD}

$$\rightarrow+ \quad \Sigma F_x = 0$$
$$0 = -22 + X_{AB} + F_{AD}$$
$$F_{AD} = -32 + 22 = -10 \text{ kips}$$

負號顯示原先假設之作用方向不對，桿 AD 之力為壓力而非張力。

其次，我們切割接點 B 之自由體（如圖 4.11c）。由於我們已由接點 A 之分析中得知 $F_{AB} = 40$ kips 且為張力，在圖中其方向為遠離 B 點。利用圖上之 xy 座標系統，將 F_{BD} 分解為兩個直角分量，我們由 y 方向之力平衡求得 Y_{BD}

$$\uparrow+ \quad \Sigma F_y = 0$$
$$Y_{BD} = 0$$

由於 $Y_{BD} = 0$，可知 $F_{BD} = 0$，在 4.5 節中所討論之零力桿中，此項發現為可預期之結果。

計算 F_{BC}

$$\rightarrow+ \quad \Sigma F_x = 0$$
$$0 = F_{BC} - 40$$
$$F_{BC} = 40 \text{ kips （張力）}$$

以 $F_{BD} = 0$ 及假設 F_{DC} 為壓力來分析接點 D（如圖 4.11d）。

$$\rightarrow+ \quad \Sigma F_x = 0 \quad 0 = 10 - X_{DC} \quad 故 \quad X_{DC} = 10 \text{ kips}$$
$$\uparrow+ \quad \Sigma F_y = 0 \quad 0 = 24 - Y_{DC} \quad 故 \quad Y_{DC} = 24 \text{ kips}$$

我們可發現F_{DC}之分量與桿斜率成比例，此亦可成為檢驗計算結果正確性的方式之一。由於所有力皆為已知，另一種檢核方式是；我們可確認C點是否處於平衡狀態。分析之結果歸納於圖中$4.11e$中，正值為張力，負值為壓力。

4.5 零力桿
Zero Bars

用於公路橋樑的桁架通常承載移動載重。當載重由一點移至另一點時，桁架構材的力量也隨著改變。針對某一位置或數個位置上的載重而言，特定桿可能保持未受力的狀態。此未受力的桿稱為零力桿。設計者通常可藉由辨認出受力為零的桿來加速桁架的分析。在本節中我們討論兩種桿力為零的狀況。

情況一 如果沒有外加載重施加於僅包含兩根桿的接合點，則此兩桿皆為零力桿。

為了說明此論點的正確性，我將假設圖$4.12a$中的兩桿接合點的桿力分別為F_1與F_2，其次我們論證除非兩個桿力皆為零，否則此接合點不處於平衡狀態。首先，我們選擇一直角座標系統在此接合點上，x軸為F_1力量的方向；接著，我們將F_2力量分解為與x、y軸平行的X_2和Y_2分量。如果我們將y方向上的分量加起來，很明顯的，因為沒有其他的力可用於平衡Y_2，除非Y_2等於零，否則此接合點無法處於平衡狀態。如果Y_2等於零，則F_2等於零，且x方向平衡需要F_1也等於零。

第二個情況是當一個接合點由三根桿組成，且其中兩者在一直線上，則有一桿的力量必須為零。

情況二 如果無外加載重作用於由三根桿組成的接合點上──其中兩根共線──則不共線的桿其力量為零

為了說明此項論點，我們再次選擇一個直角座標系統在此接合點上，其中x軸的方向與兩個共線的桿一致。如果我們將y方向上的力加起來，平衡方程式只在F_3等於零時可以滿足，因為並沒有其他力量能平衡F_3的y分量Y_3之故（如圖$4.12b$）。

雖然在一特定載重條件下，一根桿可能不受力，在其他載重作用下，該桿可能仍傳遞應力。因此，一根桿的力量為零，並不表示此根桿並不重要或可以被拿掉。

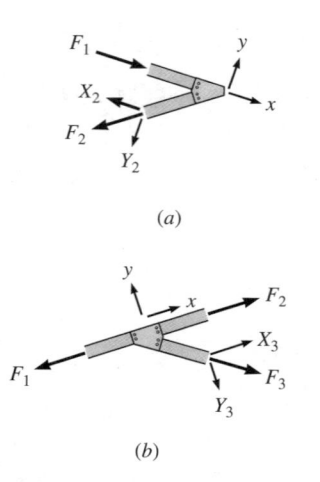

圖4.12：產生零力桿之情況；(a) 兩根桿且無外力，F_1與F_2為零；(b) 兩共線桿且無外力，第三根 (F_3) 為零。

	例題 **4.2**

依據 4.5 節之探討,將圖 4.13 桁架受 60-kip 載重作用時,未受力之桿件標示出來。

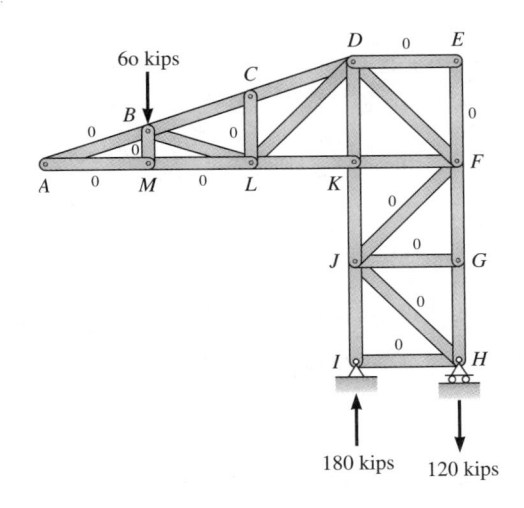

圖 4.13

解答:

雖然,本節所討論之二個零力桿條件適用於本例題中相當多根桿件之情況,我們只檢視接點 A、E、I 與 H。其餘各零力桿之驗證留給讀者自行練習。由於 A 與 E 點由兩根桿組成且不受外力作用於接點,此兩桿為零力桿(情況一)。

因為桁架未受水平方向載重,在 I 之水平反力為零。在 I 點,桿 IJ 之力與反力 180-kip 共線;因此,桿 IH 為零力桿(因無其他水平力作用於此點上)。接點 H 亦有相似之情形。由於桿 IH 為零力桿,HJ 桿之水平分量亦為零。如果一力量之分量為零,此力量也必須等於零。

4.6 斷面法
Method of Sections

以斷面法分析一穩定桁架時,我們想像桁架被一虛擬之切面貫穿而分割為兩個自由體。當然切斷之平面必須通過所欲求得內力之桿件。在桿被切開的點上,桿的內力作用在切割面上,視為自由體的外加載重。雖然可被切過之桿的數目並沒有限制,我們通常使用切開三根桿的斷面,因為分析一個自由體時,可用的靜力平衡方程式為三個。舉例說明,如果我們想要決定圖 4.14a 所示桁架內部框格之弦材與斜桿的力量,可以一垂直切面通過桁架,產生如圖 4.14b 所示之自由體圖。如同在接點法中一樣,工程師可隨意假設桿力量的方向。如果力量假設的方向正確,平衡方程式的解將產生正值的結果。反之,若為一個負值的力量,則顯示該力的假設方向錯誤。

圖 4.14

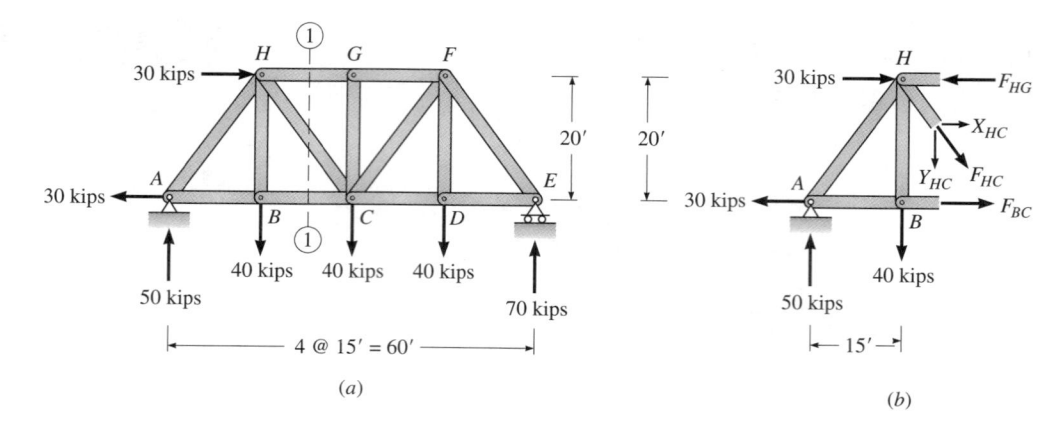

(a)

(b)

如果具平行弦材桁架之一根斜桿的力量要計算，我們以一垂直切面通過欲分析之斜桿來切割自由體。依據 y 方向上的平衡方程式，將使我們得以決定此斜桿之垂直力量分量。

如果有三根桿被切開，則某一特定桿之力量可由延伸其他兩桿作用力線相交而獲得。藉由針對通過相交點之彎矩和，我們能寫出包含第三力或其分量之一個方程式。例題 4.3 說明具平行弦材桁架中桿的分析。例題 4.4 涵蓋一個具四個束制靜定桁架的分析，此例說明一個複雜桁架分析中，一般所使用的斷面法與接點法。

例題 4.3

利用斷面法計算圖 4.14a 所示桁架之 HC、HG 與 BC 桿內力或力分量。

解答：

以斷面 1-1 將桁架切割成如圖 4.14b 之自由體。各桿之軸力方向為隨意設定。為了簡化計算，力量 F_{HC} 被分解為水平及垂直分量。

計算 Y_{HC}（如圖 4.14b）

$$+\uparrow \Sigma F_y = 0$$
$$0 = 50 - 40 - Y_{HC}$$
$$Y_{HC} = 10 \text{ kips} \quad (張力)$$

由斜率之關係，可得

$$\frac{X_{HC}}{3} = \frac{Y_{HC}}{4}$$

$$X_{HC} = \frac{3}{4} Y_{HC} = 7.5 \text{ kips}$$

計算 F_{BC}，取 F_{HG} 與 F_{HC} 之交點 H 之彎矩和。

$$\circlearrowleft^+ \quad \Sigma M_H = 0$$
$$0 = 30(20) + 50(15) - F_{BC}(20)$$
$$F_{BC} = 67.5 \text{ kips} \quad (張力)$$

計算 F_{HG}

$$\rightarrow+ \quad \Sigma F_x = 0$$
$$0 = 30 - F_{HG} + X_{HC} + F_{BC} - 30$$
$$F_{HG} = 75 \text{ kips} \quad (壓力)$$

由於上述平衡方程式之解產生正的力量值，表示圖 4.14b 所示力量方向為正確。

分析圖 4.15a 之靜定桁架，決定出所有桿件內力與反力。　　**例題 4.4**

解答：

圖 4.15a 之桁架中，支承 A、C 與 D 提供 4 個束制，但卻只有 3 個平衡方程式可用，我們無法使用整體結構為自由體之平衡方程式來決定出所有反力值，但是由於唯一的一個水平束制存在於 A 點，可由 x 方向之力平衡求得該束制之值。

$$\rightarrow+ \quad \Sigma F_x = 0$$
$$-A_x + 60 = 0$$
$$A_x = 60 \text{ kips}$$

由於剩下之反力無法由靜力平衡方程式決定，我們必須考慮使用接點法或斷面法。此時作用於各接點之未知力量仍有三個或三個以上，接點法並不適用。因此，我們以一垂直切面將中間之框格切開成如圖 4.15b 之自由體。因為在 C 與 D 點之反力以及桿 BC 與 FE 之內力仍為未知，右側之自由體仍無法使用，因此我們必須使用該左半邊自由體。

計算 A_y（如圖 4.15b）

$$\uparrow^+ \quad \Sigma F_y = 0$$
$$A_y = 0$$

圖 4.15

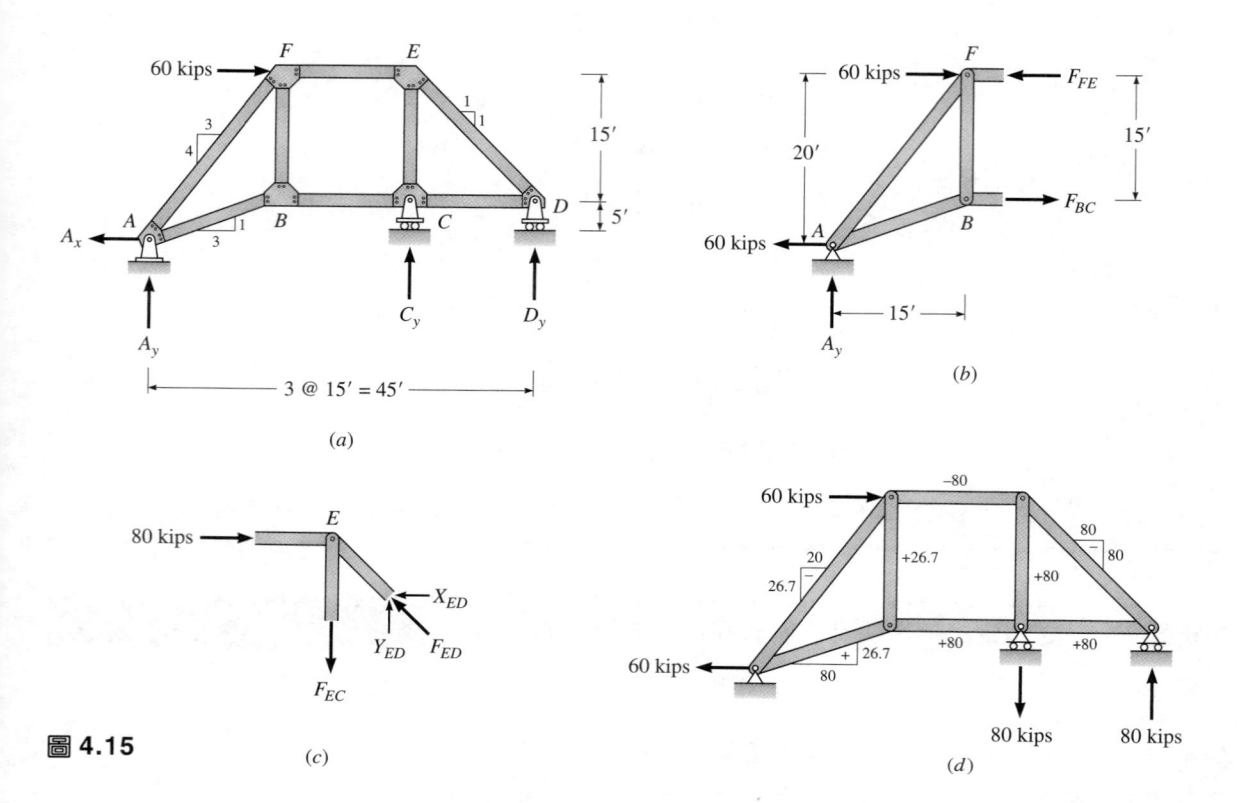

計算 F_{BC}，取接點 F 之彎矩和。

$$\circlearrowright^+ \quad \Sigma M_F = 0$$

$$60(20) - F_{BC}(15) = 0$$

$$F_{BC} = 80 \text{ kips （張力）}$$

計算 F_{FE}

$$\rightarrow^+ \quad \Sigma F_x = 0$$

$$+60 - 60 + F_{BC} - F_{FE} = 0$$

$$F_{FE} = F_{BC} = 80 \text{ kips （壓力）}$$

至此，數個桿件內力已成為已知，我們可使用接點法完成剩下之分析。切開接點 E（如圖 4.15c）。

$$\rightarrow^+ \quad \Sigma F_x = 0$$

$$80 - X_{ED} = 0$$

$$X_{ED} = 80 \text{ kips （壓力）}$$

由於桿 ED 之斜率為 $1:1$,$Y_{ED} = X_{ED} = 80$ kips

$$+\uparrow \Sigma F_y = 0$$
$$F_{EC} - Y_{ED} = 0$$
$$F_{EC} = 80 \text{ kips} \quad (張力)$$

其餘桿之內力以及 C 與 D 點之反力可利用接點法求得。最終結果標示如圖 $4.15d$ 之中。

以斷面法決定圖 $4.16a$ 所示桁架之 HG 與 HC 桿的內力。 **例題 4.5**

解答：

首先計算桿 HC 之力。以垂直斷面 1-1 切開桁架並考慮斷面左側之自由體圖（如圖 $4.16b$）。在切面上，桿力如外力般作用於桿之切面端。由於有三個靜力方程式，所有桿內力可被決定。令 F_2 表示桿 HC 之內力。為了簡化計算，我們會選擇 F_1 與 F_2 作用力線之交點為選定之彎矩點 a。接下來將 F_2 沿其作用力線在 C 點分解為直角分量 X_2 與 Y_2。A 點與左支承之距離 x 可由相似三角形的比例獲得；也就是說，aHB 與 F_1 力之斜率 $(1:4)$

$$\frac{1}{18} = \frac{4}{x+24}$$
$$x = 48 \text{ ft}$$

對 a 點取彎矩和求得 Y_2

$$\circlearrowleft^+ \Sigma M_a = 0$$
$$0 = -60(48) + 30(72) + Y_2(96)$$
$$Y_2 = 7.5 \text{ kips} \quad (張力)$$

依據桿 HC 之斜率，由比例關係求 X_2

$$\frac{Y_2}{3} = \frac{X_2}{4}$$
$$X_2 = \frac{4}{3} Y_2 = 10 \text{ kips}$$

接下來，計算桿 HG 之力量 F_1。選擇 F_2 與 F_3 作用力線交點為彎矩支點，即 C 點（如圖 $4.16c$）。延伸 F_1 至 G 點並分解為直角分量，對 C 點取彎矩和。

4-18　第 4 章　桁架

圖 4.16：(a) 桁架詳圖；(b) 計算桿 HC 內力之自由體；(c) 計算桿 HG 內力之自由體。

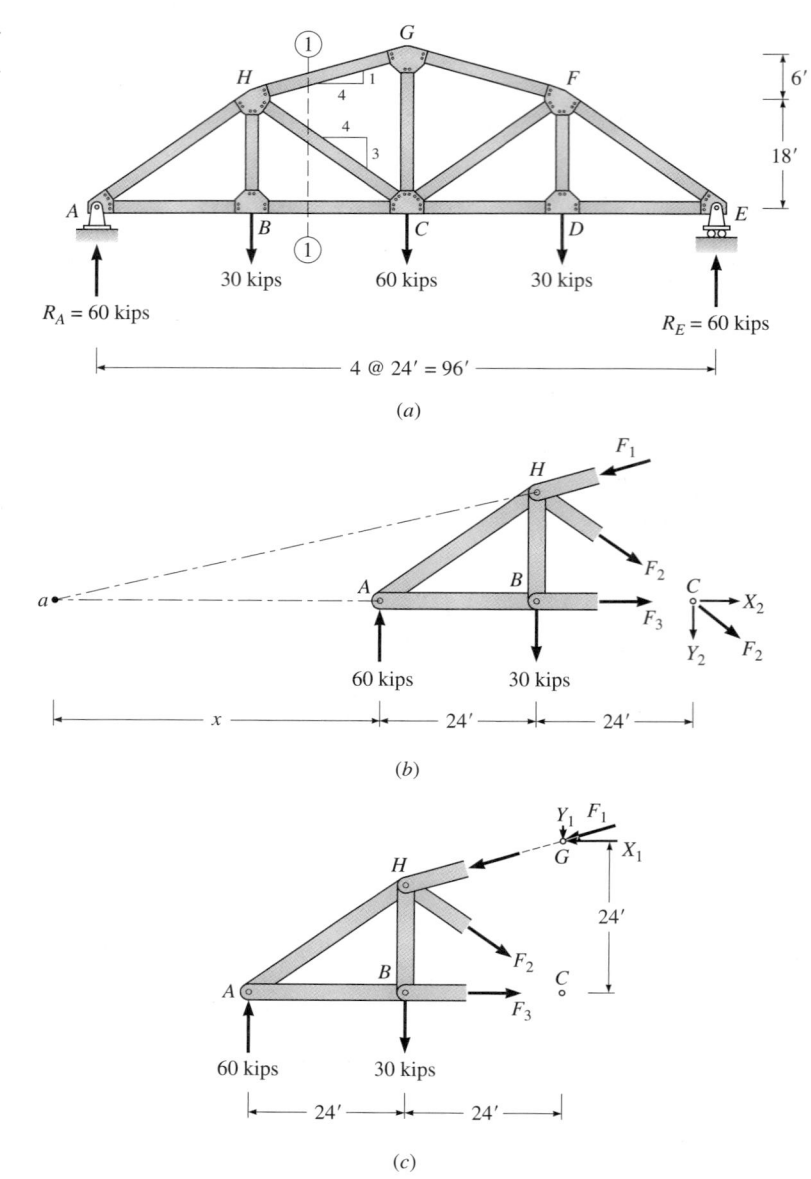

(a)

(b)

(c)

$$\circlearrowleft^+ \quad \Sigma M_c = 0$$
$$0 = 60(48) - 30(24) - X_1(24)$$
$$X_1 = 90 \text{ kips} \quad (壓力)$$

由比例關係求 Y_1

$$\frac{X_1}{4} = \frac{Y_1}{1}$$

$$Y_1 = \frac{X_1}{4} = 22.5 \text{ kips}$$

例題 4.6

以斷面法計算圖4.17a所示K型桁架中，BC與JC桿之內力。

解答：

由於任何通過K型桁架框格之**垂直**切面皆會切開4根桿，未知數數量會超過靜力方程式數目，因此，斷面法並無法計算出桿之力量。且由於並沒有三根桿共同通過之彎矩點可選擇，以標準垂直斷面之方式無法求得部分的解答。我們將在此例題中說明，K型桁架能由依序使用兩個適當斷面來進行分析，其第一個斷面為繞過一個內部接點的特殊斷面。

計算桿BC內力時，我們以斷面1-1切割桁架如圖4.17a，斷面左側之自由體圖如圖4.17b所示。對底部接點G取彎矩和，可得

$$\circlearrowleft^+ \quad \Sigma M_G = 0$$
$$30F_{BC} - 24(20) = 0$$
$$F_{BC} = 16 \text{ kips （張力）}$$

圖 4.17：(a) K型桁架；(b) 斷面1-1左側自由體用於計算 F_{BC}；(c) 計算 F_{JC} 之自由體；(d) 桿內力結果示意圖。

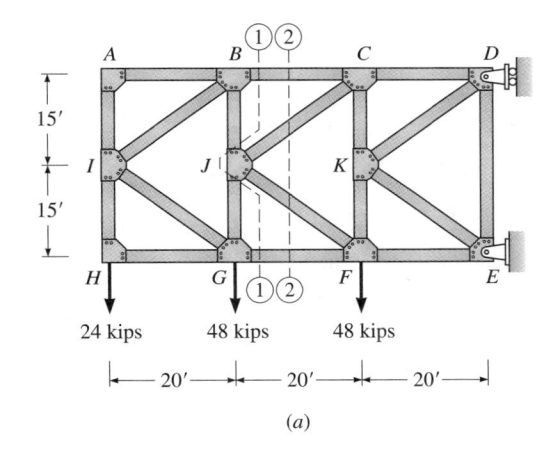

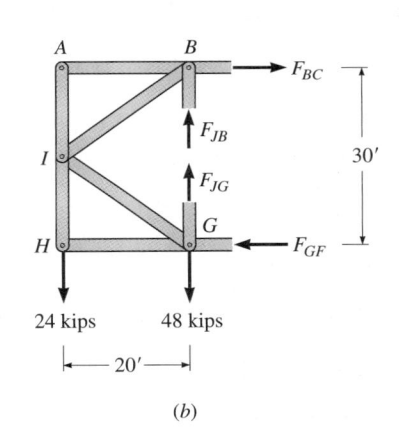

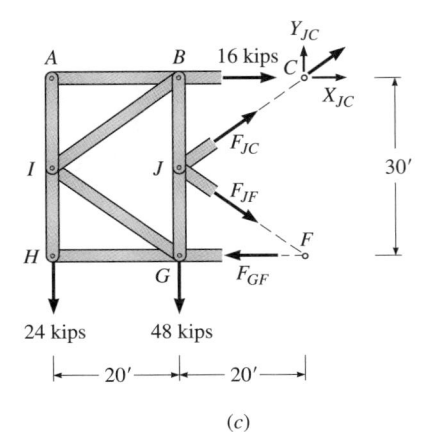

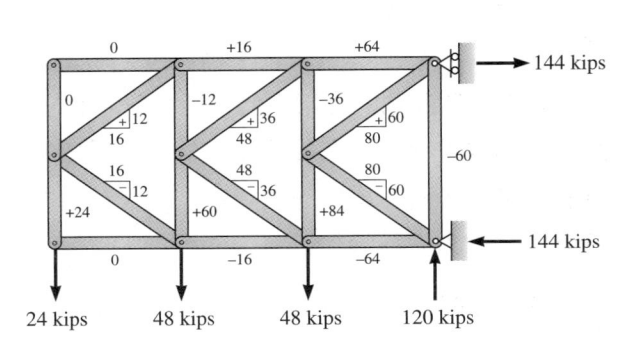

要計算 F_{JC}，我們以斷面2-2切開框格，並再次考慮左側自由體（如圖4.17c）。由於此時桿 BC 力量為已知，剩下的三項桿力可由靜力平衡方程式決定。以 F 為彎矩中心，延伸 JC 至 C 點分解為垂直分量。

$$\circlearrowleft^+ \quad \Sigma M_F = 0$$
$$0 = 16(30) + X_{JC}(30) - 20(48) - 40(24)$$
$$X_{JC} = 48 \text{ kips}$$
$$F_{JC} = \frac{5}{4} X_{JC} = 60 \text{ kips} \quad (張力)$$

註：K 型桁架之分析也可以接點法由外側接點，如 A 與 H，開始進行。本例題結果如圖 4.17d 所示。K 型側撐通常用於深斷面桁架中，以減少對角構材之長度。如同讀者在圖 4.17d 所見，一個框格之剪力被平均分擔於頂斜桿與底斜桿上。其中一根傳遞壓力，另一根則傳遞張力。

4.7 可定性與穩定性
Determinacy and Stability

截至本章為止，所有被分析的桁架皆為靜定結構；也就是說，我們在分析之前就知道，僅以靜力平衡方程式便可完成完整的結構分析。由於靜不定桁架在工程實務上亦常被採用，工程師必須能辨認出此類型結構，因為靜不定桁架需要以特殊方式來分析。如我們將在第 11 章討論，相容方程式必須被用來彌補平衡方程式數量之不足。

如果讀者在探討由另一工程師所設計之桁架時，在開始分析前將需先確認結構是否為靜定或靜不定。此外，如果你被授權負責建立一特殊場合所需之桁架結構，很明顯的，你必須有能力選擇一種桁架桿穩定的排列的方式。本節的目的在於延伸 3.8 與 3.9 節中對穩定與可定性之初步探討—在開始閱讀下一段前，讀者可視情況回顧該兩節之內容。

如果一個受載的桁架處於平衡狀態，此桁架中所有構材與接合點必須皆處於平衡狀態。假如載重只施加在接合點上，且假設所有桁架構材只傳遞軸向載重（此假設隱含構材靜重可被忽略，或以等量集中載重作用於接合點上），作用在接合點自由體圖上之力將形成共點力系統。

為了保持平衡，一個共點力系統必須滿足下列兩個平衡方程式：

$$\Sigma F_x = 0$$
$$\Sigma F_y = 0$$

由於對桁架中每一接合點，我們可寫出兩個平衡方程式，可用於求解 6 個未知桿力與 r 個反力的平衡方程式總數會等於 $2n$（其中 n 代表接合點總數）。因此，如果一個桁架為穩定且靜定，桿數目、反力數目及接點數目之間的關係必須滿足下列準則：

$$r + b = 2n \tag{4.1}$$

此外，如我們在 3.7 節所討論，反力所提供的束制作用不能形成一個平行或共點力系統。

雖然有三個靜力方程式可用於決定一個靜定桁架的反力，這一些方程式並非額外的獨立方程式，因此不能外加於 $2n$ 個接合點方程式之外。很顯然的，如果一個桁架的所有接合點處於平衡狀態，則整個結構也處於平衡狀態；也就是說，作用於桁架所有外力的合力必須為零。如果合力為零，則應用在整個結構的靜力平衡方程式，本來就自動滿足，所以並不能提供額外的獨立平衡方程式。

假如

$$r + b > 2n$$

則未知力量數超過可用之靜力方程式，因此桁架為靜不定。其靜不定度等於

$$D = r + b - 2n \tag{4.2}$$

最後，如果

$$r + b < 2n$$

則沒有足夠之桿力與反力來滿足平衡方程式，因此結構為不穩定。

此外，如我們在 3.7 節所討論，讀者將發現分析一個不穩定結構，總是會造成一個矛盾的平衡方程式。因此，如果你不確定一個結構的穩定性，可隨意以一個載重來分析此結構。如果有一個解能滿足靜力方程式，此結構便是穩定。

為說明本節所介紹之桁架穩定及靜不定準則，我們將以圖 4.18 之桁架為例進行分類。對於穩定的結構，我們將確認它們是否為靜定或者為靜不定。最後，如果一個結構是靜不定，我們也將決定其靜不定度。

圖 4.18*a*

$$b + r = 5 + 3 = 8 \qquad 2n = 2(4) = 8$$

由於 $b + r = 2n$，且這一些反力並非一個共點或平行力系統，此桁架為穩定且靜定。

圖4.18：桁架分類案例：(a) 穩定靜定；(b) 二度靜不定；(c) 靜定；(d) 靜定；

(a)

(b)

(c)

(d)

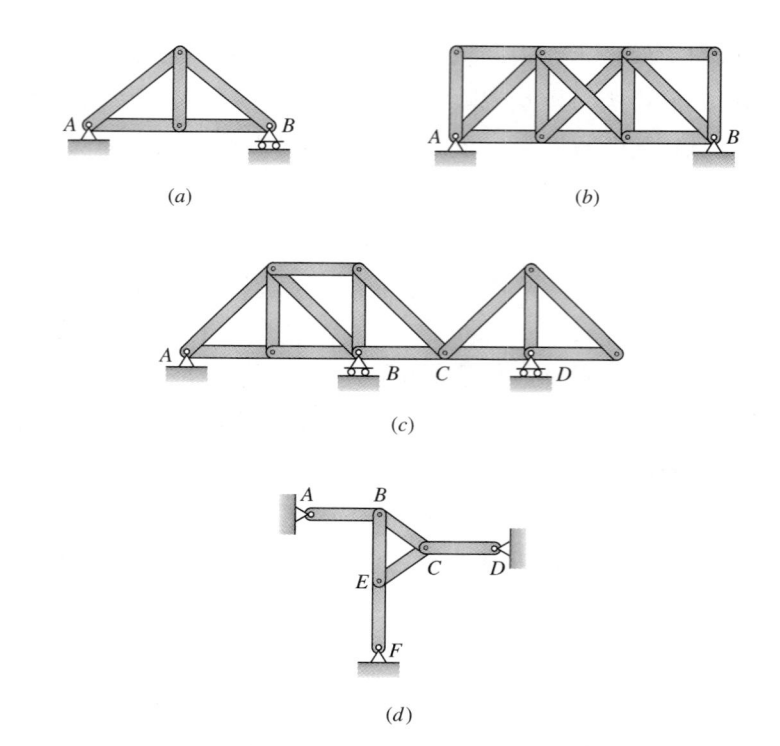

圖 4.18b

$$b + r = 14 + 4 = 18 \qquad 2n = 2(8) = 16$$

由於 $b + r$ 超過 $2n$ (18 > 16)，此結構為二度靜不定。因為支承共提供四個束制，本結構為一度外在靜不定，且因為在中間段多了一根斜桿傳遞剪力，此結構為一度內在靜不定。

圖 4.18c

$$b + r = 14 + 4 = 18 \qquad 2n = 2(9) = 18$$

因為 $b + r = 2n = 18$，且支承並非一平行或共點力系統，此結構顯然為穩定。我們可藉觀察桁架 ABC 顯然為結構中之穩定單元來確認此項結論；桁架 ABC 為一簡單桁架（由三角形所組成）並由三個束制所支承，由 A 點銷支承提供兩個及 B 點滾支承提供一個。由於 C 點之鉸接頭由左邊連接至此穩定桁架，因此，它也是空間中一個穩定點。就像一個銷支承般，C 點可對其右側之桁架同時提供水平及垂直束制。因此，我們可藉此論斷桁架 CD 也是穩定，因為它是由三個束制所支撐的簡單桁架，亦即兩個來自 C 點鉸接頭以及一個來自 D 點滾支承。

圖 4.18d

圖 4.18d 中之結構有兩種可能之方式來驗證。在第一種方式中，我們可視三角形元件 BCE 為一個三桿桁架 ($b = 3$)，並由三個連桿─AB、EF與CD ($r = 3$) 支撐。由於此桁架有三個接合點 (B、C與E)，$n = 3$。且 $b + r = 6$ 等於 $2n = 2(3) = 6$；因此，此結構為靜定且穩定。另一個方法是，我們可視整個結構為一個六桿桁架 ($b = 6$)，具有六個接合點 ($n = 6$)，由三個銷支承 ($r = 6$) 支撐，因此 $b + r = 12$ 等於 $2n = 2(6) = 12$。我們再次獲得此結構為穩定且靜定的結論。

圖 14.18e

$$b + r = 14 + 4 = 18 \qquad 2n = 2(9) = 18$$

由於 $b + r = 2n$，此結構似乎是穩定且靜定；然而，由於接合點 B、C、G 與 H 間存在一矩形框格。我們將藉由桁架受到隨意施加之垂直作用力於接合點 D 的分析方式，來確認此結構為穩定（見例題 4.7）。由於以接點法分析此結構時獲得所有桿力量之唯一解，我們推論此結構既穩定且靜定。

圖 4.18f

$$b + r = 8 + 4 = 12 \qquad 2n = 2(6) = 12$$

雖然上述的桿件數顯示滿足一個穩定且靜定結構的必要條件，此結構顯然為不穩定，因為中間段框格缺乏一根斜桿，並不能傳遞垂直力。為了確認這個結論，我們將用靜力方程式來分析此桁架（分析過程列於例題 4.8 中）。由於分析結果導致一個矛盾的平衡方程式，我們推論此結構為不穩定。

圖 4.18g

$$b = 16 \qquad r = 4 \qquad n = 10$$

雖然 $b + r = 2n$，在右手邊的小桁架 (DEFG) 是不穩定的，因為它的支承─連桿 CD 與 E 點滾支承─形成一個平行力系統。

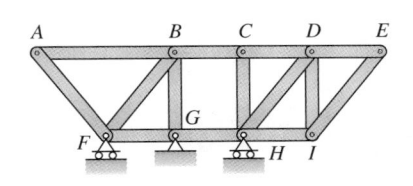

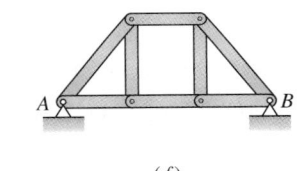

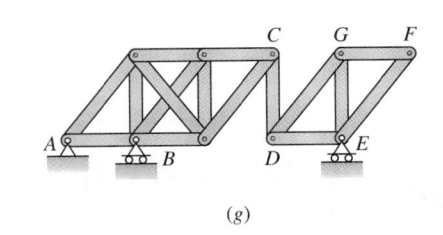

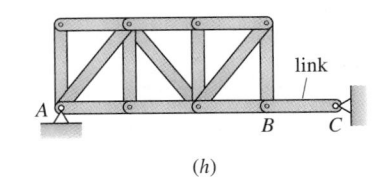

圖4.18：桁架分類案例；(e) 靜定；(f) 不穩定；(g) 不穩定；(h) 不穩定。

圖 4.18h

此桁架為幾何不穩定，因為反力形成一共點力系統；也就是說，由連桿 BC 所提供之反力通過在 A 點的銷支承。

圖 4.18i

$$b = 21 \quad r = 3 \quad n = 10$$

且 $b + r = 24$，$2n = 20$；因此，此桁架為四度靜不定。雖然對任何載重引起之反力皆可被計算出，此桁架之靜不定性，是因為在所有內部框格中包含雙斜桿元故。

圖 4.18j

$$b = 6 \quad r = 3 \quad n = 5$$

且 $b + r = 9$，$2n = 10$；此結構為不穩定，因為束制數少於靜力方程式的數目。為了形成一穩定結構，在 B 點的反力必須由一滾支承改成一銷支承。

圖 4.18k

此圖中，我們有 $b = 9$、$r = 3$ 以及 $n = 6$；因此 $b + r = 12$，$2n = 12$。然而，此結構仍為不穩定，因為在上部的小型桁架 ABC 是由三根平行的連桿所支撐，亦即無法提供任何側向束制。

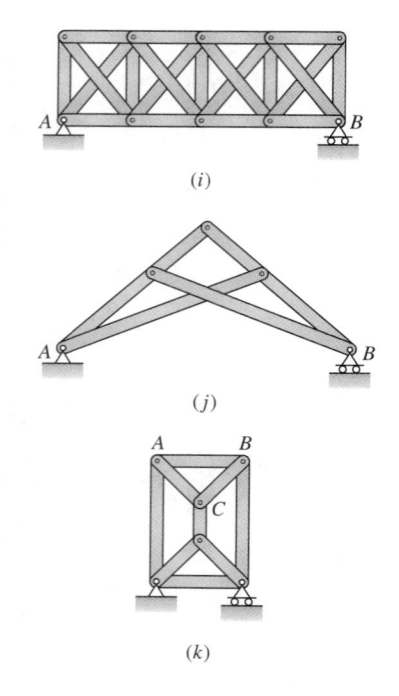

圖 4.18：桁架分類實例：(i) 四度靜不定；(j) 不穩定；(k) 不穩定。

例題 4.7

說明圖 4.19 中在 F 點受 4-kip 力作用之桁架可利用靜力方程式進行完整分析。並藉此驗證此桁架為穩定且靜定。

解答：

由於結構有 4 個反力，我們不能由計算反力開始分析，而應以接點法進行分析。首先決定出零力桿。接著我們依序分析 F、C、G、H、A 以及 B。由於所有桿內力及反力皆可由靜力方程式決定（結果如圖 4.19 所示）。我們推斷此桁架為靜定且穩定。

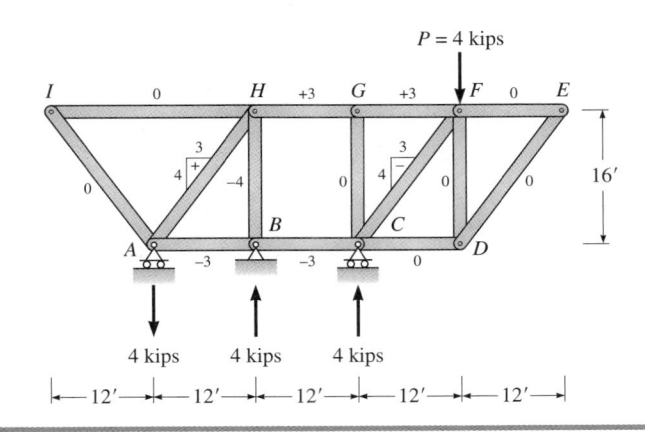

圖 4.19：以接點法分析驗證桁架為穩定結構。

證明圖4.20a所示桁架為不穩定。說明其受一任意載重之分析形成矛盾平衡方程式。

例題 4.8

解答：

施加載重於 B 點，如 3 kips，並考慮整體結構為一自由體來計算反力。

$$\circlearrowleft^+ \quad \Sigma M_A = 0$$
$$3(10) - 30R_D = 0 \qquad R_D = 1 \text{ kip}$$

$$\uparrow^+ \quad \Sigma F_y = 0$$
$$R_{AY} - 3 + R_D = 0 \qquad R_{AY} = 2 \text{ kips}$$

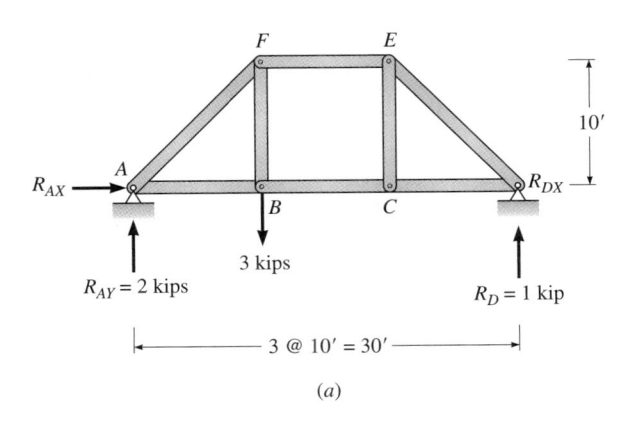

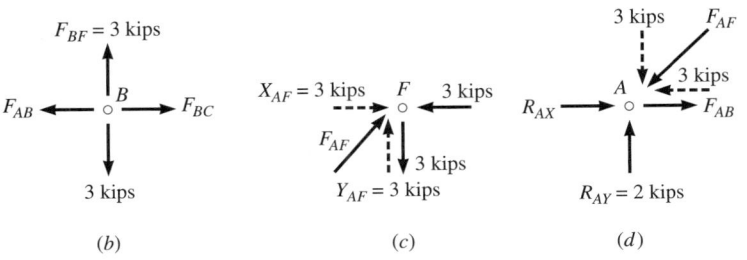

圖 4.20：檢核桁架之穩定性；(a) 桁架詳圖；(b) 接點 B 自由體；(c) 接點 F 自由體；(d) 支承 A 自由體。

接點 B 之平衡（如圖 4.20b）要求 F_{BF} 為 3 kips 之張力。如果 $F_{AB} = F_{BC}$ 則 x 方向之平衡可能存在。

接下來，我們考慮接點 F（如圖 4.20c）。為了讓 y 方向形成平衡，F_{AF} 之垂直分量必須等於 3 kips 且向上，表示 AF 桿受壓力。由於 AF 桿之斜率為 1：1，其水平分量也等於 3 kips。接點 F 之 x 方向平衡要求桿 FE 之力量為 3 kips 且向左。

現在我們檢視支承 A（如圖 4.20d）。反力 R_A 以及先前所得之桿 AF 力量作用於此接點。寫出 y 方向之平衡方程式時，我們發現

$$\stackrel{+}{\uparrow} \Sigma F_y = 0$$

$$2 - 3 \neq 0 \quad （矛盾）$$

既然平衡方程式無法滿足，此結構不穩定。

總結
Summary

- 桁架是由假設只傳遞軸力之細長桿所形成。大型桁架之接合點，由焊接或將構材以螺栓鎖至襯板的方式所形成。如果構材相對細小且僅輕微受力，接合點有時是以將垂直桿及斜桿焊接至上下弦材之方式形成。
- 雖然桁架在其所在平面相當堅硬，它們的側向勁度很小；因此，桁架在所有的框格點必須加以支撐，以抵抗側向位移。
- 要成為穩定且靜定，下列關於桿數目 b、反力數 r 及接合點數 n 之關係式必須存在：

$$b + r = 2n$$

此外，反力所發揮的束制所用，必須為未形成一個平行或共點力系統之情況。假如 $b + r < 2n$，桁架為不穩定。假如 $b + r > 2n$，桁架為靜不定。
- 靜定結構得以接點法或斷面法進行分析。當欲求的為一根或兩根桿的力量時，可使用斷面法。當所有桿的力量均需求得時，則通常使用接點法。
- 如果一個桁架的分析結果顯示矛盾的力量值時；換句話說，一個或多個接點不處於平衡狀態，則此桁架為不穩定。

習題

P4.1. 及 **P4.2.** 　將圖 P4.1 及 P4.2 之桁架分類為穩定或不穩定，如果穩定，判斷為靜定或靜不定。若為靜不定，則判斷為幾度靜不定。

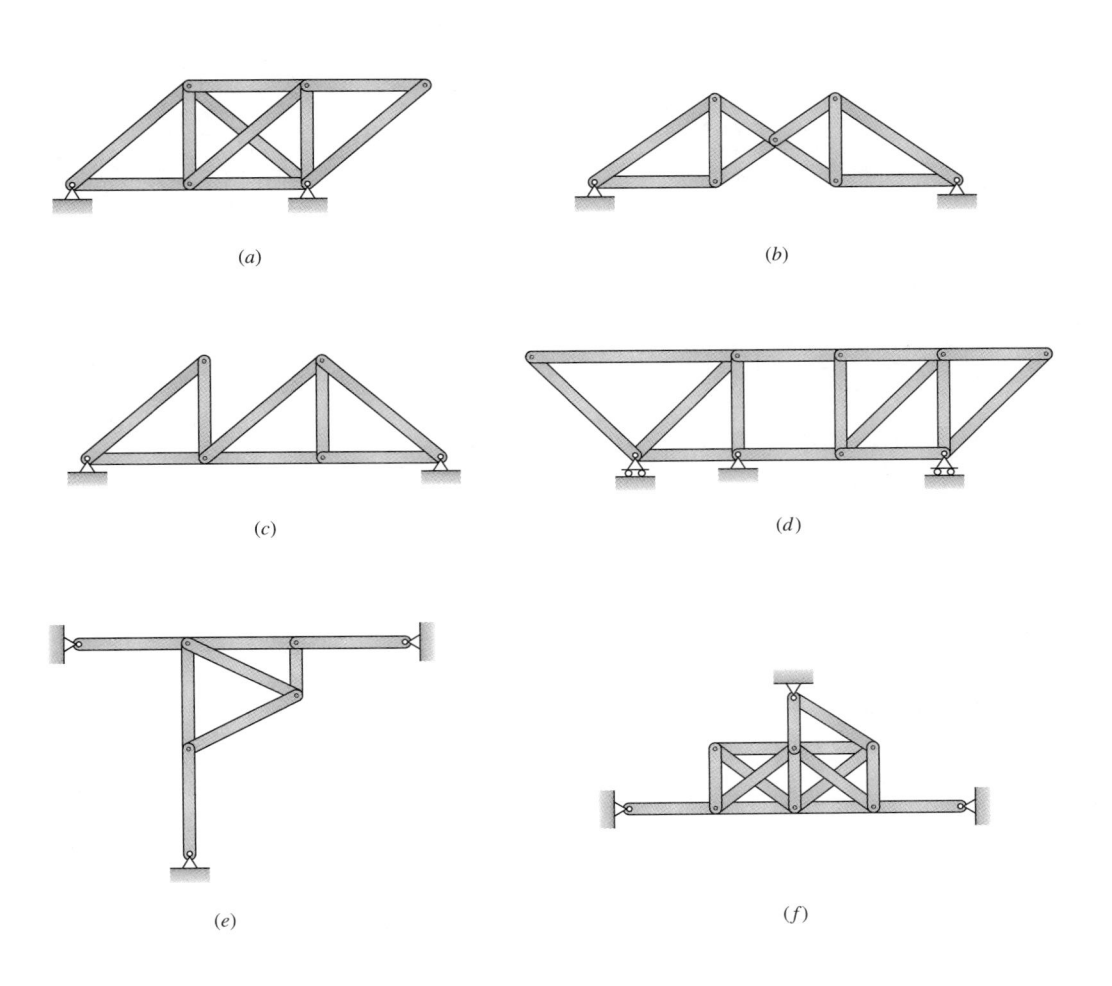

(a)

(b)

(c)

(d)

(e)

(f)

P4.1

(a)

(b)

(c)

(d)

(e)

(f)

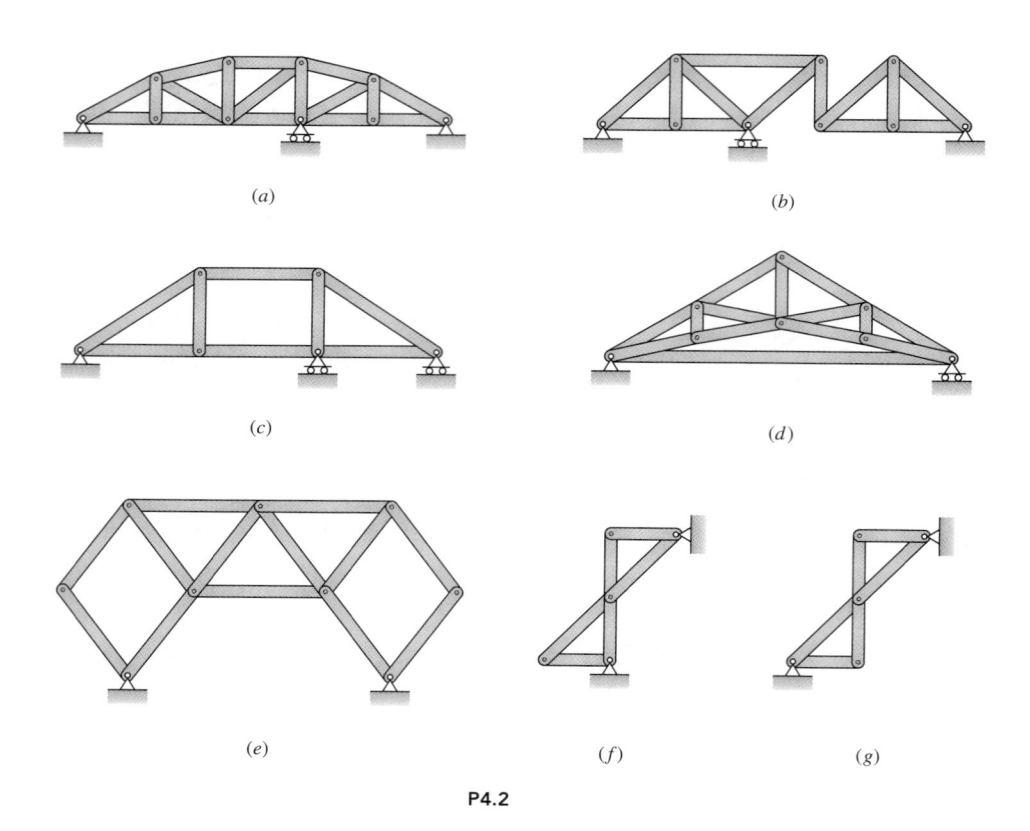

(g)

P4.2

P4.3. 至 **P4.14.** 計算桁架中所有桿件之內力，並指出為壓力或張力。

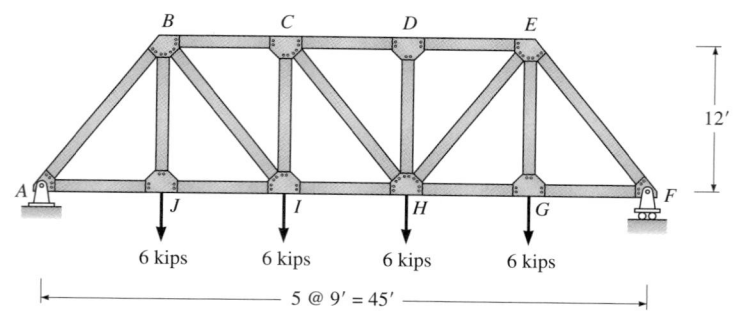

P4.3

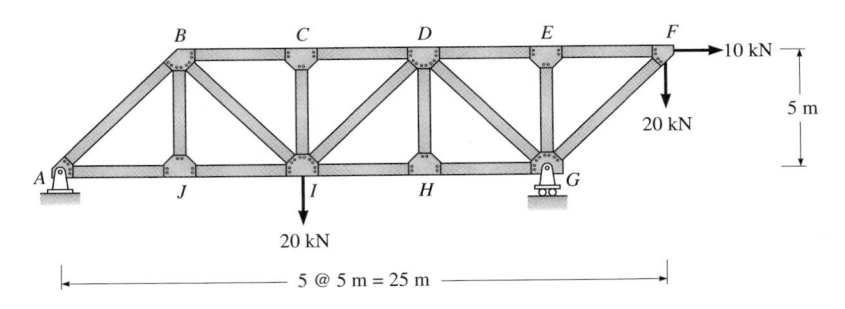

P4.4

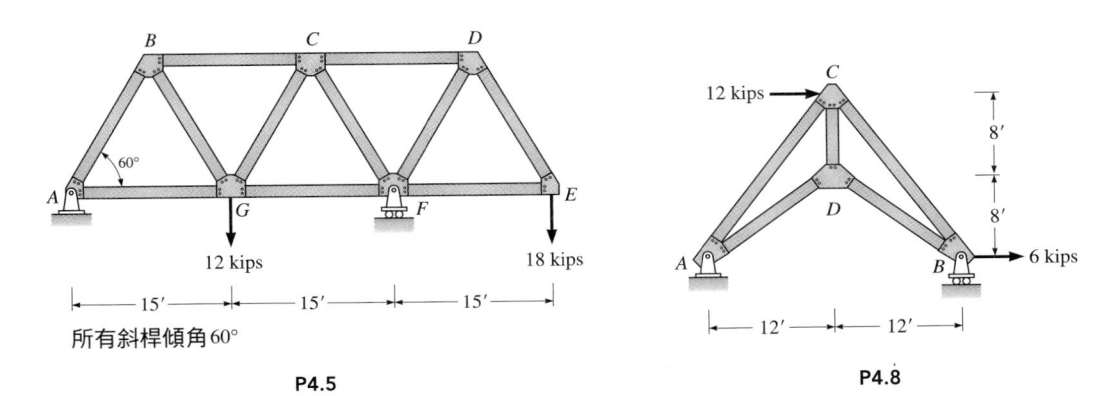

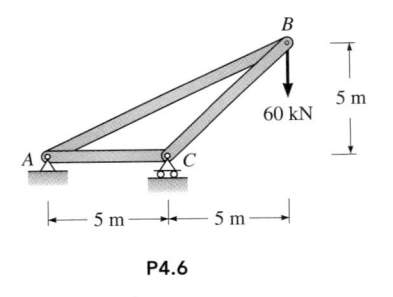

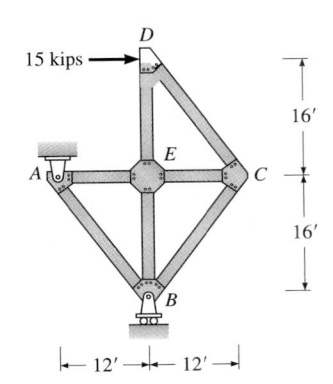

P4.5

所有斜桿傾角 60°

P4.8

P4.6

P4.9

P4.7

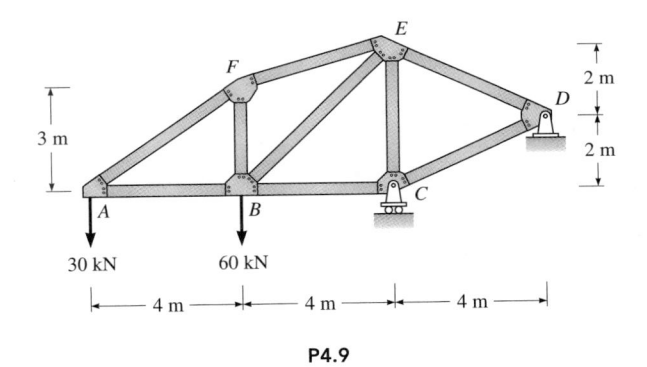

P4.10

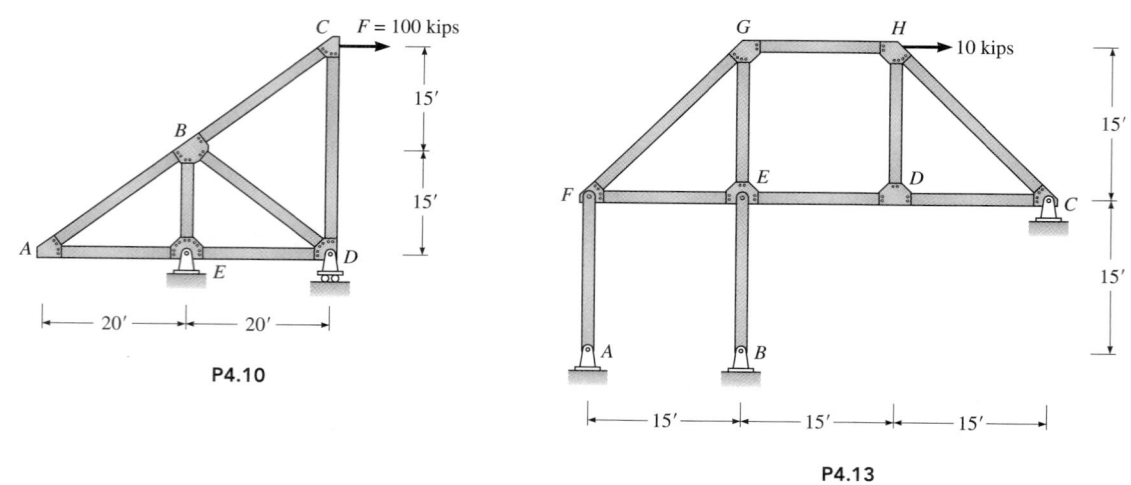

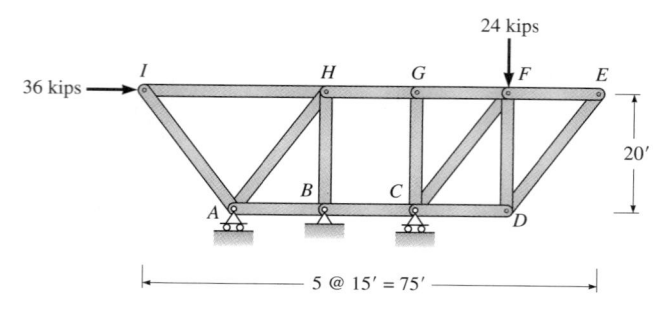

P4.13

P4.11

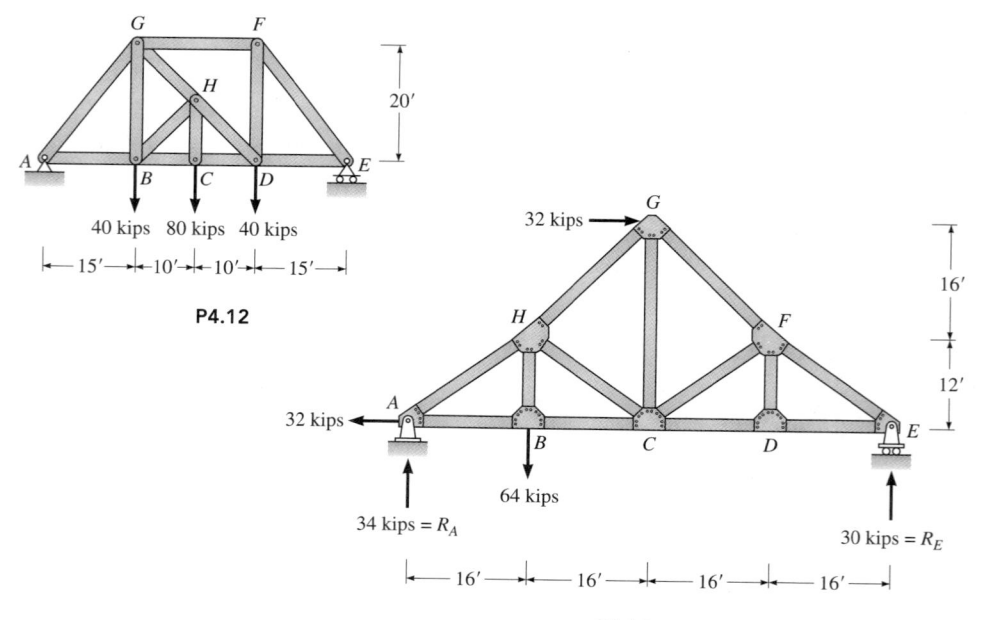

P4.12

P4.14

P4.15. 計算桁架中所有桿件之內力。提示：可參照例題 4.6 K 型桁架分析方式。

P4.16. 至 **P4.23.** 計算桁架中所有桿件之內力。

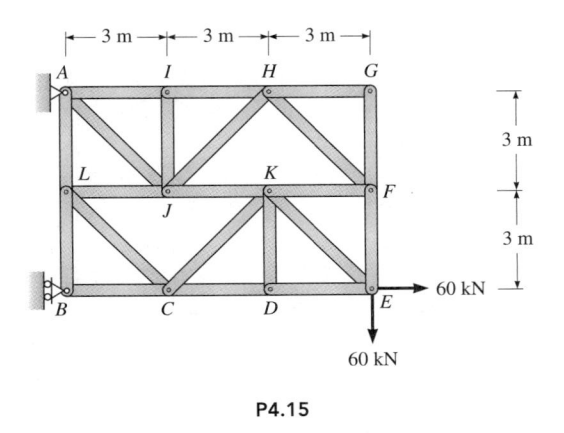

P4.15

P4.16

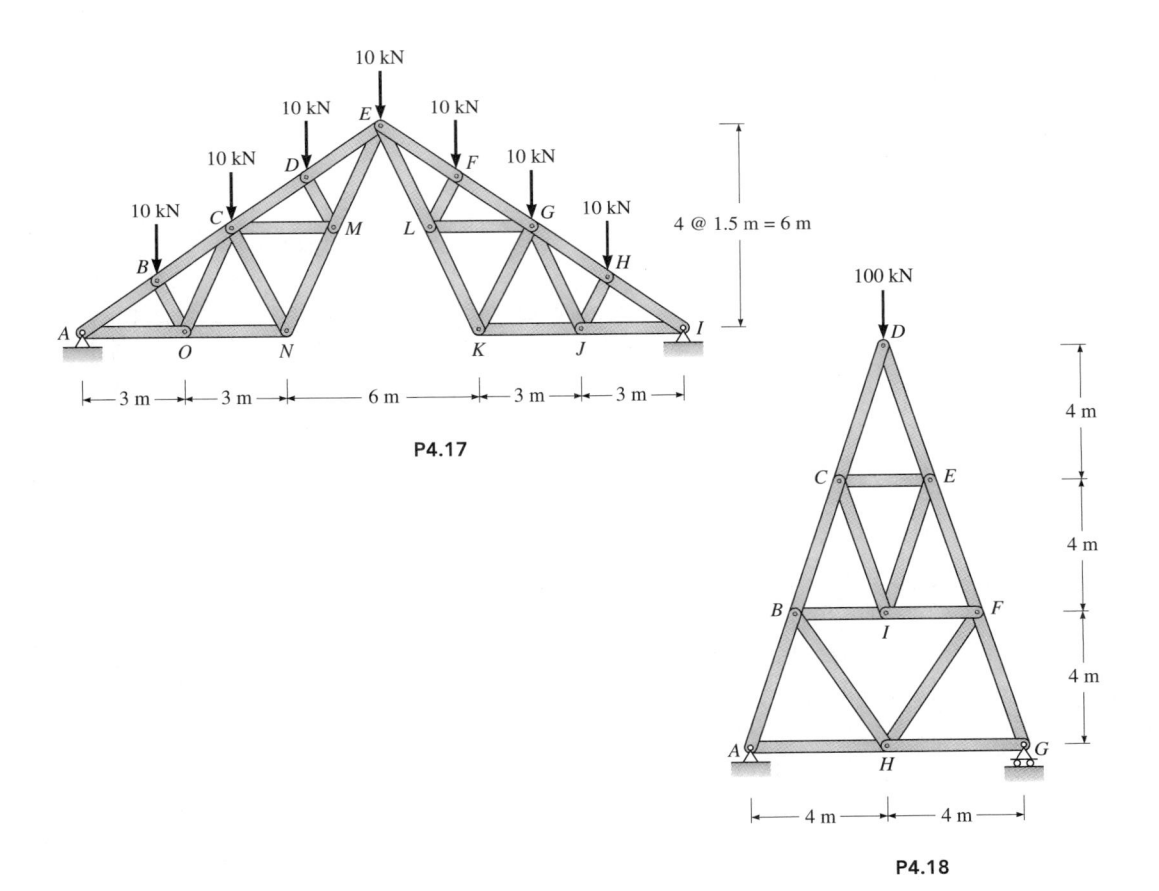

P4.17

P4.18

P4.19

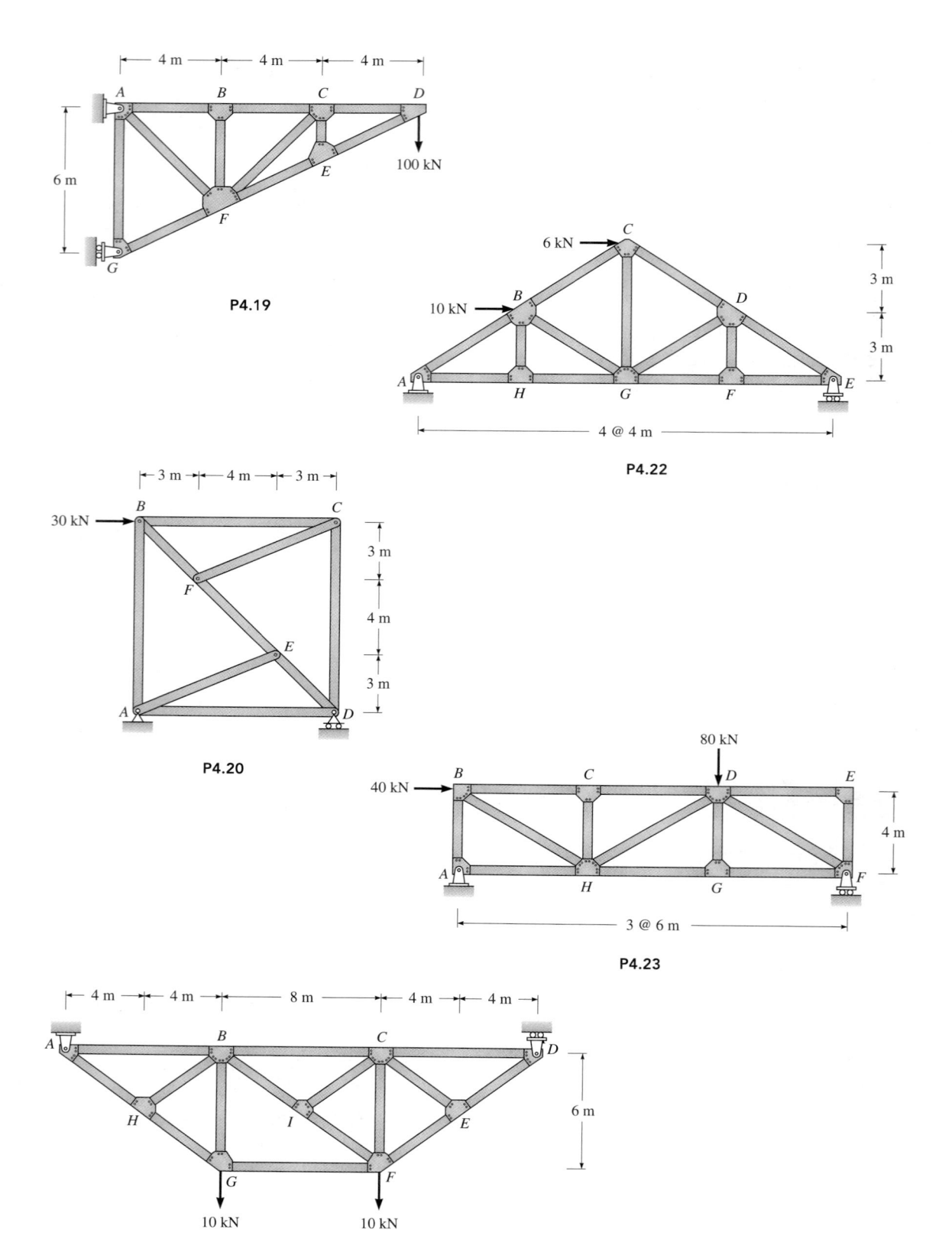

P4.20

P4.21

P4.22

P4.23

P4.24. 計算圖P4.24桁架中所有桿件之內力。如果你的解答是矛盾的，你如何解釋這樣的結果？要如何修改桁架來改善其力學行為？試著用電腦程式分析桁架並解釋結果。

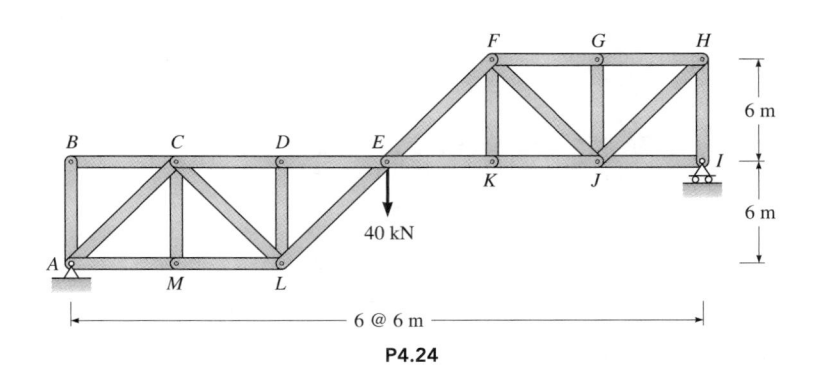

P4.24

P4.25. 至 **P4.30.** 求各桿件內力。

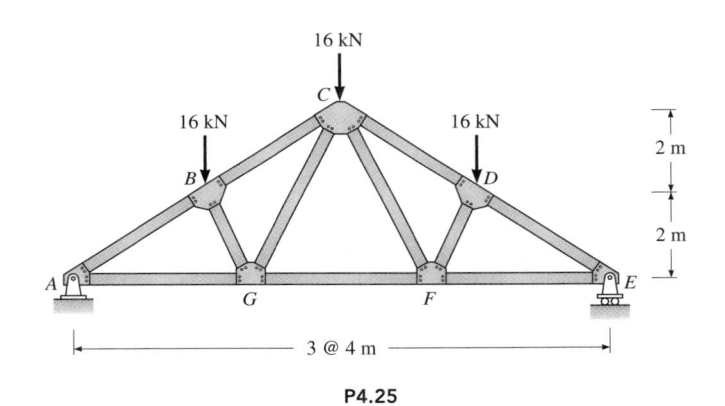

P4.25

P4.26

P4.27

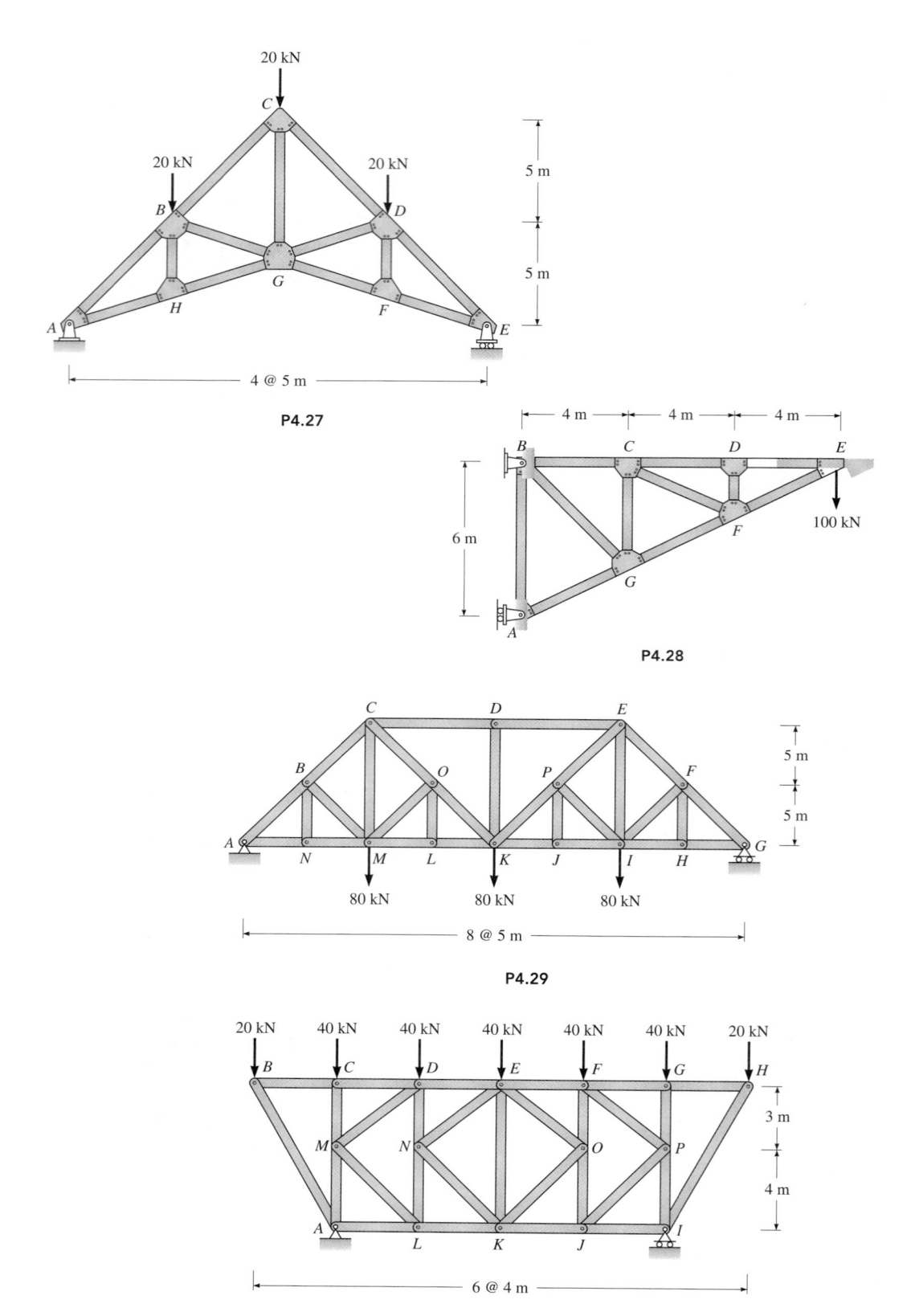

P4.28

P4.29

P4.30

P4.31. 至 P4.34. 使用斷面法求下圖中所列桿件之內力。

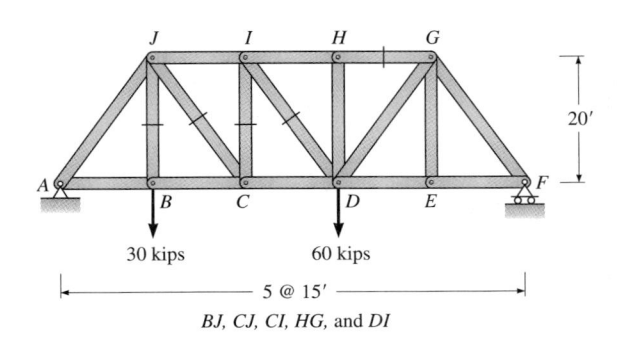

BJ, CJ, CI, HG, and DI

P4.31

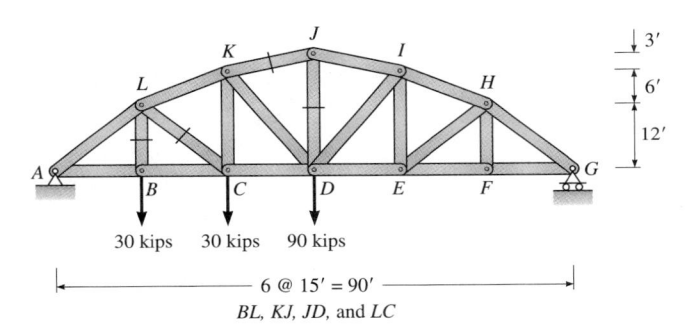

BL, KJ, JD, and LC

P4.32

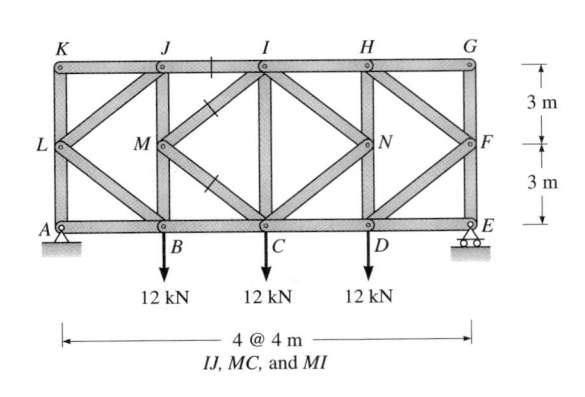

AB, BC, CD, IH, and ID

P4.33

IJ, MC, and MI

P4.34

P4.35. 至 P4.37. 求圖 P4.35 至 P4.37 各桿件之內力,並指出為壓力或張力。提示:以斷面法開始。

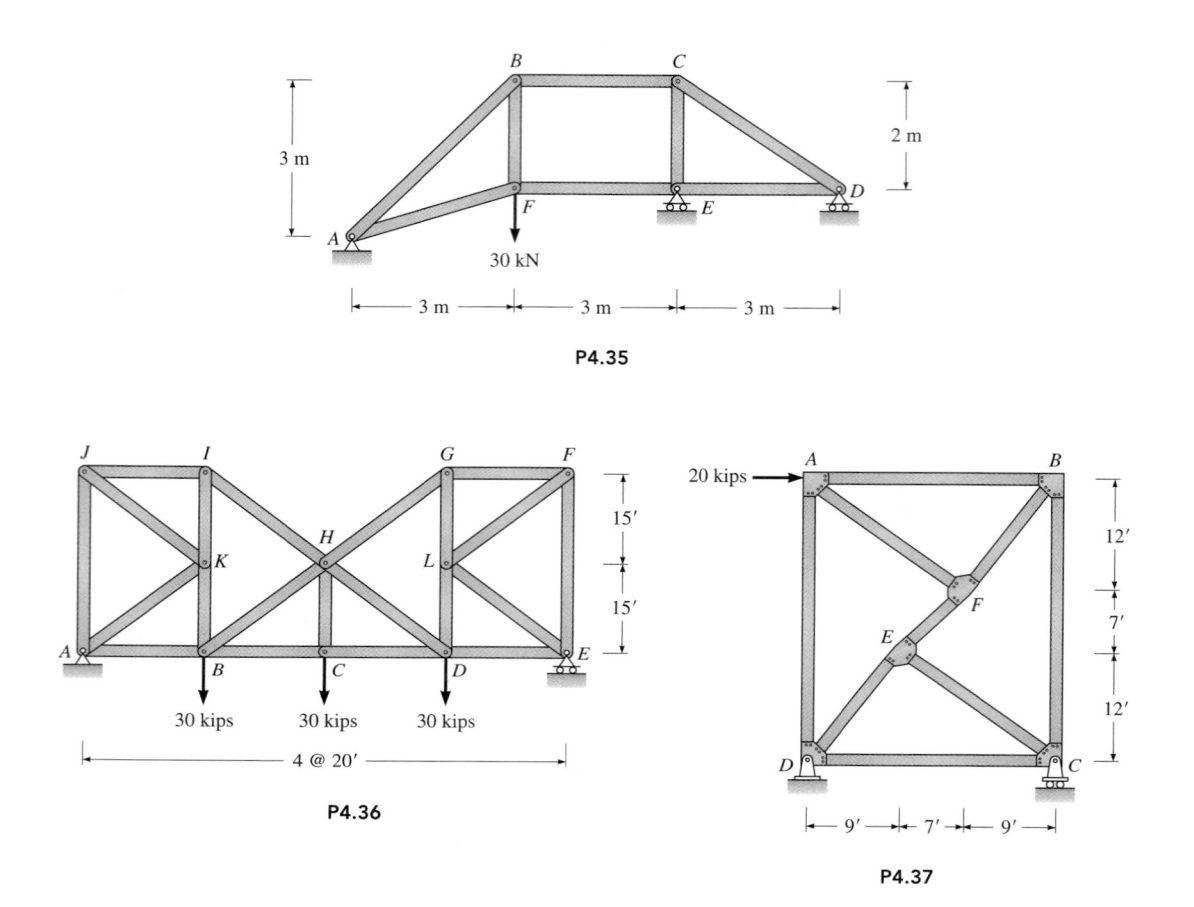

P4.35

P4.36

P4.37

P4.38. 至 P4.45. 求圖 P4.38 至 P4.45 各桿件之內力或內力分量,並指出為壓力或張力。

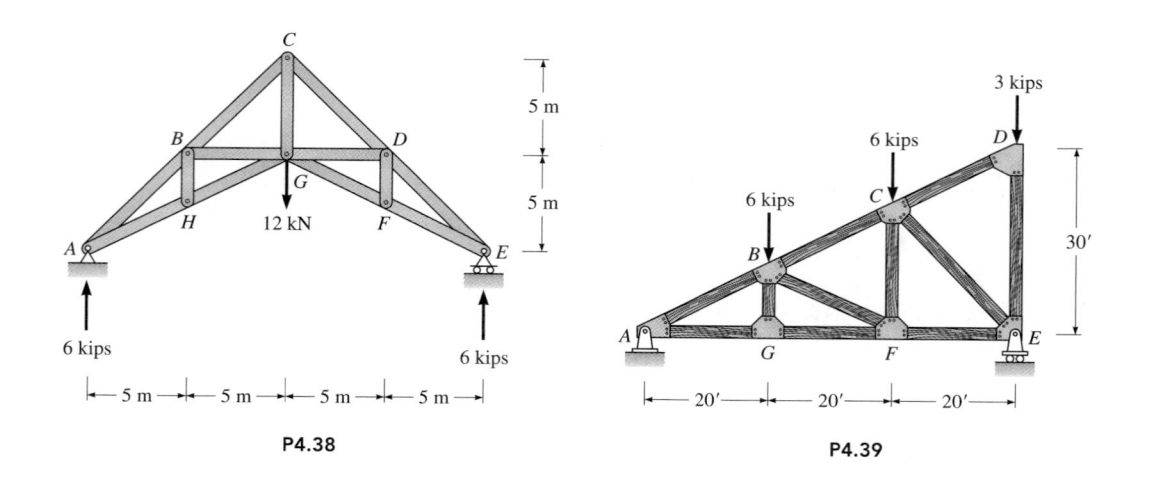

P4.38

P4.39

P4.40

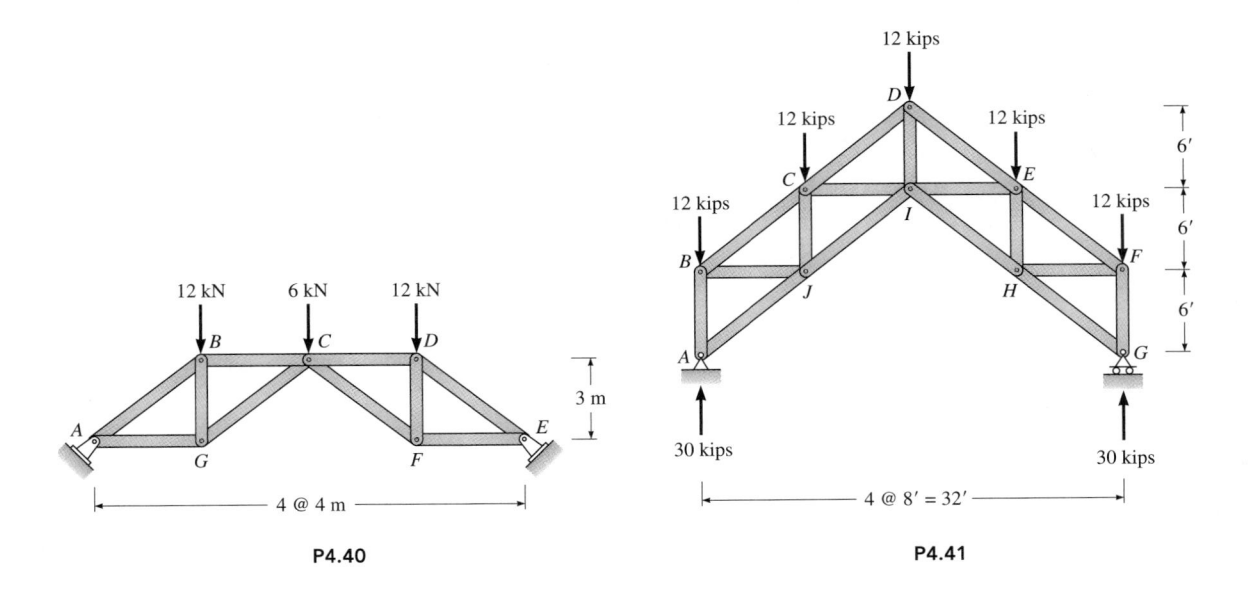

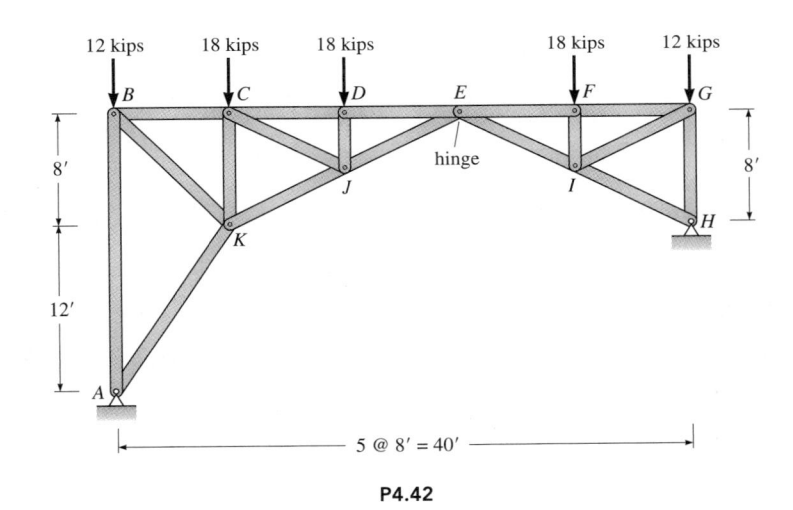

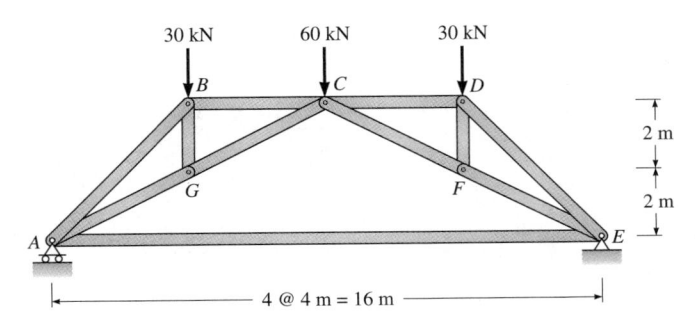

P4.41

P4.42

P4.43

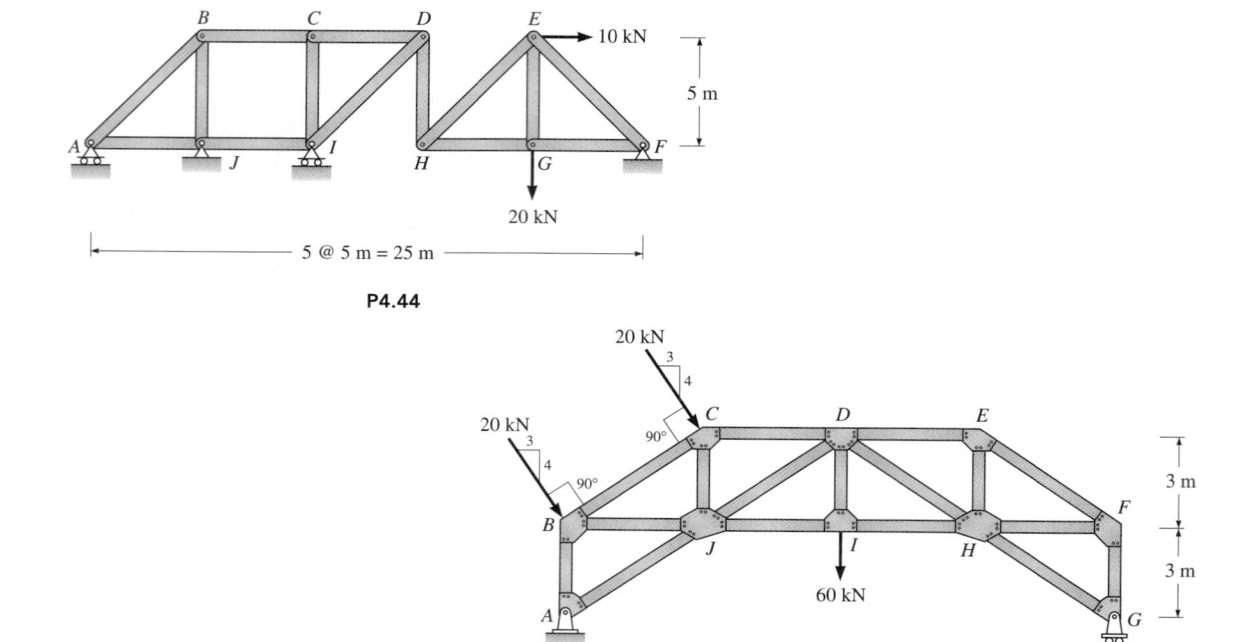

P4.46. 一座二線道的公路橋樑，位於二層長 64 ft 之桁架以及由四個鋼質縱樑所支撐之 8 in 厚之鋼筋混凝土版上，橋面版上鋪設 2 in 的瀝青，16 ft 長的縱樑與橫樑嵌合，用以傳遞載重到每一根桁架之框格點 (panel point) 上。桁架左側栓於橋墩 A 點上，可視為銷支承，右側 G 點則連接於一只能允許水平方向位移的彈性支承墊上，該點可視為滾支承，圖示載重包含靜載重及活載重，18-kip 之載重為輪重所提供之額外活載重。求下層桁架接點 I 與 J 間之桿件內力、桿件 JB 之內力、以及橋墩支承 A 點之反力。

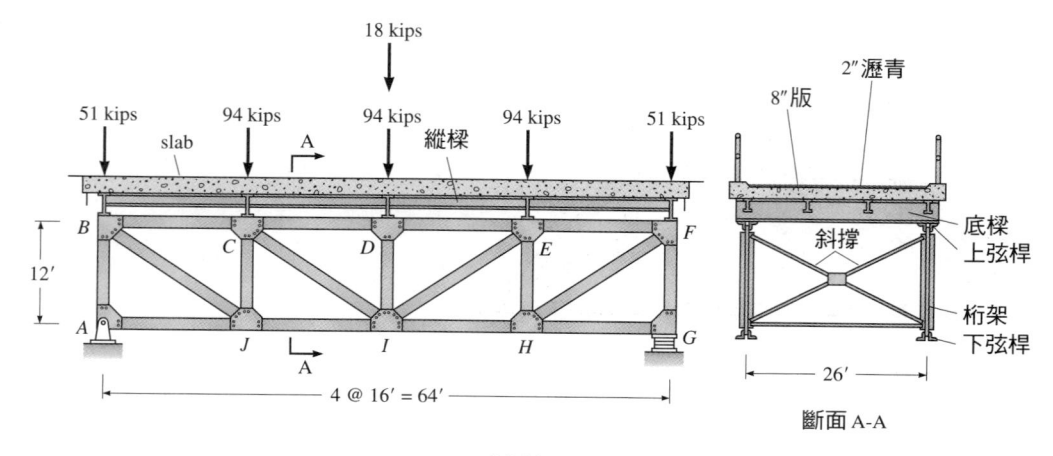

橫跨美國麻塞諸塞州 Quinsigamond 湖之 Shrewsbury-Worcester 橋。設計者將連續樑接近橋墩處（此為最大彎矩之所在位置）之板樑加深，以增加橋樑的強度。

CHAPTER 5

梁與構架
Beams and Frames

5.1 簡介
Introduction

梁

梁為結構體中最常見的組成元件之一。當一根梁在其縱軸的垂直方向受到載重時，會產生內力─剪力與彎矩─以便將施加載重傳遞至支承。如果梁的端點受到支承在縱身方向之束制，或梁為一連續構架之一部分時，也可能產生軸力。如果軸力很小─此為大部分梁的典型情況─軸力在構材設計上是可被忽略的。對鋼筋混凝土梁而言，少量的軸壓力實際上會造成構材的撓曲強度增加（約 5~10%）。

設計梁時，工程師必須繪製出剪力與彎矩曲線，並藉此決定出這些內力最大值的大小及所在位置。除了重荷載下之短梁，其斷面會由剪力需求所控制之外，其他情形下，斷面的尺寸比例多由跨內最大彎矩之大小來決定。一旦斷面尺寸依最大彎矩之大小來決定後，在完成設計前，仍需確認最大剪力位置之剪應力─通常為鄰近支承之位置─是否小於或等於材料的容許剪力強度。最後，服務載重作用下的變形必須加以檢覆，以確保構材具有足夠的勁度。至於變位的極限值，是由結構設計規範所規定的。

如果結構行為為彈性（例如，鋼製或鋁製的構材），且使用容許應力設計時，則所需之斷面可用基本樑方程式計算而得

$$\sigma = \frac{Mc}{I} \tag{5.1}$$

其中　σ = 服務彎矩載重 M 所應生之撓曲應力

　　　c = 中性軸至撓曲應力 σ 所在外緣纖維之距離

　　　I = 斷面針對形心軸之慣性矩

進行斷面選擇時，將（式5.1）中之 σ 設定相等於容許撓曲應力 σ_{allow}，可用以解得 I/c 之值，此值稱為**斷面模數**(*section modulus*)，以 S_x 表示之

$$S_x = \frac{I}{c} = \frac{M}{\sigma_{allow}} \tag{5.2}$$

S_x 為量測一個斷面之撓曲容量的物理量，不同製造商所生產之標準型式樑的斷面模數值，可由設計手冊中查表求得。

在依據彎矩決定出一個斷面尺寸後，設計者接著檢核在剪力最大位置上之剪應力大小。對彈性行為的樑而言，剪應力可依下式計算

$$\tau = \frac{VQ}{Ib} \tag{5.3}$$

其中　τ = 剪力 V 所造成之剪應力

　　　V = （剪力曲線上）之最大剪力

　　　Q = 位於剪應力計算位置上方或下方部分面積之靜力彎矩大小；對矩型與 I 型樑而言，最大剪應力發生在中心深度位置。

　　　I = 斷面針對形心軸之慣性矩

　　　b = 剪應力 τ 計算高度的斷面厚度（寬度）

當樑為矩型斷面時，最大剪應力位於斷面之深度中點。此情形下，（式5.3）簡化為

$$\tau_{max} = \frac{3V}{2A} \tag{5.4}$$

式中 A 等於斷面積。

如果使用**強度設計法**(*strength design*)(此法已獲業界大量採用，取代工作應力設計)，構材依**因數放大載重**(*factored loads*) 來決定尺寸。所謂因數（放大）載重是由服務載重乘上**載重因子**(*load factors*) 而得—因子通常大於 1。藉此因數載重之定義，設計者可進行彈性分析—此方法亦為本書之主題。因數載重所造成的力量代表*所需之強度*(*required strength*)。構材尺寸之決定依據便是讓**設計強度**(*design strength*) 等於所

需強度。設計強度是考慮於某一特定破壞模式對應之應力狀態而加以評估的。它是包含三個變數的函數；斷面性質、破壞時之應力條件（例如，鋼降伏或混凝土壓碎）以及折減因子 (reduction factor) – 小於 1。

樑設計的最後一個步驟，是要確認樑不會過量變形（換言之，變位須在適用之設計規範所規定的範圍內）。柔性過大的樑若經歷過大之變位，會對附屬之非結構性建築造成損壞；如天花板材、磚牆、及剛性管線等產生龜裂。

由於大部分短跨之樑，約30~40呎（9~12公尺），會以均勻斷面製造來降低成本。因此，除了最大彎矩所在的斷面外，所有其他位置的斷面皆具有過量的抗彎撓曲強度。如果跨長大，在150~200呎間或以上（45~60公尺），且載重大時，則需要以高容量之深斷面樑來支承設計載重。在這種情況下，樑本身的自重可能高達總載重的百分之75乃至80之多。將樑的外型依據彎矩曲線建造，或許可達成某種程度之經濟效益。對於這些巨大的樑而言，斷面抗彎矩容量可藉由改變樑深或翼厚度加以調整（如圖5.1）。除此之外，降低樑本身的重量也可導致較小尺寸的墩柱與基礎。

樑通常可依其支承型式加以分類。一端由銷支承另一端由滾支承所支撐的樑稱為簡支樑（simply supported beam，如圖5.2a）。如果簡支樑之一端延伸超過支承，則稱做具外伸(overhang)之外伸樑（如圖5.2b）。懸臂樑(cantilever) 則是其中一端被固定防止移動與轉動（如圖5.2c）。由數個中間支承所支撐的樑，稱為連續樑（continuous beam，如圖5.2d）。如果一樑的兩端皆被支承所固定，此樑稱為固定端接（fixed ended，如圖5.2e）。固定端接的樑在實務上不常建造，由各種不同型態載重所造成固定端彎矩之值，卻被廣泛應用在許多靜不定結構分析方法中，做為分析之起始步驟

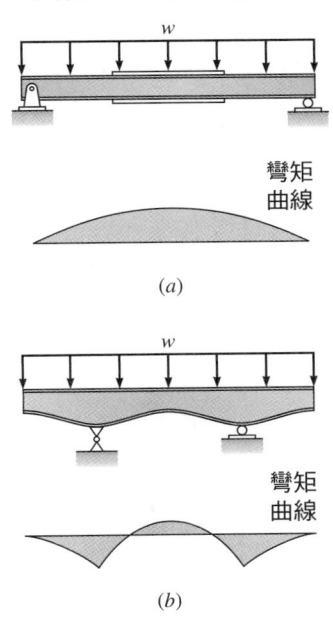

圖 5.1：(a) 改變翼板厚度增加撓曲強度，(b) 改變樑腹身深度增加撓曲強度。

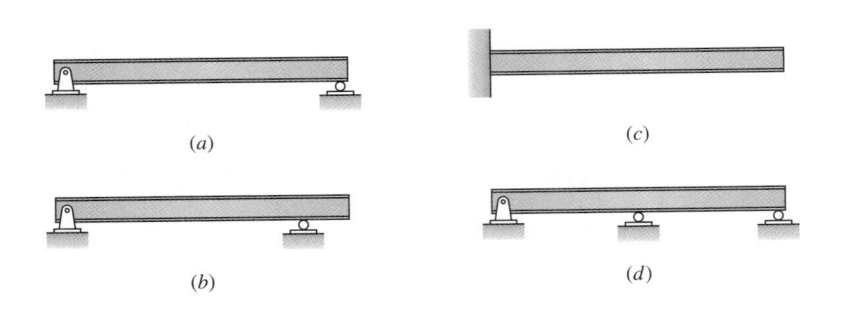

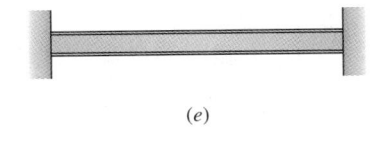

圖 5.2：常見樑的型式：(a) 簡支樑，(b) 外伸樑，(c) 懸臂樑，(d) 兩跨連續樑，(e) 固定端樑。

照片 5.1：哈佛橋（Harvard Bridge）此橋由兩端具外伸之變化深度樑所構成。

（如圖 13.5）。本章中，我們只討論以三個靜力方程式分析的靜定結構。此種靜定樑的型態多半為木構造或以螺栓或鉚栓建造之鋼構造。另一方面，連續樑（在第 11~13 章中討論）通常見於具有剛性接合點之結構中—例如焊接之鋼構架或鋼筋混凝土構架。

構架

如我們在第一章所討論，構架是以剛性接合點連接樑與柱所形成之結構元件。樑與柱間之夾角通常為 90°。如圖 5.3a 與 b 所示，構架可以只由一根柱與樑組成，也可由許多柱與樑形成一個多層建築。

　　構架可細分為兩類：具側撐與無側撐。具側撐構架(*braced frame*) 是指構架上每一層之接合點可自由轉動，但由於連接上一個可提供構架側向束制的剛性元件，阻止了構架的側向移動。舉例說明，在一個多層建築物中，結構構架時常連接至剪力牆（通常為鋼筋混凝土或加強磚造之剛性結構牆，如圖 5.3c）。而在簡單的單跨 (one bay) 構架中，連接至柱底部之輕型交叉斜撐，可用來抵抗上部接合點之側向位移。

　　無側撐構架（*unbraced frame*，如圖 5.3e）則泛指構架之側向位移的抵抗能力，是由樑與柱之撓曲抗彎勁度所提供。在無側撐構架中，接合點可自由移動與轉動。由於無側撐構架較具側撐構架擁有較高之柔性。在側向載重作用下，它們可能產生極大之側向變位，進而造成附屬非結構元件，如牆、窗等的損壞。

　　雖然剛構架的樑與柱皆傳遞軸力、剪力與彎矩，樑的軸力通常很小可被忽略不計。因此樑之尺寸僅以彎矩進行設計。另一方面，柱的軸力通常很大，特別是多層構架之低樓層內柱，但其彎矩卻很小。因此，對於此類型的柱，尺寸比例主要由構材之軸力容量來決定。

　　如果構架為柔性，構材之側移會產生額外之彎矩。舉例說明，圖 5.3e 顯示無側撐構架之柱的頂部向右移動一個距離 Δ。為計算柱中內力，我們考慮柱 AB 在其變形位置上

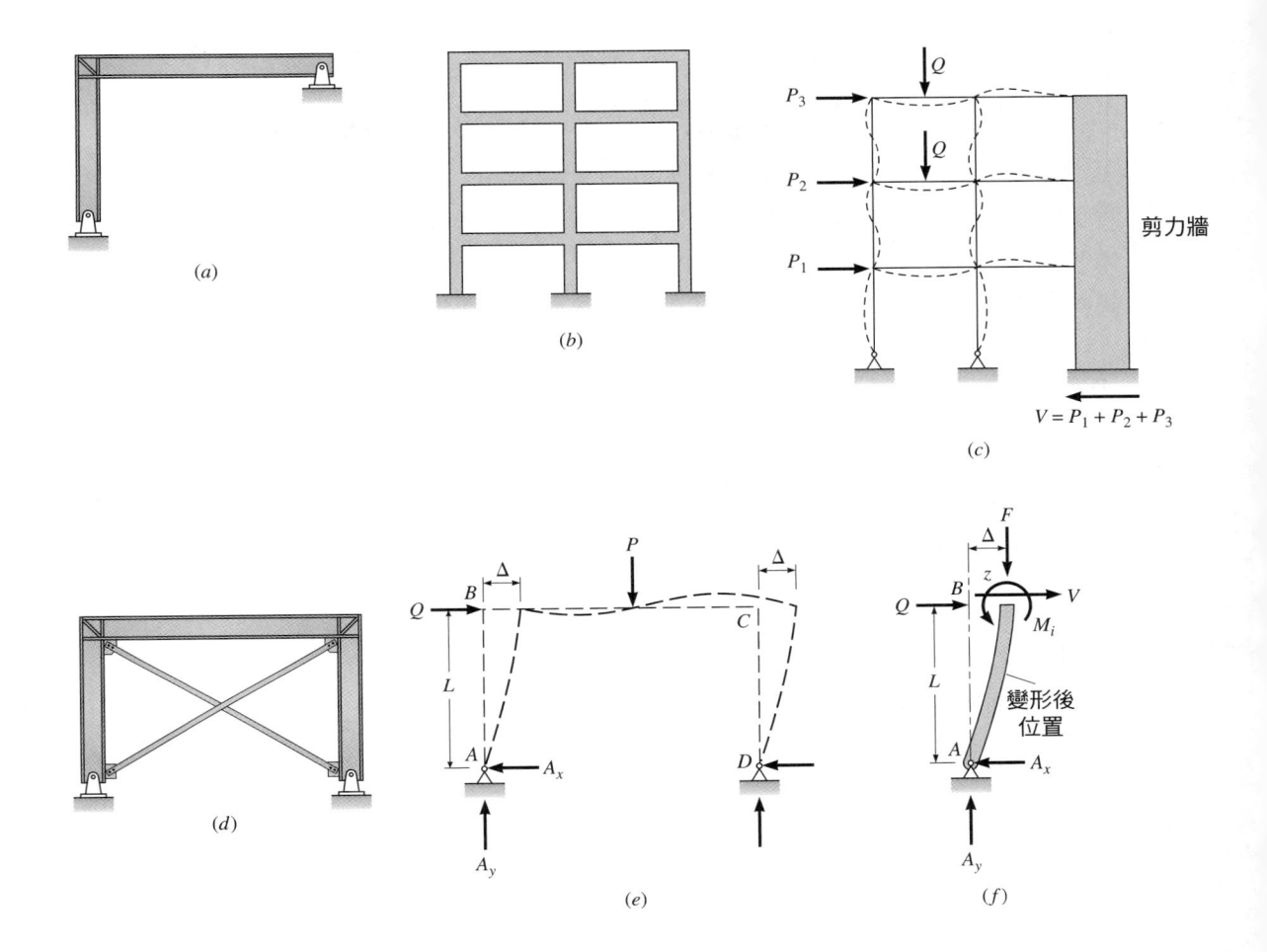

的自由體圖（如圖5.3f）。此自由體由切割B點正下方的柱所形成。切割平面垂直於柱的縱軸方向。我們可將作用在切面內之M_i，以柱底部反力及變形後的幾何條件，利用取通過柱中心線之z軸彎矩總和，表示為

$$M_i = \Sigma M_z$$
$$M_i = A_x(L) + A_y(\Delta) \qquad (5.5)$$

圖5.3：(a) 簡單構架，(b) 多層連續建築構架，(c) 剪力牆支撐構架，(d) 交叉斜撐構架，(e) 無側撐構架之側移，(f) 變形位置上之柱自由體。

（式5.5）中第一項表示在忽略柱軸之側移時，由外加載重所造成之彎矩。此彎矩稱為**主要彎矩**(*primary moment*) 並與**一階**(*first-order*) 分析相關（見1.7節描敘）。第二項，$A_y(\Delta)$則代表軸向載重偏心所造成的額外彎矩，稱為**二次彎矩**(*secondary moment*) 或**P-Δ彎矩**(*P-delta moment*)。在下列二個條件下，二次彎矩將很小可被忽略，且不致產生顯著的誤差：

1. 軸力很小（如小於斷面軸力容量之 10% 時）。
2. 柱之撓曲勁度很大。因此，彎矩所產生的柱縱軸側移很小。

本書中，我們將只介紹**主要分析**(*primary analysis*)；也就是說，我們不會考慮二次彎矩的計算——此通常為高等結構力學所會涵蓋的主題。由於我們將二次彎矩忽略掉，構架的分析和樑的分析便極為類似。也就是說，完整的構架分析包含；以未加載前之起始幾何外型，所建立的剪力與彎矩（也可包括軸力）曲線。

5.2 本章的內容範圍
Scope of Chapter

在開始樑與構架之分析前，首先我們討論未來計算變位與分析靜不定結構物時，將時常用到的幾個基本操作，包括：

1. 將斷面的剪力與彎矩以施加外力為變數表示出來。
2. 建立剪力與彎矩曲線。
3. 畫出受載樑與構架之變位形狀。

由於這些步驟中，很多內容在**靜力學**及**材料力學**課程中已被介紹，對大部分同學來說，本章的許多內容是基本力學主題的回顧。

在本章的例題中，我們假設所有樑和構架皆為二維空間結構，所承載之結構**平面內**(*in-plane*) 載重會產生剪力與彎矩，可能也有軸力，但沒有扭矩。為了讓此一條件存在——此亦為實務分析中最常見的情況之一——平面內載重必須通過對稱斷面的形心，或通過非對稱斷面的剪力中心（如圖5.4）。

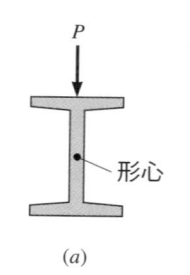

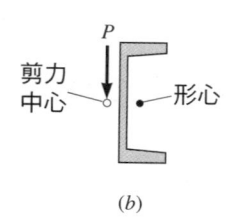

圖 5.4：(*a*) 樑載重通過對稱斷面之形心，(*b*) 不對稱斷面則通過剪力中心。

5.3 剪力與彎矩方程式
Equations for Shear and Moment

研究樑問題的第一步，是要以外力及其作用點至參考原點距離為變數，寫出沿著樑與構架縱軸之斷面剪力 V 及彎矩 M 的表示式。雖然剪力方程式較少用到，彎矩方程式是在使用雙重積分法（見第9章），及能量法(*work-energy*) 計算樑及構架變位時，所需用到的關係式（見第10章）。

讀者可能還記得，在材力與靜力課程中探討樑問題時，剪力與彎矩為樑或構架受側向載重時所產生之內力。剪力垂直作用於縱軸上，而彎矩代表由彎曲應力 (bending stress) 所引起的內力偶。在樑軸上特定點之剪力與彎矩的計算，可先

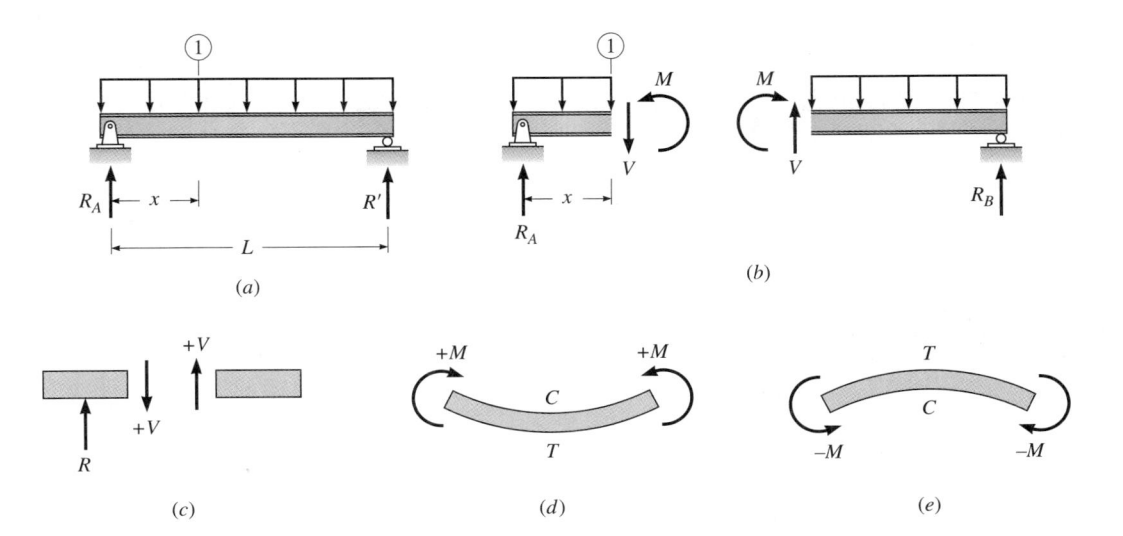

以垂直於縱軸的切面，將樑於該點切開，再寫出切面左或右邊的自由體平衡方程式（如圖5.5b）。由於剪力所形成的是構材縱軸法線方向的平衡，其計算可以縱軸垂直方向上力的總和為之。換言之，對一根水平樑而言，我們計算垂直方向力之總和。本書中，水平構材內之剪力，在左半邊自由體切面上，向下為正（如圖5.5c）。或者，我們也可定義，使自由體產生順時鐘方向旋轉趨勢的剪力方向為正。斷面左側自由體切面上之剪力向下作用，顯示作用於相同自由體上**外力之合力**為向上。由於斷面左側剪力，代表右側自由體對左側所施加之力量，作用於斷面右側自由體之力必須向上，以形成一組大小相等、方向相反的作用力－反作用力。

計算斷面內彎矩 M，是將作用於自由體兩個切面上的外力，對通過斷面形心軸（垂直於構材平面），取彎矩和來求得。如果彎矩造成斷面的上方外緣纖維受壓應力，而底部纖維受張力，則此彎矩視為正彎矩（如圖5.5d）。反之，負彎矩使構材凹面向下彎曲（如圖5.5e）。

如果是一根垂直向的撓曲構材，則工程師可隨意定義剪力與彎矩之正負方向意義。對於單根垂直構材，一個可能的做法是將結構示意圖順時鐘旋轉90°使桿材呈現水平配置後，再應用圖5.5所定義之符號規則。

圖5.5：剪力與彎矩之符號規則；(a)在1斷面被切開之樑；(b) 剪力 V 與彎矩 M 為成雙出現之內力；(c) 正剪力：左側自由體上外力合力 R 作用向上；(d) 正彎矩；(e) 負彎矩。

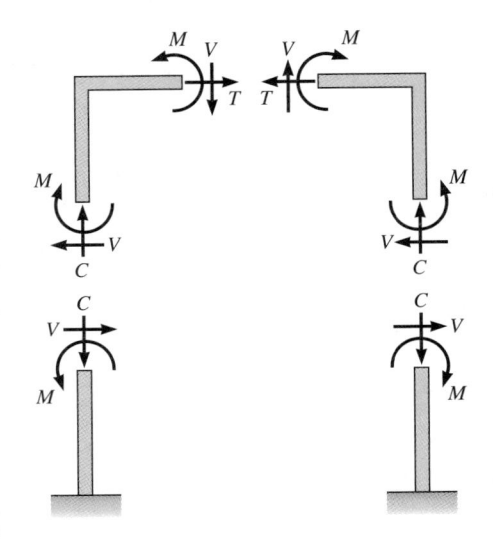

圖5.6：作用於構架斷面之內力。

對於單跨構架而言，許多分析者定義正彎矩是使構材外側表面受壓應力，而內側是指構架所圍之區域（如圖 5.6）。至於剪力的正值方向則可隨意定義，如圖 5.6 之箭號所示方向。

斷面軸力的計算是由所有垂直於斷面之力總和求得。遠離斷面方向之力為張力 T，而指向斷面方向之力為壓力 C（如圖 5.6）。

例題 5.1

寫出圖 5.7 所示懸臂樑之剪力 V 與彎矩 M 方程式。利用彎矩方程式，計算 B 點右方 4 英呎之 1-1 斷面彎矩。

解答：

決定 A 與 B 點間之剪力 V 方程式（如圖 5.7b）；所示 V 與 M 在其正值方向上，設 A 點為原點且 $A\,(0 \leq x_1 \leq 6)$。

$$+\uparrow \Sigma F_y = 0$$
$$0 = -4 - V$$
$$V = -4 \text{ kips}$$

決定 A 與 B 點間之彎矩 M 方程式，設 A 點為原點，取斷面彎矩和。

$$\circlearrowleft^+ \Sigma M_z = 0$$
$$0 = -4x_1 - M$$
$$M = -4x_1 \text{ kip·ft}$$

負號表示 V 與 M 之作用方向與圖 5.7b 所示方向相反。

決定 B 與 C 點間之剪力 V 方程式（如圖 5.7c），設原點在 B，$0 \leq x_2 \leq 8$

$$+\uparrow \Sigma F_y = 0$$
$$0 = -4 - 2x_2 - V$$
$$V = -4 - 2x_2$$

B 與 C 點間之彎矩 M 則為

$$\circlearrowleft^+ \Sigma M_z = 0$$
$$0 = -4(6 + x_2) - 2x_2\left(\frac{x_2}{2}\right) - M$$
$$M = -24 - 4x_2 - x_2^2$$

圖 5.7

(a)

(b)

(c)

(d)

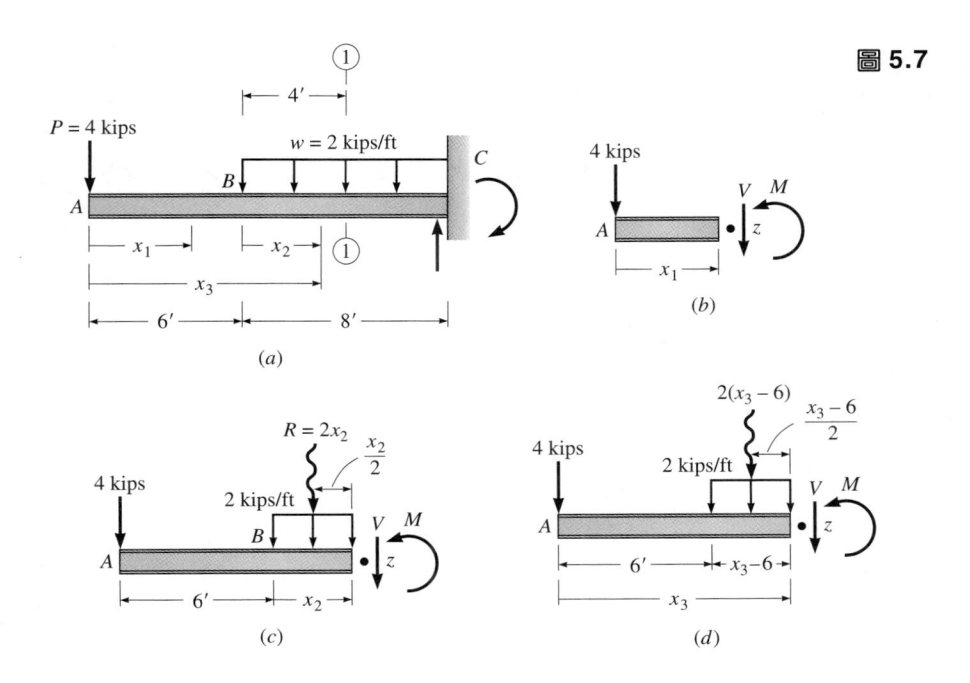

求 1-1 斷面之彎矩 M，我們設 $x_2 = 4$（英呎）

$$M = -24 - 16 - 16 = -56 \text{ kip·ft}$$

另一替代方式是，計算 B 與 C 點彎矩時仍設定原點於 A，斷面至原點之距離以 x_3 表示（如圖 5.7d），則 $6 \leq x_3 \leq 14$，

$$\circlearrowleft^+ \quad \Sigma M_z = 0$$

$$0 = -4x_3 - 2(x_3 - 6)\left(\frac{x_3 - 6}{2}\right) - M$$

$$M = -x_3^2 + 8x_3 - 36$$

重新以 $x_3 = 10$（英呎）計算 1-1 斷面之彎矩，仍得

$$M = -10^2 + 8(10) - 36 = -56 \text{ kip·ft}$$

例題 5.2

針對原點位置在 (a) 支承 A，(b) 支承 D，以及 (c) B 點，寫出圖 5.8 所示樑在 B 與 C 點間之彎矩表示式，並利用每一表示式計算斷面 1 之彎矩。為了簡化示意圖，斷面之剪力未顯示出來。

解答：

(a) 如圖 5.8b，對切面位置取彎矩和，可得

$$\circlearrowleft^+ \quad \Sigma M_z = 0$$

$$0 = 37x_1 - 40(x_1 - 5) - M$$

$$M = 200 - 3x_1$$

在斷面 1，$x_1 = 12$（英呎）；因此

$$M = 200 - 3(12) = 164 \text{ kip·ft}$$

(b) 如圖 5.8c，對切面位置取彎矩和，可得

$$\circlearrowleft^+ \quad \Sigma M_z = 0$$

$$0 = M + 28(x_2 - 5) - 31x_2$$

$$M = 3x_2 + 140$$

圖 5.8

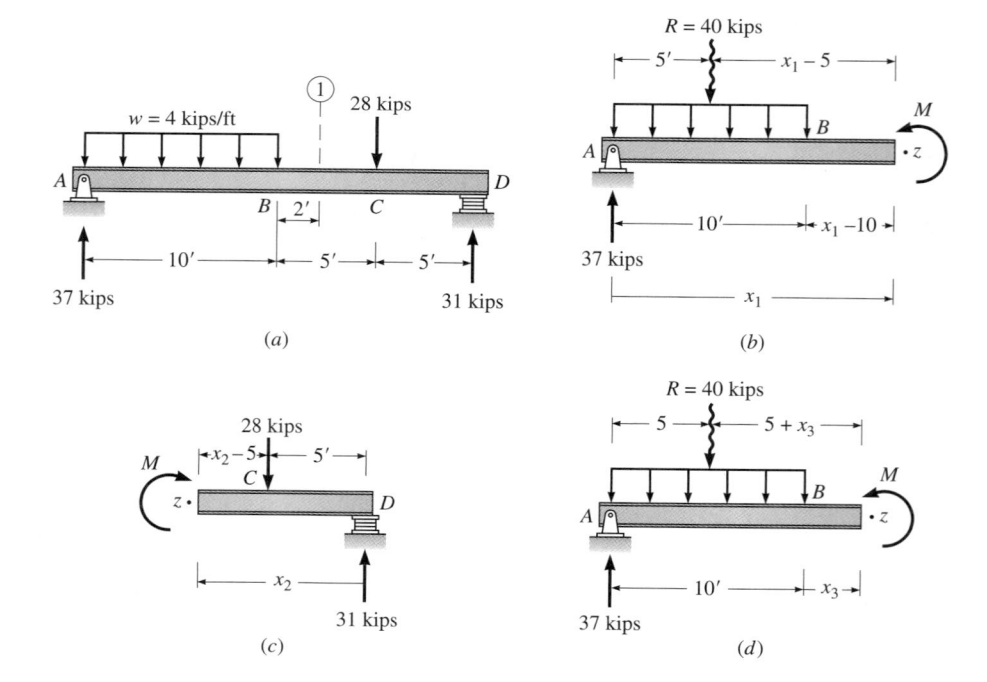

在斷面 1，$x_2 = 8$（英呎）；因此

$$M = 3(8) + 140 = 164 \text{ kip·ft}$$

(c) 如圖 5.8d，對切面位置取彎矩和，可得

$$\circlearrowleft^+ \quad \Sigma M_z = 0$$

$$37(10 + x_3) - 40(5 + x_3) - M = 0$$

$$M = 170 - 3x_3$$

在斷面 1，$x_3 = 2$（英呎）；因此

$$M = 170 - 3(2) = 164 \text{ kip·ft}$$

註：本例題說明，一個斷面的彎矩是單一值且滿足平衡方程式之要求，彎矩值不會因選擇座標系統原點的位置不同而改變。

例題 5.3

寫出圖5.9所示樑之剪力與彎矩方程式，選擇A為原點，以距原點之距離x的函數表示結果，並將彎矩方程式中每一項以x的函數作圖。

解答：

在支承A右方x距離以一想像切面產生圖5.9b之自由體圖（V與M皆表示為正值方向）。
要求解V，將y方向力量累加

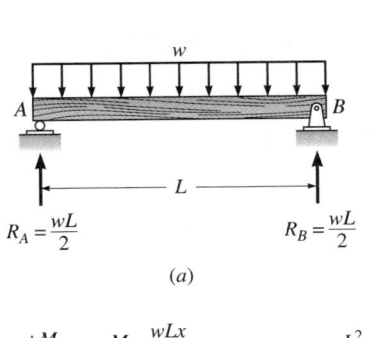

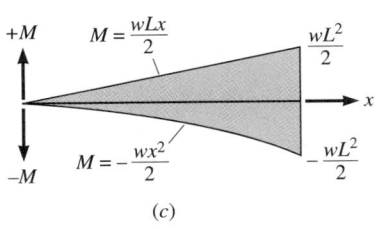

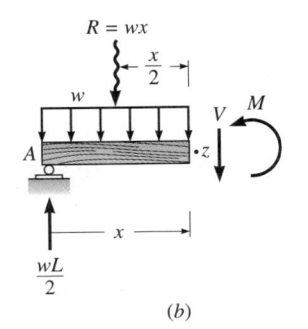

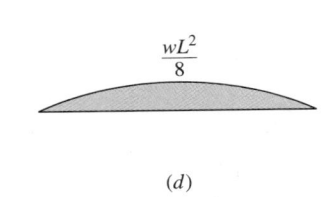

圖5.9：(a) 均佈載重樑；(b) 樑分段之自由體；(c) 彎矩曲線之分部作圖；(d) 合併後之彎矩圖為一個對稱拋物線。

$$\uparrow^+ \quad \Sigma F_y = 0$$

$$\frac{wL}{2} - wx - V = 0$$

$$V = \frac{wL}{2} - wx \tag{1}$$

要求解 M，對切面位置取彎矩和

$$\circlearrowleft^+ \quad \Sigma M_z = 0$$

$$0 = \frac{wL}{2}(x) - wx\left(\frac{x}{2}\right) - M$$

$$M = \frac{wL}{2}(x) - \frac{wx^2}{2} \tag{2}$$

於兩方程式中，$0 \leq x \leq L$。

（式2）中的兩項作圖如圖 5.9c，第一項為支承 A 垂直反力 R_A 造成之彎矩，為一個 x 的線性函數，其作圖為向右上方之直線。第二項代表均佈載重所造成之彎矩，為 x^2 之函數，其作圖為向下之拋物線。當彎矩曲線以這種"分別繪圖"的方式畫出時，我們稱它為以懸臂分部(cantilever parts) 作圖，在圖 5.9d 中，合併兩個分部圖可得一拋物線曲線，其中跨之值為 $wL^2/8$。

例題 5.4

a. 寫出圖 5.10a 所示樑在支承 B 與 C 間，垂直斷面之剪力與彎矩方程式。
b. 利用 (a) 所求得之剪力方程式，求剪力為零的位置（彎矩最大）。
c. 做圖表示 B 與 C 點間剪力與彎矩變化。

解答：

a. 由左端 A 點右方 x 距離切得自由體，如圖 5.10b 所示。利用相似三角形，可將在切面位置的載重曲線值以 x 及支承 C 點載重曲線值表示如下。

$$\frac{w'}{x} = \frac{3}{24} \qquad \text{因此} \qquad w' = \frac{x}{8}$$

計算圖 5.10b 中三角形載重面積之合力

$$R = \frac{1}{2}xw' = \frac{1}{2}(x)\left(\frac{x}{8}\right) = \frac{x^2}{16}$$

圖 5.10

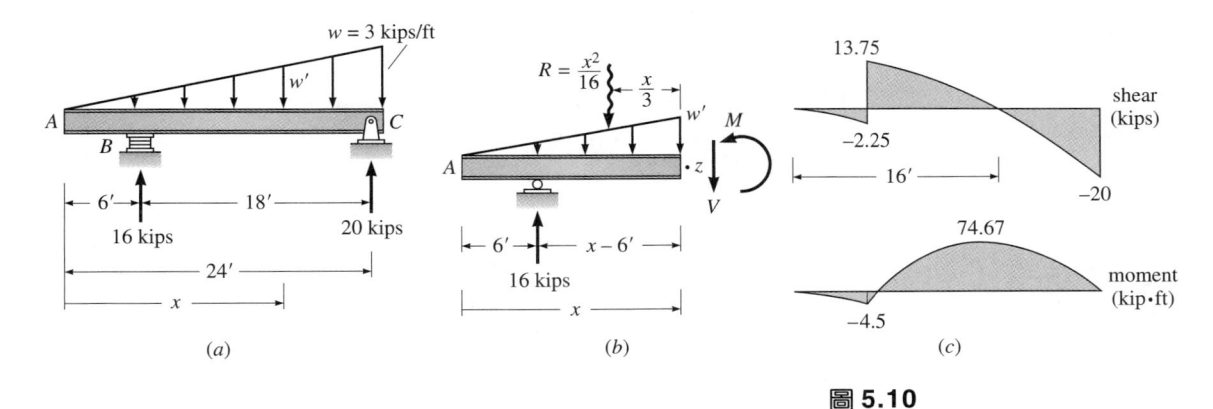

利用垂直方向力平衡求 V

$$\uparrow^+ \quad \Sigma F_y = 0$$

$$0 = 16 - \frac{x^2}{16} - V$$

$$V = 16 - \frac{x^2}{16} \tag{1}$$

對切面位置取彎矩和，可得 M

$$\circlearrowleft^+ \quad \Sigma M_z = 0$$

$$0 = 16(x - 6) - \frac{x^2}{16}\left(\frac{x}{3}\right) - M$$

$$M = -96 + 16x - \frac{x^3}{48} \tag{2}$$

b. 設 $V = 0$ 求解（式 1），可得 x

$$0 = 16 - \frac{x^2}{16} \quad \text{則} \quad x = 16 \text{ ft}$$

c. 如圖 5.10c 為 V 與 M 之作圖。

例題 5.5

寫出圖 5.11 所示構架中，桿件 AC 與 CD 彎矩方程式。畫出方程式。畫出接點 C 之自由體並標示所有力量。

解答：

要表示桿 AC 之彎矩需要兩個方程式，首先以圖 5.11b 之自由體圖計算 A 與 B 點間之彎矩。設 A 點為 x_1 之原點，將垂直反力分解為平行與垂直 AC 軸之分量。對切面位置取彎矩和

5-16 第 5 章 樑與構架

圖 5.11

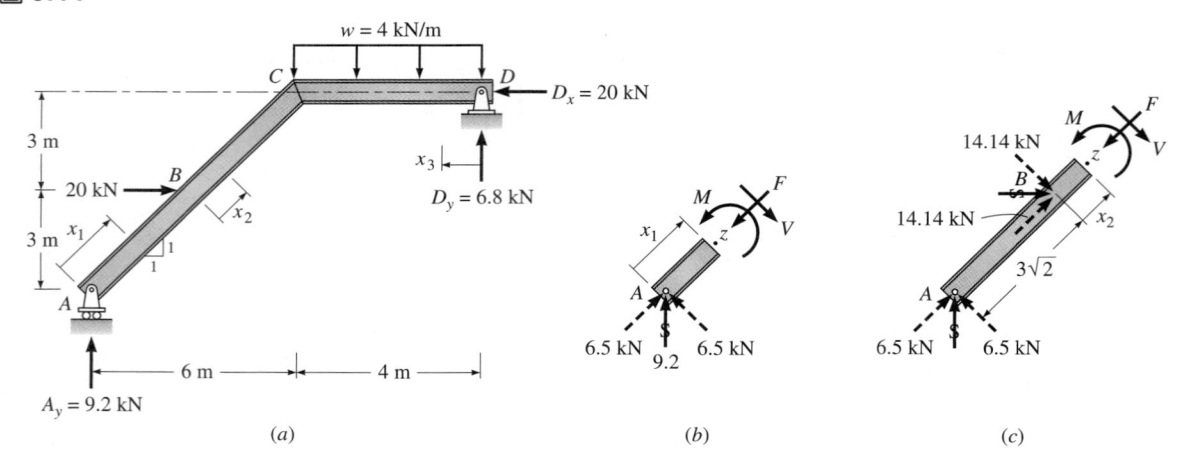

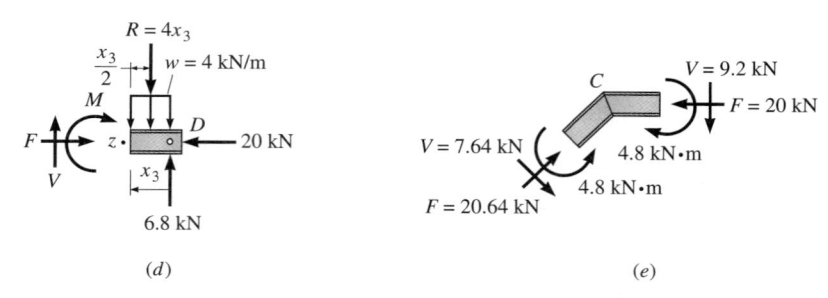

(a) (b) (c) (d) (e)

$$\circlearrowleft^+ \quad \Sigma M_z = 0$$
$$0 = 6.5x_1 - M$$
$$M = 6.5x_1 \tag{1}$$

其中 $0 \leq x_1 \leq 3\sqrt{2}$。

其次，以圖 5.11c 之自由體計算 B 與 C 點間之彎矩。設 B 點為原點，將外力 20 kN 分解為分量。對切面位置取彎矩和。

$$\circlearrowleft^+ \quad \Sigma M_z = 0$$
$$0 = 6.5(3\sqrt{2} + x_2) - 14.14x_2 - M$$
$$M = 19.5\sqrt{2} - 7.64x_2 \tag{2}$$

其中 $0 \leq x_2 \leq 3\sqrt{2}$。

最後，以圖 5.11d 之自由體計算 D 與 C 點間之彎矩。選擇 D 點為原點。

$$\circlearrowleft^+ \quad \Sigma M_z = 0$$
$$0 = 6.8x_3 - 4x_3\left(\frac{x_3}{2}\right) - M$$
$$M = 6.8x_3 - 2x_3^2 \tag{3}$$

C 點之自由體如圖 5.11e 所示。在此接點上之彎矩，可由（式 3）設定 $x_3 = 4$ m 而求得

$$M = 6.8(4) - 2(4)^2 = -4.8 \text{ kN·m}$$

5.4 剪力與彎矩曲線
Shear and Moment Curves

欲設計一根樑時，首先我們必須建立沿構材縱軸所有斷面位置上剪力與彎矩之大小（或者包含軸力，若其值顯著）。如果樑的斷面性質沿著其軸向不改變，則以跨內最大彎矩與剪力值進行設計。如果斷面會改變，則設計者必須探討更多之斷面位置，來確認所設計構材之容量足以承受剪力與彎矩。

為了將此資訊以圖表示，我們繪製出剪力與彎矩曲線。這些曲線最好是以正確的比例畫出，圖中應以剪力與彎矩值做為縱軸，而以樑縱軸位置為水平軸。雖然我們能將樑切成數段自由體後，在特定位置上求出剪力與彎矩值，進而求得剪力與彎矩曲線。但利用載重、剪力及彎矩三者間之基本力學關係，來建立曲線為更簡單的做法。

載重、剪力與彎矩間之關係

為了確立載重、剪力與彎矩間之關係，我們將考慮如圖 5.12a 所示之樑分段。此分段受分佈載重 $w = w(x)$ 作用。分佈載重之函數值隨著距原點的距離 x 而變化。載重作用方向，向上視為正值，如圖 5.12a 所示。

在推導此三者間關係時，我們考慮如圖 5.12d 所示的樑元素。此元素為由圖 5.12a 中編號 1 與 2 兩點間切割下來的自由體，其與原點的距離為 x。由於 dx 為無窮小，分佈載重在元素中微小的改變可予以忽略。因此，我們可以假設在整個元素範圍內之分佈載重為定值。基於這項假設，分佈載重之合力座落於元素之中點。

圖 5.12b 與 c 所示曲線代表沿構材軸向位置上剪力與彎矩之變化情形。我們將作用於圖 5.12d 左側切面之剪力

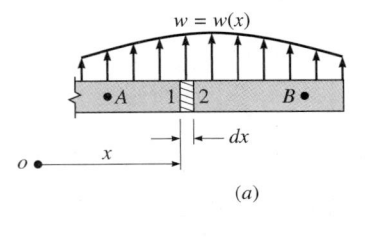

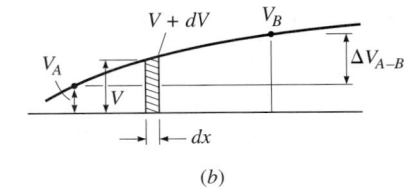

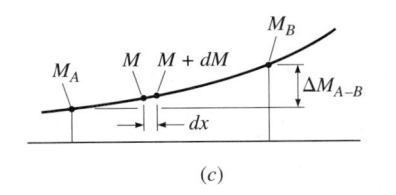

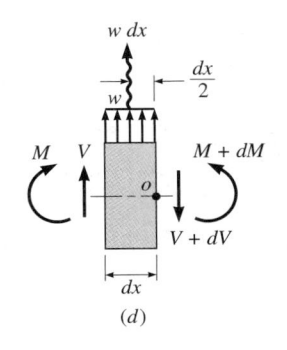

圖 5.12：(a) 受分佈載重之樑分段；(b) 剪力曲線；(c) 彎矩曲線；(d) 介於點 1 與 2 間之微量元素。

與彎矩，分別標示為 V 與 M。為了標示在 dx 長度之元素中所引起剪力與彎矩的微小改變，我們在右側切面位置上增加剪力與彎矩之改變量 dV 與 dM。圖 5.5c 與 d 顯示所有作用於元素上的力皆定義為正值。

考慮作用於元素上 y 方向上的力平衡時，我們可寫出

$$+\uparrow \Sigma F_y = 0$$

$$0 = V + w\,dx - (V + dV)$$

簡化並求解 dV，可得

$$dV = w\,dx \tag{5.6}$$

為了計算圖 5.12a 中樑之 A 與 B 兩點的改變量 $\Delta V_{A\text{-}B}$，我們將（式 5.6）積分

$$\Delta V_{A-B} = V_B - V_A = \int_A^B dV = \int_A^B w\,dx \tag{5.7}$$

（式 5.7）左側之積分代表 A 與 B 兩點間之剪力改變量 $\Delta V_{A\text{-}B}$。在右側的積分中，$w\,dx$ 可被視為載重曲線下無窮小區域之面積。這些無窮小面積之積分或總和則代表 A 與 B 兩點間的載重曲線面積。因此，我們可將（式 5.7）解釋為

$$\Delta V_{A\text{-}B} = \text{載重曲線下方介於 } A \text{ 與 } B \text{ 點間之面積} \tag{5.7a}$$

其中向上之載重造成剪力由左向右呈現正值改變，而向下之載重則為負值改變。

將（式 5.6）兩邊皆除以 dx 可得

$$\frac{dV}{dx} = w \tag{5.8}$$

（式 5.8）說明了；沿構材軸上任一特定點上，剪力曲線之斜率等於該點載重曲線之縱座標值。

假如載重方向向上，剪力曲線斜率為正（向右上方）。假如載重向下，則斜率為負（向右下方）。在樑未受到載重的區域，$w = 0$。由（式 5.8）可知此情況下剪力曲線之斜率為零—表示該區域剪力保持定值。

至於剪力與彎矩間之關係，我們可將作用於元素上的力，針對通過 o 點且垂直於樑平面的軸取力矩和來求得（如圖 5.12d）。o 點位於斷面形心高度之位置。

$$\circlearrowleft^+ \quad \Sigma M_o = 0$$

$$M + V\,dx - (M + dM) + w\,dx\,\frac{dx}{2} = 0$$

由於最末項 $w(dx)^2/2$ 包含微量平方乘積，其大小遠小於僅含單一微量之其他項。因此，我們可將之刪除來簡化關係式如下：

$$dM = V\,dx \tag{5.9}$$

為建立 A 與 B 兩點間之彎矩改變量 ΔM_{A-B}，我們可將（式 5.9）兩邊積分

$$\Delta M_{A-B} = M_B - M_A = \int_A^B dM = \int_A^B V\,dx \tag{5.10}$$

（式 5.10）之中間項代表 A 與 B 兩點間之彎矩改變量 ΔM_{A-B}。由於 $V\,dx$ 項可被解釋為剪力曲線下方，介於 1 與 2 號點間之無限小區域面積（如圖 5.12b），右側積分式將 A 與 B 點間所有微量面積加總起來，代表剪力曲線下由 A 與 B 點所圍出之總面積。依據上述之觀察，我們可將（式 5.10）陳述如下：

$$\Delta M_{A-B} = A\text{ 與 } B\text{ 點間之剪力曲線下方面積} \tag{5.10a}$$

其中，一個正值的剪力曲線下面積，產生彎矩正值的改變。而一個負值面積造成彎矩負值的變化；圖 5.12c 為 ΔM_{A-B} 之圖示意義。

將（式 5.9）之兩側皆除以 dx 後，

$$\frac{dM}{dx} = V \tag{5.11}$$

（式 5.11）說明了沿構材軸上任一點上之彎矩曲線斜率為該點之剪力值。

如果剪力曲線之值為正，則彎矩曲線之斜率為正（向右上方）。同樣地，如果剪力曲線之值為負，彎矩曲線之斜率便為負（向右下方）。

在 $V = 0$ 之斷面上，由（式 5.11）顯示，此處彎矩曲線之斜率為零—此為確認彎矩最大值位置的一個條件。如果一跨內之數個斷面位置剪力為零，則設計者必須計算在每一斷面之彎矩，來確立該跨絕對最大彎矩的位置與大小。

（式 5.6）~（式 5.11）並未考慮集中載重或彎矩之影響。一個集中力量會導致剪力曲線值突然的改變。如果我們考慮圖 5.13a 中元素垂直方向之平衡，可知元素兩側面上之剪力改變量等於集中力量的大小。同理，一個點上彎矩之改變量就等於作用於該點之集中彎矩大小 M_1，（如圖 5.13b）。在圖 5.13 中所示力量皆作用在其正值方向。例題 5.6~5.8 說明如何利用（式 5.6）~（式 5.11）來建立剪力與彎矩曲線。

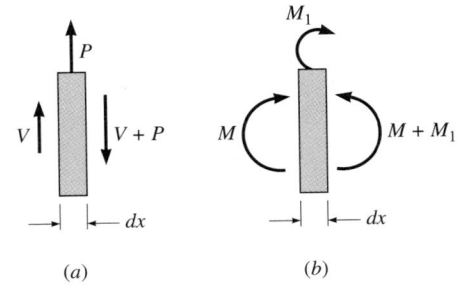

圖 5.13：(a) 集中載重對剪力改變量之影響；(b) 施加外彎矩 M_1 對內彎矩改變之影響。

為了建立承載分佈與集中載重之樑的剪力與彎矩曲線，我們首先求得構材左端的剪力與彎矩值。接著將左側之剪力值加上施加外力的值，由左向右地開始計算剪力曲線上，下一個位置點的剪力。而施加外力包括兩種表示方式的力；(1) 載重曲線下方兩點間之面積，(2) 集中載重。計算第三點剪力值時，是由第二點的剪力值加上或減去載重的大小。以此過程繼續計算其他點之剪力，直到剪力曲線完成為止。通常我們在集中載重作用點或分佈載重之分佈起始點，計算出剪力曲線之值。

以同樣的方式，彎矩曲線上的值，是以一特定點的彎矩值，加上由此點至第二點間剪力曲線下面積所代表的彎矩增量來計算。

繪製樑的變形圖

在剪力與彎矩曲線完成後，設計者也許會想繪出樑變形的示意圖。雖然我們將在5.6節詳細討論此主題，在此仍先扼要簡介其步驟。樑的變位形狀必須符合；(1) 支承所加諸於結構的束制，(2) 彎矩所產生的曲率，正彎矩使樑以凹面向上的方式彎曲，而負彎矩使樑彎曲之凹面向下。

表3.1所歸納為各種不同型式支承所提供的束制條件。舉例說明，在一個固定端支承處，樑的軸向遭受束制不會生旋轉與變位。在一個銷支承處，樑可自由旋轉但不可移動。例題5.6~5.8將說明如何以垂直尺度被放大(*exaggerated*)之方式來繪製變位形狀。

例題 5.6　　畫出圖 5.14 中簡支樑的剪力與彎矩曲線。

解答：

以分佈載重之合力計算反力

$$\circlearrowleft^+ \quad \Sigma M_A = 0$$
$$24(6) + 13.5(16) - 20R_B = 0$$
$$R_B = 18 \text{ kips}$$
$$\uparrow^+ \quad \Sigma F_y = 0$$
$$R_A + R_B - 24 - 13.5 = 0$$
$$R_A = 19.5 \text{ kips}$$

剪力曲線　　支承 A 右側之剪力等於反力 19.5 kips。由於反力向上，剪力為正值。支承右側之均佈載重向下作用，使得剪力呈線性降低趨勢。在均佈載重之盡頭—支承右方12英呎處—剪力變為

$$V_{@12} = 19.5 - (2)(12) = -4.5 \text{ kips}$$

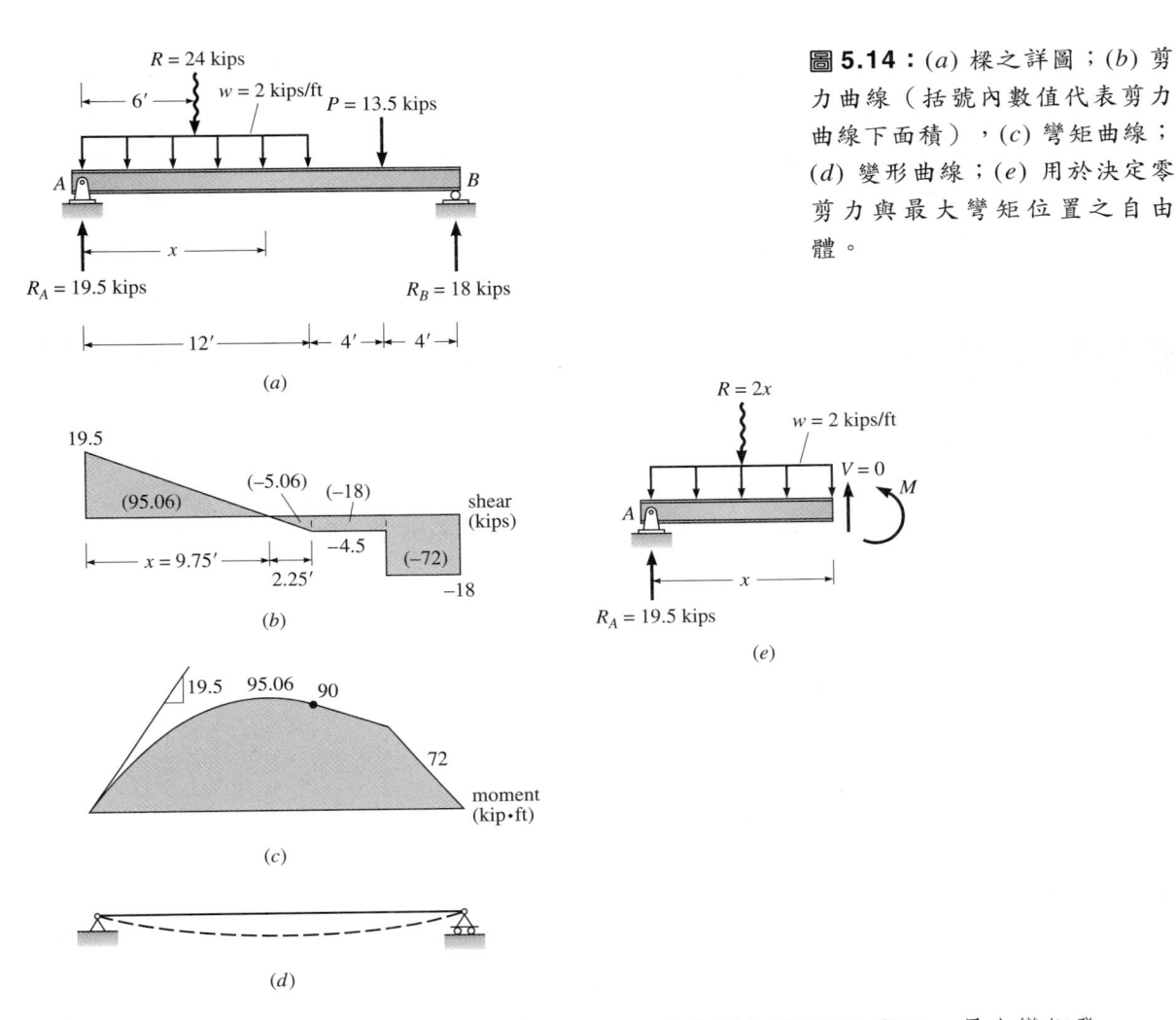

圖 5.14：(a) 樑之詳圖；(b) 剪力曲線（括號內數值代表剪力曲線下面積），(c) 彎矩曲線；(d) 變形曲線；(e) 用於決定零剪力與最大彎矩位置之自由體。

在 13.5-kip 集中載重位置上，剪力降至 −18 kips。剪力圖如圖 5.14b 所示。最大彎矩發生在剪力為零之位置，要計算此位置，我們考慮圖 5.14e 之自由體。

$$\stackrel{+}{\uparrow} \Sigma F_y = 0$$
$$0 = R_A - wx \quad \text{其中} \quad w = 2 \text{ kip/ft}$$
$$0 = 19.5 - 2x \quad \text{故} \quad x = 9.75 \text{ ft}$$

彎矩曲線 彎矩曲線上特定點之值，可由左端彎矩值加上介於選定點間彎矩之變化量而得。而彎矩變化量等於剪力曲線下，兩點間之曲線下面積。為了進行這項計算，將剪力曲線分為兩個三角型與兩個矩型面積。圖 5.14b 之括號內所示數值，便是該面積之值。因為樑的端點為銷支與滾支，端點之彎矩值等於零，因此，剪力曲線下之面積總和也必須為零。由於計算過程中四捨五入之緣故，有時我們會發現邊界條件之理論值和最後之加總數值之間，有些微之誤差存在。

在樑的左端，彎矩曲線之斜率會等於19.5 kips－即剪力曲線之值。因為剪力為正，斜率為正。隨著遠離A點，剪力遞減，因此彎矩曲線之斜率亦減小，在剪力為零之位置上，我們可得最大彎矩為95.06 kip·ft。在此點之右側開始，剪力為負值，因此彎矩曲線斜率方向向右下方。完整之彎矩曲線如圖5.14c所示。由於整個跨長之彎矩值皆為正，此樑之彎曲為凹面向上，如圖5.14d之虛線所示。

例題 5.7

畫出圖5.15a所示均佈載重樑之剪力與彎矩曲線，並繪出變形圖。

解答：

取支承C彎矩和來計算R_B，分佈載重由其合力 144 kips 表示。

$$\circlearrowleft^+ \ \Sigma M_C = 0$$
$$18R_B - 144(12) = 0 \quad R_B = 96 \text{ kips}$$

計算R_C

$$\uparrow^+ \ \Sigma F_y = 0$$
$$96 - 144 + R_C = 0 \quad R_C = 48 \text{ kips}$$

確認平衡狀態；檢核

$$\circlearrowleft^+ \ \Sigma M_B = 0$$
$$144(6) - 48(18) = 0 \quad \text{OK}$$

我們由樑之左端開始建立剪力與彎矩值。因此，我們考慮在支承A右方之微量元素（如圖5.15b），將剪力與彎矩以均佈載重w以及長度dx表示，當dx趨近零時，我們可觀察到剪力與彎矩皆為零。

剪力曲線 因為樑在全跨內之載重為定值且向下，（式5.8）說明剪力曲線會是各點斜率皆為 −6 (kip/ft) 之一條直線（如圖5.15c）。由A點之 V = 0 開始，我們可計算出支承B左側之剪力等於A與B點間載重曲線面積（式5.7a）

$$V_B = V_A + \Delta V_{A-B} = 0 + (-6 \text{ kips/ft})(6 \text{ ft}) = -36 \text{ kips}$$

在支承B左右兩側之剪力改變量，會由B點向上作用之反力造成一個96-kip之正值改變量；因此，支承B右側之剪力為 +60 kips。在B與C點間之剪力改變量等於（載重曲線下面積 (−6 kips/ft) (18 ft) = −108 kips）。因此，剪力由B點之 60 kips 線性遞減成C點之 −48 kips。

5.4 剪力與彎矩曲線　5-23

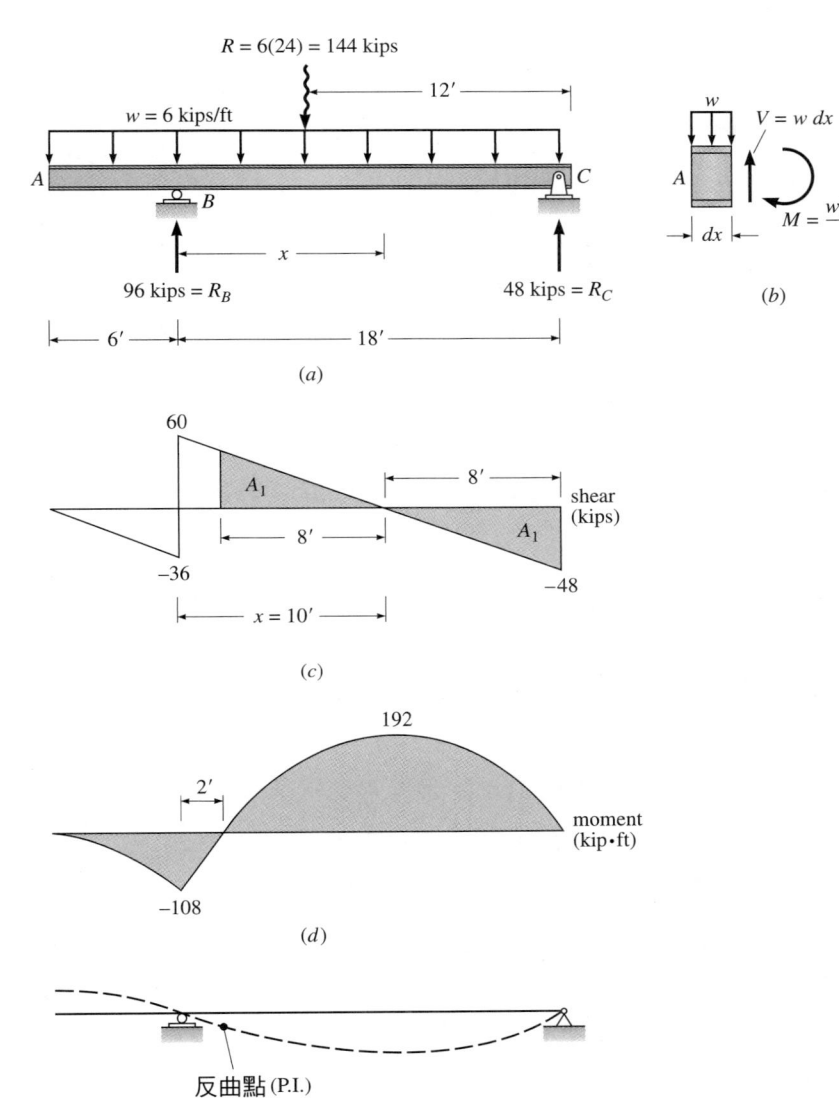

圖 5.15：(a) 均佈載重之樑；(b) 用來確立樑左端 V 與 M 皆為零之微量元素；(c) 剪力曲線；(d) 彎矩曲線；(e) 樑大致之變形圖。

假設零剪力發生在 B 點右側之 x 距離上。為求得 x，我們將 B 點與 x 位置間之載重曲線面積 wx，設定相等於 B 點剪力 60 kip（如圖 5.15a）。

$$60 - wx = 0$$
$$60 - 6x = 0 \qquad x = 10 \text{ ft}$$

彎矩曲線　要草繪出彎矩曲線，我們利用（式 5.10a）求得最大彎矩之位置；也就是說，兩點間彎矩改變量等於此兩點間剪力曲線下方面積。因此，我們必須計算剪力曲線下依序出現之正與負面積值，並以（式 5.11）建立最大彎矩點之間正確的曲線斜率。

$$M_B = M_A + \Delta M_{A-B} = 0 + \frac{1}{2}(6)(-36) = -108 \text{ kip·ft}$$

計算 B 與 C 點間之最大正彎矩。最大彎矩發生在支承 B 右側 10 英呎 $V = 0$ 之位置。

$$M_{\max} = M_B + V \text{ 曲線下介於 } x = 0 \text{ 與 } x = 10 \text{ 之間的面積}$$
$$= -108 + \frac{1}{2}(60)(10) = +192 \text{ kip·ft}$$

由於彎矩曲線斜率等於剪力值,在 A 點之彎矩曲線斜率為零。在 A 點右側彎矩曲線逐漸變陡,因為剪力曲線之大小增加。由於 A 與 B 點間剪力為負值,斜率為負(也就是向右下方),因此,為了與剪力值相符,A 與 B 點間之彎矩曲線必須呈現凹面向下。

因為支承 B 右側之剪力值為正,彎矩曲線斜率也反向變為正值(向右上方)。在支承 B 與最大正彎矩之間,彎矩曲線斜率由 60 kip/ft 逐漸遞減至零,且彎矩曲線呈凹面向下。最大彎矩之右側開始,剪力變為負值,因此,彎矩曲線斜率又再次反向朝向支承 C 逐漸變陡且呈負值。

反曲點 反曲點(point of inflection(P.I))位於彎矩為零之位置。該點之曲率由凹面向上轉為凹面向下。我們以剪力曲線下面積來求得反曲點之位置。由於支承 C 與最大彎矩點間,剪力圖之三角形面積 A_1 等於 192 kip·ft(負值),我們必須尋求由最大彎矩點向左延伸至某位置時,會使得該區間內剪力曲線下面積可抵消掉 A_1 面積所代表的彎矩改變量。由圖 5.15c 可知由最大彎矩點向左 8 英呎位置剛好使彎矩值歸零。因此,反曲點之位置在支承 C 左側 16 英呎或支承 B 右側 2 英呎之位置。

繪變形圖 圖 5.15e 為樑大致的變形曲線示意圖。在左側彎矩為負值的區域,樑被彎曲成凹面向下,在右側正彎矩值區域,樑被彎曲成凹面向上。雖然,我們可輕易求得樑軸上任意位置之曲率,但某些點之變形位置仍需加以假設。比方說,我們假設左端 A 點變位至原先未變形位置之上方。但事實上,如果樑相當柔軟,A 點也可能變位至原先位置下方。A 點之真實變形位置必須以實際參數值之計算求得。

例題 5.8 畫出圖 5.16a 所示樑之剪力與彎矩曲線,並繪出變形圖。

解答:

首先我們用桿 BCD 之自由體,計算支承 C 之反力。對 B 點之鉸接點取外力之彎矩和(分佈載重之合力以波浪型箭號表示)

$$\circlearrowleft^+ \quad \Sigma M_B = 0$$
$$0 = 54(7) + 27(12) - R_C(10)$$
$$R_C = 70.2 \text{ kips}$$

5.4 剪力與彎矩曲線　5-25

R_C 成為已知後，剩下之反力以結構體之自由體平衡便可求得。雖然包含一個鉸接點，此結構仍有足夠束制成為穩定結構。剪力與彎矩曲線畫於圖 5.16b 與 c 中。我們可確認鉸接處之彎矩是否為零，來做為檢查計算是否正確的一個步驟。彎矩圖內之短弧線代表對應於正負彎矩的曲率彎曲方向。

要決定反曲點位於支承 C 左方的什麼位置上？我們要讓最大彎矩點與彎矩零點間之三角形剪力曲線面積，等於彎矩改變量 49.68 kip·ft。在圖 5.16b 中三角形之底長為 x 高為 y，利用相似三角形關係，我們將 y 表示為

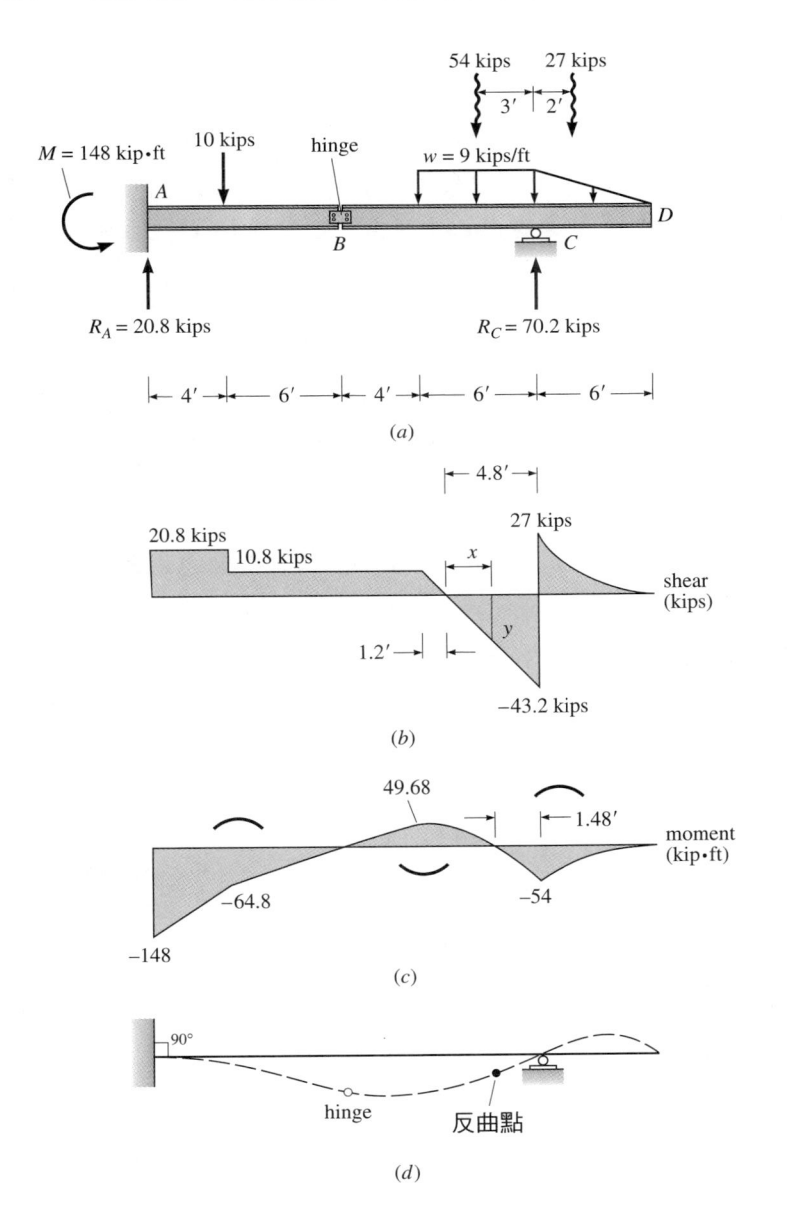

圖 **5.16**：(a) 樑（反力已知），(b) 剪力曲線，(c) 彎矩曲線，(d) 變形曲線。

$$\frac{x}{y} = \frac{4.8}{43.2}$$

$$y = \frac{43.2x}{4.8}$$

剪力曲線下面積 $= \Delta M = 49.68$ kip·ft

$$\left(\frac{1}{2}x\right)\left(\frac{43.2x}{4.8}\right) = 49.68 \text{ kip·ft}$$

$$x = 3.32 \text{ ft}$$

因此，反曲點至支承 C 之距離為

$$4.8 - 3.32 = 1.48 \text{ ft}$$

  變形圖如圖 5.16d 所示。由於 A 點固定端防止旋轉，樑軸在支承 A 為水平方向（亦即與支承垂直面成 $90°$）。因為 A 與 B 點間彎矩為負值，樑以凹面向下方式彎曲且鉸接點向下位移。由於在接近支承 C 左側處，彎矩由正值轉為負值，桿 BCD 之曲率會逆轉一次。雖然桿 BCD 之初步形狀已和彎矩曲線一致，樑之端點 D 的確實位置必須計算後才能得知。

例題 5.9　畫出圖 5.17a 所示傾斜樑之剪力與彎矩圖。

解答：

我們首先以靜力方程式計算反力。由於剪力與彎矩只由垂直於構件縱軸之載重產生，我們將所有力量分解為平行與垂直於縱軸的分量（如圖 5.17b）。縱軸分量造成下半桿的軸壓力與上半桿的軸張力（如圖 5.17e），水平分量所引起之剪力與彎矩曲線則如圖 5.17c 與 d 所示。

圖 5.17： (a) 傾斜樑；(b) 力量與反力皆分解成水平與垂直於縱軸之分量；

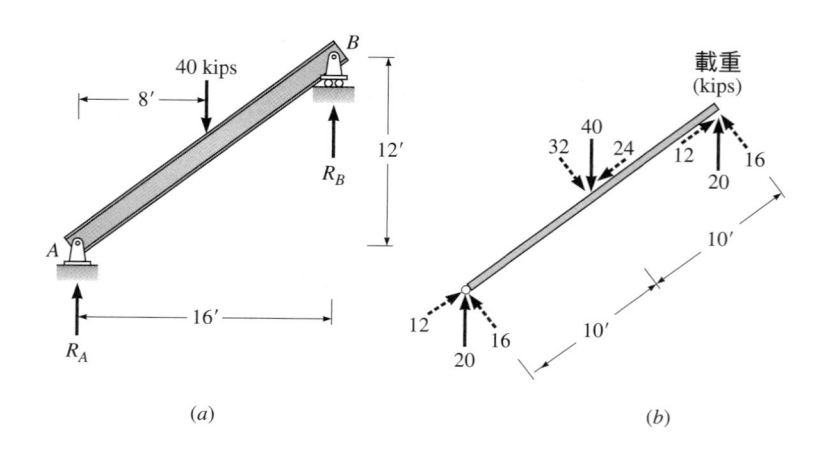

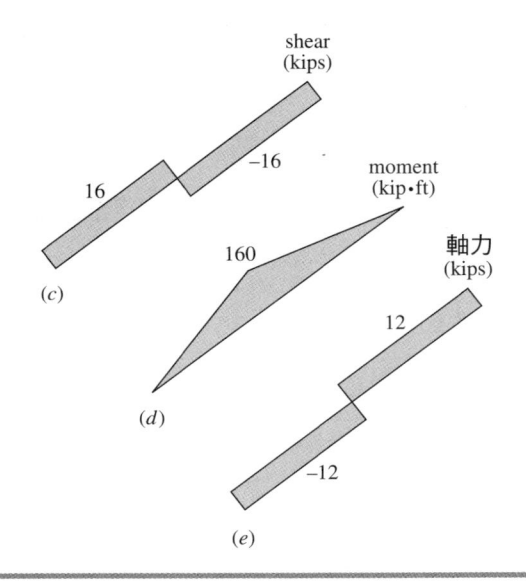

圖 **5.17**：(c) 剪力曲線，(d) 彎矩曲線，(e) 軸力之變化－張力為正，壓力為負。

畫出圖 5.18a 所示 ABC 樑的剪力與彎矩曲線，並繪出變形圖。垂直構材以剛性接點連接至樑 C 點之彈性支承墊－相當於一滾支承。

例題 5.10

解答：

計算 C 點之反力；對 A 點取圖 5.18a 所有力之彎矩和

$$\circlearrowright^+ \quad \Sigma M_A = 0$$
$$0 = 5(8) - 15(4) + 30(6) - 20R_C$$
$$R_C = 8 \text{ kips}$$
$$\uparrow^+ \quad \Sigma F_y = 0 = 8 - 5 + R_{AY}$$
$$R_{AY} = -3 \text{ kips}$$
$$\rightarrow^+ \quad \Sigma F_x = 0$$
$$30 - 15 - R_{AX} = 0$$
$$R_{AX} = 15 \text{ kips}$$

圖 5.18 所示為樑與垂直桿之自由體圖。垂直構材底部之力量代表樑對它之作用力，而垂直桿亦對樑施加反作用力。接著，我們繪製剪力與彎矩曲線。因為一個斷面的剪力等於斷面兩側垂直力的和，集中彎矩與軸向載重不會引起剪力之變化。

由於左端為銷支承，端點彎矩為零。A 與 B 點之彎矩改變量等於剪力曲線下面積 -24 kip·ft，在 B 點之逆時針集中彎矩造成彎矩曲線在此驟降至 -84 kip·ft。集中彎矩所造成斷面右側彎矩改變量的作用，如圖 5.13b 之說明。由於 B 點彎矩與圖 5.13b 所示

圖 5.18：(a) 樑之詳圖；(b) 樑與垂直桿之自由體，(c) 剪力曲線；(d) 彎矩曲線，(e) 尺度效應放大之變形圖。

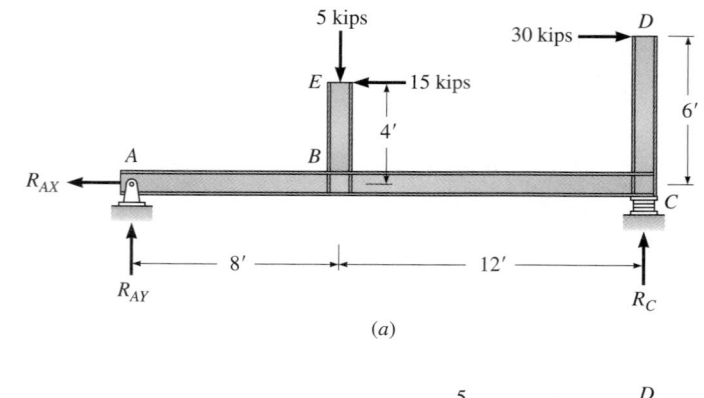

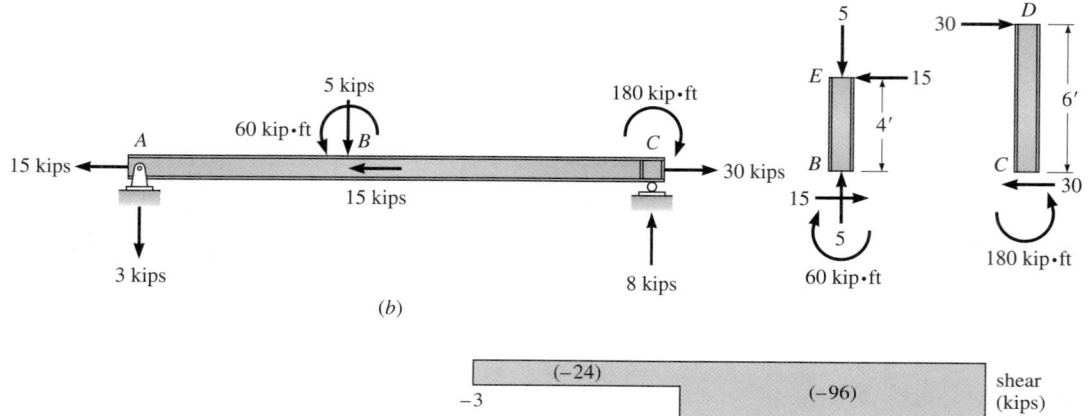

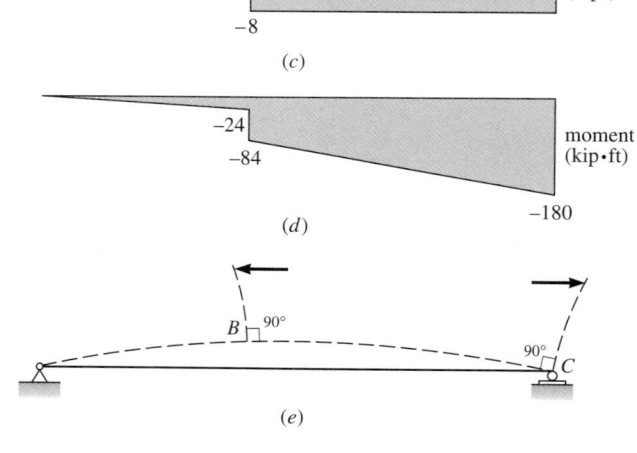

彎矩反向，其所造成為一個負值改變量。在 B 與 C 點間之彎矩改變量再次等於其剪力曲線下之面積。樑端 C 點之彎矩必須與施加於桿 CD 之 180 kip·ft 彎矩抵消。

由於樑全長之彎矩為負值，樑之彎曲為凹面向下，如圖 5.18e 所示。樑之軸從頭至尾保持為平滑曲線。

例題 5.11

畫出圖 5.19 所示連續樑之剪力與彎矩曲線以及變形圖。支承反力為已知。

解答：

由於樑為二度靜不定，反力必須先由第 11 至 13 章所涵蓋之靜不定分析方法之一加以決定。一旦反力求得，畫剪力與彎矩曲線之步驟與例題 5.6 至 5.10 所用方式完全相同。圖 5.19d 所示為結構變形圖，反曲點以小黑點標示。

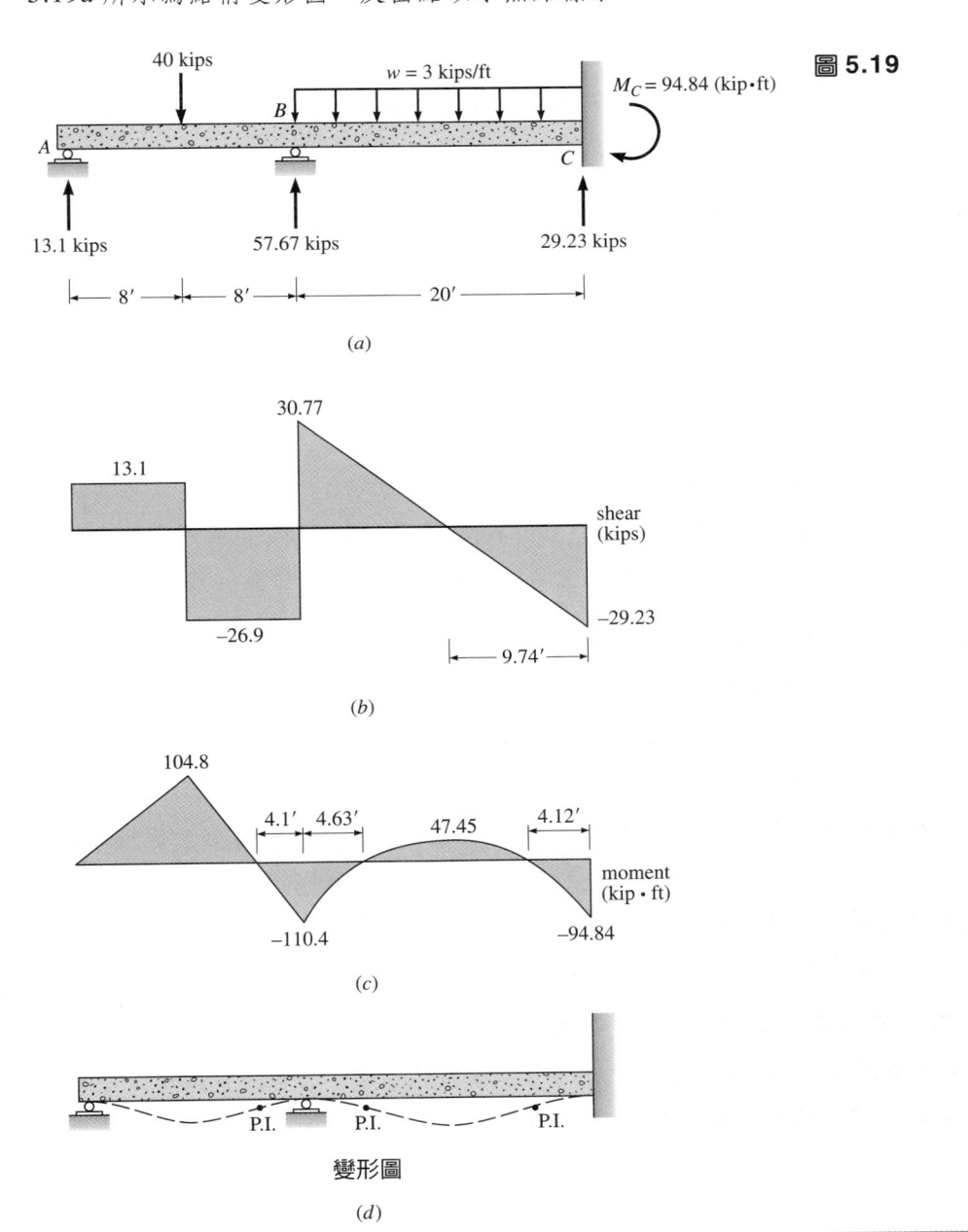

圖 5.19

(a) 樑受力圖：40 kips 集中力於 B 點左側，$w = 3$ kips/ft 均佈載重於 B 至 C 段，$M_C = 94.84$ (kip·ft)；支承反力 A = 13.1 kips，B = 57.67 kips，C = 29.23 kips；跨距 8′、8′、20′。

(b) 剪力圖 (kips)：13.1、−26.9、30.77、−29.23；9.74′。

(c) 彎矩圖 (kip·ft)：104.8、−110.4、47.45、−94.84；4.1′、4.63′、4.12′。

(d) 變形圖，P.I. 為反曲點。

例題 5.12

畫出圖5.20a中構架，每一構件之剪力與彎矩曲線。同時繪出變形圖並標示作用於接點自由體之力量，將 B 點接合處視為一個鉸接點。

解答：

首先我們分析 B 點鉸接頭兩側之自由體來計算反力。要計算滾支（E 點）之垂直反力，我們對圖 5.20b 之 B 點取彎矩和。

$$\circlearrowleft^+ \quad \Sigma M_B = 0$$
$$0 = 38.7(20) - 30(9) - E_y(12)$$
$$E_y = 42 \text{ kips}$$

在 B 點鉸之力量分量可由 x 與 y 方向之力平衡求得

$$\rightarrow^+ \quad \Sigma F_x = 0$$
$$30 - B_x = 0 \quad B_x = 30 \text{ kips}$$
$$\uparrow^+ \quad \Sigma F_y = 0$$
$$-B_y + 42 - 38.7 = 0 \quad B_y = 3.3 \text{ kips}$$

B 點鉸之力量為已知後，圖 5.20c 之懸臂樑便可用靜力方程式分析。其結果如草繪圖之計算所示，由所有構件端點已知之各力量，我們便可將剪力與彎矩曲線畫出。這些曲線分別畫於各構材之一側，各彎矩曲線對應之曲率則以圖內之短弧線表示。

圖 5.20d 所示為接點 C 之自由體。我們可用靜力方程式（即 $\Sigma F_y = 0$、$\Sigma F_x = 0$、$\Sigma M = 0$）確認此接點的確處於平衡狀態。

圖 5.20e 所示為變形圖。由於 A 為固定支承，懸臂樑之軸在該點為水平。如果我們瞭解軸力與彎矩曲率不會造成桿件長度明顯之改變，則接點 C 顯然由桿 CE 與 ABC 限制住其水平及垂直位移，因為該兩桿件所連接之支承阻止了它們軸向的位移。但接點 C 仍可旋轉，如我們所見，D 點之集中載重使接點 C 產生順時針旋轉趨勢。反之，CE 構材上之均佈載重欲將 C 點反時針旋轉。由於構件 BCD 整段都呈凹面向下彎曲，順時針方向旋轉較強勢，故變形圖上 C 點之旋轉由其主導。

雖然桿 CE 之曲率與彎矩圖已經一致，滾支 E 點在水平方向之最終位置仍未確定。既使我們在圖中讓滾支位移至原來位置之左側，如果柱很柔軟，其最終位置也有可能落在右側。計算位移的方法將在第 9 與 10 章介紹。

5.4 剪力與彎矩曲線

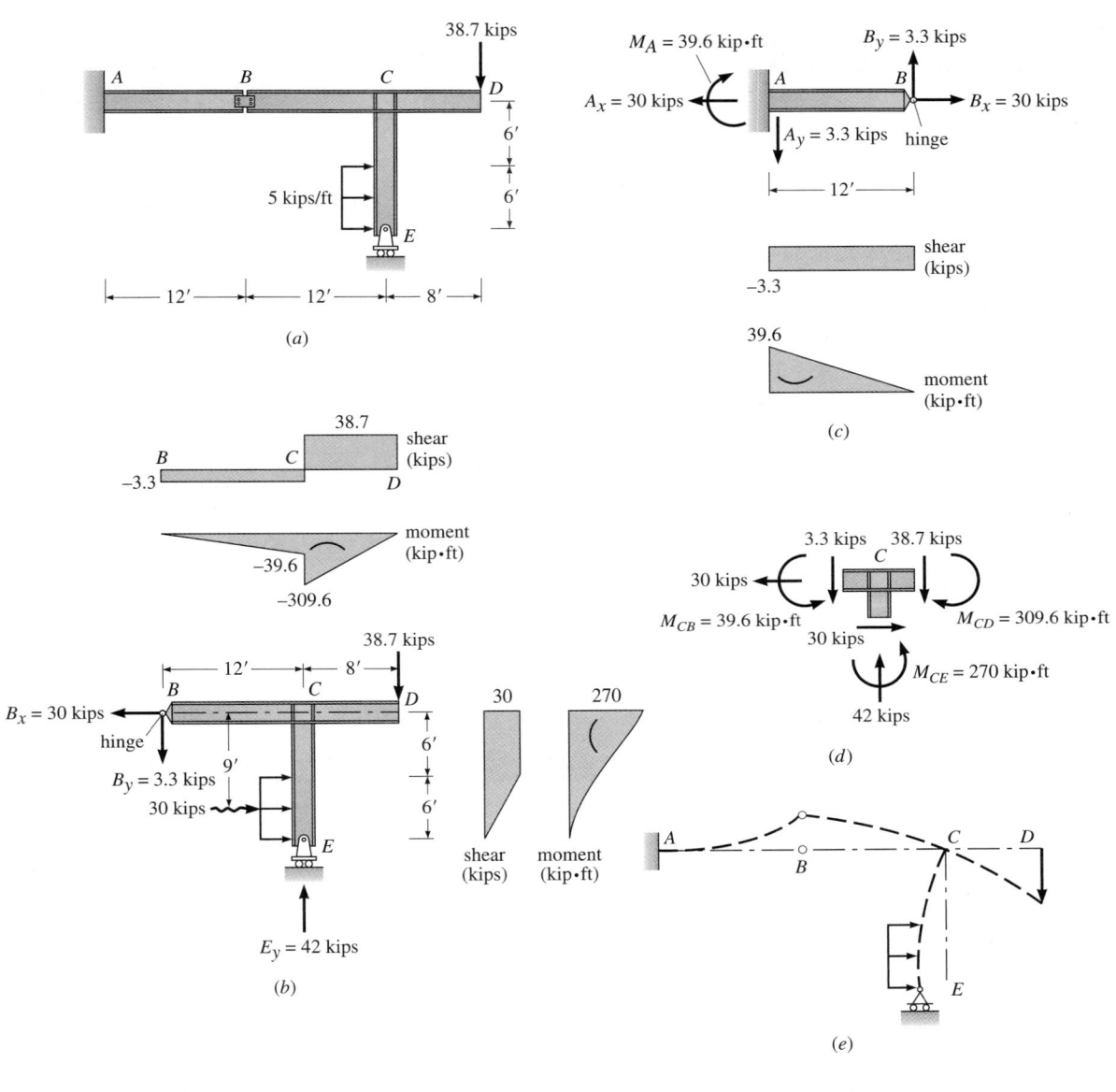

圖 5.20：(a) 靜定構架，(b) BCDE 構架之剪力與彎矩曲線，(c) 懸臂 AB 之剪力與彎矩曲線，(d) 接點 C 之自由體，(e) 構架變形圖。

例題 5.13

分析圖 5.21 所示承載樓板系統的樑。枕樑 FE 與 EDC 支撐樓板，並由下方大樑 AB 所承載。畫出大樑之剪力與彎矩曲線。

解答：

由於兩根枕樑 FE 與 EDC 為靜定，它們的反力可由圖 5.21b 所示自由體之靜力方程式求得。算出枕樑之反力後，將之反方向作用在圖 5.21c 所示大樑之自由體上。我們將 E 點之反力相加成，並獲得作用在大樑上之淨力為一個向上之 10 kips 載重。最後，算出大樑的反力後，我們藉此畫出剪力與彎矩圖（如圖 5.21d 與 e）。

圖 5.21

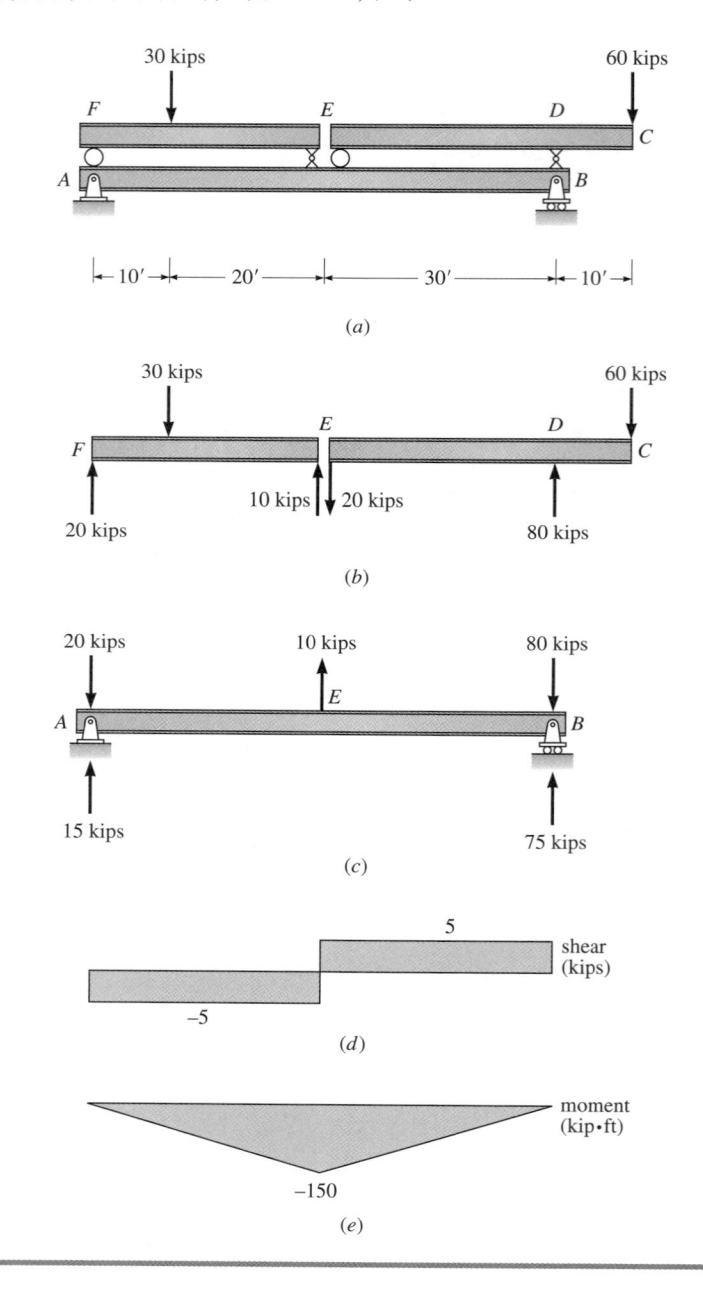

5.5 疊加原理
Principle of Superposition

本書中所介紹的許多解析技巧都是架構在疊加原理上的。其意義陳述如下；

> 如果一個結構之力學行為是線性彈性，則在某一特定位置上，由一組同時作用的載重所造成的力量與位移，可由每一個單一載重在此位置上個別所造成之力量與位移加成（疊加）而得到。換句話說，一個線性彈性結構受所有載重同時作用之反應，與合併每一個單一載重所造成反應的效果是相同的。

疊加原理可以圖5.22所考慮之懸臂樑的力量與變位加以說明。圖5.22a所示為力P_1與P_2所造成的反力與變形。圖5.22b與c則為此兩力單獨作用，分別所產生的反力與變形。疊加原理說明圖5.22b與c中任一點上之反力或內力或位移之代數和，相等於圖5.22a中對應位置之反力、內力或位移值。換句話說，下列表示成立：

$$R_A = R_{A1} + R_{A2}$$
$$M_A = M_{A1} + M_{A2}$$
$$\Delta_C = \Delta_{C1} + \Delta_{C2}$$

疊加原理並不適用於受軸力之樑柱構材，也不適用於受載後會產生大變形量之結構。舉例說明，圖5.23a所示受軸力P之一根懸臂柱。軸向載重P僅於柱內產生正向應力，而沒有造成任何彎矩。圖5.23b所示為同一根柱受到一水平力H。水平載重會同時造成剪力與彎矩。

在圖5.23c中，柱同時受到圖5.23a與b中的兩種載重。如果我們對A點取彎矩和，來評估變形位置下柱底部的彎矩值（柱頂受水平位移Δ），則底部之彎矩可表示為

$$M' = HL + P\Delta$$

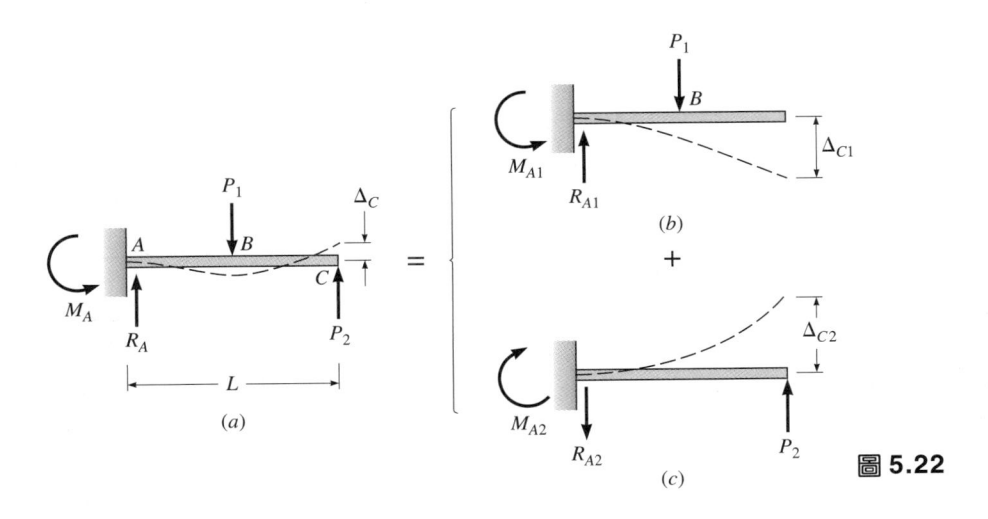

圖 5.22

圖 5.23：疊加不適用之案例一；(a) 軸力只產生壓應力，(b) 側力產生彎矩，(c) 軸力產生 $P\Delta$ 彎矩。

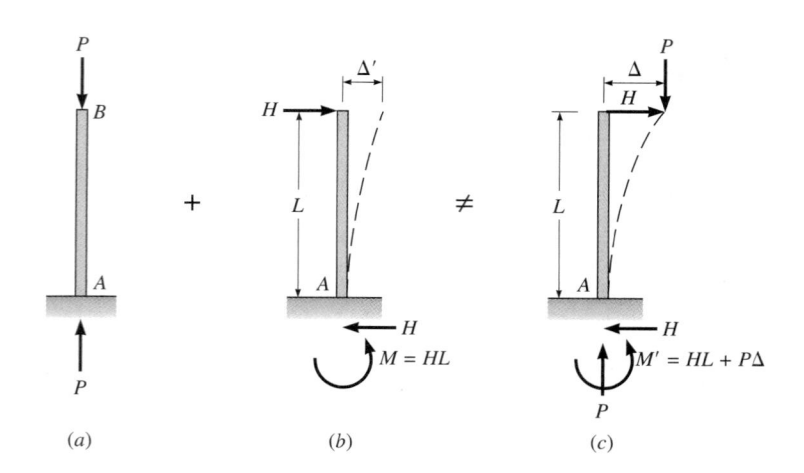

第一項為側向載重 H 所造成之主要彎矩。第二項稱為 $P\Delta$ 彎矩，由軸向載重 P 的偏心所造成。柱底之總彎矩和顯然超過 (a) 與 (b) 兩個情形下之彎矩和。由於側向載重造成柱頂的側位移，使得沿柱長的各個斷面皆產生了額外的彎矩；因此，圖5.23c中之柱的撓曲變形將較圖5.23b中之柱來得大。因為軸力的存在增加了柱的變位，我們可知軸向載重具有降低柱撓曲勁度的效果。如果柱的撓曲勁度大且 Δ 小或 P 小，則 $P\Delta$ 彎矩將很小，在大部分實際情形下皆可予以忽略不計。

圖 5.24 所示為疊加原理無效的第二個案例。在圖5.24a 中，一柔性繩索在1/3跨位置上支承兩個大小為 P 之載重。載重使繩產生對稱的變形。繩在 B 點的下垂量為 h。若載重分開施加時，其變形如圖5.24b與c所示。雖然在(b)與(c)中反力之垂直分量總和會等於(a)中之垂直分量，但計算結果明確顯示水平分量 H_1 與 H_2 之和卻不等於 H。同時，在 B 點之垂直變位 h_1 與 h_2 之總和也遠大於(a)情形下之變位 h。

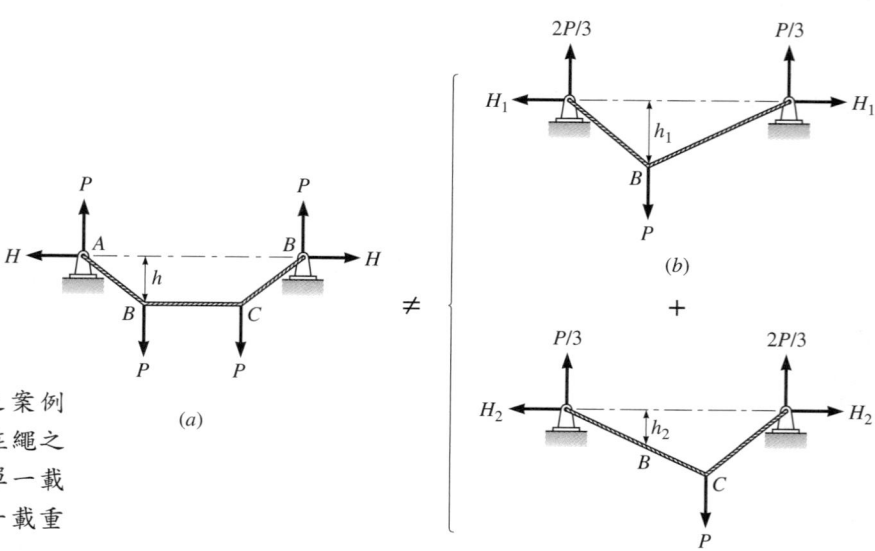

圖 5.24：疊加不適用之案例二；(a) 兩個相等力作用在繩之三分之一跨位置，(b) 僅單一載重在 B 點之繩，(c) 僅單一載重在 C 點之繩。

5.5　疊加原理　5-35

　　疊加原理提供我們在第11章以柔度法及第16章~第18章以矩陣法分析靜不定結構時之理論基礎。疊加之觀念也常於求取受數個載重之樑的彎矩曲線時，用來簡化計算。舉例說明，在彎矩面積法中（此法用於計算樑上任一點之傾角或變位），我們必須計算一個面積與此面積形心至一參考軸距離的乘積。如果樑承載了數個載重，彎矩圖之形狀勢必複雜。倘若並沒有簡易的方程式可用來運算彎矩圖下之面積或者面積形心之位置，則只能以積分一個複雜函數的方式來進行計算。為了避免這樣費時的運算方式，我們可針對每一個載重之作用對樑分別進行分析。藉由這樣的方式，我們可獲得數個簡單幾何形狀的彎矩曲線，這些曲線之面積與其形心可以標準方程式（見附錄表A.1）加以計算得知。例題 5.14 舉例說明使用疊加原理，建立同時受到均佈載重與端點彎矩之樑的反力以及彎矩曲線。

例題 **5.14**

a. 以疊加法計算圖5.25a中樑的反力與繪製彎矩圖。圖 (b) 至 (d) 為各單項載重所造成之反力及彎矩曲線。
b. 計算介於左支承與樑中點間彎矩圖的面積，針對支承 A 之面積一次矩。

解答：

a. 以疊加法求解時，我們使用**分部彎矩曲線**(*moment curves by parts*)，分別進行個別載重之樑分析（反力與彎矩圖如圖 5.25b 至 d 所示）。將這些個別分析之數值累加起來，便是所有載重同時作用（如圖 5.25a）時之結果。

$$R_A = 40 + 4 + (-8) = 36 \text{ kips}$$
$$R_B = 40 + (-4) + 8 = 44 \text{ kips}$$
$$M_A = 0 + (-80) + 0 = -80 \text{ kip·ft}$$
$$M_{\text{center}} = 200 + (-40) + (-80) = 80 \text{ kip·ft}$$

b. 面積一次矩 $= \sum_{1}^{n=3} A_n \cdot \bar{x}$

（參見表A.1之面積性質）

$$= \frac{2}{3}(10)(200)\left(\frac{5}{8} \times 10\right) + (-40 \times 10)(5)$$
$$+ \frac{1}{2}(-40)(10)\left(\frac{10}{3}\right) + \frac{1}{2}(10)(-80)\left[\frac{2}{3}(10)\right]$$
$$= 3000 \text{ kip·ft}^3$$

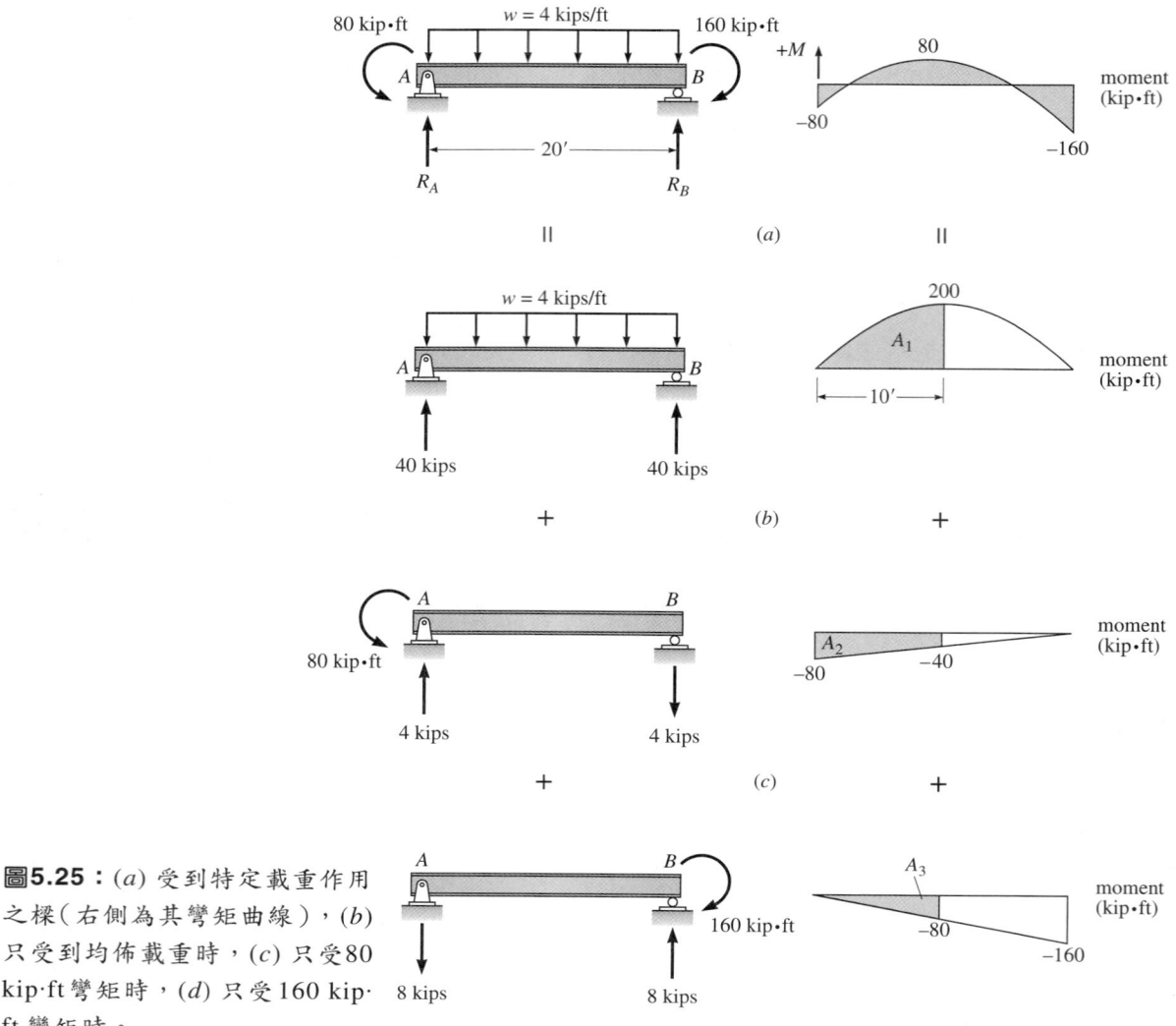

圖5.25：(a) 受到特定載重作用之樑（右側為其彎矩曲線），(b) 只受到均佈載重時，(c) 只受80 kip·ft 彎矩時，(d) 只受160 kip·ft 彎矩時。

5.6 繪製樑或構架的變位形狀
Sketching the Deflected Shape of a Beam or Frame

為了確保結構物可被正常使用——也就是說，它們的功能並不會因結構過度柔性所引起的大變形，或在工作載重下產生振動而受損——設計者必須要能計算出結構中所有重要位置之變位，並將之與建築規範所規定之容許值比較。而進行此過程的第一步中，設計者要能描繪出樑或構架正確的變形示意圖。設計細節良好的樑與構架，其變位與結構之尺寸相較時通常很小。舉例說明，許多建築規範限制簡支樑在活載重作用下之最大變位不得超過跨長的 1/360。因此，如果一根簡支樑跨長6公尺（20英呎或240英吋），則活載重在中跨所造成的最大變位不可超過 5/3 公分（$\frac{2}{3}$英吋）。

如果將一跨長 20 英呎的樑以一段 2 英吋的直線代表，我們等於將樑的尺寸沿軸向以 120 倍縮小（或者可稱做在軸向使用 $\frac{1}{120}$ 的比例縮小）。倘若我們將中跨的變位也以此比例表示出來，則 $\frac{2}{3}$ 英吋的位移畫出來只有 0.0055 英吋（0.014 公分）。這個尺寸大約只是一個句點的大小，用肉眼是不可能辨識的。因此，為了獲得變位形狀清楚的描敘，我們必須在垂直尺度上以大於縱軸度尺約 50~100 倍的比例來放大其變形效果。由於我們在繪製樑與構架的變形圖時，於水平及垂直方向上所用的尺度不同，設計者必須知道在這些草圖中所引入的失真效果，而這些效果是為了確保能正確呈現受載結構變形所必須套用的。

一個正確的變形示意圖必須滿足下列的規則；

1. 曲率必須與彎矩曲線相符。
2. 變形必須滿足邊界的束敷條件。
3. 剛性接合點原始的角度（通常為 90°）必須保持不變。
4. 構材變形後的長度與未受載前構材的長度相同。
5. 變形後樑或柱的水平或垂直投影仍與構材之原長相同。
6. 與撓曲變位相較下，軸向變位之大小無足輕重。

舉例說明，圖 5.26b 中之簡支樑在工作載重下的變形以虛線表示。由於變形量以肉眼幾乎無法辨識，這樣的草圖對設計者而言沒有用處。因設計者有興趣的是計算樑上一特定點的傾角或變位。為了能清楚表現出變位形狀，我們將誇大變形效果如圖 5.26b 中所示之放大變形圖。在圖 5.26b 中，繪製中跨變位 Δ 的尺度大約是表現樑長的軸向尺度的 75 倍。當我們以放大的尺度來表現受彎曲的構材時，變形構材的視覺長度會顯得比構材兩端點之弦長大得多。因此，沒有經驗的設計者可能會假設樑右端滾支承會向左移動一個距離 Δ。既然中跨的位移很小（如圖 5.26a），第 4 條規則適用。瞭解受載與未受載構材的長度間沒有明顯差異，我們可判定在 B 點滾支上的水平位移為零。因此，我們繪圖時仍將構材跨於支承 B 的原始位置上。

在下一個例子中，圖 5.27a 所示為一垂直懸臂柱的變形。作用在 B 點的水平力所造成的彎矩曲線如圖 5.27b 所示。彎矩圖內的短弧線代表彎矩所造成之構材曲率的變化趨勢。在圖 5.27c 中，懸臂柱之變形是以放大水平方向尺

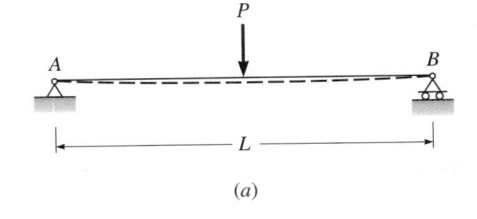

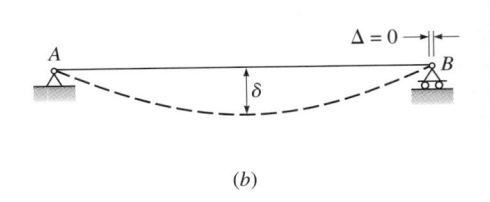

圖 5.26

圖5.27：(a) 虛線表示真實尺度下之變形，(b) 圖 (a) 懸臂桿之彎矩曲線，(c) 為求清楚示意將水平變位之尺度放大表示。

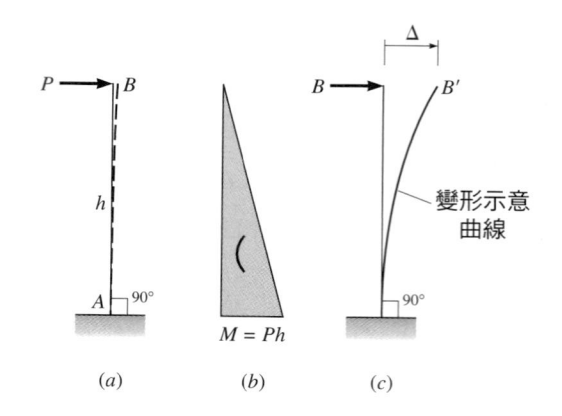

度的方式畫出的。由於柱底部連接至固定支承，變形曲線必須由支承處以90°角開始向上延伸。因為柱的垂直投影長度被假設仍等於原始長度（規則5），柱頂的垂直變位也等於零；也就是說，B點水平移動至B'點。同時為了與彎矩所造成的曲率一致，懸臂柱之頂點必須向右方側移。

在圖5.28中，我們以虛線表示一具有側撐構架之BD樑，在其中跨位置受單一集中載重作用下的變形曲線。在具有側撐的構架中，所有接合點會受到支承或連接至不可移動支承之構材的束制，而不能產生側向的位移。例如，接點B不可側移的原因是，因它被BD樑連接至D點的銷支承。我們可假設BD的長度不會改變，因為 (1) 軸向變位無足輕重，(2) 樑的彎曲未造成長度改變。繪製變形圖時，仍需將柱底與固定支承間保持垂直。彎矩所產生之曲率則顯示柱之較低區域會在外側表面產生壓應力，而在內側產生張應力。在彎矩降為零的位置—反曲點(P.I.)—曲率之方向逆轉。因此，柱之變形曲線迴轉朝向B點。施加的外力會將樑向下彎曲，造成B點順時鐘方向的旋轉，而D點為逆時鐘方向。由於接點B為剛性接合，樑與柱之夾角仍保持90°。

圖5.28：一側撐構架之變形圖，彎矩圖示於構材相對位置之上方與左側。

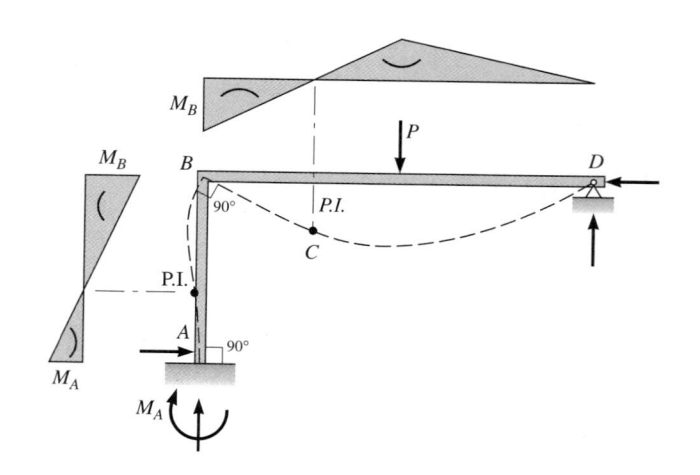

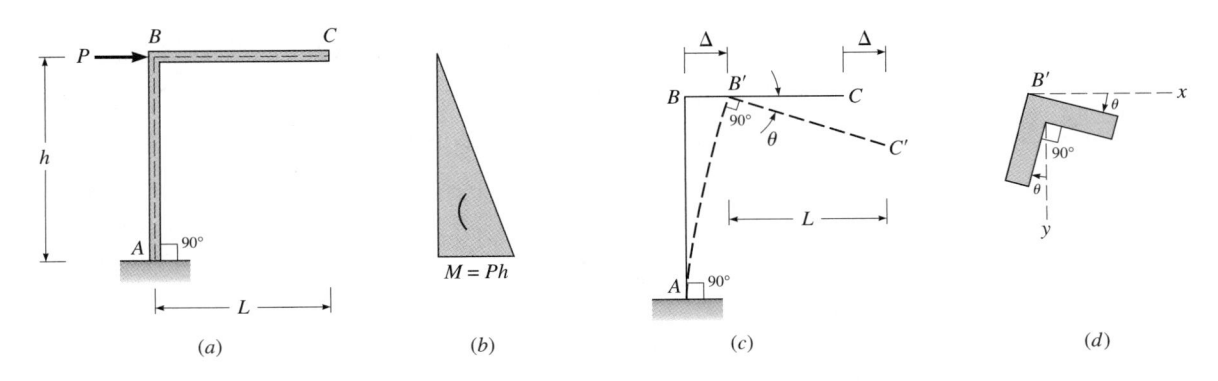

5.6 繪製樑或構架的變位形狀　5-39

(a)　(b)　(c)　(d)

圖5.29：(a) 虛線為變形之真實尺度，(b) 彎矩圖，(c) 使用放大尺度所繪之變形圖，(d) 接點 B 之旋轉。

　　在圖5.29a中，我們說明一個L型的懸臂在其柱頂點 B 處受到水平向載重的情形。作用於 B 點的水平力所產生的彎矩（如圖5.29b），將柱向右側彎曲。由於 BC 樑上並沒有彎矩產生，樑保持直線。圖5.29c所示為放大效果的變形曲線。固定端 A 點的傾角 (90°) 與變位（零）為已知，我們由此處畫起。因為 B 點的旋轉角實際上很小，我們可假設 BC 樑的水平投影仍等於樑原長。注意 B 與 C 兩點皆向右側移動相同之位移 Δ。如同在圖 5.27 中柱的情況一般，柱頂 B 點被假設僅具水平位移。另一方面，C 點除了與 B 點同樣向右移動 Δ 距離外，也由於 BC 桿旋轉 θ 角度而產生 C 點必須向下方移動 $\Delta_v = \theta L$。如圖 5.29d 所示，剛性接合點 B 順時鐘方向的旋轉角可任意由 x 軸或 y 軸量測得到。

　　圖 5.30a 所示，作用於構架 B 點之側向載重所產生之彎矩，會造成柱 AB 與樑 BC 之外側表面受壓。欲畫此構架的變形圖，我們由銷支的 A 點開始著手—因 A 點為變形構架上唯一最終位置為已知的點。我們可隨意由銷支之 A 點將變形曲線向上延伸。由於彎矩曲線顯示，柱要向左側彎曲，B 點將

圖 5.30：(a) 構架 ABC 之彎矩曲線，(b) 變形構架的最末位置，(c) 錯誤之變形曲線：B 點 90°未保持。

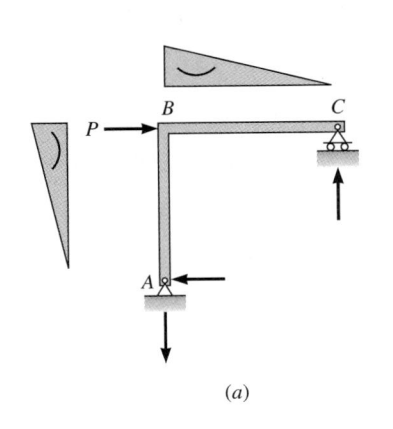

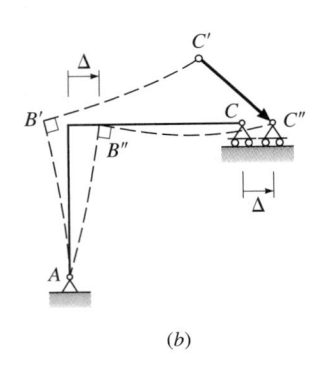

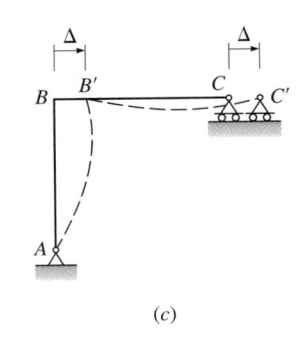

(a)　(b)　(c)

水平移動至 B' 點（如圖 5.30b）。因為 B 點為剛性接頭，我們在 B 點讓 BC 桿與柱頂垂直。又由於 BC 桿需向上彎曲，C 點將移動至 C' 位置。雖然此時構架的變形曲線，由各種細節來看已是正確外型，但 C 點的位置卻違反滾支承加諸於 C 點的邊界條件。既然 C 點被限制只能水平移動，它無法垂直移動至 C' 點。

為了建立構架變形後的正確位置，我們可想像整個構架以 A 點為支點進行剛體的順時鐘旋轉，直到 C 點落在滾支所在之高度（C'' 點）。將 C 點針對 A 點旋轉的路徑以 C' 點至 C'' 點之箭頭所示。當產生剛體旋轉時，B 點也應水平移動至右方的 B'' 點。

如圖 5.30c 所示為一不正確的變形繪圖。如果樑在 B 點為朝上之曲率，為了維持 B 點接合處 90° 之夾角，則 AB 桿在 B 點之傾角不能朝向左上方。由於 B 點可隨著柱彎曲時自由側向移動，此構架為一**無側撐構架**。

圖 5.31a 所示為受到對稱載重作用之無側撐構架，承載一集中載重於 BC 樑的中跨處。依據原來之尺寸位置，我們可知 A 點銷支承與 D 點滾支承位置上之反力皆為 $P/2$。由於支承處沒有產生水平反力，柱之彎矩為零（即僅傳遞軸向載重），且柱會保持筆直。樑 BC 之行為有如一根簡支樑會彎曲成凹面向上。如果我們假設構架沒有發生側移，則其變形會如圖中之虛線所示。由於 B 與 C 點之垂直夾角必須加以保持，柱底部端點將向外側水平移動至 A' 與 C' 位置。雖然變形之輪廓是正確的，但連接至銷支承的 A 點卻是不能移動的。因此，正確的構架變形位置是要將整個變形構架視為剛體向右推移一個位移量 Δ（如圖 5.31b）。在此圖中，B 與 C 點皆只有水平移動，且受載重的樑長度仍等於它原始未變形前之長度。

圖 5.32 所示為包含一鉸接 C 點的構架。既然 AB 桿的曲率及 A 與 B 點的最終位置為已知，我們由 AB 桿的變形開始畫起。由於 B 點是剛性接頭，其 90° 夾角必須保持，因此 BC 桿必須朝向右下方。又 C 點之鉸接點沒有提供任何旋轉束制，其兩側之構材會以不同的傾角在此點會合，其原因是兩側的彎矩曲線顯示出其間曲率的差異性。

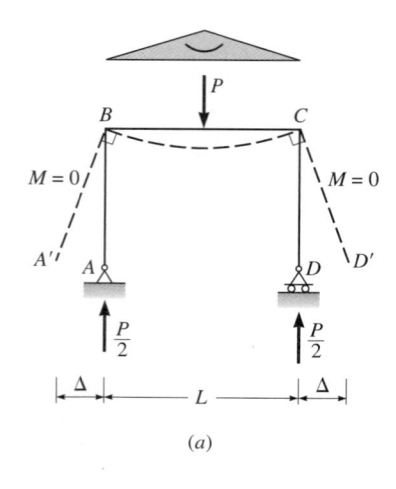

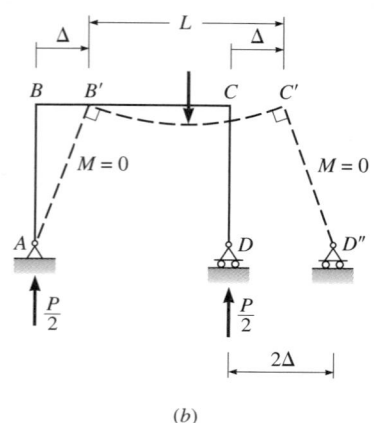

圖 5.31：(a) 載重造成之變形如虛線所示，(b) 滿足支承束制所需之位置。

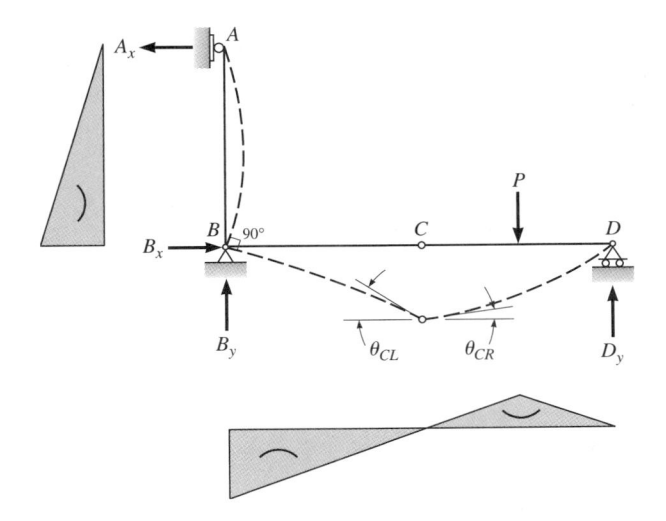

圖 **5.32**

5.7 靜不定度
Degree of Indeterminacy

先前於第 3 章對穩定性與不定性的討論中，所考慮的結構為可被視為一個單一剛體，或當做是鉸接或滾支等解除內在束制的裝置所組成在一起的數個剛體。現在我們將延續該討論至靜不定的構架─即由可傳遞剪力、軸力與彎矩的構材所組成之結構。我們在第 3 章所討論之基本方法仍舊適用。首先，考慮圖 5.33a 所示之矩形構架。這個由單一構材所建造的剛接構架，由在 A 點的銷支承與 B 點的滾支承所承載。從 C 與 E 接點懸臂延伸至 D 點的二根構件間存在微小的間隙。由於支承提供了 3 個束制反力，且既非平行也非共點力系統，我們可推斷此結構為穩定且靜定；也就是說，三個靜力方程式恰可用來計算三個支承反力。一旦反力為已知，在任一斷面的內力─剪力、軸力與彎矩─便可在切割斷面所得自由體的任一側，利用平衡方程式求得。

如果在兩根懸臂構件之端點嵌入一個鉸將兩者連接在一起（如圖 5.33b），則此結構便不再是靜定結構。雖然靜力方程式允許我們計算出任何載重作用下的反力，結構的內力卻無法被直接算出，因為我們不可能隔離出一個只具有 3 個未知數的自由體。舉例說明，假如我們想要以圖 5.33c 所示，由 1-1 斷面延伸至鉸接端 D 點的自由體，來計

照片 **5.2**：鋼筋混凝土剛性構架之雙肢塔身。此構架承載一座斜張橋。

照片 **5.3**：鋼板所組裝之剛性構架。

圖5.33：(a) 穩定，外部靜定構架；(b) 內部二度靜不定構架；(c) 圖 (b) 構架之左上角自由體；(d) 封閉區間代表內部三度靜不定；(e) 圖 (d) 構架之左上角自由體。

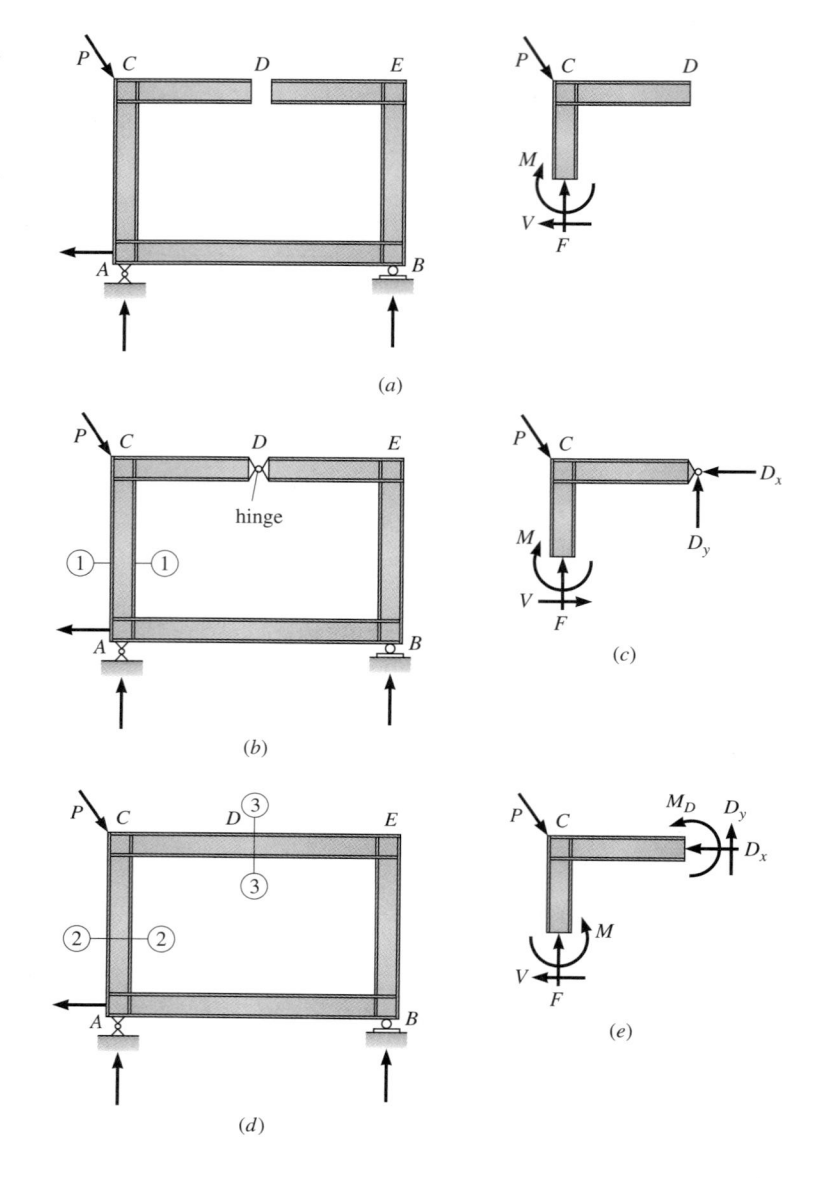

算圖 5.33b 中 AC 桿中點位置 1-1 斷面的內力。則共有 5 個內力需要計算— 3 個在 1-1 斷面以及 2 個在鉸接端。由於可用來求解的靜力方程式只有 3 個，我們斷定此結構為二度靜不定。我們也利用『將位於 D 點的鉸移除後，結構便被改變成如圖 5.33a 所示之靜定結構』的這項觀察，推演出相同的結論。換句話說，當我們以鉸將結構原本分離的兩端連接起來時，我們加諸於 D 點水平以及垂直方向各一個束制。這些束制提供替代的傳力路徑，使結構成為靜不定。舉例說明，如果我們施加一個外力在圖 5.33a 中靜定構架的 C 點，此載重會藉由 CA 桿傳遞至 A 點的銷支承與 B 點的滾支承。另一方面，相同的外力如果作用在圖 5.33b 之構架上，則有一定比例的力會經由鉸接點傳遞至右側之 DE 桿，再經由 EB 桿傳遞至在 B 點的銷支承。

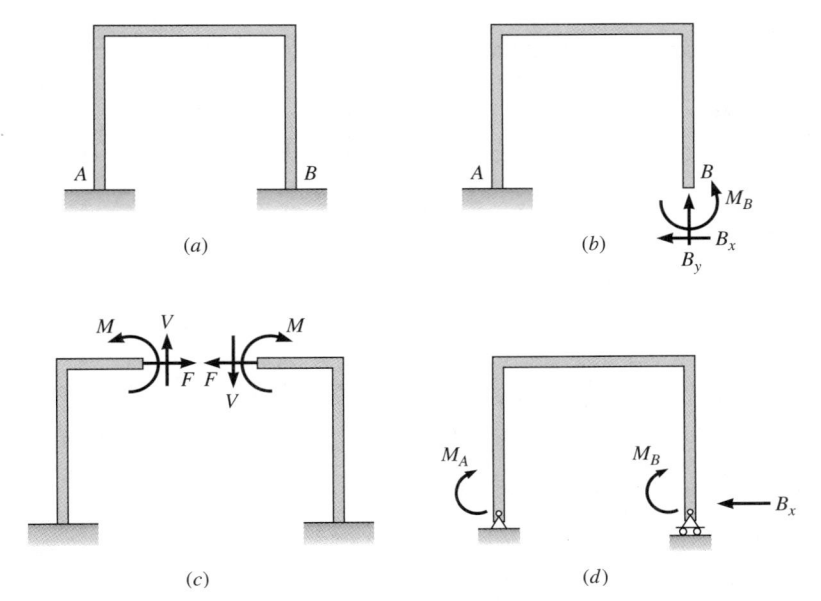

圖 5.34：以移除束制直到遺留下來母體結構為靜定穩定的方式計算靜不定度。(a) 固定端構架，(b) B 之固定支承移除，(c) 將樑切開之斷面內力，(d) 以滾支承及銷支承分別消除 B 點水平與彎矩以及 A 點彎矩之束制。

如果將 D 點兩側的構材焊接在一起形成一根連續桿材（如圖 5.33d），則此位置上的斷面除了傳遞剪力與軸力外，也具有傳遞彎矩的能力。在 D 點額外增加的撓曲束制，使得構架的靜不定度增為 3。如圖 5.33e 所示，一個任意選取的典型結構自由體，共產生 6 個未知的內力數。既然只有 3 個平衡方程式可用，此結構為三度內部靜不定。綜言之，一個封閉的區間代表三個內部靜不定度。建立具有多個封閉區間結構的靜不定度時（例如，一個焊接鋼建築構架），我們可藉由移除束制—內部或外部—直到形成一個穩定的母體(base)結構為止。靜不定度便等於所移除的束制數目。這個方法已在 3.7 節介紹過，請參考案例三。

為了說明如何利用移除剛性構架的束制，來決定靜不定度的方法，我們以圖 5.34a 之構架為例。當設計者在評估結構靜不定度時，對於移除那些束制，總是可以有許多種的選擇。例如，在圖 5.34b 中，可想像構架恰在固定支承 B 點的上方被切開。顯然這個動作共移除三個束制，但仍保留一個連接於固定支承 A 點的 U 型構架，因此我們可以判斷原來的構架為三度靜不定結構。另一個替代方法是將樑中跨切開，移除三個束制（M、V 及 F），留下兩個靜定穩定的 L 型結構（如圖 5.34c）。最後一個方式是利用移除在 A 點的彎矩束制（相當於以一個銷支承取代固定支承），以及在 B 點的彎矩與水平束制（即以滾支取代固定端），來形成一個穩定靜定母體結構（如圖 5.34d）。

在下一個例子中，我們將同時移除內部及外部束制來決定圖 5.35a 中構架的靜不定度。第一個可能的方法是（如圖 5.35b），將 C 點的銷支承完全移除以消去 2 個束制。而第三個外部束制（水平位移的束制）的解決，則是將 B 點的銷支承改為一個滾支承。如此一來，我們已移除足夠的結構束制，使它成為外部靜定。接著，如果我們將樑 EF

圖5.35：(a) 本圖研究之構架，(b) 移除束制成為母體構架（如圖上之號碼代表在該位置所移去之束制數目）。

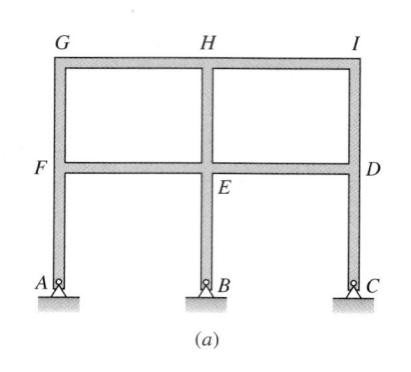

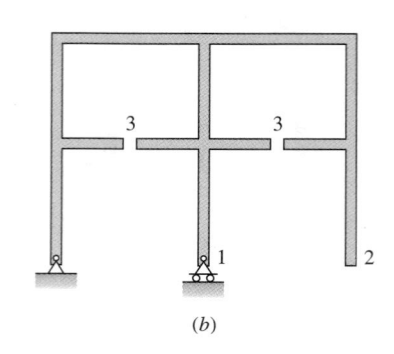

與 ED 切開，再移除 6 個內部束制，則所保留的已是一個穩定靜定結構，由於總共移除了 9 個束制，此結構為九度靜不定。圖5.36所示為數個輔助的案例。同學應利用上述的方法驗證這些結果，檢核自己對這個觀念了解的程度。

以圖 5.36f 中的構架而言，決定其靜不度的方法之一，是利用圖 5.35a 中已知之結果。首先，將 A、B 與 C 點三個銷支承換成固定支承後，修飾後的構架便與圖 5.36f 所示構架相似（除了前者不是內部鉸接點外）。修飾的動作使得靜不定度由 9 變為 12。接著，考慮在圖 5.36f 所存在的 8 個鉸，共可移除 8 個內部彎矩束制。因此，所探討之結構為具四度靜不定度的穩定結構。

總結
Summary

- 在討論樑與構架行為時，我們考慮這些構材主要是承載作用方向垂直於縱軸的力（或力分量）。這些力使構材彎曲並在垂直於縱軸的斷面上產生剪力與彎矩等內力。
- 計算斷面彎矩大小是利用作用於斷面任一側自由體上之彎矩和求得。力矩的大小是依據通過斷面形心的水平軸來計算。對一根水平構材而言，我們假設正彎矩使曲率凹面向上，而負彎矩造成曲率凹面向下。
- 剪力為作用方向平行於樑斷面之力的合力。計算剪力大小時，我們在斷面任何一側，將平行於斷面的力或力分量加成起來。
- 在本章我們說明了，寫出沿構材軸向所有斷面之剪力與彎矩方程式的程序。這些方程式在第 10 章將被應用於虛功法中，藉以計算樑與構架的變位。
- 我們也建立了求取剪力及彎矩圖所需具備，存在於載重、剪力與彎矩間的四個關係；
  1. 兩點間剪力的改變量 ΔV 等於兩點間載重曲線下方的面積。
  2. 剪力曲線在一特定點上之斜率等於該點載重曲線之值。

圖 5.36：剛性構架分級；(a) 穩定且靜定，3個反力，3個靜力方程式；(b) 連續拱，三度靜不定，6個反力，3個靜力方程式；(c) 一度靜不定，3個反力，1未知連桿力，3個靜力方程式；(d)（內部）六度靜不定；(e) 靜定，4個反力，3個靜力方程式，1個鉸接條件方程式；(f) 四度靜不定；(g) 六度靜不定。

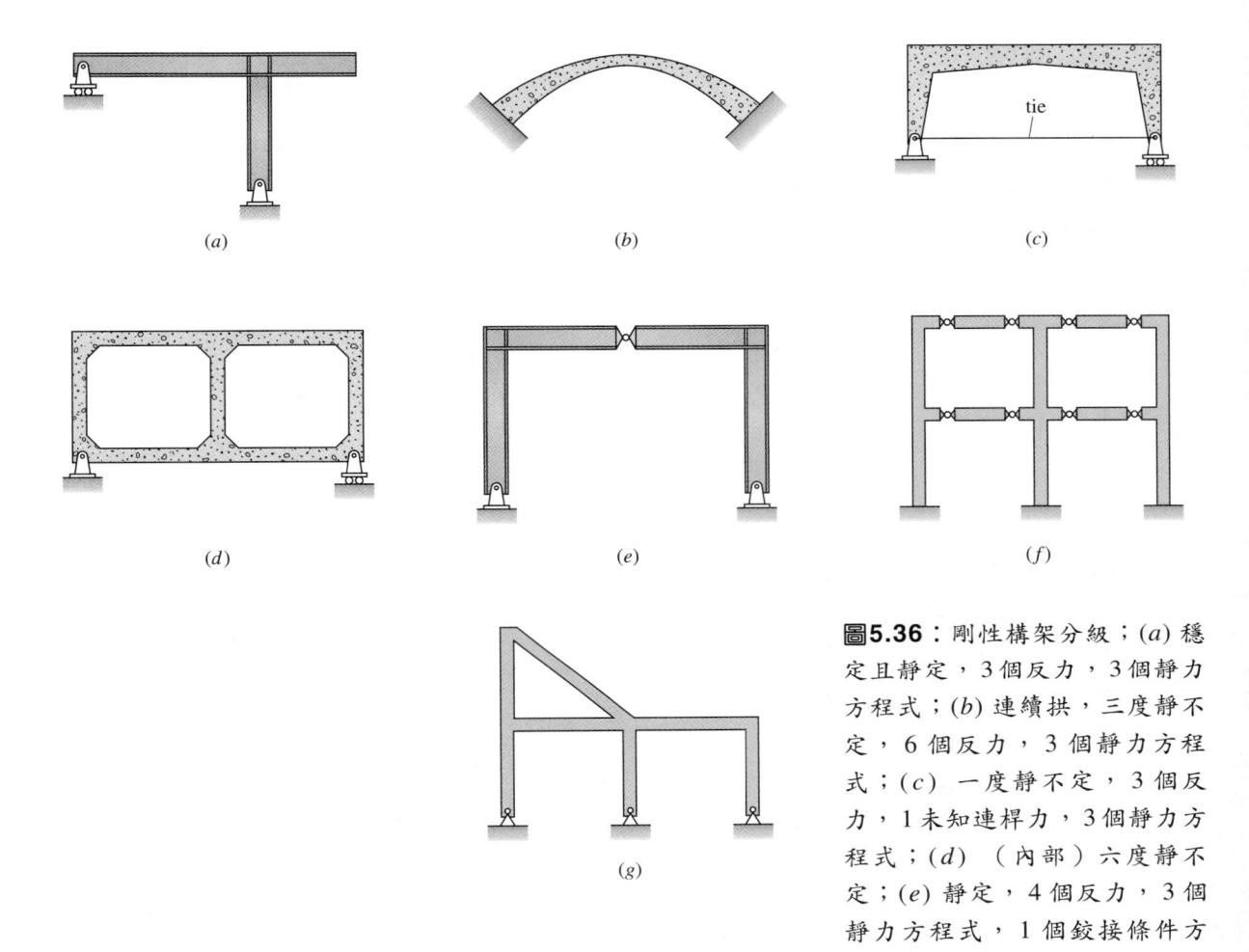

3. 兩點間彎矩的改變量 ΔM 等於兩點間剪力曲線下方的面積。
4. 彎矩曲線在一特定點上之斜率等於該點剪力曲線之值。

- 反曲點（曲率由正值變負值之處）發生在樑變形曲線上彎矩為零的位置上。
- 我們也學習了使用彎矩圖來提供繪製正確的樑與構架變形圖所需的資訊。在第9章所涵蓋的彎矩面積法中，設計者必須具備建立正確變形圖的能力。彎矩面積法用於計算樑或構架軸上特定點的傾角與變位。
- 最後，我們建立了決定樑或構架究竟為靜定或靜不定，以及靜不定度的程序。

習題

P5.1. 寫出 A 點至 B 點間之剪力與彎矩方程式，座標原點選擇為 A 點。將剪力與彎矩圖畫於一個樑示意圖的下方，以使各位置之內力大小可一目了然。

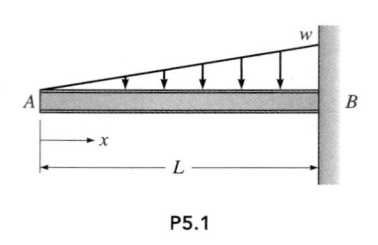

P5.2. 寫出 A 點至 B 點間之剪力與彎矩方程式，座標原點選擇為 A 點。將剪力與彎矩圖畫於一個樑示意圖的下方，以使各位置之內力大小可一目了然。

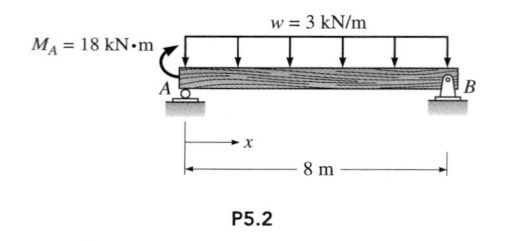

P5.3. 寫出 D 點至 E 點間之剪力與彎矩方程式，座標原點選擇為 D 點。

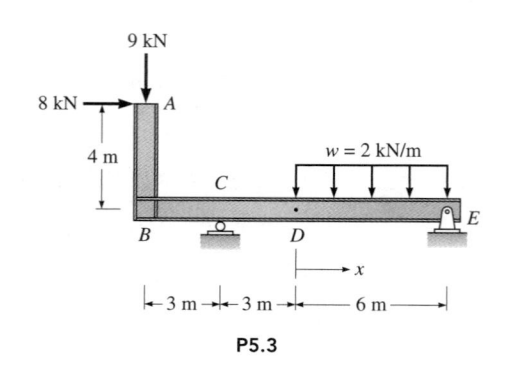

P5.4. 如圖 P5.4，以距原點距離 x 的形式，寫出沿著樑方向之剪力 V 與彎矩 M 的方程式。座標原點選擇為 A 點。

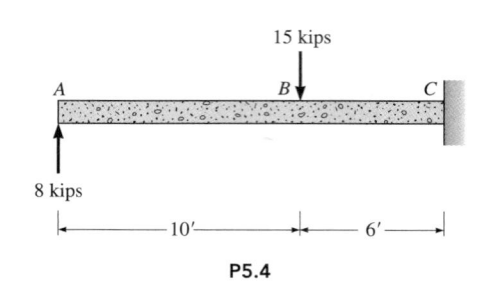

P5.5. 如圖 P5.5，以距原點距離 x 的形式，寫出沿著樑方向之彎矩方程式。(a) 座標原點選擇為 A 點。(b) 座標原點選擇為 B 點。

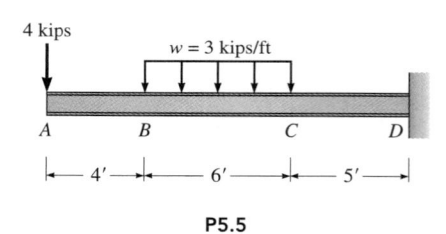

P5.6. 如圖 P5.6，寫出沿著樑方向之彎矩方程式，座標原點選擇為 A 點，然後選擇座標原點為 D 點重新計算，証明兩種方式可得到相同之 C 點彎矩值。

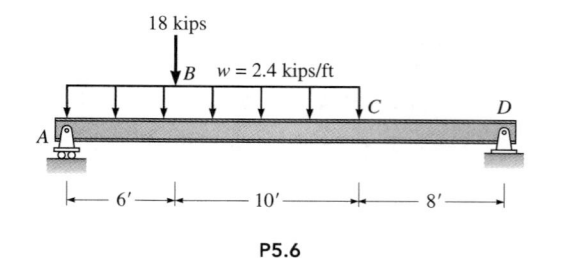

P5.7. 如圖 P5.7，寫出沿著樑 ABC 方向之彎矩方程式，AB 段選擇座標原點為 A，BC 段選擇座標原點為 B。

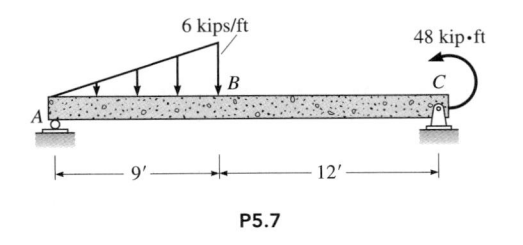

P5.8. 如圖 P5.8 剛接之構架，寫出 B 點至 C 點間之彎矩方程式。

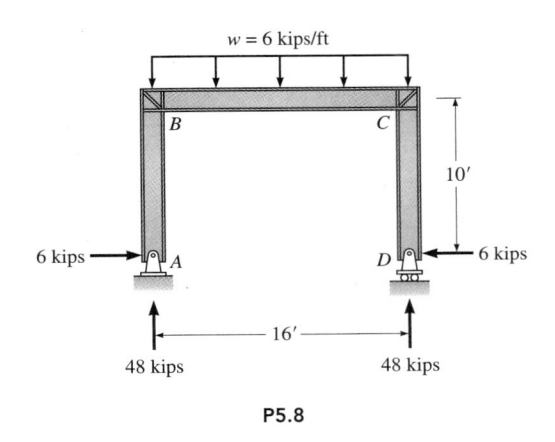

P5.9. 如圖 P5.9 所示之剛架，沿著構件 AB 與 BC 縱軸，寫出彎矩方程式，座標原點如圖所示。C 點為滾支承。

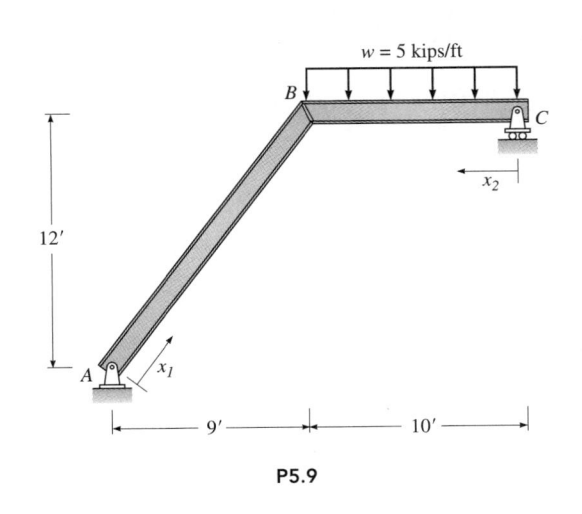

P5.10. 如圖 P5.10 所示之剛架，寫出 B 點至 C 點間之剪力與彎矩方程式。選擇座標原點為 C。

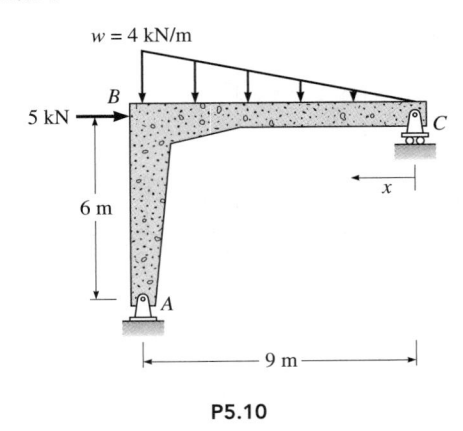

P5.11. 考慮如圖 P5.11 所示之樑，(a) 以 x 之函數形式寫出剪力與彎矩方程式，選擇座標原點為 A。(b) 標出最大彎矩斷面。(c) 計算 M_{max}。

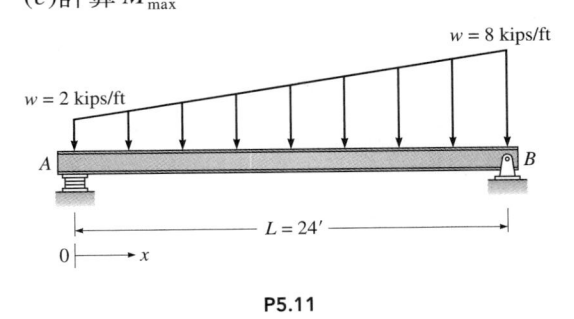

P5.12. 考慮如圖 P5.12 所示之樑；
(a) 選擇座標原點為 A，寫出剪力與彎矩方程式。
(b) 使用該方程式，計算斷面 A 之彎矩。
(c) 標示出 B 與 C 間剪力值為零之點。
(d) 計算 B 與 C 間之最大彎矩為何。
(e) 選擇座標原點為 C，寫出剪力與彎矩方程式。
(f) 計算斷面 A 之彎矩。

(g) 標示出最大彎矩斷面位置，並計算 M_{max}。

(h) 選擇座標原點為 B，寫出剪力與彎矩方程式。

(i) 計算斷面 A 之彎矩。

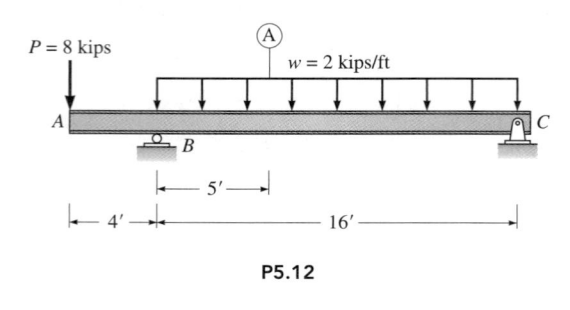

P5.13. 至 **P5.16.** 畫出剪力與彎矩圖形，並標示出最大剪力與彎矩值及反曲點位置，並畫出正確之變形圖。

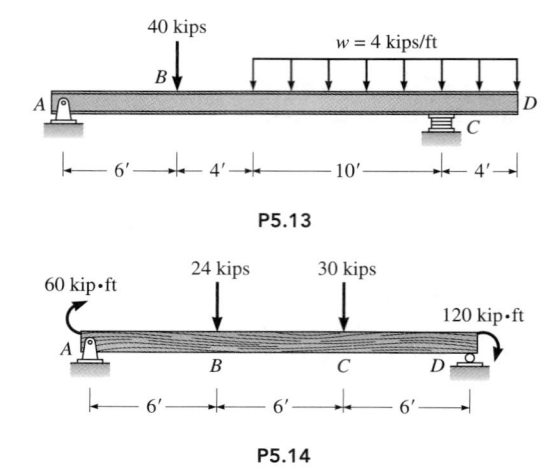

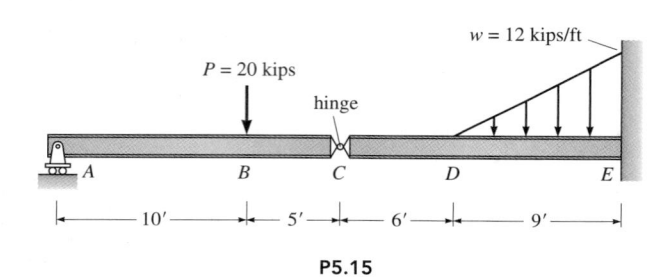

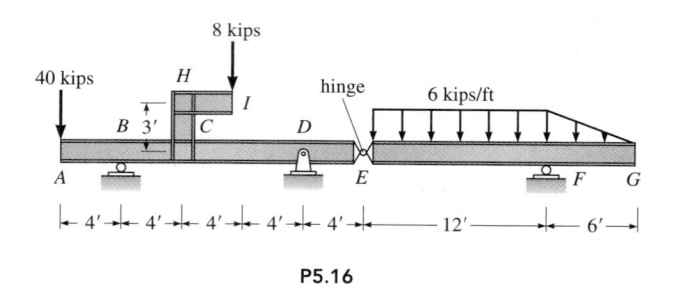

P5.12

P5.13

P5.14

P5.15

P5.16

P5.17. 如圖 P5.17 所示之剛架，畫出各桿件之剪力與彎矩曲線，並畫出變形曲線。

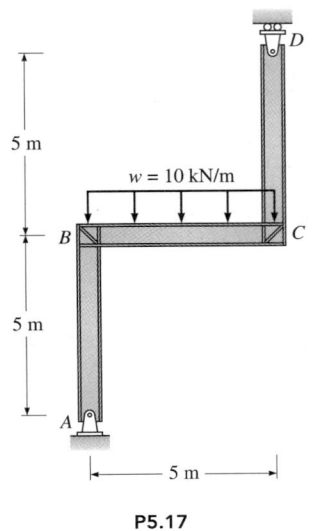

P5.18. 如圖 P5.18 所示之剛架，畫出各桿件之剪力與彎矩曲線，並畫出變形曲線。

P5.17

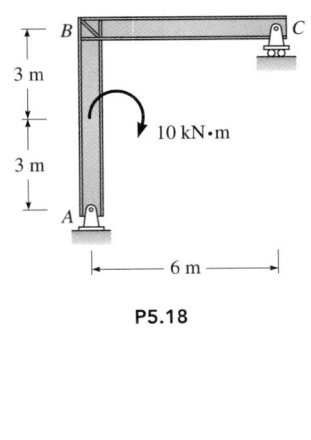

P5.18

P5.19. 如圖 P5.19 所示之剛架，畫出各桿件之剪力與彎矩曲線，並畫出變形曲線。

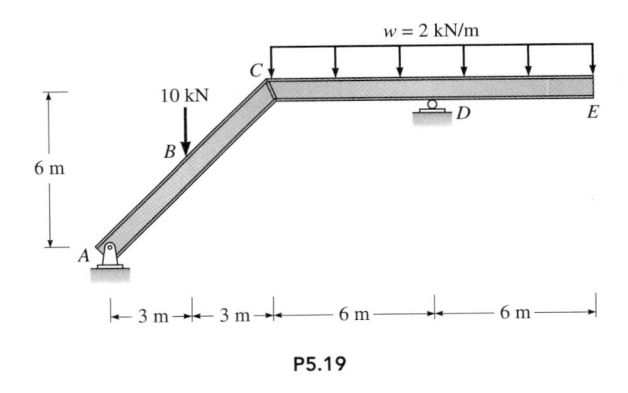

P5.19

P5.20. 如圖 P5.20 所示之剛架，畫出各桿件之剪力與彎矩曲線，並畫出變形曲線。

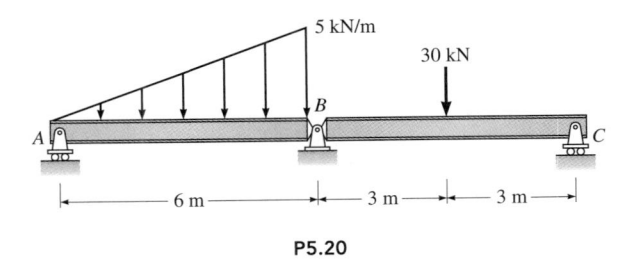

P5.20

P5.21. 如圖 P5.21 所示之剛架，畫出各桿件之剪力與彎矩曲線，並畫出 BC 間變形曲線。

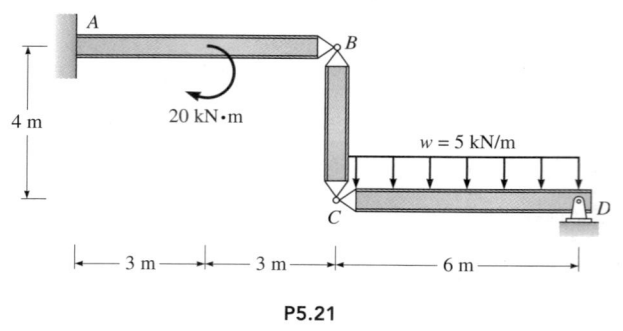

P5.21

P5.22. 如圖 P5.22 所示之剛架，畫出各桿件之剪力與彎矩曲線，並畫出變形曲線。A 點為固定端。

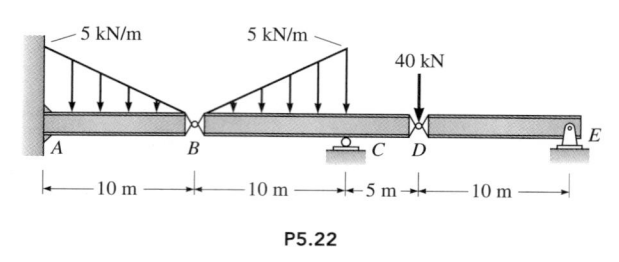

P5.22

P5.23. 如圖 P5.23 所示之剛架，畫出各桿件之剪力與彎矩曲線，並畫出變形曲線。

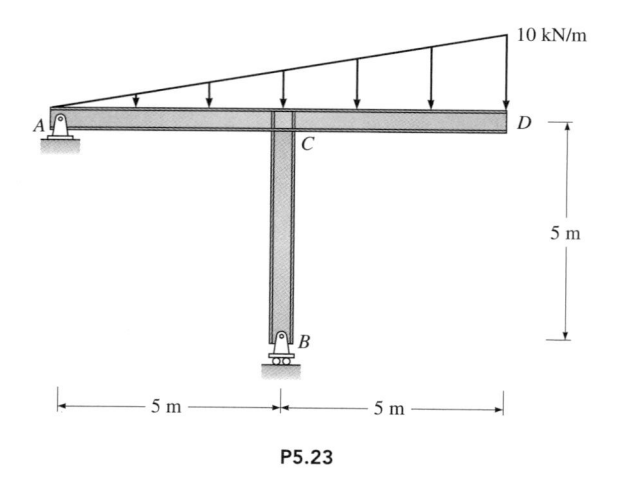

P5.23

P5.24. 如圖 P5.24 所示之剛架，畫出各桿件之剪力與彎矩曲線，並畫出變形曲線。

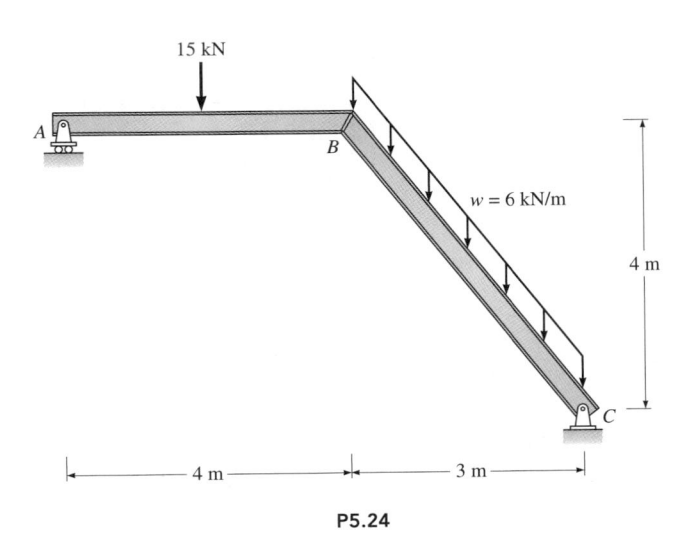

P5.24

P5.25. 如圖 P5.25 所示之剛架，畫出各桿件之剪力與彎矩曲線，並畫出變形曲線。B 點處為鉸接。

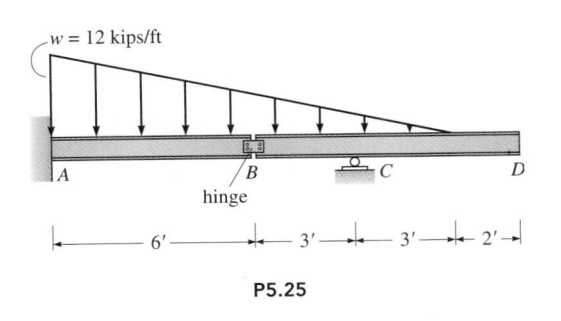

P5.25

P5.26. 如圖 P5.26 所示之樑，畫出剪力與彎矩曲線，並畫出變形曲線。

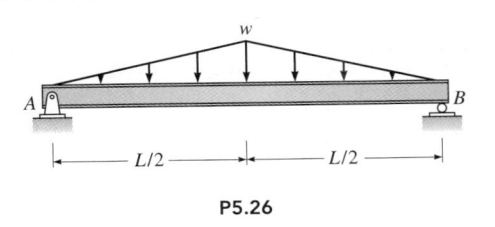

P5.26

P5.27. 如圖 P5.27 所示之樑，畫出剪力與彎矩曲線，並畫出變形曲線。

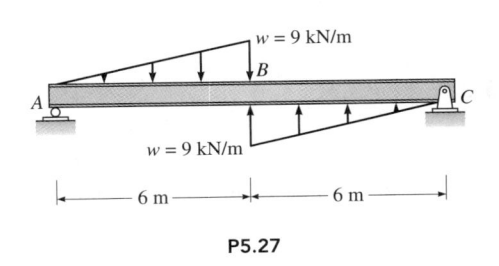

P5.27

P5.28. 如圖 P5.28 所示之靜不定樑，反力已知，畫出其剪力與彎矩曲線，並畫出變形曲線。

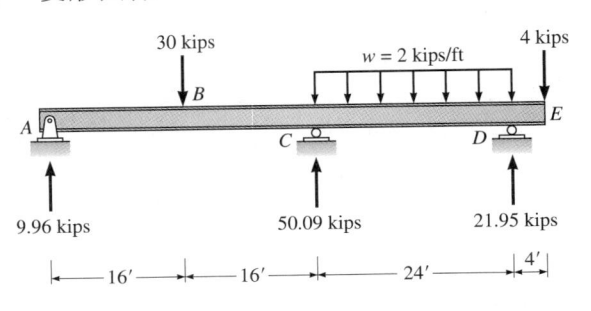

P5.28

P5.29. 如圖 P5.29 所示之樑，畫出剪力與彎矩曲線，並畫出變形曲線。

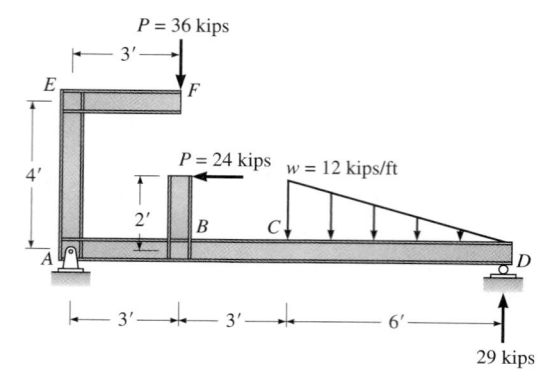

P5.29

P5.30. 如圖 P5.30 所示之樑(反力已知)，畫出剪力與彎矩曲線，並標示出剪力與彎矩為零值之位置。畫出變形曲線。

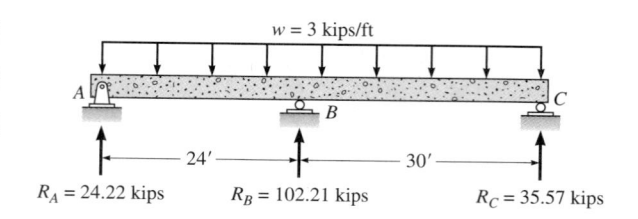

P5.30

P5.31. 至 P5.33. 畫出以下靜不定樑之剪力與彎矩圖形，反力已知。計算出最大剪力彎矩值，並標示出反曲點位置。並畫出其變形圖。

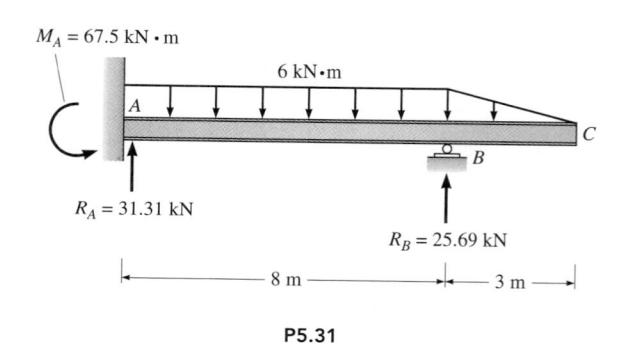

P5.31

P5.32

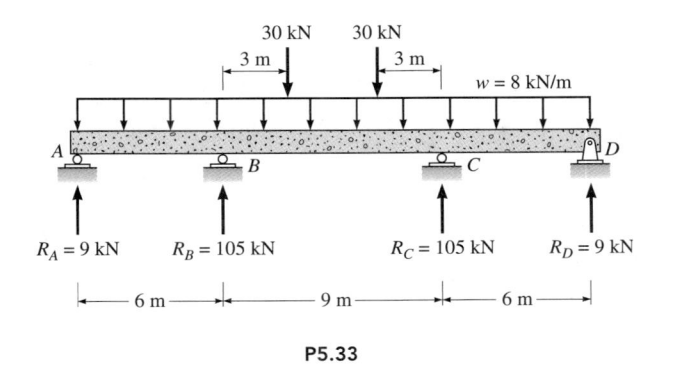

P5.33

P5.34. (a) 如圖 P5.34 所示之剛架，畫出其剪力與彎矩曲線。(b) 寫出柱 AB 之剪力與彎矩方程式，座標原點為 A。(c) 寫出大樑 BC 之剪力與彎矩方程式，座標原點為 B。

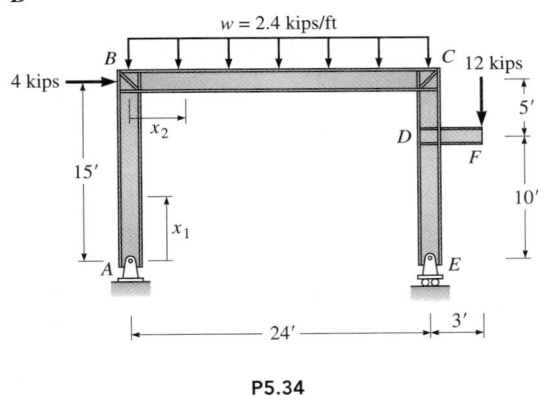

P5.35. 如圖 P5.35 所示之剛架，畫出各桿件之剪力與彎矩曲線。畫出變形圖。接點 B 與 C 為剛接。

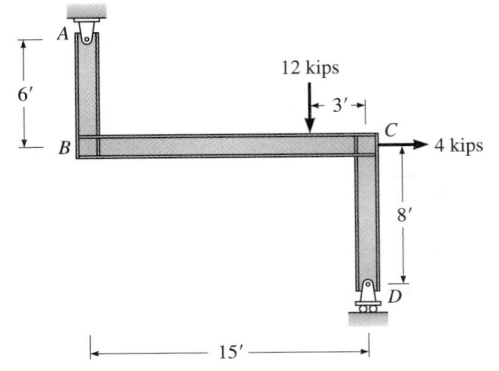

P5.36. 如圖 P5.36 所示之剛架，畫出各桿件之彎矩圖形。畫出剛架變形圖。接點 B 與 C 為剛接。

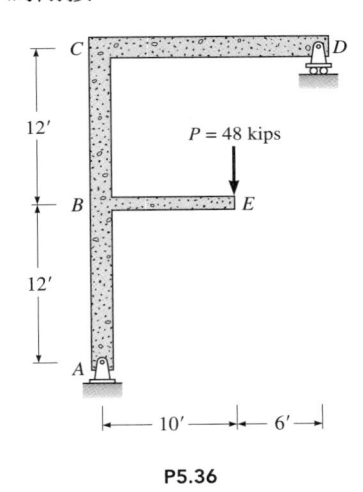

P5.37. 如圖 P5.37 所示之剛架，畫出各桿件之剪力與彎矩曲線。C 點處的剪力連接板視為鉸接。

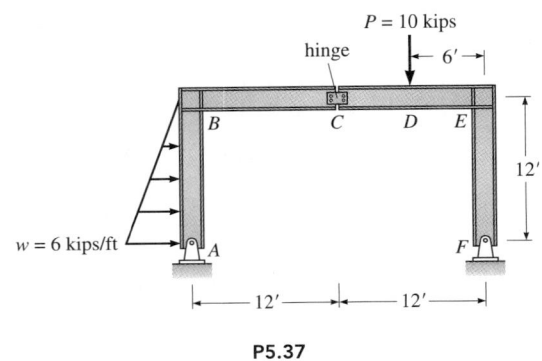

P5.38. (a) 如圖 P5.38 所示之剛架，繪出精確之變形圖。注意其曲率及位移，B 點為剛接。(b) 畫出點 B 之自由體圖，且畫出所有的力。

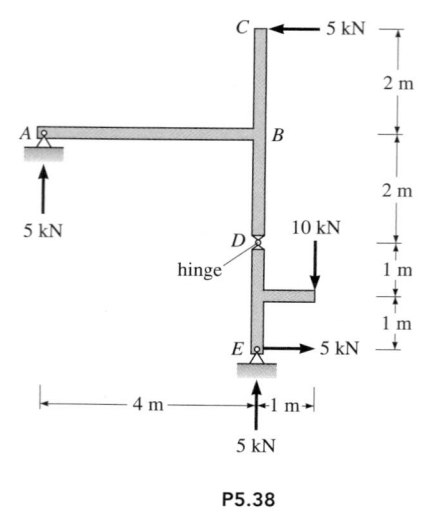

P5.39. 如圖 P5.39 所示之剛架，畫出各桿件之剪力與彎矩曲線，接著畫出剛架之變形圖，畫出點 C 之自由體圖，且標出所有的力（點 C 為剛接），支承 A 為固定端。

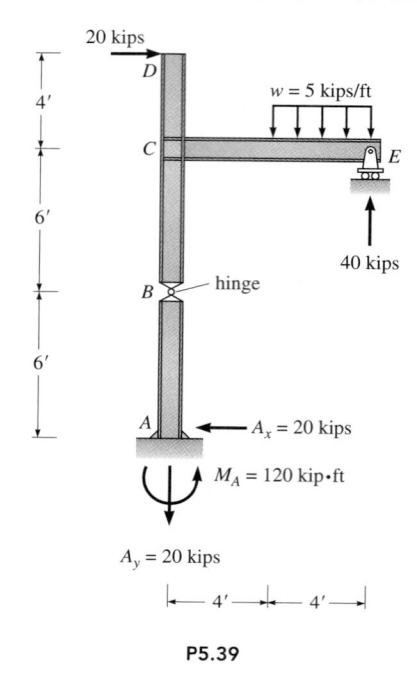

P5.38

P5.39

P5.40. (a) 如圖 P5.40 所示之剛架，畫出其變形圖。反力與彎矩曲線已知。曲率形式亦已標示如圖。點 B 與 C 為剛接，點 C 為鉸接。(b) 使用座標原點為 A，以距原點距離 x 表示，寫出桿件 AB 之剪力與彎矩方程式。

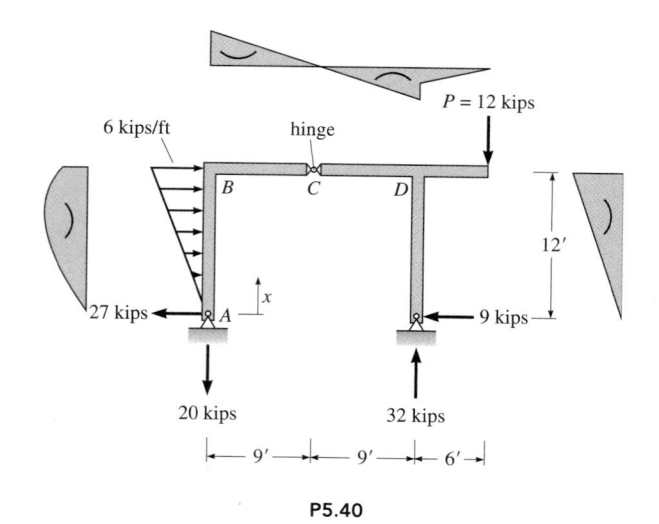

P5.40

P5.41. 如圖 P5.41 所示之剛架，畫出各桿件之剪力與彎矩曲線，並畫出變形圖（反力已知）。

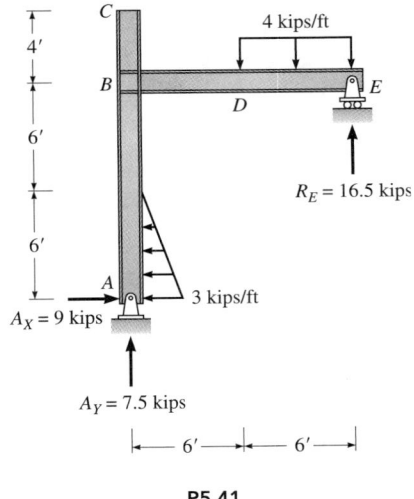

P5.42. 如圖 P5.42 所示之複合基腳，以鋼筋混凝土窄樑設計。可以傳遞柱荷重通過基腳中心至基腳底部，於其下方形成均勻分佈之土壓力。畫出基腳縱向方向之剪力與彎矩圖形。假設基腳之寬度由所允許之土壓力控制，且不影響本題分析參數。

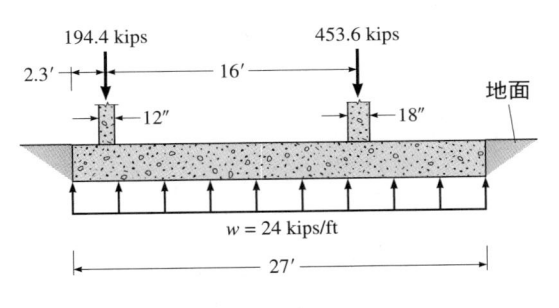

P5.43. 如圖 P5.43 所示之複合基腳，畫出其剪力、彎矩圖形，並畫出其變形圖。

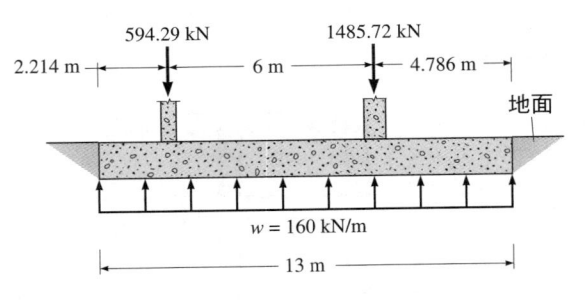

P5.44. 至 **P5.45.** 將圖 P5.44 及 P5.45 所示之結構分類，判斷其為穩定或不穩定，若穩定，則判斷為靜定或靜不定，若靜不定，則為幾度靜不定。

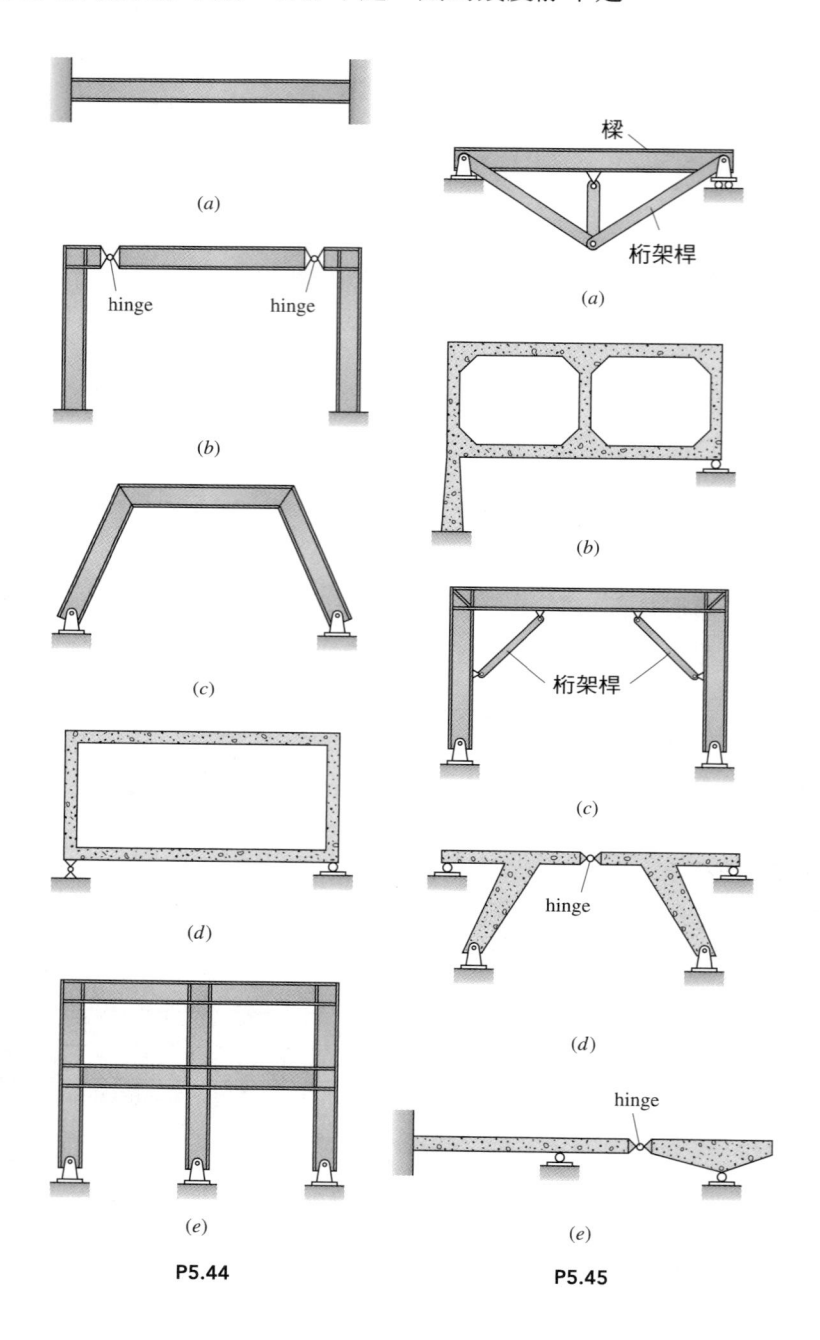

P5.44

P5.45

P5.46. 如圖P5.46所示，一個典型倉庫樓版之角落隔間，由10-in厚之鋼筋混凝土版與支撐版之鋼樑所組成。混凝土版重為 125 lb/ft²，懸吊於樓版上之物體重估計為 5 lb/ft²，外部樑 B_1 與 B_2 支撐 14ft 高之石牆，石牆由輕質、中空之混凝土磚所構成，重量為 38 lb/ft²。我們假設各樑之載重分擔面積如圖P5.46中以虛線所示，樑重與防火披覆估計為 80 lb/ft，畫出樑 B_1 以及 B_2 上由總靜重所造成之剪力與彎矩圖形。

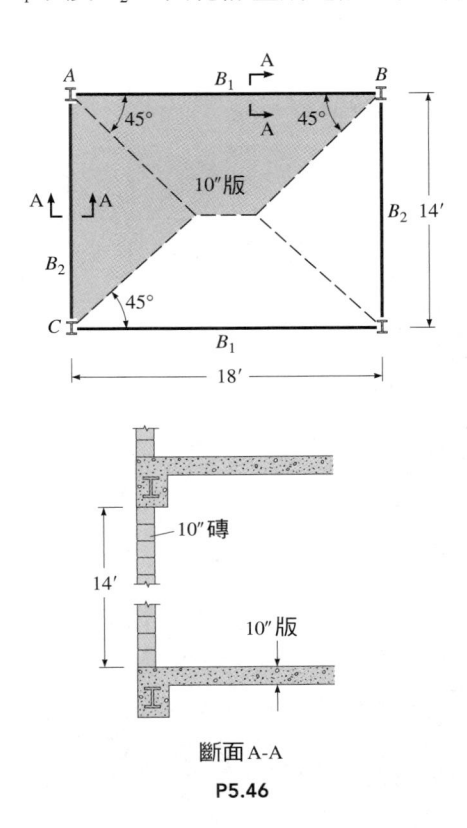

斷面 A-A

P5.46

橫跨哈德遜河(Hudson River)的華盛頓大橋(George Washington Bridge)，連接紐約曼哈頓區與紐澤西州。此橋中跨長3500呎，橋塔高604呎，橋全長4760呎。造價為美金5千9百萬元，此照片所示為1931年通車之原始橋樑結構。在1962年，原橋下方增建了一個6車道之底層，因此本橋成為具雙層車道樑之吊橋。

CHAPTER 6

鋼索
Cables

6.1 簡介
Introduction

如同我們在 1.5 節所討論，鋼索為由高強度鋼線所組成具完全柔性的構材，它的張力強度為結構鋼的 4~5 倍。由於其高度的強度重量比 (strength-to-weight ratio)，設計者使用鋼索來建造長跨結構物，包括吊橋以及大型劇場與集會大廳的屋頂。為了使鋼索建築有效發揮功能，設計者必須面對兩個問題：

1. 防止鋼索，因傳遞隨時間改變大小及方向之活載重，產生大量位移及振盪現象。
2. 提供將鋼索所傳遞之巨大張力予以錨定的有效方法。

為了善用鋼索的高強度，同時將它的負面特性降至最低。使用鋼索結構進行設計時，設計者必須比面對傳統樑柱結構時，發揮更大的創造力與想像力。比方說，圖 6.1 所示略圖中之屋頂，是由鋼索連接一個位於中心之張力環與外圍之壓力環所形成。中心的小圓環承受鋼索反力所引起的對稱載重，主要受到的是正向張力，而外圍圓環主要傳遞的則是軸壓力。藉由產生一組由受正向應力構材所形成的自我平衡系統，設計者創造出一個僅需在周圍使用垂直支承，卻是相當有效的抗重力載重

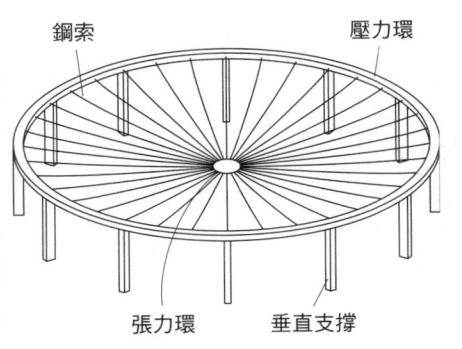

圖 6.1：鋼索支撐屋頂包含三個元件：鋼索，中心張力環與外圍壓力環。

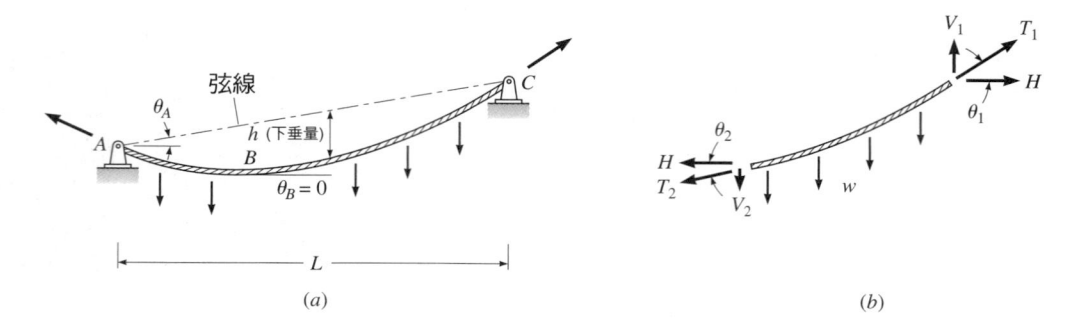

圖 6.2：垂直受載之鋼索：(a) 具傾斜弦線之鋼索—弦線與鋼索之垂直距離 h 稱為下垂量；(b) 一段承載垂直載重之鋼索的自由體，雖然繩張力 T 隨著繩斜率變化，$\Sigma F_x = 0$ 要求 T 之水平分量 H 在各斷面間保持定值。

結構外型。許多運動館建築之屋頂便是以這種型式鋼索系統來建造，包括著名的紐約市麥迪遜花園廣場 (Madison Square Garden)。

在典型的鋼索分析中，設計者要確立端支承的位置、施加載重的大小、以及繩軸上另一點（通常為中跨下垂點，如圖 6.2a）的高程等。根據這些參數值，設計者利用鋼索理論來計算端點反力，分析所有繩軸上其他點之力量，以及求得繩軸上各點的位置。

6.2 鋼索的特性
Characteristics of Cables

鋼索為由一群高強度鋼線編（扭）織而成的一股繩材，其極限張力強度約為 1862 MPa (270 kips/in^2)。鋼索扭織的過程給予其每根鋼線螺旋狀的外型。

雖然鋼線在其製造過程中，由模具抽拉的步驟提高了它的降伏強度，但也同時降低了它的延展性。相較於結構鋼在中度降伏點，如 248 MPa (36 kips/in^2)，之 30~40% 伸

照片 6.1：華盛頓杜勒斯 (Dulles) 機場之航站大廈。屋頂由橫跨於巨大之斜型塔身結構之鋼索網所支撐。

照片 **6.2**：佛羅里達州坦帕灣 (Tampa Bay) 之斜張橋。

長量，鋼線之極限伸長量只有7~8百分比。鋼索的彈性模數約為179 GPa (26,000 kips/in^2)，相較於結構鋼棒的 200 GPa (29,000 kips/in^2)，其彈性模數較低之原因是鋼線的螺旋結構在力作用下的展直 (uncoiling) 現象。由於鋼索只傳遞正向應力，所有斷面上之軸力合力 T，必須作用在鋼索軸的切線方向（如圖 6.2b）。

因為鋼索缺乏撓曲剛度，設計鋼索結構時必須相當謹慎，才能確保活載重不會引發變位或振動。在早期的原型設計中，許多鋼索橋樑及屋頂皆發生風引起的大位移（振顫 flutter），並造成結構破壞。1940年11月7日的 Tacoma Narrows Bridge 受風引起振盪導致完全破壞，便是最壯觀的大型鋼索結構破壞的例子之一。該橋位於美國華盛頓州 Tacoma 市附近跨越長度1810公尺（5939英呎），在橋板系統破裂、散落至河流前（見照片2.1），產生之振動最大垂直振幅達 8.5公尺（28英呎）之多。

6.3 繩力之變化
Variation of Cable Force

如果一根鋼索僅承載垂直載重，則繩軸上所有斷面之張力T，其水平分量H為定值。這個結果可以一小段繩索（如圖6.2b）之平衡方程式$\Sigma F_x = 0$說明。如果繩張力T以水平分量H及繩傾角θ表示時

$$T = \frac{H}{\cos \theta} \tag{6.1}$$

在繩為水平的那一點（也就是圖6.2a之B點），傾角θ為零。由於 $\cos 0 = 1$，（式6.1）顯示 $T = H$。同時 T 的最大值通常發生在支承處，因該位置繩傾角為最大。

6.4 繩索之重力（垂直）載重分析
Analysis of a Cable Supporting Gravity (Vertical) Loads

當一組集中載重作用於自重可被忽略的繩上時，繩之變形呈現為一系列的直線段（如圖6.3a）。這個形狀稱為索線多邊形（*funicular polygon*）。圖6.3b所示為作用在繩B點位置微量長度上之力量。由於此微量長度處於平衡狀態，由繩張力及外力所構成之向量圖，會形成封閉力多邊形（如圖6.3c）。

承載垂直載重的繩索為一靜定結構（如圖6.3a）。有四個平衡方程式可用來計算支承處所用到的四個反力分量。這些方程式包括繩自由體所提供的三個靜力方程式以及一個條件方程式，$\Sigma M_z = 0$。由於繩索上任何斷面之彎矩皆為零，只要繩索下垂量（繩至繩端弦長之垂直距離）為已知，此條件方程式可依據任何斷面寫出。通常，設計者會設定一個最大下垂量來確認是否符合淨空要求以及是否為一經濟之設計。

為了說明支承反力以及繩索上不同位置張力之計算，我們將分析圖6.4a中之繩索。此繩在12-kip載重作用位置上之下垂量設為6 ft。分析過程中，我們假設繩之自重相較於施加載重，微忽其微，故可忽略之。

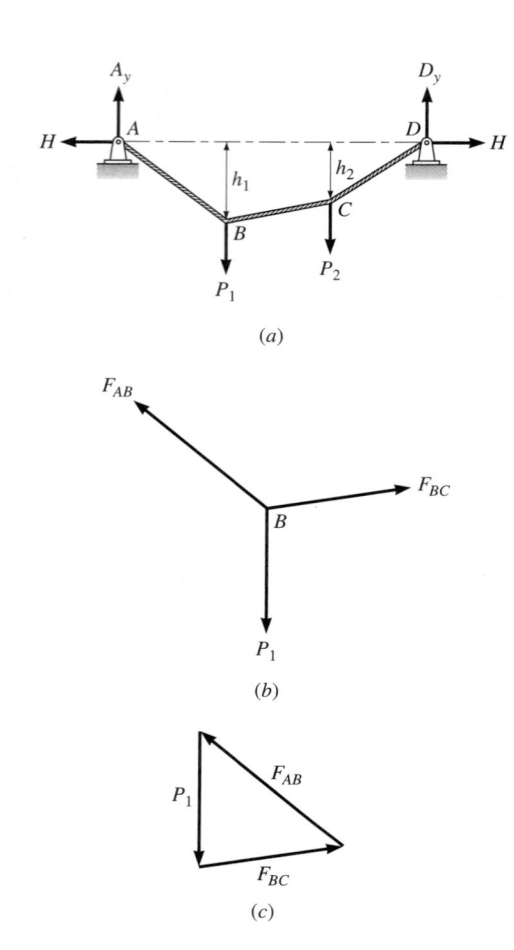

圖6.3：向量圖：(a) 承載兩垂直載重之繩索，(b) 作用在B點上一微量繩元素之力量，(c) 圖 (b) 力向量之多邊形。

步驟1 對支承A取彎矩和來計算 D_y

$$\circlearrowleft^+ \quad \Sigma M_A = 0$$
$$(12 \text{ kips})(30) + (6 \text{ kips})(70) - D_y(100) = 0$$
$$D_y = 7.8 \text{ kips} \tag{6.2}$$

步驟2 計算 A_y

$$\uparrow^+ \quad \Sigma F_y = 0$$
$$0 = A_y - 12 - 6 + 7.8$$
$$A_y = 10.2 \text{ kips} \tag{6.3}$$

步驟 3 計算 H，取 B 點彎矩和（如圖 6.4b）

$$\circlearrowleft^+ \quad \Sigma M_B = 0$$

$$0 = A_y(30) - Hh_B$$

$$h_B H = (10.2)(30) \tag{6.4}$$

令 $h_B = 6$ ft 則得

$$H = 51 \text{ kips}$$

在 H 為已知後，我們可考慮在 C 點右側繩之自由體（如圖 6.4c），來計算繩在 C 點的下垂量。

步驟 4

$$\circlearrowleft^+ \quad \Sigma M_C = 0$$

$$-D_y(30) + Hh_c = 0$$

$$h_c = \frac{30 D_y}{H} = \frac{30(7.8)}{51} = 4.6 \text{ ft} \tag{6.5}$$

為計算三個繩分段之張力，我們先求出 θ_A、θ_B 與 θ_C，再利用（式 6.1）

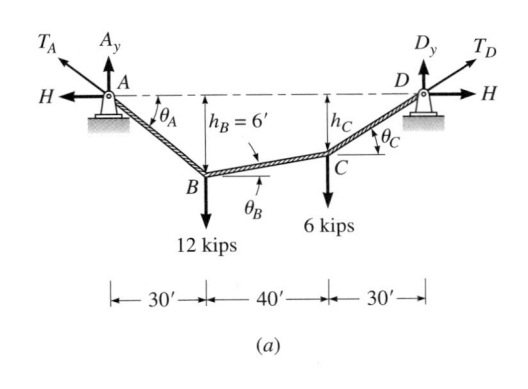

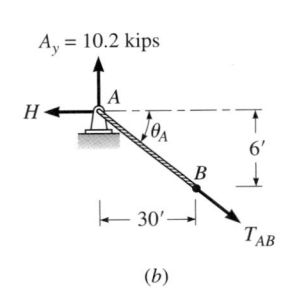

圖 6.4：(a) 受垂直載重之鋼索，繩下垂量設為 6 ft；(b) B 點左側結構之自由體；(c) B 點右側結構之自由體；(d) 跨長與載重相同於受載繩索之簡支樑（其彎矩圖如下側圖所示）。

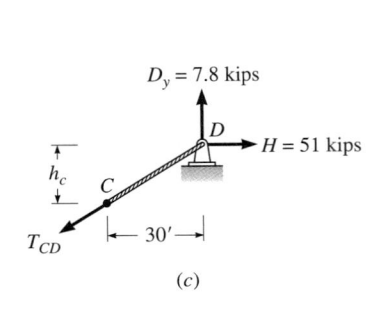

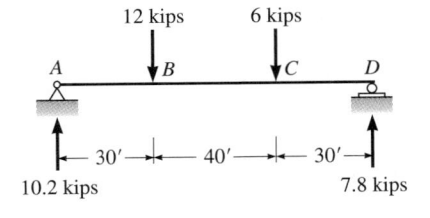

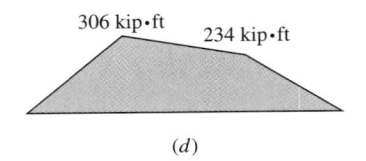

計算 T_{AB}

$$\tan \theta_A = \frac{6}{30} \quad \text{and} \quad \theta_A = 11.31°$$

$$T_{AB} = \frac{H}{\cos \theta_A} = \frac{51}{0.981} = 51.98 \text{ kips}$$

計算 T_{BC}

$$\tan \theta_B = \frac{6-4.6}{40} = 0.035 \quad \text{and} \quad \theta_B = 2°$$

$$T_{BC} = \frac{H}{\cos \theta_B} = \frac{51}{0.999} = 51.03 \text{ kips}$$

計算 T_{CD}

$$\tan \theta_C = \frac{4.6}{30} = 0.153 \quad \text{and} \quad \theta_C = 8.7°$$

$$T_{CD} = \frac{H}{\cos \theta_C} = \frac{51}{0.988} = 51.62 \text{ kips}$$

由於圖 6.4a 中所有繩分段的斜率相當小，上述計算顯示，繩張力的水平分量 H 與總繩張力 T 之間的差異很小。

6.5 簡易繩索理論
General Cable Theorem

由我們對圖 6.4a 中繩索分析所做的計算中，讀者可能已經發現有些計算過程相似於，我們分析一個具有與繩跨長以及載重相同的簡支樑所做的計算。舉例說明，在圖 6.4d 中，我們將繩之載重施加在具相同跨長的簡支樑上。如果對支承 A 取彎矩和來計算右方支承的垂直反力 D_y，此彎矩方程式與先前我們為計算繩右方支承反力的（式 6.2）相同。此外，讀者將發現到繩索的變位形狀與圖 6.4 之彎矩圖形狀相同。比較我們對繩索以及所對應簡支樑的計算後，可獲得如下對 **簡易繩索理論** (*general cable theorem*) 的陳述：

在承載垂直載重繩索上的任一點，繩下垂量 h 以及繩張力水平分量 H 之乘積，等於承載相同載重之簡支樑於該點之彎矩值。樑與繩之跨長以及載重作用位置皆相等。

上述的數學關係可以下式加以說明：

$$Hh_z = M_z \tag{6.6}$$

其中　H = 繩張力水平分量

　　　h_z = z 點的繩下垂量

　　　M_z = 簡支樑上 z 點的彎矩，簡支樑所承受力量為作用於繩之載重

由於各斷面之 H 值皆相同，（式 6.6）顯示繩之下垂量正比於彎矩曲線之值。

為了驗證（式 6.6）所描敘之繩索理論，我們將以繩軸上任一點 z 說明**繩之下垂量 h 以及繩張力水平分量 H 之乘積，等於承載相同載重之簡支樑於該點之彎矩值**（如圖 6.5）。同時，我們假設繩的端點支承不在相同高程，兩支承的高度差可以繩弦長傾角 α 與繩跨長 L 表示為

$$y = L \tan \alpha \tag{6.7}$$

在繩的正下方，我們畫出對應之簡支樑。載重的間距在兩個構件上皆相同。在兩個結構上，我們任意選擇由左側支承向右 x 距離的位置，來評估（式 6.6）中各項之值。首先，我們將繩在支承 A 點的垂直反力以垂直載重及 H 表示（如圖 6.5a）。

$$\circlearrowleft^+ \quad \Sigma M_B = 0$$
$$0 = A_y L - \Sigma m_B + H(L \tan \alpha) \tag{6.8}$$

式中 Σm_B 代表作用在繩上垂直載重（$P_1 \sim P_4$）對支承 B 之彎矩和。

（式 6.8）中力量 A_y 與 H 為未知數，考慮 z 點左側自由體，我們對 z 點取彎矩和可得第二個包含未知數 A_y 與 H 的方程式

$$\circlearrowleft^+ \quad \Sigma M_z = 0$$
$$0 = A_y x + H(x \tan \alpha - h_z) - \Sigma m_z \tag{6.9}$$

式中 Σm_z 代表作用在 z 點左側自由體上，載重針對 z 點之彎矩和。由（式 6.8）求解 A_y，可得

$$A_y = \frac{\Sigma m_B - H(L \tan \alpha)}{L} \tag{6.10}$$

將（式 6.10）之 A_y 代入（式 6.9）並簡化，可得

$$H h_z = \frac{x}{L} \Sigma m_B - \Sigma m_z \tag{6.11}$$

接著我們計算樑上 z 點之彎矩 M_z（如圖 6.5b）

$$M_z = R_A x - \Sigma m_z \tag{6.12}$$

圖 6.5

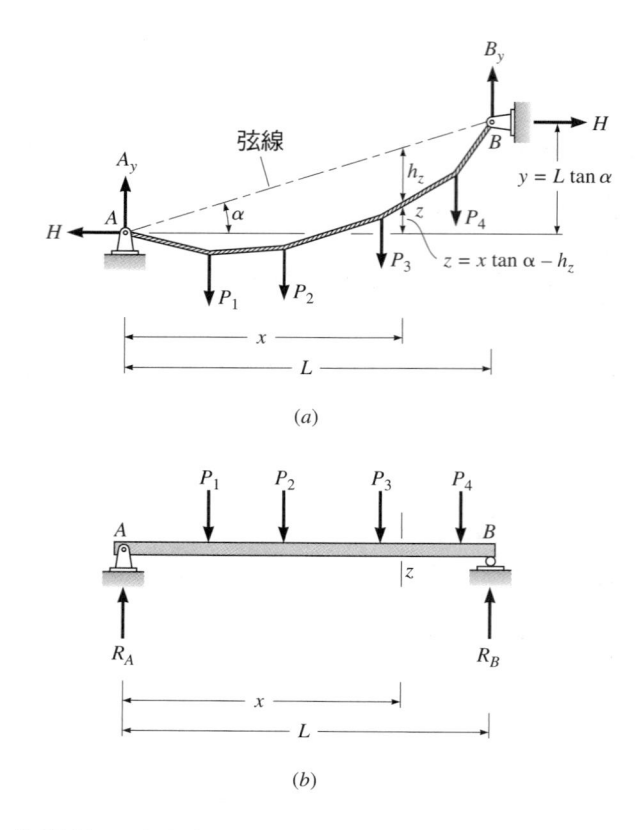

(a)

(b)

為了求得（式 6.12）中的 R_A，我們對 B 點滾支取彎矩和。由於繩與樑之跨長及載重皆相同，所施加外力 ($P_1 \sim P_4$) 對 B 點所形成的彎矩也會等於（式 6.8）所定義之 Σm_B。

$$\circlearrowright^+ \quad \Sigma M_B = 0$$

$$0 = R_A L - \Sigma m_B$$

$$R_A = \frac{\Sigma m_B}{L} \tag{6.13}$$

將（式 6.13）之 R_A 值代入（式 6.12），則

$$M_z = x \frac{\Sigma m_B}{L} - \Sigma m_z \tag{6.14}$$

由於（式 6.11）與（式 6.14）之右側完全相同，我們可藉此得到 $Hh_z = M_z$，亦即（式 6.6）獲得驗證。

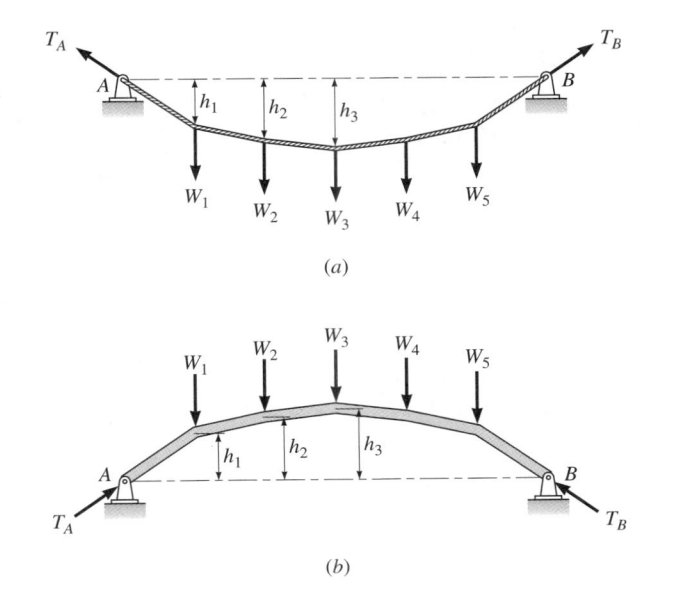

圖 6.6：建立拱之索線形狀：(a) 拱所承載之載重作用在鋼索上，索之中跨下垂量等於拱之中跨高度；(b) 完全受到正向壓應力之拱（由顛倒鋼索的輪廓所產生）。

6.6 建立拱的索線外形
Establishing the Funicular Shape of an Arch

當一個拱沿著其軸上的所有斷面皆受正向應力作用時，建造此拱所需材料為最小量。對於一組特定載重而言，使拱承受正向應力之拱輪廓，稱為 **索線拱** (*funicular arch*)。藉著想像拱所承載的載重作用在一條繩索上，設計者可創出此載重的索線外形。如果將此想像的繩索外形上下旋轉，設計者便獲得一個索線拱。由於拱的靜重通常遠大於其活載重，設計者可使用靜載重來建立拱結構的索線外形（如圖 6.6）。

例題 6.1

決定出由中跨之 120-kip 載重所造成之支承反力（如圖 6.7）；(a) 以靜力平衡方程式，以及 (b) 以繩索理論。忽略繩之重量。

解答：

a. 由於支承不位於相同高程上，我們必須寫出兩個平衡方程式來求解支承 C 之未知反力。首先考慮圖 6.7a，

$$\circlearrowleft^+ \quad \Sigma M_A = 0$$
$$0 = 120(50) + 5H - 100C_y \quad (1)$$

接著考慮圖 6.7b，

$$\circlearrowleft^+ \quad \Sigma M_B = 0$$
$$0 = 10.5H - 50C_y$$
$$H = \frac{50}{10.5} C_y \quad (2)$$

圖 6.7：(a) 中跨承載垂直載重之繩索，(b) B 右側自由體，(c) 與繩索等跨長之簡支樑，樑承載繩之載重。

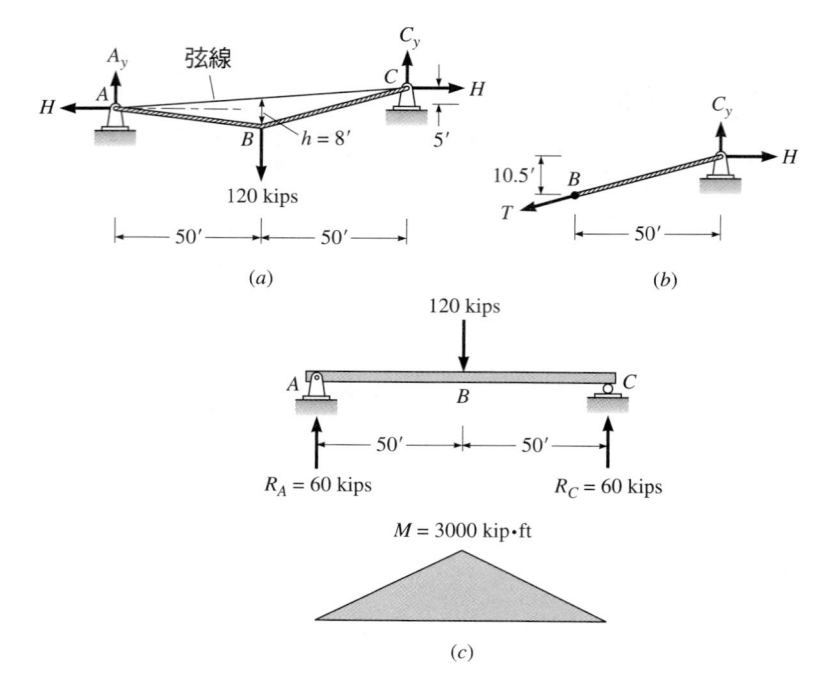

將 H 代入（式 1）

$$0 = 6000 + 5\left(\frac{50}{10.5}C_y\right) - 100C_y$$

$$C_y = 78.757 \text{ kips}$$

將 C_y 代入式（式 2）可得

$$H = \frac{50}{10.5}(78.757) = 375 \text{ kips}$$

b. 使用繩索理論，套用（式 6.6）於中跨，該位置繩下垂量 h_z = 8 ft 且 M_z = 3000 kip·ft（如圖 6.7c）。

$$Hh_z = M_z$$
$$H(8) = 3000$$
$$H = 375 \text{ kips}$$

H 求得後，對圖 6.7a 支 A 點取彎矩和可計算出 C_y = 78.757 kips。

註：雖然圖 6.7a 中繩索之支承反力與圖 6.7c 中樑之垂直反力不同，但藉此簡支樑所算得之結果與真實繩索結構相同。

例題 6.2

一鋼索所支撐之屋頂承載均佈載重 $w = 0.6 \text{ kip/ft}$（如圖 6.8a）。如果中跨下垂量設定為 10 英呎，鋼索之最大張力在 (a) B 與 D 點間，以及 (b) A 與 B 點間為何？

解答：

a. 應用（式 6.6）於中跨來分析 B 與 D 點間之鋼索。將均佈載重作用在簡支樑上並計算中跨之彎矩 M_z（如圖 6.8c）。由於彎矩曲線為拋物線形狀，在 B 與 D 點間之鋼索亦為拋物線。

$$Hh = M_z = \frac{wL^2}{8}$$

$$H(10) = \frac{0.6(120)^2}{8}$$

$$H = 108 \text{ kips}$$

BD 跨內最大鋼索張力發生於斜率為最大之支承處。為了求取支承處之斜率，我們將鋼索方程式 $y = 4hx^2/L^2$ 微分（如圖 6.8b）

$$\tan \theta = \frac{dy}{dx} = \frac{8hx}{L^2}$$

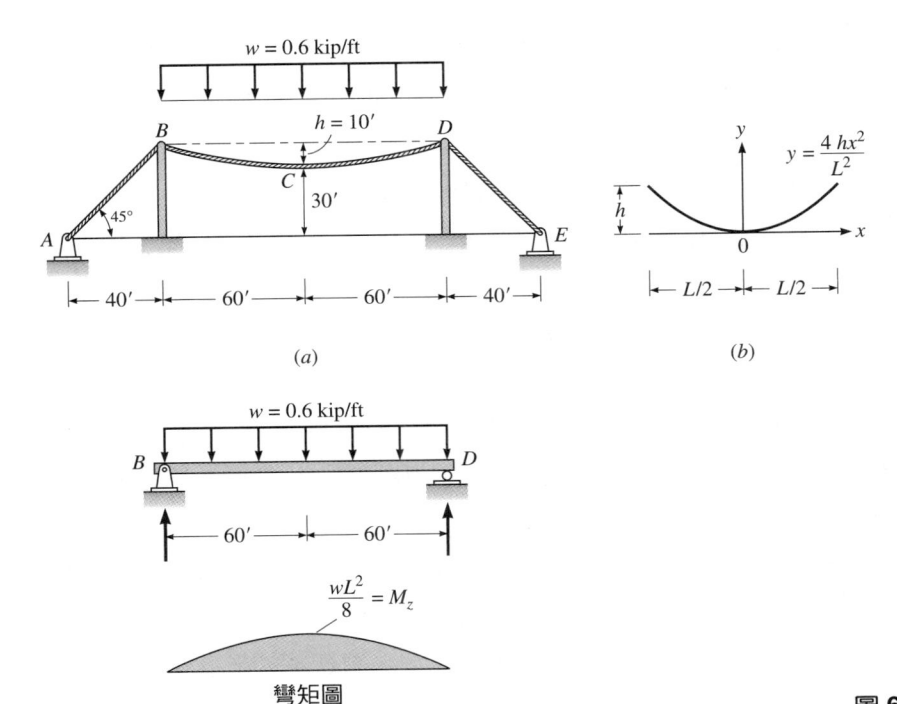

圖 6.8

在 $x = 60$ ft, $\tan\theta = 8(10)(60)/(120)^2 = \frac{1}{3}$, 則 $\theta = 18.43°$:

$$\cos\theta = 0.949$$

代入（式 6.1）

$$T = \frac{H}{\cos\theta} \tag{6.1}$$

$$T = \frac{108}{0.949} = 113.8 \text{ kips}$$

b. 如果忽略不計 A 與 B 點間之繩索重，鋼索可被視為一筆直桿件。由於鋼索傾角 $\theta = 45°$，繩索張力等於

$$T = \frac{H}{\cos\theta} = \frac{108}{0.707} = 152.76 \text{ kips}$$

總結
Summary

- 鋼索由數股冷拉（cold-drawn）高強度鋼線扭織而成，其張力強度介於 1724 Mpa 與 1862 Mpa（250 ksi ~ 270 ksi）之間。鋼索使用於建造長跨結構，如吊橋、斜張橋以及跨越需要無柱空間之大型廣場（室內運動場與展示廳）的屋頂等。
- 由於鋼索為柔性構材，其在移動載重作用下會產生明顯的幾何改變；因此，設計者必須使用穩定元件來預防鋼索的過量變形。鋼索端點之支承也必須足以錨定其巨大之拉力。如果沒有岩盤供吊橋鋼索兩端錨定之用時，可使用鋼筋混凝土巨型橋臺取代。
- 因為繩索不具彎曲勁度，沿繩軸上所有斷面之彎矩為零。
- 簡易繩索理論建立了繩水平力 H 以及下垂量 h，與一假想之具相同跨長簡支樑上彎矩的關係

$$Hh_z = M_z$$

其中　　H = 繩張力水平分量

h_z = z 點的繩下垂量，下垂量為繩至繩弦長之垂直距離

M_z = 簡支樑上 z 點的彎矩，簡支樑承所受為相等於作用於繩上之載重，且跨長與繩跨長相同

- 當鋼索被用於建造吊橋時，橋面版系統必須具有相當之勁度，才能將集中之卡車輪載重分配傳遞至數個吊架上，方能使車道之變位降至最低。
- 由於繩索在特定載重（通常為靜重）作用下受正向應力，將繩索的形狀上下翻轉，可用來產生拱結構的索線外形。

習題

P6.1. 如圖 P6.1 所示，決定支承處之反力，並求繩索 C 點處之位移以及繩上最大應力為何。

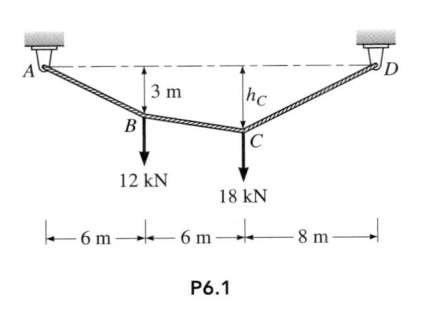

P6.2. (a) 如圖 P6.2，決定支承處 A 與 E 之反力以及繩索最大張力為何。(b) 求繩索 C 與 D 處之位移。

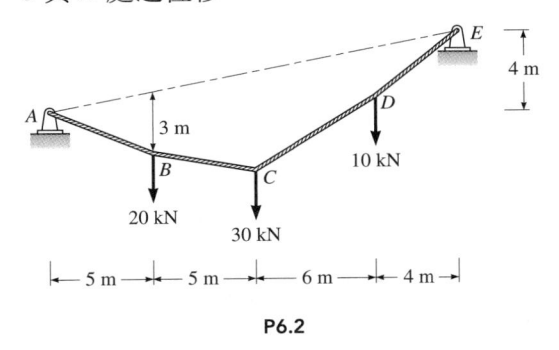

P6.3. 如圖 P6.3，求支承處反力以及主繩索之最大張力，假設懸吊桿提供懸吊樑簡支形式之支承。

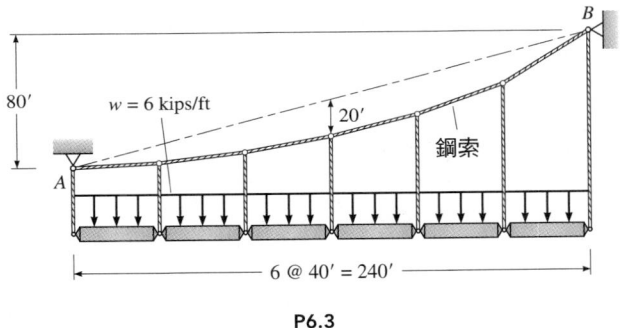

P6.4. 如圖 P6.4，以最少繩索材料支撐 100-kip 載重時之最小 θ 值為何？繩索容許應力為 150 kips/in^2。

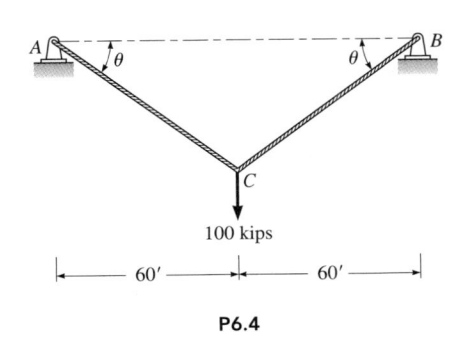

P6.5. 如圖 P6.5 所示之繩索，當主繩索受張力時，繩索垂直部分必須達 3-kip 方可維持此系統，求 B 與 C 支承處拉力應為何值？

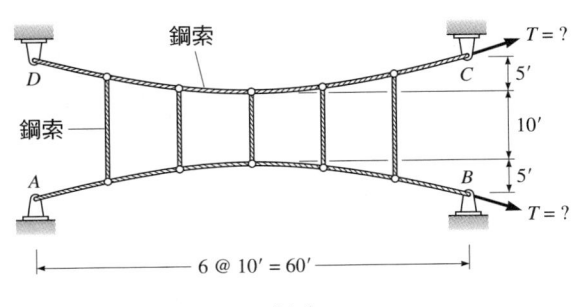

P6.6. 如圖 P6.6 所示之繩索，計算其支承處之反力以及繩上最大張力值。

P6.7. 如圖 P6.7 所示之繩索，計算其支承處之反力以及繩上最大張力值。

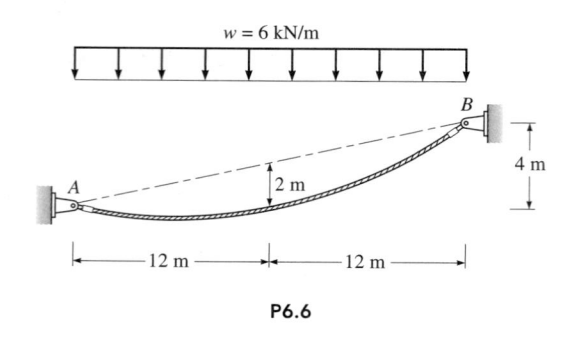

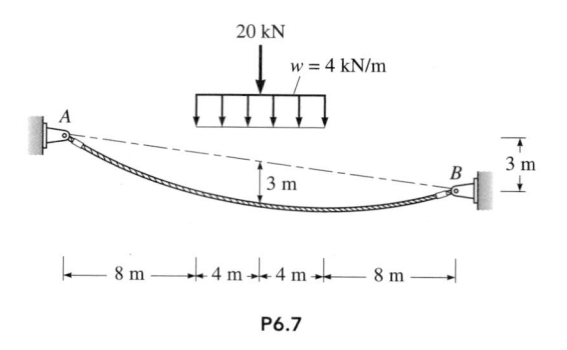

P6.8. 一繩索 $ABCD$ 於 D 點受 50-kN 之拉力（如圖 P6.8），繩索 C 點處以一剛性桿 CE 支撐，求使 B 點向下位移 3 m 之 P 值為何？以及支承 E 點處之反力為何？

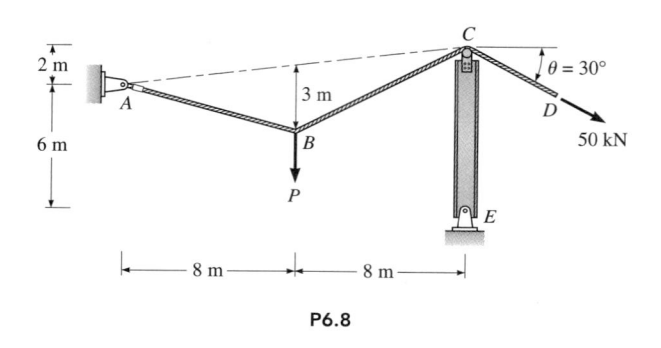

P6.9. 如圖 P6.9 所示之繩索，計算其支承處之反力以及繩上最大張力值。中點位移為 2 m，懸掛處視為簡支形式之懸樑，求 B 與 C 點之位移為何？

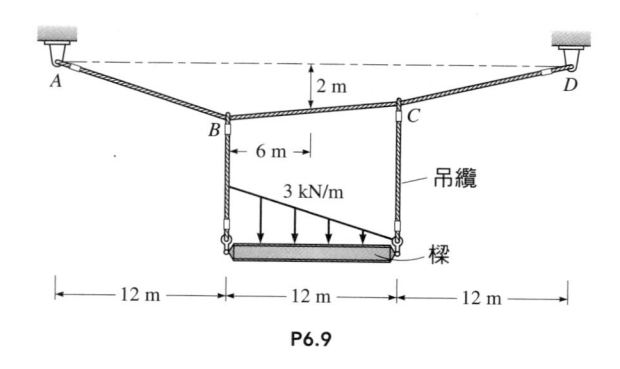

P6.10. 如圖 P6.10，當載重為 60-kN 時，B 與 C 點位移分別為 2 m 與 3 m，求繩索最大張力值為何？

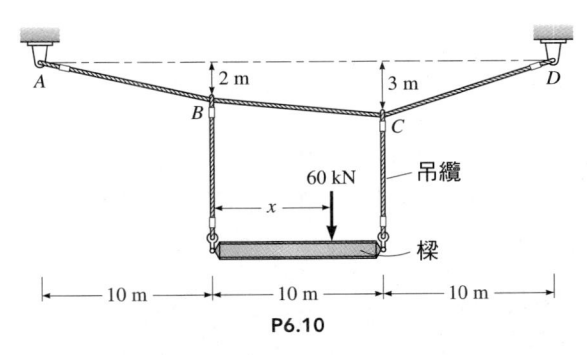

P6.11. 如圖P6.11所示之以鋼索支撐的夏日劇場屋頂，以24條鋼索、中心之拉力環與外圍之壓力環所組成，拉力環位於壓力環下方 12 ft，屋頂重量估計為水平方向 25 lb/ft^2，假設每條鋼索中心位移為 4 ft，求單一鋼索作用於壓力環上之拉力為何？當容許應力為 110 kips/in^2 時，鋼索斷面積需為何值？

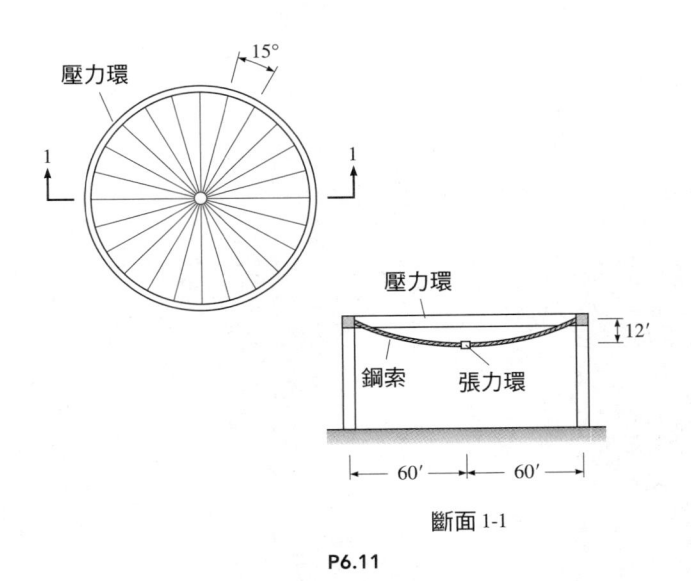

麻塞諸塞州 Greenfield 的法王橋 (French King Bridge)。此桁架拱橋之下弦拱不僅視覺上相當吸引人，同時提供下方通行船隻適當的過橋高度。即使是使用細長構材，在接近拱底端深度加大，亦能形成足夠堅硬之結構。

CHAPTER 7

拱
Arches

7.1 簡介
Introduction

如同我們在 1.5 節所述,因為施加載重對拱所有斷面幾乎皆產生軸壓力,拱為可有效使用材料之一種結構元件。本章我們要說明;對一組特定之載重而言,設計者可建立一種拱外型-索線外型(*funicular shape*)-使得該拱所有斷面皆受正向應力(彎矩為零)。

通常在拱所承載載重中,靜載重占了絕大部分。如果一個索線外形是依據靜載重分佈所獲得,活載重將在斷面上造成彎矩,其原因是活載重之分佈與靜載重不同。不過,在大部分的拱結構中,與軸應力相較之下,活載重引起的彎曲應力很小;因此,所有斷面仍受淨壓應力。因為拱在材料使用上為有效率的,設計者偶爾以它們為長跨橋樑(如120~150公尺,400~1800英呎)或需要大型無柱空間之建築物的主要結構元件。這些建築物包括飛機之吊架、倉庫或集會廳。

本章我們探討三鉸拱 (three-hinged arches) 的行為與分析方法。我們將推導一個承載均佈載重之索線拱 (funicular arch) 的形狀方程式,做為此主題的一部分,並使用簡易繩索理論(6.5節)求取一組隨意選取之集中載重作用下的索線拱。最後,我們應用結構最佳化 (*structural optimization*) 的概念建立了傳遞一個集中載重之三鉸拱的最小量自重。

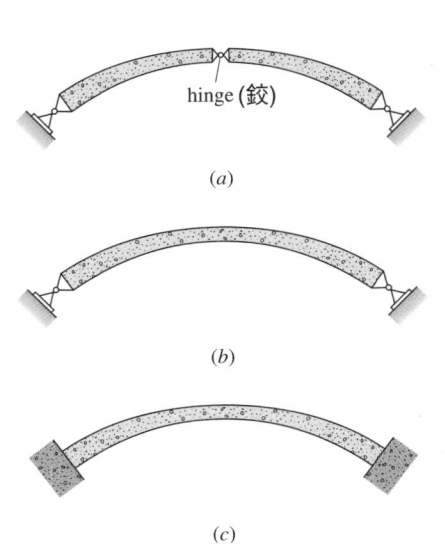

圖 **7.1**:拱之類型:(*a*) 三鉸拱,穩定且靜定;(*b*) 雙鉸拱,一度靜不定;(*c*) 固定端拱,三度靜不定。

7.2 拱的類型
Types of Arches

拱通常以它所具有的鉸數目或其基座建造的方式加以分類。圖7.1所示為三種拱的主要型態：三鉸拱、雙鉸拱以及固定端拱。三鉸拱為靜定結構而另兩類型拱為靜不定。三者中，三鉸拱為最容易分析與建造的。由於三鉸拱為靜定結構，溫度變化、支承沉陷以及製程誤差都不會造成應力。另一方面，因為具有三個鉸，三鉸拱的柔性亦較其他兩類型拱為高。

當固定端拱的基座承載於岩盤、巨積磚造或大型鋼筋混凝土基礎上時，固定端拱通常是以磚或混凝土建造的。靜不定拱的分析可用第11章所涵蓋的柔度法進行，或者使用更快速簡便的方式，即利用一般結構分析電腦程式。使用電腦程式決定拱軸上任一點力量與位移時，設計者將該點視為可自由位移的節點。

在長跨度橋樑中，二根主幹拱肋 (arch rib) 會被用來承載車道樑 (roadway beam)。車道樑的支撐方式可由拱的張力吊索（如圖1.9a）或拱肋上之支柱（照片7.1）所提拱。

圖 7.2：(a) 發生挫屈的一根無支撐拱；(b) 桁架拱，垂直與對角構材支撐拱肋使防止發生垂直平面上之挫屈；(c) 建造拱肋之兩種組合鋼斷面型式。

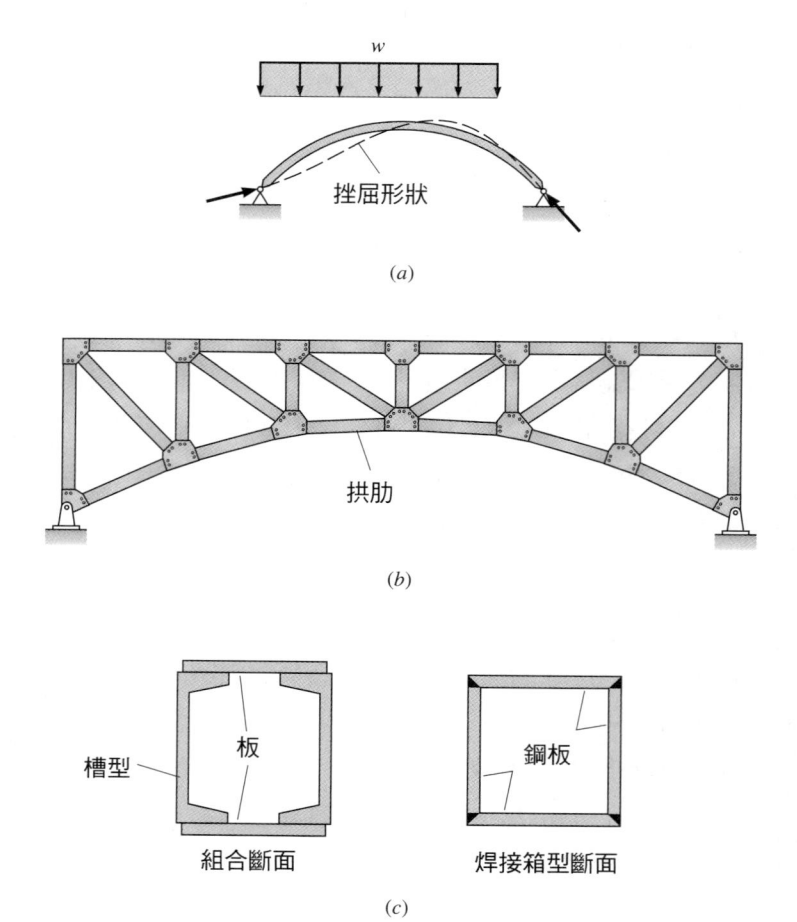

由於拱肋幾乎完全受壓應力作用，設計者也要考慮發生挫屈（buckling）的可能性－尤其是柱肋很細長時（如圖7.2a）。如果拱是由鋼構材所建造時，組合斷面或箱型斷面的拱肋可被採用來增加斷面彎曲勁度，以降低挫屈的可能性。在許多拱結構中，樓板系統或抗風力側撐被用來加勁拱抵抗側向挫屈的強度。在圖7.2b所示桁架拱中，垂直和對角構材支撐拱肋，防止其發生垂直平面上的挫屈。

　　由於拱優雅的美學造型深受許多人的喜愛，設計者常在公園或公共場所選用矮拱跨越小河與道路。在岩盤側壁存在的場址，設計者常以桶型拱(*barrel arch*)型式，建造短跨之公路橋樑（如圖7.3）。桶型拱主體由尺寸合身的磚塊堆砌或鋼筋混凝土所建造，其拱身寬而淺，支承著厚重的夯實填方與其上方的車道板。填方巨大的重量造成桶型拱具有足夠的壓應力，來抵消任何張力彎矩應力，即使是最重的車輛所造成的張力。雖然桶型拱所承載的載重可能很大，拱所受的正向應力並不高－在 21~35 kgf /cm² (300~500 psi) 之間－原因是拱的斷面積也很大。由本書作者針對費城數個19世紀建造的桶型拱的研究顯示，這些拱有能力承載 3~5 倍 AASHTO 規範所規定之標準卡車載重（如圖2.7），而此標準卡車載重為現今美國公路橋樑之設計依據。除此之外，縱使許多 100 年前所建造的鋼橋與鋼筋混凝土橋，因溶雪用鹽所造成的腐蝕問題而除役，許多由良好石材所建造年代更久遠的磚拱橋，至今仍未見劣化之情形。

照片 7.1：1909年建造於瑞士之鐵路橋樑(Landwasser Gorge)。磚造，主拱外型為拋物線，跨長55米，垂直高度33米。因為鐵道為單軌，此橋極窄。拱肋於拱頂之深度僅4.8米，漸變至支承處之6米。

7.3　三鉸拱
Three-Hinged Arches

為了說明拱的部分特性，我們將考慮在圖7.4a中所示之銷接拱。探討其桿力如何隨桿之角度θ變化而改變。由於這些構材只傳遞軸力，圖中之配置代表著一個承載中跨集中載重之拱的索線外型。

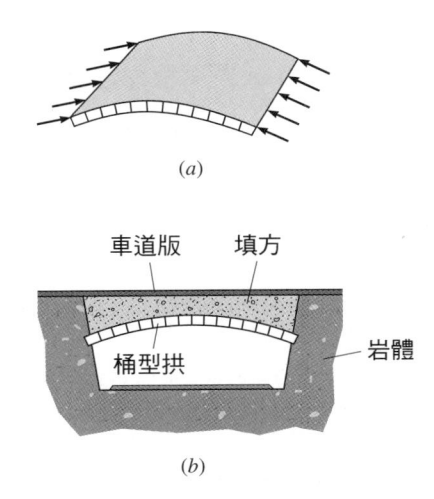

圖 7.3：(*a*)桶型拱可被比喻為一個曲型版；(*b*)桶型拱被用來支撐夯實填方與車道板。

圖 7.4：(a) 受集中載重作用之三鉸拱；(b) 作用於 B 鉸之力向量圖，F_{CB} 與 F_{AB} 因對稱性會相等；(c) 桿 AB 之力量之分量。

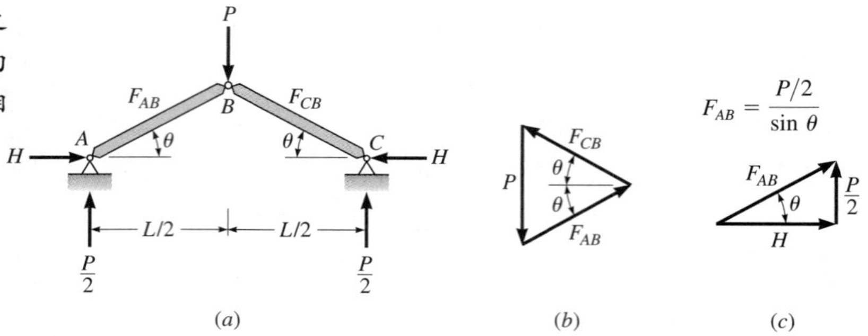

由於對稱性之關係，在支承 A 與 C 反力之垂直分量大小皆等於 $P/2$。設桿 AB 與 CB 之斜率為 θ，我們可將桿力 F_{AB} 與 F_{CB} 以 P 和傾角 θ（如圖 7.4b）表示為

$$\sin \theta = \frac{P/2}{F_{AB}} = \frac{P/2}{F_{CB}}$$

$$F_{AB} = F_{CB} = \frac{P/2}{\sin \theta} \tag{7.1}$$

（式 7.1）顯示當 θ 由 0 增至 90° 時，每根桿之力量由無窮大降至 $P/2$。我們也可發現當傾角 θ 增加時，桿的長度—代表所需之材料量—也會增加。為了決定在已知跨長 L 下最經濟之傾角，我們將支承載重 P 所需使用到的桿材體積 V，以結構幾何尺寸和材料抗壓強度表示

$$V = 2AL_B \tag{7.2}$$

式中 A 為單根桿之面積，L_B 為桿長。

為了將桿所需面積以載重 P 表示，我們將（式 7.1）除以容許壓應力 σ_{allow}：

$$A = \frac{P/2}{(\sin \theta)\sigma_{\text{allow}}} \tag{7.3}$$

同時，我們將桿長 L_B 以 θ 與跨長 L 表示為

$$L_B = \frac{L/2}{\cos \theta} \tag{7.4}$$

將（式 7.3）與（式 7.4）之 A 與 L_B 代入（式 7.2），並利用三角等式 $\sin 2\theta = 2 \sin\theta \cos\theta$ 化簡，可得

$$V = \frac{PL}{2\sigma_{\text{allow}} \sin 2\theta} \tag{7.5}$$

如果將（式7.5）的 V 以 θ 的函數繪出（如圖7.5），我們發現最小量材料對應於 $\theta = 45°$。圖7.5也顯示，非常淺($\theta \leq 15°$)與相當深($\theta \geq 75°$)的拱外型，需要大量的材料；另一方面，圖7.5在 $\theta = 30 \sim 60°$ 間平緩的變化，說明了桿體積的改變在此角度範圍內並不顯著。因此，設計者在這個範圍內改變結構外型，不會顯著改變其重量或造價。

至於承載分佈載重之曲線拱，工程師也會發現在某種程度上，結構所需之材料量受拱的深度影響不大。當然過深或過淺的拱所使用之造價將較深度適中的拱來得大。最後，在決定拱的外型方面，工程師需要考量的因素包括：現地場地的輪廓，可供基礎使用之堅實承載材料的地點，以及建造計劃中建築上與功能上的相關需求。

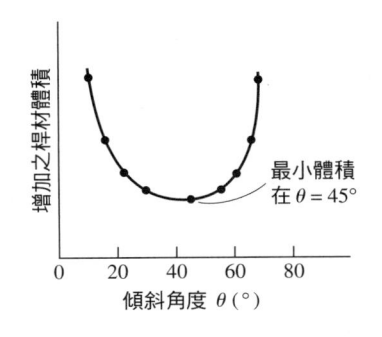

圖7.5：材料體積隨圖7.4a所示構材傾角之變化趨勢。

7.4 承載均佈載重之拱的索線外型
Funicular Shape for an Arch That Supports a Uniformly Distributed Load

許多拱所傳遞的靜載重是以均勻或者接近於均勻的方式，分佈在結構整個跨度上的。譬如說，橋樑的橋板系統其單位長度的重量通常是定值。為了建立一個均佈受載拱結構的索線外型－此為沿拱軸上各點只會產生正向應力的外型－我們考慮圖7.6a所示之對稱三鉸拱。拱的高度（爬升量）設為 h。由於對稱性之故，在支承 A 與 C 處的垂直反力會等於 $wL/2$（總載重之一半）。

利用圖7.6b所示中心鉸右側的自由體後，拱基部的水平推力 H 可以施加載重 w 與拱的尺寸加以表示。針對中心鉸 B 點取彎矩後，我們發現

$$\circlearrowleft^+ \quad \Sigma M_B = 0$$
$$0 = \left(\frac{wL}{2}\right)\frac{L}{4} - \left(\frac{wL}{2}\right)\frac{L}{2} + Hh$$
$$H = \frac{wL^2}{8h} \tag{7.6}$$

為了寫出拱軸向之方程式，我們引用一個以 B 點為原點的直角座標（如圖7.6）。y 軸正的方向為向下。接著我們將任一斷面（拱軸上的 D 點）的彎矩寫出，考慮 D 點與銷接 C 點間拱的自由體，

圖7.6：建立一個承載均佈載重之拱的索線外型。

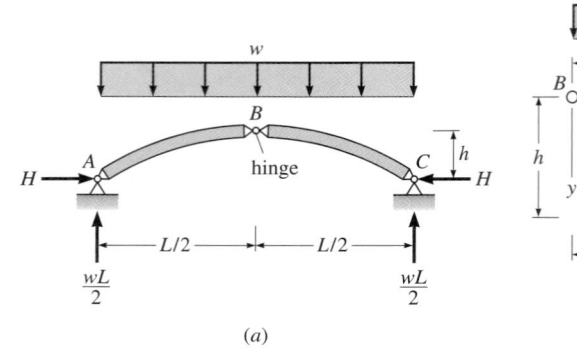

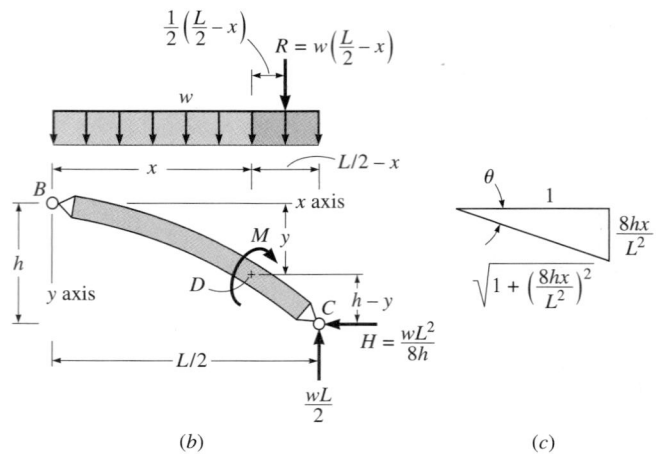

$$\circlearrowleft^+ \quad \Sigma M_D = 0$$

$$0 = \left(\frac{L}{2} - x\right)^2 \frac{w}{2} - \frac{wL}{2}\left(\frac{L}{2} - x\right) + H(h - y) + M$$

求解 M 可得

$$M = \frac{wL^2 y}{8h} - \frac{wx^2}{2} \tag{7.7}$$

如果拱的縱軸依循著索線外型的輪廓，所有斷面皆為 $M = 0$。將此條件代入（式 7.7）求解 y，可得 y 與 x 之關係式如下：

$$y = \frac{4h}{L^2} x^2 \tag{7.8}$$

毫無疑問，（式 7.8）代表一個拋物線方程式。即使讓圖 7.6 中拋物線形狀的拱成為一個固定端拱，均佈載重－假設軸向壓力未造成顯著的幾何改變－仍然會在所有斷面產生正向應力，而其原因便是此拱的外型遵循該均佈載重所對應的索線外型。

在考慮水平方向的平衡時，我們可知拱上任何位置之水平推力皆為 H，此亦為在支承上的水平反力。在一個受均佈載重的拋物線拱上，任一個斷面上的總軸推力 T，如距在 B 之原點 x 距離的位置上（如圖 7.6b），可以 H 及傾角表示為

$$T = \frac{H}{\cos \theta} \tag{7.9}$$

為了計算 $\cos \theta$ 之值，我們可先將（式 7.8）對 x 微分如下：

$$\tan \theta = \frac{dy}{dx} = \frac{8hx}{L^2} \tag{7.10}$$

則 θ 之正切值可以圖 7.6c 之三角形示意。由此三角形，我們可計算斜邊 r ($r^2 = x^2 + y^2$)：

$$r = \sqrt{1 + \left(\frac{8hx}{L^2}\right)^2} \tag{7.11}$$

再由三角形邊長之關係求得餘弦之值

$$\cos\theta = \frac{1}{\sqrt{1 + \left(\frac{8hx}{L^2}\right)^2}} \tag{7.12}$$

將（式 7.12）代入（式 7.9）可得

$$T = H\sqrt{1 + \left(\frac{8hx}{L^2}\right)^2} \tag{7.13}$$

（式 7.13）顯示拱推力的最大值發生於支承處，即 x 之最大值 $L/2$ 的位置。如果拱的 w 或跨長很大，設計者可能會採用－與 T 值成正比關係－的漸變斷面，讓所有斷面之應力為定值。

例題 7.1 說明三鉸拱的分析，其載重包括一組對應於索線外型的載重以及一個單一集中載重。例題 7.2 說明用繩索理論建立例題 7.1 中垂直載重之索線外型的方法。

例題 7.1

分析圖 7.7a 所示之三鉸拱桁架。靜載重作用於頂弦構件上。KJ 桿被設計為無法傳遞軸力。假設接點 D 可視為鉸接。

解答：

因為拱及其載重皆為對稱，在 A 與 G 之垂直反力皆為 180 kips（總載重之一半）。首先計算在支承 G 之水平反力。

考慮在 D 點鉸接點右側之拱自由體（如圖 7.7b），對 D 點取彎矩和。

$$\circlearrowleft^+ \quad \Sigma M_D = 0$$
$$0 = 60(30) + 60(60) + 30(90) - 180(90) + 36H$$
$$H = 225 \text{ kips}$$

我們以接點法由支承 A 開始分析桁架。分析結果如圖 7.7b 之桁架圖所示。

註： 由於拱肋之形狀便是作用在頂弦上載重之索線外形，拱肋以外之其他桿件中只有垂直桿會傳遞載重，其作用為將載重向下傳至拱。當載重之型式與形成索線外形之作用力不一致時，對角桿與頂弦桿才會受力。圖 7.8 所示為同一個桁架拱，在受到一個單一集中載重作用於 L 接點時的各桿內力值。

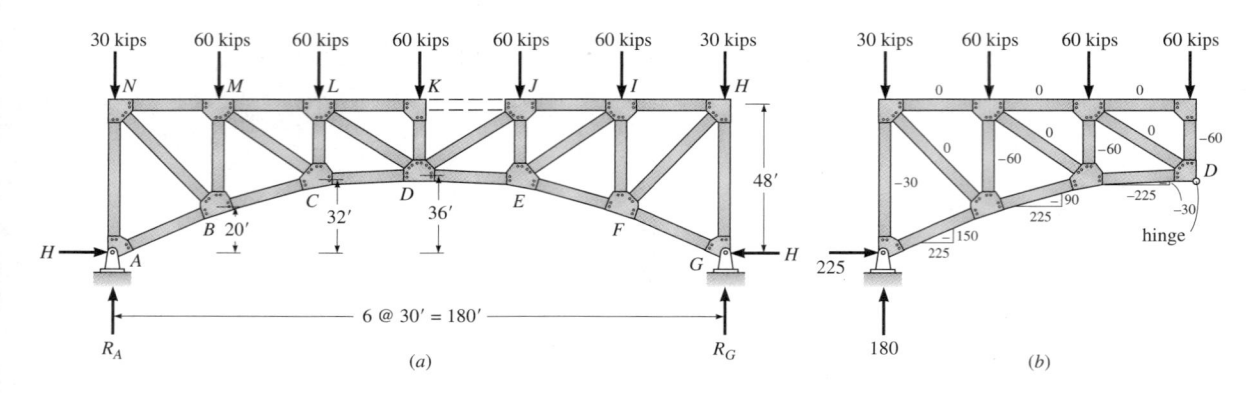

圖 7.7

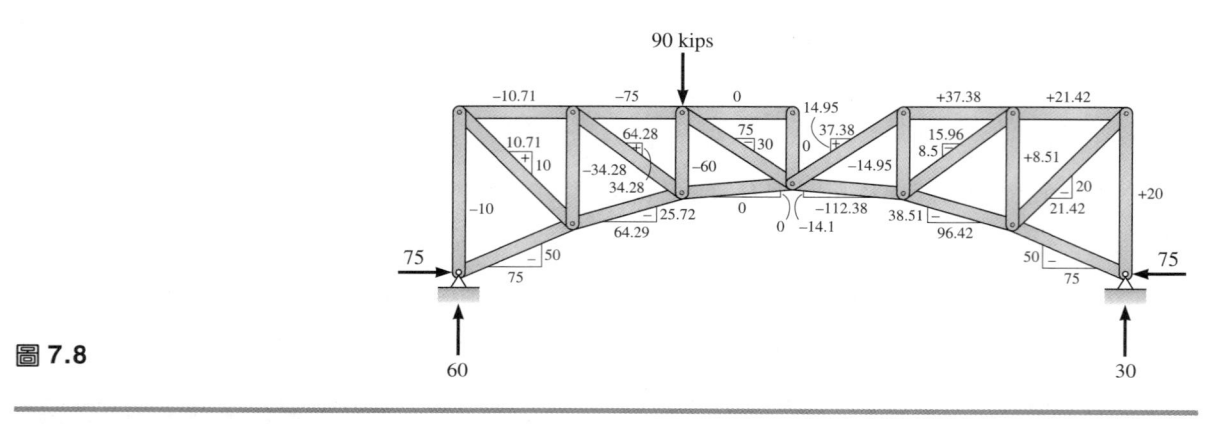

圖 7.8

例題 7.2

針對作用於圖7.7中桁架之載重，建立其索線拱之形狀。拱之中跨高度為 36 英呎。

解答：

我們想像該組載重作用在一個跨距與拱相同之鋼索上（如圖7.9a）。鋼索之下垂量設定為 36 英呎—拱中跨之高度。由於在兩端跨之 30-kip 載重直接作用在支承上，並不會影響繩之力量或形狀，故可予以忽略。套用簡易繩索理論，我們想像繩索所承載之載重被施加在，具與繩跨長相同之虛構簡支樑上（如圖7.9b）。其次，我們建立剪力與彎矩曲線。根據繩索理論，在每一點上

$$M = Hy \tag{6.6}$$

其中　M = 樑上任一點之彎矩
　　　H = 支承反力之水平分量
　　　y = 任一點之下垂量

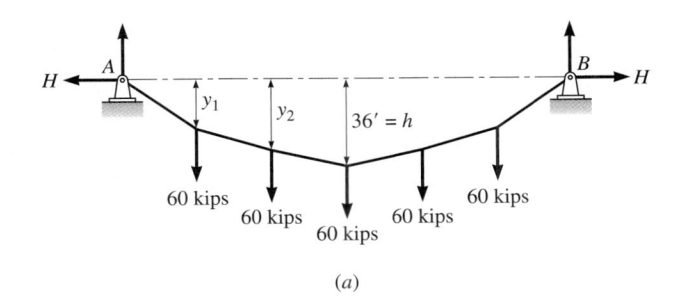

圖7.9：使用繩索理論建立一個拱的索線外形。

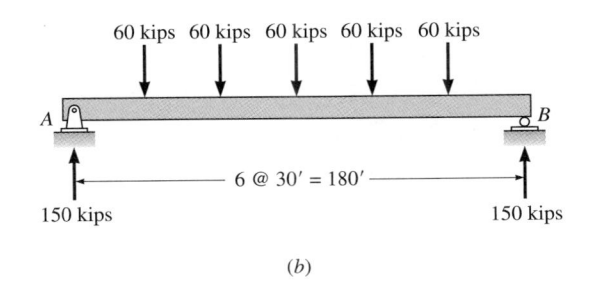

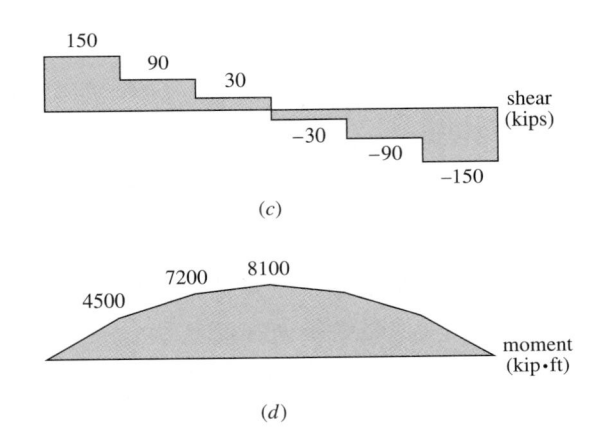

由於在中跨 $y = 36$ ft 且 $M = 8100$ kip·ft。我們可在此點套用（式6.6）計算 H。

$$H = \frac{M}{y} = \frac{8100}{36} = 225 \text{ kips}$$

H 求得後，我們接下來分別在距支承 30 與 60 ft 處使用（式6.6）。在 30 ft 處計算 y_1：

$$y_1 = \frac{M}{H} = \frac{4500}{225} = 20 \text{ ft}$$

在 60 ft 處計算 y_2：

$$y_2 = \frac{M}{H} = \frac{7200}{225} = 32 \text{ ft}$$

因為鋼索只能承載正向應力，一條鋼索之輪廓必定為一索線形狀。如果將鋼索輪廓上下顛倒便產生一個索線拱。當作用在鋼索垂直載重施加在拱上，所造成各斷面之壓力便等於對應位置鋼索斷面上之張力。

總結
Summary

- 雖然短跨磚拱常被用於風景區內是因為它們吸引人的外型，拱橋用於長跨結構也是相當經濟的設計。它們可 (1) 承載巨大的均佈靜載重，以及 (2) 提供拱下方寬廣的無障礙空間（適合於集會廳或運動場或下方需通行船隻之橋樑）。
- 拱可被塑型成索線形狀，使得靜載重只造成正向應力－此為產生最小重量結構的條件。
- 對於一組特定之載重，我們可應用繩索理論來求得拱的索線外型(*funicular shape*)。

習題

P7.1. 如圖 P7.1 所示之拋物線拱型構架，當 h 值為 10、20、30、40、50 以及 60 ft 時，畫出 A 點支承之推力 T 為何？

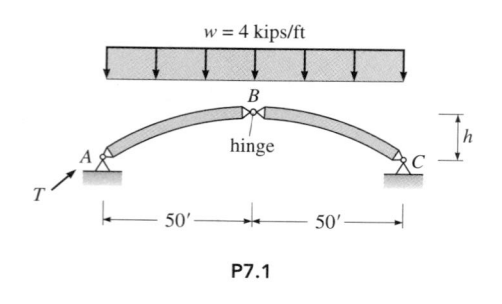

P7.2. 如圖 P7.2 所示之三鉸接拋物線拱型構架，於四分之一跨處各承受 60-kip 之載重，求載重點左右側斷面之剪力、軸力以及彎矩值為何？

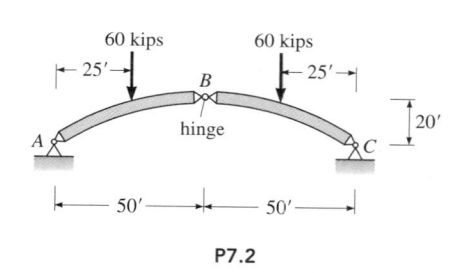

P7.1

P7.2

P7.3. 求三鉸接拋物線拱形式之構架，其 D 點處之軸力、彎矩以及剪力值。

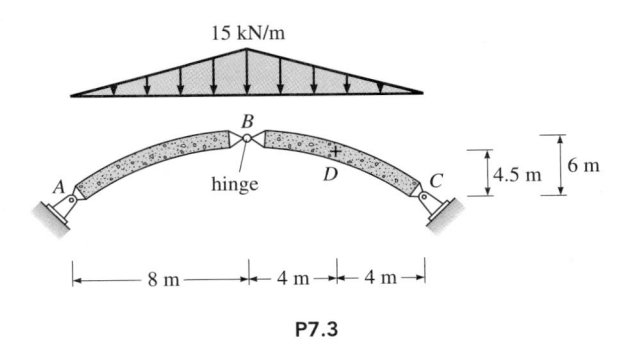

P7.4. 求三鉸接圓拱形式之構架，在支承 A、C 處之反力為何？

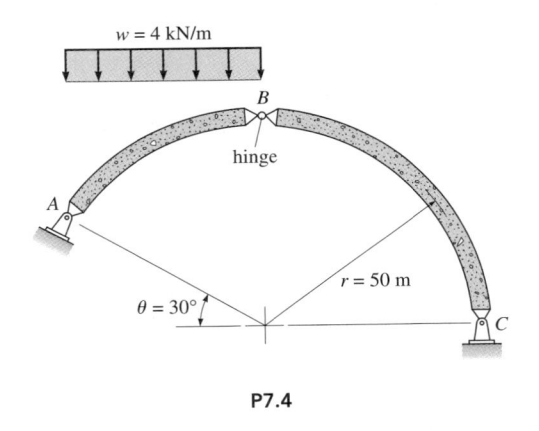

P7.5. 如圖 P7.5 所示之三鉸接拱形式桁架，求所有桿之內力為何？

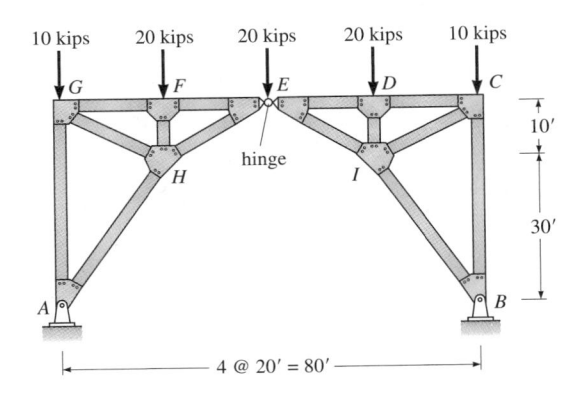

P7.6. (a) 如圖 P7.6，當接點 B 受 10-kip 之載重時，求支承 A 之水平反力 A_x；(b) 當載重的位置為由接點 C 移至 F 時，重複計算步驟求 A_x。

P7.7. 如圖示受靜載重之拱形構架具其索線外型，求下緣接點 B、C、E 處之高程。

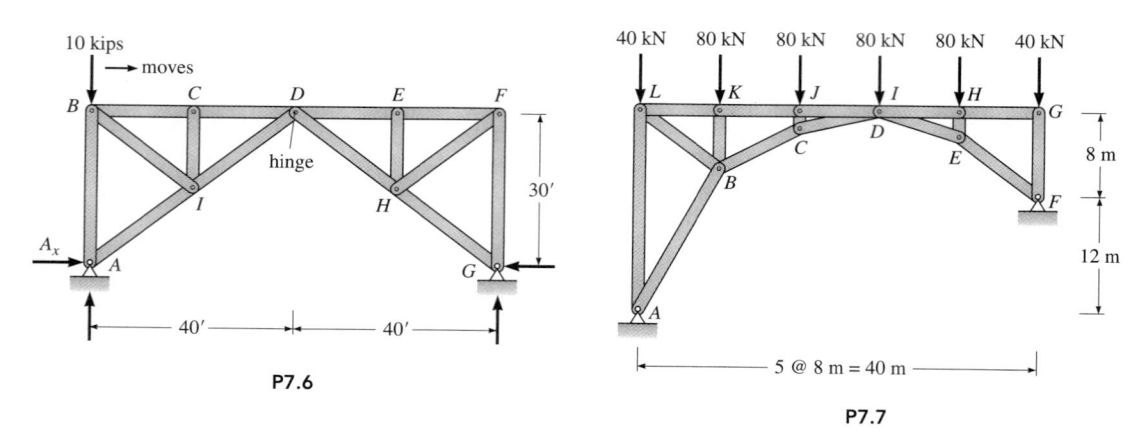

P7.6

P7.7

P7.8. 如圖 P7.8 所示之三鉸拱，求支承 A、E 處之反力。

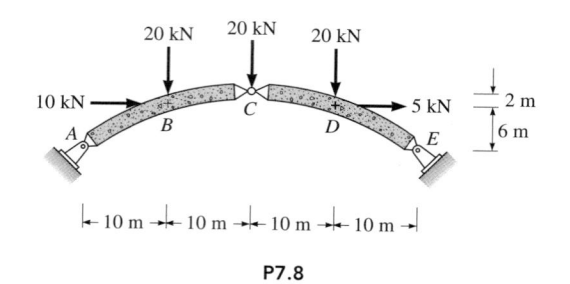

P7.8

P7.9. 計算圖 P7.9 所示拱形構架之支承反力（提示：需要兩個彎矩方程式；考慮整體自由體圖以及接點 B 左側或右側之部分自由體圖）。

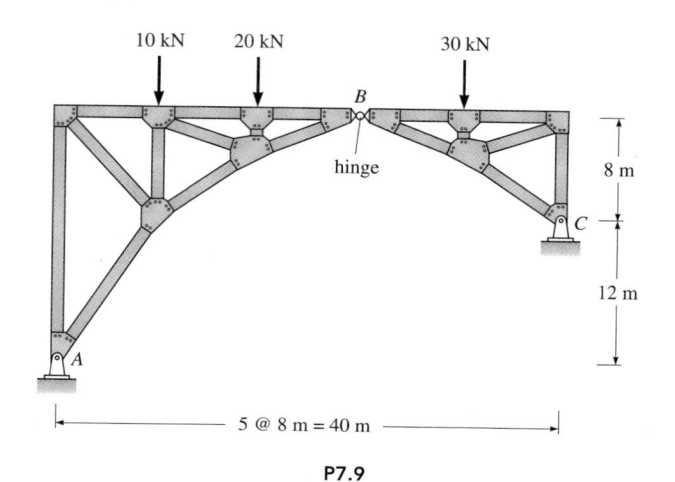

P7.9

P7.10. 如圖 P7.10 所示受載重之拱形構架，求索線外型所對應之 y_1、y_2 值。

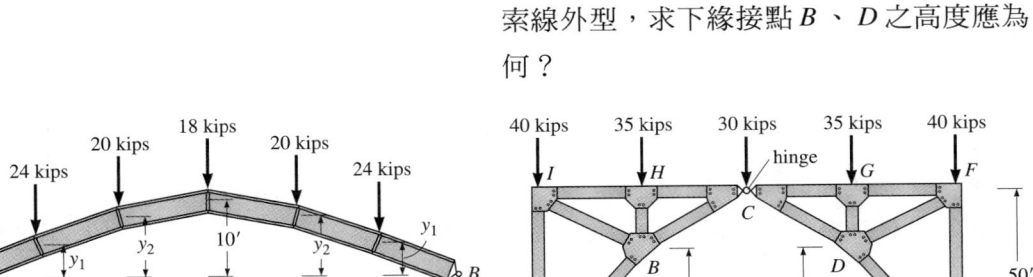

P7.11. 如圖 P7.11 所示之拱形構架 $ABCDE$，為針對上部接點承受靜載重時之索線外型，求下緣接點 B、D 之高度應為何？

P7.10

P7.11

P7.12. 如圖 P7.12 所示之拱形構架，y 值多少時方可維持系統為索線拱。

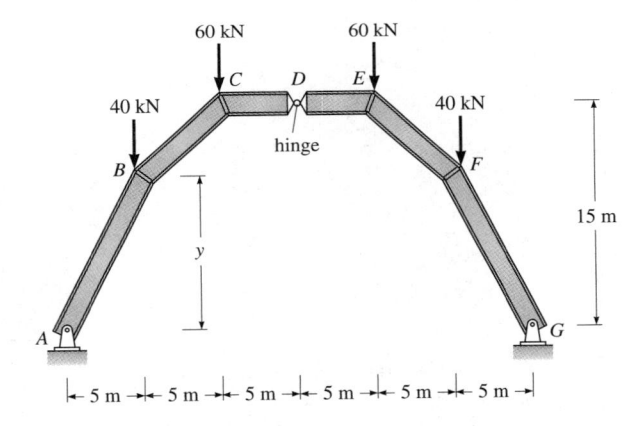

P7.12

P7.13. 如圖 P7.13 所示之三鉸拱，求 P 為何值時各桿件皆承受壓力？y_1 值為何？

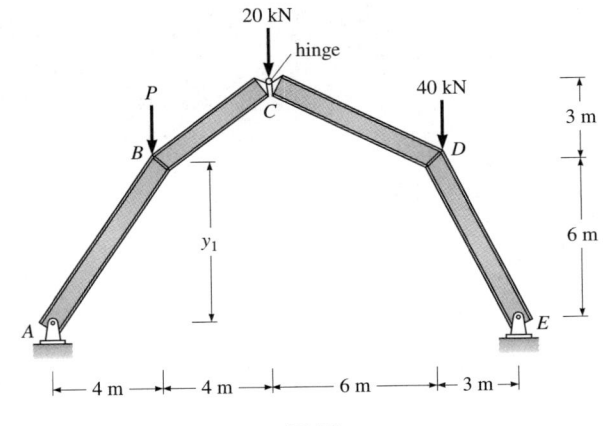

P7.13

為了確保照片中橋樑不致於受其通行車輛過度加載，設計者需依據車輛載重與靜載重所造成之最大力量，決定出各斷面之尺寸。本章描述影響線的求法，利用影響線圖形可讓我們求得，最大化某斷面之特定內力時，活載重所需放置的位置。

CHAPTER 8

活載重造成之力：靜定結構的影響線
Live Load Forces: Influence Lines for Determinate Structures

8.1 簡介
Introduction

截至目前為止，我們已經分析了許多受不同類型載重作用的結構，但卻未曾探討集中載重的位置或均佈載重的範圍是如何決定的。此外，我們也尚未區分固定不動的靜載重與位置可變化的活載重。本章的目的是：確立如何找出活載重（如卡車或火車）所造成，在結構上某一設定斷面上特定型態之內力（樑之剪力或彎矩或桁架之軸力）最大值的作用位置。

8.2 影響線
Influence Lines

當一個移動載重通過一個結構時，結構上每一點的內力會隨著改變。我們直覺上知道一個集中載重作用在中跨時所產生的彎曲應力和變位，比相同載重作用在靠近支承位置時來得大。比方說，假設你必須靠走過一根老舊、柔軟具裂縫之木板來通過一條充滿鱷魚的小溪。當你由支承端愈靠近中跨時，你會愈來愈關切這老舊的木板是否能承受你的重量（如圖 8.1）。

圖 **8.1**：彎曲程度隨載重位置之變化；(a) 中跨未彎曲，載重在支承上；(b) 最大彎曲量與變位，載重在中跨。

如果一個結構是被安全地設計，則由活載重與靜載重所造成每一個斷面的最大內力，不會超過構材與結合點的尺寸所擁有的容量。為了計算移動載重在臨界斷面上所造成的最大設計力，通常我們建立結構之影響線。

影響線為一沿結構跨長所繪製之曲線圖，其縱軸座標代表一單位載重通過結構時，在該位置所造成之某一特定內力、反力或位移的大小。

一旦建立了影響線，我們可利用它來 (1) 決定欲產生該特定位置上最大力量（剪力、彎矩等）時，活載重的作用位置，以及 (2) 計算出活載重所造成的力量大小。雖然影響線代表單一移動載重的作用效果，它也可被用來求取數個集中載重或一個均佈載重在某一點所造成的力量值。

8.3 建立影響線
Construction of an Influence Line

為了介紹影響線的求取過程，我們將詳細討論畫出圖 8.2a 中簡支樑支承 A 之反力 R_A 所需的步驟。

如以前所述，我們可以藉移動一個單位力通過結構上的連續位置，計算出對應的 R_A 值而求得 A 點反力影響線之縱座標值。首先我們將單位力置於 A 點。取支承 B 之彎矩和（如圖 8.2b）可得 $R_A = 1$ kip。接著我們隨意將單位力移至第二個位置，支承 A 右方 L/4 距離。再次取支承 B 之彎矩時，可得 $R_A = \frac{3}{4}$ kip（如圖 8.2c）。其次，我們將力移至中跨並算得 $R_A = \frac{1}{2}$ kip（如圖 8.2d）。最後，我們將單位力置於支承 B 上方，此時 $R_A = 0$（如圖 8.2e）。為了建立影響線，我們現在將每次單位力作用於某位置上所計算之 R_A 值標示在該位置上。所得之直線圖如圖 8.2f 所示。此影響線顯示，A 點之反力由載重於 A 時的 1，線性遞減為載重於 B 時的 0。由於圖中 A 點的反力單位為 kips，影響線縱座標單位為 kips/kips。

隨著讀者熟悉影響線的建立後，將只需計算樑軸上二或三個位置之結果，便能建立正確的影響線。圖 8.2f 中提供了數個重點，我們將之歸納如下：

1. 影響線的縱軸座標代表 R_A 值。
2. 每個 R_A 值畫於單位力造成該 R_A 值所施加的位置上。
3. R_A 的最大值發生在單位力作用於 A 點時。
4. 由於影響線上所有縱座標值皆為正，一個向下的垂直載重作用在跨內任何位置時，皆在 A 點產生向上的反力（負的縱座標值表示在 A 點之反力向下）。
5. 影響線為直線。如讀者將於後續案例說明中見到的，靜定結構的影響線若不是直線便是由直線段所組合而成。

利用畫出單位力作用在數個位置時於B點所造成的反力值，我們可獲得如圖8.2g的 R_B 影響線。由於單位力作用在任何位置時，A點與B點的反力合力必須為1（施加外力之大小），兩個影響線在任一斷面的值相加起來都會等於1。

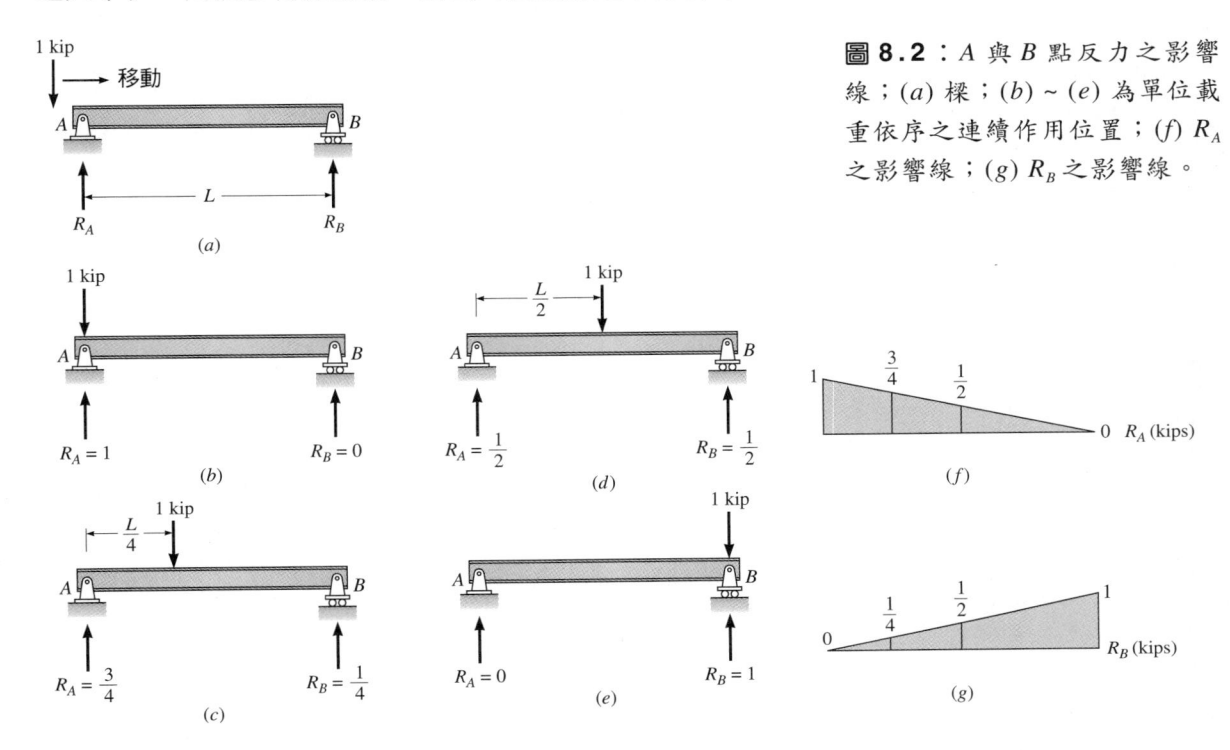

圖 8.2：A 與 B 點反力之影響線；(a) 樑；(b) ~ (e) 為單位載重依序之連續作用位置；(f) R_A 之影響線；(g) R_B 之影響線。

在例題 8.1 中，我們求取一個具懸臂端之樑的反力影響線。例題 8.2 說明建立樑中剪力與彎矩的影響線。如果反力的影響線先求得，通常可方便結構中其他力量影響線的建立。

建立圖 8.3a 所示樑在 A 與 C 點反力之影響線。　　　　**例題 8.1**

解答：

為了獲得單位載重在支承 A 與 C 間任何位置上所引起之 R_A 值表示式，我們將單位力置於支承 A 右方 x_1 距離上（如圖 8.3b）並對 C 點取彎矩和。

$$\circlearrowleft^+ \ \Sigma M_C = 0$$

$$10R_A - (1 \text{ kN})(10 - x_1) = 0$$

$$R_A = 1 - \frac{x_1}{10} \tag{1}$$

其中 $0 \leq x_1 \leq 10$。

計算 $x_1 = 0$、5、10m 時之 R_A。

x_1	R_A
0	1
5	$\frac{1}{2}$
10	0

要寫出單位力在 C 與 D 點之間時，R_A 之一般表示式，我們取圖 8.3c 所示自由體圖中 C 點之彎矩和。

$$\circlearrowleft^+ \quad \Sigma M_C = 0$$
$$10R_A + (1 \text{ kN})(x_2) = 0$$
$$R_A = -\frac{x_2}{10} \quad (2)$$

其中 $0 \leq x_2 \leq 5$。

式 (2) 之負號表示，當單位載重位於 C 與 D 點之間時，R_A 向下作用。當 $x_2 = 0$，$R_A = 0$；當 $x_2 = 5$，$R_A = -\frac{1}{2}$。利用上述由式 (1) 與 (2) 獲得之 R_A 值，我們畫出圖 8.3d 所示之影響線。

若要畫出 R_C 之影響線（如圖 8.3e），我們可隨單位載重通過跨距時計算出對應之 C 點反力值，或以 1 扣除圖 8.3d 所示影響線值，因為不論單位載重位置為何，反力總和值皆為 1——即施加之單位載重值。

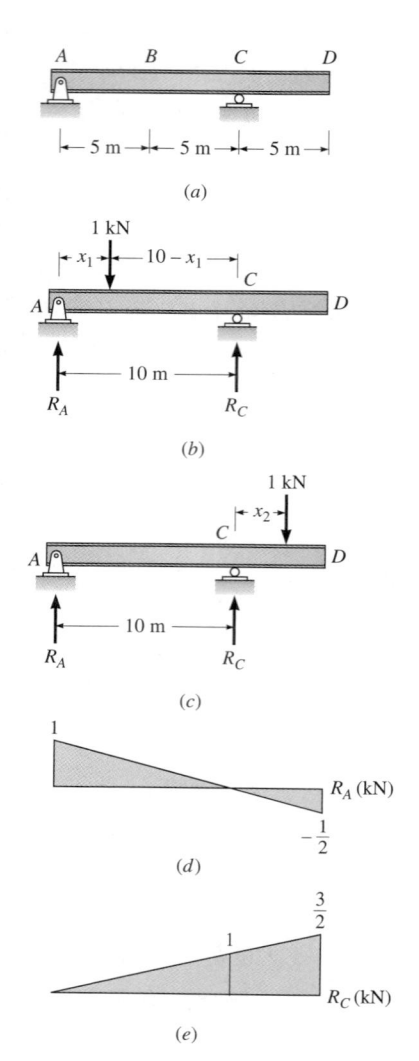

圖 **8.3**：支承 A 與 C 反力的影響線；(a) 樑；(b) 加載於 A 與 C 間；(c) 單位力於 C 與 D 間；(d) R_A 之影響線；(e) R_C 之影響線。

例題 8.2

畫出圖 8.4a 所示樑在斷面 B 之剪力與彎矩影響線。

解答：

斷面 B 之剪力與彎矩影響線分別畫於圖 8.4c 與 d。圖 8.4a 所示五個圓圈內號碼代表影響線值被計算的位置。計算斷面 B 在單位載重作用下之剪力與彎矩時，我們以想像之切面切開 B 點，並考慮斷面左側之自由體（剪力與彎矩正值之方向定義於圖 8.4b 中）。

要求取 V_B 與 M_B 影響線在最左端（A 點）之值，我們將單位力直接置放在支承 A 上，計算斷面 B 之剪力與彎矩。由於單位載重完全被支承 A 所支承，樑未受力；因此 B 點剪力與彎矩為零。接下來，我們將單位載重放在 2 號點上，即斷面 B 左側微量距離之位置，並計算斷面 B 之剪力與彎矩（如圖 8.4e）。對斷面 B 取彎矩和來計算彎矩，我們可知單位載重通過彎矩中心，故對 M_B 沒有貢獻。另一方面，當我們累加垂直方向力量來計算 V_B 時，單位力出現在累加項中。

其次，我們將單位載重移至 3 號位置，即斷面 B 右側微量距離位置上。雖然 A 點反力沒有改變，單位載重已從斷面左側自由體上消失（如圖 8.4f）。因此，剪力反向且其大小會產生一個一單位之改變量（由 $-\frac{1}{4}$ 到 $+\frac{3}{4}$）。於切面左右兩側之影響線值呈現出一個單位大小的跳躍是剪力影響線的一項特性。但另一方面，當單位力由斷面一側移動至另一側時，彎矩並不發生改變。

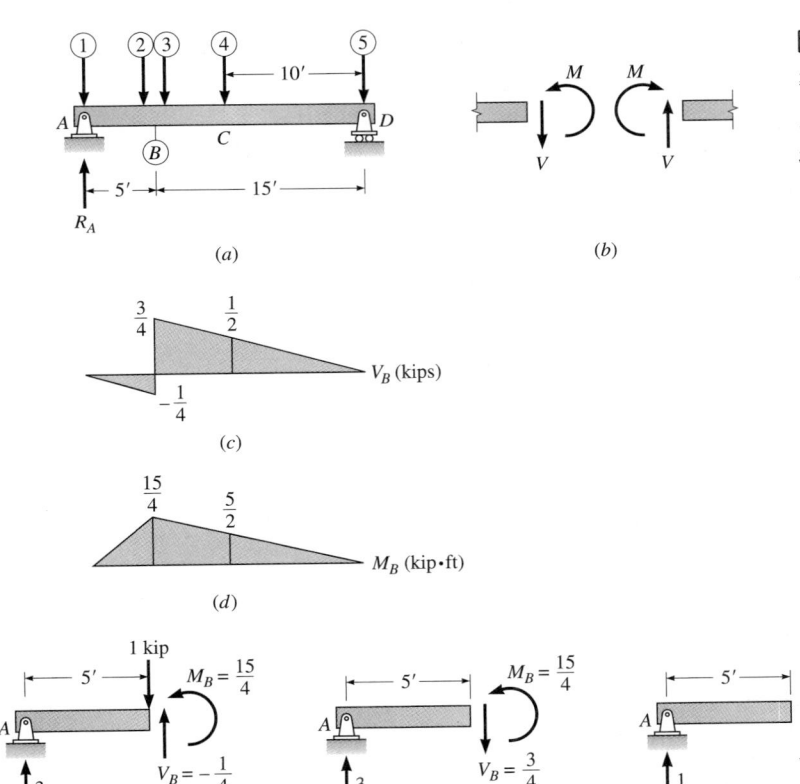

圖 8.4：斷面 B 之剪力與彎矩影響線；(a) 單位載重位置，(b) 剪力與彎矩，(c) B 點剪力之影響線，(d) B 點彎矩之影響線，(e) 單位力在 B 斷面左側，(f) 單位力在 B 斷面右側，(g) 單位載重在中跨。

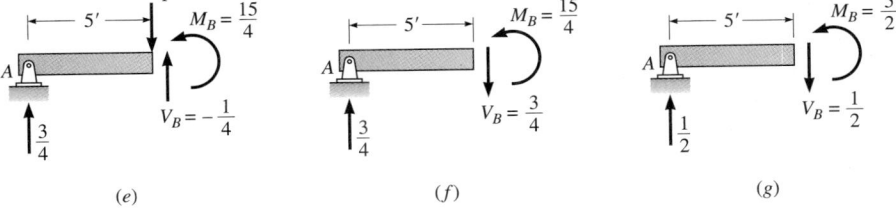

當單位載重由 B 點移動至 D 點時，因為 B 點之剪力與彎矩皆與 A 點反力成正比，而 A 點反力隨載重位置線性變化；因此，影響線值線性遞減至 D 點的零。

例題 8.3

針對圖 8.5 所示構架，建立支承 A 之反力分量 A_x 與 A_y 以及 BD 桿作用在 B 點之垂直分力 F_{By} 的影響線。BD 桿與樑之間的螺栓接合可視為一銷接頭，因此 BD 桿為一根二力桿件（或連桿）。

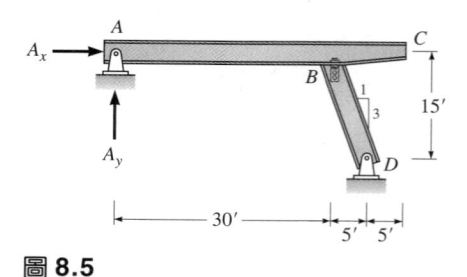

圖 8.5

解答：

為了求取影響線，我們放置單位載重在 ABC 桿自由體距支承 A 點 x_1 距離的位置上（如圖 8.6a）。接下來，我們利用三個平衡方程式將 A 與 B 點之反力以單位載重及距離 x_1 表示出來。

由於 BD 桿 F_B 之作用方向沿著桿件縱軸，其水平及垂直分量之比例與桿件斜率相同；因此，

$$\frac{F_{Bx}}{1} = \frac{F_{By}}{3}$$

則
$$F_{Bx} = \frac{F_{By}}{3} \tag{1}$$

由作用於 ABC 桿 y 方向力之總和，可得

$$\uparrow \quad \Sigma F_y = 0$$

$$0 = A_y + F_{By} - 1 \text{ kip}$$

$$A_y = 1 \text{ kip} - F_{By} \tag{2}$$

此外，x 方向力之總和給予

$$\rightarrow^+ \quad \Sigma F_x = 0$$

$$A_x - F_{Bx} = 0$$

$$A_x = F_{Bx} \tag{3}$$

將（式 1）代入（式 3），我們將 A_x 以 F_{By} 表示如下：

$$A_x = \frac{F_{By}}{3} \tag{4}$$

接下來，我們要將 F_{By} 以 x_1 表示。將作用於 ABC 桿之力量對支承 A 點取彎矩和

$$\circlearrowright^+ \quad \Sigma M_A = 0$$
$$(1 \text{ kip})x_1 - F_{By}(30) = 0$$
$$F_{By} = \frac{x_1}{30} \tag{5}$$

將（式5）之 F_{By} 代入（式2）與（式4），使我們可將 A_x 與 A_y 表示為 x_1 之函數如下：

$$A_y = 1 \text{ kip} - \frac{x_1}{30} \tag{6}$$

$$A_x = \frac{x_1}{90} \tag{7}$$

要建立如圖 8.6b、c 與 d 之影響線，我們計算出（式5）至（式7）中 F_{By}、A_x 與 A_y 在 $x_1 = 0$，30 與 40 ft 時之值。

x_1	F_{By}	A_y	A_x
0	0	1	0
30	1	0	$\frac{1}{3}$
40	$\frac{4}{3}$	$-\frac{1}{3}$	$\frac{4}{9}$

如我們在例題 8.1 至 8.3 中，由影響線斜率可觀察到，靜定結構之影響線是由一系列直線段所組成；因此，我們可以樑軸上少數重要點位之影響線值相互以直線連接的方式，定義出大部分靜定結構之影響線。這些重要點位多半為影響線斜率改變或不連續的位置，如支承處、鉸接處、懸臂桿兩端，以及在剪力影響線案例中之剪力斷面左右兩側。為了說明這個求解方式，我們將在例題 8.4 中建立樑支承處反力之影響線。

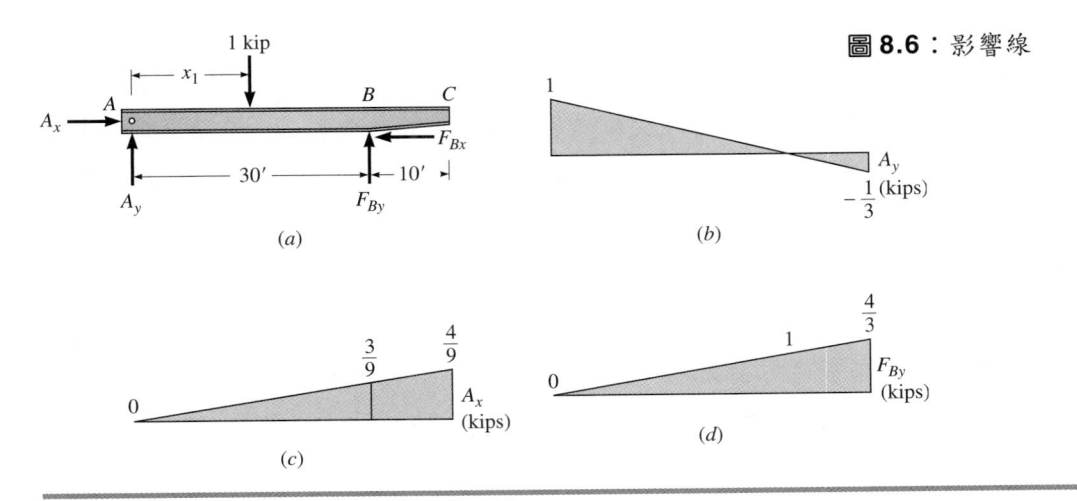

圖 8.6：影響線

例題 8.4

畫出固定端 A 點之反力 R_A 與 M_A 以及 C 點滾支承之反力 R_C 的影響線（如圖 8.7a）。圖 8.7a 所示箭號方向表示為各反力之正值方向。

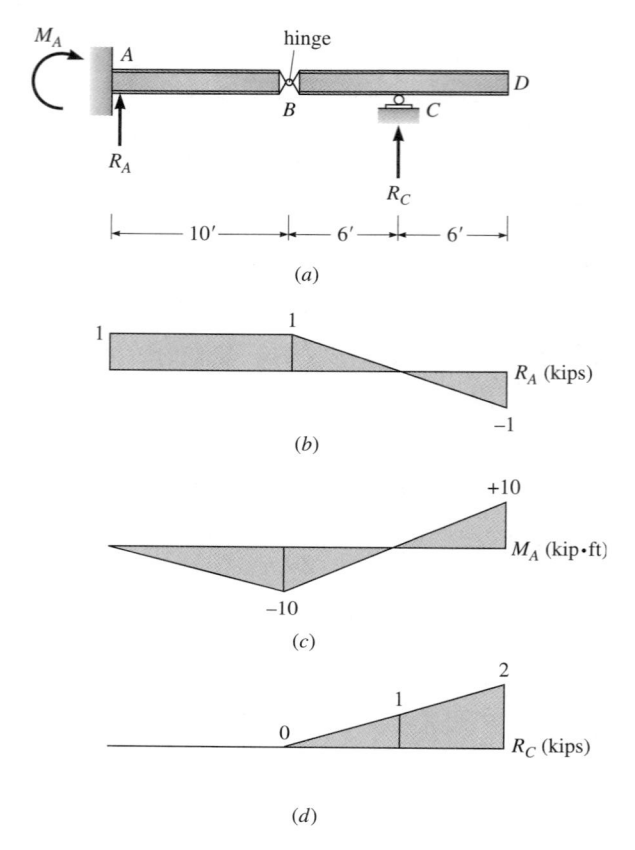

圖 8.7

解答：

在圖 8.8a 至 d 中，我們將單位載重作用在四個點位上，藉以畫出支承反力的影響線。在圖 8.8a 中，我們放置單位載重在緊鄰支承 A 的位置上。在此位置上，載重直接完全匯入支承中形成反力 R_A。由於沒有任何載重傳至結構之其他部位，所有其他反力等於零，亦即結構未受力。

其次，我們將單位載重移至鉸接 B 點（如圖 8.8b）。如果考慮鉸右側 BCD 桿之自由體（如圖 8.8c），並對 B 點取彎矩和。反力 R_C 必須為零，因為樑上並無任何外力作用。如果我們加總所有垂直方向之力，可發現作用於鉸接點之 R_B 也為零。因此，我們可推論整個載重是由懸臂桿 AB 所承載，並產生如圖 8.8b 所示之 A 點反力。

接下來，將單位力直接施加於 C 點上（如圖 $8.8d$）。在此位置上，載重完全傳入支承 C 中，而樑之其餘位置完全不受力。最後，將單位力移動至懸臂端 D 點（如圖 $8.8e$），針對鉸接 B 點取彎矩和，可得

$$\circlearrowleft^+ \quad \Sigma M_B = 0$$

$$0 = 1 \text{ kip}(12 \text{ ft}) - R_C(6 \text{ ft})$$

$$R_C = 2 \text{ kips}$$

將 BCD 桿上垂直方向力累加，我們得知鉸接 B 點作用一個向下單位力於 BCD 桿上。相反的，一個反方向之單位力必須也向上作用於 AB 桿之 B 端上，產生如支承 A 上所示之反力。

我們現在已經獲得畫出如圖 $8.7b$ 至 d 影響線之所需資訊。圖 $8.8a$ 提供三條影響線在支承 A 點之值，也就是，圖 $8.7b$ 的 $R_A = 1$，圖 $8.7c$ 的 $M_A = 0$ 以及圖 $8.7d$ 的 $R_C = 0$。

而圖 $8.8b$ 提供了在 B 點的影響線值，也就是 $R_A = 1$、$M_A = -10\text{kip}\cdot\text{ft}$（逆時針）以及 $R_C = 0$。圖 $8.8d$ 與 e 則分別提供影響線在 C 與 D 點之值。將四個點間以直線相連接，便完成此三個反力影響線之作圖。

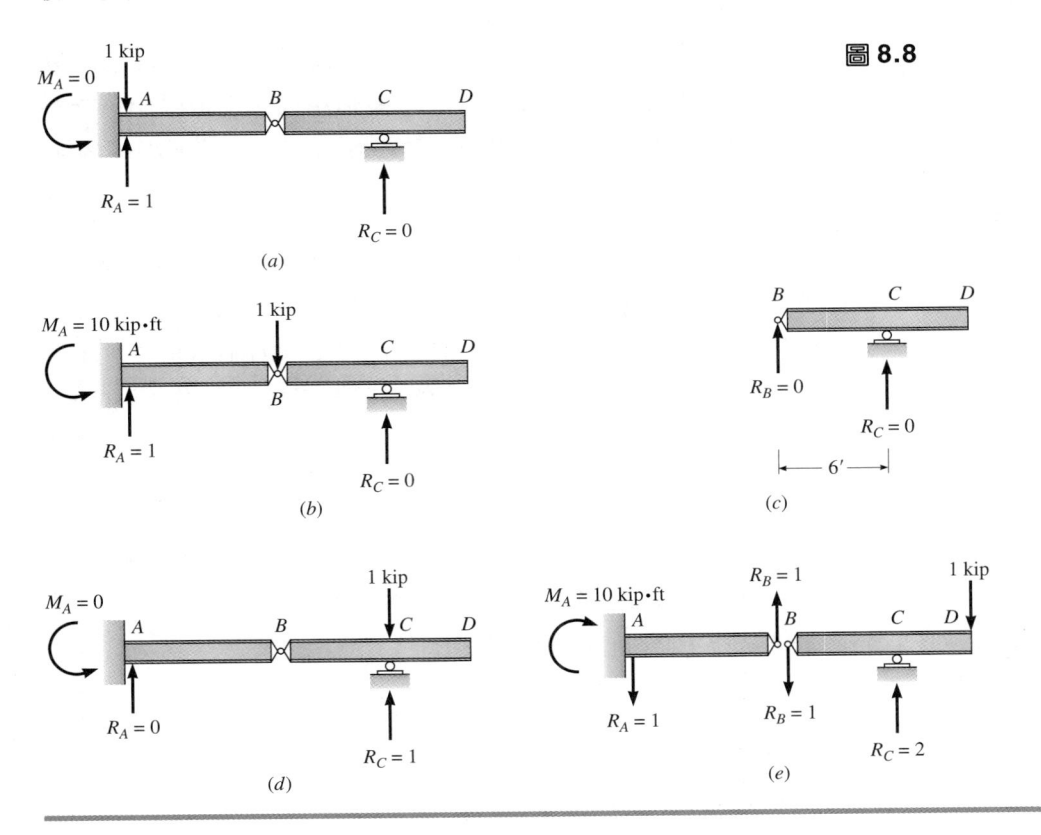

圖 **8.8**

8.4 穆勒原理
The Müller - Breslau Principle

穆勒原理提供了建立樑反力及內力（剪力與彎矩）影響線形狀的簡單步驟。雖然這個程序不會提供影響線縱座標之值（當然除了零以外），這個定性影響線可被迅速畫出並用於下列三個用途上：

1. 驗證由逐步移動單位載重所得到之影響線之形狀是否為正確。
2. 不需計算出影響線之值，便能決定出要最大化某一函數時，活載重所要置放的位置。一旦載重最臨界的位置決定後，直接分析結構受此特定活載之反應，會比求取出完整定量影響線來得容易。
3. 用來決定影響線最大值與最小值的位置。如此，在建立影響線時，只有幾個特定位置之值需要計算。

雖然穆勒法可用於靜定與靜不定結構上，本章僅討論靜定結構的情形。靜不定結構之影響線則涵蓋於第14章中。由於推導穆勒法需使用第10章功能原理之概念，我們將本方法的證明延後至第14章。

至於穆勒原理的陳述如下：

一個作用力的影響線形狀與於該作用力束制移除後之放鬆結構 (released structure) 變形相同，而放鬆結構之變形係由施加一個對應於該被移除束制之位移所造成的。

為了簡介穆勒法，我們準備畫出圖8.9a中簡支樑A點反力的影響線。首先我們移除作用於A點反力的束制，如此便形成圖8.9b所示之放鬆(released)結構。接著我們將樑之左端朝R_A之方向垂直向上給予一任意位移量Δ（如圖8.9c）。由於樑必須針對B點旋轉，它的變位形狀為三角形，由B點的0變為A'點的Δ，此形狀亦為影響線之形狀。這個結果驗證了在8.2節我們所求得A點反力之影響線的形狀（如圖8.2f）。

求得變位形狀的一個簡單的方法是：想像被移除束制所對應的力，被施加在此束制已被解除的放鬆結構上，並使其位移至它所應有的變形位置上。

當影響線的形狀建立後，我們可施加一單位力在真實樑的A點上，求得$R_A = 1$，此即在左端最大縱軸座標的值。完整的影響線如圖8.9d所示。

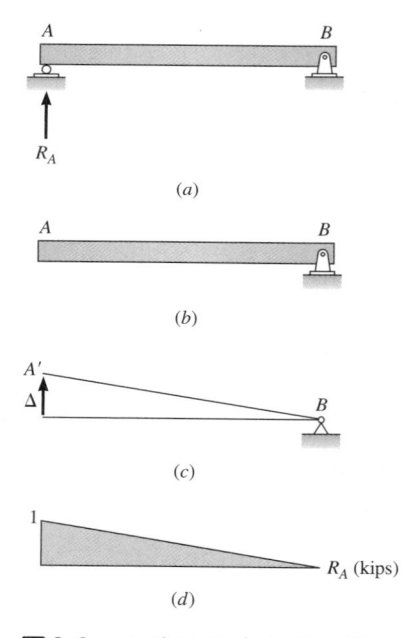

圖8.9：以穆勒法建立影響線；(a) 簡支樑，(b) 放鬆結構，(c) 對應於A點反力所引入之位移。變形便為未知尺度之影響線，(d) R_A 之影響線。

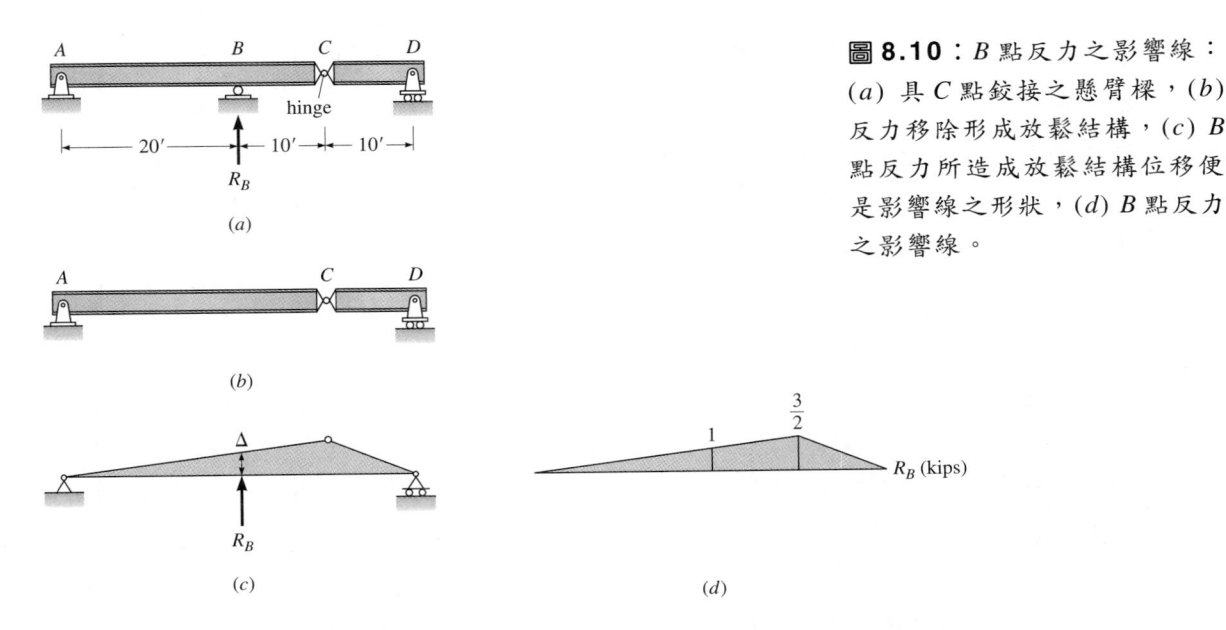

8.4 穆勒原理

圖 8.10：B 點反力之影響線：(a) 具 C 點鉸接之懸臂樑，(b) 反力移除形成放鬆結構，(c) B 點反力所造成放鬆結構位移便是影響線之形狀，(d) B 點反力之影響線。

在第二個例子中，我們要畫出圖 8.10a 中樑在 B 點反力的影響線。圖 8.10b 所示為移除 B 點支承後的放鬆結構。我們將一個垂直位移 Δ 導入對應於 B 點反力的位置上，此時結構的變位便是未經尺度化的影響線（如圖 8.10c）。由於已知當單位力作用於支承 B 時，真實結構 B 點的反力為 1，我們可將在 B 位置之影響線值標示為 1，並由相似三角形的關係，可計算得知 C 點影響線值為 $\frac{3}{2}$。

要使用穆勒法建立樑斷面剪力的影響線時，我們必須解除斷面傳遞剪力的能力，但仍保留其軸力與彎矩的容量。我們將想像，當圖 8.11a 所示由板與滾軸所形成之裝置引進樑內時，可以達成解除剪力束制。

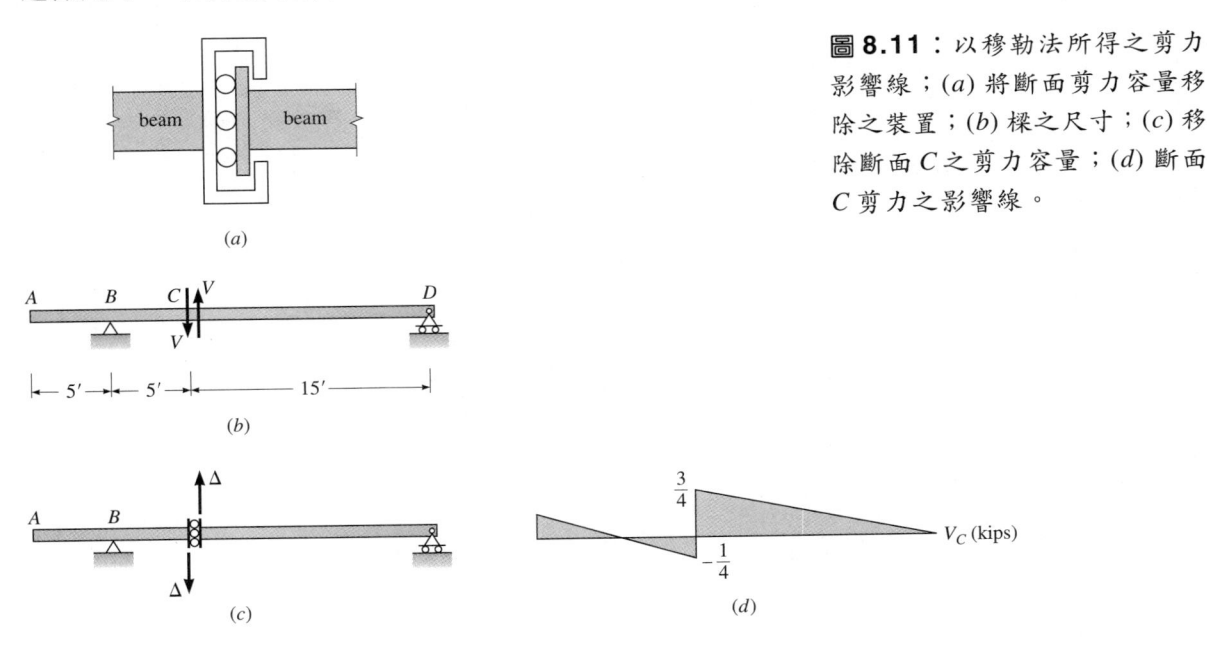

圖 8.11：以穆勒法所得之剪力影響線；(a) 將斷面剪力容量移除之裝置；(b) 樑之尺寸；(c) 移除斷面 C 之剪力容量；(d) 斷面 C 剪力之影響線。

為了說明穆勒法求剪力影響線的方式，我們將建立圖 8.11b 中樑之 C 點剪力影響線。在圖 8.11c 中，我們將板與滾軸裝置嵌入斷面 C，來解除斷面的剪力容量。藉由導入如圖 8.11c 中之變位，我們可獲得斷面 C 之剪力影響線。接著我們在真實結構緊鄰 C 點左方位置上作用單位力，並計算出一個負值的剪力 $-\frac{1}{4}$。斷面右方的正縱軸值，則是依單位力作用在 C 點右方位置所計算的。我們可發現 C 點左側及右側影響線值相差為 1。

使用穆勒法求樑斷面彎矩之影響線時，我們安插一個鉸裝置在該斷面形成放鬆結構。接著我們引入對應於彎矩的位移，所產生的變位形狀便是未尺度化的影響線。比方說，要建立圖 8.12a 中簡支樑中跨彎矩的影響線，我們在中跨插入一個鉸接點，如圖 8.12b 所示。隨後我們導入如圖 8.12c 所示對應於正彎矩的位移於放鬆結構上。正彎矩的作用是將在鉸兩側之樑彎曲成凹面向上，如圖 8.12c 之虛線所示。此變形造成在中跨的鉸接點垂直向上移動，且因兩個樑段落相對於端點支承旋轉而形成一個三角形。因為靜定結構的影響線由直線組成，我們忽略彎矩所造成微小的曲率。為了求得影響線最大座標值，我們施加單位力於原始結構之中跨，可計算出中跨的彎矩值為 5 (kip·ft)。最終完成的影響線如圖 8.12d 所示。

圖8.12：彎矩影響線：(a) 樑之詳圖；(b) 放鬆結構——中跨處插入一個鉸裝置；(c) 放鬆結構受彎矩作用下之位移；(d) 中跨彎矩之影響線。

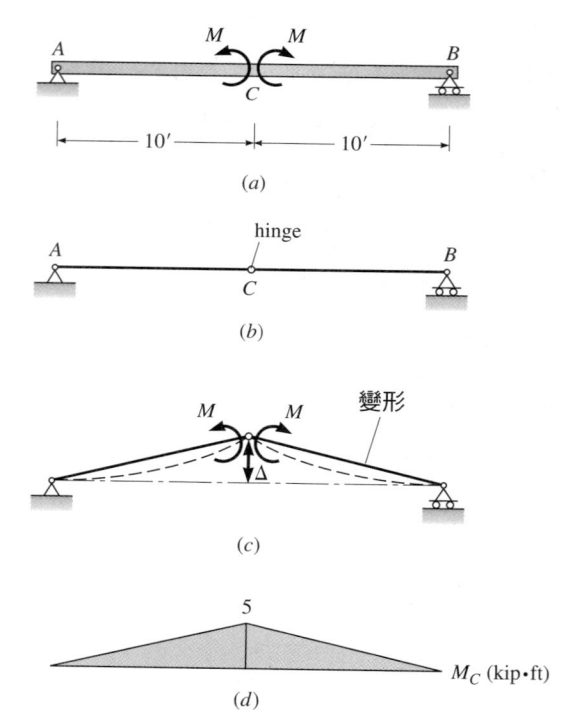

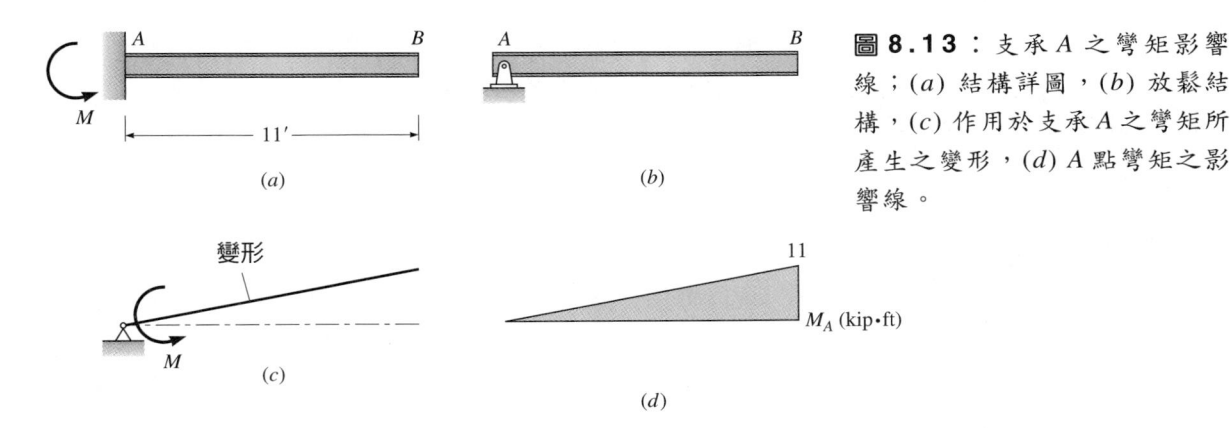

圖 8.13：支承 A 之彎矩影響線；(a) 結構詳圖，(b) 放鬆結構，(c) 作用於支承 A 之彎矩所產生之變形，(d) A 點彎矩之影響線。

在圖8.13中，我們使用穆勒法來建立懸臂樑固定端彎矩的影響線。放鬆結構是將左側支承改為銷支承所構成的。當 A 點的彎矩作用在放鬆結構時，樑會以 A 點為軸逆時鐘方向旋轉，所造成的變形如圖 8.13c 所示。在原結構之 B 點上施加單位力會造成 A 點彎矩為 11 (kip·ft)，代表影響線在 B 點的值為 11（如圖 8.13d）。

8.5 影響線的用途
Use of Influence Lines

如先前所述，我們建立影響線的目的，是要求得活載重所造成之最大反力或內力值。本節中，我們描敘如何運用影響線，來求取活載重作用在結構任意位置時的函數最大值，而活載重的型式為一個單一集中載重或可變化分配長度的均佈載重。

由於影響線之縱座標值代表單位載重所造成某一特定函數之值，集中載重所造成之效果可由影響線之縱座標乘上集中載重的大小而得。這個結果很容易理解，因為在一個彈性結構中，所產生的力量正比於施加外力的大小。

如果影響線同時具有正值區與負值區，也就是說，活載重使得影響線所代表的函數，在某些位置上方向逆轉。則為了在具有顯著影響力的作用力方向上設計構材，我們必須利用集中載重乘上影響線上最大正值與負值的方式，在每個方向上皆求出最大作用力。比方說，如果有一個支承反力改變作用力方向，這個支承的細部設計必須要能確保，不只能將最大的張力（上揚力）且要能將最大壓力傳遞至基礎。

在建築物與橋樑的設計中，活載重通常表示成均佈載重。比方說，建築設計規則可能會要求停車場之地板，依據某種大小之均佈載重來設計，而非依據特定組合的輪載重設計。

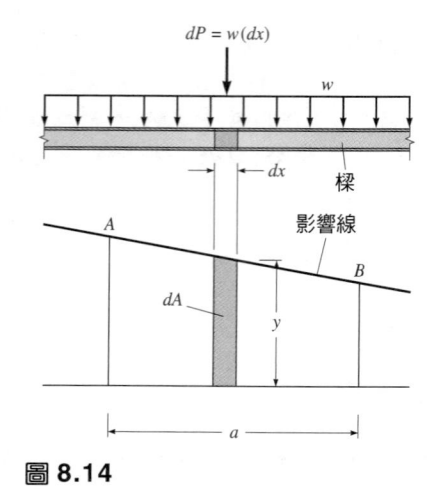

為了確定可變化分佈長度之均佈載重 w 所造成的函數最大值，我們必須將載重只分佈到影響線全為正值或全為負值的區域內。我們將說明均佈載重作用在一特定區間內所造成的函數值，會等於影響線在該區間內之面積乘上均佈載重的大小 w。

要計算由一個均佈載重 w 作用在樑上介於 A 與 B 點間長度 a 的區間上，所造成的函數值 F（如圖 8.14），首先我們將均佈載重以無窮多個微量力 dP 取代，接著我們將微量力所造成的函數增量（dF）加成起來。如圖 8.14 所示，力量 dP 為均佈載重 w 作用在一個長度為 dx 的微量樑段落之力，其值等於分佈載重與段落長度的乘積，即

$$dP = w\,dx \tag{8.1}$$

計算由力量 dP 所造成的函數增量 dF 時，我們將 dP 乘上同一點影響線的值 y，可得

$$dF = (dP)\,y \tag{8.2}$$

將（式 8.1）代入（式 8.2）則

$$dF = w\,dx\,y \tag{8.3}$$

接著計算 A 與 B 點兩點間之函數 F 大小，我們將（式 8.3）在 A 至 B 的區間內積分，可得

$$F = \int_A^B dF = \int_A^B w\,dx\,y \tag{8.4}$$

由於 w 為常數我們可將它提至積分外面，因此

$$F = w\int_A^B y\,dx \tag{8.5}$$

已知 $y\,dx$ 代表影響線下微量面積 dA，我們可將（式 8.5）右側之積分詮釋為，影響線在 A 與 B 兩點間的曲線下方面積。也就是

$$F = w(\text{area}_{AB}) \tag{8.6}$$

式中 area_{AB} 為影響線介於 A 與 B 點間之面積。

在例題 8.5 中，我們運用本節所建立的原理，來求取同時承載變化長度的均佈載重與一個集中載重的樑，其中跨位置的最大正彎矩與最大負彎矩值。

例題 8.5

圖 8.15a 所示之樑被設計來承載樑靜載重 (0.45 kip/ft)，以及包含一個集中載重 (30-kip) 與一段分佈長度可變化之均佈載重 (0.8 kip/ft) 的活載重。活載重可作用在樑上之任何位置。C 點彎矩之影響線如圖 8.15b 所示。計算 (a) 斷面 C 之最大正值與負值活載重彎矩，以及 (b) 樑自重所造成之 C 點彎矩。

解答：

(a) 要計算最大正值活載重彎矩，我們將均佈活載重予以加載在影響線上之正值區域（如圖 8.15c）。集中活載重則施加在影響線最大正值位置上。

$$\text{Max.} + M_C = 30(5) + 0.8\left[\tfrac{1}{2}(20)5\right] = 190 \text{ kip·ft}$$

(b) 至於 C 點之最大負值活載重彎矩，我們可將載重放置如圖 8.15d 所示。由於對稱之關係，將集中載重放置於 E 點之結果是一樣的。

$$\text{Max.} - M_C = (30 \text{ kips})(-3) + 0.8\left[\tfrac{1}{2}(6)(-3)\right](2) = -104.4 \text{ kip·ft}$$

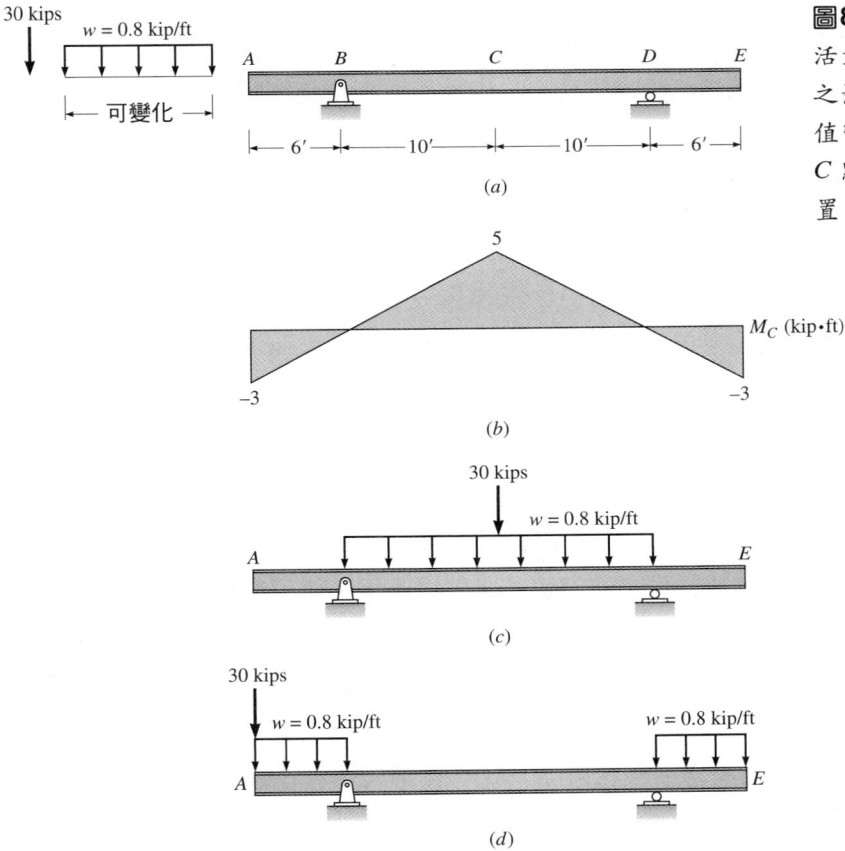

圖 8.15：(a) 樑之尺寸及其設計活載重示於圖左，(b) C 點彎矩之影響線，(c) 產生 C 點最大正值彎矩之活載重位置，(d) 產生 C 點最大負值彎矩之活載重位置，30-kip 載重也可放在 E 點。

(c) 求靜載重所造成之 C 點彎矩，將影響線下全部面積值乘上靜載重值即可。

$$M_C = 0.45\left[\tfrac{1}{2}(6)(-3)\right](2) + 0.45\left[\tfrac{1}{2}(20)5\right]$$
$$= -8.1 + 22.5 = +14.4 \text{ kip·ft}$$

8.6 承載地板系統之樑的影響線
Influence Lines for Girders Supporting Floor Systems

圖8.16a所示為常用於支撐橋面板之結構構架系統的簡略示意圖。此結構系統由三種型態的樑組成：縱樑 (stringer)、底樑 (floor beam) 以及大樑 (girder)。為了清楚展現出主要撓曲構材，我們進一步簡化略圖，橋面版 (deck)、交叉斜撐 (cross-bracing) 以及構材間接頭之細節皆予以忽略。

在此種系統中，橫跨地板樑之一系列小型縱向樑—稱為縱樑—所支承的橋板可視為相當柔軟。縱樑之間隔通常在 2.4 ~ 3 m (8 ~ 10 ft) 間，橋版的厚度則取決於縱樑間之間距。如果縱樑之間距減小，設計者可降低橋面板之深度。隨著縱樑的間距增大時，橋版之跨長也增加，則版的深度必須增加以傳遞更大的設計彎矩以及限制變形量。

縱樑的載重會傳遞至底樑，而底樑再將此載重連同其自重傳至大樑。在鋼橋的案例中，如果由縱樑至底樑與由底樑至大樑的接合，皆由標準夾持角鋼所構成，我們假設這些接頭只能傳遞垂直載重（而無彎矩），並將它們視為簡單支承。除了大樑本身自重外，所有載重都是經由底樑傳遞至大樑。底樑接至大樑的點稱為**框格點**或**格間點** (*panel points*)。

在一個甲板型式 (deck-type) 的橋樑中（如圖 8.16b 之斷面），車道被放置在大樑上方。這種配置使得橋版可懸臂至大樑外側以增加車道的寬度。如果底樑的位置接近於大樑的底翼（如圖 8.16c）—稱為**半穿越橋** (*half-through bridge*) —則橋底部至車頂的距離可縮小。當一座橋樑必須由另一座橋之上方或下方通過時（例如；三條公路交叉通過之交流道），半穿越橋可減低所需之淨空。

分析大樑時，我們將其模擬成如圖8.16d所示。在圖中，縱樑被視為簡支樑。為了簡潔表示此系統，我們通常省略縱樑下方之滾支承與銷支承，而只將它們示意為置放在底樑的上方。由於圖 8.16d 之單一大樑實際上代表圖 8.16a 中的兩根大樑，我們必須個別計算出，分配至每一根大樑之輪載重的比例。比方說，如果只有一輛汽車在大樑間之車道中心，則兩根大樑都承載汽車一半的重量。反之，如果輪載重之合力作用在一根底樑 1/4 跨的位置上，則 3/4 的載重傳至較近的大樑，而只有 1/4 的載重傳至較遠的大樑（如圖8.16e）。確立傳至各大樑汽車載重的百分比，是我們要繪出影響線所需的另一個計算項目。

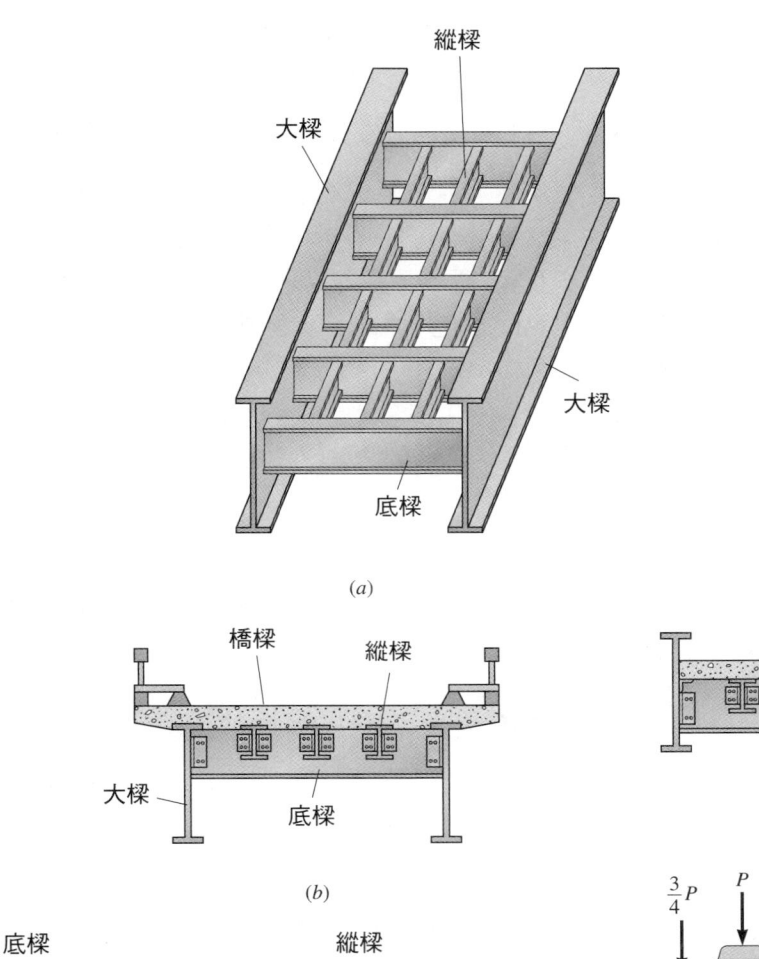

8.6　承載地板系統之樑的影響線　　8-19

圖8.16：(a) 縱樑、底樑與大樑之素描，(b) 甲板型式橋樑，(c) 半穿越橋，(d) 圖 (a) 之輪廓示意圖，(e) 單車道載重。

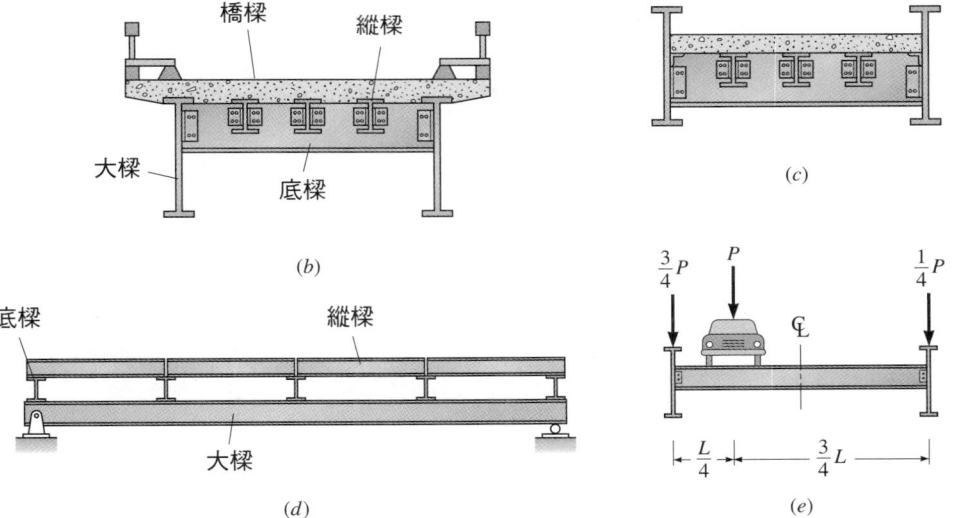

針對圖 8.17a 所示之樑，畫出 A 點反力，BC 框格剪力以及 C 點彎矩之影響線。

例題 8.6

解答：

要求取影響線之縱座標值，我們將移動一單位力通過縱樑，並計算出建立影響線所需之力量與反力大小。縱樑上方之箭號代表我們將考慮的數個單位載重施加位置。我們由 A 點開始施放此單位載重。將整個結構視為剛體並對支承取彎矩和，我們可得

$R_A = 1$ kN。由於單位載重直接作用於支承上，結構的其他位置不受力。因此，樑上任何一點之剪力與彎矩皆為零，故 V_{BC} 與 M_C 影響線之最左端值為零，如圖 8.17c 與 d 所示。

要計算影響線在 B 點之值，我們將單位力移至 B 點（如圖 8.17e），並算得 $R_A = \frac{4}{5}$ kN。由於單位載重位於底樑之正上方，此一單位將由框格點 B 傳入大樑中，而其他底樑之簡支位置上的反力為零。要計算框格 BC 之剪力，我們以斷面 1 將樑切開，形成如圖 8.17e 所示之自由體。依循 5.3 節所定義之正值剪力方向，我們將 V_{BC} 朝下作用於切斷面上。計算 V_{BC} 時，我們考量在 y 方向上之力平衡

$$+\uparrow \ \Sigma F_y = 0 = \tfrac{4}{5} - 1 - V_{BC}$$
$$V_{BC} = -\tfrac{1}{5} \text{ kN}$$

式中之負號表示剪力之作用方向與自由體上所標示者相反（如圖 8.17e）。

要計算當單位載重於 B 點時 C 點之彎矩，我們以切面 2 通過大樑形成圖 8.17f 所示之自由體。對 C 點取彎矩和，可得 M_C 之值。

$$\circlearrowright^+ \ \Sigma M_C = 0$$
$$\tfrac{4}{5}(12) - 1(6) - M_C = 0$$
$$M_C = \tfrac{18}{5} \text{ kN·m}$$

接下來，我們將單位載重推到框格點 C 並計算出 $R_A = \tfrac{3}{5}$ kN。計算 V_{BC} 時，我們所考慮為斷面 1 左側自由體之平衡（如圖 8.17g）。由於單位載重在 C 點，在 A 與 B 處之底樑不對大樑施加作用力，而 A 點之反力為作用在自由體上唯一的外力。累加 y 方向之力量可得

$$+\uparrow \ \Sigma F_y = 0 = \tfrac{3}{5} - V_{BC} \quad \text{以及} \quad V_{BC} = \tfrac{3}{5} \text{ kN}$$

利用圖 8.17h 之自由體，我們將 C 點取彎矩和後可得 $M_C = \tfrac{36}{5}$ kN·m。

當單位載重移至框格點 C 之右側時，自由體上斷面 1 與 2 左側的底樑反力皆為零（在 A 點之反力為唯一外力）。由於 A 點反力隨載重由 C 點移至 F 點時呈現線性變化，V_{BC} 與 M_C 也將呈現線性變化，且在大樑右端時降為零—V_{BC} 與 M_C 皆為 A 點反力之線性函數。

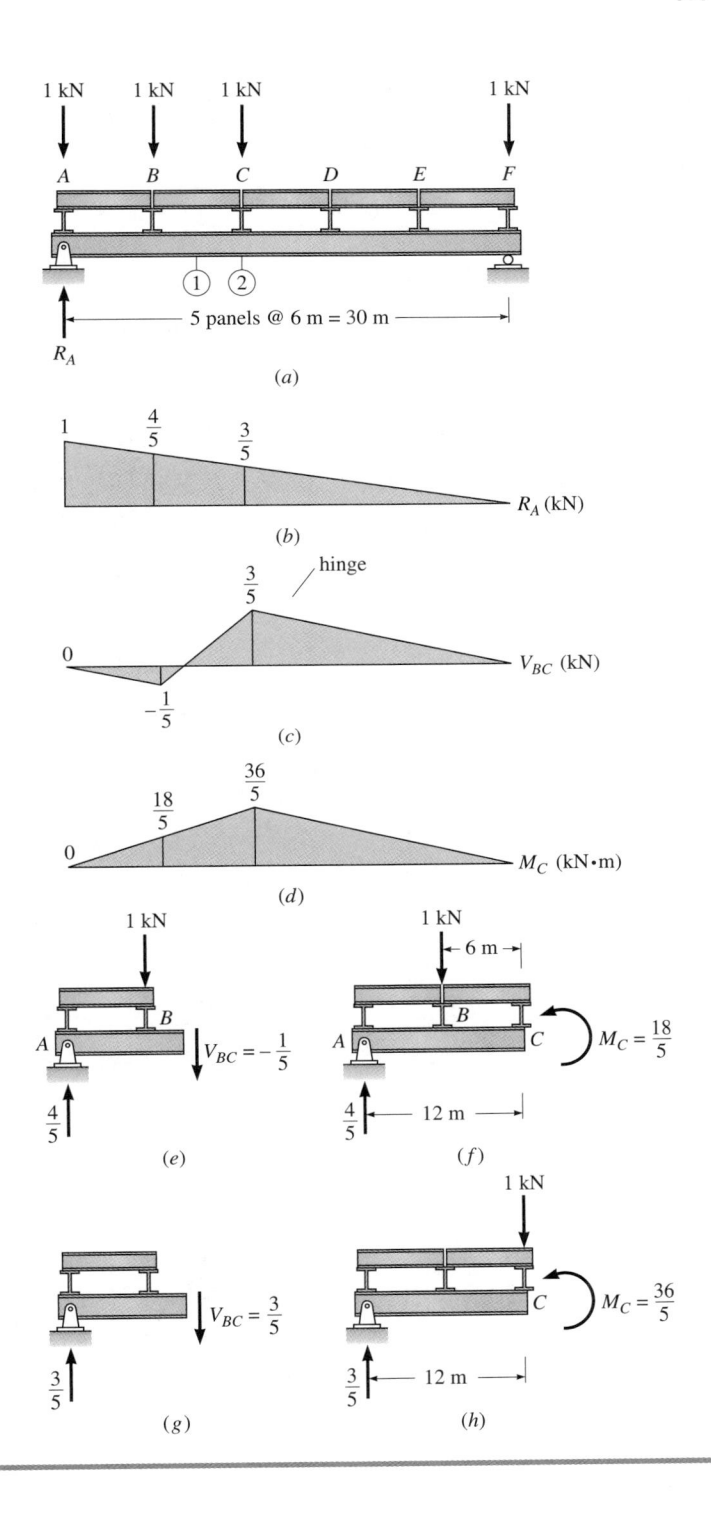

圖 8.17：(a) 結構之尺寸，(b) R_A 之影響線，(c) 框格 BC 之剪力影響線，(d) 大樑 C 點彎矩之影響線，(e) 單位載重在 B 點時框格 BC 剪力之自由體，(f) 單位載重在 B 點時 M_C 之計算，(g) 單位載重在 C 點時 V_{BC} 之計算，(h) 單位載重在 C 點時 M_C 之計算。

例題 8.7

建立圖 8.18a 所示大樑 C 點彎矩 M_C 之影響線。支承反力 R_G 之影響線為已知，如圖 8.18b 所示。

解答：

為了求得 M_C 影響線之變化趨勢，我們將單位載重放置於各框格點上（底樑之位置）。大樑彎矩之計算是利用切開 C 點位置所形成的自由體。R_G 反力值可由圖 8.18b 所示之影響線讀取得到。

建立本例題影響線時，有兩個點之值是可以不需要計算，經由觀察便可獲得。當單位載重作用在 B 與 E 點時，載重完全由其正下方支承吸收，大樑上沒有任何應力產生。同樣地，大樑上之 C 點斷面便不受彎矩作用。單位載重在 A 與 C 點時，計算 M_C 之算式與自由體分別如圖 8.18d 與 e 所示。完整的 M_C 影響線如圖 8.18c 所示。而我們也再次觀察到；靜定結構之影響線是由直線段所形成。

圖 8.18： 懸臂橋樑之影響線；(a) 橋板系統詳圖；(b) R_G 之影響線；(c) M_C 之影響線。

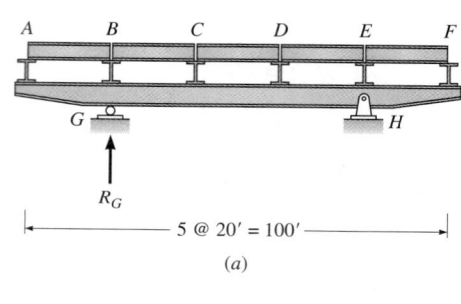

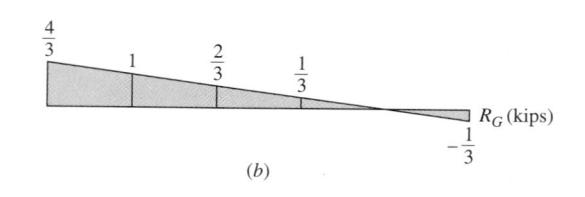

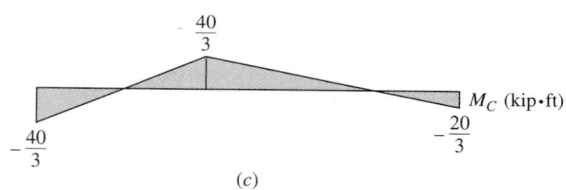

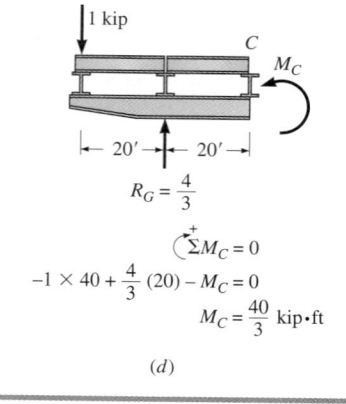

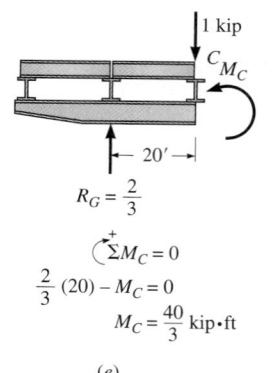

$$\circlearrowleft^+ \Sigma M_C = 0$$
$$-1 \times 40 + \frac{4}{3}(20) - M_C = 0$$
$$M_C = \frac{40}{3} \text{ kip·ft}$$

(d)

$$\circlearrowleft^+ \Sigma M_C = 0$$
$$\frac{2}{3}(20) - M_C = 0$$
$$M_C = \frac{40}{3} \text{ kip·ft}$$

(e)

例題 8.8

畫出圖 8.19a 所示樑在 B 點垂直斷面之彎矩影響線。在 A 與 F 位置上，縱樑與底樑之連接方式相當於銷接。在 B 與 E 位置上，縱樑與底樑之連接方式相當於滾支承。A 點反力之影響線為已知，如圖 8.19b 所示。

解答：

當單位載重位於 A 點時，全部載重透過底樑直接傳入 A 點之銷支承。既然 A 點以外之斷面不受力，B 點之斷面彎矩為零。

其次，我們將單位力移至 B 點，並算得 R_A 反力為 $\frac{5}{8}$kN（如圖 8.19b）。對 B 點取彎矩和，可求得 $M_B = \frac{15}{4}$kN·m（如圖 8.19d）。

接下來，將單位載重移至懸臂端之 C 點，所造成之縱樑反力如圖 8.19e 所示。作用在大樑上之力與縱樑反力，大小相等方向相反。我們再次對 B 點取彎矩和，可得 $M_B = 5$ kN·m。當單位載重越過懸臂端之間隙，向右移動至 D 點時，縱樑 ABC 便不再受載；然而，作用在斷面 B 左側自由體之唯一力量，支承 A 之反力，仍保持 $\frac{1}{2}$kN。此時，對 B 點取彎矩和，可發現 M_B 降為 3 kN·m（如圖 8.19f）。當單位載重由 D 移至 F 點時，計算結果顯示斷面 B 之彎矩呈線性遞減至零。

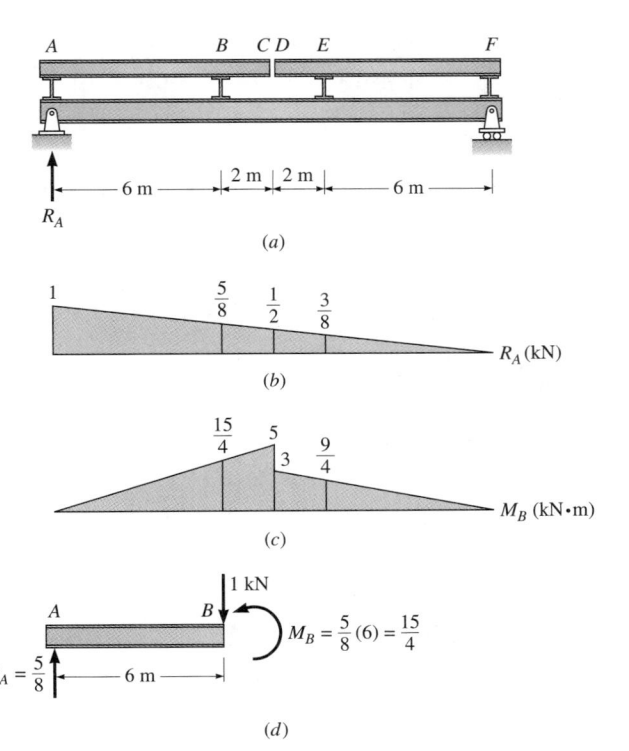

圖 8.19：由具懸臂端之縱樑所加載之橋樑的影響線。

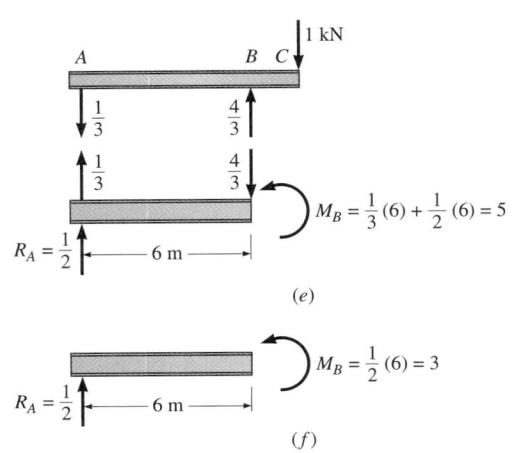

8.7　桁架的影響線
Influence Lines for Trusses

桁架構材通常具有較小的斷面,因為它們的設計是利用斷面承受正向應力來有效地傳遞軸力。由於具小斷面積的桁架構材容易產生彎曲,直接作用在接點間構材上的側向力,將造成過大的撓曲變位。因此,如果桁架構件只負責傳遞軸力,載重必須施加在接點上。如果一個橋版系統並不屬於由桁架所支承之結構系統的一部分,設計者便必須加入一組次要樑來將版載重傳遞至接合點(如圖8.20)。這些構材加上在頂部與底部平面之輕質撐材,形成一個穩定主要垂直桁架的水平剛性桁架,並防止其受壓弦材發生側向挫屈。雖然一個單獨的桁架在它的所在平面上有很大的勁度,但其側向勁度卻很小。在沒有橫向支撐系統的情形下,桁架的受壓弦材在很低的應力下便發生挫屈,使得桁架承載垂直載量的能力受到限制。

圖 8.20:桁架橋內一個典型之框格示意圖,橋版系統承載混凝土橋面版。車道上之載重經由底樑傳遞至桁架之底弦框格點上。

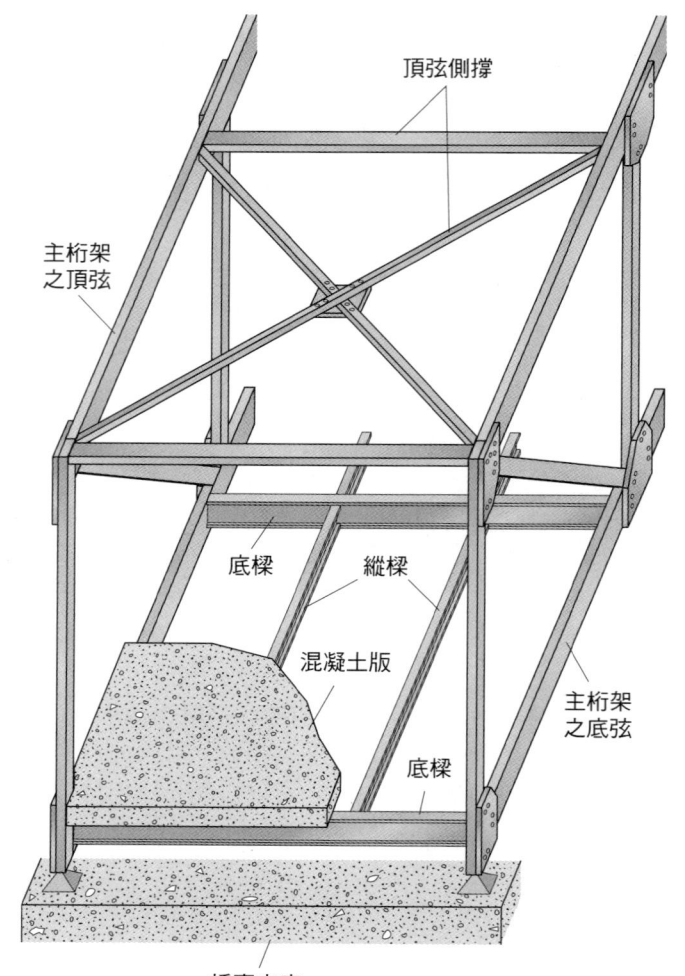

8.7 桁架的影響線

由於載重傳遞至桁架是經由一個類似於圖8.16a所示，承載地版系統之樑的構材系統。因此，建立桁架中桿件的影響線的程序與在8.6節所描述的雷同；也就是說，將單位載重置於連續的框格點上，並將對應的桿力標示為力施加點之影響線值。

載重可經由頂部或底部框格點傳遞至桁架。如果載重作用在頂弦材的接點上，此桁架稱為*甲板桁架* (*deck truss*)。反之，如果載重作用在底弦材之框格點上，則桁架稱為*貫穿桁架* (*through truss*)。

建立桁架的影響線

為了說明建立桁架影響線的程序，我們將計算圖8.21a中桁架在A點反力及桿BK、CK與CD之影響線。在這個說明例中，我們假設載重是經由下部弦材之框格點傳至桁架的。

首先，我們建立A點反力的影響線。由於桁架是一個剛體，要計算影響線在任一框格點位置上之值，可將單位力作用於該點，再利用取固定支承為軸之彎矩和而求得。計算結果顯示A點反力之影響線為一直線，其值由左側支承的 1 變化至右側支承處的零（如圖 8.21b）。此例顯示簡支樑與簡支桁架的支承反力影響線完全相同。

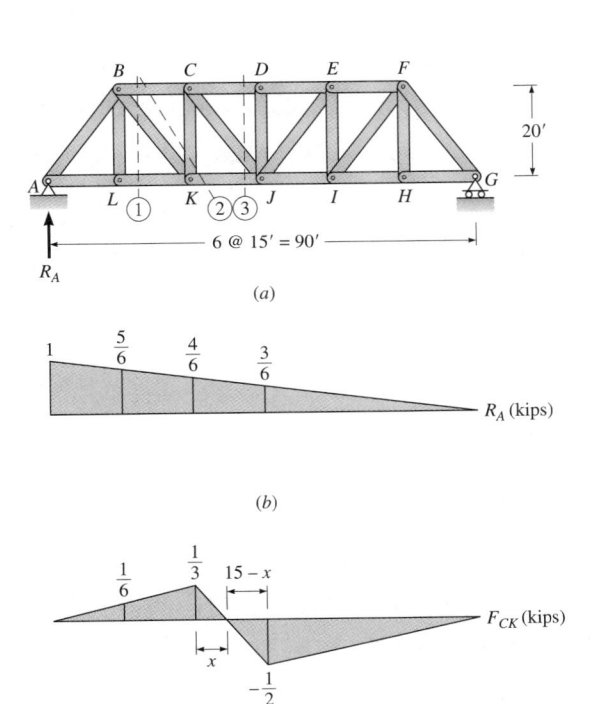

圖8.21：桁架影響線：(*a*) 桁架詳圖；(*b*) A 點反力之影響線；(*c*) BK 桿之影響線；(*d*) CK 桿之影響線；(*e*) CD 桿之影響線。

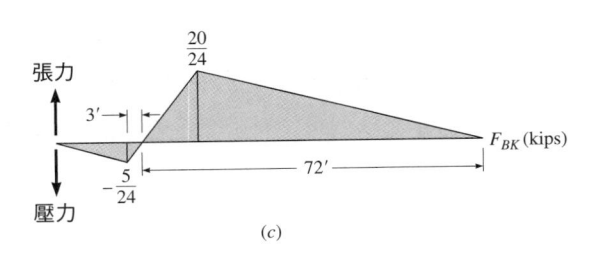

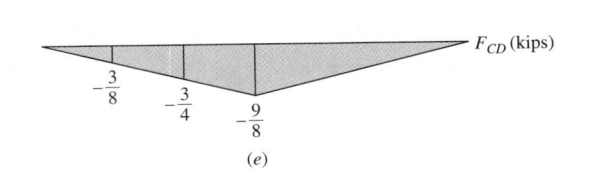

要建立桿 BK 力量之影響線時，我們可以一垂直切面切開桁架之第二框格（如圖 8.21a），利用此一自由體分析單位載重施加在各框格點時，BK 桿之力量大小。圖 8.22a 所示為單位力在第一個框格點時，斷面 1 左側之自由體。將所有 y 方向力加起來，我們可算出桿 BK 之垂直力量分量 Y_{BK}。

$$\stackrel{+}{\uparrow} \quad \Sigma F_y = 0$$

$$\tfrac{5}{6} - 1 + Y_{BK} = 0$$

$$Y_{BK} = \tfrac{1}{6} \text{ kip} \quad （壓力）$$

由於 BK 桿之斜率三角形各邊比例為 $3:4:5$，藉此可由此例算得 F_{BK}

$$\frac{F_{BK}}{5} = \frac{Y_{BK}}{4}$$

$$F_{BK} = \frac{5}{4} Y_{BK} = \frac{5}{24} \text{ kip}$$

由於 F_{BK} 為壓力，我們所繪影響線為負值（如圖 8.21c）。

圖 8.22b 所示為當單位力作用於 K 點時，斷面 1 左側之自由體。由於單位力已不作用在自由體上，桿 BK 之垂直分量必須等於 $\tfrac{4}{6}$kip，且向下才能平衡支承 A 之反力。將 Y_{BK} 乘上 $\tfrac{5}{4}$，我們可得到一個張力 F_{BK} 等於 $\tfrac{20}{24}$kip。由於 A 點之反力隨著單位力向右側支承移動呈線性減少至零，桿 BK 力量之影響線也必須向右呈線性漸減至 A 點成為零。

至於桿 CK 軸力之影響線的求取，我們可分析圖 8.21a 所示斷面 2 左側之桁架自由體。圖 8.22c、d 與 e 所示，為此斷面三個連續單位載重作用位置的自由體。桿 CK 軸力可由 y 軸方向力量加成而求得。隨著單位力由框格點 K 移至 J 時，CK 桿軸力由張力變為壓力。桿 CK 軸力最終之影響線如圖 8.21d 所示。由 K 點至其右側影響線值為零之位置的距離 x，可由相似三角形計算得到

$$\frac{\tfrac{1}{3}}{x} = \frac{\tfrac{1}{2}}{15 - x}$$

$$x = 6 \text{ ft}$$

桿 CD 之軸力影響線，則可由分析桁架第三個框格之垂直斷面自由體得到（如圖 8.21a 之斷面 3）。圖 8.22f 所示為當單位力在框格點 K 時，斷面 3 的左側桁架自由體。CD 桿之力量可由取另二根桿交點 J 之彎矩和而得到

圖 8.22：建立影響線之自由體圖。

(a) *(b)* *(c)* *(d)* *(e)* *(f)* *(g)*

$$\circlearrowleft^+ \quad \Sigma M_J = 0$$

$$\tfrac{4}{6}(45) - 1(15) - F_{CD}(20) = 0$$

$$F_{CD} = \tfrac{3}{4} \text{ kip} \quad (壓力)$$

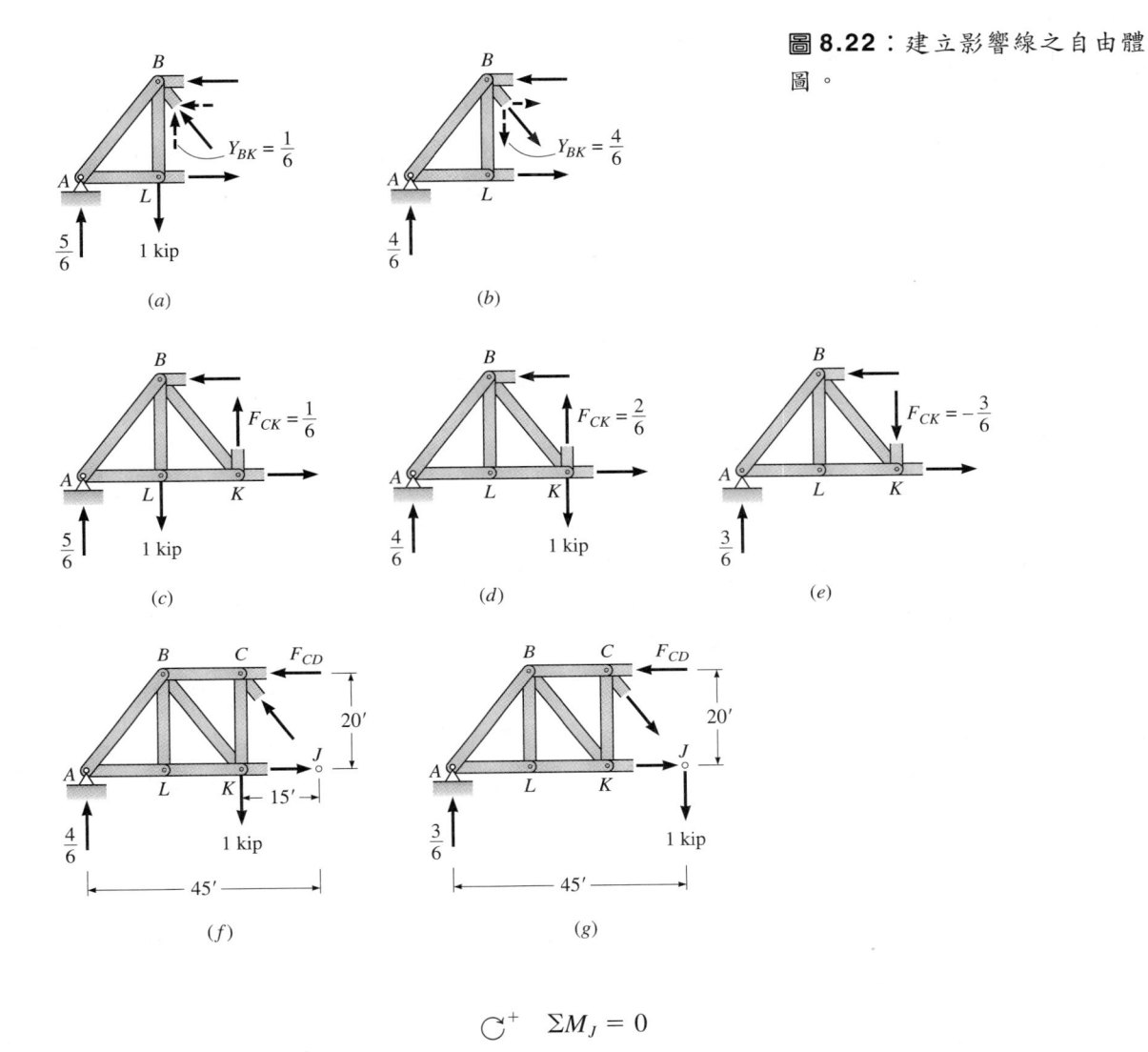

圖 8.22g 所示則為單位載重在接點 J 時，斷面 3 的左側桁架自由體。我們同樣可取 J 點彎矩和來計算 F_{CD}

$$\circlearrowleft^+ \quad \Sigma M_J = 0$$

$$0 = \tfrac{3}{6}(45) - F_{CD}(20)$$

$$F_{CD} = \tfrac{9}{8} \text{ kips} \quad (壓力)$$

桿 CD 之最終影響線如圖 8.21e 所示。

桁架拱之影響線

在第二個說明例中，我們要建立圖8.23a所示三鉸拱在A點的反力以及桿AI、BI與CD之軸力影響線。此拱是將兩個桁架在中跨以銷接頭連接起來的。我們假設載重是經由上部框格點作用。

分析的第一步是建立A點垂直反力的影響。首先，我們對G點之銷支承取彎矩和，由於兩個支承水平反力都通過G點，A_y影響線的計算顯然與簡支樑時之情形相同。所得A_y影響線如圖8.23b所示。

接著我們計算A點水平反力A_x的影響線。在此我們分析中跨鉸接點D左側桁架的自由體。例如，圖8.24a所示為，單位載重作用在第二框格點時，用以計算A_x的自由體圖。對D點取彎矩和，我們可得僅具A_x為唯一未知數的平衡方程式

$$\circlearrowleft^+ \quad M_D = 0$$
$$0 = \tfrac{3}{4}(24) - A_x(17) - 1(12)$$
$$A_x = \tfrac{6}{17} \text{ kip}$$

完整的A_x影響線如圖8.23c所示。

要計算桿AI的軸力，我們可將A點支承分離出來（如圖8.24b）。由於桿AI之水平分量軸力必須等於A_x，AI桿之影響線必定與A_x之影響線成正比。因為AI桿之傾角45°，$F_{AI} = \sqrt{2} X_{AI} = \sqrt{2} A_x$，我們可獲得如圖8.23d所示之$F_{AI}$影響線。

圖8.24c所示為用以決定桿CD軸力的自由體。這個自由體是由桁架第二個框格之中心處切開所形成的。利用圖8.23b與c中A_x與A_y的影響線值，我們可對接點I取彎矩和來解得桿CD之軸力。畫出F_{CD}對應於數個單位載重位置的縱座標值後，我們可得到如圖8.23e之影響線。

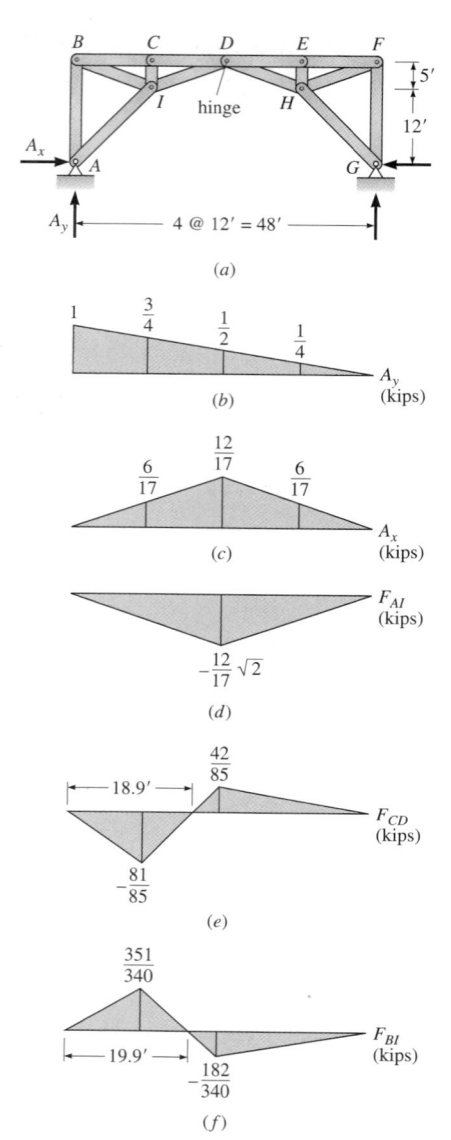

圖 8.23：桁架拱之影響線；(a) 桁架詳圖；(b) 反力A_y；(c) 反力A_x；(d) 桿AI之力；(e) 桿CD之力；(f) 桿BI之力。

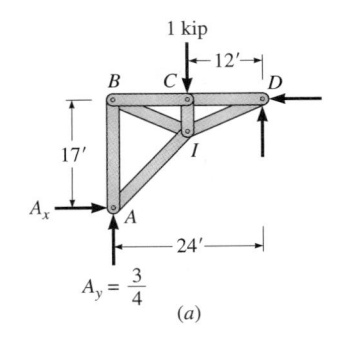

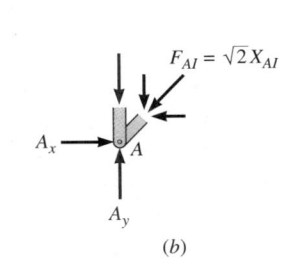

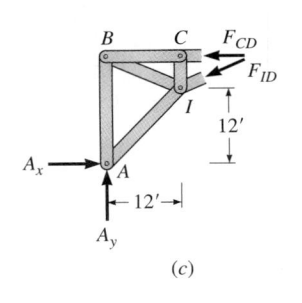

圖8.24：用於分析圖8.23a所示三鉸拱的自由體。

最後，要決定桿 BI 之軸力，我們考慮桁架第一框格垂直切面左側的自由體（見 8.24d）。對 X 點取彎矩和（X 點為桿 AI 與 BC 作用力線之交點），我們寫出以 F_{BI} 為未知數之彎矩方程式。將 F_{BI} 沿其作用力線延伸到 B 點，並分解為其水平與垂直分量，因為 X_{BI} 也通過在 X 點的彎矩中心，我們可進一步簡化彎矩方程式為僅包含 y 分量之式子。最後由斜率關係，我們可將 F_{BI} 表示為

$$F_{BI} = \tfrac{13}{5} Y_{BI}$$

F_{BI} 之影響線如圖 8.23f 所示。

8.8 公路與鐵路橋樑之活載重
Live Loads for Highway and Railroad Bridges

在8.5節中，我們說明如何使用影響線來計算一個均佈，或一個集中活載重所造成之斷面力量。我們將延伸此項討論至；如何決定出一個斷面受一組移動載重作用之最大力量。一串移動載重的例子包括卡車或火車輪胎所引起之載重。本節中，我們扼要描敘活載重（標準卡車與火車）的特性，這些載重是設計公路與鐵路橋樑的依據。在 8.9 節中，我們會介紹增量─減量法 (*increase-decrease method*) 來求得最大影響值之輪軸載重位置。

公路橋樑

在美國公路橋樑活載重設計之標準是由美國州公路及運輸官員協會 (AASHTO) 所規定。現今，主要公路橋樑之設計要求為，每一車道必須能承載圖 8.25a 所示之標準 330 噸重 (72-kip) 六輪 HS20-44 卡車，或圖 8.25b 所示由均佈載重與集中載重所組合而成的車道載重。標準卡車載重通常控制跨長小於 44 m (145 ft) 時之設計。當跨長超過 44 m 時，車道載重所造成的力通常便超過卡車載重所造成者。如果一座橋是準備建造於次要路線

圖 8.25：設計公路橋樑所用之車道載重；(a) 標準 72-kip HS 20-44 卡車，(b) 使結構產生最大力量之均佈載重與集中載重組合。

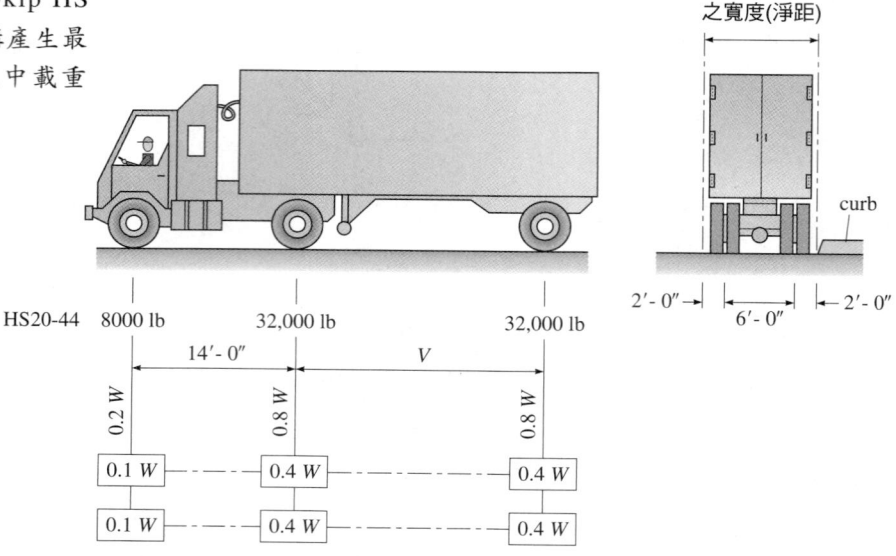

$W =$ 前兩輪軸之總重量，對所有之H型卡車皆相同。
$V =$ 可變間距 — 4.2～9公尺(14～30英呎)間，所用之間距值為可產生最大應力之距離。

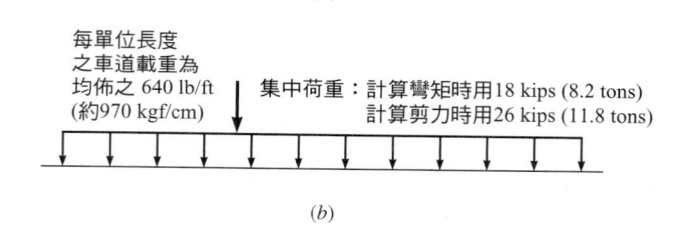

(a)

每單位長度之車道載重為均佈之 640 lb/ft (約970 kgf/cm)　集中荷重：計算彎矩時用 18 kips (8.2 tons)
　　　　　　　　　　　　　　　　　　　　　　計算剪力時用 26 kips (11.8 tons)

(b)

上，且只預期讓輕型車輛通行時，卡車載重與車道載重皆可降低 25% 或 50%，折減量視預期之車輛重量而定。這些折減後之車輛載重分別稱為 HS 15 與 HS 10 載重。

AASHTO 規範有另一種不常用之次要道路橋樑設計載重之標準，一個較輕 180 噸或 (40 kips) 之四輪 HS20 卡車。由於一座橋樑的壽命通常為 50 至 100 年甚至更久，且預測未來使用橋樑之車輛型態相當困難，使用較重之卡車當做活載重可能較為審慎妥當。此外，較重之卡車載重也會導致較厚之構材設計，對於暴露在鹽或酸雨等侵蝕條件下之橋樑而言，其有效使用年限會較以較輕卡車載重設計時更長久。

雖然標準 HS 卡車之前輪與中間輪之距離固定為 4.2 m (14 ft)，設計者可自行設定中間輪至後輪的距離 V，4.2～9m(14～30 ft)之間。設計者所選擇之輪間距需產生最大之設計作用力。在所有的設計中，工程師必須考慮卡車行駛在不同方向時之作用。

雖然跨長超過 30 m (100 ft) 時，同時考慮兩台或更多台卡車之作用似乎合乎邏輯，但AASHTO規範只要求設計者考慮單一卡車載重或車道載重兩者之一。公路橋樑偶爾因為劣化、施工不良、材料瑕疵等因素而損壞，但記錄上未曾顯示以 HS 15 或 HS 20 卡車所設計之構材，發生過因過度應力而造成損毀的情形。

鐵路橋樑

在美國鐵路橋樑設計載重，由美國鐵路工程協會 (AREMA) 之規範所規定。AREMA 設計規範要求橋樑依一輛具雙火車頭尾隨一系列火車車箱進行設計。如圖 8.26 所示，火車頭之輪子以集中載重表示，而尾隨之火車車箱以均佈載重表示。活載重所代表的火車重量標示為 Cooper E 載重。現今大部分橋樑都是以圖 8.26 之 Cooper E-72 載重所設計。Cooper 載重中之數字 72 代表火車頭主要驅動輪軸以 kips 為單位時之載重大小。其他 Cooper 載重之大小與 Cooper E-72 載重皆成比例。比方說，要建立 Cooper E-80 載重之載重值，只需將圖 8.26 上之值乘上係數 80/72 即可。

衝擊 (Impact)

當讀者乘坐卡車或汽車旅行時，可能感受到隨著車在道路上移動，車體亦上下彈跳－避震彈簧之使用便是為了降低這種振動。汽車垂直方向的運動是道路表面糙度 (roughness) 的函數。路凸、不平坦表面、伸縮縫、坑洞、碎石等皆可造成車輛垂直之簡諧振動。車輛質量向下垂直的移動，增加了經輪軸作用在橋樑的力量。由於動態作用力同時是橋樑上也是車輛自然週期的函數，其預測相當困難，我們以一個衝擊因子 (impact factor) 增加活載重大小的方式將其效果納入考量。AASHTO 規範要求公路橋樑中構材之衝擊因子

$$I = \frac{50}{L + 125} \quad \text{但不大於 } 0.3 \tag{8.7}$$

其中 L 為構材產生最大應力所需加載的（英呎）長度。

圖 8.26：設計鐵路橋樑所用之 Cooper E-72 載重（輪載重單位為 kips）。

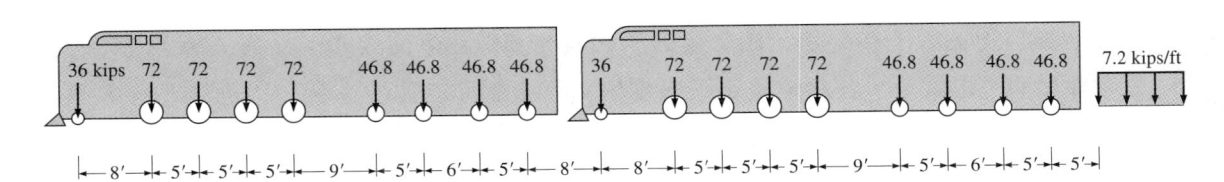

舉例說明，要計算圖8.21a中桁架之BK桿張力的衝擊因子，我們使用圖8.21c之影響線來決定加載長度 L = 72 ft（影響線值為正的區域長度）。將此長度代入上式，可得

$$I = \frac{50}{72 + 125} = 0.254$$

因此，活載重所造成之BK桿張力必須乘上1.254倍後，才等於由活載重與衝擊力所造成之總力。

如果我們是要計算BK桿中之最大活載重壓力大小；衝擊因子與張力時所用者並不同。如圖8.21c影響線所示，桿壓力產生在載重作用在支承A至其右側之18 ft範圍內。

$$I = \frac{50}{18 + 125} = 0.35 \qquad (0.3控制)$$

由於0.35大於0.3，使用上限值0.3。

靜載重應力並不需以衝擊因子放大。其他橋樑規範皆有類似的衝擊方程式。

8.9 增量－減量法
Increase-decrease Method

在8.5節，我們討論當活載重為一個單一集中載重或一個均佈載重時，如何利用影響線來計算一個函數的最大值。現在我們要延伸討論至，當活載重為一組相關位置固定的集中載重時，如何求取函數的最大值。此種一組集中載重可能代表，由一輛卡車或一列火車的輪軸所產生的作用力。

在增量－減量法中，我們首先要讓載重組之帶頭載重，落在影響線最大縱座標值的位置上。比方說，圖8.27所示之樑要以由五個輪子提供作用力之活載重來設計。開始分析時，我們想像載重已經移動至結構上，使得F_1正好位於影響線最大值y的位置上。在此情形下，因最末載重F_5仍未移入結構上，我們仍不需進行任何計算。

接著我們緩緩移動載重組前進一段距離x_1，使得第二輪正好位於影響線最大值處。這個推移所造成的結果是，由影響線所代表的函數貢獻值改變了。第一輪F_1對函數的貢獻降低（也就是，其新位置之縱座標值y'小於先前之值y）。另一方面，F_2、F_3與F_4的貢獻增加，因為它們移動至影響線值更大的位置上。由於F_5也移動至結構上，它也施力於此樑上。如果函數值的淨改變為一個減量，則第一個位置比第二個位置還要重要，則我們可以將第一個位置 (position 1) 之載重（如圖8.27c）乘上對應的影響線值（也就是，F_1乘上y）來計算這個函數值。但是如果推移至第二個位置 (position 2)（如圖8.27d）造成函數值的增量，則第二個位置比第一個位置重要。

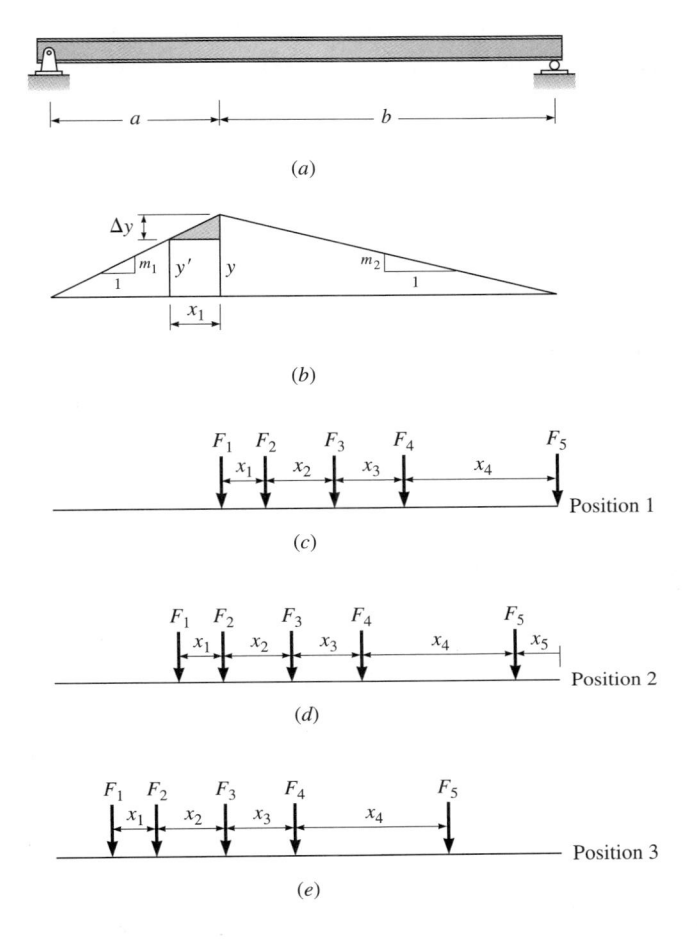

圖 8.27：以增量—減量法計算一組集中載重所造成之最大函數值。(*a*) 樑，(*b*) 某一函數之影響線，其最大值為 y，(*c*) position 1：第一個輪之載重 F_1 位於 y 值之位置，(*d*) position 2 位置：所有載重前進 x_1 距離使得第二輪載重 F_2 位於 y 值之位置，(*e*) position 3 位置：所有載重前進 x_2 距離使得第三輪載重 F_3 位於 y 值之位置。

　　為了確認第二個位置是否為最重要的，我們將推移載重組繼續前進 x_2 的距離，使得 F_3 落在最大影響線值位置上（如圖 8.27*e*）。我們再次計算推移所造成的函數值改變。如果函數為減量，前一個位置為臨界狀態。如果函數為增量，我們繼續推移載重。這個程序持續進行至推移產生一個減量的函數值為止。一旦我們確認這個結果，我們得知前一個位置使得該載重組造成最大化函數值。

　　移動一個特定輪胎所造成的函數值改變量，等於輪載重乘上兩位置之影響線值差異量。比方說，當輪 F_1 向前移動一段距離 x_1 時，所造成之函數變化量 Δf 等於

$$\Delta f = F_1 y - F_1 y'$$
$$\Delta f = F_1(y - y') = F_1(\Delta y) \tag{8.8}$$

式中影響線之變化量為 $\Delta y = y - y'$。

　　如果設定 m_1 為推移區域內影響線之斜率，我們可將 Δy 表示為斜率與推移量的函數，利用斜率三角形與圖 8.27*b* 所示之陰影面積的比例關係；

$$\frac{\Delta y}{x_1} = \frac{m_1}{1}$$
$$\Delta y = m_1 x_1 \tag{8.9}$$

將（式8.9）代入（式8.8）可得

$$\Delta f = F_1 m_1 x_1 \tag{8.10}$$

式中斜率 m_1 可為正值或負值，F_1 為輪載重。

如果一個載重移入或移出結構，它對函數值的貢獻量 Δf 可於（式8.10）中，代入實際在結構內移動的距離加以計算。比方說，當 F_5 載重移入結構時，F_5 力量的貢獻（如圖8.27d）等於

$$\Delta f = F_5 m_2 x_5$$

其中 x_5 為 F_5 載重至樑端之距離。此增量—減量法將在例題8.9說明。

例題 8.9

圖8.28 中之80英呎長橋樑需以圖8.28a 所示輪載重進行設計。使用增量—減量法，決定框格點 B 之最大彎矩值。輪載重可雙向移動。B 點之彎矩影響線為已知，如圖8.28b 所示。

解答：

Case 1：10-*kip* 載重帶頭由左向右移動。首先，將10-kip 載重放置於 B 點（如圖8.28b 所示位置）。計算當載重整體向左推移10 ft 時之改變量；也就是說，2號載重 (20-kip) 移動至 B 點位置（見 position 2）。利用（式8.10）

$$\text{增加之彎矩（載重2, 3, 4與5）} = (20+20+30+30)\left(\frac{1}{4}\right)(10) = +250 \text{ kip·ft}$$

$$\text{減少之彎矩（載重1）} = 10\left(-\frac{3}{4}\right)(10) = -75 \text{ kip·ft}$$

$$\text{淨改變量} = +175 \text{ kip·ft}$$

結論： position 2 比 position 1 更重要。

繼續移動整組載重以便決定彎矩是否仍繼續增加。當載重向左移動5 ft 至 position 3 時；也就是3號載重位於 B 點。

$$\text{增加之彎矩（載重3, 4與5）} = (20+30+30)(5)\left(\frac{1}{4}\right) = +100.0 \text{ kip·ft}$$

$$\text{減少之彎矩（載重2與3）} = (10+20)(5)\left(-\frac{3}{4}\right) = -112.5 \text{ kip·ft}$$

$$\text{淨改變量} = -12.5 \text{ kip·ft}$$

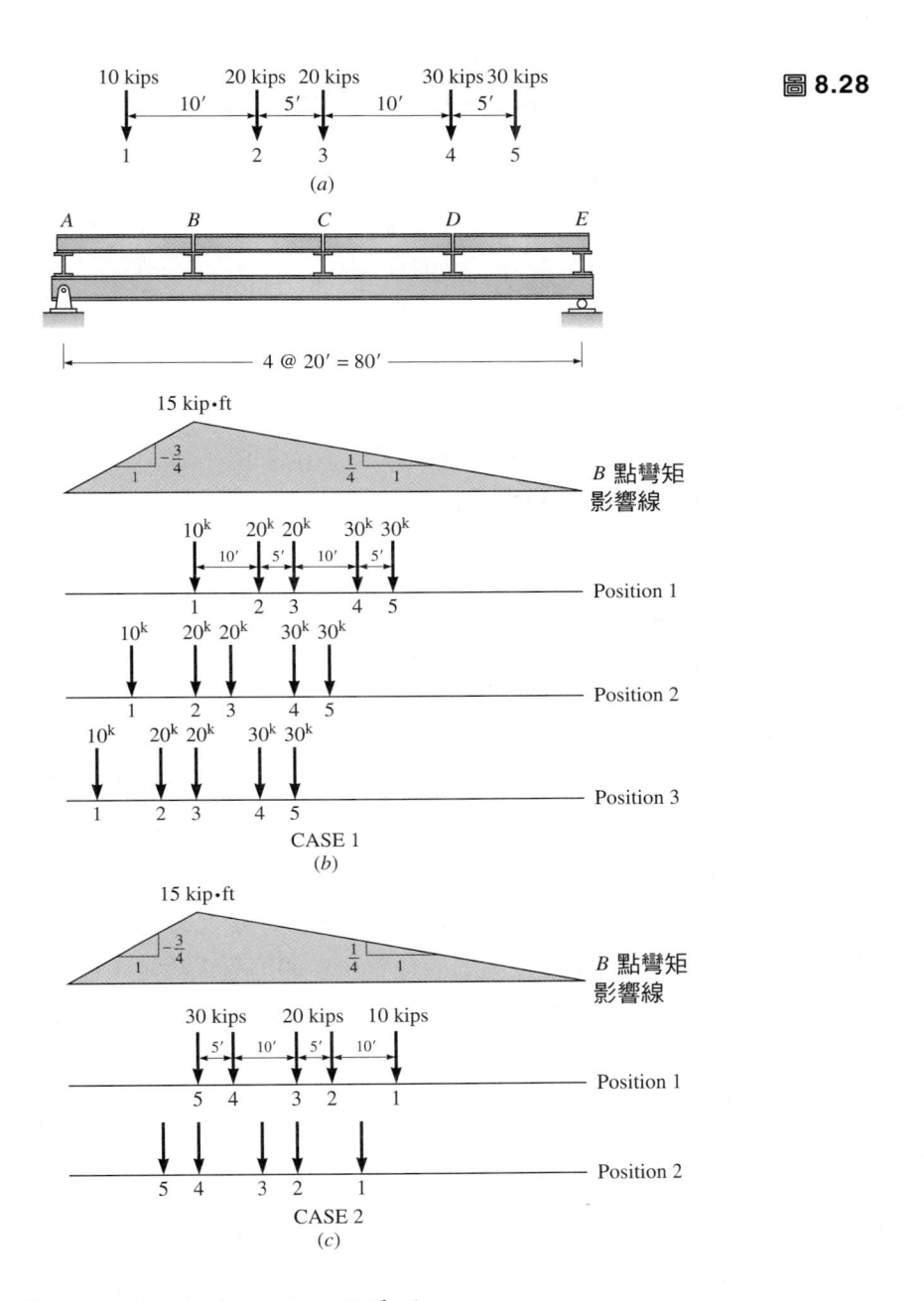

8.9 增量－減量法

圖 8.28

(a)

(b) CASE 1

(c) CASE 2

結論：position 2 比 position 3 重要。

所以，我們可以 position 2 之載重位置計算框格點 B 之最大彎矩值。將載重值乘上影響線值（括號內之數值）並累加起來。

$$M_B = 10(7.5) + 20(15) + 20(13.75) + 30(11.25) + 30(10)$$
$$= 1287.5 \text{ kip·ft}$$

Case 2. 30-kip 載重帶頭由右向左移動。首先，讓 30-kip 載重位於 B 點上（如圖 8.28c 之 position 1）。計算當載重組向左移動 5 ft 至 position 2 時之彎矩變化。

$$\begin{pmatrix} 增加之彎矩 \\ （載重4, 3, 2 與1） \end{pmatrix} = (80 \text{ kips})(5)\left(\frac{1}{4}\right) = +100.0 \text{ kip·ft}$$

$$\begin{pmatrix} 減少之彎矩 \\ （載重5） \end{pmatrix} = (30 \text{ kips})(5)\left(-\frac{3}{4}\right) = -112.5 \text{ kip·ft}$$

$$淨改變量 = -12.5 \text{ kip·ft}$$

結論：position 1 比 position 2 臨界。

所以，我們計算框格點 B 之最大彎矩如下。

$$M_B = 30(15) + 30(13.75) + 20(11.25) + 20(10) + 10(7.5)$$
$$= 1362.5 \text{ kip·ft} \quad 控制設計值 > 1287.5 \text{ kip·ft}$$

8.10 絕對最大活載重彎矩
Absolute Maximum Live Load Moment

狀況一. 單一集中載重

作用於樑的單一集中載重，所產生的三角形彎矩曲線，其最大值發生在載重點。當一個集中載重通過一根簡支樑時，在載重下方的最大彎矩由在端點的零增加至中跨的 $0.25PL$。圖8.29b、c與d所示彎矩圖，分別對應於單一集中載重P作用在三個位置時，由左端算起 $L/6$、$L/3$ 及 $L/2$。在圖 8.29e 中之虛線稱為彎矩包絡線（*moment envelope*），代表集中載重在圖8.29a中簡支樑各斷面位置所造成的最大彎矩。彎矩包絡線的求法是，將如圖 8.29b 至 d 的彎矩圖畫在一起。由於樑必須被設計來承載各斷面的最大彎矩，其撓曲容量必須等於或者超過彎矩包絡線的值（而非使用圖 8.29d 所示之彎矩圖）。單一集中載重在簡支樑上所產生的**絕對最大活載重彎矩**(*absolute maximum live load moment*)位置在中跨。

狀況二. 一串輪載重

增量－減量法提供了計算一組移動載重在樑任意斷面上最大彎矩的程序。要使用這個方法，我們首先必須決定出所要計算斷面的影響線。雖然我們瞭解，一組載重在接近中跨的斷面上所產生的斷面最大彎矩，會大於其在接近端點位置所造成的斷面最大彎矩。但截至目前，我們仍未說明；如何尋求此組輪載重所造成的絕對最大活載重彎矩會發生在那個位置上。為了在簡支樑上找出這個位置，並算出對應於某一特定輪載重組之**絕對最大彎矩**(*absolute maximum moment*)，我們將探討圖 8.30 所示輪載重所造成的彎矩。我們將假設輪載重組之合力R作用在輪胎2右方d的距離（求取一組集中載重合力位置的方法請參考例題 3.2）。

8.10　絕對最大活載重彎矩　8-37

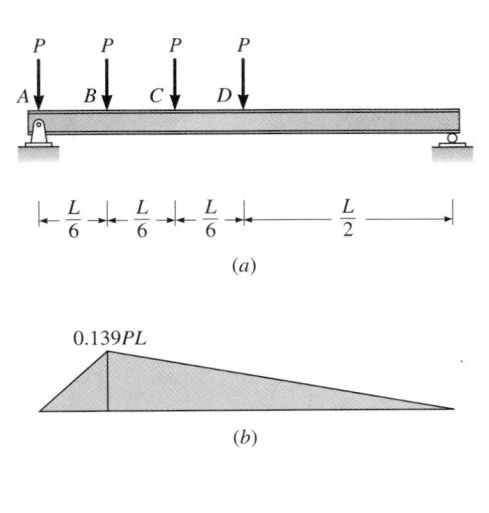

圖 8.29：受集中載重作用之簡支樑的彎矩包絡線：(*a*) 建立彎矩包絡線所考慮的四個集中載重作用位置 (*A* 至 *D*)；(*b*) 載重於 *B* 點的彎矩曲線；(*c*) 載重於 *C* 點的彎矩曲線；(*d*) 載重於中跨 *D* 點的彎矩曲線；(*e*) 彎矩包絡線，各斷面彎矩最大值之曲線。

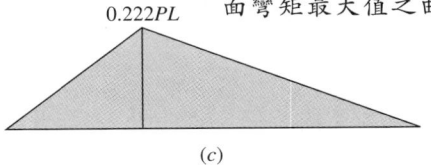

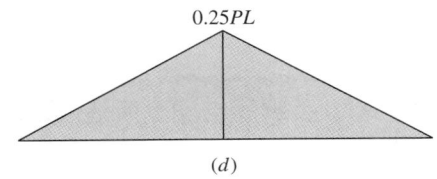

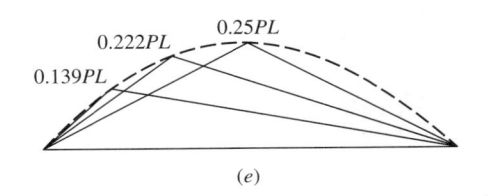

雖然我們並不十分確定最大彎矩會在那個輪載重位置發生，經驗告訴我們可能會落在靠近合力位置的輪之一。由我們對單一集中載重所產生之彎矩的瞭解，我們知道當這些輪載重位於中跨附近時會造成最大彎矩。因此，我們隨意假設最大彎矩發生在輪載重 2 的位置，在樑中心線左方 *x* 的距離，要求得使得輪載重 2 位置的彎矩為最大時之 *x* 值，我們將輪載重 2 位置之彎矩表示為 *x* 的函數。利用對 *x* 微分並設定微分值為零，我們便可求得輪載重 2 彎矩最大值發生的位置。至於計算輪載重 2 下方彎矩的大小，我們先以合力 *R* 求取支承 *A* 之反力。對支承 *B* 取彎矩和可得

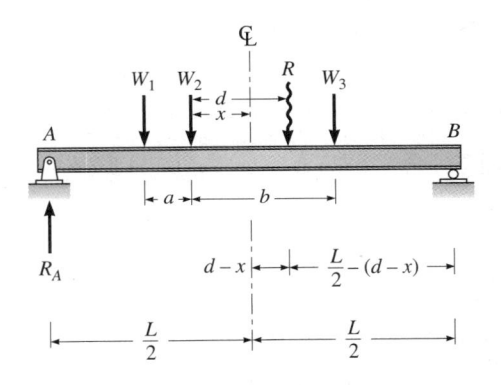

圖 8.30：合力為 *R* 之一組輪載重。

$$\circlearrowleft^+ \quad \Sigma M_B = 0$$

$$R_A L - R\left[\frac{L}{2} - (d-x)\right] = 0$$

$$R_A = \frac{R}{L}\left(\frac{L}{2} - d + x\right) \tag{8.11}$$

為求取在輪 2 位置的彎矩，對該斷面位置取彎矩，我們可寫出

$$M = R_A\left(\frac{L}{2} - x\right) - W_1 a \tag{8.12}$$

式中 a 為 W_1 與 W_2 之間距。將（式 8.11）之 R_A 值代入（式 8.12）並化簡，可得

$$M = \frac{RL}{4} - \frac{Rd}{2} + \frac{xRd}{L} - x^2\frac{R}{L} - W_1 a \tag{8.13}$$

為求得最大彎矩，我們將（式 8.13）對 x 微分，並令微分值為零

$$0 = \frac{dM}{dx} = d\frac{R}{L} - 2x\frac{R}{L}$$

可得

$$x = \frac{d}{2} \tag{8.14}$$

x 等於 $d/2$，表示載重要放置的位置是，讓樑中心線等分載重合力位置與我們假設最大彎矩會發生之輪位置間之距離。在例題 8.10 中，我們將使用上述的方法來尋求一組輪載重所造成之簡支樑絕對最大彎矩。

例題 8.10 決定圖 8.31a 所示載重組在跨長 30 英呎簡支樑上所造成之絕對最大彎矩。

圖 **8.31**：(a) 輪載重；(b) 檢核 30-kip 位置上之最大彎矩時的載重位置；(c) 檢核 20-kip 位置上之最大彎矩時的載重位置。

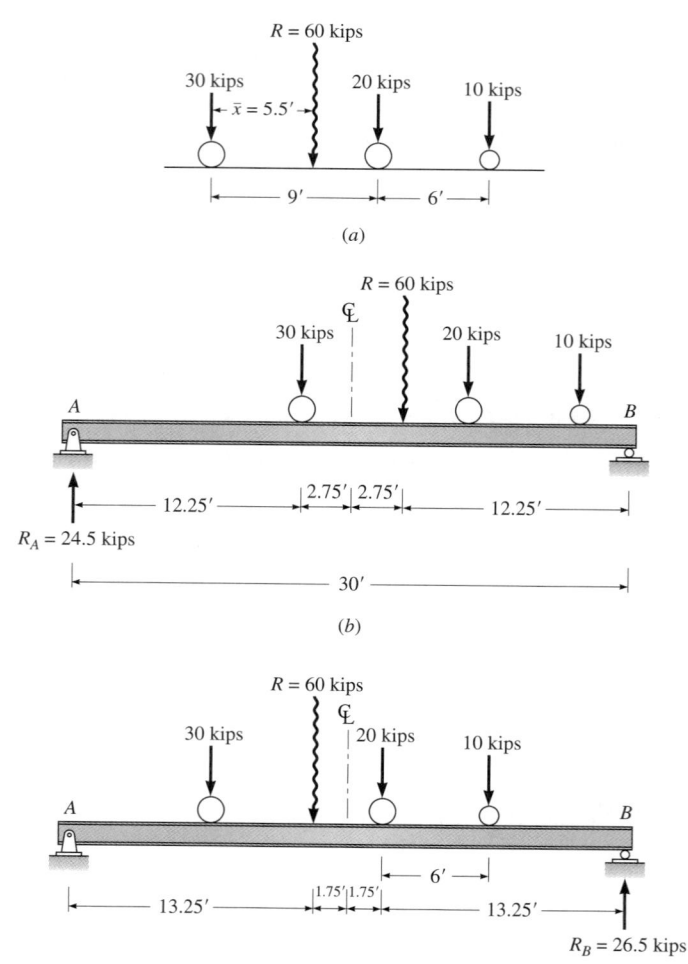

解答：

首先需算出載重組之合力大小及位置，如圖 8.31a 所示。

$$R = \Sigma F_y = 30 + 20 + 10 = 60 \text{ kips}$$

取 30-kip 載重位置為彎矩中心，決定合力作用位置：

$$R \cdot \bar{x} = \Sigma F_n \cdot x_n$$

$$60\bar{x} = 20(9) + 10(15)$$

$$\bar{x} = 5.5 \text{ ft}$$

假設最大彎矩會發生在 30-kip 載重位置上。則我們須將載重置於如圖 8.31b 所示，也就是，讓樑中心線等分 30-kip 載重與合力之間的間距長度。對 B 取彎矩和計算出 R_A。

$$\curvearrowleft^+ \quad \Sigma M_B = 0 = R_A(30) - 60(12.25)$$

$$R_A = 24.5 \text{ kips}$$

30-kip 位置上之彎矩 $= 24.5(12.25) = 300$ kip·ft

假設最大彎矩會發生在 20-kip 載重位置上。則我們須將載重置於如圖 8.31c 所示，也就是，讓樑中心線等分 20-kip 載重與合力之間的間距長度。對 C 取彎矩和計算出 R_B。

$$\curvearrowleft^+ \quad \Sigma M_A = 0 = 60(13.25) - R_B(30)$$

$$R_B = 26.5 \text{ kips}$$

20-kip 位置上之彎矩 $= 13.25(26.5) - 10(6) = 291.1$ kip·ft

所以絕對最大彎矩為 $= 300$ kip·ft 發生在 30-kip 載重之位置上

8.11 最大剪力
Maximum Shear

一根樑（簡支或連續）之最大剪力通常發生在支承附近。在一簡支樑中，樑端點之剪力便等於反力；因此，要讓剪力最大化便是調整載重位置以求取最大反力。反力之影響線（如圖 8.32b）顯示載重必須置放在盡可能靠近支承的位置上，而且整跨都應受載。如果簡支樑承載的是一組移動載重，可用 8.9 節所描敘之增量—減量法來尋求造成最大反力的載重位置。

若要最大化某一特定B斷面之剪力，圖8.32c所示影響線顯示載重必須置放 (1) 只在斷面之一側，以及 (2) 在距支承最遠端的一側。舉例說明，如果圖8.32a之簡支樑承載一個可變化長度之均佈載重，欲最大化B點的剪力，必須將活載重置放於B與C點間。

如果簡支樑所承載的是可變化分佈長度的均佈載重，設計者也許會想要求取一個最大剪力的包絡線，來建立樑軸上各斷面的臨界活載重剪力。合理可令人接受的剪力包絡線，可利用將支承最大剪力值與中跨最大剪力值以直線相連而得到（如圖8.33）。支承處最大剪力發生在全跨受載時的 $wL/2$。中跨最大剪力發生在只有半跨度受載時的 $wL/8$。

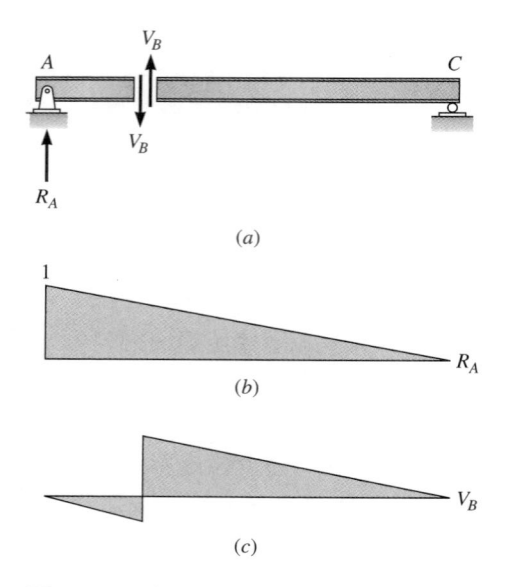

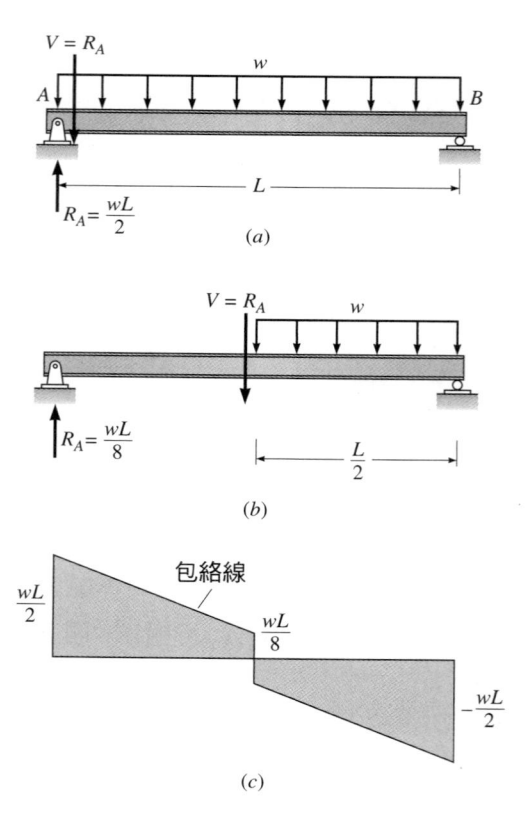

圖8.32：簡支樑中之最大剪力：(a) B點剪力之正值方向，(b) R_A 之影響線，(c) 斷面B剪力之影響線。

圖8.33：建立承載可變化分佈長度均佈載重簡支樑之剪力包絡線的載重條件：(a) 整跨受載最大化支承處剪力，(b) 半跨受載最大化支承處剪力，(c) 剪力包絡線。

總結
Summary

- 影響線的用途之一，為尋求使得樑、桁架或其他型式結構中，某一特定斷面內力最大化時，一個移動載重或者可改變分佈長度之均佈載重所應置放的位置。
- 要建立一個結構內特定位置內力或反力的影響線，我們計算當一個單位載重通過結構時，該特定點的內力值，並將其值直接繪在單位載重作用點上成為影響線之縱軸值。
- 靜定結構的影響線由直線段組成，靜不定結構的影響線由曲線組成。
- 穆勒原理 (Müller - Breslau Principle) 提供一個簡單的定性方法來決定影響線的形狀，此原理之陳述如下：

一個特定作用力之影響線上的數值，與在該束制作用力移除後之被修改結構上，導入一個對應於該移除束制的位移所造成的結構變形成正比。

習題

P8.1. 畫出 A 點反力以及 B 點剪力與彎矩之影響線圖形。

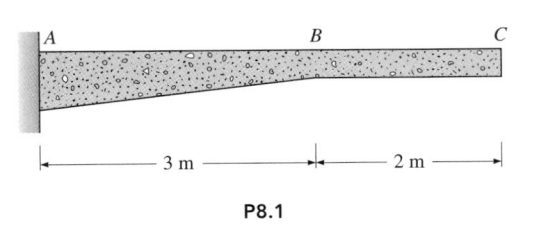

P8.1

P8.2. 如圖 P8.2 所示之樑，畫出 A 與 C 點之反力、B 點彎矩以及 C 點彎矩之影響線圖形。

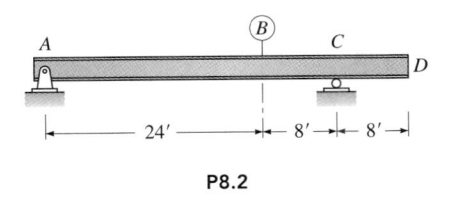

P8.2

P8.3. 畫出支承 A 之反力、B 點彎矩以及支承 B 左側之剪力影響線圖形。

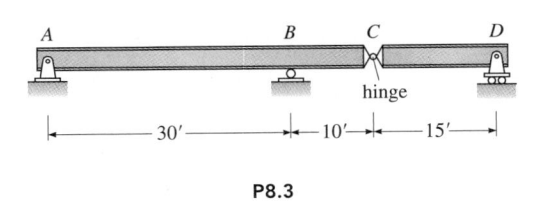

P8.3

P8.4. 如圖 P8.4 所示之樑，畫出支承 A、C 與 E 之反力以及 B 點之剪力、彎矩影響線圖形，當樑承受一集中載重 20 kN 以及均佈載重 1.8 kN/m 時，求各支承反力最大值為何（正負皆求）？

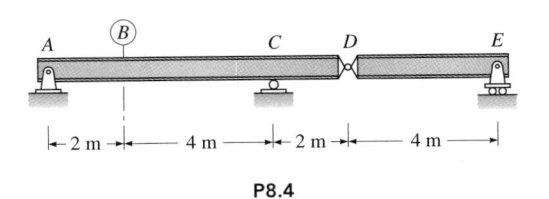

P8.4

P8.5. (*a*) 如圖 P8.5 所示之樑，求反力 M_A、R_A 與 R_C 之影響線圖形。(*b*) 假設樑承受均佈載重為 1.2 kips/ft，求反力之最大正負值為何？

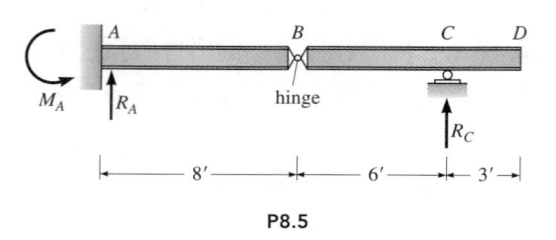

P8.5

P8.6. 求銷支承反力 A_x 與 A_y 以及位於柱 AB 中心線旁 1 ft 處斷面 1 之影響線圖形。

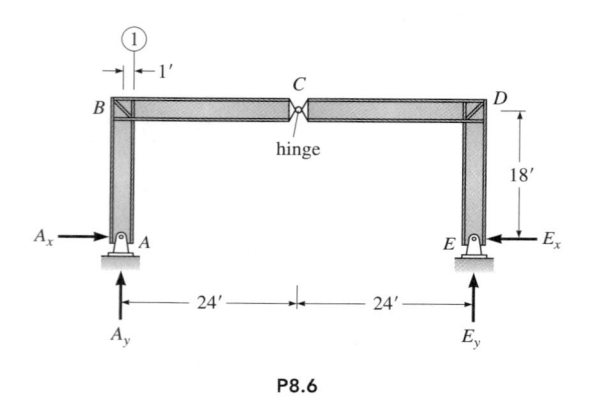

P8.6

P8.7. 如圖 P8.7，垂直載重沿桿件 ABC 移動，畫出支承 A 之水平與垂直反力、桿 BD 之軸力以及接點 B 左側剪力之影響線圖形。

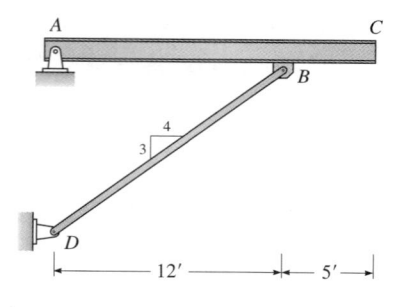

P8.7

P8.8. 至 P8.11 使用穆勒原理，畫出各支承反力以及各結構上所標示位置之內力影響線圖形。

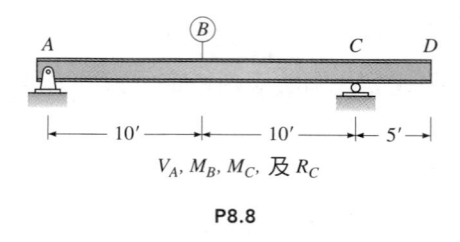

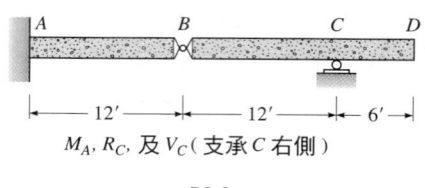

V_A, M_B, M_C, 及 R_C

P8.8

M_A, R_C, 及 V_C（支承 C 右側）

P8.9

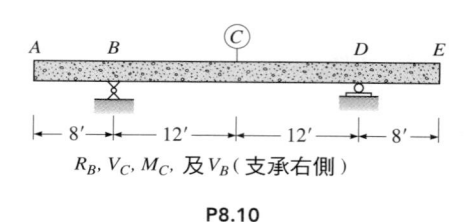

R_B, V_C, M_C, 及 V_B（支承右側）

P8.10

R_A, R_C, M_D, 及 V_D

P8.11

P8.12. 如圖P8.12所示之樑，畫支承B之反力、接點D與F之彎矩、F之垂直反力以及B點右側剪力之影響線。

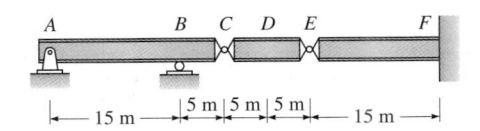

P8.12

P8.13. 如圖P8.13所示，求接點C與D間之剪力以及大樑上D點之彎矩影響線。

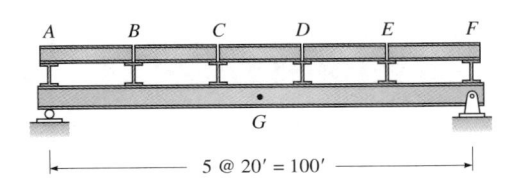

P8.13

P8.14. 如圖P8.14所示之樓版系統，畫出B與C點間剪力，以及大樑上B與G兩點之彎矩影響線。

P8.15. 如圖P8.15所示之大樑，畫出A點之反力、B點之彎矩以及AB間剪力之影響線。

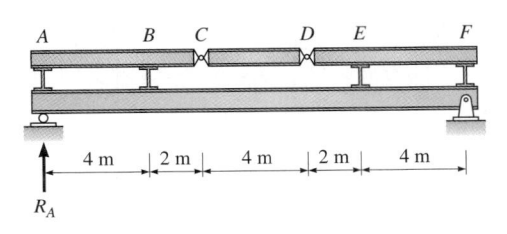

P8.15

P8.16. (a) 如圖P8.16，畫出B、E反力，C與D間剪力以及大樑上B與D點之彎矩影響線。(b) 如果樓版之靜載重（縱樑及版）可以均佈載重3 kip/ft 近似之，且橫樑可以1.5 kips集中載重近似，另大樑自重為2.4 kips/ft，求大樑D點之彎矩以及C點右側之剪力。假設樓版系統由兩外樑所支撐。

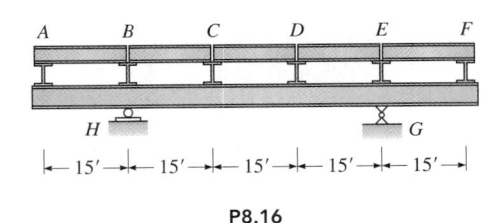

P8.16

P8.17. 如圖P8.17所示之大樑，畫出I點反力、I點右側剪力、C點彎矩以及C與E間剪力之影響線。

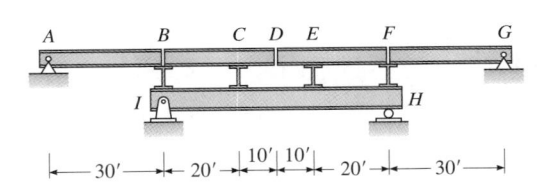

P8.17

P8.18. 如圖P8.18所示之大樑，畫出G與F支承反力、C點彎矩以及支承F左側剪力之影響線。

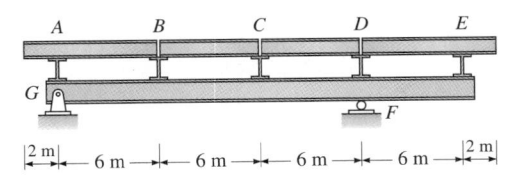

P8.18

P8.19. (a) 如圖 P8.19 所示之大樑 HIJ，畫出 C 點彎矩之影響線。(b) 畫出支承 H 與 K 反力之影響線。

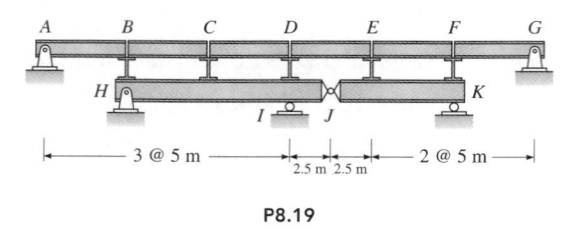

P8.21. 如圖 P8.21 所示之大樑，畫出 H 點反力、D 點彎矩以及支承 I 點左側剪力之影響線。

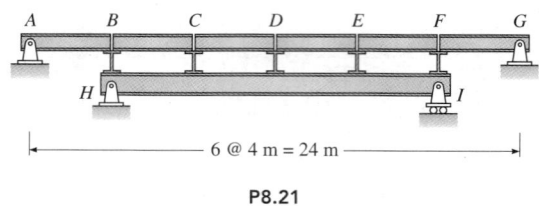

P8.20. 如圖 P8.20 所示之大樑，載重施加於 B 與 D 之間，畫出 A 點反力、D 點彎矩以及支承 A 點右側剪力之影響線。

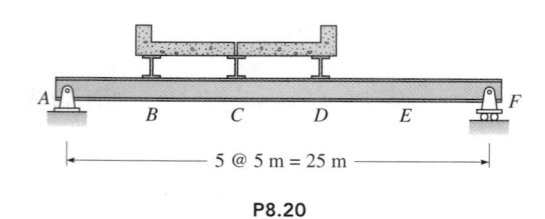

P8.22. 若活載重由圖 P8.22 所示之桁架下緣通過時，求桿件 BK、CK 以及 KL 之內力影響線。

P8.23. 若活載重由圖 P8.23 所示之桁架下緣通過時，求桿件 AB、BL 以及 CD 之內力影響線。

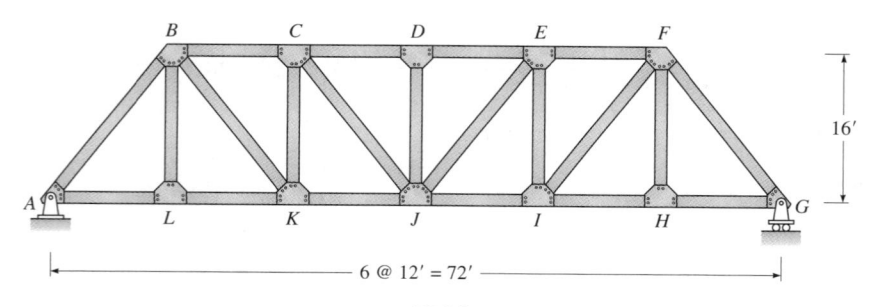

P8.24. 若活載重由圖 P8.24 所示之桁架頂端通過時，求桿件 CL、DL、EF 以及 JG 之內力影響線。

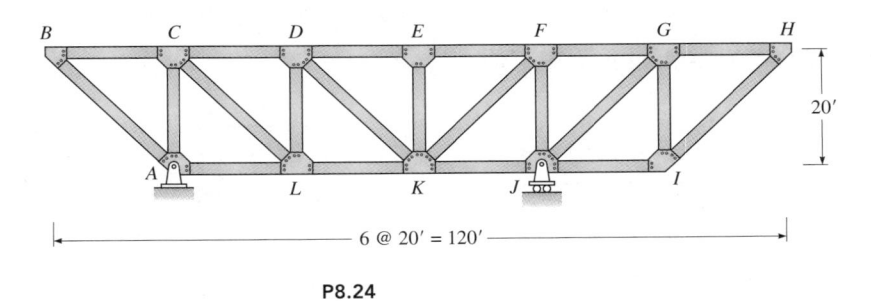

P8.24

P8.25. 若活載重由圖 P8.25 所示之桁架下緣通過時，求桿件 BK、CK、JK、CD 以及 DJ 之內力影響線。

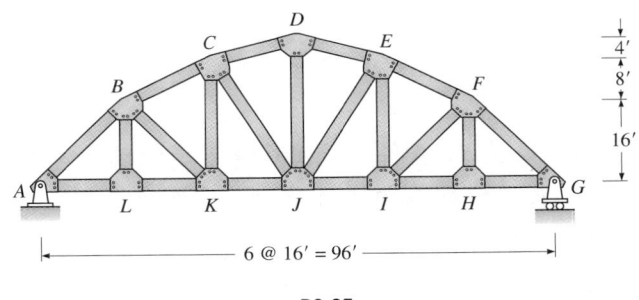

P8.25

P8.26. 若活載重由圖 P8.26 所示之懸臂桁架下緣通過時，求桿件 BL、CD、DJ 以及 EH 之內力影響線。

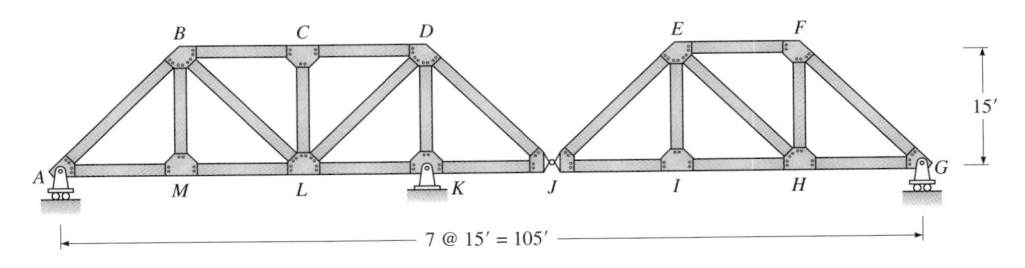

P8.26

P8.27. 如圖 P8.27，畫出 A 與 F 點之反力以及 I 斷面之剪力與彎矩影響線，使用該影響線圖形，求當樓版系統可以均佈載重 10 kN/m 近似時，支承 A 與 F 反力為何？

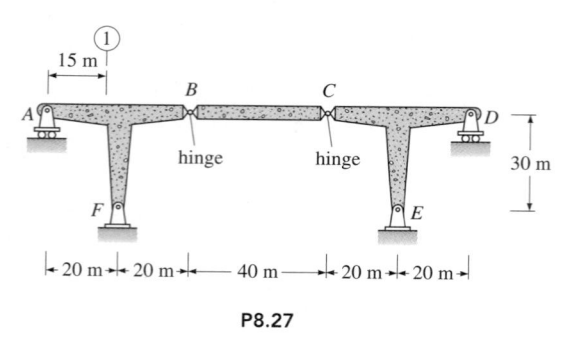

P8.28. 如圖 P8.28，水平力 P 可作用於桿件 AC 上任一位置，求 A 與 D 水平反力以及 1B 斷面彎矩之影響線。

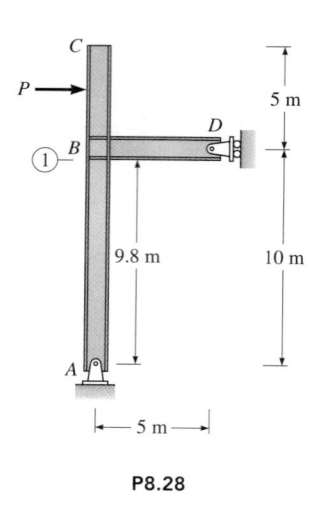

P8.27

P8.28

P8.29. 如圖 P8.29，求 BG 及 BC 桿件內力之影響線。載重經由縱樑及橫樑系統將下緣道路載重傳至支承上。假設桁架受一均勻載重 2 kips/ft，求在此載重作用下各桿受力為何？

P8.30. 求如圖 P8.29 中，桿件 CG 及 GF 受力之影響線。若桁架設計為受均佈載重 0.32 kip/ft 及受一集中力 20 kips 作用，可使各桿產生最大之內力，求在此情形下可承受最大活載重為何（張力或壓力皆可）？

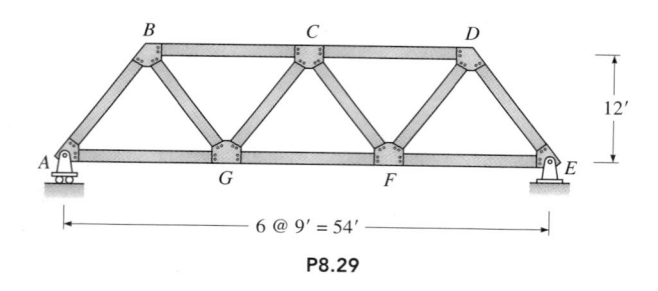

P8.29

P8.31. 如圖P8.31，一座由兩桁架組成之橋樑，此桁架以縱樑及橫樑系統支撐頂部之橋面版。畫出桿件 *BG* 及 *BF* 內力之影響線圖形。假設車輛沿著路面中心移動，單一桁架承受一半之重量。若裝滿礦石重為70 kN之車輛經過橋樑，求桿受最大活載重為何？假設卡車可雙向移動。考慮桿可受張力及壓力之可能性。

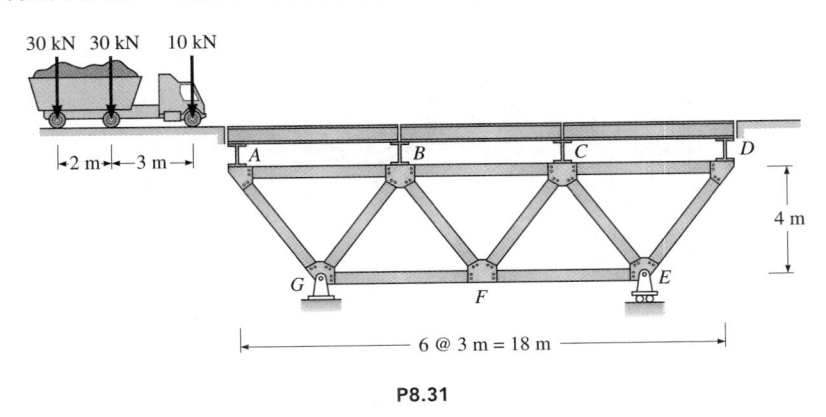

P8.31

P8.32. 如圖P8.32，求桿件 *BK* 及 *BC* 受力之影響線圖形。使用該影響線求一重54-kip之卡車經過由兩桁架所組成之橋樑時，引起的最大載重為何（需考慮張力及壓力）？假設卡車沿著路面中心移動，單一桁架承受一半之重量，且假設卡車可雙向移動。

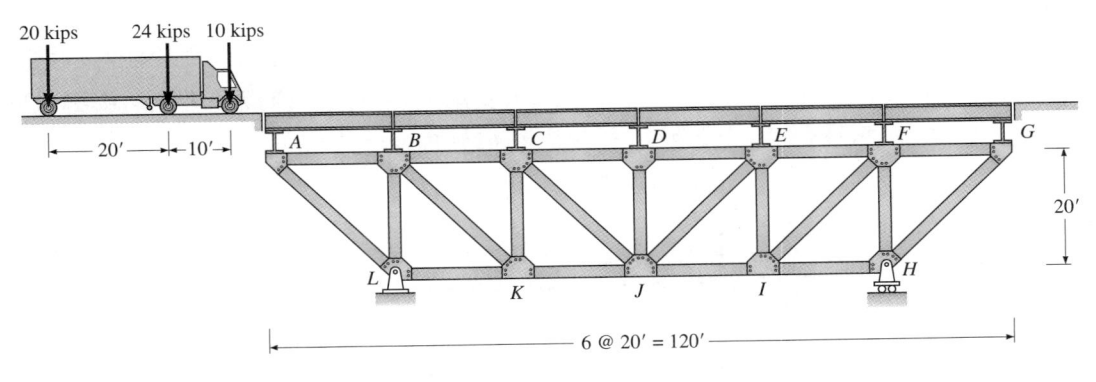

P8.32

P8.33. (a) 如圖 P8.33，假設一三角拱形式之構架以縱樑及橫樑系統承受上部載重。求支承 A 之水平及垂直反力，桿件 BC、CM 以及 ML 受力之影響線圖形。(b) 假設拱形構架及桁架系統可以均佈載重 4.8 kip/ft 表示，求由載重引起之桿件 CM 與 ML 受力為何？(c) 假設活載重由均佈載重 0.8 kip/ft 及一集中載重 20 kips 所代表，求桿件 CM 由活載重引起之最大受力為何？考慮張力或壓力特性，且接點 E 為鉸接。

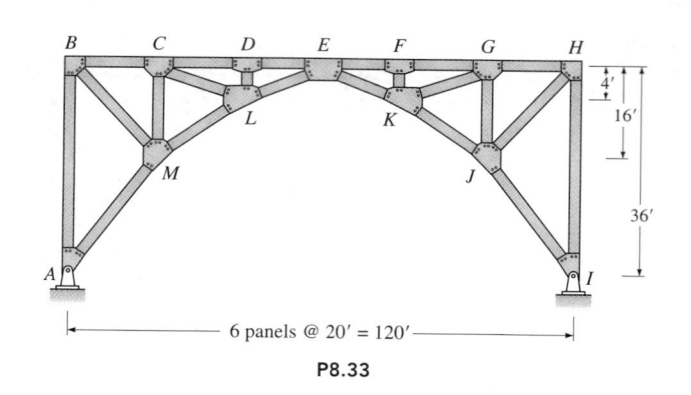

P8.33

P8.34. 一簡支樑受兩集中載重 16 kips 作用，間距為 12 ft，樑跨長為 24 ft，求絕對最大剪力及彎矩為何？

P8.35. 求一 24 ft 長之簡支樑，承受均佈載重 0.4 kip/ft 及集中載重 10 kips 作用下，引起之最大剪力、彎矩值影響包絡線。10 kips 集中力可以作用於任何位置，求支承、四分之一處以及中點之影響包絡線值為何？

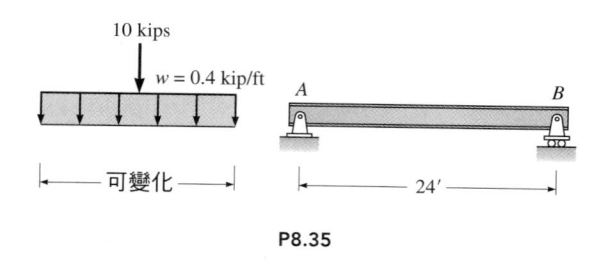

P8.35

P8.36. 如圖 P8.36，求 (a) 樑上由輪重引起之最大剪力與彎矩值為何？(b) 最重輪位於樑中點時最大彎矩為何？

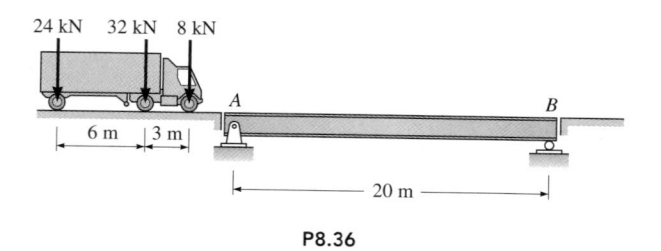

P8.36

P8.37. 求 (a) 36-ft長之大樑上由活載重引起之絕對最大彎矩及剪力值 (b) 中點之最大彎矩值（圖P8.37）。提示：(b) 部分中，使用彎矩影響線求解。

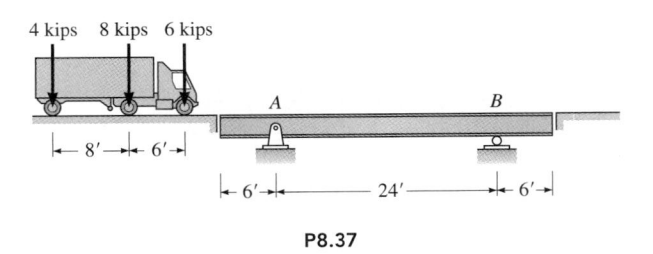

P8.37

P8.38. 如圖 P8.38 所示之 40 ft 之簡支樑，求由輪重引起之絕對最大剪力與彎矩值。

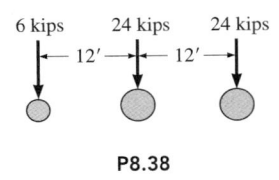

P8.38

P8.39. 如圖 P8.39 所示之樑，求 B、D 與 F 之反力；B 與 E 之彎矩；D 點左右側剪力之影響線圖形。

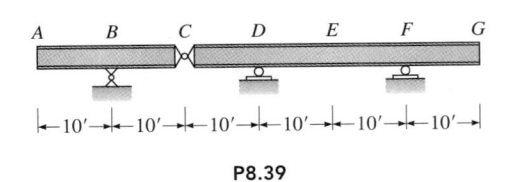

P8.39

P8.40. (a) 考慮如圖 P8.39 所示之樑，求使 B 點產生最大反力時，HS 20-44 卡車之配置方式為何（如圖 8.25a）？ (b) 使 E 點產生最大正彎矩時，HS 20-44 車道載重（如圖 8.25b）之配置方式為何？產生最大負彎矩時之配置方式又為何？ (c) 當一均佈載重 3 kips/ft 作用下，計算 E 點彎矩值。

P8.41. 如圖 P8.41 所示之樑，一集中載重 80 kN 沿樑上移動，求產生最大正、負彎矩之配置位置。

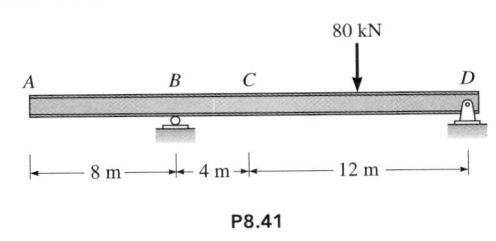

P8.41

P8.42. 考慮如圖 P8.42 所示之樑，受均佈載重 6 kN/m 作用下，求產生最大正剪力之配置方式。

P8.43. 考慮如圖 P8.43 所示之樑，求 B 點產生最大正彎矩，以及支承 C 左側產生最大剪力時，HS 20-44 車道載重（如圖 8.25a）之配置方式為何？

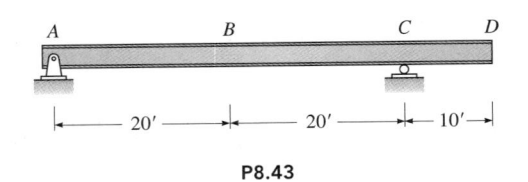

P8.43

P8.44. (a) 如圖 P8.44 所示之三鉸拱形式之構架具有橢圓形側向外觀，求支承 A 點水平及垂直反力、D 點彎矩之影響線圖形。(b) 若拱形構架受一均佈載重 10 kN/m 作用，求支承 A 點之水平及垂直反力值為何？(c) 求 D 點最大彎矩值。

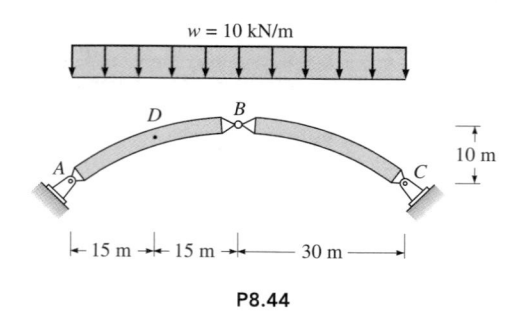

P8.44

P8.45. (a) 如圖 P8.45 所示之桁架，求桿件 IH、HG 與 GJ 之內力影響線圖形。載重沿桁架底緣移動。(b) 若接點 F、G 與 H 皆受集中力 30 kN 作用，求桿件 HG 之受力為何？

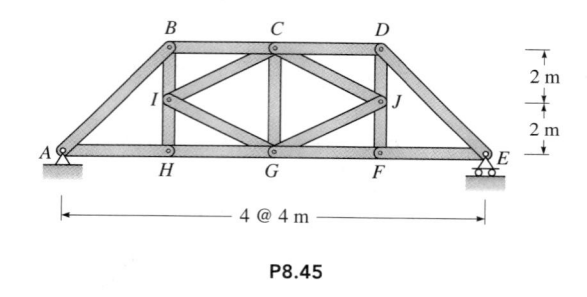

P8.45

P8.46. 如圖 P8.46 所示之桁架，求桿件 DE、DL 與 KG 受力之影響線圖形。載重沿桁架 BH 上移動。

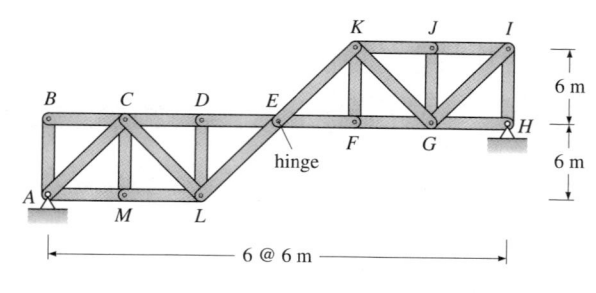

P8.46

德州Brazos bridge為連續樑形式之鋼板橋，承載車道全長973呎。此橋於建造過程中倒塌，破壞肇因於樑翼版與腹版間接合處受到過大應力。通常結構於建造初期特別容易遭到類似破壞，原因是；樓板與撐材等加勁元件尚未安設於定位。此外，為了方便建造時校準構件位置，特定之接合點會先保持部分螺栓固定而非焊接之完全固定，亦造成結構強度之降低。

CHAPTER 9

樑與構架的變位
Deflections of Beams and Frames

9.1 簡介
Introduction

當一個結構受載重作用時,其受力的元件會產生變形。在桁架中,受張力之桿會伸長而受壓力之桿會縮短。樑會彎曲而繩索會伸展。當變形發生時,結構的外型改變且結構上之點產生位移。雖然這些變位通常很小,但在完整設計中的一個環節是要求工程師,必須驗證這些變位是否在適用的設計規範所規定的範圍內,以便能確認此結構為符合使用標準的。比方說,樑產生大變位會導致如石膏天花板、磁磚牆及脆性材質管線等非結構元件產生裂縫。建築物受風力所產生的側向位移也必須加以限制,以避免牆及窗戶產生裂縫。由於變位的程度也反映出構材勁度的大小,限制變位大小也等同於確保移動載重不會造成建築樓板與橋樑的過量振動。

同時,變位計算也是許多解析過程中不可或缺的一部分,這些過程包括靜不定結構的分析、計算挫屈載重,以及求取振動構件之自然週期等。

在本章中,我們考慮數個計算樑與構架變位及傾角的方法。這些方法皆以樑的彈性變形曲線微分方程式為依據。此方程式所顯示為;沿樑軸上一點的曲率與該點彎矩以及斷面及材料性質的關係。

9.2 雙重積分法
Double Integration Method

雙重積分法是求取受載重樑沿軸上各點傾角與變位方程式的一種方法。變位方程式是由積分彈性曲線兩次所獲得，故此法名為**雙重積分法**。此方法假設所有變形皆由彎矩產生。剪力變形在正常樑尺寸下通常不及撓曲變形之1%，可予以忽略。但如果樑深度大，具有薄腹板或是由剛性模數低的材料所建造（如合板），則剪力變形將變得顯著而應加以探討。

要瞭解雙重積分法所依據的原理，首先我們回顧曲線之幾何。其次我們推導彈性曲線的微分方程式─將彈性曲線上一個點的曲率關聯至彎矩與斷面之撓曲勁度。在最後一個步驟中，我們將彈性曲線微分方程式積分兩次，然後考慮支承所造成之邊界條件來計算積分常數。第一個積分產生傾角方程式；而第二個積分形成變位方程式。雖然，對部分結構而言，計算積分常數相當費時，使得雙重積分法在實務上不常被用到。但是，由於許多計算樑與構架位移重要的方法，都架構在彈性曲線微分方程上，我們以此方法開始位移計算的研究。

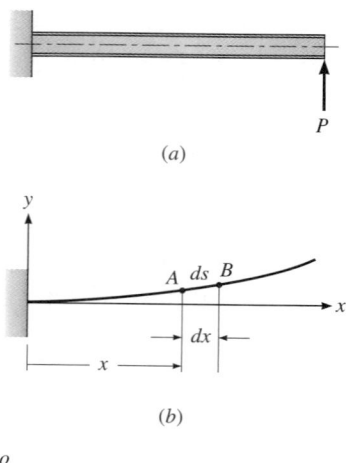

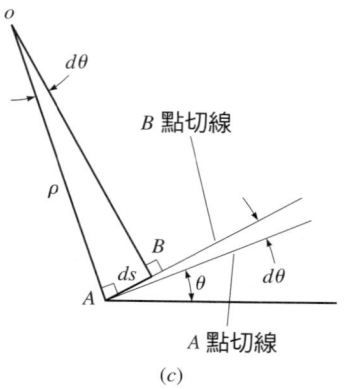

小變形曲線之幾何

為了要建立推導彈性曲線微分方程式所需用到的幾何關係，我們將考慮圖9.1a所示懸臂樑之變形。變位形狀由圖9.1b所示縱軸位移後之位置（也稱為**彈性曲線**(*elastic curve*)）表示。我們建立x-y座標系統如圖所示，以固定端為原點。為了清楚陳述，此圖垂直方向之尺度被明顯放大。比方說，傾角通常非常小─大約是幾十分之一度的數量級。倘若我們按真實比例來表示變形，則看起來與直線無異。

為了建立一段曲線元素的幾何關係，我們將考慮位於固定端 x 處長度為 ds 的一個微量元素。如圖9.1c所示，我們標示曲線段之半徑為 ρ。在A與B點我們畫出曲線的切線。此兩切線間之微量角為 $d\theta$。由於切線與點A與B之半徑方向垂直，兩半徑間之夾角亦為 $d\theta$。曲線在A點的斜率等於

$$\frac{dy}{dx} = \tan\theta$$

圖 9.1

如果角度很小 ($\tan\theta \approx \theta$)，傾角可寫為

$$\frac{dy}{dx} = \theta \tag{9.1}$$

由圖 9.1c 所示三角形 ABo 之幾何關係，我們可得

$$\rho \, d\theta = ds \tag{9.2}$$

將上式兩邊除以 ds 並重新整理，可得

$$\psi = \frac{d\theta}{ds} = \frac{1}{\rho} \tag{9.3}$$

式中 $d\theta/ds$，代表每單位曲線長度之傾角改變，稱為**曲率** (*curvature*) 並以 ψ 表示。由於真實樑的傾角很小，$ds \approx dx$，我們可將（式 9.3）之曲率表示為

$$\psi = \frac{d\theta}{dx} = \frac{1}{\rho} \tag{9.4}$$

將（式 9.1）兩邊皆對 x 微分，我們可藉此將（式 9.4）之曲率 $d\theta/ds$ 以直角座標表示為

$$\frac{d\theta}{dx} = \frac{d^2y}{dx^2} \tag{9.5}$$

彈性曲線之微分方程式

要將樑上一特定點的曲率以該點彎矩以及斷面性質表示出來，我們將考慮圖 9.2a 所示一小段深色陰影片段之撓曲變形。兩垂直線代表此元素之兩邊與未受載重樑之縱軸垂直。當載重作用產生彎矩且樑被彎曲（如圖 9.2b）；此元素變形成為一個梯型片段，其兩側仍保持直線，但針對通過斷面形心之一水平軸（中性軸）旋轉（如圖 9.2c）。

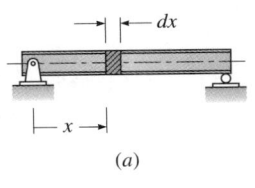

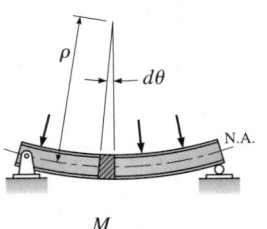

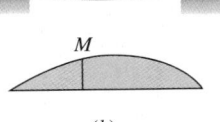

圖 9.2：dx 長度樑元素之撓曲變形：(*a*) 未受載重之樑，(*b*) 受載重樑及彎矩曲線，(*c*) 樑之斷面，(*d*) 樑元素之撓曲變形，(*e*) 縱向應變，(*f*) 撓曲應力。

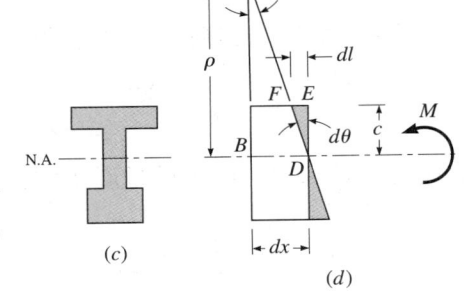

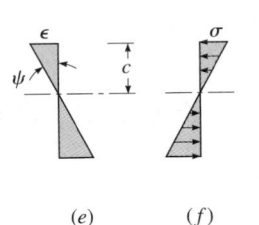

在圖 9.2d 中，變形的元素重疊在長度為 dx 之未變形元素上。我們讓左側對齊，使得變形量呈現在右側。如圖所示，中性軸上方之縱向纖維因受到壓應力而縮短。中性軸下方之縱向纖維則因張力而伸長。由於中性軸上之縱向纖維長度改變量（即撓曲變形）為零，此深度之應力與應變皆為零。縱向應變隨深度的變化趨勢如圖 9.2e 所示。由於應變等於縱向變形除以長度 dx，變形量亦隨距中性軸的距離呈線性變化。

考慮圖 9.2d 之三角形 DFE，我們可將頂部纖維長度改變量 dl 以及 $d\theta$ 及頂部至中性軸距離 c 表示為

$$dl = d\theta\, c \tag{9.6}$$

由應變之定義，頂部之應變 ϵ 可表示為

$$\epsilon = \frac{dl}{dx} \tag{9.7}$$

以（式9.6）消去（式9.7）之 dl 項可得

$$\epsilon = \frac{d\theta}{dx} c \tag{9.8}$$

再利用（式9.5）中直角座標之曲率表示式，（式9.8）可寫成

$$\frac{d^2y}{dx^2} = \frac{\epsilon}{c} \tag{9.9}$$

如果為彈性行為，撓曲應力 σ 可以虎克定律 (Hooke's law) 以頂部應變 ϵ 表示如下

$$\sigma = E\epsilon$$

式中 E = 彈性模數

因此，ϵ 可表示為

$$\epsilon = \frac{\sigma}{E} \tag{9.10}$$

以（式9.10）消去（式9.9）中之 ϵ，得到

$$\frac{d^2y}{dx^2} = \frac{\sigma}{Ec} \tag{9.11}$$

在彈性狀態下，頂部纖維之撓曲應力與斷面上之彎矩的關係可表示為：

$$\sigma = \frac{Mc}{I} \tag{5.1}$$

將（式5.1）之 σ 的值代入（式9.11）中，於是產生彈性曲線的基本微分方程式

$$\frac{d^2y}{dx^2} = \frac{M}{EI} \tag{9.12}$$

在例題 9.1 與 9.2 中，我們練習以（式 9.12）來建立樑彈性曲線的傾角與變位方程式。其步驟是將彎矩以施加外力與樑軸上位置 x 表示出來，再代入（式 9.12）中之彎矩項並積分兩次。這個方法在載重與支承條件能允許構件整個長度內之彎矩，可以一個簡單方程式表示時，是最簡單的使用情形。例題 9.1 與 9.2 皆為此種情況。當樑為均質斷面時，構件各位置上之 E 與 I 值為定值。如果 E 或 I 改變，則它們也必須表示成 x 的函數，才可對（式 9.12）進行積分。如果沿構材上載重或斷面的變化為複雜的型態，彎矩或 I 之方程式可能相當困難執行積分動作。在這種情形下，適當之逼近步驟可用來方便求解的過程（例如，見例題 10.15 之有限累加法）。

例題 9.1

圖 9.3a 所示之懸臂樑，以雙重積分法求得傾角與變位之方程式。同時決定懸臂端傾角 θ_B 與變位 Δ_B 之大小。EI 為定值。

解答：

建立原點在支承 A 之直角座標系統。正值方向為向右（x 軸）與向上（y 軸）。由於斜率為負且沿 x 軸愈來愈陡，可知曲率為負值。在距離原點 x 處以一切斷面形成切面右側之自由體（如圖 9.3b），我們可將切面之彎矩表示為

$$M = P(L - x)$$

將 M 代入（式 9.12）並加入負號，因為曲率為負值，可得

$$\frac{d^2y}{dx^2} = \frac{M}{EI} = \frac{-P(L-x)}{EI}$$

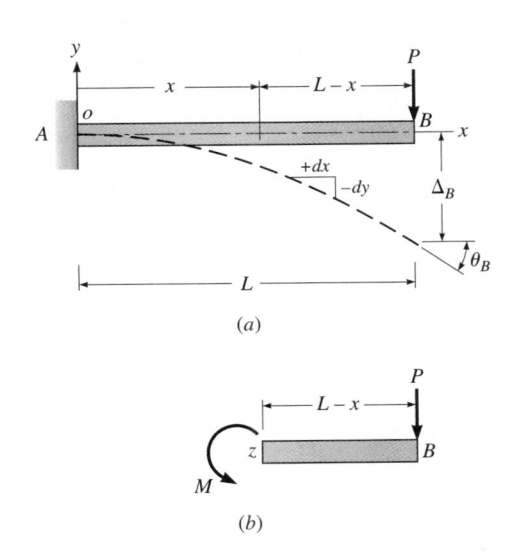

圖 9.3

(a)

(b)

積分兩次可得傾角與變位

$$\frac{dy}{dx} = \frac{-PLx}{EI} + \frac{Px^2}{2EI} + C_1 \tag{1}$$

$$y = \frac{-PLx^2}{2EI} + \frac{Px^3}{6EI} + C_1 x + C_2 \tag{2}$$

我們使用 A 點固定端之邊界條件，計算（式1）與（式2）之積分常數 C_1 與 C_2

1. 當 $x = 0$，$y = 0$，由（式2）得 $C_2 = 0$
2. 當 $x = 0$，$dy/dx = 0$，由（式1）得 $C_1 = 0$

最終方程式為

$$\theta = \frac{dy}{dx} = \frac{-PLx}{EI} + \frac{Px^2}{2EI} \tag{3}$$

$$y = \frac{-PLx^2}{2EI} + \frac{Px^3}{6EI} \tag{4}$$

將 $x = L$ 代入（式3）與（式4）計算 θ_B 與 Δ_B

$$\theta_B = \frac{-PL^2}{2EI}$$

$$\Delta_B = \frac{-PL^3}{3EI}$$

例題 9.2

以雙重積分法建立圖9.4均佈載重樑之傾角與變位。計算中跨之變位與支承 A 處之傾角。EI 為定值。

解答：

以支承 A 為直角座標原點。由於斜率隨 x 增加而增大（斜率在 A 為負、中跨為零、B 點為正），曲率為正值。如果我們考慮在距原點 x 距離垂直切面所分割出之自由體（如圖9.4b），我們可寫出斷面內彎矩如下：

$$M = \frac{wLx}{2} - \frac{wx^2}{2}$$

將 M 代入（式9.12），可得

$$EI \frac{d^2 y}{dx^2} = \frac{wLx}{2} - \frac{wx^2}{2} \tag{1}$$

積分兩次，則

$$EI\frac{dy}{dx} = \frac{wLx^2}{4} - \frac{wx^3}{6} + C_1 \tag{2}$$

$$EIy = \frac{wLx^3}{12} - \frac{wx^4}{24} + C_1 x + C_2 \tag{3}$$

我們可以支承 A 與 B 之邊界條件計算積分常數 C_1 與 C_2。在 A 點，$x = 0$ 且 $y = 0$ 代入（式 3）可得 $C_2 = 0$。在 B 點，$x = L$ 且 $y = 0$ 代入（式 3），可得

$$0 = \frac{wL^4}{12} - \frac{wL^4}{24} + C_1 L$$

$$C_1 = -\frac{wL^3}{24}$$

將 C_1 與 C_2 代回（式 2）與（式 3）並除以 EI，

$$\theta = \frac{dy}{dx} = \frac{wLx^2}{4EI} - \frac{wx^3}{6EI} - \frac{wL^3}{24EI} \tag{4}$$

$$y = \frac{wLx^3}{12EI} - \frac{wx^4}{24EI} - \frac{wL^3 x}{24EI} \tag{5}$$

將 $x = L/2$ 代入（式 5）計算中跨之變位

$$y = \frac{5wL^4}{384EI}$$

將 $x = 0$ 代入（式 4）計算支承 A 點之傾角

$$\theta_A = \frac{dy}{dx} = -\frac{wL^3}{24EI}$$

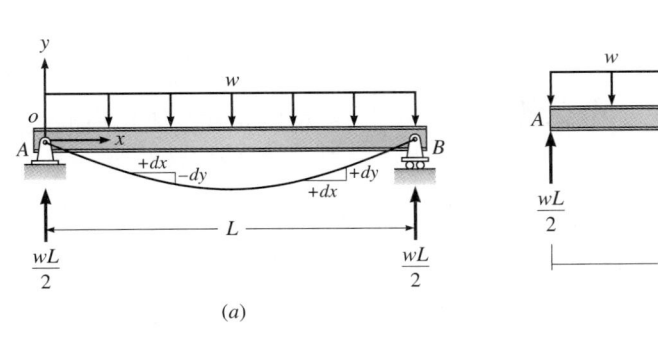

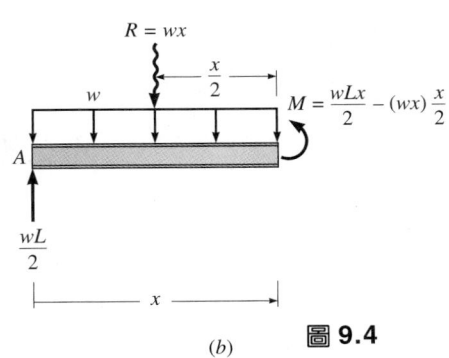

圖 9.4

9.3 彎矩面積法
Moment-Area Method

如我們在雙重積分法所觀察到的，(式9.12) 顯示樑或構架彈性曲線上之傾角與變位，是彎矩 M、慣性矩 I 以及彈性模數 E 之函數。在彎矩面積法中，我們將建立使用彎矩圖之面積（實際上是 M/EI 圖）來計算樑或構架上選定點之傾角與變位的程序。

此方法需要正確的變形曲線來套用兩個定理。其中一個定理是用來計算彈性曲線上兩點間之傾角改變量。另一個定理用來計算彈性曲線上一點所做切線至彈性曲線上另一點的垂直距離（稱為**正切偏距**(tangential deviation)）。此兩個變量之意義如圖 9.5 之圖示說明。在彈性曲線上的 A 與 B 兩點做切線，分別與水平軸夾角 θ_A 與 θ_B。以圖上所選定的座標系統而言，在 A 點之斜率為負而在 B 點的斜率為正。A 與 B 點間之傾角變化標示為 $\Delta\theta_{AB}$。在 B 點的正切偏距—彈性曲線 B 點至由彈性曲線 A 點所做切線上 C 點的垂直距離—標示為 t_{BA}。我們以兩個下標來標記正切偏距。第一個下標代表正切偏距的位置；第二個下標代表畫出切線之位置。如讀者在圖 9.5 所見，t_{BA} 不是 B 點的變位（v_B 才是）。藉由一些指引說明，讀者將可很快地學會使用正切偏距與傾角改變量來計算彈性曲線上任一點的傾角與變位。在下面段落中，我們將推導此兩個彎距面積定理，並說明它們在不同型式之樑與構架上的應用。

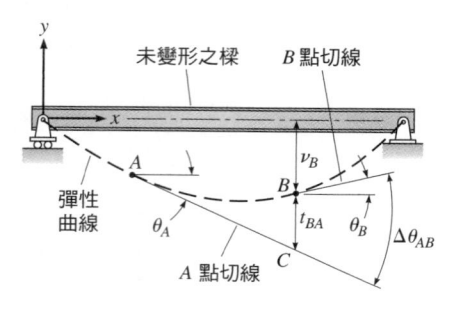

圖 9.5

彎矩面積定理的推導

圖 9.6b 所示為一受載樑彈性曲線的一部分。在 A 與 B 點上，曲線之切線如圖所示。兩條切線間之總角度標記為 $\Delta\theta_{AB}$。欲將 $\Delta\theta_{AB}$ 以斷面性質與施加外力所產生之彎矩表示，我們考慮在 B 點左方 x 距離位置上，長度 ds 之微量片段的角度改變增量 $d\theta$。之前我們已建立彈性曲線上一點的曲率可表示為

$$\frac{d\theta}{dx} = \frac{M}{EI} \tag{9.12}$$

其中 E 為彈性模數，I 為慣性矩。將（式9.12）兩邊皆乘上 dx，則

$$d\theta = \frac{M}{EI}dx \tag{9.13}$$

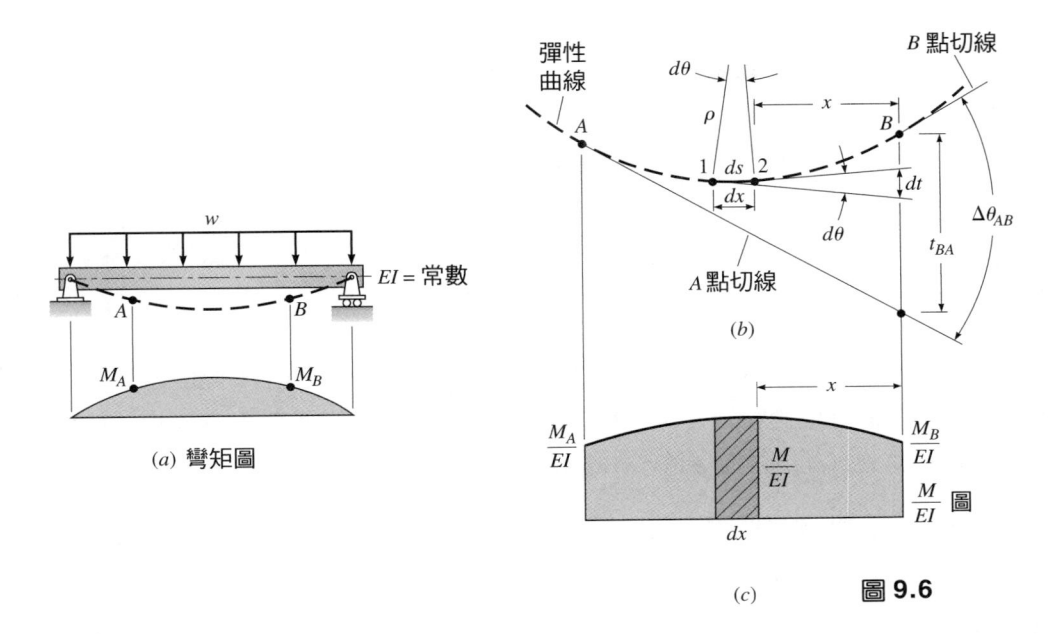

9.3　彎矩面積法　9-11

(a) 彎矩圖

(b)

(c)　圖 9.6

要求得總角度改變量 $\Delta\theta_{AB}$，我們將介於 A 與 B 點間所有長度為 ds 之片段的 $d\theta$ 增量以積分式疊加起來

$$\Delta\theta_{AB} = \int_A^B d\theta = \int_A^B \frac{M\,dx}{EI} \tag{9.14}$$

我們可將彎矩圖除以 EI 所得之 M/EI 曲線（如圖 9.6c），利用做圖來計算（式 9.14）積分項 $M\,dx/EI$ 之值。如果 EI 為定值（大部分情形下為如此），M/EI 曲線與彎矩圖形狀相同。瞭解 $M\,dx/EI$ 的量代表高度為 M/EI 長度為 dx 之微量面積（如圖 9.6c 之斜線面積），我們可將（式 9.14）之積分解釋為 A 與 B 點間之 M/EI 曲線下面積。此即為**彎矩面積法第一定理**(first moment-area principle)，可陳述為

連續彈性曲線上任兩點間之傾角改變等於 M/EI 曲在此兩點間之面積。

讀者將會發現彎矩面積法第一定理只適用於當兩點間之彈性曲線為連續的情形。如果兩點間具有一個鉸接點，M/EI 曲線下面積並未考量鉸接點兩側所存在之傾角差異。因此，我們必須在鉸接點之兩側分別進行傾角的計算。

為了建立彎矩面積第二定理，使我們能藉以計算正切偏距。我們將微小的正切偏差長度增量 dt 累加起來形成總正切偏距 t_{BA}（如圖 9.6b）。一個介於彈性曲線點 1 至 2 間長度為 ds 的典型片段，其曲率貢獻予正切偏距 t_{BA} 之增量大小 dt，可以用兩切線在片段端點所形成的角度 $d\theta$ 以及片段與 B 點的距離 x 表示為

$$dt = d\theta\,x \tag{9.15}$$

以（式9.13）表示（式9.15）之 $d\theta$ 項，可得

$$dt = \frac{M\,dx}{EI}x \qquad (9.16)$$

要求取 t_{BA}，我們必須將介於 A 與 B 點間所有微量片段之貢獻 dt 以積分累加起來：

$$t_{BA} = \int_A^B dt = \int_A^B \frac{Mx}{EI}\,dx \qquad (9.17)$$

由於我們知道 $M\,dx/EI$ 代表 M/EI 圖下方之微量面積，且 x 為該面積至 B 點的距離，我們可將（式9.17）之積分項詮釋為 A 與 B 點間 M/EI 圖下方面積對 B 點之一次矩。此即為彎矩面積法第二定理(second moment-area theorem)，可陳述為

連續彈性曲線上一點 B 至曲線上另一點 A 所拉出之切線的正切偏距，等於兩點間 M/EI 圖下面積對 B 點所取之一次距。

雖然我們可將彎矩 M 表示為 x 的函數，再利用積分來計算（式9.17），以作圖方法來計算積分通常更快且更簡易。我們可將 M/EI 圖細分為數個簡單的幾何形狀—矩形、三角形、拋物線等。每個面積的一次矩便等於面積乘上面積形心至所要計算正切偏距位置的距離。針對作圖計算的方法，可使用表 A.1（見附錄）所列常見面積之性質。

應用彎矩面積定理

計算一根構材彈性曲線上某一點之傾角與變位的第一步是；畫一幅正確的變形草圖。如同我們在5.6節所討論，彈性曲線之曲率必須與彎矩曲線一致，且構材端點條件必須滿足支承所加諸於結構之束制。一旦建立了變形草圖，第二步便是找出彈性曲線上傾角為已知的一個點。有了已知的參考切線後，便可以彎矩面積定理輕易地決定其他點的傾角與變位。

使用彎矩面積法求解傾角與變位的策略，視結構如何被支承與加載情形而定。大部分的連續構件都屬於下列三大分類之一：

1. 懸臂桿。
2. 具垂直對稱軸且受對稱載重之結構。
3. 結構之一根構件其端點之位移方向不垂直於該構件縱軸之原始位置。

如果構件因具鉸接點而不連續，鉸接點之變位必須先計算，再求得構件端點的位置。這個程序將在例題 9.10 中說明。在下面段落中，我們討論上述分類中構件之傾角與變位計算方式。

類型一 在懸臂樑上，彈性曲線固定端的切線斜率為已知。例如，在圖9.7中彈性曲線固定端的切線為水平（也就是A點斜率為零，因為固定端限制構件端點之旋轉）。因此彈性曲線上另一點B的傾角便可由A點斜率加上兩點間傾角改變量$\Delta\theta_{AB}$而得。此關係可說明如下：

$$\theta_B = \theta_A + \Delta\theta_{AB} \tag{9.18}$$

式中θ_A為固定端斜率（即$\theta_A = 0$），而$\Delta\theta_{AB}$等於M/EI圖A與B點間之面積。

由於參考切線為水平，正切偏距—切線至彈性曲線之垂直距離—事實上等於樑在該點之位移。例題9.3至9.5涵蓋傾角與變位之計算。例題9.4說明如何修正慣性矩會變化之構件的M/EI曲線。在例題9.5中，均佈載重與集中載重之彎矩曲線被分開繪製，以便能利用已知幾何形狀之結果來建立彎矩曲線（見表 A.1 之已知幾何形狀性質）。

類型二 圖9.7b與c所示，為對稱結構受到對稱於結構中心軸之載重的兩個案例。因為對稱的關係，對稱軸與彈性曲線交點位置上之切線斜率為零。即此點之切線為水平線。由圖9.7b與c之樑，根據彎矩面積第一定理，我們推斷彈性曲線上任一個點之傾角等於對稱軸至該點間M/EI曲線下之面積。

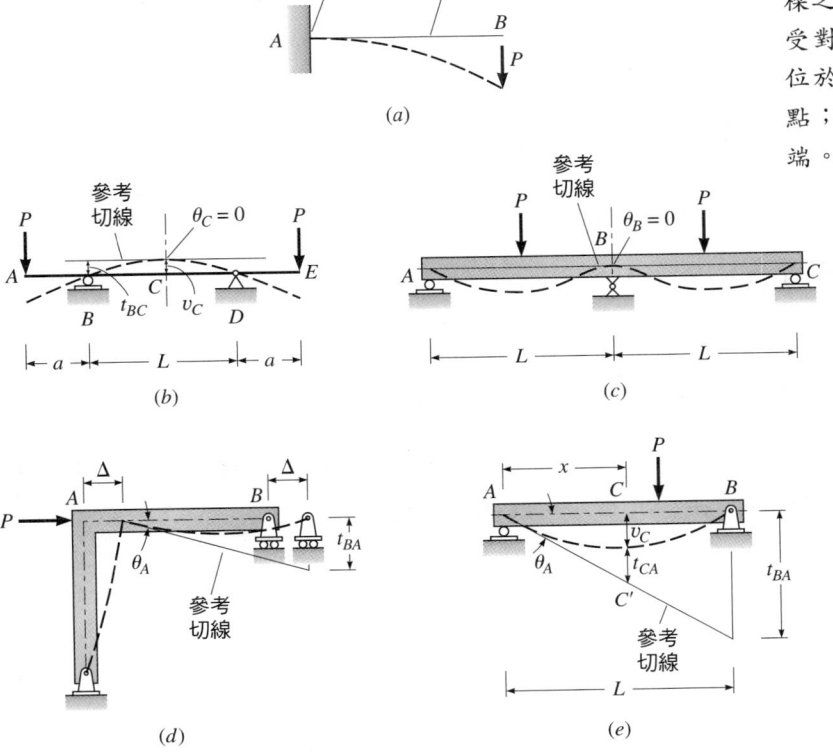

圖9.7：切線之位置：(a) 懸臂樑之切點在固定端；(b) 與 (c) 受對稱載重之對稱構件，切點位於對稱軸與彈性變形曲線交點；(d) 與 (e) 切點在AB桿左端。

計算如圖 9.7c 中具有偶數跨之樑的變位時，做法與圖 9.7a 懸臂樑之情形類似。在相切點（B點）彈性曲線之變位與傾角皆為零。由於參考切線為水平，在任意其他位置的變位等於由 B 點畫出切線之正切偏距。

當對稱結構由奇數跨所組成時，上述的方法必須稍加修改，舉例說明，在圖 9.7b 中我們觀察到在對稱軸的位置上，彈性曲線之切線為水平線。計算傾角時，我們仍以在 C 點之相切點為參考點。然而，樑的中心線已向上移動一個距離 v_C；因此，由參考切線點（C點）所計算之正切偏距通常並非變位。至於計算 v_C，我們以 B 或 D 點計算水平切線為參考切線之正切偏距便等於 v_C。也就是說，在圖 9.7b 中 v_C 等於 t_{BC}。v_C 求得後，其他位於樑未變形位置上方之點的位移便等於，v_C 減去該點所計算對應於參考切線之正切偏距。至於位於樑未變形位置下方之點的位移（如懸臂的兩端 A 與 E），變位量等於該點正切偏距減去 v_C。例題 9.6 與 9.7 說明一個對稱系統之變形計算方式。

類型三　結構並非對稱但包含一根構件其端點位移不在構件縱軸之法線方向。此類型的案例如圖 9.7d 與 e 所示。由於圖 9.7d 之構架不對稱，而圖 9.7e 之樑的載重非對稱，彈性曲線上切線斜率為零的點非已知。因此，計算彈性曲線上各點之傾角及斜率時，我們必須使用斜率不為零的參考切線。在這種情形下，我們使用彈性曲線在構件兩端之切線來進行計算。首先在構件之一端繪製曲線的切線，再計算另一端之正切偏距。舉例說明，在圖 9.7d 或 e 中，因為變位很小，彈性曲線在 A 點之切線斜率可寫成

$$\tan \theta_A = \frac{t_{BA}}{L} \tag{9.19}$$

由於 $\tan\theta_A \approx \theta_A$，我們將（式 9.19）改寫為

$$\theta_A = \frac{t_{BA}}{L}$$

在另一點 C，傾角便可表示為

$$\theta_C = \theta_A + \Delta\theta_{AC}$$

其中 $\Delta\theta_{AC}$ 等於介於 A 與 C 點間 M/EI 曲線下方之面積。

要計算支承 A 右方 x 距離之 C 點的位移（如圖 9.7e），我們首先計算起始縱軸位置至參考切線之垂直距離 CC'。由於 θ_A 很小，我們可寫出

$$CC' = \theta_A(x)$$

而CC'與正切偏距t_{CA}之差就等於v_C：

$$v_C = CC' - t_{CA}$$

例題 9.8 至 9.12 說明具傾斜參考切線構件之傾角與變位計算。

如果兩點間之M/EI曲線同時包含正值與負值區域，則兩點間之淨角度改變等於這些面積的代數和。如果變形圖正確，角度變化與變位的方向通常會很明確，同學不用耽心是否需要使用特定之正負符號規定來建立傾角或變位的增減。正彎矩區（如圖9.8a），構材彎曲為凹面向上，則由彈性曲線端點所繪之切線皆位於彈性曲線下方。換言之，我們可詮釋一個正值的正切偏距表示我們可由切線向上移動碰到彈性曲線。相反的，如果正切偏距對應於M/EI曲線下負值的區域，切線便位於彈性曲線上方（如圖9.8b），而我們可由切線向下移動到達彈性曲線。

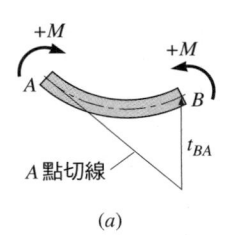

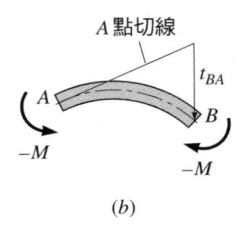

圖 9.8：參考切線的位置；(a) 正彎矩，(b) 負彎矩。

例題 9.3

計算圖 9.9a 所示懸臂梁在端點之傾角θ_B與變位v_B。EI為定值。

解答：

畫出彎矩曲線並將縱軸值除以EI（如圖 9.9b）。θ_B等於A點傾角加上A與B點間傾角變化量$\Delta\theta_{AB}$。由於固定端無法旋轉，$\theta_A = 0$。

$$\theta_B = \theta_A + \Delta\theta_{AB} = \Delta\theta_{AB} \tag{1}$$

由彎矩面積第一定理，$\Delta\theta_{AB}$等於A與B點間M/EI圖下方之面積。

$$\Delta\theta_{AB} = \frac{1}{2}(L)\left(\frac{-PL}{EI}\right) = \frac{-PL^2}{2EI} \tag{2}$$

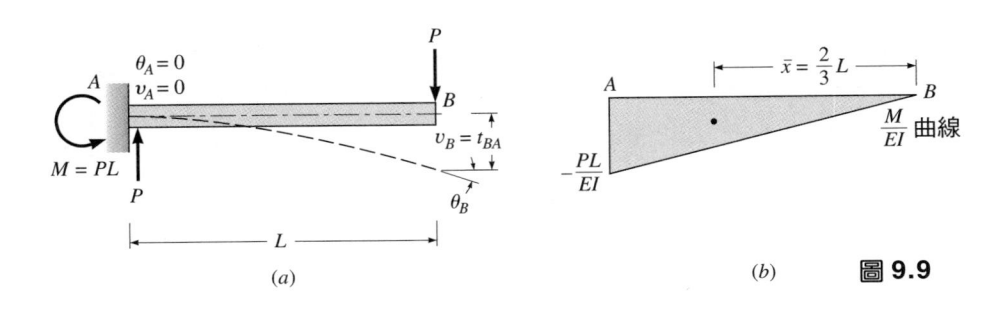

圖 9.9

將（式2）代入（式1）可得

$$\theta_B = -\frac{PL^2}{2EI}$$

由於 B 點切線方向朝右下方，其斜率為負值。在本例題中 M/EI 曲線為負縱軸值，此為其正確之符號。在大部分之問題中，斜率的方向可很明顯的可由變形草圖中判斷出來。

以第二彎矩面積定理計算懸臂端變位 v_B。M/EI 曲線中之黑點代表形心。

$$v_B = t_{BA} = M/EI \text{ 圖下方三角形面積對} B \text{點之一次矩}$$

$$v_B = \frac{1}{2}L\left(\frac{-PL}{EI}\right)\frac{2L}{3} = -\frac{PL^3}{3EI} \quad \text{（式中之負號代表切線位於彈性變形曲線之上方）}$$

例題 9.4　具變化慣性矩之梁

計算圖9.10所示懸臂樑端點 C 之變位，$E = 29{,}000 \text{ kips/in}^2$，$I_{AB} = 2I$，$I_{BC} = I$，$I = 400 \text{ in}^4$。

解答：

首先將彎矩曲線縱軸值除以相關之 EI 值，建立 M/EI 曲線。由於 I_{AB} 為 I_{BC} 之兩倍，A 與 B 兩點間之 M/EI 值為 B 與 C 間之值的一半。本題中，因為 v_C 等於 t_{CA}，我們計算 M/EI 曲線下面積對 C 點之一次矩。為了執行此計算，我們將 M/EI 圖分割成兩塊矩形區域。

圖 9.10：(a) 變形圖；(b) 彎矩曲線；(c) M/EI 圖分為兩塊矩形面積。

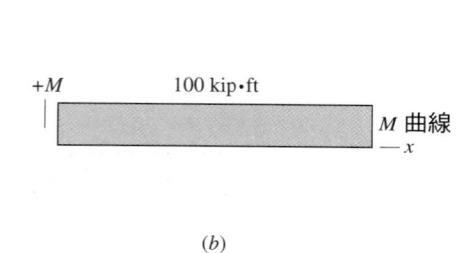

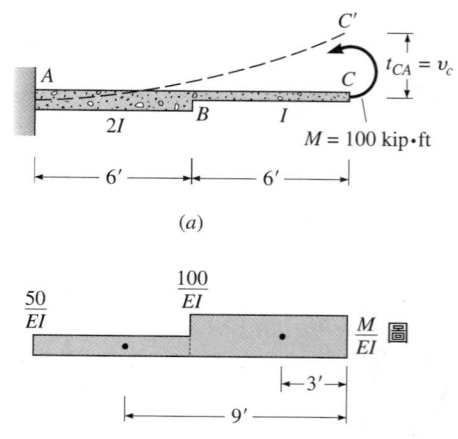

$$v_C = t_{CA} = \frac{100}{2EI}(6)(9) + \frac{100}{EI}(6)(3) = \frac{4500}{EI}$$

$$v_C = \frac{4500(1728)}{29{,}000(400)} = 0.67 \text{ in}$$

其中 1728 為立方英呎轉換成立方英吋之係數。

例題 9.5

使用"分部"彎矩曲線

計算圖 9.11a 所示懸臂樑 B 與 C 點之傾角以及 C 點之變位。EI 為定值。

解答：

為了產生形心位置已知之簡單幾何形狀，我們將集中載重 P 與均佈載重 w 所造成之彎矩圖，分開畫出並除以 EI，如圖 9.11b 與 c 所示。表 A.1 提供常用簡單幾何形狀形心位置以及面積之計算公式。

首先計算 C 點傾角，其中 $\Delta\theta_{AC}$ 由圖 9.11b 與 c 所示 M/EI 曲線面積和求得；$\theta_A = 0$（如圖 9.11d）。

$$\theta_C = \theta_A + \Delta\theta_{AC}$$
$$= 0 + \frac{1}{2}(6)\left(\frac{-48}{EI}\right) + \frac{1}{3}(12)\left(\frac{-72}{EI}\right)$$
$$= -\frac{432}{EI} \text{ 弧度}$$

圖 9.11："分部"彎矩曲線：(a) 樑；(b) P 之 M/EI 曲線；(c) 均佈 w 之 M/EI 曲線；(d) 變形圖。

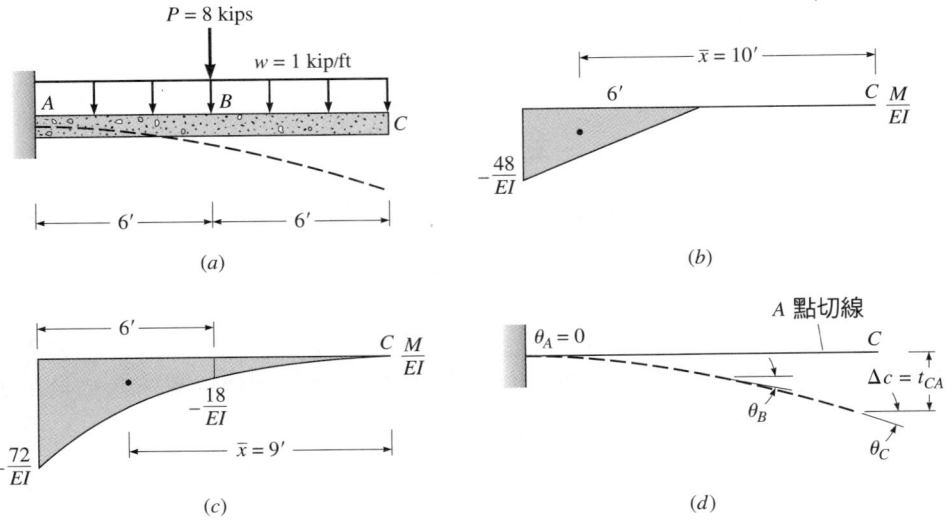

計算 B 點傾角。圖 9.11c 中 A 與 B 點間之面積可由 A 與 C 間之總面積扣掉 B 與 C 點間之拋物線面積求得。由於 B 與 C 間之 M/EI 值為負號，扣除此面積之效應相當於將傾角減小之負值，故 B 點傾角小於 C 點傾角之大小。

$$\theta_B = \theta_C + \Delta\theta_{BC}$$
$$= -\frac{432}{EI} + \frac{1}{3}(6)\left(\frac{18}{EI}\right)$$
$$= -\frac{396}{EI} \text{ 弧度}$$

計算 Δ_C。C 點變位等於彈性曲線上，C 點與 A 點切線之正切偏移量（如圖 9.11d）。

$$\Delta_C = t_{CA} = \text{圖 9.11b 與 c 中 } A \text{ 與 } C \text{ 點間}$$
$$M/EI \text{ 曲線之一次面積矩總和}$$
$$= \frac{1}{2}(6)\left(\frac{-48}{EI}\right)(6+4) + \frac{1}{3}(12)\left(\frac{-72}{EI}\right)(9)$$
$$= \frac{-4032}{EI}$$

例題 9.6　對稱樑之分析

圖 9.12a 所示之樑，計算在 B 點之傾角以及中跨與 A 點之變位。EI 為定值。

解答：

因為樑本身及其載重皆對中跨垂直軸對稱，在中跨位置之變形曲線斜率為零，且其切線為一水平線。由於懸臂段沒有彎矩產生（沒有載重之緣故），在 A 與 B 以及 D 與 E 間之彈性曲線為直線。參閱附錄中有關拋物線面積之幾何性質。

計算 θ_B

$$\theta_B = \theta_C + \Delta\theta_{CB}$$
$$= 0 + \frac{2}{3}\left(\frac{L}{2}\right)\left(\frac{wL^2}{8EI}\right)$$
$$= \frac{wL^3}{24EI}$$

計算 v_C。由於 C 點切線為水平，v_C 等於 t_{BC}。利用第二彎矩面積定理，我們計算 B 與 C 間面積對 B 點之一次矩。

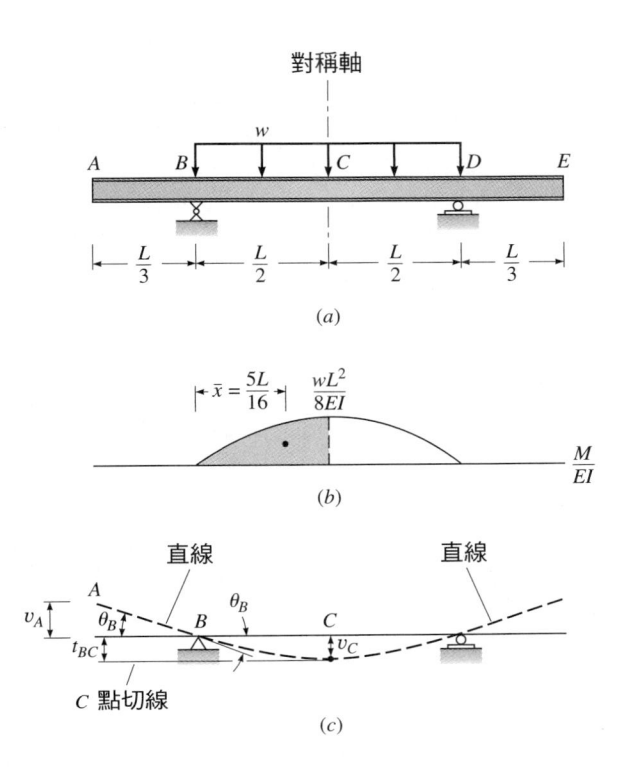

圖9.12：(a) 對稱樑；(b) M/EI 圖；(c) 變形幾何。

$$v_C = t_{BC} = \frac{2}{3}\left(\frac{L}{2}\right)\left(\frac{wL^2}{8EI}\right)\left(\frac{5L}{16}\right) = \frac{5wL^4}{384EI}$$

計算 v_A。由於懸臂段 AB 為直線，

$$v_A = \theta_B \frac{L}{3} = \frac{wL^3}{24EI}\frac{L}{3} = \frac{wL^4}{72EI}$$

其中 θ_B 已於第一個算式中求得。

例題 9.7

圖 9.13a 所示之樑在中跨（C 點）承載一集中載重 P。計算 B 與 C 點之變位以及 A 點之傾角。EI 為定值。

解答：

計算 θ_A。由於結構為對稱受載，中跨處彈性曲線斜率為零；即 $\theta_C = 0$（如圖 9.13c）。

$$\theta_A = \theta_C + \Delta\theta_{AC}$$

其中 $\Delta\theta_{AC}$ 等於 M/EI 曲線下介於 A 與 C 點間之面積。

$$\theta_A = 0 + \frac{1}{2}\left(\frac{L}{2}\right)\left(\frac{PL}{4EI}\right) = \frac{PL^2}{16EI} \quad \text{弧度}$$

圖 9.13：(a) 樑之詳圖，(b) M/EI 曲線，(c) 變形圖。

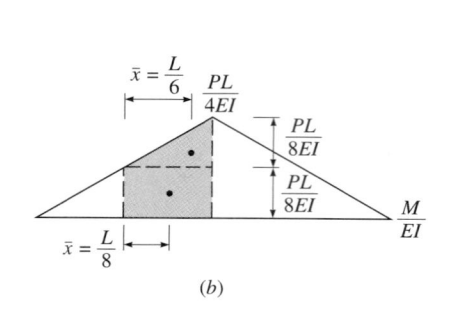

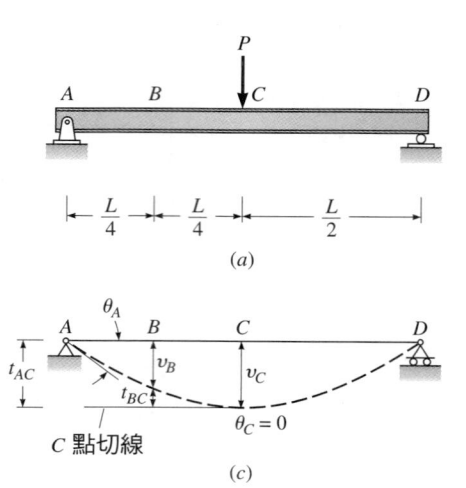

計算 v_C。由於 C 點之切線為水平線，$v_C = t_{AC}$，t_{AC} 為 A 與 C 點間 M/EI 曲線下方三角形面積對 A 點之一次矩。

$$v_C = \frac{1}{2}\left(\frac{L}{2}\right)\left(\frac{PL}{4EI}\right)\left(\frac{2}{3}\frac{L}{2}\right) = \frac{PL^3}{48EI} \tag{1}$$

計算 v_B。如圖 9.13c 所示之 1/4 跨處變位。

$$v_B + t_{BC} = v_C = \frac{PL^3}{48EI} \tag{2}$$

其中 t_{BC} 為 B 與 C 點間 M/EI 曲線下方面積對 B 點之一次矩。為了方便運算，我們將此面積分割為一個三角形與一個矩型面積，如圖 9.13b 所示陰影面積。

$$t_{BC} = \frac{1}{2}\left(\frac{L}{4}\right)\left(\frac{PL}{8EI}\right)\left(\frac{L}{6}\right) + \frac{L}{4}\left(\frac{PL}{8EI}\right)\left(\frac{L}{8}\right) = \frac{5PL^3}{768EI}$$

將 t_{BC} 代入（式2），可得 v_B。

$$v_B = \frac{11PL^3}{768EI}$$

例題 9.8　　使用傾斜參考切線

圖 9.14a 所示之鋼樑，計算 A 與 C 點之傾角，並決定最大變位之位置與大小。如果最大變位不可超過 0.6 in，I 值至少為多少？已知 EI 為常數，且 $E = 29{,}000$ kips/in^2。

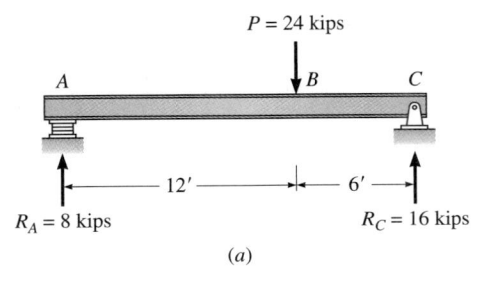

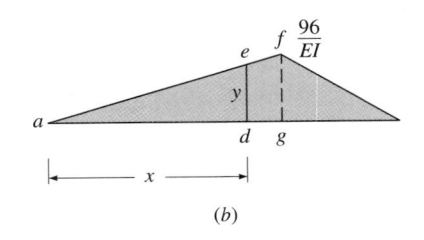

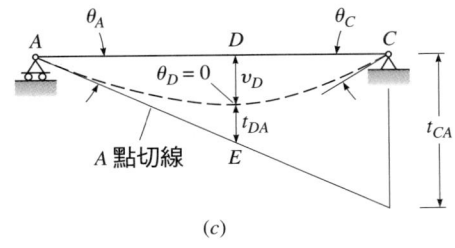

圖9.14：(a) 樑；(b) M/EI 圖；(c) 變形幾何。

解答：

傾角 θ_A 之計算可由支承 A 畫切線得到；因此，以切線為參考切線時（如圖 9.14c）。

$$\tan \theta_A = \frac{t_{CA}}{L} \tag{1}$$

由於 θ_A 為小角度，$\tan\theta_A \approx \theta_A$，（式1）可寫成

$$\theta_A = \frac{t_{CA}}{L} \tag{2}$$

$t_{CA} = A$ 與 C 間 M/EI 面積對 C 點之一次矩

$$= \frac{1}{2}(18)\left(\frac{96}{EI}\right)\left(\frac{18+6}{3}\right) = \frac{6912}{EI}$$

其中一次矩力臂可由表 A.1 之 case (a) 查得。將 t_{AC} 代入（式2），可得

$$\theta_A = \frac{-6912/EI}{18} = -\frac{384}{EI} \text{ 弧度}$$

因為我們可看出切線之斜率為負值，上面之結果加入了一個負號。

計算 θ_C

$$\theta_C = \theta_A + \Delta\theta_{AC}$$

其中 $\Delta\theta_{AC}$ 等於 M/EI 曲線下，介於 A 與 C 點間之面積。

$$\theta_C = -\frac{384}{EI} + \frac{1}{2}(18)\left(\frac{96}{EI}\right) = \frac{480}{EI} \text{ 弧度}$$

計算最大變位量。最大變位發生在彈性曲線斜率為零的 D 點，即 $\theta_D = 0$。要決定此點位置，我們假設 D 點位於 A 點右側 x 處，A 與 D 點間 M/EI 曲線下方面積要等於 θ_A。設 M/EI 曲線在 D 點之值為 y（如圖 9.14b），則

$$\theta_D = \theta_A + \Delta\theta_{AD}$$
$$0 = -\frac{384}{EI} + \frac{1}{2}xy \tag{3}$$

利用相似三角形 afg 與 aed（如圖 7.14b），我們將 y 以 x 表示

$$\frac{96/(EI)}{12} = \frac{y}{x}$$
$$y = \frac{8x}{EI} \tag{4}$$

將 y 代入（式 3）並求解 x 可得

$$x = 9.8 \text{ ft}$$

將 x 代回（式 4）可得

$$y = \frac{78.4}{EI}$$

計算 $x = 9.8$ ft 時之最大變位 v_D

$$v_D = DE - t_{DA} \tag{5}$$

其中（式 5）各項在圖 9.14c 中說明

$$DE = \theta_A \cdot x = \frac{384}{EI}(9.8) = \frac{3763.2}{EI}$$
$$t_{DA} = (\text{area}_{AD})\bar{x} = \frac{1}{2}(9.8)\left(\frac{78.4}{EI}\right)\left(\frac{9.8}{3}\right) = \frac{1254.9}{EI}$$

將 DE 與 t_{DA} 代入（式 5）可得

$$v_D = \frac{3763.2}{EI} - \frac{1254.9}{EI} = \frac{2508.3}{EI} \tag{6}$$

v_D 不能超過 0.6 in，令（式 6）等於 0.6 in 並求解 $I = I_{min}$。

$$v_D = \frac{2508.3(1728)}{29{,}000 I_{min}} = 0.6 \text{ in}$$
$$I_{min} = 249.1 \text{ in}^4$$

例題 9.9

圖 9.15 所示之樑，計算 A 與 C 點之傾角以及 A 點變位。假設 C 點可視為滾支。

解答：

由於樑全長之彎矩為負值，其彎曲呈凹面向下（如圖 9.15c 虛線）。要計算 θ_C，我們由 C 點畫切線並計算 t_{BC}。

$$\theta_C = \frac{t_{BC}}{18} = \frac{9720}{EI}\left(\frac{1}{18}\right) = -\frac{540}{EI}$$

其中

$$t_{BC} = \text{area}_{BC} \cdot \bar{x} = \frac{1}{2}(18)\left(-\frac{180}{EI}\right)\left(\frac{18}{3}\right) = -\frac{9720}{EI}$$

（由於切線斜率為向右向下，θ_C 為負值）

計算 θ_A

$$\theta_A = \theta_C + \Delta\theta_{AC}$$

其中 $\Delta\theta_{AC}$ 等於 M/EI 曲線下，介於 A 與 C 點間之面積。由於 A 與 C 點間之彈性曲線呈凹面向下，可知 A 點傾角與 C 點傾角反向，故 $\Delta\theta_{AC}$ 必須被視為正值。

$$\theta_A = -\frac{540}{EI} + \frac{1}{2}(24)\left(\frac{180}{EI}\right) = \frac{1620}{EI}$$

計算 δ_A

$$\delta_A = t_{AC} - Y \ (\text{如圖 9.15c}) = \frac{8640}{EI}$$

其中

$$t_{AC} = \text{area}_{AC} \cdot \bar{x} = \frac{1}{2}(24)\left(\frac{180}{EI}\right)\left(\frac{6+24}{3}\right) = \frac{21{,}600}{EI}$$

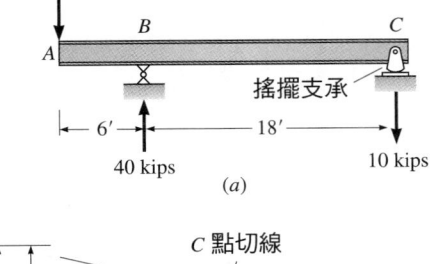

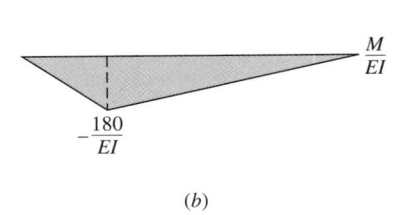

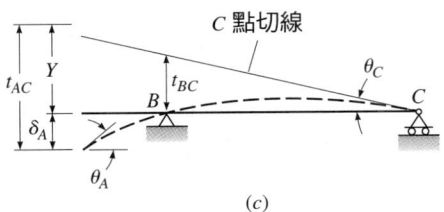

圖 9.15：(a) 樑，(b) M/EI 圖，(c) 變形幾何。

[見表 A.1 之 case (a) 所列 $\bar{x}$ 方程式]

$$Y = 24\theta_C = 24\left(\frac{540}{EI}\right) = \frac{12{,}960}{EI}$$

例題 9.10

圖9.16a所示之樑包含一個鉸接點於B。計算鉸之變位v_B，支承E之傾角以及鉸兩側之傾角θ_{BL}與θ_{BR}（如圖9.16d）。並求出BE跨內最大變位的點位，EI為定值，E點支承墊可視為滾支。

解答：

由固定端A之切線所計算之B點正切偏距t_{BA}變等於v_B。而t_{BA}等於A與B點間M/EI曲線下方面積對B點之一次矩（如圖9.16b）。

$$v_B = t_{BA} = \text{area} \cdot \bar{x} = \frac{1}{2}\left(-\frac{108}{EI}\right)(9)(6) = -\frac{2916}{EI}$$

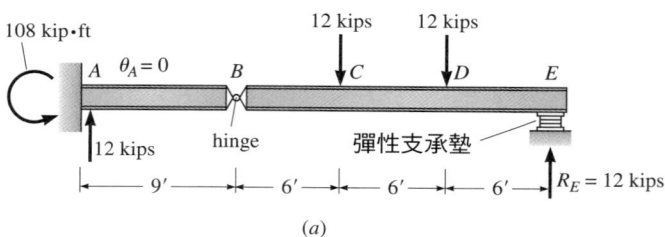

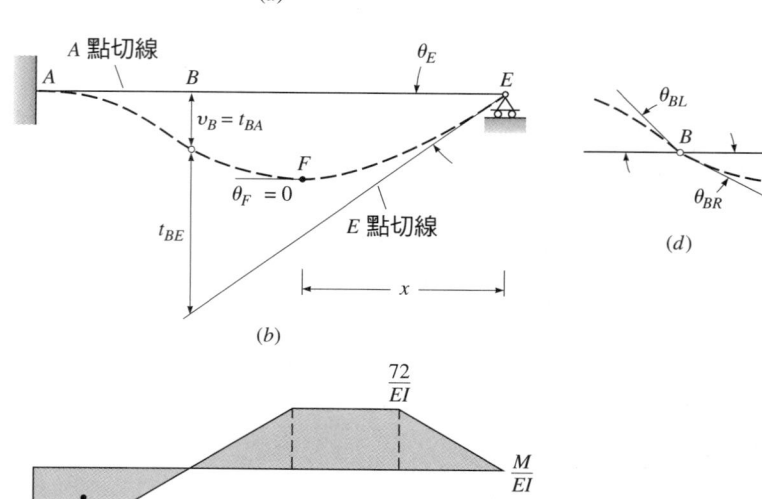

圖9.16：(a) B點為鉸接之樑；(b) 變形圖；(c) M/EI 曲線；(d) 鉸兩側不同傾角之細部圖。

計算θ_{BL}，懸臂 AB 之 B 端傾角。

$$\theta_{BL} = \theta_A + \Delta\theta_{AB}$$
$$= 0 + \frac{1}{2}(9)\left(\frac{-108}{EI}\right) = \frac{-486}{EI} \text{ 弧度}$$

其中$\Delta\theta_{AB}$等於M/EI曲線下介，於A與B點間之面積。且A為固定端，$\theta_A = 0$

計算θ_E，彈性曲線在E點之傾角（如圖9.16b）。

$$\theta_E = \frac{v_B + t_{BE}}{18} = \left(\frac{2916}{EI} + \frac{7776}{EI}\right)\left(\frac{1}{18}\right) = \frac{594}{EI} \text{ 弧度}$$

其中$t_{BE} = B$與E間M/EI面積對B點之一次矩。將梯形面積切割為二個三角形與一個矩形計算（如圖9.16c之虛線）。

$$t_{BE} = \frac{1}{2}(6)\left(\frac{72}{EI}\right)(4) + (6)\left(\frac{72}{EI}\right)(9) + \frac{1}{2}(6)\left(\frac{72}{EI}\right)(14) = \frac{7776}{EI} \text{ 弧度}$$

找出BE跨中最大變位之點。將最大變位之點標示為F，其傾角為零。由F點至E點距離為x，傾角由零變為θ_E。由於傾角變化等於M/EI曲線兩點間面積，我們寫出

$$\theta_E = \theta_F + \Delta\theta_{EF} \tag{1}$$

式中$\theta_F = 0$，而$\theta_E = 594/EI$（弧度）。D與E之間傾角改變量由M/EI曲線計算可知為$216/EI$。由於此值小於θ_E，D點傾角為正值

$$\theta_D = \theta_E - \Delta\theta_{ED} = \frac{594}{EI} - \frac{216}{EI} = \frac{378}{EI} \text{ 弧度} \tag{2}$$

介於D與C之間之M/EI曲線面積等於$432/EI$。由於這個值大於$378/EI$，傾角為零之點必須位於C與D之間。利用（式1）求解x

$$\frac{594}{EI} = 0 + \frac{1}{2}\left(\frac{72}{EI}\right)(6) + \frac{72}{EI}(x-6)$$
$$x = 11.25 \text{ ft}$$

計算θ_{BR}。

$$\theta_{BR} = \theta_E - \Delta\theta_{BE}$$
$$= \frac{594}{EI} - \left[\frac{72}{EI}(6) + \frac{1}{2}(6)\left(\frac{72}{EI}\right)(2)\right]$$
$$= -\frac{270}{EI} \text{ 弧度}$$

例題 9.11

計算圖 9.17a 所示側撐構架在 C 點鉸接位置之變位以及接點 B 之旋轉角。所有桿之 EI 為定值。

解答：

要求取接點 B 之旋轉角，我們考慮圖 9.17b 所示 AB 桿之變形（因為 BCD 桿包含一個鉸，其彈性曲線不連續，且不可能由其軸上任一點開始計算出傾角）。

$$\theta_B = \frac{t_{AB}}{12} = \frac{\frac{1}{2} \, 12 \, \frac{72}{EI} \, (8)}{12} = \frac{288}{EI}$$

在鉸接點之變位：

$$\Delta = 6\theta_B + t_{CB}$$

$$= (6)\left(\frac{288}{EI}\right) + \frac{1}{2}(6)\left(\frac{72}{EI}\right)(4) = \frac{2592}{EI}$$

圖 9.17：(a) 構架及其 M/EI 曲線，(b) 變形圖。

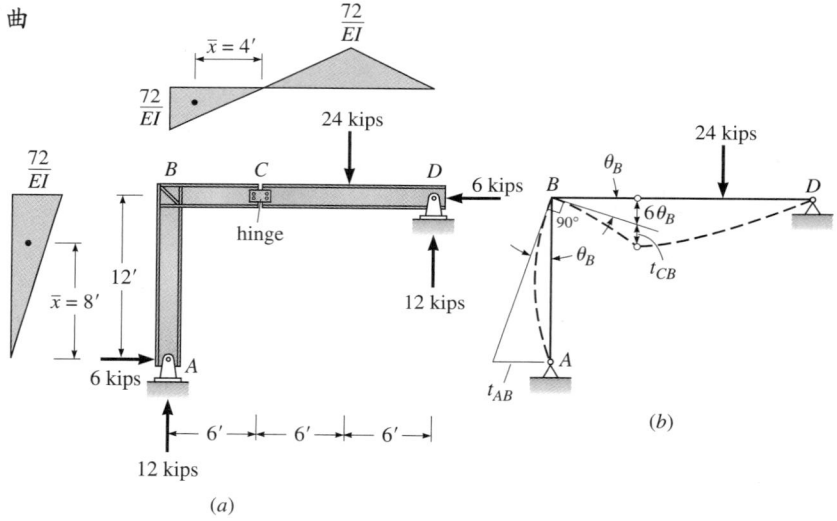

例題 9.12

計算圖 9.18a 所示構架中接點 B 之水平變位，所有桿 EI 為定值，假設 C 點支承墊可視為滾支。

解答：

由接點 B 之樑傾角開始計算。

$$\theta_B = \frac{t_{CB}}{L} \qquad (1)$$

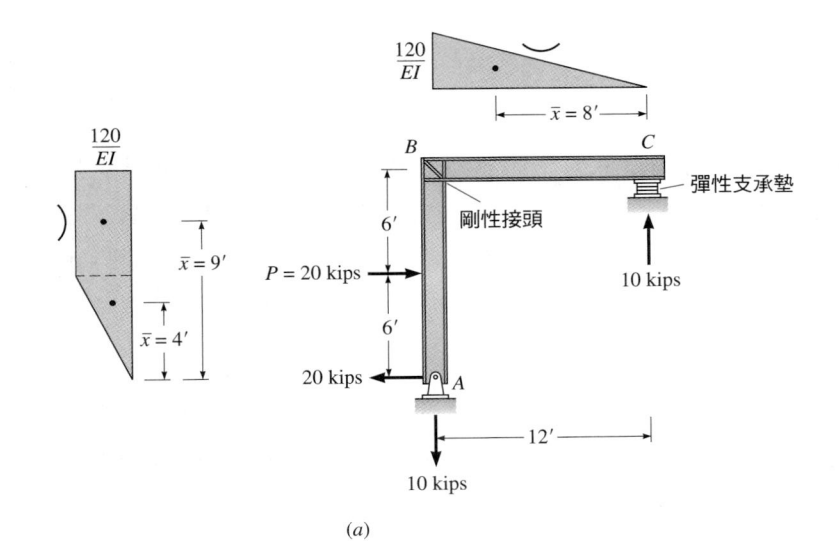

圖 9.18：(a) 構架及其 M/EI 曲線，(b) 變形圖，(c) 變形位置上接點 B 之細部圖。

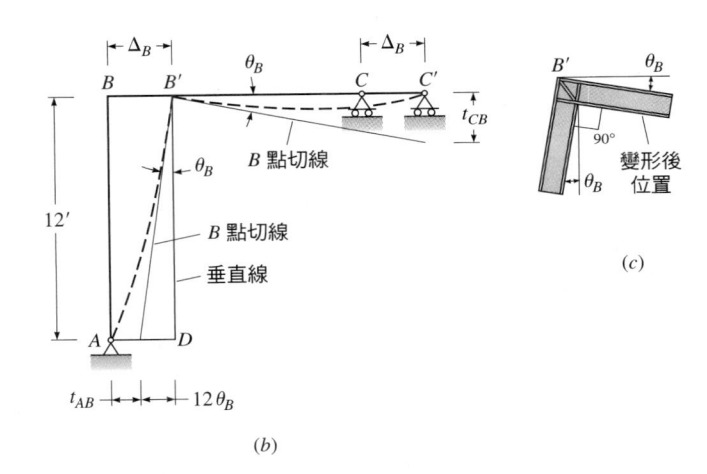

式中

$$t_{CB} = \frac{1}{2}\left(\frac{120}{EI}\right)(12)(8) = \frac{5760}{EI} \qquad 且 \qquad L = 12 \text{ ft}$$

因此

$$\theta_B = \frac{5760}{EI}\left(\frac{1}{12}\right) = \frac{480}{EI} \quad 弧度$$

因為接點 B 為剛性，柱 AB 之頂端也會旋轉 θ_B（如圖 9.18c）。由於 B 點位移 Δ_B 等於柱底部之水平距離 AD，我們可寫出

$$\Delta_B = AD = t_{AB} + 12\theta_B$$

$$= \frac{120}{EI}(6)(9) + \frac{1}{2}\left(\frac{120}{EI}\right)(6)(4) + (12)\left(\frac{480}{EI}\right)$$

$$= \frac{13{,}680}{EI}$$

其中 t_{AB} 等於 A 與 B 點間 M/EI 面積對 A 之一次距，且此 M/EI 圖可被細分為兩個區域。

9.4 彈性載重法
Elastic Load Method

彈性載重法是計算簡支樑傾角與變位的一種方法。雖然此方法之計算與彎矩面積法相同，但因為我們將正切偏距與傾角變化之計算，以大家更熟悉的樑剪力與彎矩曲線求法所取代，此方法似乎較彎矩面積法簡單。因此，在彈性載重法中不必 (1) 畫出構件正確的變形圖，(2) 考慮該使用那些正切偏距與傾角變化，才能算出某一特定點的變位或傾角。

在彈性載重法中，我們想像 M/EI 圖（縱座標代表單位長度中之傾角改變）為作用在樑上的載重（彈性載重）。接著我們計算彈性載重所造成之剪力與彎矩曲線。隨後我們將說明；每個位置上剪力與彎矩曲線之值，便分別等於真實樑中該點的傾角與變位。

為了說明將一個傾角改變當成是作用在簡支樑的虛構載重，而所產生之斷面剪力與彎矩等於相同斷面的傾角與變位，我們檢視一根具兩個直線段的樑，其交角為一個很小的角度 θ。此彎曲構件之幾何形狀如圖 9.19 之實線所示。

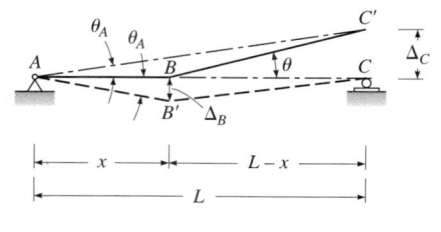

圖 9.19：樑在 B 點有一個角度改變量 θ。

如果樑 ABC' 連接至支承 A，使得 AB 段保持水平，則右半段樑的端點 C' 會位於支承 C 上方 Δ_C 之距離。將 Δ_C 以樑的尺寸及夾角 θ 表示時（見三角形 $C'BC$），可發現

$$\Delta_C = \theta(L - x) \tag{1}$$

連接樑端點之斜線 AC' 與通過 A 點之水平軸夾角為 θ_A。考慮直角三角形 ACC'，我們可將 θ_A 以 Δ_C 表示為

$$\theta_A = \frac{\Delta_C}{L} \tag{2}$$

將（式1）代入（式2）得到

$$\theta_A = \frac{\theta(L - x)}{L} \tag{3}$$

我們現在將 ABC' 桿依 A 點順時鐘旋轉，直到 AC' 弦與水平線 AC 重合。此時樑最終位置如 $AB'C$ 虛線所示。旋轉後之結果是 AB 段向右下方傾斜一個角度 θ_A。

為了將 B 點之垂直變位 Δ_B 以變形構件之幾何表示出來，我們考慮三角形 ABB' 並假設傾角很小，則

$$\Delta_B = \theta_A x \tag{4}$$

將（式3）代入（式4）可得

$$\Delta_B = \frac{\theta(L-x)x}{L} \quad (5)$$

另一方面，我們也可以角度改變 θ 當做作用在樑 B 點的彈性載重，所產生的剪力與彎矩之值便與 θ_A 與 Δ_B 之值相同（如圖 9.20a）。對支承 C 取彎矩和可計算出 R_A 如下：

$$\circlearrowleft^+ \quad \Sigma M_C = 0$$
$$\theta(L-x) - R_A L = 0$$
$$R_A = \frac{\theta(L-x)}{L} \quad (6)$$

計算 R_A 後，我們畫出剪力與彎矩曲線（如圖 9.20b 與 c）。由於緊鄰支承 A 右側之剪力等於 R_A，我們發現（式6）之剪力等於（式3）之傾角。此外，因為支承至 B 點間之剪力為定值，真實結構的傾角在這個區域也必須保持定值。

我們知道在 B 點的彎矩 M_B 等於 A 與 B 點間剪力曲線的面積，所以

$$\Delta_B = M_B = \frac{\theta(L-x)x}{L} \quad (7)$$

比較（式5）與（式7），我們驗證了載重 θ 所造成之彎矩 M_B 會等於彎曲樑之幾何變化 Δ_B。我們同時發現到；最大變位發生在彈性載重所造成之剪力為零的斷面位置上。

符號規則

如果我們將 M/EI 圖之正值當做均佈向上作用於樑之虛構載重，而負值 M/EI 為向下作用載重，則正值剪力代表正的傾角，負值剪力表示負的傾角（如圖 9.21）。此外，負值彎矩代表向下之變位，而正值彎矩為向上變位。

例題 9.13 與 9.14 為利用彈性載重法計算簡支樑變位的案例。

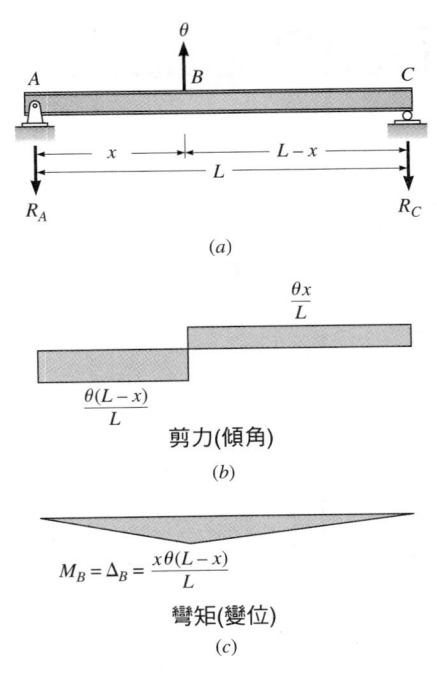

圖9.20：(a) 角度變化 θ 視為 B 點之載重；(b) 載重 θ 所造成之剪力等於真實樑之傾角，(c) 載重 θ 所造成之彎矩等於真實樑之變位（如圖 9.19）。

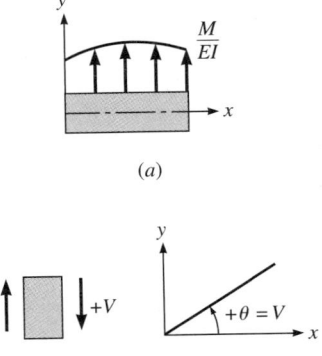

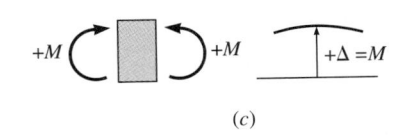

圖9.21：(a) 正值彈性載重；(b) 正值剪力與傾角；(c) 正值彎矩與（向上）變位。

例題 9.13

計算圖 9.22a 所示樑之最大變位以及在支承處之傾角。EI 為定值。

解答：

如圖 9.22b 所示，M/EI 圖以向上載重之方式作用於樑上。介於 AB 與 BC 間之三角形分佈載重面積，分別等於 $720/EI$ 與 $360/EI$ 並以粗箭頭表示。

$$\frac{1}{2}(12)\left(\frac{120}{EI}\right) = \frac{720}{EI}$$

以及

$$\frac{1}{2}(6)\left(\frac{120}{EI}\right) = \frac{360}{EI}$$

利用這些合力，我們可計算支承反力。剪力與彎矩圖則繪於圖 9.22c 與 d。要求取最大變位，我們尋找零剪力之位置，利用載重曲線下陰影面積，必須等於左端反力 $480/EI$。

$$\frac{1}{2}xy = \frac{480}{EI} \tag{1}$$

利用相似三角形（如圖 9.22b）可得

$$\frac{y}{120/(EI)} = \frac{x}{12}$$

與

$$y = \frac{10}{EI}x \tag{2}$$

圖 9.22：(a) 樑，(b) 作用於樑上之 M/EI 圖載重，(c) 傾角變化圖，(d) 變形圖。

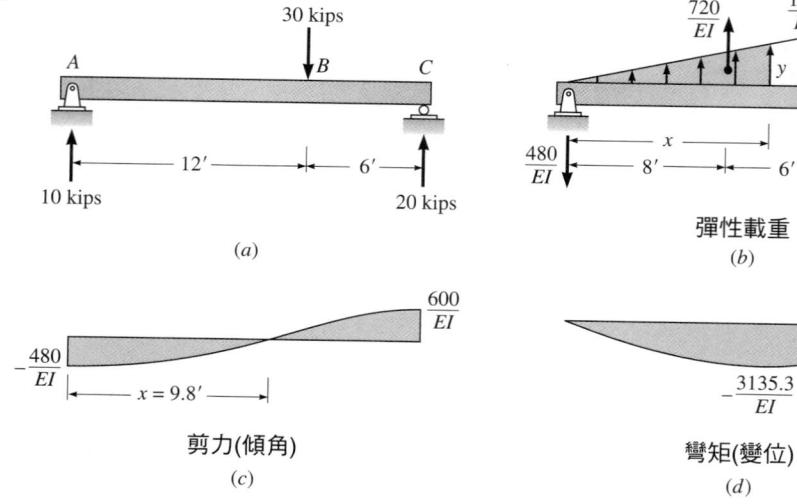

彈性載重
(b)

(a)

剪力(傾角)
(c)

彎矩(變位)
(d)

將（式 2）代入（式 1）求解 x

$$x = \sqrt{96} = 9.8 \text{ ft}$$

要計算最大變位量，我們須計算在 $x = 9.8$ ft 處之彎矩。以一個切斷面於此點切開形成左側自由體，以此點為彎矩中心取所有作用於自由體上力量之彎矩和（如圖 9.22b 之陰影面積）。

$$\Delta_{\max} = M = -\frac{480}{EI}(9.8) + \frac{1}{2}xy\left(\frac{x}{3}\right)$$

利用（式 2）將 y 以 x 表示，並代入 $x = 9.8$ ft，可得

$$\Delta_{\max} = -\frac{3135.3}{EI} \downarrow$$

端點傾角之值可由圖 9.22c 中直接讀出

$$\theta_A = -\frac{480}{EI} \qquad \theta_C = \frac{600}{EI}$$

例題 9.14

計算圖 9.23a 所示樑在 B 點的變位，並決定最大變位之點位；E 為定值，但 I 會改變如圖所示。

解答：

我們首先將彎矩曲線（如圖 9.23b）除以 EI，獲得 M/EI 曲線（AB 段為 $2EI$、BC 段為 EI）。將 M/EI 曲線視為施加於樑上之向上作用載重（如圖 9.23c）。最大變位發生在支承 C 左側 4.85 m 處，該位置之彈性剪力為零（如圖 9.23d）。

要計算 B 點變位，我們以圖 9.23e 所示自由體，計算彈性載重在 B 點所造成之彎矩。對 B 點取彎矩和，可得

$$\Delta_B = M_B = \frac{600}{EI}(2) - \frac{391.67}{EI}(6)$$

$$\Delta_B = -\frac{1150}{EI} \downarrow$$

圖 9.23

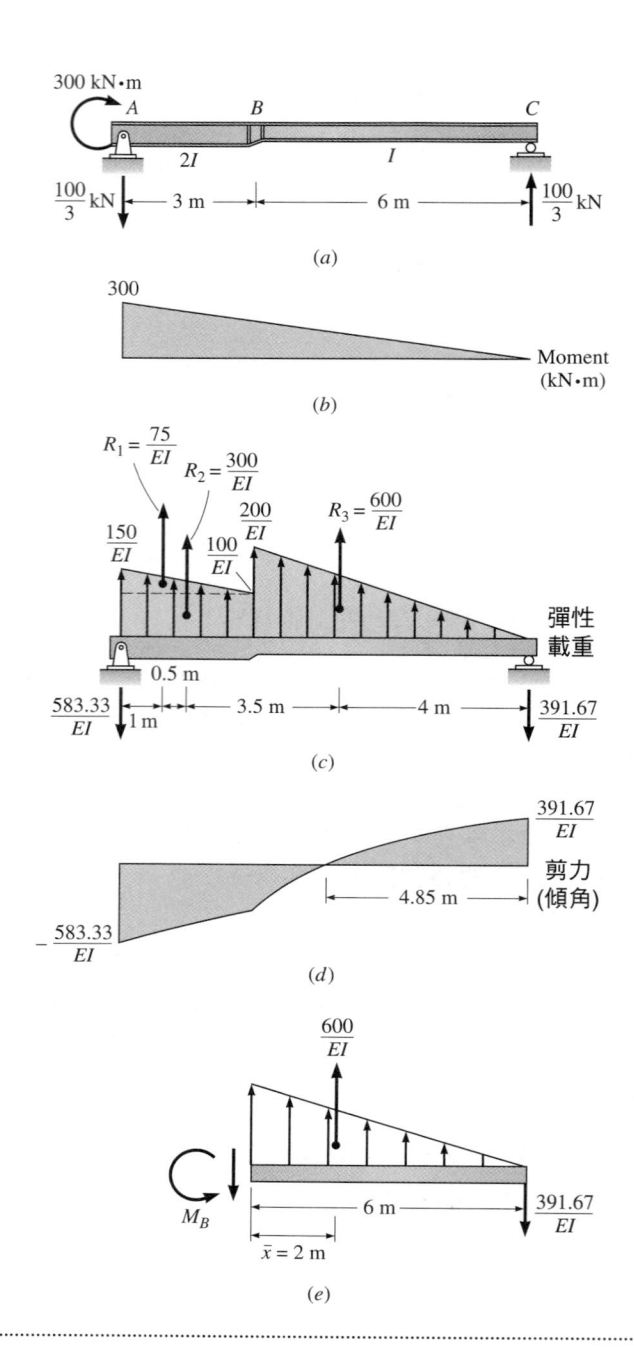

(a)

(b)

(c)

(d)

(e)

9.5 共軛樑法
Conjugate Beam Method

在9.4節中，我們使用彈性載重法來計算簡支樑之傾角與變位。本節之主題－共軛樑法－則允許我們延伸彈性載重法的應用，到具其他型式支承與邊界條件的樑上。此法以**共軛支承**（*conjugate supports*）取代真實支承而形成一個共軛樑。這些虛構支承的效果是為了強制特定的邊界條件，使得以 M/EI 圖所加載的共軛樑上的**剪力**與**彎矩**，分別等於真實樑之**傾角**與**變位**。

9.5 共軛樑法

為了解釋這個方法，我們考慮圖9.24a所示懸臂樑之變形圖，以及（由彈性載重所造成之）剪力與彎矩間的關係。真實樑上作用之集中載重所對應的 M/EI 曲線，代表樑軸上各點的曲率（如圖9.24b）。比方說，在B點彎矩為零，所以曲率為零。反之，在A點曲率為最大且等於 $-PL/EI$。由於樑軸上任一位置之曲率皆為負值，樑整個長度內皆呈現凹面向下彎曲，如圖9.24c標示為1之曲線。雖然曲線1之變形與 M/EI 圖相符合，但我們知道它並不是正確的懸臂變形，因為在左端的斜率與 A 點固定支承所加諸之邊界條件並不相符；也就是說，在A點的斜率（以及變位）必須為零，如曲線2所示。

由於我們瞭解 A 點的傾角和變位必須為零的原因，因此 A 點的彈性剪力（*elastic shear*）與彈性彎矩（*elastic moment*）也必須為零。而滿足這個要求唯一的邊界條件為自由端，我們必須想像支承 A 被移除—如果沒有支承存在，便沒有反力產生。藉由建立構件端點正確的傾角與變位，我們確保了構材被正確的定位。

另一方面，由於在真實樑的自由端，傾角與變位皆存在，在 B 端必須提供一個具有剪力與彎矩容量的支承。因此，我們必須在共軛樑之 B 點引入一個想像的固定支承。圖9.24d為以 M/EI 曲線加載的共軛樑。共軛樑中 B 點的反力是由彈性載重（M/EI圖）所造成的，其值便是真實樑的傾角與變位。

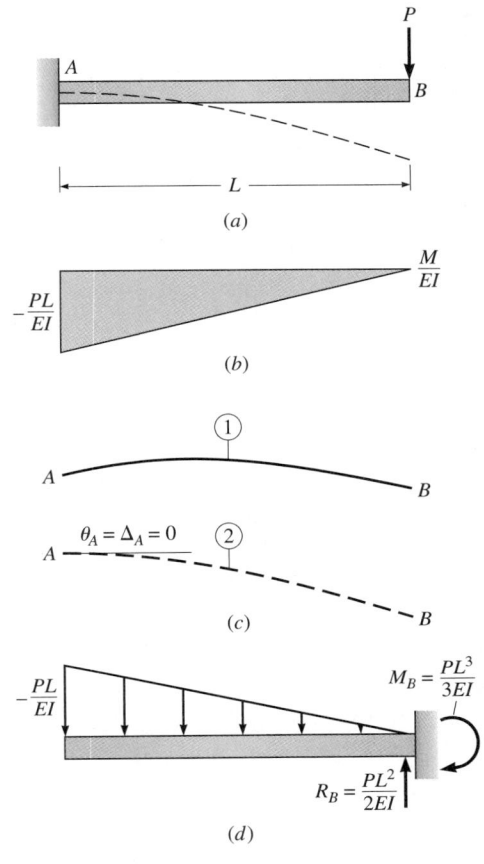

圖9.24：(a) 懸臂樑之變形，(b) M/EI 圖代表曲率之變化，(c) 曲線1與 (b) 圖之 M/EI 圖一致，但與A點邊界條件不符。曲線2為將曲線1視為剛體順時針旋轉，直到A點傾角為零，(d) 彈性載重作用之共軛樑。

圖9.25所示為對應於數種標準支承的共軛支承。圖9.25d與e所示為兩個我們未曾討論過之支承—跨內滾支 (interior roller) 與鉸接點 (hinge)。由於跨內滾支（如圖9.25d）只提供垂直束制，滾支位置之位移為零但構件可自由旋轉。因為構件為連續，接點兩側之傾角需保持相同。為了滿足這些幾何上的要求，其共軛支承必須不具彎矩容量（即變位為零），但允許支承兩側存在相同的剪力值—因此為一個鉸接點。

圖 9.25：共軛支承。

	真實支承	共軛支承
(a)	 銷或滾 $\Delta = 0$ $\theta \neq 0$	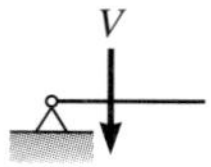 銷或滾 $M = 0$ $V \neq 0$
(b)	 自由端 $\Delta \neq 0$ $\theta \neq 0$	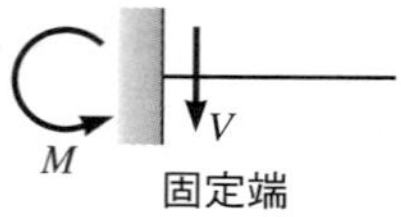 固定端 $M \neq 0$ $V \neq 0$
(c)	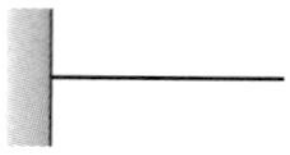 固定端 $\Delta = 0$ $\theta = 0$	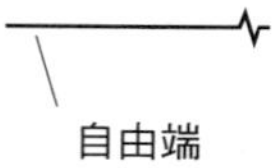 自由端 $M = 0$ $V = 0$
(d)	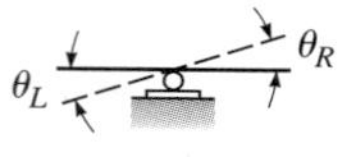 內部滾接 $\Delta = 0$ $\theta_L = \theta_R \neq 0$	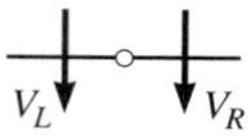 鉸 $M = 0$ $V_L = V_R \neq 0$
(e)	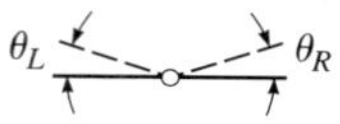 鉸 $\Delta \neq 0$ θ_L 與 θ_R 未必相等	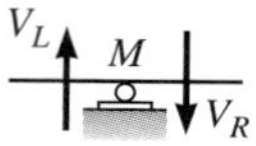 內部滾支 $M \neq 0$ V_L 與 V_R 未必相等

由於鉸接頭在一個真實結構中並沒有提供任何阻止變位或旋轉的束制（如圖 9.25e），在其共軛樑所引入之裝置必須能造成彎矩以及接點兩側不同之剪力值。這些條件可由在共軛樑中使用跨內滾支而達到。因為支承上方為連續樑，可產生彎矩。而滾支兩側之剪力也顯然可具有不同之數值（支承可以有反力）。

圖9.26所示為八個實際結構對應之共軛樑案例。如果真實結構為靜不定，則共軛結構為不穩定（如圖 9.26e 至 h）。讀者不用擔心這樣的情形發生，因為真實結構之力所產生的 M/EI 彈性載重，恰可讓共軛樑保持平衡狀態。例如，在圖 9.27b 我們展示一固定端樑的共軛結構，受到對應於集中載重作用在真實結構中跨時，所產生的 M/EI 圖彈性載重。我們可驗證共軛結構不論是在垂直方向力平衡或是對任一點取彎矩和，皆符合平衡條件。

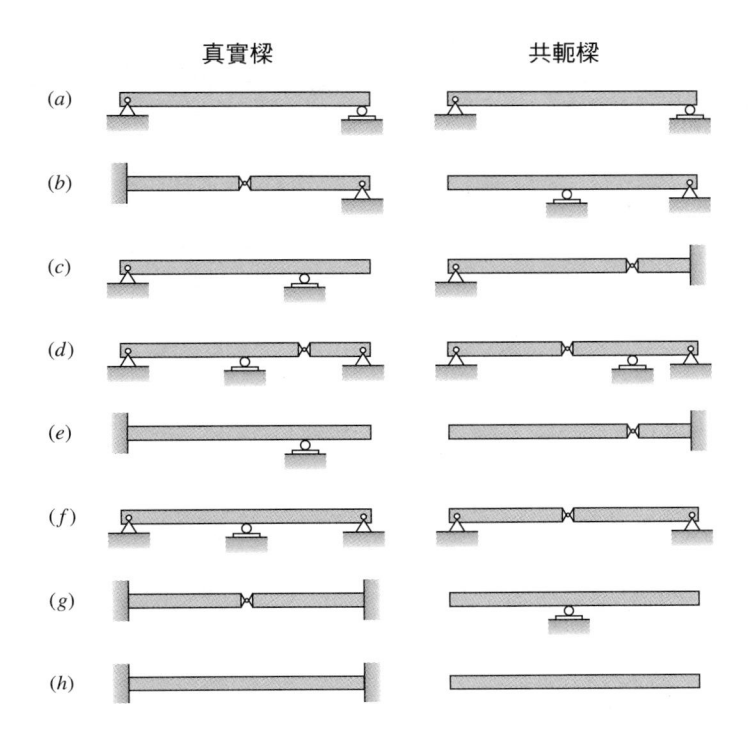

圖 9.26：共軛樑之案例。

綜言之，以共軛樑法計算任何型式的樑的變位時，其步驟如下：

1. 建立真實結構的彎矩曲線。
2. 產生 M/EI 曲線。E 或 I 的變化可在此步驟中加以考量。
3. 建立共軛樑。將真實支承或鉸接頭以圖 9.25 所示之共軛支承取代。
4. 將圖 M/EI 當成共軛樑之載重。在需要求取傾角或變位的位置上，計算共軛樑的剪力與彎矩。

例題 9.15 至 9.17 說明共軛樑法的計算過程。

圖9.27：(a) 固定端樑中跨受集中載重，(b) 共軛樑以 M/EI 曲線加載，此共軛樑沒有支承，但由外力保持住其平衡狀態。

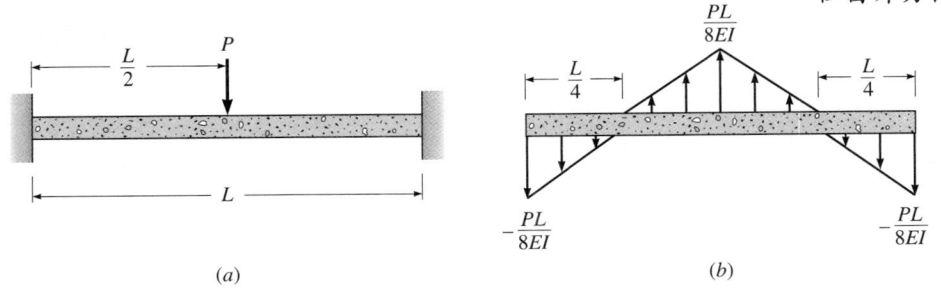

例題 9.15

以共軛樑法計算，圖 9.28 所示樑在 A 與 C 點間最大變位量以及懸臂端 D 點之變位。EI 為定值。

解答：

受到 M/EI 圖向上作用之共軛樑如圖 9.28c 所示（請參考圖 9.25 所列真實支承與共軛支承對照表）。對鉸接點取彎矩和求 A 點反力。

$$\circlearrowright^+ \quad \Sigma M_{\text{hinge}} = 0$$

$$-18R_A + \frac{720(10)}{EI} + \frac{360(4)}{EI} = 0$$

$$R_A = \frac{480}{EI}$$

計算 R_D

$$\uparrow^+ \quad \Sigma F_y = 0$$

$$\frac{720}{EI} + \frac{360}{EI} - \frac{480}{EI} - R_D = 0$$

$$R_D = \frac{600}{EI}$$

圖 9.28：(a) 樑詳圖，(b) 彎矩曲線，(c) 彈性載重之共軛樑，(d) 彈性剪力（傾角），(e) 彈性彎矩（變位）。

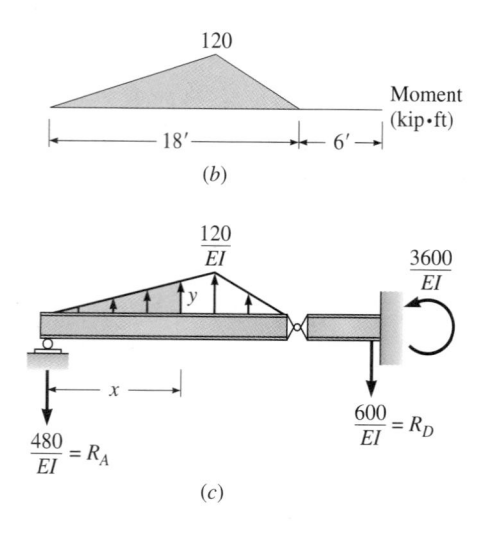

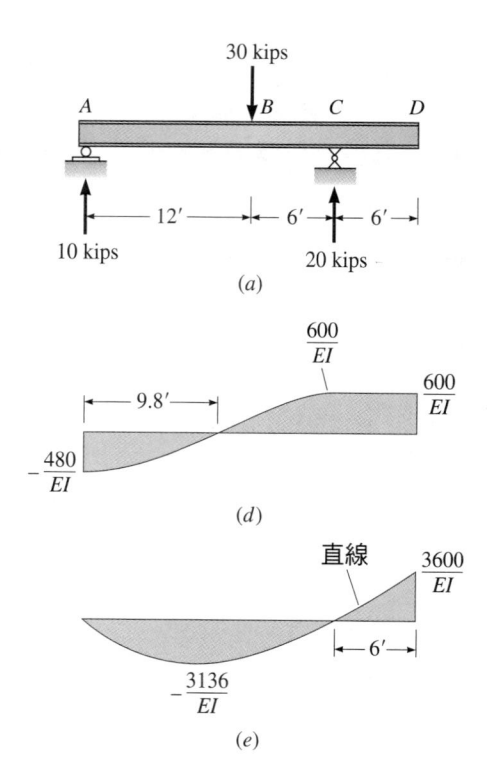

畫出剪力與彎矩曲線（如圖9.28d與e）。D點之彎矩等於C與D點間剪力曲線面積，可知

$$M_D = \frac{600}{EI}(6) = \frac{3600}{EI}$$

要決定剪力零點，我們求取可平衡掉R_A所需之彈性載重面積（如圖9.28d之陰影區域）

$$\frac{1}{2}xy = \frac{480}{EI} \tag{1}$$

由相似三角形關係（如圖9.28c）

$$\frac{y}{\frac{120}{EI}} = \frac{x}{12} \text{ and } y = \frac{10}{EI}x \tag{2}$$

將（式2）代入（式1）求解 x 可得

$$x = \sqrt{96} = 9.8 \text{ ft}$$

計算負彎矩的最大值，由於支承A右側之剪力曲線為拋物線，面積為$\frac{2}{3}bh$

$$\Delta_{\max} = M_{\max} = \frac{2}{3}(9.8)\left(-\frac{480}{EI}\right) = -\frac{3136}{EI}$$

計算D點變位

$$\Delta_D = M_D = \frac{3600}{EI}$$

例題 9.16

決定圖9.29a中樑的最大變位。EI為定值。

解答：

將圖9.29a所示真實樑受集中載重所產生之彎矩圖，除以EI值後以分佈載重之型式作用在圖9.29b所示共軛樑上。接下來，我們將分佈載重細分為三角形面積並計算其合力（如粗箭頭所示）。

計算 R_E

$$+\circlearrowleft \Sigma M_C = 0$$

$$\frac{36P}{EI}(6) + \frac{18P}{EI}(4) + \frac{18P}{EI}(8) + \frac{54P}{EI}(10) - 12R_E = 0$$

$$R_E = \frac{81P}{EI}$$

圖9.29：(a) 樑；(b) M/EI 圖所代表之載重作用於共軛樑上，(c) 傾角，(d) 變位。

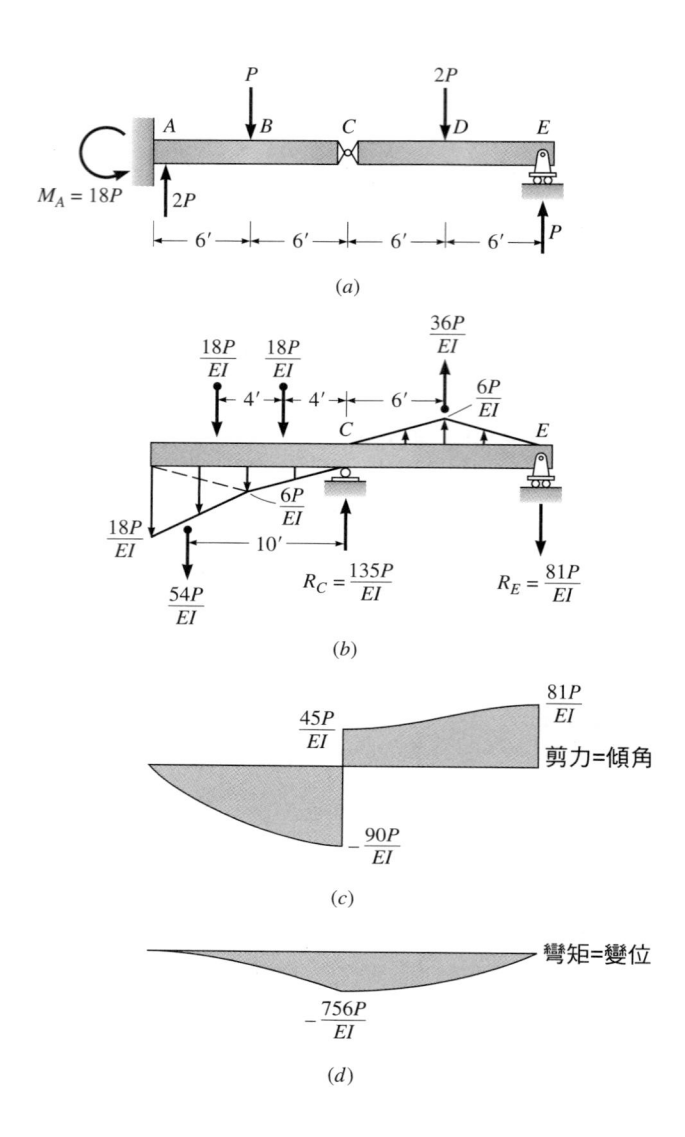

計算 R_C

$$\stackrel{+}{\uparrow} \Sigma F_y = 0$$

$$-\frac{54P}{EI} - \frac{18P}{EI} - \frac{18P}{EI} - \frac{81P}{EI} + \frac{36P}{EI} + R_C = 0$$

$$R_C = \frac{135P}{EI}$$

要求得樑軸上傾角與變位的變化趨勢，我們計算出共軛樑之剪力與彎矩曲線（如圖 9.29c 與 d）。最大變位發生在 C 點（此為真實鉸接之位置），其值等於 756P/EI。為共軛樑 C 點左側作用力在該斷面所造成之彈性彎矩。

例題 9.17

比較在圖 9.30a 與 c 中兩根樑左端產生一個單位旋轉角所需之彎矩大小。除了右端支承不同外—其一為銷支承另一為固定支承—兩根樑之尺寸與性質完全相同。EI 為定值。圖 9.30c 中之靜不定樑，當其左端受一順時針方向彎矩 M 作用時，會於固定端產生大小為 $M/2$ 之順時針彎矩反力。

解答：

圖 9.30a 所示端點為銷接之樑，其共軛樑如圖 9.30b 所示。由於外彎矩 M' 造成 A 與一單位旋轉角，共軛樑左端反力等於 1。因為 A 點之傾角為負值，反力作用方向朝下。

要計算共軛樑 B 點之反力，我們對 A 點取彎矩和。

$$\circlearrowright^+ \quad \Sigma M_A = 0$$

$$0 = R_B L - \frac{M'L}{2EI}\left(\frac{L}{3}\right)$$

$$R_B = \frac{M'L}{6EI}$$

圖 9.30：端點束制對撓曲勁度之影響；(a) A 點受載重之樑其遠端為銷接，(b) 圖 (a) 之共軛樑及其 M/EI 載重，(c) 遠端固接，A 點受載之樑，(d) 圖 (c) 之共軛樑及其 M/EI 載重。

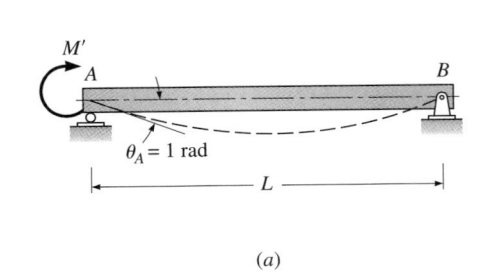

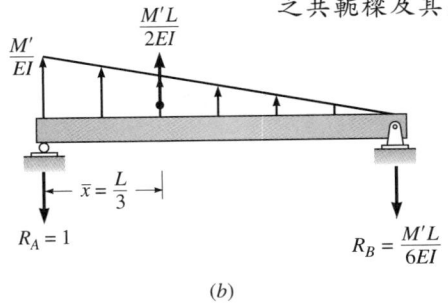

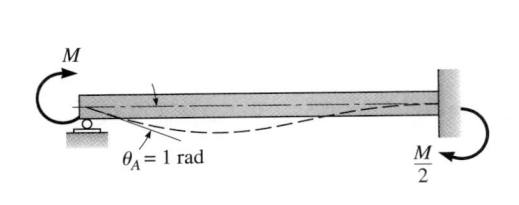

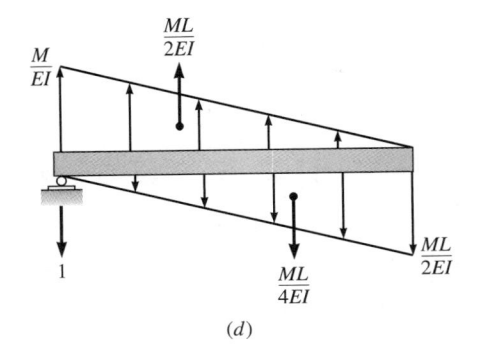

累加 y 方向力量，可將 M' 以桿件性質表示如下

$$\uparrow^+ \ \Sigma F_y = 0$$

$$0 = -1 + \frac{M'L}{2EI} - \frac{M'L}{6EI}$$

$$M' = \frac{3EI}{L} \tag{1}$$

圖 9.30c 所示右端為固定端之樑的共軛樑如圖 9.30d 所示。真實樑上之兩個端彎矩所產生之 M/EI 載重"分部"畫出。將 y 方向力累加，可將 M 以樑之性質表示如下

$$\uparrow^+ \ \Sigma F_y = 0$$

$$0 = -1 + \frac{ML}{2EI} - \frac{1}{2}\frac{ML}{2EI}$$

$$M = \frac{4EI}{L} \tag{2}$$

註：一根樑之絕對撓曲勁度可被定義為：將樑之端點旋轉一單位角度所需之端彎矩大小——此樑由滾支與另一端之固定端所支承（如圖 9.30c）。類似的分析也可用於求得不同邊界條件情形下之撓曲勁度值，但此特定組合之邊界條件特別有用，因其與**彎矩分配法**之端點條件相似。彎矩分配法為第 13 章所介紹之靜不定結構分析技巧。樑之勁度愈大，使產生單位旋轉所需之彎矩便愈大。

如果銷支承取代了固定支承如圖 9.30a 所示，則樑因為端點缺少旋轉束制，其撓曲勁度將降低。在這個例題中，我們比較遠端為銷接與固接兩種情形下之撓曲勁度（見（式 1）與（式 2）），銷接端勁度為固接端之四分之三。

$$\frac{M'}{M} = \frac{3EI/L}{4EI/L}$$

$$M' = \frac{3}{4}M$$

9.6 樑之輔助設計
Design Aids for Beams

為了達到適當設計的目標，樑必須具有足夠的勁度與強度。在工作載重作用下，樑的變位必須受到限制，才不致使非結構元件——隔間、管線、天花板以及窗戶——受到損壞或因過大變位而無法使用。很顯然的，下垂量過大的地板樑或會隨活載重而振動的樑都是不符合標準的。要限制活載重作用下之變位，大部分的建築規範規定最大活載重變位不可，超過特定跨長比例的限制值——通常為介於 1/360 至 1/240 跨長的一個限制值。

9.6 樑之輔助設計

如果鋼樑在靜載重作用下已過量下垂，它們可被製作成（上拱的）弧形。也就是說，製造鋼樑時以滾軋或熱處理使其具有起始曲率，而在中跨上拱的量等於或大於靜載重變位（如圖 9.31）。例題 10.12 將說明關連曲率與上拱量的簡單方法。要使鋼筋混凝土樑上拱，模板中點抬高量可以等於或略大於靜載重變位。

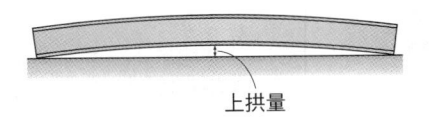

圖 9.31：被製成具上拱量的樑。

在實務設計上，設計者通常用設計手冊上的輔助設計表格，查詢各種載重與支承條件下樑的變位。由美國鋼鐵構造協會 (American Institute of Steel Construction；AISC) 所出版的鋼構造手冊 (*Manual of Steel Construction*) 便是一份很好的資料來源。

表9.1提供數種支承與載重型式下，樑的最大變位與彎矩圖。我們將在例題9.18中使用這些方程式來輔助計算。

例題 9.18

一簡支鋼樑跨長 30 ft，承載之均佈載重為 0.4 kip/ft，包含了樑自重以及部分樓板與天花板之重量（如圖9.32）。在樑 1/3 跨位置同時有兩組集中載重作用，每組載重皆包括 14.4 kips靜載重與8.2 kips活載重。為了承載這些載重，設計選擇使用一根深 16 in 之 I 型樑，其彈性模數 E 為 30,000 ksi，慣性矩 I 為 758 in4。

(a) 指定此樑所需之上拱量，以便抵銷全部靜載重及 50% 活載重所造成之變位量。

(b) 確認在只有活載重作用下，樑之變形不超過 1/360 跨長（此規範確保樑不會過度柔性以及在活載重作用下產生振動）。

解答：

首先計算靜載重所需之上拱量，以表9.1中 case 1 與 3 之變位方程式；

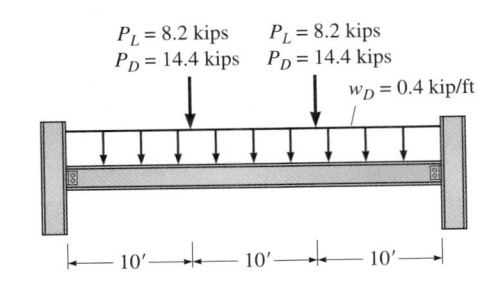

圖 9.32：樑柱接合方式為；將腹板以夾型角鋼螺栓至柱翼板；因此，樑可視為簡支靜定樑。

表 9.1
彎矩圖與最大變位方程式

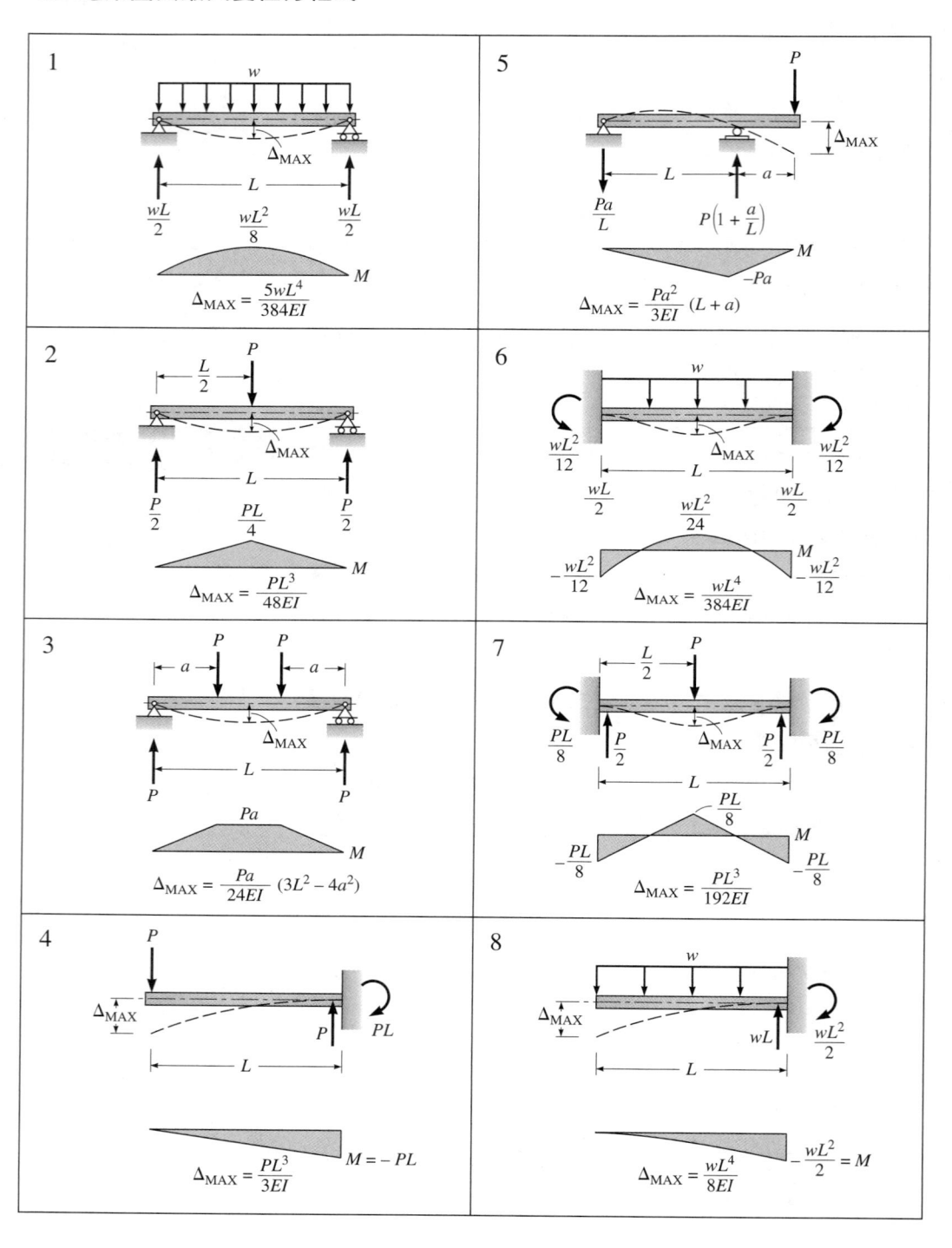

1 簡支梁承受均布載重 w，支承反力 $\dfrac{wL}{2}$、$\dfrac{wL}{2}$，跨度 L，最大彎矩 $\dfrac{wL^2}{8}$ $$\Delta_{MAX} = \dfrac{5wL^4}{384EI}$$	**5** 外伸梁末端受集中載重 P，反力 $\dfrac{Pa}{L}$、$P\left(1+\dfrac{a}{L}\right)$，跨度 L，外伸 a，$M = -Pa$ $$\Delta_{MAX} = \dfrac{Pa^2}{3EI}(L+a)$$
2 簡支梁跨中集中載重 P，反力 $\dfrac{P}{2}$、$\dfrac{P}{2}$，最大彎矩 $\dfrac{PL}{4}$ $$\Delta_{MAX} = \dfrac{PL^3}{48EI}$$	**6** 兩端固定梁承受均布載重 w，端彎矩 $\dfrac{wL^2}{12}$，反力 $\dfrac{wL}{2}$，中央彎矩 $\dfrac{wL^2}{24}$ $$\Delta_{MAX} = \dfrac{wL^4}{384EI}$$
3 簡支梁對稱兩點集中載重 P，距端 a，反力 P、P，最大彎矩 Pa $$\Delta_{MAX} = \dfrac{Pa}{24EI}(3L^2 - 4a^2)$$	**7** 兩端固定梁跨中集中載重 P，端彎矩 $\dfrac{PL}{8}$，反力 $\dfrac{P}{2}$，中央彎矩 $\dfrac{PL}{8}$ $$\Delta_{MAX} = \dfrac{PL^3}{192EI}$$
4 懸臂梁自由端承受集中載重 P，固定端反力 P，彎矩 $M = -PL$ $$\Delta_{MAX} = \dfrac{PL^3}{3EI}$$	**8** 懸臂梁承受均布載重 w，固定端反力 wL，彎矩 $-\dfrac{wL^2}{2} = M$ $$\Delta_{MAX} = \dfrac{wL^4}{8EI}$$

(a) 均佈載重引起之靜載重變位為

$$\Delta_{D1} = \frac{5wL^4}{384EI} = \frac{5(0.4)(30)^4(1728)}{384(30,000)(758)} = 0.32 \text{ in}$$

集中載重所造成之靜載重變位為

$$\Delta_{D2} = \frac{Pa(3L^2 - 4a^2)}{24EI} = \frac{14.4(10)[3(30)^2 - 4(10)^2](1728)}{24(30,000)(758)}$$

$$\Delta_{D2} = 1.05 \text{ in}$$

總靜載重變位 $\Delta_{DT} = \Delta_{D1} + \Delta_{D2} = 0.32 + 1.05 = 1.37$ in

活載重變位 $\quad \Delta_L = \dfrac{Pa(3L^2 - 4a^2)}{24EI} = \dfrac{8.2(10)[3(30)^2 - 4(10)^2](1728)}{24(30,000)(758)}$

$$\Delta_L = 0.6 \text{ in}$$

所需之上拱量 $= \Delta_{DT} + \dfrac{1}{2}\Delta_L = 1.37 + \dfrac{0.60}{2} = 1.67$ in

(b) 允許活載重變位為

$$\frac{L}{360} = \frac{30 \times 12}{360} = 1 \text{ in} > 0.6 \text{ in}$$

因此,符合規定。

總結
Summary

- 樑與構架的最大變位必須加以檢核,才能確定結構是否過度柔軟。樑與構架的大變形會造成非結構元件(磚造或磁磚牆、窗戶等)產生裂縫,以及在移動載重作用下,地板或橋板的過度振動。
- 樑與構架的變位是彎矩M以及構材撓曲勁度的函數。勁度與構件的慣性矩I以及彈性模數E有關。除非構件之斷面很深,剪應力很大且剪力模數G不高,否則剪力所造成的變位通常忽略不計。
- 要建立彈性(變形)曲線(樑中心軸之變形)之傾角與變位方程式,我們首先介紹的是以積分彈性曲線微分方程

$$\frac{d^2y}{dx^2} = \frac{M}{EI}$$

的方法。但這個方法在載重之變化複雜時,會變得相當困難使用。

- 其次我們考慮**彎矩面積法**(*moment-area method*)，利用載重的 M/EI 圖來求取樑軸上選定位置的傾角與變位。這個描敘於9.3節的方法需要繪製一份正確的變形圖。
- **彈性載重法**(*elastic load method*)（彎矩面積法的變種方法），可用於計算簡支樑的傾角與變位。在這個方法中，M/EI 圖被視為彈性載重。所造成之剪力為傾角，彎矩為變位，而最大變位便發生在剪力為零之位置。
- **共軛樑法**(*conjugate beam method*)為彈性載重法之延伸方法，可適用於具不同邊界條件之構件上。此方法是將真實支承替換成虛構支承，加諸之邊界條是為了使共軛樑上受 M/EI 曲線作用之剪力與彎矩，分別等於真實樑在該位置的傾角與變位。
- 特定形式的樑與其受到常見載重時所造成之最大變位的方程式，可在許多結構工程參考書中查到（見表9.1）。這些表能提供樑的分析與設計所需的所有資料。

習題

以雙重積分法求解習題P9.1至P9.6，所有樑之 EI 為定值。

P9.1. 導出如圖 P9.1 所示懸臂樑之傾角及變位方程式，並計算 B 點之傾角與變位。結果以 EI 的形式呈現。

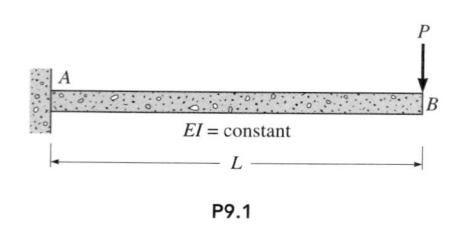

P9.1

P9.2. 導出如圖 P9.2 所示樑之傾角及變位方程式，計算 B 點及中點之變位為何？

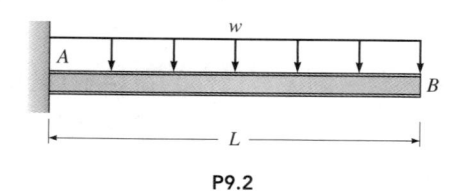

P9.2

P9.3. 導出如圖 P9.3 所示樑之傾角及變位方程式，求樑端點之傾角為何？

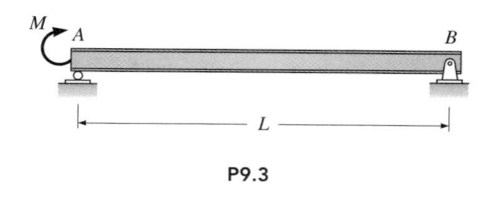

P9.3

P9.4. 導出如圖 P9.4 所示樑之傾角及變位方程式，求最大變位之位置及其值為何？

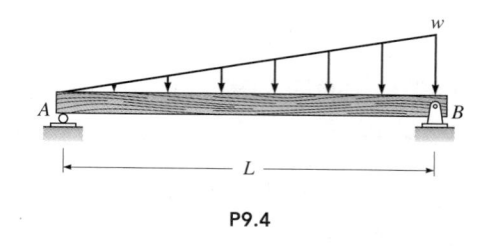

P9.4

P9.5. 導出如圖 P9.5 所示樑之傾角及變位方程式,並計算支承處之傾角。結果以 EI 的形式呈現。

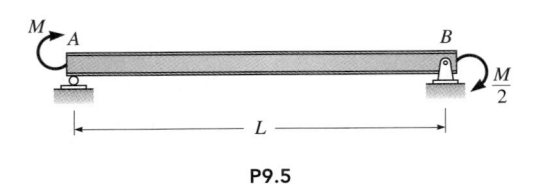

P9.5

P9.6. 導出如圖 P9.6 所示樑之傾角及變位方程式,求各支承之傾角以及中點變位(提示:對稱時中點傾角為零)。

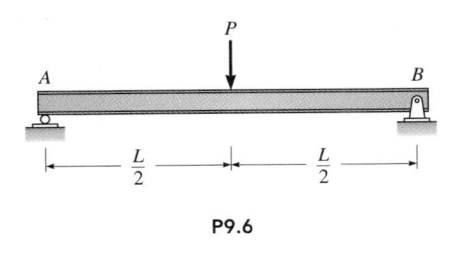

P9.6

以彎矩面積法求解習題 P9.7 至 P9.28,在各題中,除非另行註明,否則所有構件之 EI 為定值,結果亦請以 EI 的形式表現。

P9.7. 如圖 P9.7,計算 B 與 C 點之傾角與變位。

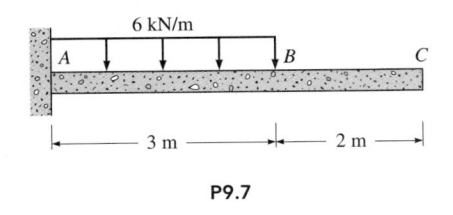

P9.7

P9.8. (a) 如圖 P9.8,計算 A 與 C 點之傾角,B 點之變位為何。(b) 求最大變位值及其位置。

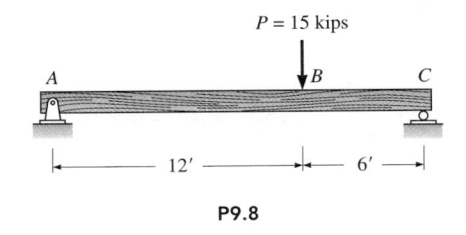

P9.8

P9.9. 如圖 P9.9 所示之樑,求 A 點傾角與中點變位。

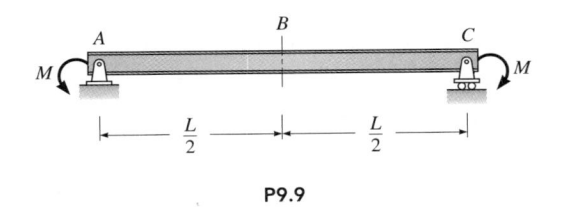

P9.9

P9.10. (a) 如圖 P9.10 所示之樑,求 A 點傾角與中點變位。(b) 如果中跨之變位不可超過 1.2 in,慣性矩 I 之最小為何? $E = 29{,}000$ kips/in^2。

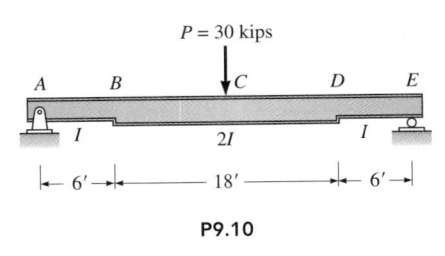

P9.10

P9.11. (a) 如圖 P9.11,求 A 點之傾角與變位,(b) 求 BC 跨中最大變位值與位置。

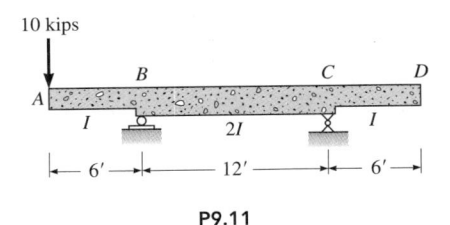

P9.11

P9.12. 如圖P9.12所示之樑，求B點鉸接處兩側之傾角，及B點變位，以及BCD跨中最大變位值，D點支承視為滾支承。

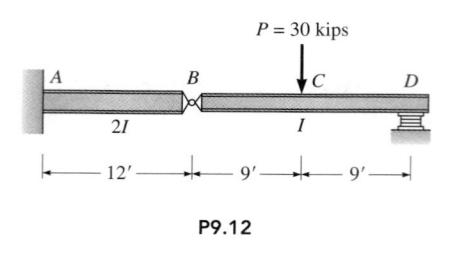

P9.12

P9.13. 如圖P9.13，計算A點之傾角值，中點變位值，D點視為滾支承。

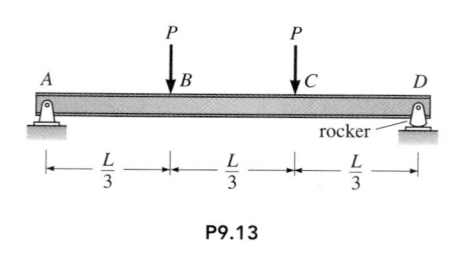

P9.13

P9.14. 如圖P9.14，求AB跨中最大變位，以及C點變位。

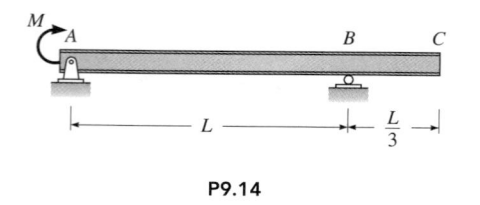

P9.14

P9.15. 如圖P9.15，求節點C之傾角與變位。提示：畫出"分部"彎矩圖。

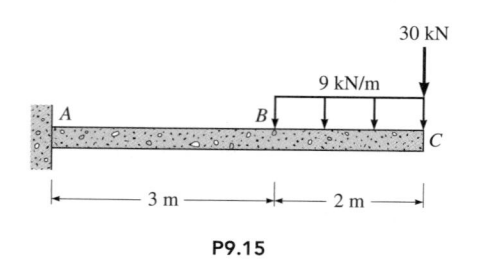

P9.15

P9.16. 如圖P9.16，求A點變位與B點傾角。提示：畫出"分部"彎矩圖。結果以 EI 形式呈現。

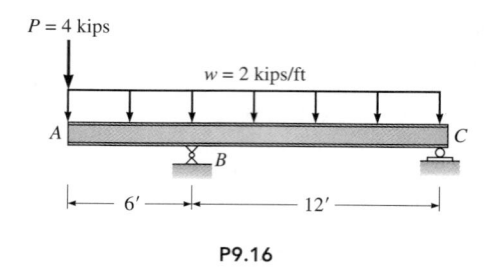

P9.16

P9.17. 如圖P9.17，求鉸接點C點之變位以及D點傾角。EI 為定值。

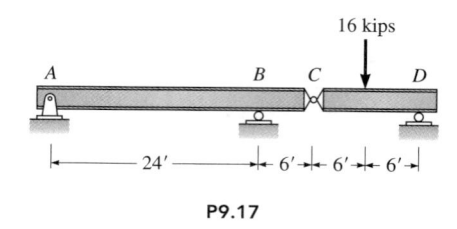

P9.17

P9.18. 如圖P9.18，計算接點B、D之變位。C點彈性版視為滾支承。

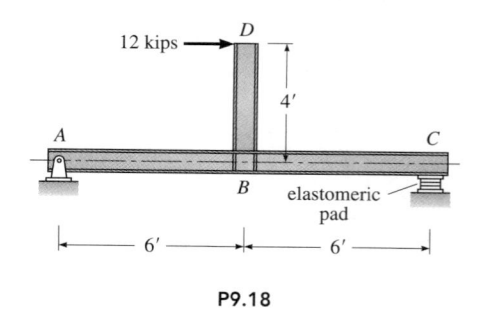

P9.18

P9.19. 如圖P9.19，計算 E 點之水平與垂直變位，以及 A 點之垂直變位。

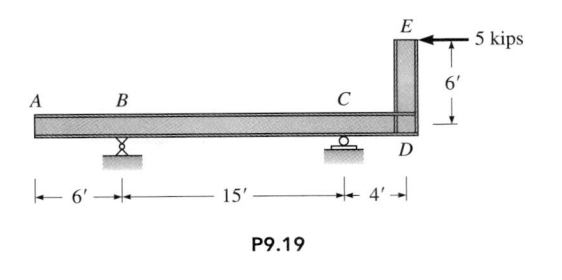

P9.20. 圖P9.20所示之大樑內部彎矩為柱之兩倍，若 D 點垂直變位不能超過 1 in，C 點水平變位不能超過 0.5 in，求要求最小彎矩值為何？ $E = 29{,}000$ kips/in^2，彈性支承墊 B 視為滾支承。

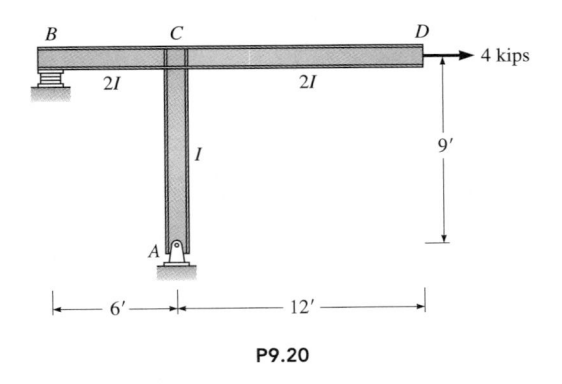

P9.21. 如圖 P9.21，求鉸接點 E 點之垂直變位。

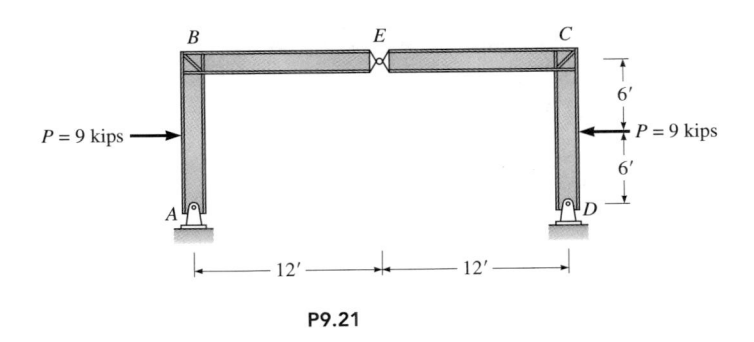

P9.22. 如圖 P9.22，當載重 6-kip 作用於 C 點時，求 D 點水平與垂直變位。

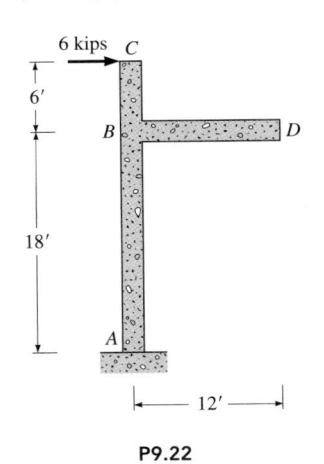

P9.23. 如圖P9.23，求 A 點之傾角，以及 D 點變位之水平與垂直分量。

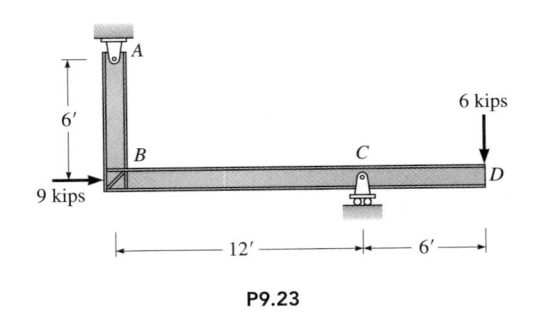

P9.24. 如圖 P9.24，若 B 點垂直變位為零，作用於 B 點之外力 P 應為何值？

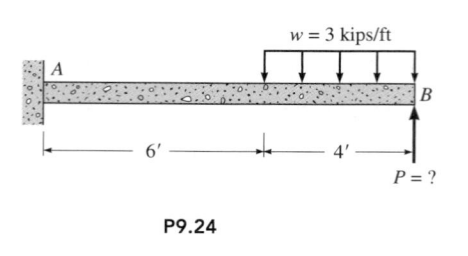

P9.25. 如圖 P9.25 所示之樑，求作用於樑中點之外力 P 應為何值，方始該點不產生垂直方向之偏移。

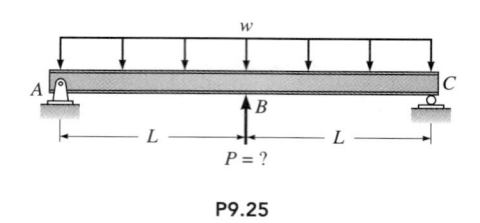

P9.26. 如圖 P.26，求節點 B 之水平變位。彎矩圖由載重 12-kip 所引起，柱底部之 A 與 E 點視為固定端。提示：首先畫出位移曲線，使用彎矩圖求桿件曲率。彎矩之單位為 kip·ft。

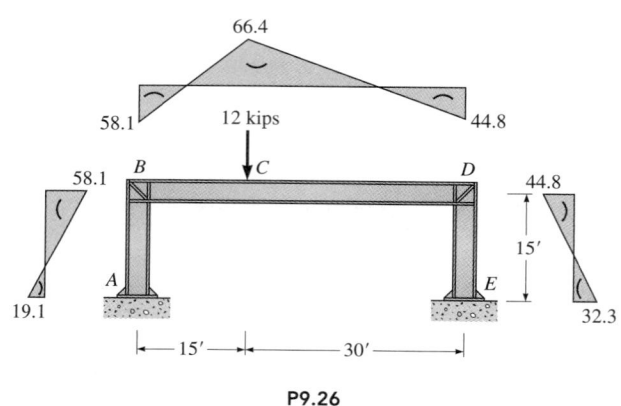

P9.27. 如圖 P9.27 所示之剛架，A 與 B 兩點受等值但相反方向之載重作用，計算 E 點之傾角與 B 點之垂直變位。$E = 200$ GPa，$I_{AB} = 800 \times 10^6$ mm^4，$I_{CD} = 400 \times 10^6$ mm^4。

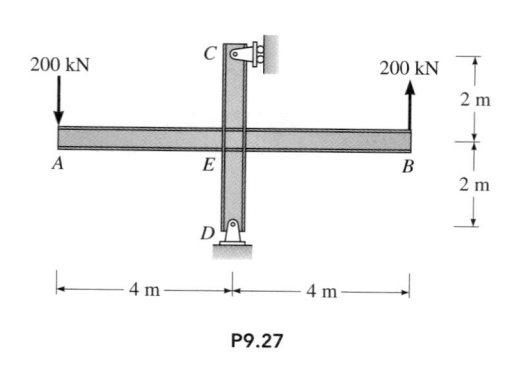

P9.28. 如圖 P9.28 所示之剛架，受一水平載重作用於 B 點，計算 B 與 D 點之水平變位。所有桿件 $E = 200$ GPa，$I = 500 \times 10^6$ mm^4。

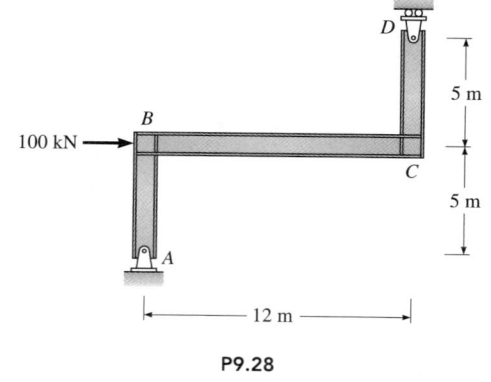

以共軛樑法求解習題 P9.29 至 P9.33。

P9.29. 如圖P9.29所示之懸臂樑，計算 C 點之傾角與變位。 EI 為常數。

P9.30. 如圖P9.30所示之樑，計算 A 點與 C 點（中點）之變位，I 值如圖所示。

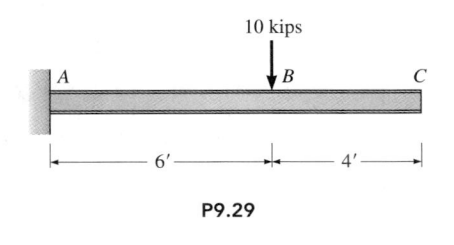

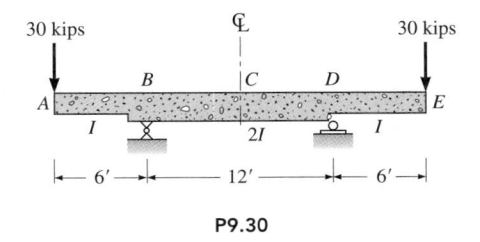

P9.31. 如圖 P9.31 所示之樑，求 C 點之傾角與變位，以及 A 與 B 間之最大變位值。反力為已知，EI 為常數。 B 點彈性支承墊視為滾支承。

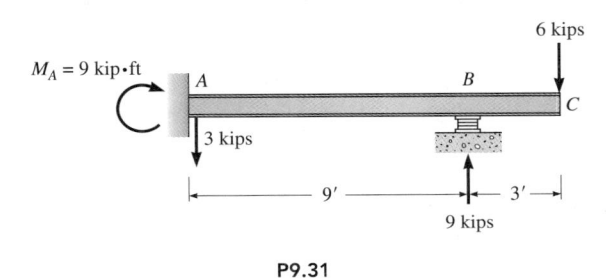

P9.32. 如圖 P9.32 所示之樑，求下列條件之撓曲勁度（參見例題 9.17）(a) 彎矩作用於 A 點。(b) 彎矩作用於 C 點。 E 為常數。

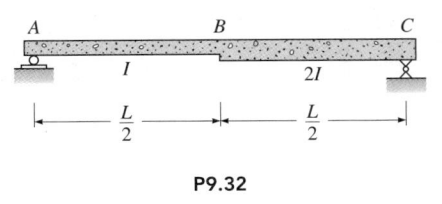

P9.33. 如圖 P9.33 所示之樑，使用共軛樑法求 BD 跨中最大變位值，以及鉸接處兩端之傾角。

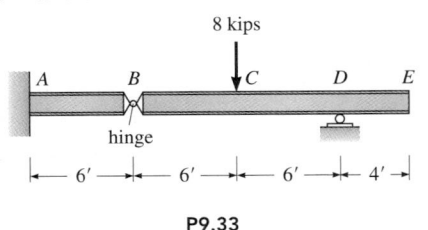

P9.34. 以共軛樑法解問題 P9.11。

P9.35. 以共軛樑法解問題 P9.12。

P9.36. 以共軛樑法解問題 P9.17。

P9.37. 如圖 P9.37 所示之樑，以共軛樑法計算 C 點之垂直變位以及兩側之傾角。 $E = 200$ Gpa， $I_{AC} = 2I$， $I_{CF} = I$，其中 $I = 50 \times 10^6$ mm^4。

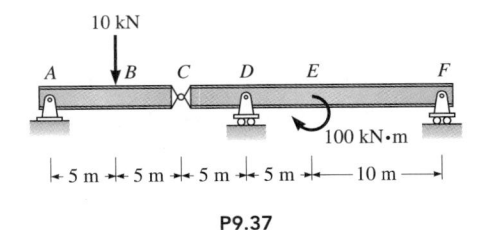

變位計算之實際應用

P9.38. 如圖P9.38a所示之鋼筋混凝土大樑，以一鋼索於7 in偏心處施加一預壓力450 kips，該預力於樑端點提供軸力 450 kips 以及彎矩 $M_P = 262.5$ kip·ft（圖P9.38b）。軸力使得樑縮短但不產生彎曲變位，端點彎矩則使樑往上彎曲（圖P9.38c），因此樑重由兩端支撐，桿件行為如簡支樑。當桿件往上彎矩，樑重可視為均佈載重產生向下之變位。當鋼索初受張力時，求樑中點之初始變位值。提示：長時間作用下，潛變效應使得變位由初始值以 100% 至 200% 之百分比緩慢增加，中點變位可視為當兩端受彎矩作用時之值 $ML^2/(8EI)$。$I = 46{,}656$ in^4，$A = 432$ in^2，樑重 $w_G = 0.45$ kip/ft，$E = 5000$ kips/in^2。

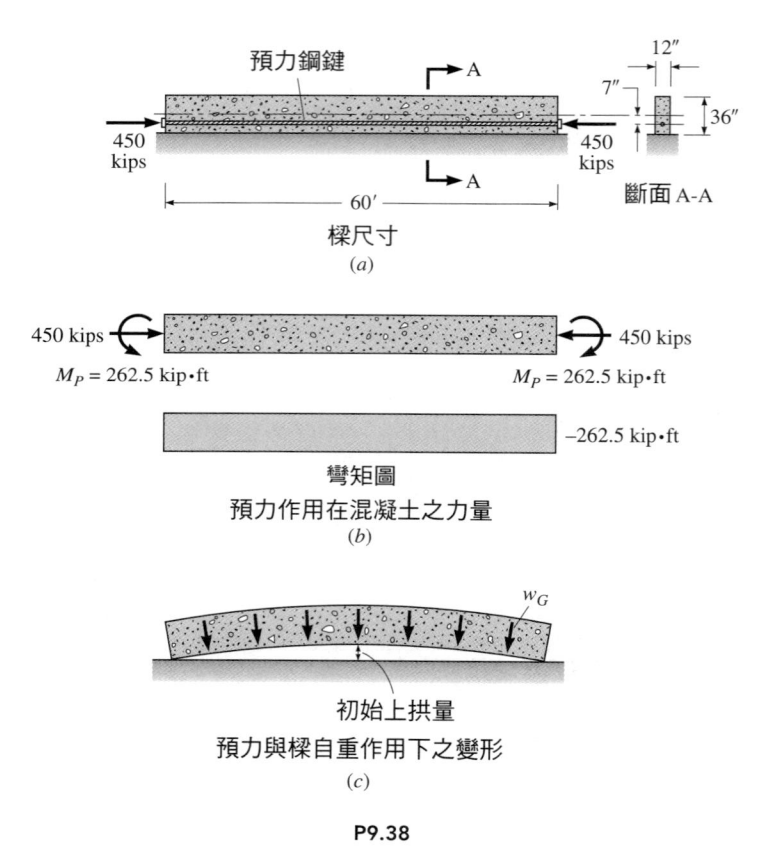

樑尺寸
(a)

彎矩圖
預力作用在混凝土之力量
(b)

初始上拱量
預力與樑自重作用下之變形
(c)

P9.38

P9.39. 因為基礎條件不佳，一30-in深之懸臂鋼樑使用於支撐外部柱，以承受400 kips之靜載重以及100 kips之活載重（如圖P9.39）。全部載重作用於C點，求初始上拱量應為多少？才能抵消全部載重在懸臂自由端所造成之位量。忽略樑本身自重。$I = 46{,}656 \text{ in}^4$，$E_s = 30{,}000 \text{ ksi}$。參考變位方程式表9.1之case 5，A點連接處視為銷支承，B點視為滾支承。

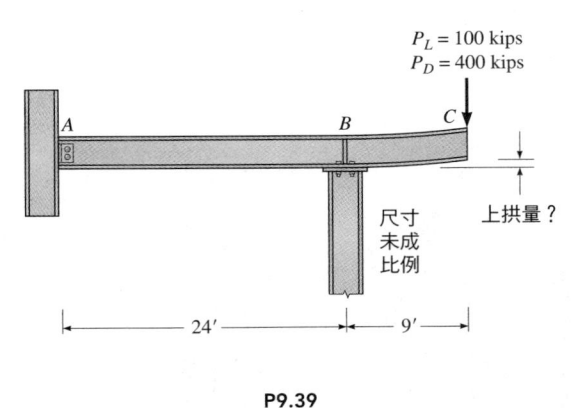

P9.39

美國太空總署(NASA)位於佛羅里達州之甘迺迪太空中心。結構工程師除了設計建築物與橋樑外，也設計特殊用途之結構－如火箭艙身、發射台、支撐塔台以及運送大型火箭至發射位置之可移動運送台等。

CHAPTER 10

功能法計算變位
Work-Energy Methods for Computing Deflections

10.1 簡介
Introduction

結構受載重作用時，受力的元件會產生變形。當變形發生時，結構改變形狀且結構上的點產生位移。在一個設計良好的結構中，這些位移很小。舉例說明，圖 10.1a 所示未受力懸臂樑便被任意細分為四個矩形元素。當一個垂直載重作用在 B 點時，沿構件長度每個位置皆產生彎矩。此彎矩同時造成軸向受張與受壓之彎曲應力，將原本矩形之元素構件變形為梯形，並造成懸臂端 B 點垂直向下至 B' 點。此位移 Δ_B 如圖 10.1b 所示以放大尺度表示。

相同的，在圖 10.1c 所示之桁架例子中，外力 P 造成構件軸力 F_1、F_2 與 F_3。這些軸力使得構材軸向變形至虛線所示位置。這些變形使得桁架之 B 點沿對角方向位移至 B' 點。

功能法 (*work-energy method*) 為許多計算位移之方法的基礎。功能法之所以能用於計算位移，是因未知位移可併入功的表示式中，使得*功為一個力量與一個位移之乘積*。在典型的位移計算過程中，設計力的大小與方向會被指定而構材的性質為已知。因此，一旦構件之力算出來，儲存於每一個結構元件的能量可被量化，且會相等於作用在結構上外力所做的功。由於我們假設載重

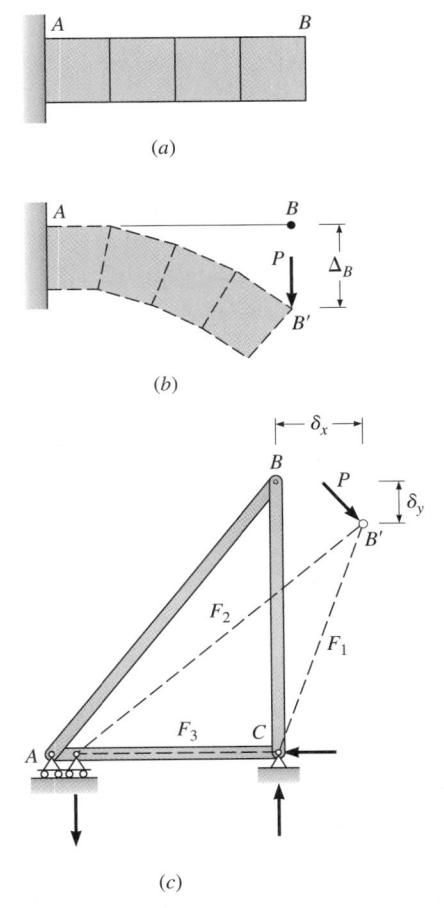

圖10.1：受載結構之變形：(a) 受載重前之樑；(b) 作用於 B 點之力所造成之彎曲變形；(c) 桁架受載後之變形。

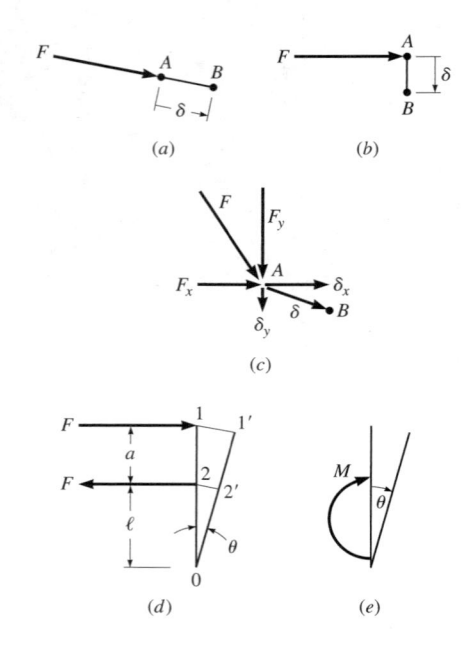

圖 10.2：力與彎矩所做之功；(a) 位移與力量共線；(b) 位移垂直於力之作用力線；(c) 不共線之位移；(d) 彎矩作用一個角位移量 θ；(e) 彎矩之另一種表示方式。

緩慢施加，因此既無動能亦無熱能產生。能量守恆定理 (*principle of the conservation of energy*)說明了；一個力量系統作用於一個結構所產生的功，會等於此結構所儲存的應變能。

我們首先回顧一個力量或力矩移動一小位移後所做的功。其次，我們將推導儲存於軸力桿與樑之能量方程式。最後，我們舉例說明功能法－也稱作實功法 (*method of real work*) －以計算一簡單桁架之接點位移分量為例。由於實功法有很大的使用限制（也就是，只有真實力作用點之位移可計算，且力只能是單一集中載重），本章所強調的重點為虛功法 (*method of virtual work*)。

虛功法為最實用且用途最廣之變位求法之一，適用於不同型態的結構構件，從最簡單的樑與桁架到複雜的版與薄殼結構。雖然虛功法可用於彈性以及非彈性行為的結構，此法仍需要求結構幾何之改變很小（本法不適用產生顯著幾何變化，受集中載重作用的鋼索結構）。虛功法的另一項優點是；允許設計者在計算位移時可加入支承沉陷、溫度變化、潛變以及製程誤差等之影響。

10.2 功
Work

功之定義為一力乘上力方向上之位移。在計算位移時，我們所關切的是由力與彎矩所做的功。如果力量 F 由 A 點移動至 B 點時，其大小保持定值（如圖 10.2a），所做的功可表示為

$$W = F\delta \tag{10.1}$$

式中 δ 為位移在力作用方向上之分量。當力與位移同方向時，功為正值，反之，力與位移相反時功為負值。

當力之移動方向垂直於其作用力線，如圖 10.2b 所示，做功為零。如果一力量之大小與方向固定，但其位移 δ 與力作用力線不共線時，做功總量之計算可利用累加各座標軸分量分別做功之值而得到。比方說，在圖 10.2c 中，F 由 A 點移至 B 點所做的功可表示為

$$W = F_x\delta_x + F_y\delta_y$$

同理，如果一彎矩在作用一角位移 θ 時始終保持定值（如圖 10.2d 與 e），做功等於彎矩與角位移乘積

$$W = M\theta \tag{10.2}$$

力偶所做的功可由累加圖 10.2d 中，每一個力 F 移動一圓弧位移所做之功而得到，此功等於

$$W = -F\ell\theta + F(\ell + a)\theta$$

化簡後得到

$$W = Fa\theta$$

既然 $Fa = M$

$$W = M\theta$$

如果在位移過程中力的大小改變，且如果力 F 與共線位移 δ 之函數關係為已知，功可以積分計算。在此方法中，圖示說明如圖 10.3a，位移被細分為一系列長度 $d\delta$ 的微小增量。對應於每一個微量位移 $d\delta$ 之功增量 dW 等於 $F\,d\delta$；因此，將所有增量加起來便得總功

$$W = \int_0^\delta F\,d\delta \tag{10.3}$$

同理，對於一個大小可變之彎矩移動了一系列微量角位移 $d\theta$ 後，所做之總功為

$$W = \int_0^\theta M\,d\theta \tag{10.4}$$

將力量對位移做圖時（如圖 10.3a），（式 10.3）或（式 10.4）積分之項，可被詮釋為曲線下之一微量面積。所做之總功－所有微量面積之總合－等於曲線下之總面積。如果一力量或彎矩隨位移呈線性改變，功可被表示為（載重－變位）直線下之三角形面積（如圖 10.3b）。此情形之功可寫為

對力量而言：
$$W = \frac{F}{2}\delta \tag{10.5}$$

對彎矩而言：
$$W = \frac{M}{2}\theta \tag{10.6}$$

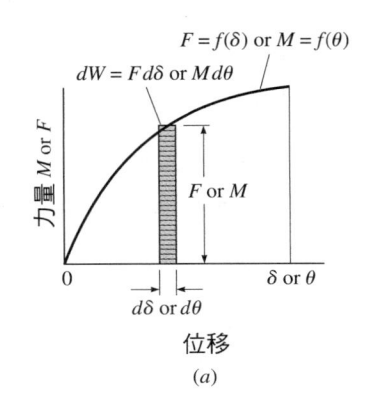

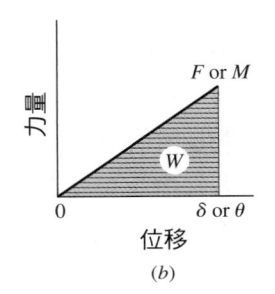

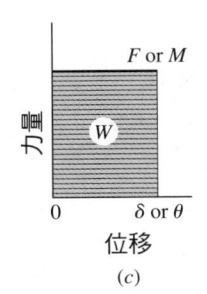

圖 **10.3**：力量對位移之作圖曲線：(a) 可變力量所造成之功增量 dW 如橫線區域所示；(b) 由零線性變化之力與彎矩所做之功（如橫線面積所示）；(c) 定值力量與彎矩作用一位移後所做之功。

其中 F 與 M 是力與彎矩之最大值，而 δ 與 θ 分別為總直線位移與總旋轉位移。

當力與位移間存在著線性關係時，且由零增加至其最終值，功之表示式會包含一個 $\frac{1}{2}$ 係數，如（式 10.5）與（式 10.6）所示。另一方面，如果位移過程中，一力或彎矩始終保持定值（式 10.1）與（式 10.2），功可作圖表示為一矩形區域（如圖 10.3c），則 $\frac{1}{2}$ 係數不存在。

10.3 應變能
Strain Energy

桁架桿

當一桿軸向受載，它將產生變形且儲存應變能 U。舉例說明，在圖 10.4a 所示之桿中，施加外力 P 產生大小相等的軸力 F（即 $F = P$）。如果桿為彈性（虎克定律適用），隨著桿發生長度改變 ΔL 時，大小由零線性增至終值 F 的力，作用並儲存於桿的應變能大小等於

$$U = \frac{F}{2} \Delta L \tag{10.7}$$

式中

$$\Delta L = \frac{FL}{AE} \tag{10.8}$$

其中 L = 桿長
 A = 桿斷面積
 E = 彈性模數
 F = 軸力之終值

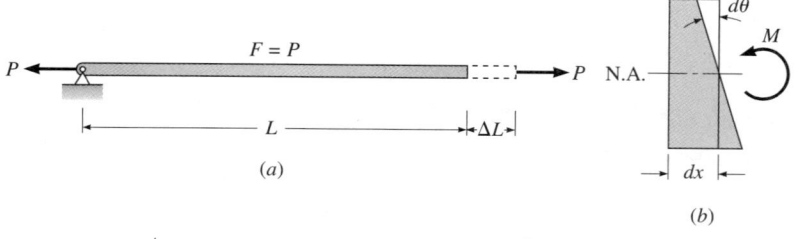

圖 10.4：儲存於一根桿或樑內之應變能。(a) 軸向受載桿之變形；(b) 彎矩 M 造成微量元素之旋轉變形；(c) 受線性載重作用之元素的載重－變形圖；(d) 定值力作用下，桿件之載重－變形曲線。

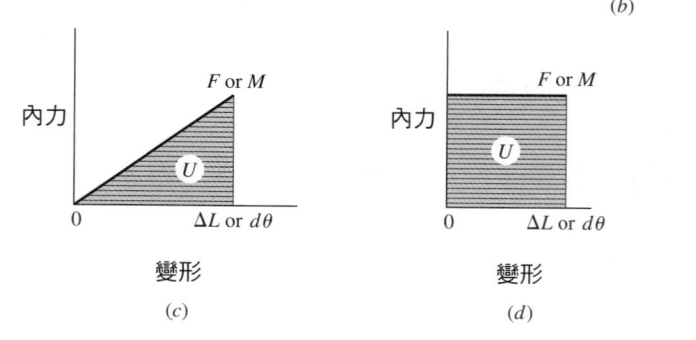

將（式10.8）代入（式10.7），我們可將 U 以桿力 F 與構材性質表示如：

$$U = \frac{F}{2}\frac{FL}{AE} = \frac{F^2 L}{2AE} \tag{10.9}$$

倘若桿受到外在因素而經歷長度變化 ΔL 的過程中，軸力大小始終保持一定（例如，溫度變化），儲存於桿之應變能等於

$$U = F\,\Delta L \tag{10.10}$$

注意當桿軸向變形發生過程中，力量保持定值的話，$\frac{1}{2}$ 係數並不會出現在 U 的表示中（比較式10.7與10.10）。

如同力所做的功一般（如圖10.3），存於物體之應變能也能以作圖表示。如果將桿力量之變化對桿長度改變 ΔL 作圖，則曲線下面積代表儲存於構件之應變能 U。圖10.4c 為（式10.7）之圖示－桿力量由零線性增至終值 F 的案例。圖10.4d 為（式10.10）之圖示－桿長改變過程中，桿力量為定值之案例。針對如圖10.4b所示之樑元素也可畫出類似之力量對變形曲線。在樑元素的研究中，我們所畫的是彎矩 M 對轉角 $d\theta$ 之作圖。

樑

當微量長度 dx（如圖10.4b）之樑元素的側邊旋轉 $d\theta$ 角度時，伴隨發生由零線性增加至終值 M 的彎矩，則此樑元素所儲存的應變能增量 dU 等於

$$dU = \frac{M}{2}d\theta \tag{10.11}$$

如我們之前所說明的，$d\theta$ 可被表示為

$$d\theta = \frac{M\,dx}{EI} \tag{9.13}$$

式中 E 為彈性模數而 I 為對應於中性軸之斷面慣性矩。

將（式9.13）代入（式10.11）可得儲存於 dx 長度樑元素之應變能如下：

$$dU = \frac{M}{2}\frac{M\,dx}{EI} = \frac{M^2\,dx}{2EI} \tag{10.12}$$

欲計算一個 EI 為定值的樑所儲存的總應變能，可將（式10.12）之微量元素應變能積分起來

$$U = \int_0^L \frac{M^2\,dx}{2EI} \tag{10.13}$$

計算（式10.13）右側之積分時，M 必須被表示為外力與跨長位置 x 的函數（見5.3節）。在每個載重改變的區域，便需要一個不同的彎矩表示式。如果 I 值沿著構件軸變化，則也必須被表示為 x 的函數。

當樑元素由於其他因素發生轉角 $d\theta$ 時，彎矩 M 始終保持定值，則存於該元素之應變能增量等於

$$dU = M\, d\theta \tag{10.14}$$

假如（式10.14）之 $d\theta$ 由一個大小為 M_p 之彎矩所造成，我們可利用（式9.13）消去 $d\theta$，使表示式變為

$$dU = \frac{MM_P\, dx}{EI} \tag{10.14a}$$

10.4 功能法計算位移（實功法）
Deflections by the Work-Energy Method (Real Work)

要以功能法建立一個方程式來計算結構上某一點的變位，根據能量守恆定理我們可寫出

$$W = U \tag{10.15}$$

其中 W 為作用在結構之外力所做的功，而 U 為儲存於結構受力構件之應變能。

（式10.15）假設所有外力所做的功全部轉換為應變能。為滿足這個需求，理論上一個載重必須緩慢施加，使得既沒有動能也沒有熱能產生。以普通設計載重設計建築物或橋樑時，通常我們會假設此條件滿足，所以（式10.15）為有效。因為一個單一方程式只能求解一個未知數，（式10.15）－實功法的基礎方程式－只能適用在只受一個單一力量作用的結構上。

桁架的功能法

當一個載重 P 由零線性增至終值 P 時，要建立可用於計算受 P 作用之桁架上一個點的變位，我們將（式10.5）與（式10.9）代入（式10.15）可得

$$\frac{P}{2}\delta = \sum \frac{F^2 L}{2AE} \tag{10.16}$$

式中 P 與 δ 為共線，而 Σ 符號代表所有桿之能量必須被加總起來。例題10.1說明使用（式10.16）來計算圖10.5所示桁架之 B 點水平位移大小。

如圖10.5所示，桁架之 B 點同時產生水平與垂直位移。由於外力為水平方向，我們可計算水平分量位移。但卻無法以實功法計算 B 點之垂直位移分量，因為外力未作用在

垂直方向上。下一節要討論的虛功法，允許我們計算任何點受任何載重之任何方向位移，因此克服了大部分實功法所遭受的限制。

例題 10.1

以實功法決定圖 10.5 所示桁架接點 B 之水平變位 δ_x。所有桿之 $A = 2.4 \text{ in}^2$，$E = 30{,}000 \text{ kips/in}^2$。變形圖如虛線所示。

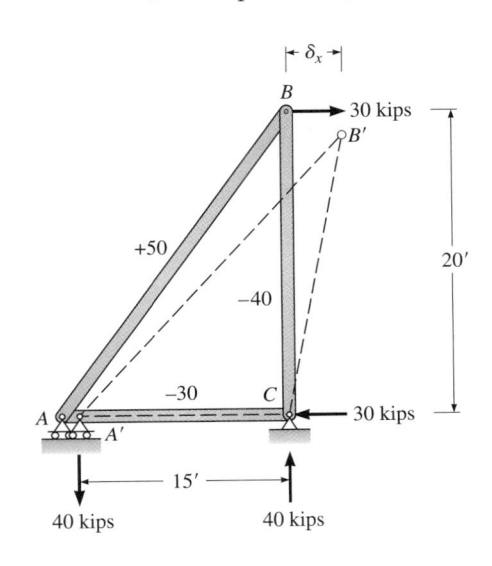

圖 **10.5**

解答：

因為外力 $P = 30$ kips。作用在欲求位移之方向上，實功法與（式 10.16）適用。

$$\frac{P}{2}\delta_x = \sum \frac{F^2 L}{2AE} \tag{10.16}$$

各桿之力量 F 如圖 10.5 所示。

$$\frac{30}{2}\delta_x = \frac{(50)^2(25)(12)}{2(2.4)(30{,}000)} + \frac{(-40)^2(20)(12)}{2(2.4)(30{,}000)} + \frac{(-30)^2(15)(12)}{2(2.4)(30{,}000)}$$

$$\delta_x = 0.6 \text{ in}$$

10.5 虛功法：桁架
Virtual Work : Trusses

虛功法

虛功法為用於計算結構上任一點變位的方法。此法適用於許多不同型態適用於不同型態的結構構件，從最簡單的樑與桁架到複雜的版與薄殼結構。此外，虛功法允許設計者在計算位移時，可加入支承沉陷、溫度變化、潛變以及製程誤差等之影響。

以虛功法計算一個位移分量時，設計者是將一個力施加在想要求取位移之位置與方向上。這力量通常稱為**虛載重** (*dummy load*)，因為它的角色好像是腹語表演者的木偶傀儡一樣。也就是說，虛載重所要經歷的位移是由其他的效應所造成的。這些其他效應包括真實載重、溫度變化、支承沉陷等。虛載重和它所引起的反力及內力形成一個所謂的 Q 系統 (*Q-system*)。與 Q 系統關聯的力量、功、位移或能量都以一個下標 Q 表示。雖然分析時可任意設定虛載重的大小，通常我們選用單位力 1-kN 或 1-kip 力量計算一個線性位移，以單位彎矩 1kN·m 或 1kip·ft 來決定一個旋轉角或傾角。

真實載重 (*actual load*)－稱為 *P* 系統(*P system*)－作用在結構時，虛載重亦伴隨作用在其指定位置上。與 *P* 系統關聯的力量、變形、功與能將以下標 *P* 標示。當結構在真實力作用下產生變形時，虛載重隨結構真實位移的移動產生**虛外功** (*external virtual work*) W_Q。根據能量守恆定理，等量的**虛應變能** (*virtual strain energy*) U_Q 會存在結構中，也就是說

$$W_Q = U_Q \tag{10.17}$$

儲存於結構之虛應變能，等於由虛載重造成之內力與由真實力（*P* 系統）所造成結構元件之變形（例如，軸向荷重之桿的長度變化）的乘積。

桁架的虛功分析

為了闡明會出現在（式 10.17）中功與能表示式的變數，我們將應用虛功法於圖 10.6*a* 所示之一桿桁架上，決定出 *B* 點滾支的水平位移。此桿僅傳遞軸力，具截面積 *A* 與彈性模數 *E*。圖 10.6*a* 中所示為桿內力 F_p，桿伸長量 ΔL_p，以及 *P* 系統（真實載重）所造成之 *B* 點水平位移 δ_p。由於桿受張力，其伸長量 ΔL_p 等於

$$\Delta L_P = \frac{F_P L}{AE} \tag{10.8}$$

假設 *B* 點之水平載重緩慢加載（所以功全部轉換為應變能），且由零增至終值 *P*，我們可用（式 10.5）來表示力量 *P* 所做之真實功 W_p 如下：

$$W_P = \tfrac{1}{2} P \delta_P \tag{10.18}$$

雖然 *B* 點產生一個垂直反力 P_v，因為其作用方向垂直於 *B* 點的位移，當滾支位移時它並不做功。圖 10.6*b* 所示為 *B* 點變位對施加載重 *P* 所繪之圖。如我們在 10.2 節所說明的，載重變位曲線下方之三角形面積 W_p，代表 *P* 載重對結構所做的真實功。

10.5　虛功法：桁架　10-11

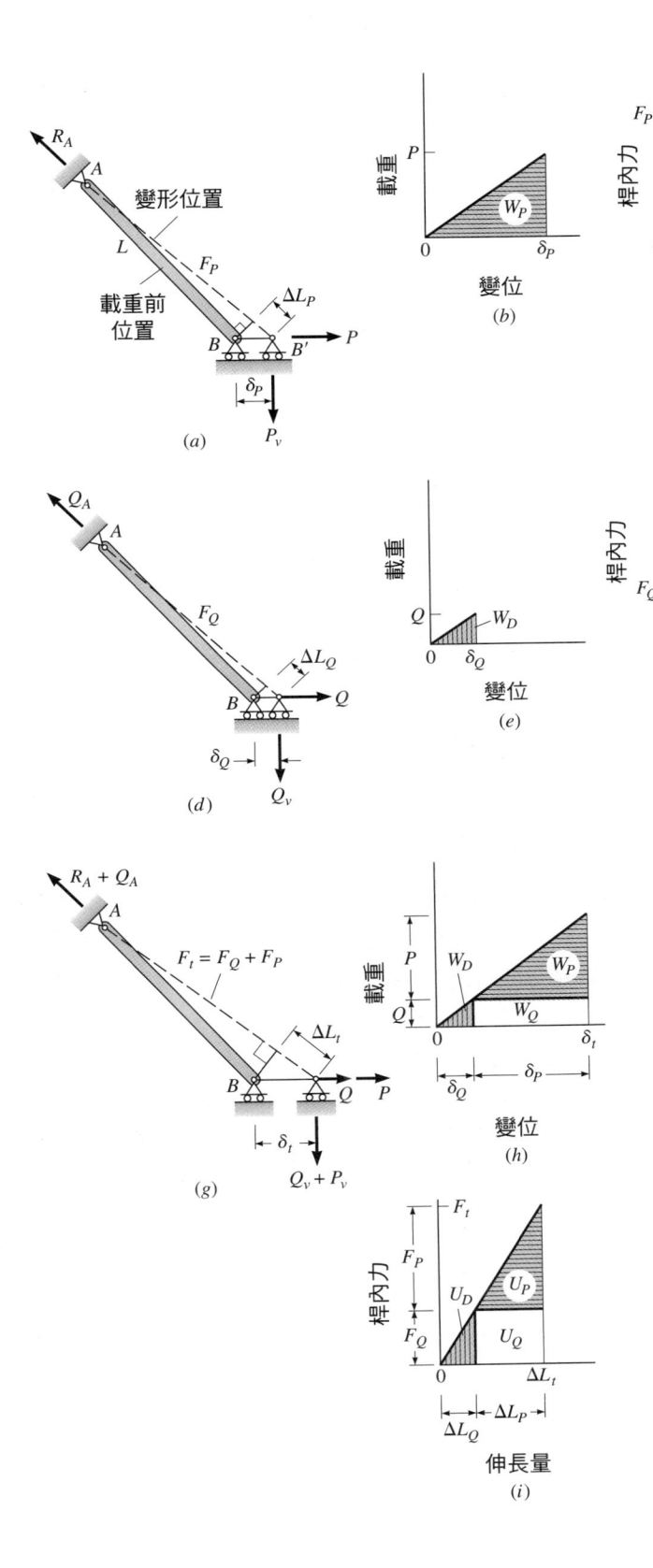

圖 **10.6**：虛力法中功與能之作圖表示。(a) P 系統：真實載重 P 所造成之力與位移；(b) 當圖 (a) 滾支 B 移至 B' 點，P 系統所做實功 W_p 之圖示；(c) 當桿 AB 伸長 ΔL_p 時，儲存桿內之真實應變能 U_p 之圖示（$U_p = W_p$）；(d) 虛載重 Q 所造成之力與位移；(e) 虛載重 Q 所做實功 W_D 之圖示；(f) 虛載重 Q 所造成儲存於 AB 桿內之真實應變能 U_p；(g) Q 與 P 載重同時作用時之力與位移；(h) Q 與 P 所做總功 W_t 之圖示；(i) Q 與 P 所造成桿總應變能量 U_t 之圖示。

由於 P 所做的真實功會等於儲存於桿 AB 之應變能 U_P。利用（式10.7），我們將應變能表示為

$$U_P = \tfrac{1}{2} F_P \Delta L_P \tag{10.19}$$

圖10.6c所示為儲存於桿內應變能之作圖，圖面積為桿內力 F_P 與桿伸長量 ΔL_P 之函數。根據能量守恆原理，W_P 等於 U_P，所以圖10.6b 與 c 斜線下方陰影面積 W_P 與 U_P 必須相等。

接下來，我們考慮依順序先施加虛載重 Q，緊接著再施加真實載重 P，所造成之以應變能形式儲存於桿內的功。圖10.6d 所示為虛載重 Q 所造成之桿內力 F_Q，桿變形 ΔL_Q，以及 B 點水平位移 δ_Q。假設虛載重緩慢施加且由零增至終值 Q，我們可將虛載重所做之真實功 W_D 表示為

$$W_D = \tfrac{1}{2} Q \delta_Q \tag{10.20a}$$

圖10.6e所示為對應於虛載重之載重－位移曲線。斜線下三角形面積便代表虛載重 Q 所造成之真實功 W_D。當桿件伸長時，所對應儲存於桿內之應變能 U_D 等於

$$U_D = \tfrac{1}{2} F_Q \Delta L_Q \tag{10.20b}$$

圖10.6f所示為虛載重造成桿 AB 伸長時，儲存於結構中之應變能。根據能量守恆原理，W_D 必須等於 U_D。因此，圖10.6e 與 f 所示陰影面積相等。

想像虛載重已在定位上，我們開始施加真實載重 P（如圖10.6g）。因為我們假設彈性行為，疊加原理告訴我們最終之變形、桿內力。反力等(但不包括功或應變能)，會等於由 Q 及 P 分開作用（如圖10.6a 與 d）所得之值加在一起。圖10.6h 所示之 W_t 為 B 點水平位移量等於 $\delta_t = \delta_Q + \delta_P$ 時，Q 與 P 兩個力合起來所做的總功。圖10.6i 所示則是 Q 與 P 力量作用下，儲存於結構之總應變能 U_t。

為了說明虛功與虛應變能的物理意義，我們將圖10.6h 與 i 代表總功與總應變能之面積細分為下列三個區域：

1. 三角形面積 W_D 與 U_D（以垂直陰影表示）
2. 三角形面積 W_P 與 U_P（以水平陰影表示）
3. 兩塊矩形面積標示為 W_Q 與 U_Q

由能量守恆原理可知；$W_D = U_D$、$W_P = U_P$ 以及 $W_t = U_t$，所以兩個矩形面積 W_Q 與 U_D，分別代表虛外功與虛應變能，兩者必須相等。因此我們可寫出

$$W_Q = U_Q \tag{10.17}$$

如圖 10.6h 所示，我們可將 W_Q 表示為

$$W_Q = Q\delta_P \tag{10.21a}$$

式中 Q 為虛載重之大小，而 δ_P 為 P 系統在 Q 作用方向上所造成的位移或位移分量。如圖 10.6i 所顯示，我們可將 U_Q 表示為

$$U_Q = F_Q \Delta L_P \tag{10.21b}$$

其中 F_Q 為虛載重 Q 所引起之桿內力，而 ΔL_P 為 P 系統所造成之桿長度改變。

將（式10.21a）與（式10.21b）代入（式10.17），我們可將此單桿桁架之虛功方程式寫成

$$Q \cdot \delta_P = F_Q \Delta L_P \tag{10.22}$$

將（式10.22）兩側皆加上累加符號Σ，我們得到（式10.23），此為分析任意型態桁架之通用虛功方程式

$$\Sigma Q\delta_P = \Sigma F_Q \Delta L_P \tag{10.23}$$

在（式10.23）左側之累加符號說明了；在某些案例中（如例題10.8）可以有超過一個的外部 Q 載重貢獻虛功。而在（式10.23）右側加入累加符號，是因為大部分之桁架包含超過一根以上之桿件。

（式10.23）顯示；內力與外力兩者皆由 Q 系統所提供，而位移與結構變形皆由 P 系統所給予。虛 (virtual) 這個名詞只是註解虛 (dummy) 載重所乘積的位移，是由一個外來的效應（也就是 P 系統）所造成的。

當載重造成桿件變形時，我們可使用（式10.8）將桿件變形ΔL_P以桿內力F_P與構材性質表示出來。在這種情形下（式10.23）可寫成

$$\Sigma Q\delta_P = \Sigma F_Q \frac{F_P L}{AE} \tag{10.24}$$

在例題 10.2 中，我們將說明使用（式10.24）來計算簡單二桿桁架接點（B 點）的位移。由於B點之淨位移方向為未知數，我們不知如何一次定出虛載重的方向來計算此位移。因此，我們將以兩個個別的計算來完成分析工作。首先，我們以一個水平方向虛載重，來計算 x 方向上之位移分量（如圖10.7b）。接著我們使用一個垂直虛載重計算 y 方向之位移分量（如圖10.7c）。如果我們要求取真實位移的大小與方向，可將分量以向量加法合成。

例題 10.2

在 30-kip 載重作用下,圖 10.7a 所示桁架接點 B 位移至 B'(虛線表示變形)。利用虛功法,計算接點 B 之位移分量。所有桿之 $A = 2$ in^2,$E = 30{,}000$ kips/in^2。

解答:

要計算接點 B 之水平位移,我們施加一單位水平虛載重於 B 點。圖 10.7b 所示為單位虛力所引起之反力及桿內力 F_Q。在虛載重已在定位時,我們將 30-kip 真實載重作用在 B 點(以虛箭頭表示)。30-kip 力產生桿內力 F_P 並造成桁架變形。雖然虛載重與真實載重都作用在結構上,為了簡化說明,在圖 10.7a 中我們只畫出真實力所產生之力量與位移。桿內力為已知後,我們使用(式 10.24)計算 δ_x:

$$\Sigma Q \delta_P = \Sigma F_Q \frac{F_P L}{AE} \qquad (10.24)$$

$$(1 \text{ kip})(\delta_x) = \frac{5}{3} \frac{50(20 \times 12)}{2(30{,}000)} + \left(-\frac{4}{3}\right) \frac{(-40)(16 \times 12)}{2(30{,}000)}$$

$$\delta_x = 0.5 \text{ in} \rightarrow$$

要計算 B 點之垂直位移 δ_y,我們施加單位垂直虛載重於 B 點(如圖 10.7c),然後再將真實載重作用上去,由於桿 AB 之虛內力 F_Q 為零(如圖 10.7c),該桿無任何能量,因此我們只需計算桿 BC 內之應變能。利用(式 10.24),我們算出

$$\Sigma Q \delta_P = \Sigma F_Q \frac{F_P L}{AE} \qquad (10.24)$$

$$(1 \text{ kip})(\delta_y) = \frac{(-1)(-40)(16 \times 12)}{2(30{,}000)} = 0.128 \text{ in} \downarrow$$

如我們在此例中所見到,如果一根桿在 P 或 Q 任一系統中不受力,則其對總虛應變能之貢獻為零。

註 圖 10.7b 與 c 所使用之單位虛載重為隨意選擇之大小,如果用不同大小之虛載重進行分析,結果亦相同。舉例說明,如果圖 10.7b 之虛載重改為 2 kips,則 F_Q 值也會加倍。當我們將 2 單位大小之虛載重所產生之力代入(式 10.24)時,外功(為 Q 之函數)與內應變能(為 F_Q 之函數)都會加倍。因此,所計算出來之結果仍會與使用 1 單位大小之虛載重時之結果相同。

δ_x 與 δ_y 之正值表示其方向與施加之虛載重方向相同。如果虛功方程式之解為負號之位移,則位移之方向與虛載重方向相反。因此,**虛載重之方向可任意指定,而解答之**

10.5 虛功法：桁架

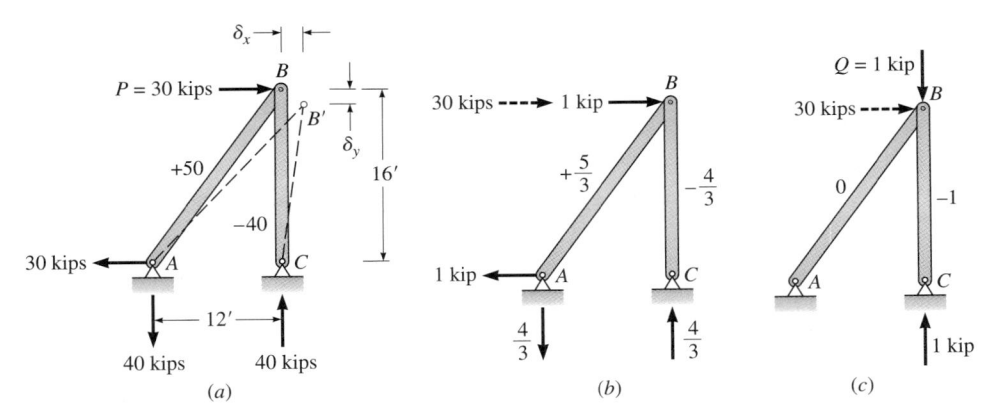

圖 10.7：(a) 真實載重（P 系統造成桿力 F_P）；(b) 虛載重（Q 系統產生 F_Q）用來計算 B 之水平位移。虛箭頭代表圖 (a) 中真實力所產生的 F_P 力量；(c) 用來計算 B 點垂直位移之虛載重（Q 系統）。

正負號自動顯示出其指定方向為正確與否。即正值表示與虛載重相同，負值表示與虛載重相反。

關於計算（式 10.24）右側虛應變能表示式 $(F_Q F_P L)/(AE)$（尤其是桁架為複雜型式時），許多工程師會以列表之方式來進行計算式（見例題 10.3 之表 10.1）。表 10.1 之第 6 欄等於 $F_Q F_P L/A$，將此欄之值除以 E 便得到每根桿之應變能。當所有桿之 E 值相同時，可將 E 項提至累加符號外以簡化計算量。如果 F_Q 或 F_P 中任一項為零，則該桿之應變能為零，可由累加項目中將之排除。

如果一次要計算數個位移分量，則需要更多欄位來記錄由其他虛載重所引起之 F_Q 項。如果要計算其他載重所造成之位移量時，也可增加 F_P 項之欄位數量。

例題 10.3

計算圖 10.8a 中桁架之 B 接點水平位移 δ_x。已知：$E = 30{,}000$ kips/in^2，桿 AD 與 BC 面積 = 5 in^2，其他桿面積 = 4 in^2。

解答：

P 系統所引起之桿內力 F_P 如圖 10.8a 所示，水平作用於 B 點之單位虛載重，所造成之桿內力 F_Q 與反力如圖 10.8b 所示。表 10.1 列出使用（式 10.24）計算應變能 U_Q 時所需之項目。由於 E 為常數，我們將它提出而不在表列計算式中。

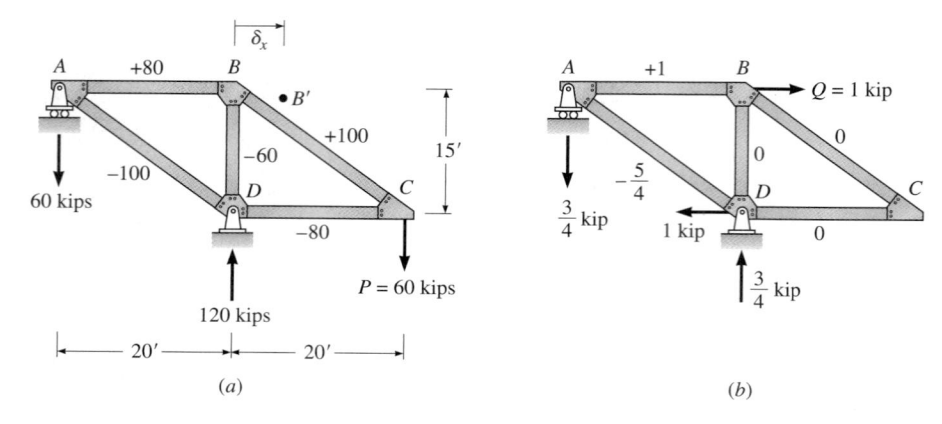

圖 10.8：(a) 真實 P 系統載重；(b) Q 系統。

將 $\Sigma F_Q F_P L/A = 1025$ 代入（式 10.24）中，並於右側乘上英呎轉換為英吋之係數 12，可得

$$\Sigma Q \delta_P = \Sigma F_Q \frac{F_P L}{AE} = \frac{1}{E} \Sigma F_Q \frac{F_P L}{A} \tag{10.24}$$

$$1 \text{ kip}(\delta_x) = \frac{1}{30{,}000}(1025)(12)$$

$$\delta_x = 0.41 \text{ in} \rightarrow$$

表 10.1

桿件 (1)	F_Q kips (2)	F_P kips (3)	L ft (4)	A in² (5)	$F_Q F_P L/A$ kips²·ft/in² (6)
AB	$+1$	$+80$	20	4	$+400$
BC	0	$+100$	25	5	0
CD	0	-80	20	4	0
AD	$-\frac{5}{4}$	-100	25	5	$+625$
BD	0	-60	15	4	0
					$\Sigma F_Q F_P L/A = 1025$

溫度與製程誤差所造成之桁架變位

當構材的溫度產生變化時，其長度亦改變。溫度增加造成構件伸展；溫度降低則產生收縮。此兩種情形下之長度改變 ΔL_{temp} 可表示為

$$\Delta L_{\text{temp}} = \alpha \, \Delta T \, L \tag{10.25}$$

式中　α = 熱膨脹係數（單位為：長度／長度 每一溫度改變）

　　　ΔT = 溫度改變量

　　　L = 桿長

10.5　虛功法：桁架　　10-17

　　要計算一個桁架因溫度變化所引起之接點位移的分量時，首先我們需施加一個虛載重於接點上，接著假設溫度變化造成桿長度發生改變。隨著桿的長度改變且桁架變形，虛外功因虛載重作用點產生位移而形成。在桁架的內部，桿的長度變化亦導致應變能 U_Q 的改變量，其值等於桿內力 F_Q（由虛載重引起）與桿變形 ΔL_{temp} 的乘積。將（式 10.23）中之 ΔL_P 以 ΔL_{temp} 取代便得到桁架桿受溫度變化時，計算接點位移的虛功方程式。

　　由製造過程的誤差所造成的桿長變化 ΔL_{fabr}，可完全比照處理溫度變化之方式。例題 10.4 說明，計算由溫度變化與製程誤差所引起的桁架位移分量。

　　如果一個桁架上之桿件，同時因為載重、溫度變化以及製程誤差而產生長度改變，則（式 10.23）中之 ΔL_P 等於此數種效應之總和，也就是說

$$\Delta L_P = \frac{F_P L}{AE} + \alpha \, \Delta T \, L + \Delta L_{\text{fabr}} \tag{10.26}$$

當（式 10.26）之 ΔL_P 代入（式 10.23）時，桁架之虛功方程式的通式變為

$$\Sigma Q \delta_P = \Sigma F_Q \left(\frac{F_P L}{AE} + \alpha \, \Delta T \, L + \Delta L_{\text{fabr}} \right) \tag{10.27}$$

例題 10.4

針對圖 10.9a 所示之桁架，決定接點 B 因同時發生溫度變化 60°F，以及下列二個製造誤差情形下之水平位移 δ_x。(1) BC 桿被製造成短了 0.8 in，(2) AB 桿被製造成 0.2 in 過長。已知：$\alpha = 6.5 \times 10^{-6}$ in/in 每°F。

解答：

因為結構為靜定，溫度變化與製造誤差皆不會造成桿內力。即使桿之長度發生改變，桁架仍能由支承適當支撐且仍銷接於 B 點。在本例題中，AB 桿會伸長而 BC 桿會縮短，如果我們想像變形後之桿仍連接於 A 與 C 支承上（如圖 10.9c），AB

圖 10.9：(a) 桁架；(b) Q 系統；(c) 桿長度改變時，接點 B 之位移示意圖；(d) 小位移變形時，自由端之初始移動方向垂直於桿軸。

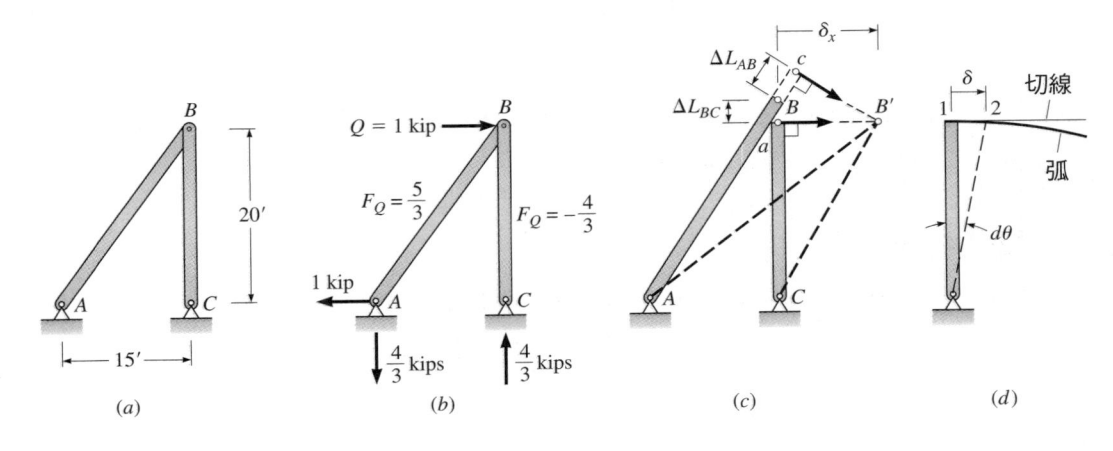

桿將延伸過B點一段距離ΔL_{AB}至c點,而BC桿之頂端會位於B點下方ΔL_{BC}距離的a點。如果兩根桿對銷支產生旋轉,會相交於B'點。桁架之變形如圖中虛線所示。由於桿之變形很小,我們可假設每根桿之位移方向為其圓弧位移之切線方向(即垂直於直徑)。例如,在圖10.9d所示點1與2間之區域,切線與弧線緊靠在一起。

溫度增加所引起之長度改變

$$\Delta L_{\text{temp}} = \alpha(\Delta T)L \tag{10.25}$$

AB桿: $\quad \Delta L_{\text{temp}} = 6.5 \times 10^{-6}(60)25 \times 12 = 0.117$ in

BC桿: $\quad \Delta L_{\text{temp}} = 6.5 \times 10^{-6}(60)20 \times 12 = 0.094$ in

要決定δ_x,我們先施加一單位虛力於B點(如圖10.9b),接著允許特定之桿位移發生,利用(式10.27),可計算出

$$\Sigma Q \delta_P = \Sigma F_Q \Delta L_P = \Sigma F_Q (\Delta L_{\text{temp}} + \Delta L_{\text{fabr}})$$

$$(1\text{ kip})(\delta_x) = \tfrac{5}{3}(0.117 + 0.2) + (-\tfrac{4}{3})(0.094 - 0.8)$$

$$\delta_x = 1.47 \text{ in} \rightarrow$$

支承沉陷所引起的位移

座落於可壓縮土壤(如軟黏土層或鬆砂)上之結構,經常會發生顯著的沉陷量。這些沉陷會造成構件旋轉與接點位移。如果結構為靜定,支承的移動不會造成內部應力,因為結構可自由調整支承至新的平衡位置。反之,差異沉陷會導致靜不定結構產生巨大的內部應力,這些內力的大小是構材勁度的函數。

虛功法提供簡單的方法來計算支承移動所引起的位移與旋轉。要計算支承移動所造成的位移,可將一個虛載重作用在欲求位移的位置與方向上。虛載重與它所引起的內力形成的是Q系統。當結構受到特定支承移動的作用時,虛載重與它所造成會移動之反力皆會導致外功。由於一個支承移動並不會造成靜定結構之構件或結構元件變形,因此虛應變能為零。

例題10.5說明使用虛功法計算一簡單桁架,其支承沉陷所造成之結構位移與旋轉。相同的程序也適用於靜定樑與構架。

非彈性行為

(式10.24)右側之應變能表示方式,是建立在所有桁架桿皆為彈性行為之假設上;也就是說,應力之程度並未超過材料之彈性比例上限σ_{PL}。

為了將虛功法延伸至非彈性桁架，其桿所受之應力已超過彈性限度進入非彈性區域，我們必須知道材料之應力－應變曲線。要求取桿之軸向變形，我們計算桿之應力，以應力去求應變，然後使用應變與長度基本關係，計算長度改變量ΔL_P

$$\Delta L_P = \epsilon L \tag{10.28}$$

例題10.6說明包含一根非彈性行為桿之桁架其接點之位移計算方式。

例題 10.5

如果圖10.10a 所示桁架之支承A沉陷0.6 in 並向左移動0.2 in，決定 (a) B點之水平位移，以及 (b) BC桿之轉角θ。

解答：

(a) 要計算δ_x，首先施加一單位水平虛載重B點（如圖10.10b）並計算反力。假設發生支承移動，計算虛外功並令為零。由於支承移動未造成桿內力，$F_P = 0$，代入（式10.24）得

$$\Sigma Q \delta_P = 0$$
$$(1 \text{ kip})(\delta_x) + 1(0.2 \text{ in}) + \tfrac{4}{3}(0.6 \text{ in}) = 0$$
$$\delta_x = -1 \text{ in}$$

負號表示δ_x之方向為向左。

(b) 要計算桿BC之轉角θ，我們在桿上任一位置施加一單位虛彎矩載重(1 kip·ft)並計算其反力（如圖10.10c）。當圖10.10a所示支承移動發生時，虛載重與支承位移方向上之反力皆產生虛功。根據（式10.2），單位彎矩M_Q所

圖10.10：(a) 支承A之移動所造成變形（虛線），沒有F_P力量產生；(b) 計算B點水平位移之Q系統；(c) 計算BC桿轉角之Q系統。

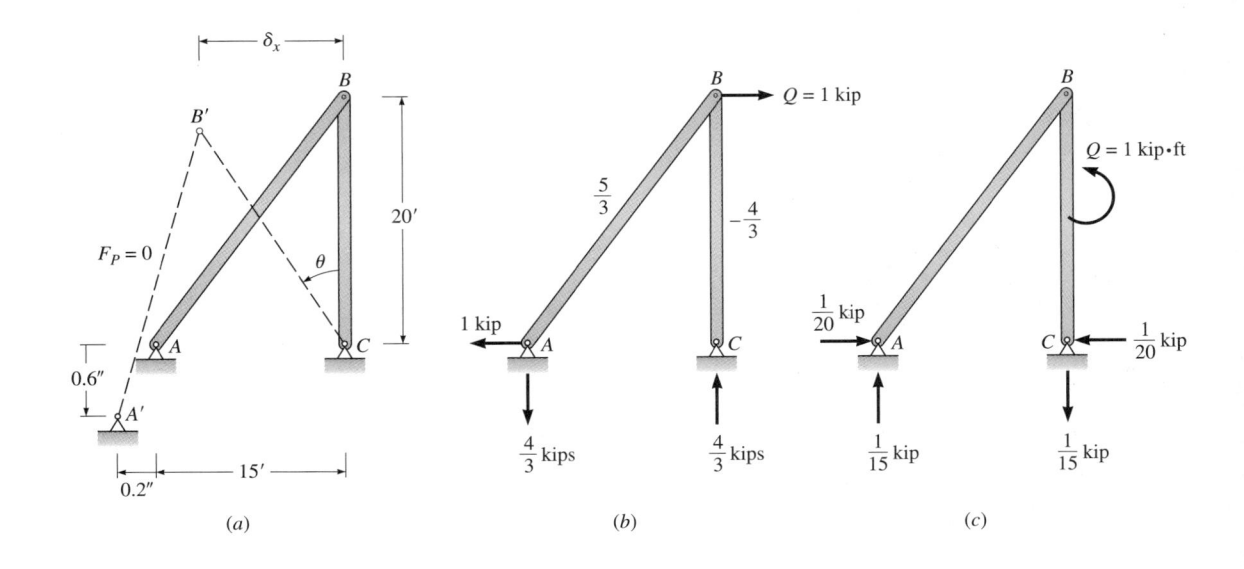

造成之虛功為 $M_Q\theta$。將此項加入 W_Q 並令 $U_Q = 0$，虛功之表示式變為

$$W_Q = \Sigma(Q\delta_P + M_Q\theta_P) = 0$$

將各項之單位調整為 kips·in（M_Q 須乘上 12）可得

$$1(12)(\theta_P) - \tfrac{1}{15}(0.6) - \tfrac{1}{20}(0.2) = 0$$

$$\theta_P = 0.00417 \text{ 弧度}$$

欲驗証桿 BC 轉角 θ 之計算結果，我們可將 δ_x 除以 20 ft：

$$\theta_P = \frac{\delta_x}{L} = \frac{1 \text{ in}}{[20(12)] \text{ in}} = 0.00417 \text{ 弧度}$$

例題 10.6

計算圖 10.11a 所示桁架接點 C 之垂直位移 δ_y。此桁架之構材由鋁合金製造，其應力應變曲線在受壓及受張時相同時（如圖 10.11c）。彈性極限為 20 kips/in²，桿 AC 面積 = 1 in²，桿 BC 面積 = 0.5 in²。在彈性範圍內 $E = 10{,}000$ kips/in²。

解答：

圖 10.11a 所示為 P 系統及其 F_P 力量標示於桿側，圖 10.11b 所示則為 Q 系統之 F_Q。為了確定桿是否受力進入非彈性範圍內，我們首先計算桿應力並與彈性限度應力比較。

對桿 AC 而言，

$$\sigma_{AC} = \frac{F_P}{A} = \frac{12.5}{1} = 12.5 \text{ kips/in}^2 < \sigma_{PL} \quad \text{（彈性）}$$

圖 10.11：(a) P 系統及 F_P 值；(b) Q 系統及 F_Q 值；(c) 材料曲線（應力超過 20 kips/in² 時發生非彈性行為）。

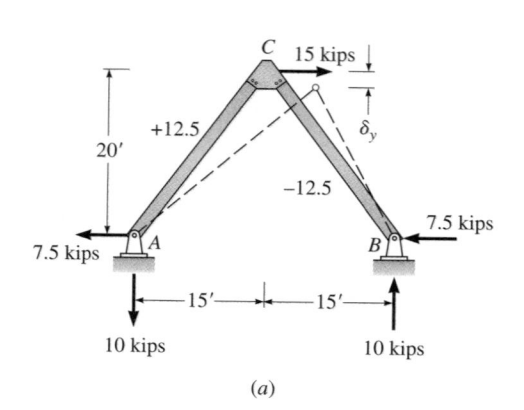

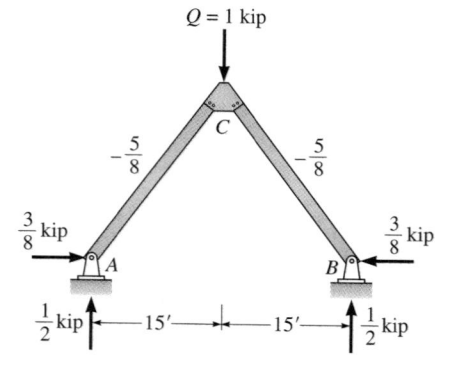

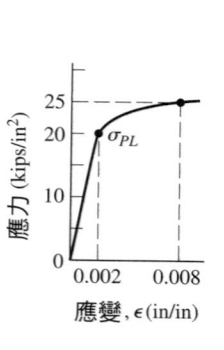

利用（式10.8）可得

$$\Delta L_{AC} = \frac{F_P L}{AE} = \frac{12.5(25 \times 12)}{1(10{,}000)} = 0.375 \text{ in}$$

對桿 BC 而言，

$$\sigma_{BC} = \frac{F}{A} = \frac{12.5}{0.5}$$

$$= 25.0 \text{ kips/in}^2 > \sigma_{PL} \quad \text{（進入非彈性區）}$$

要計算 ΔL_P，我們先以圖10.11c求得 ϵ。當 $\sigma = 25$ ksi 時，$\epsilon = 0.008$ in/in。

$$\Delta L_{BC} = \epsilon L = -0.008(25 \times 12) = -2.4 \text{ in} \quad \text{（縮短）}$$

以（式10.23）計算 δ_y

$$(1 \text{ kip})(\delta_y) = \Sigma F_Q \, \Delta L_P$$

$$\delta_y = \left(-\tfrac{5}{8}\right)(-2.4) + \left(-\tfrac{5}{8}\right)(0.375)$$

$$= 1.27 \text{ in} \downarrow$$

例題 10.7

決定圖10.12a所示桁架接點 C 之水平位移 δ_{CX}。除了作用在 B 點之48-kip載重外，AB 與 BC 桿受到溫度變化 ΔT 為100°F [$\alpha = 6.5 \times 10^{-6}$ in/in/°F]，AB 與 CD 桿也被製造成 $\tfrac{3}{4}$ in 過長，支承 A 被建造低於 A 點 $\tfrac{3}{5}$ in。所有桿之 $A = 2$ in^2 而 $E = 30{,}000$ kips/in^2。當上述眾多效應同時發生後，假如接點 C 之淨水平位移為零，請問 CD 與 DE 桿分別被伸長或縮短多少？

解答：

作用一單位水平虛載重於 C 點，如圖10.12b所示，並計算桿力 F_Q 與反力。當虛載重保持在定值時，讓 B 點之48-kip載重、A 點之支承位移，以及所有桿長改變之效應同時發生作用。支承沉陷產生虛外功；而載重、溫度變化以及製程誤差則由 F_Q 力系統引起虛應變能。如果任何一桿之 F_Q 力為零或長度變化為零，其虛應變能為零。因此，我們只需以（式10.27）計算 AB、AE、CD 與 BC 四桿之虛應變能。

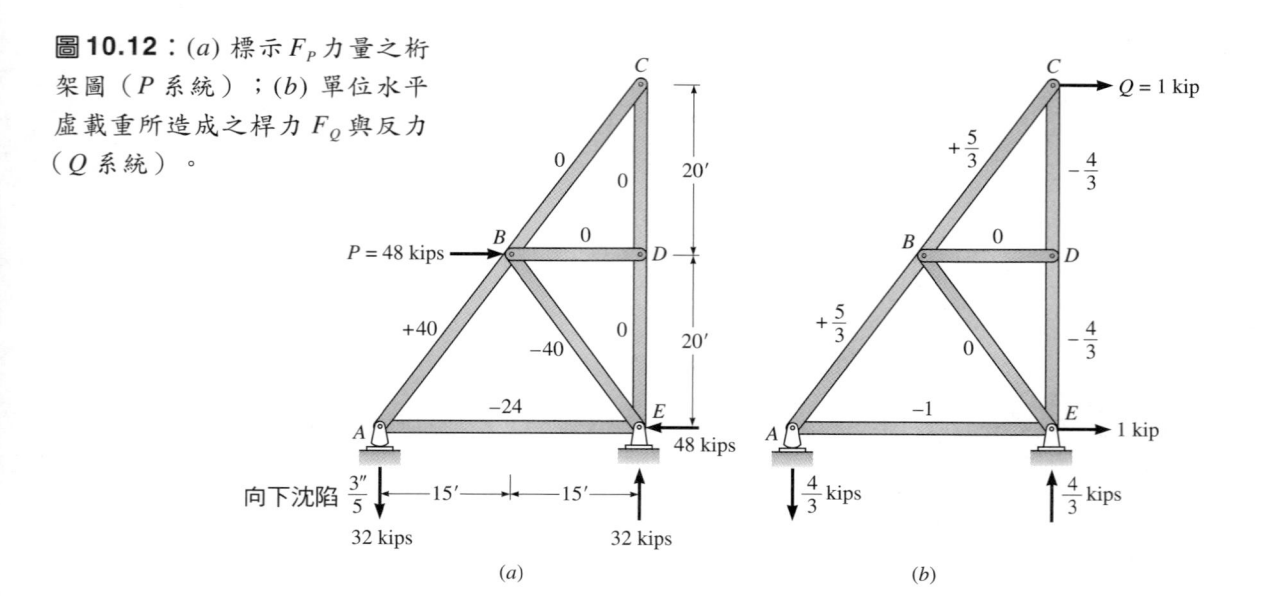

圖 10.12：(a) 標示 F_P 力量之桁架圖（P 系統）；(b) 單位水平虛載重所造成之桿力 F_Q 與反力（Q 系統）。

(a)

(b)

$$\Sigma Q \delta_p = \Sigma F_Q \left(\frac{F_P L}{AE} + \alpha \, \Delta T \, L + \Delta L_{\text{fabr}} \right) \tag{10.27}$$

$$(1 \text{ kip})(\delta_{CX}) + \frac{4}{3} \text{ kips} \left(\frac{3}{5} \right) = \frac{5}{3} \text{ kips} \left[\underbrace{\frac{40(25 \times 12)}{2(30{,}000)} + 6.5 \times 10^{-6}(100)(25 \times 12) + \frac{3}{4}}_{AB\,\text{桿}} \right]$$

$$- (1 \text{ kip}) \underbrace{\left[\frac{(-24)(30 \times 12)}{2(30{,}000)} \right]}_{AE\,\text{桿}} + \underbrace{\left(-\frac{4}{3} \text{ kips} \right) \left(\frac{3}{4} \right)}_{CD\,\text{桿}} + \underbrace{\frac{5}{3} \text{ kips} \left[6.5 \times 10^{-6}(100)(25 \times 12) \right]}_{BC\,\text{桿}}$$

$$\delta_{CX} = 0.577 \text{ 向右}$$

接下來計算使得接點 C 之水平位移為零時，DE 與 CD 桿長度之改變量。

$$\Sigma Q \delta_P = \Sigma F_Q \, \Delta L_P \tag{10.23}$$

$$1 \text{ kip}(-0.577 \text{ in}) = -\tfrac{4}{3}(\Delta L_P) \, 2$$

$$\Delta L_P = 0.22 \text{ in}$$

由於 ΔL 為正，此兩桿必須被拉長。

例題 10.8　(a) 桁架如圖 10.13a 所示在 F 點受 60-kip 載重作用，決定接點 B 與 E 間沿對角線方向之相對位移。AF、FE 與 ED 桿之面積 = 1.5 in²，其他桿之面積 = 2 in²，E = 30,000 kips/in²。

(b) 決定此 60-kip 載重在 F 點所造成之垂直變位。

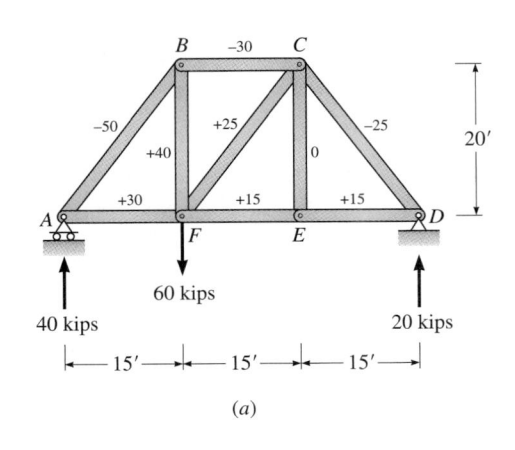

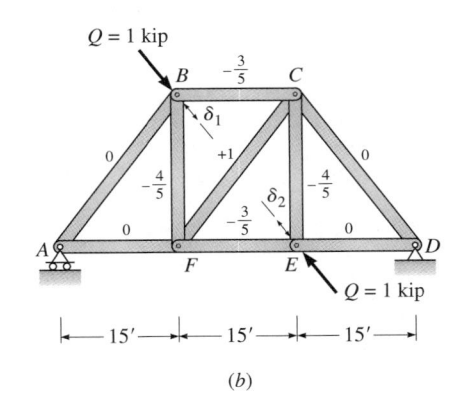

(c) 如果接點 F 之初始高程在 AD 水平線上方 1.2 in 處，決定底弦上各桿必須被縮短之長度。

圖 10.13：(a) P 系統及其對應各桿力量 F_P；(b) Q 系統及其對應各桿力量 F_Q。

解答：

(a) 要決定 B 與 E 點間之相對位移，我們以一組單位內力虛載重作用在 B 與 E 連線上，如圖 10.13b 所示。由於各桿 E 值相同，可將（式 10.24）簡化如下：

$$\Sigma Q \delta_P = \Sigma F_Q \frac{F_P L}{AE} = \frac{1}{E} \Sigma F_Q \frac{F_P L}{A} \tag{10.24}$$

式中 $\Sigma F_Q (F_P L/A)$ 計算於表 10.2 之第 6 欄，將值代入 10.24 以 kips 與 in 為單位，可得

$$1 \text{ kip}(\delta_1) + 1 \text{ kip}(\delta_2) = \frac{1}{30{,}000}(37.5)(12)$$

設定 $\delta_{\text{Rel}} = \delta_1 + \delta_2$ 則

$$\delta_{\text{Rel}} = \delta_1 + \delta_2 = 0.015 \text{ in}$$

由於相對位移之符號為正，表示 B 與 E 點相互靠近。在此例中，因為只有一個方程式，我們無法解得 δ_1 與 δ_2 個別之值。若要計算 δ_1，則我們必須施加單一對角虛力於 B 點並套用虛功方程式。

(b) 要決定圖 10.13a 中 60-kip 載重所造成之 F 點垂直位移，我們作用一虛力於 F 點之垂直方向。雖然我們通常使用一單位虛載重，事實上虛載重之大小可隨意調整。因此，我們也可將此真實 60-kip 載重用來當作虛載重之用。則圖 10.13a 所示 P 系統之分析結果亦可用為 F_Q 之值。利用（式 10.24），以 $F_Q = F_P$ 代入可得

表 10.2

桿件 (1)	F_Q kips (2)	F_P kips (3)	L ft (4)	A in² (5)	$F_Q F_P \dfrac{L}{A}$ (kips²·ft)/in² (6)	$F_P^2 \dfrac{L}{A}$ (kips²·ft)/in² (7)
AB	0	−50	25	2	0	31,250
BC	$-\tfrac{3}{5}$	−30	15	2	+135	6,750
CD	0	−25	25	2	0	7,812.5
DE	0	+15	15	1.5	0	2,250
EF	$-\tfrac{3}{5}$	+15	15	1.5	−90	2,250
FA	0	+30	15	1.5	0	9,000
BF	$-\tfrac{4}{5}$	+40	20	2	−320	16,000
FC	+1	+25	25	2	+312.5	7,812.5
CE	$-\tfrac{4}{5}$	0	20	2	0	0

$$\Sigma F_Q F_P \frac{L}{A} = +37.5 \qquad \Sigma F_P^2 \frac{L}{A} = 83,125$$

$$\Sigma Q \delta_P = \Sigma F_Q \frac{F_P L}{AE} = \frac{1}{E} \Sigma F_P^2 \frac{L}{A}$$

其中 $\Sigma F_P^2(L/A)$ 之計算式列於表 10.2 之第 7 欄，等於 83,125。

求解 δ_P 可得

$$60\,\delta_P = \frac{1}{30,000}(83,125)(12)$$

$$\delta_P = 0.554 \text{ in} \downarrow$$

(c) 由於圖 10.13a 中之 60 kips 載重作用在垂直方向，我們也可用它來當作，求取 F 點因底弦桿過短產生垂直上拱量時之虛載重。利用（式 10.23），其中 ΔL_P 代表三根底弦桿之縮短量，可知 $\delta_P = -1.2$ in。

$$\Sigma Q \delta_P = \Sigma F_Q\, \Delta L$$
$$(60 \text{ kips})(-1.2) = (30 \text{ kips})(\Delta L_P) + (15 \text{ kips})(\Delta L_P)$$
$$+ (15 \text{ kips})(\Delta L_P)$$
$$\Delta L_P = -1.2 \text{ in}$$

（式 10.23）左邊之 δ_P 以一個負值之 1.2 in 代入，是因為接點之位移與 60-kip 載重之方向相反。

10.6 虛功法：樑與構架
Virtual Work : Beams and Frames

剪力與彎矩皆會產生樑的變形。然而，因為剪力於正常比例之樑中，所造成的變形很小（通常小於撓曲變形的1％），本書將之忽略，並只考慮由彎矩所造成的變形（此亦為設計實務上之情況）。如果樑的深度大（跨深比在2至3之間），或者樑腹版很薄或由低剪力模數之材料所構成（如木材），剪力變形亦可能顯著而需加以研究。

以虛功法計算樑之位移分量，相似於計算桁架變位的情形（除了應變能的表示方式顯然會有所不同外）。分析者將一虛載重Q作用在欲計算變位的點上。雖然分析時可任意設定虛載重的大小，通常我們選用單位力1 kN或1 kip力量計算一個線性位移，以單位彎矩1 kN·m或1 kip·ft來決定一個旋轉角或傾角。舉例說明，計算圖10.14所示樑C點之變位時，我們施加一單位虛載重Q在C點。虛載重在長度為dx之微量樑元素上產生彎矩M_Q，如圖10.14b所示。當虛載重在其定位時，將真實載重（P系統）作用到樑上。P系統所造成之彎矩M_P將樑彎曲至其平衡位置上，如圖10.14a之虛線所示。圖10.14c所示為以兩相距dx之垂直切面，在未變形樑上所切割下來的樑元素。該元素距支承A之距離x。當P系統之作用力增加時，由於M_P彎矩之關係，元素之側邊旋轉了$d\theta$角度。由於剪力變形不計，我們假設彎曲前後斷面皆保持平面；因此，元素之縱向變形由斷面之中性軸呈線性變化。

利用（式9.13），我們將$d\theta$表示為

$$d\theta = M_P \frac{dx}{EI} \quad (9.13)$$

當樑產生變位時，虛載重Q及其反力（若支承在其反力方向有位移發生），在其方向上移動了一個真實系統所造成的真實位移δ_P，便會產生虛外功W_Q

$$W_Q = \Sigma Q \delta_P \quad (10.20)$$

當彎矩M_Q移動一個由P系統所產生的角度$d\theta$時，儲存於每一個微量元素之虛應變能dU_Q可寫為

$$dU_Q = M_Q \, d\theta \quad (10.14)$$

要建立儲存於樑內的總應變能U_Q，我們必須將所有樑微量元素之能量加總起來－通常使用積分方式。將（式10.14）兩邊在樑長度L間積分可得

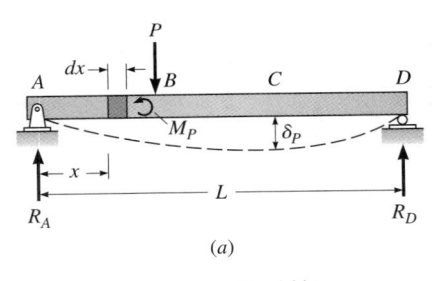

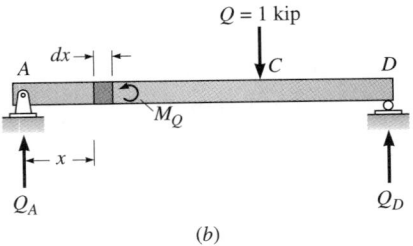

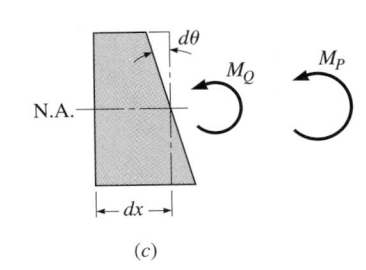

圖10.14：(a) P系統；(b) 虛載重於C點之Q系統；(c) 微量元素；M_P造成$d\theta$。

$$U_Q = \int_{x=0}^{x=L} M_Q \, d\theta \tag{10.29}$$

由於能量守恆定理要求虛外功 W_Q 等於虛應變能 U_Q，我們可令（式 10.20）之 W_Q 與（式 10.29）之 U_Q 相等，而得到（式 10.30），此為樑之基本虛功方程式

$$\Sigma Q \delta_P = \int_{x=0}^{x=L} M_Q \, d\theta \tag{10.30}$$

或利用（式 9.13）將 $d\theta$ 以彎矩 M_P 與斷面性質表示，則可得

$$\Sigma Q \delta_P = \int_{x=0}^{x=L} M_Q \frac{M_P \, dx}{EI} \tag{10.31}$$

式中　Q = 虛載重及其引起的反力
　　　δ_P = 真實載重（P 系統）在虛載重方向上所造成之真實位移或位移分量
　　　M_Q = 虛載重引起之彎矩
　　　M_P = 真實載重所造成之彎矩
　　　E = 彈性模數
　　　I = 樑斷面通過形心軸的慣性矩

如果以單位彎矩 Q_M 做為一個虛載重，來求取真實載重於樑軸上一點所造成的傾角變化 θ_P，虛外功 W_Q 會等於 $Q_M \theta_P$，而虛功方程式可寫為

$$\Sigma Q_M \theta_P = \int_{x=0}^{x=L} M_Q \frac{M_P \, dx}{EI} \tag{10.32}$$

要計算（式 10.31）或（式 10.32）之變位 δ_P 或傾角變化 θ_P，彎矩 M_Q 與 M_P 必須表示成為 x 的函數。x 為沿樑軸上之距離變數，如此虛功方程式方得以進行積分。如果樑沿軸上各位置的斷面為固定值，且如果其製造材料單一且均質，則 EI 值為常數。反之，如果構件斷面深度或材料性質沿軸位置變化，則 EI 值並非常數且必須表示為 x 之函數，方能使虛應變能表示式得以被積分。除了積分外的另一個作法，是將樑細分為數個段落，再將結果以有限累加法加成，但此方法未必較簡單。例題 10.15 中我們將示範此方法。

在接下來的許多例題中，我們將使用（式 10.31）與（式 10.32）來計算靜定樑與構架，沿其軸上數個位置的變位與傾角。此法（虛功法）亦可用於靜不定樑之變位計算，唯結構之反力分析須已完成。

例題 10.9

以虛功法計算圖 10.15a 所示，懸臂均佈載重樑之端點 (a) 變位 δ_B 以及 (b) 傾角 θ_B。EI 為定值。

解答：

(a) 要計算 B 點垂直變位，我們施加一單位垂直虛載重於 B 點（如圖 10.15b）。在距 B 點 x 距離，長度為 dx 之微量元素上，虛載重所造成之彎矩 M_Q 可由圖 10.15d 所示自由體計算。對切斷面取彎矩和，可得

$$M_Q = (1\text{ kip})(x) = x\text{ kip·ft} \tag{1}$$

在此，我們假設逆時針方向作用於斷面之彎矩為正值。

當虛載重就樑上定位時，想像均佈載重 w 作用在樑上（如圖 10.15a 所示）—均佈載重與虛載重分開表示以求作圖簡潔。此虛載重移動 δ_B 之位移所做虛功等於

$$W_Q = (1\text{ kip})(\delta_B)$$

我們以圖 10.15c 之自由體計算均佈載重所產生之彎矩 M_P。對切面取彎矩和，可發現

$$M_P = wx\frac{x}{2} = \frac{wx^2}{2} \tag{2}$$

將（式1）與（式2）之 M_Q 與 M_P 值代入（式10.31）並積分，可計算出 δ_B。

圖 10.15：(a) P 系統；(b) 計算 δ_B 之 Q 系統；(c) 計算 M_P 之自由體；(d) 求取計算 δ_B 所需之 M_Q 的自由體；(e) 計算 θ_B 之 Q 系統；(f) 求取計算 θ_B 所需之 M_Q 的自由體。

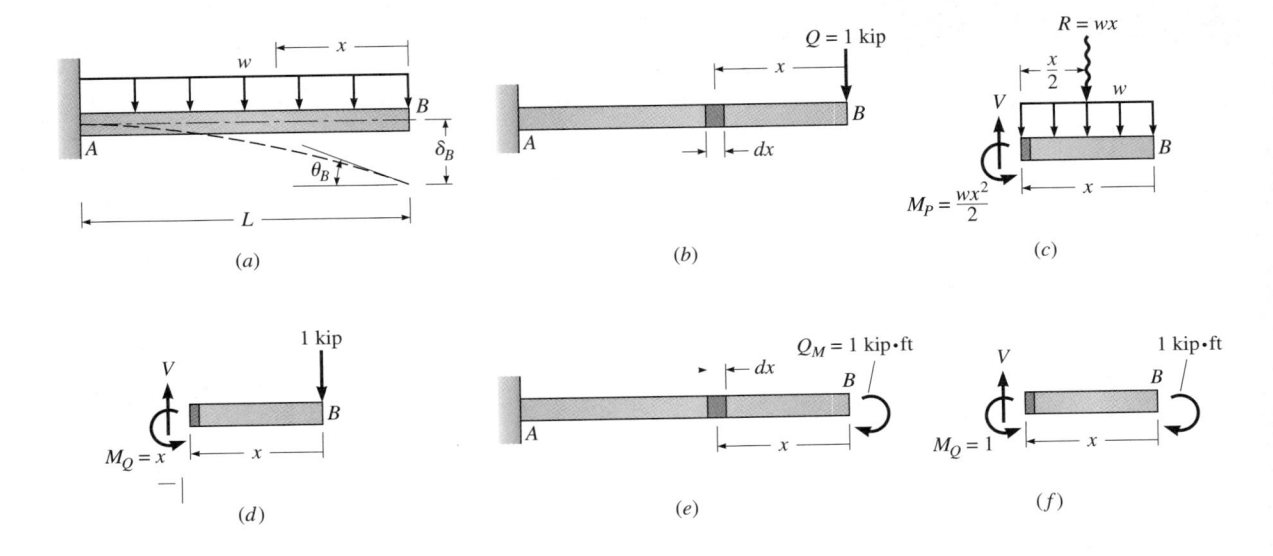

$$W_Q = U_Q$$

$$\Sigma Q\delta_P = \int_0^L M_Q \frac{M_P\,dx}{EI} = \int_0^L x \frac{wx^2\,dx}{2EI}$$

$$1\,\text{kip}(\delta_B) = \frac{w}{2EI}\left[\frac{x^4}{4}\right]_0^L$$

$$\delta_B = \frac{wL^4}{8EI} \downarrow$$

(b) 要計算 B 點傾角，我們施加一單位虛載重 $1\,\text{kip·ft}$ 於 B 點（如圖 10.15e）。由圖 10.15f 之自由體，取切面彎矩和可得

$$M_Q = 1\,\text{kip·ft}$$

因為 B 點在受載前之起始傾角為零，末傾角 θ_B 將等於（式10.32）所計算之傾角改變量。

$$\Sigma Q_M \theta_P = \int_0^L M_Q \frac{M_P\,dx}{EI} = \int_0^L \frac{(1)(wx^2)}{2EI}\,dx$$

$$1\,\text{kip}(\theta_B) = \left[\frac{wx^3}{6EI}\right]_0^L$$

$$\theta_B = \frac{wL^3}{6EI} \curvearrowright$$

例題 10.10　以虛功法計算圖 10.16a 中，樑的中跨垂直變位 δ_C。已知：EI 為常數，$I = 240\,\text{in}^4$，$E = 29{,}000\,\text{kips/in}^2$。

解答：

由於作用在沿樑軸上不同位置的自由體的力量會改變，斷面之 M_Q 或 M_P 表示式，每通過真實或虛載重之任一力量時，便必須改變。因此，本例題中無法以單一表示式寫出 M_Q 以及 M_P，對於圖 10.16 所示之樑，我們需要使用三個積分式來計算總虛應變能。為了方便說明，我們使用三個座標變數 x_1、x_2 與 x_3 來表示三個區域內之計算式。圖 10.16 所示原點為隨意選定，如果使用不同原點進行計算，結果仍然會相同。M_Q 與 M_P 在每一分段區間內之表示如下：

分段	原點	x 之範圍	M_Q	M_P
AB	A	$0 \leq x_1 \leq 5$ ft	$\frac{1}{2}x_1$	$12x_1$
BC	A	$5 \leq x_2 \leq 10$ ft	$\frac{1}{2}x_2$	$12x_2 - 16(x_2 - 5)$
DC	D	$0 \leq x_3 \leq 10$ ft	$\frac{1}{2}x_3$	$4x_3$

在 M_Q 與 M_P 之表示式中，正彎矩代表在斷面上緣形成壓應力之彎矩。利用（式 10.31）求解變位。

$$Q\delta_C = \sum_{i=1}^{3} \int M_Q \frac{M_P\,dx}{EI}$$

$$(1\text{ kip})(\delta_C) = \int_0^5 \frac{x_1}{2}(12x_1)\frac{dx}{EI} + \int_5^{10} \frac{x_2}{2}\left[12x_2 - 16(x_2-5)\right]\frac{dx}{EI}$$

$$+ \int_0^{10} \frac{x_3}{2}(4x_3)\frac{dx}{EI}$$

$$\delta_C = \frac{250}{EI} + \frac{916.666}{EI} + \frac{666.666}{EI}$$

$$= \frac{1833.33}{EI} = \frac{1833.33(1728)}{240(29{,}000)} = 0.455\text{ in}$$

圖 **10.16**：(a) 真實樑（P 系統），(b) 虛載重及其反力（Q 系統）。

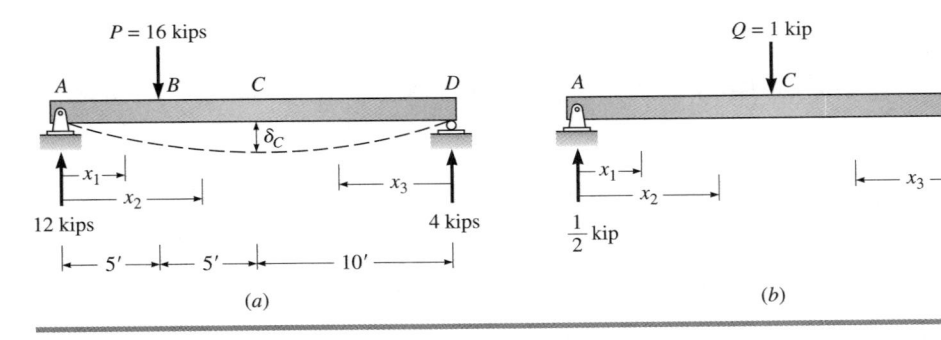

計算圖 10.17a 所示樑之 C 點變位，已知 EI 為定值。　　**例題 10.11**

解答：

以（式 10.31）計算虛應變能 U_Q，我們須將樑分成三個段落。下表歸納 M_P 與 M_Q 之表示式。

分段	原點	x 範圍 m	M_P kN·m	M_Q kN·m
AB	A	0–2	$-10x_1$	0
BC	B	0–3	$-10(x_2+2) + 22x_2$	$\frac{4}{7}x_2$
DC	D	0–4	$20x_3 - 8x_3(x_3/2)$	$\frac{3}{7}x_3$

圖 10.17：(a) P 系統及其原點與座標系統；(b) Q 系統；(c) 變形圖。

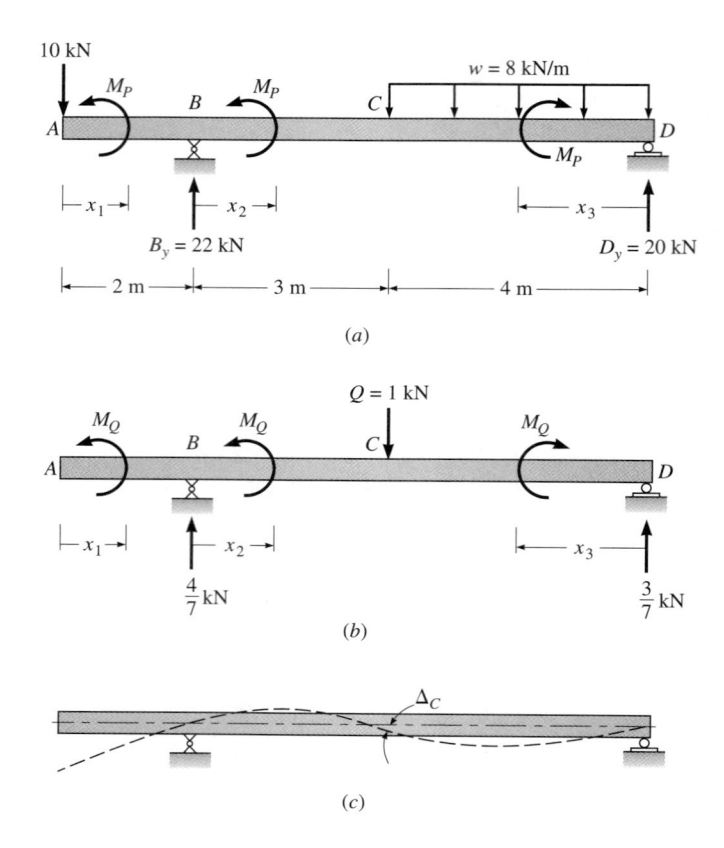

由於 AB 段之 $M_Q = 0$，該段之積分為零；因此，我們只需要計算 BC 與 CD 段之積分：

$$(1 \text{ kip})(\Delta_C) = \sum \int M_Q \frac{M_P \, dx}{EI} \tag{10.31}$$

$$\Delta_C = \int_0^2 (0)(-10x_1) \frac{dx}{EI} + \int_0^3 \frac{4}{7} x_2 (12x_2 - 20) \frac{dx}{EI}$$

$$+ \int_0^4 \frac{3}{7} x_3 (20x_3 - 4x_3^2) \frac{dx}{EI}$$

積分並代入上下限後可得

$$\Delta_C = 0 + \frac{10.29}{EI} + \frac{73.14}{EI}$$

$$= \frac{83.43}{EI} \downarrow$$

Δ_C 之正號表示變位方向朝下（與虛載重同向），樑之變形如圖 10.17c 所示。

例題 10.12

圖10.18所示之樑將在工廠內製成具定值曲率半徑,且在中跨處上拱量為1.5 in。以虛功法決定所需之曲率半徑R為何?已知EI定值。

解答:

利用(式10.30)

$$\Sigma Q \delta_P = \int M_Q \, d\theta \tag{10.30}$$

由於 $d\theta/dx = 1/R$,$d\theta = dx/R$(參見式9.4),

$$\delta_P = \frac{1.5 \text{ in}}{12} = 0.125 \text{ ft} \qquad M_Q = \tfrac{1}{2}x \qquad \text{(如圖 10.18b)}$$

將 $d\theta$,δ_P 與 M_Q 代入(式10.30)(因為對稱之關係,我們將0至15之積分值加倍),可得

$$(1 \text{ kip})(0.125 \text{ ft}) = 2 \int_0^{15} \frac{x}{2} \frac{dx}{R}$$

積分並代入上下限值得

$$0.125 = \frac{225}{2R}$$

$$R = 900 \text{ ft}$$

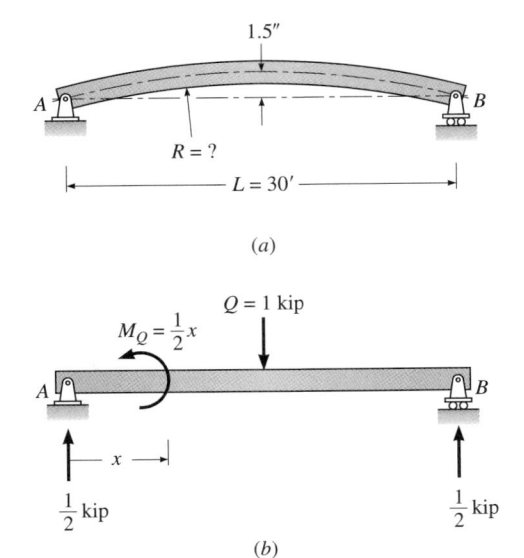

圖 **10.18**:(a) 樑被滾軋成定值曲率且中跨上拱 1.5 in(P 系統);(b) Q 系統。

例題 10.13

在 5-kip 載重作用下，支承 A 亦順時針旋轉 0.002 rad，且下沉 0.26 in（如圖 10.19a）。決定所有效應作用下，D 點之總垂直位移量。僅考慮構件之彎曲變形（軸向變形不計）。已知：$I = 1200$ in^4，$E = 29,000$ kips/in^2。

解答：

由於 AB 段構材之慣性矩為其他構材之兩倍，我們必須將計算虛應變能之積分，分成 AB、BC 與 DC 三段進行。圖 10.19b 與 c 顯示各段之原點及用來表示 M_Q 與 M_P 所用到之力量。下列歸納（式 10.31）所用之 M_P 與 M_Q 表示式。

分段	原點	x 範圍 ft	M_P kip·ft	M_Q kip·ft
AB	A	0–10	$-80 + 4x_1$	$-22 + 0.8x_1$
BC	B	0–10	$-40 + 4x_2$	$-14 + 0.8x_2$
DC	D	0–6	0	$-x_3$

圖 10.19：(a) 5-kip 載重產生支承 A 沉陷與旋轉，並造成 ABC 桿彎曲；(b) P 系統（支承 A 亦如圖 (a) 般旋轉與沉陷）；(c) 單位虛載重向下作用在 D 點（Q 系統）。

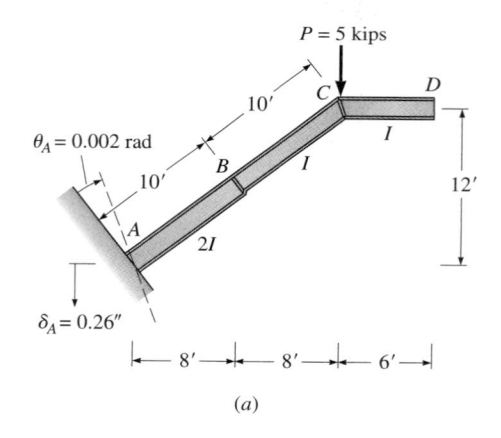

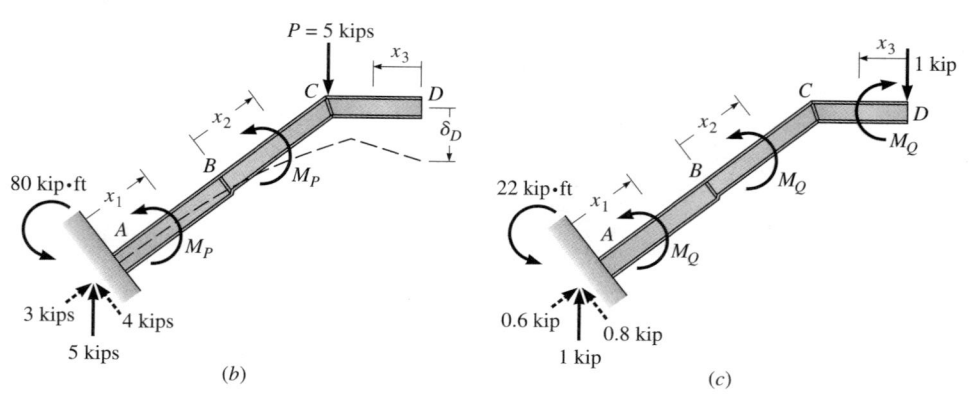

由於 C 與 D 之間之 M_P 為零，在此區間內之虛應變能 U_Q 之積分不用計算。

以（式 10.31）計算 δ_D。由於支承 A 旋轉 0.002 rad 且沉陷 0.26 in，在 A 點由虛載重所做之虛外功必須考慮於總虛外功中。

$$W_Q = U_Q$$

$$\sum M_Q \theta_P + Q\delta_P = \sum \int M_Q \frac{M_P\, dx}{EI}$$

$$-22(12)(0.002) - 1(0.26) + 1(\delta_D)$$

$$= \int_0^{10} (-22 + 0.8x_1)(-80 + 4x_1) \frac{dx}{E(2I)}$$

$$+ \int_0^{10} (-14 + 0.8x_2)(-40 + 4x_2) \frac{dx}{EI}$$

$$-0.528 - 0.26 + \delta_D = \frac{7800(1728)}{1200(29{,}000)}$$

$$\delta_D = 1.18 \text{ in} \downarrow$$

例題 10.14

考慮軸向載重與彎矩所引起之應變能，計算圖 10.20a 所示構架接點 C 之水平變位。構件為均勻斷面，$I = 600$ in^4，$A = 13$ in^2，$E = 29{,}000$ kips/in^2。

解答：

決定 P 與 Q 系統所引起之內力（如圖 10.20）。

由 A 至 B，$x = 0$ 至 $x = 6$ ft：

$$M_P = 24 \cdot x \qquad F_P = +8 \text{ kips} \quad (\text{張力})$$

$$M_Q = 1 \cdot x \qquad F_Q = +\frac{5 \text{ kips}}{6} \quad (\text{張力})$$

由 B 至 C，$x = 6$ 至 $x = 15$ ft：

$$M_P = 24x - 24(x-6) = 144 \text{ kip·ft} \qquad F_P = 8 \text{ kips}$$

$$M_Q = 1 \cdot x \qquad\qquad\qquad\qquad\qquad F_Q = \frac{5 \text{ kips}}{6}$$

圖 10.20：(a) 構架詳圖，(b) P 系統，(c) Q 系統。

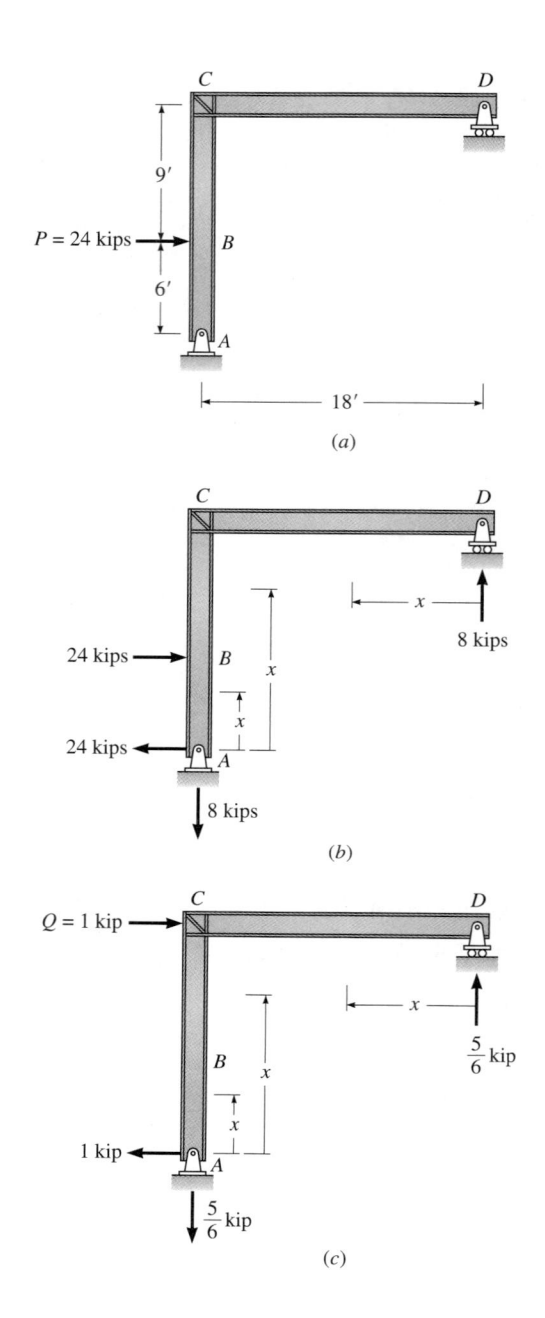

由 D 至 C，x = 0 至 x = 18 ft：

$$M_P = 8x \qquad F_P = 0$$

$$M_Q = \frac{5}{6}x \qquad F_Q = 0$$

以虛功法計算水平位移 δ_{CH}。計算 U_Q 時同時考慮撓曲與軸向變形，只有 AC 桿傳遞軸力：

$$W_Q = U_Q$$

$$\sum Q\delta_{CH} = \sum \int \frac{M_Q M_P \, dx}{EI} + \sum \frac{F_Q F_P L}{AE}$$

$$1 \text{ kip} \cdot \delta_{CH} = \int_0^6 \frac{x(24x) \, dx}{EI} + \int_6^{15} \frac{x(144) \, dx}{EI} + \int_0^{18} \frac{(5x/6)(8x) \, dx}{EI}$$

$$+ \frac{(5/6)(8)(15 \times 12)}{AE}$$

$$= \left[\frac{8x^3}{EI}\right]_0^6 + \left[\frac{72x^2}{EI}\right]_6^{15} + \left[\frac{20x^3 \, dx}{9EI}\right]_0^{18} + \frac{1200}{AE}$$

$$= \frac{28{,}296(1728)}{600(29{,}000)} + \frac{1200}{13(29{,}000)}$$

$$= 2.8 \text{ in} + 0.0032 \text{ in} \quad \text{四捨五入至 2.8 in}$$

在上面之計算中，2.8 in 代表撓曲變形所產生之變位，而 0.0032 in 表示柱軸向變形所造成之變形增量。在大部分同時由軸力與彎矩造成變位的結構中，軸向變形相較之下極小，可予以忽略。

10.7 有限累加法
Finite Summation

我們先前以虛功法分析之結構，是由定斷面之構件所組成的（也就是所謂的稜柱桿(*prismatic members*)），或由數個定斷面片段所組成的。如果構件之深度或寬度沿著縱軸改變，此構件稱為非稜柱形(*nonprismatic*)桿件。非稜柱形構件之慣性矩當然也就隨著縱軸位置而變化。如果要以（式 10.31）或（式 10.32）計算包含非稜柱形構件之樑或構架的變位，則慣性矩必須要能表示為 x 函數時，應變能項之積分才能執行。如果慣性矩之函數關係複雜，要將它表示為 x 的函數可能並不容易。在這種情形下，我們可將應變能計算之積分無限累加方式，簡化為一個有限累加方式。

在有限累加法中，我們將構件細分為一連串的片段元素，通常令它們為等長度。假設每一個片段之性質在片段內為定值，而慣性矩或其他相關性質，則以片段之中點處斷面性質為準進行推算。要計算構件內之虛應變能 U_Q，只需將各片段之貢獻累加起來。我們進一步假設在整個片段中之彎矩 M_Q 與 M_P 為定值，且等於其在片段中點之值，以便簡化累加公式。因此，可將虛應變能之有限累加方程式寫為：

$$U_Q = \sum_{1}^{N} M_Q M_P \frac{\Delta x_n}{EI_n} \tag{10.33}$$

其中 Δx_n = 片段 n 的長度
　　　I_n = 片段中點斷面的慣性矩
　　　M_Q = 虛載重（Q 系統）所造成之片段中點彎矩
　　　M_P = 真實載重（P 系統）所造成之片段中點彎矩
　　　E = 彈性模數
　　　N = 片段之總數目

　　雖然有限累加法所獲得的應變能為近似值，即使只有使用少量的片段（如5或6個）來逼近，其結果的準確性通常不錯。如果一個構件之斷面在某個區域迅速變化時，則應使用較短長度的片段來模擬慣性矩的變化。反之，如果斷面之變化不大，片段的數量便可降低。如果所有片段的長度皆相同，可將 Δx_n 提至累加符號外以簡化計算式。

　　例題 10.15 說明使用有限累加法計算一根漸變斷面樑的變位。

例題 10.15

以有限累加之方式計算圖 10.21a 所示懸臂樑頂點變位 δ_B。此 12 英吋寬之樑具深度漸變斷面，且 $E = 3000$ kips/in^2。

解答：

將樑細分成等長（$\Delta x_n = 2$ ft）之四等分。各段所用之慣性矩以各段中心之慣性矩代表（見表 10.3 之第 2 與 3 欄）。M_Q 與 M_P 之值列於表 10.3 之第 4 與 5 欄。以（式 10.33）逼近（式 10.31）之右手邊項，求解 δ_B。

$$W_Q = U_Q$$
$$(1 \text{ kip})(\delta_B) = \sum_{n=1}^{4} \frac{M_Q M_P \, \Delta x_n}{EI} = \frac{\Delta x_n}{E} \sum \frac{M_Q M_P}{I}$$

將 $\Sigma M_Q M_P / I = 5.307$，$\Delta x_n = 2$ ft，以及 $E = 3000$ kips/in 代入（式 10.33）可得

$$\delta_B = \frac{2(12)(5.307)}{3000} = 0.042 \text{ in}$$

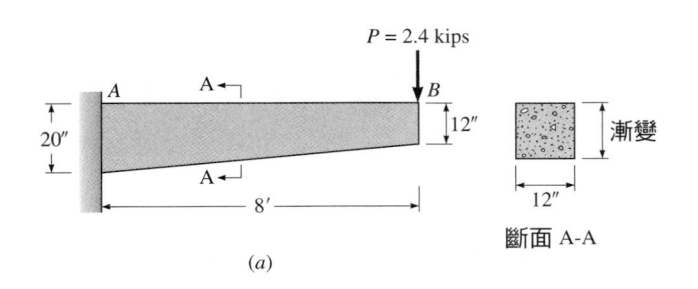

圖 10.21：(a) 漸變樑詳圖，(b) P 系統，(c) Q 系統。

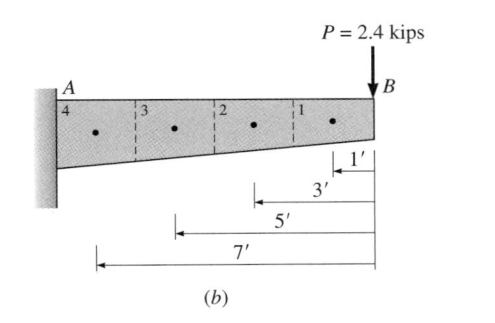

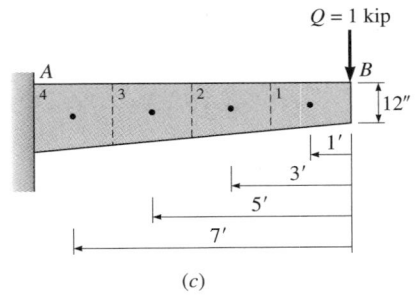

表 10.3

片段編號 (1)	深度 in (2)	$I = bh^3/12$ in^4 (3)	M_Q kip·ft (4)	M_P kip·ft (5)	$M_Q M_P (144)/I$ kips^2/in^2 (6)
1	13	2197	1	2.4	0.157
2	15	3375	3	7.2	0.922
3	17	4913	5	12	1.759
4	19	6859	7	16.8	2.469

$$\sum \frac{M_Q M_P}{I} = 5.307$$

註：第6欄之彎矩值乘上144，因 M_P 與 M_Q 之單位為 kip-in。

10.8 伯努利的虛位移原理
Bernoulli's Principle of Virtual Displacements

伯努利 (Bernoulli) 的虛位移原理為虛功原理的分支，也是基本的結構分析定理之一。這原理不只用於理論推導上，也可用於計算產生剛體移動之靜定結構上的變位；比方說，支承沉陷與製程誤差之案例。在陳述伯努利的原理時，幾乎是完全的不言而喻，它說：

如果一個受處於平衡狀態之力系統作用的剛體，由外來效應給定它一個微小的虛位移，則系統所做虛功 W_Q 為零。

在此陳述中，"一個虛位移"指由一個與施加於結構上之力系統獨立的作用效果，所造成的真實或假設的位移。同時，虛位移必須足夠小，使得幾何條件以及原本之力系統大小，在結構由起始位置位移至最終位置時，並未明顯的改變，而由於物體為剛性 ($rigid$)，$U_Q = 0$。

在伯努利的原理中，虛功等於每一個力或彎矩與其移動方向上之虛位移分量的乘積。此關係可以方程式表示如下：

$$W_Q = U_Q = 0$$

$$\Sigma Q \delta_P + \Sigma Q_m \theta_P = 0 \tag{10.34}$$

式中　Q = 平衡力系統中的力
　　　δ_P = 與 Q 共線之虛位移
　　　Q_m = 平衡力系統的彎矩
　　　θ_P = 虛旋轉位移

伯努利的原理依據可被解釋如下；考慮一個在共面力系統 Q 作用下保持平衡的剛體（反力亦被考慮為力系統的一部分）。在最常見的情形中，力系統可同時包含力量與彎矩。如我們在3.6節所討論，一個力系統作用於一物體上之外部效應，可以用通過任一點的合力 R 與一個彎矩加以取代。如果此物體處於靜力平衡狀態，則合力為零，而我們可得

$$R = 0 \quad M = 0$$

或將 R 以其分量表示

$$R_x = 0 \quad R_y = 0 \quad M = 0 \tag{10.35}$$

如果我們假設給予剛體一個包含直線位移 ΔL 與角位移 θ 之虛位移，其中 ΔL 在 x 與 y 方向上之分量分別為 Δ_x 與 Δ_y，由這些位移所造成之虛功 W_Q 等於

$$W_Q = R_x \Delta_x + R_y \Delta_y + M\theta$$

既然（式 10.35）已確立 R_x、R_y 與 M 皆為零，我們驗證了伯努利原理之

$$W_Q = 0 \tag{10.35a}$$

例題 10.16 說明使用伯努利原理計算 L 型樑之直線與轉動位移。

例題 10.16

如果圖 10.22a 所示 L 型樑之支承 B 下陷 1.2 in，決定 (a) C 點之垂直位移 δ_C，(b) D 點之水平位移 δ_D，以及 (c) A 點之傾角 θ_A。

解答：

(a) 本例題中，樑可視為剛體，因為靜定樑受到支承沉陷位移時並沒有造成內應力，因此也就沒有變形產生。要計算 C 點垂直位移，我們作用一單位虛載重於 C 點之垂直方向（如圖 10.22b）。其次我們使用靜力方程式計算支承反力。虛載重及其反力形成一組平衡力系統—Q 系統。接著我們想像圖 10.22b 之受載樑經歷圖 10.22a 所示之支承沉陷。根據柏努利原理，我們寫出 Q 系統所形成虛功等於零之關係式來求取 δ_C。

$$W_Q = 0$$

$$1 \text{ kip}(\delta_C) - \left(\frac{3}{2} \text{ kips}\right)(1.2) = 0$$

$$\delta_C = 1.8 \text{ in}$$

上式中，B 點反力所做虛功為負值，因為下陷方向與反力方向相反。此外，支承 A 沒有位移產生，故其反力並沒有做功。

圖 10.22：(a) 支承 B 沉陷所引起之變形，(b) 計算 C 點變位之 Q 系統，(c) 計算 D 點水平變位之 Q 系統，(d) 計算 A 點傾角之 Q 系統。

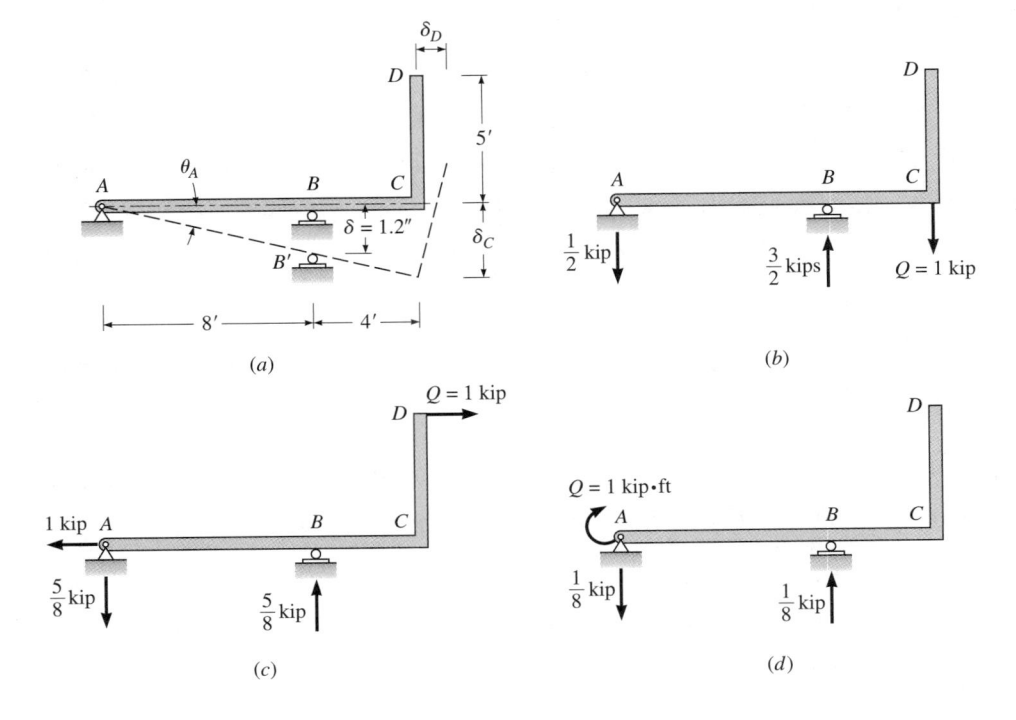

(b) 要計算 D 點之水平位移，我們以作用於 D 點之單位水平虛載重及其反力形成 Q 系統（見 10.23c）。接著讓圖 10.22c 之 Q 系統受到圖 10.22a 所示之虛位移，將虛功計算出並設為零，我們可求得 δ_D。

$$W_Q = 0$$

$$1\,\text{kip}(\delta_D) - \left(\frac{5}{8}\text{kip}\right)(1.2) = 0$$

$$\delta_D = 0.75\,\text{in}$$

(c) 我們作用單位虛載重 1 kip·ft 於 A 來計算 θ_A（如圖 10.22 d）。此 Q 系統經歷圖 10.22a 所示虛位移之虛功加以計算後，可得

$$W_Q = 0$$

$$(1\,\text{kip·ft})(12)\theta_A - \left(\frac{1}{8}\text{kip}\right)1.2 = 0$$

$$\theta_A = \frac{1}{80}\,\text{rad}$$

上式中之係數 12 為轉換 kip·ft 至 kip·in 所引起。

10.9 Maxwell-Betti 變位互易定理
Maxwell-Betti Law of Reciprocal Deflections

利用實功法，我們將推導另一個重要的基本結構定理 Maxwell-Betti law of reciprocal deflection（通常中文稱為馬克斯威爾變位互易定理，其屬於 Betti 法則之特例）。利用這個定理，我們將在第11章建立諧和相容方程式 (compatibility equation) 之柔度係數，公式化柔度法形成一個對稱矩陣來求解二或三度靜不定結構。這個觀察（指矩陣對稱）允許我們減少此類型分析中變位計算之數量。Maxwell-Betti 定理也可用來建立靜不定結構之影響線。

Maxwell-Betti 定律適用於任何座落在未降伏支承，且在固定溫度下之穩定彈性結構（如樑、桁架、構架），其陳述如下：

（由作用在 B 點 2 方向之單位載重所造成在 A 點 1 方向上之直線變位分量）會等於（由施加在 A 點 1 方向之單位載重所造成在 B 點 2 方向上之直線變位分量）

圖 10.23 說明，根據 Maxwell-Betti 定律，桁架變位分量 Δ_{BA} 與 Δ_{AB} 必須相等。1 與 2 之方向以圓圈數字標示。位移以兩個下標註記，第一個下標指位移的所在位置。第二個下標則指造成位移之載重所作用的點。

我們可考慮圖 10.24a 與 b 中，樑在 A 與 B 點的變位來解釋 Maxwell-Betti 定律。在圖 10.24a 中，作用在 B 點的垂直力 F_B 造成 A 點與 B 點的垂直變位分別為 Δ_{AB} 與 Δ_{BB}。同樣的，圖 10.24b 中，在 A 點的垂直力 F_A 使得 A 與 B 點分別產生垂直位移 Δ_{AA} 與 Δ_{BA}。接著我們計算當兩個力以不同的順序施加在簡支樑上時，由 F_A 與 F_B 所造成的總功大小。力作用過程中，假設力皆由零線性增加至其終值。

在第一狀況中，我們先施加 F_B 再作用 F_A。而在第二個狀況中，我們先施加 F_A 再 F_B。由於不論力量施加的順序為何，由兩個力所造成樑的最終變形位置都會相同；因此，兩力所做之功總量在兩個狀況下也相同。

狀況一：F_B 先施加，F_A 次之

(a) F_B 作用時之做功

$$W_B = \tfrac{1}{2} F_B \, \Delta_{BB}$$

(b) F_B 已在定位，F_A 施加時之做功

$$W_A = \tfrac{1}{2} F_A \, \Delta_{AA} + F_B \, \Delta_{BA}$$

由於 F_A 作用使得樑變形的過程中，F_B 的大小並沒有改變，F_B 之額外做功（上式之第二項）等於完整的 F_B 值乘上 F_A 所造成之 Δ_{BA} 變位。

$$\begin{aligned} W_{\text{total}} &= W_B + W_A \\ &= \tfrac{1}{2} F_B \, \Delta_{BB} + \tfrac{1}{2} F_A \, \Delta_{AA} + F_B \, \Delta_{BA} \end{aligned} \quad (10.36)$$

狀況二：F_A 先施加，F_B 次之

(c) F_A 作用時之做功

$$W'_A = \tfrac{1}{2} F_A \, \Delta_{AA}$$

(d) F_A 已在定位，F_B 施加時之做功

$$\begin{aligned} W'_B &= \tfrac{1}{2} F_B \, \Delta_{BB} + F_A \, \Delta_{AB} \\ W'_{\text{total}} &= W'_A + W'_B \\ &= \tfrac{1}{2} F_A \, \Delta_{AA} + \tfrac{1}{2} F_B \, \Delta_{BB} + F_A \, \Delta_{AB} \end{aligned} \quad (10.37)$$

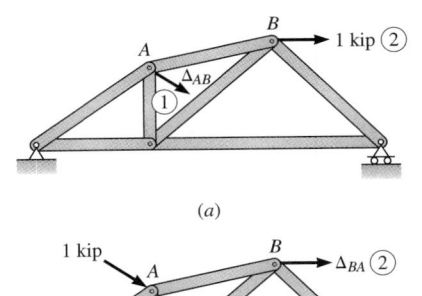

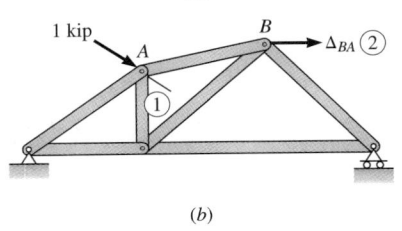

圖 10.23

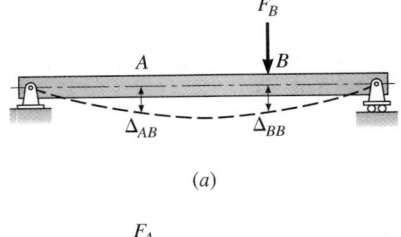

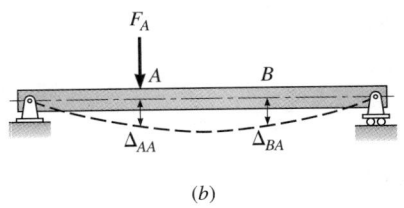

圖 10.24

令狀況一與狀況二之總功相等，由（式 10.36）與（式 10.37）相等之關係，並加以簡化後可得

$$\tfrac{1}{2}F_B\,\Delta_{BB} + \tfrac{1}{2}F_A\,\Delta_{AA} + F_B\,\Delta_{BA} = \tfrac{1}{2}F_A\,\Delta_{AA} + \tfrac{1}{2}F_B\,\Delta_{BB} + F_A\,\Delta_{AB}$$

$$F_B\,\Delta_{BA} = F_A\,\Delta_{AB} \tag{10.38}$$

當 F_A 與 F_B 皆等於 1 時，（式 10.38）便還原成 Maxwell-Betti 定律中的陳述

$$\Delta_{BA} = \Delta_{AB} \tag{10.39}$$

Maxwell-Betti 定理在旋轉位移間以及旋轉與直線位移間皆適用。換句話說，令『先由彎矩 M_A 作用在 A 點，接著彎矩 M_B 作用在 B 點所做之總功』等於『將彎矩施加順序顛倒時所做之總功』，我們可得到下列之 Maxwell-Betti 定律之陳述：

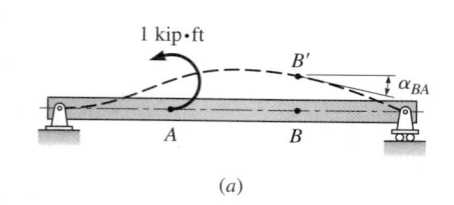

（由作用在 B 點 2 方向之單位力偶所造成在 A 點 1 方向上之旋轉角）會等於（由施加在 A 點 1 方向之單位力偶所造成在 B 點 2 方向上之旋轉角）。

根據上述 Maxwell-Betti 定律之陳述，圖 $10.25a$ 中之 α_{BA} 會等於圖 $10.25b$ 中之 α_{AB}。此外在 A 點之力偶方向與由在 B 點之力偶所產之 A 點旋轉角方向相同（反時鐘方向）。同理，在 B 點之力偶方向與由在 A 點之力偶所產之 A 點旋轉角方向相同（順時鐘方向）。

Maxwell-Betti 定律之第三個變種定理，其陳述如下：

（由作用在 B 點 2 方向之單位彎矩所造成在 A 點 1 方向上之直線變位分量的大小）會等於（由施加在 A 點 1 方向之單位載重所造成在 B 點 2 方向上之旋轉角的大小）

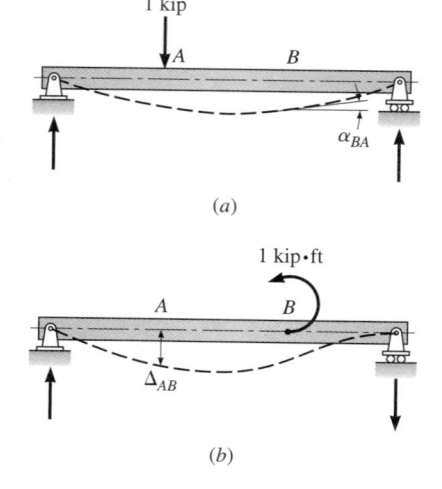

圖 10.26 說明上述之 Maxwell-Betti 定律；也就是，圖 $10.26a$ 中由 A 點單位垂直載重所造成 B 點旋轉角 α_{BA} 之大小，會等於圖 $10.26b$ 中由 B 點單位彎矩所造成之 A 點垂直位移 Δ_{AB}。圖 10.26 也顯示 Δ_{AB} 與 A 點的載重方向相同，而轉角 α_{BA} 與在 B 點之彎矩皆為反時鐘方向。

以其最廣義的型式呈現時，Maxwell-Betti 定律也可以適用到以兩種不同方式支承的結構上。前述三個類似定律的應用，其實是下列廣義定理之子集案例。

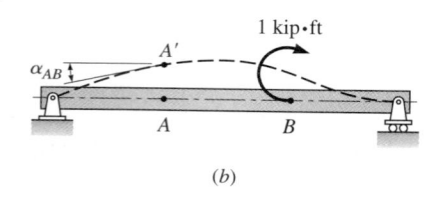

圖 10.25

圖 10.26

選擇一穩定之線性彈性結構上的任意點，令兩種不同載重系統之力或彎矩可作用於部分或全部的點上。第一系統之力在歷經第二系統之位移時所做之虛功，等於第二系統之力於歷經第一系統位移時做之虛功。如果一個支承在其中一個系統中位移，則另一系統中反力所對應之功必須加以考量。此外，在已知斷面上之內力可於其中一個系統中被計算在內，想像對應於某內力的束制被移除，但該內力卻以外力的方式作用在斷面的兩側。

上述的論點將在例題 10.17 中說明，其數學關係可表示如下：

$$\Sigma F_1 \delta_2 = \Sigma F_2 \delta_1 \tag{10.40}$$

其中 F_1 代表第一系統之一個力或彎矩，而 δ_2 代表與 F_1 關聯之發生於第二系統的位移。同理 F_2 代表第二系統之一個力或彎矩，而 δ_1 代表與 F_2 關聯之發生於第一系統的位移。

例題 10.17

圖 10.27 所示之兩根樑其載重與支承方式不同。說明（式 10.40）之通用性。所需之位移標示於圖上。

解答：

$$\Sigma F_1 \delta_2 = \Sigma F_2 \delta_1 \tag{10.40}$$

$$1.5 \text{ kips}(0) + (3 \text{ kips})\frac{5L^3}{12EI} - (1.5 \text{ kips})\frac{4L^3}{3EI} = -(4L \text{ kip·ft})\frac{3L^2}{16EI}$$
$$+ (4 \text{ kips})(0) + (4 \text{ kips})(0)$$

$$-\frac{3L^3}{4EI} = -\frac{3L^3}{4EI}$$

圖 10.27：尺寸相同但支承條件與載重不同之樑。

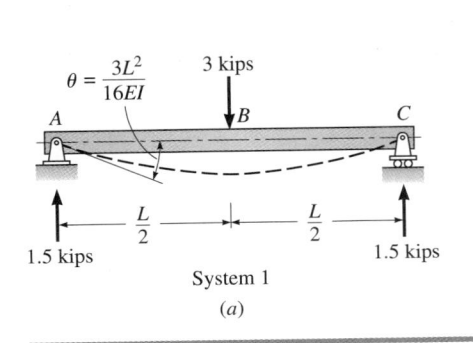

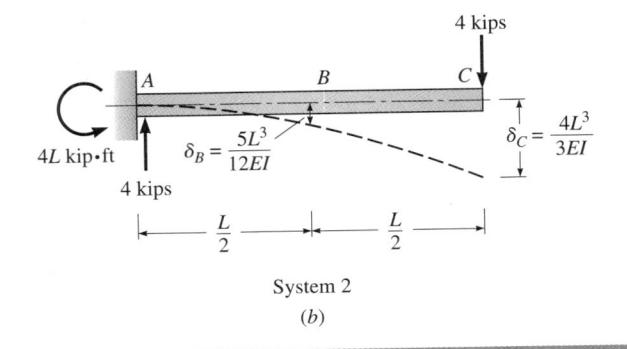

總結
Summary

- 第 10 章的主要重點為虛功法。此方法讓我們可以使用數種不同的應用方式，來求得一個單一的位移分量。

- 虛功法所依據的是能量守恆原理，並假設載重緩慢施加於結構上，因此沒有造成動能及熱能。

- 以虛功法計算位移分量時，我們使用一單位力（又稱虛載重），作用在欲求解位移之位置及方向上。此力與其相關之反力稱為 Q 系統。如果要計算的是傾角或角度改變，則虛力為彎矩。讓虛載重保持在其定位上，再將真實載重（稱為 P 系統）作用於結構上。當結構歷經 P 系統作用下產生之變形時，虛載重會造成虛外功 W_Q。同時，相等大小之虛應變能 U_Q 會儲存於結構中，也就是 $W_Q = U_Q$。

- 雖然虛功法適用於各種型態之結構；包括桁架、樑、構架、版與薄殼。在此，我們侷限此法之使用在三種最常見之平面結構；桁架、樑與構架。我們也忽略剪力的影響，因為在細長樑與構架中，其變位貢獻量很小。剪力變形的影響只有在短、深且受到極高載重的樑，或當樑之剛性模數低時才會顯著。虛功法允許工程師將溫度變化、支承沉陷、以及製程誤差所產生之變位被加以考慮。

- 如果變位同時具垂直與水平分量時，需要以虛功法分開分析；單位力先施加在垂直方向隨後水平方向。真實的變位則為此兩位移分量的向量和。在樑與桁架中，設計者通常只對活載重下之最大垂直變位有興趣，因為此分量受到設計規範的限制。

- 使用一個單位載重建立一個 Q 系統是可隨心所欲為之的。然而，由於單位載重引起之變位（稱為柔度係數）使用於靜不定結構之分析（見第 11 章），結構工程師通常以同時應用數個單位載重之方法進行分析（矩陣法）。

- 當樑深度沿著樑軸變化，則計算虛應變能時，可將樑細分為若干片段來考量斷面性質之變化，再將各片段之結果以有限累加之方式加成（見 10.7 節）。

- 在 10.9 節中，我們介紹 Maxwell-Betti 變位互易定理。此定律在第 11 章中以柔度法求解靜不定結構時很有用，我們可利用此定律來設定出所需之對稱柔度矩陣的值。

習題

P10.1. 如圖 P10.1 所示之桁架，計算由載重 100-kip 所引起 B 點之水平與垂直變位分量。E 點視為銷支承。所有桿之斷面積 = 4 in^2，E = 24,000 kips/in^2。

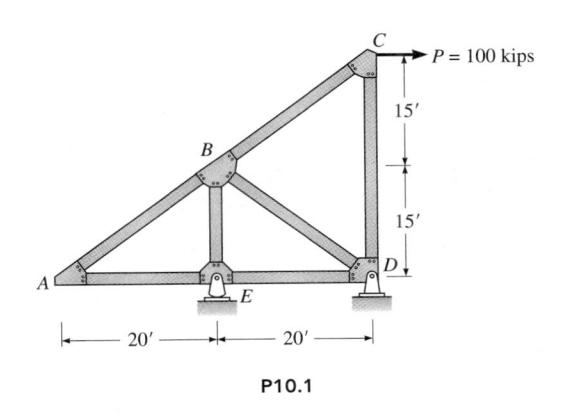

P10.2. 如圖 P10.1 所示之桁架，計算接點 A 之垂直變位，以及接點 C 之水平變位。

P10.3. 如圖 P10.3 所示之桁架，計算接點 C 之水平與垂直變位，所有桿斷面積 = 2500 mm^2，E = 200 GPa。

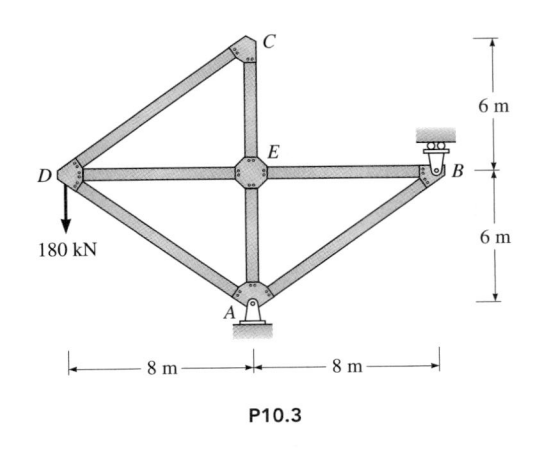

P10.4. 如圖 P10.3 所示之桁架，計算接點 D 之垂直變位，以及滾支承 B 之水平變位。

P10.5. (a) 如圖 P10.5，計算由載重 120-kip 所引起 E 點之水平與垂直變位。桿件 AB、BD、CD 斷面積 = 5 in^2，其餘桿之斷面積 = 3 in^2，E = 30,000 kips/in^2。(b) 若桿件 AB、BD 組裝時過長 $\frac{3}{4}$ in，支承 D 點下沉 0.25 in，計算接點 E 之垂直變位。忽略 120-kip 載重之作用。

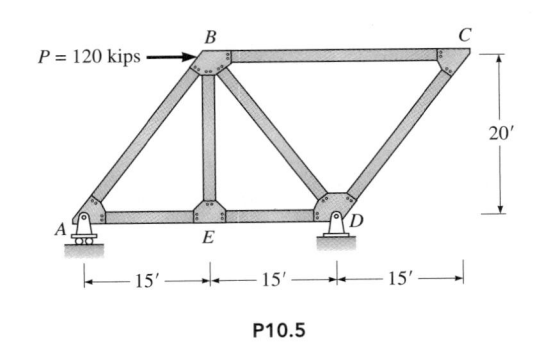

P10.6. (a) 如圖 P10.6，計算由載重 30-kip 所引起 D 點之垂直變位。所有桿之斷面積 = 2 in^2，E = 9000 kips/in^2。(b) 假設桁架未受載重作用，桿件 AE 組裝時過長 $\frac{5}{8}$ in，支承 B 需右移多少距離，方可令接點 D 不發生變位。

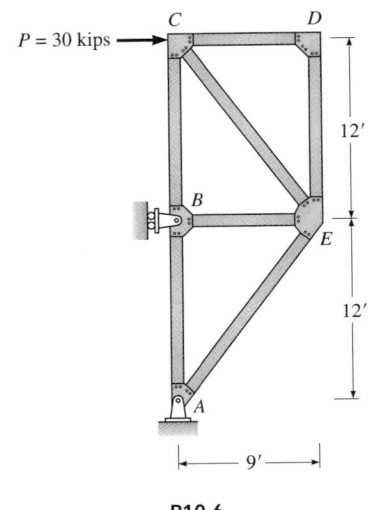

P10.7. 如圖 P10.7 所示之桁架，計算由載重 400-kN 作用下，以及支承 B 右移 24 mm 時，接點 E 之水平與垂直變位，所有桿斷面積 = 3600 mm^2，E = 100 GPa。

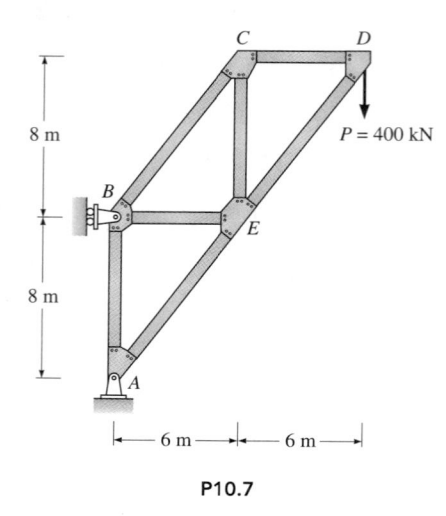

P10.8. (a) 如圖 P10.8，求載重 40-kip 作用下，接點 B 之水平變位。所有桿件斷面積如圖示，其單位為 in^2；E = 30,000 kips/in^2。(b) 若要使接點 B 水平方向恢復初始位置，桿件 AB 應縮短多少？(c) 若桿件 AB、BC 溫度增加 80°F，接點 C 之垂直變位為何？α_t = 6.5 × 10^{-6} in/in per °F。支承 A 視為滾支承。

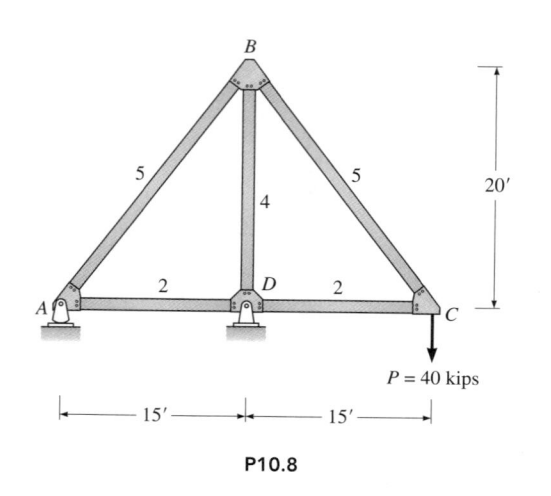

P10.9. (a) 如圖 P10.9，求載重 240-kN 作用下，接點 B 之水平變位。所有桿斷面積 = 2400 mm^2，E = 200 GPa。(b) 假設無載重作用下，支承 A 右移 20 mm，下移 30mm，支承 E 下移 36mm 時，求接點 B 之水平變位。

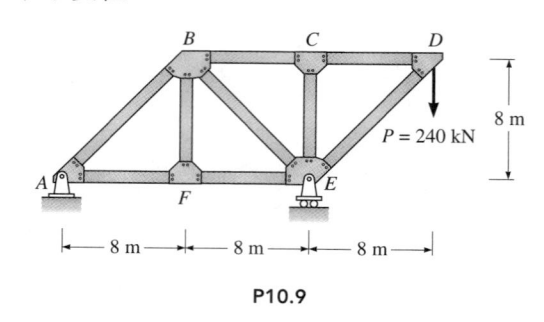

P10.10. 如圖 P10.10，若支承 A 水平右移 2 in，支承 F 垂直下移 1 in，計算支承 G 之水平變位。

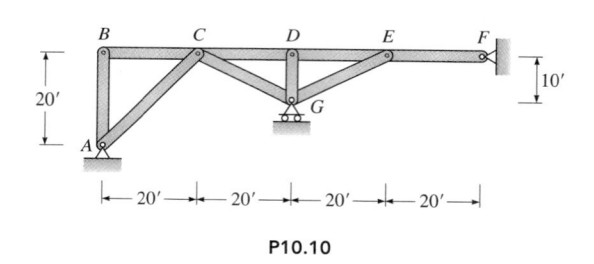

P10.11. 如圖 P10.11 所示之桁架，當載重 30-kip 作用於接點 D，支承 A 下沉 $\frac{3}{4}$ in，左移 $\frac{1}{2}$ in，在這些因素作用下求接點 D 之垂直變位。所有桿之斷面積 = 2 in^2，E = 30,000 kips/in^2。

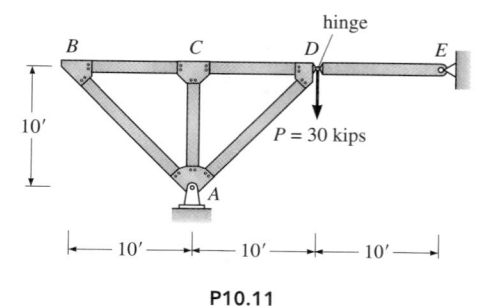

P10.12. 如圖 P10.12 所示之桁架，求外力 P 值之大小為何時，C 點垂直變位會為零。

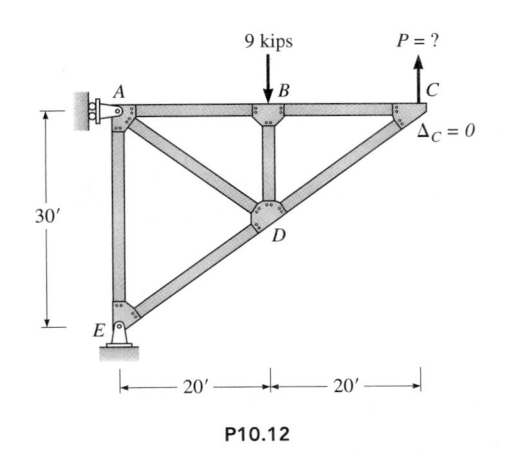

P10.13. 如圖 P10.13，支承 D 右移 1.5 in。使用 10.8 節之 Bernoulli's principle，求 (a) 接點 B 之水平與垂直變位分量。(b) 桿件 BC 之傾角改變值。

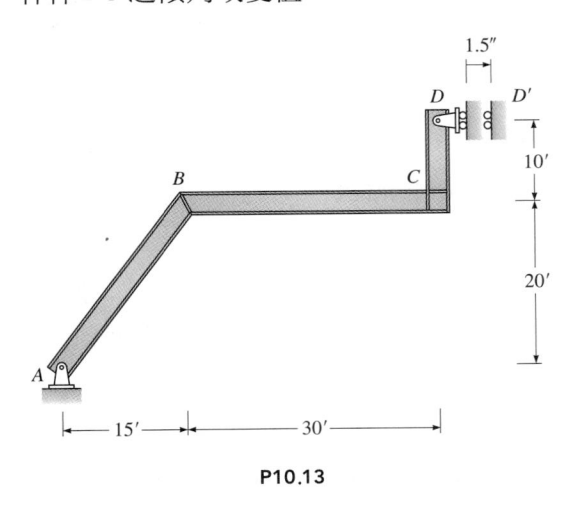

P10.14. 如圖 P10.14，若支承 A、E 以 30 ft 又 2 in 取代 30 ft，且支承 E 亦上移 0.75 in，當鋼架豎起時，求鉸接點 C 之水平與垂直變位，以及桿件 AB 之傾角。

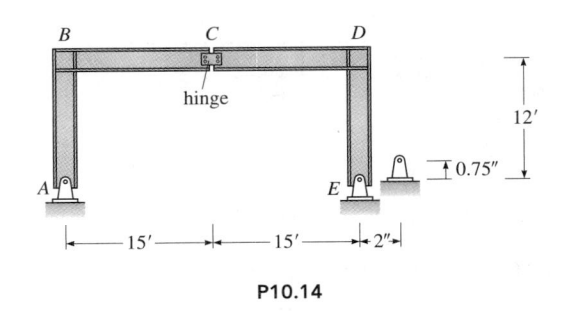

P10.15. 如圖 P10.15 之拱形構架於靜載重作用下，鉸接 B 向下位移 3 in，為恢復此 3-in 位移，設計者需將支承右移多少距離方可？

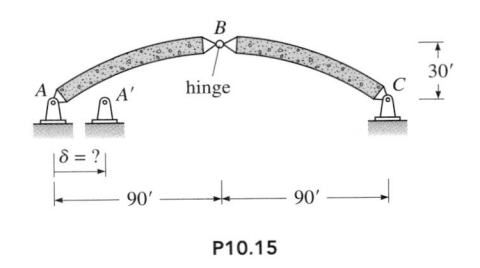

P10.16. (a) 如圖 P10.16 所示之懸臂樑，求接點 B、C 之垂直變位與傾角。EI 為常數，將結果以 P、L、E、I 的形式呈現。(b) 若 P = 6 kips、L = 12 ft、E = 4000 kips/in^2，接點 C 位移若不超過 0.4 in，求最小 I 值。

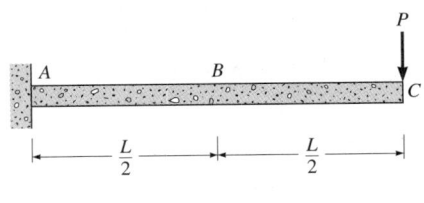

P10.17. 如圖P10.17所示之懸臂樑，若B點之變位欲為零，求作用於端點之垂直外力P值應為多少？EI為常數。結果以w及L的形式表示。

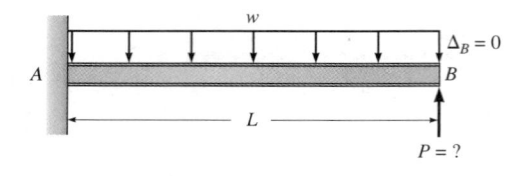

P10.17

P10.18. 如圖P10.18，計算接點D之垂直變位。$I = 800$ in^4，$E = 29{,}000$ kips/in^2。

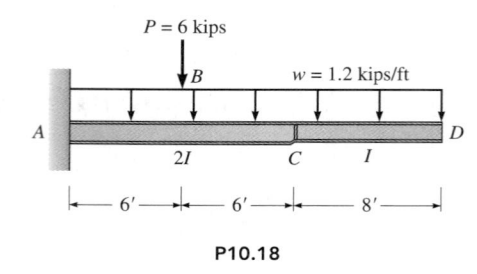

P10.18

P10.19. 如圖P10.19所示之樑，計算樑中點之變位。$I = 46 \times 10^6$ mm^4，$E = 200$ GPa。E點視為滾支承。

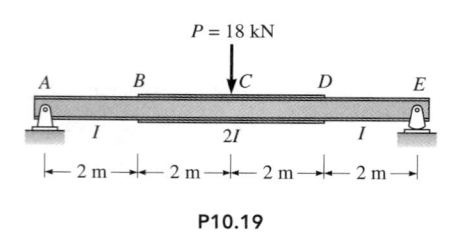

P10.19

P10.20. 如圖P10.20，若接點A位移不超過0.3 in，求最小需求之I值為何？EI為常數，$E = 29{,}000$ kips/in^2。

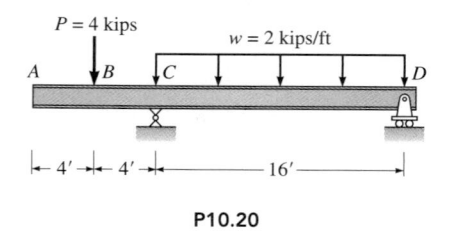

P10.20

P10.21. 如圖P10.21，計算中點變位（即A點傾角值）。EI為常數。傾角以度表示，變位以in表示。假設A點為銷支承，D為滾支承。$E = 29{,}000$ kips/in^2，$I = 2000$ in^4。

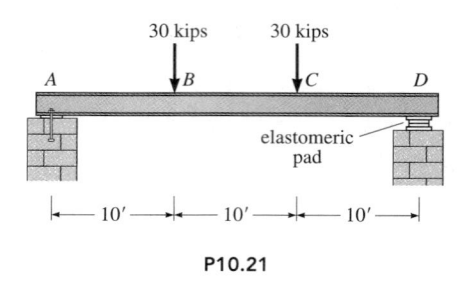

P10.21

P10.22. 如圖P10.22，求支承A、B之傾角，EI為常數，將結果以E、I、L、M之形式表示。

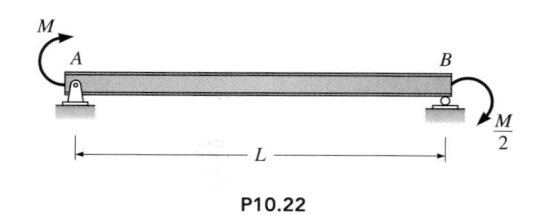

P10.22

P10.23. 如圖P10.23計算B點變位與C點傾角。EI為常數。

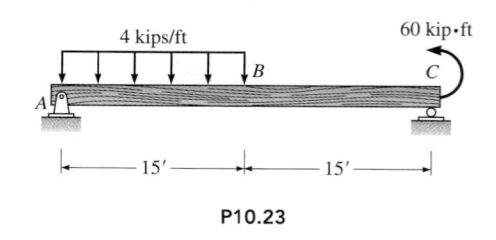

P10.23

P10.24. 如圖P10.24，計算接點D之水平與垂直變位。EI為常數，$I = 120$ in^4，$E = 29{,}000$ kips/in^2。

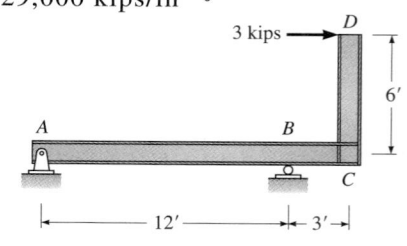

P10.24

P10.25. 如圖P10.25，計算C點之垂直變位，桿件ABC只考慮彎曲之應變能。$I_{AC} = 340$ in^4，$A_{BD} = 5$ in^2，當載重16-kip作用時，桿BD須過長多少方可使C點不產生垂直變位？

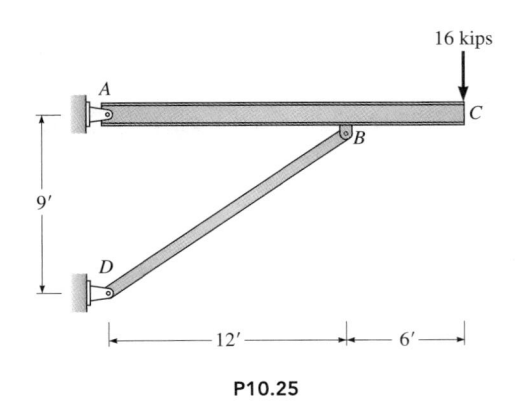

P10.26. 如圖P10.26，求接點C之水平與垂直變位。$E = 200$ GPa，$I = 240 \times 10^6$ mm^4。

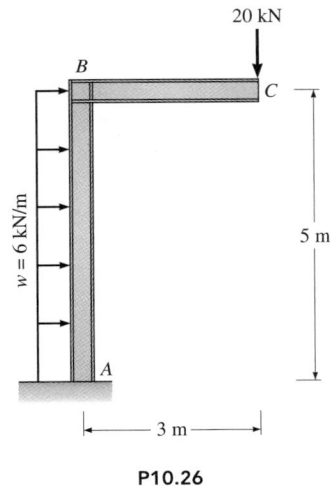

P10.27. 如圖P10.27，求鉸接點C之垂直變位，所有桿件之EI為常數，$E = 200$ GPa，$I = 300 \times 10^6$ mm^4。

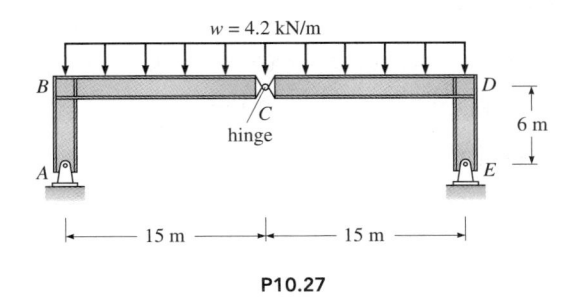

P10.28. 如圖P10.28，為使A點不產生傾角，求需加載於樑左端點之彎矩值為何？EI為常數，假設C點為滾支承。

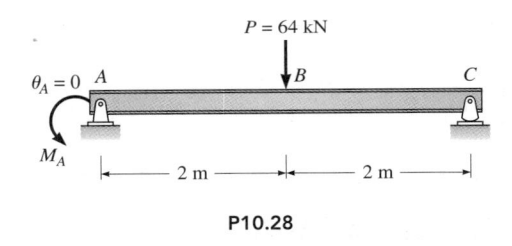

P10.29. 如圖P10.29，求B點之垂直變位及C點水平變位。$A_{CD} = 3$ in^2，$I_{AC} = 160$ in^4，$A_{AC} = 4$ in^2，$E = 29{,}000$ kips/in^2，考慮軸向變形與彎曲變形之應變能。

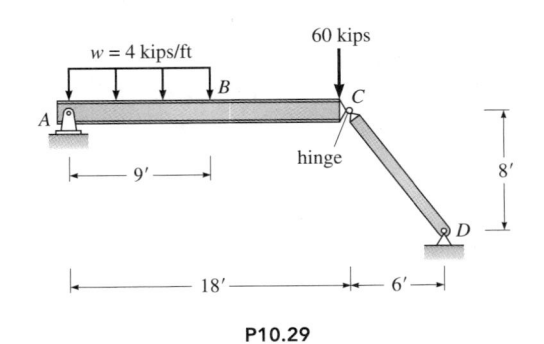

P10.30. 如圖 P10.30，樑 ABC 由三根桿件組成之桁架與視為滾支承之彈性墊分別於 C 與 A 點支撐，(a) 計算載重作用下，接點 B 之垂直變位。(b) 求接點 B 上移 0.75 in 時，桿件 DE 長度之改變值。此桿件為伸長或縮短？$E = 29{,}000$ kips/in^2，桁架所有桿件斷面積 $= 1$ in^2，樑斷面積 $= 16$ in^2，樑之 I 值 $= 1200$ in^4。

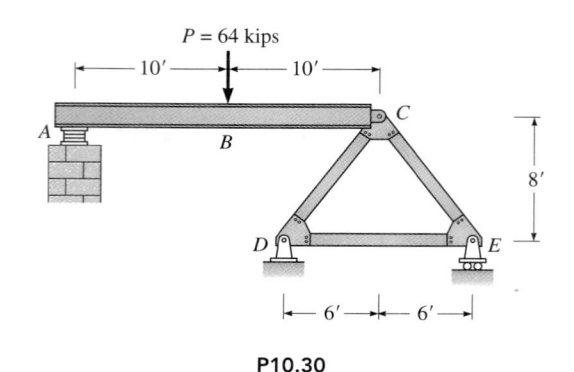

P10.30

P10.31. 如圖 P10.31，CD 桿件中點垂直變位為何？考慮軸力與彎矩變形。$E = 29{,}000$ kips/in^2，$I = 80$ in^4。柱斷面 $= 6$ in^2，樑斷面 $= 8$ in^2。

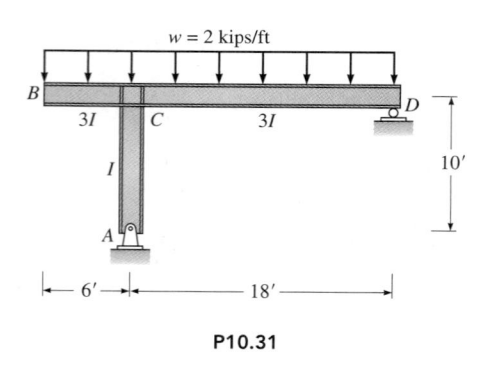

P10.31

P10.32. (a) 如圖 P10.32，計算 A 點之傾角與 B 點之水平變位。所有桿件 EI 為常數。只考慮彎矩變形，$I = 100$ in^4，$E = 29{,}000$ kips/in^2。(b) 若接點 B 之水平變位要求不超過 $\frac{3}{8}$ in 時，最小 I 值為何？

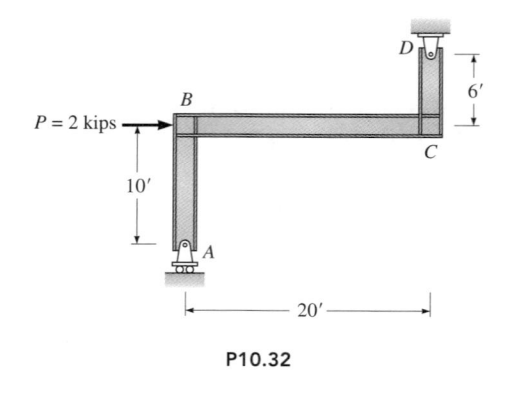

P10.32

P10.33. 如圖 P10.33 所示之剛架，求接點 B、C 之垂直位移，$I = 360$ in^4，$E = 30{,}000$ kips/in^2。考慮撓曲變形。

P10.33

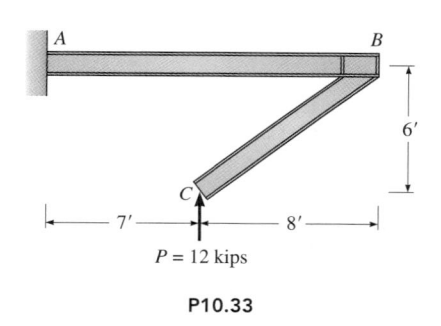

P10.34. 如圖 P10.34 所示之剛架，若接點 B 水平位移欲不達 0.36 in，求 I 值應為多少？桿件 CD 斷面積 = 1 in²，E = 29,000 kips/in²。僅考慮桿件 AB、BC 之撓曲變形，以及桿件 CD 之軸向變形。

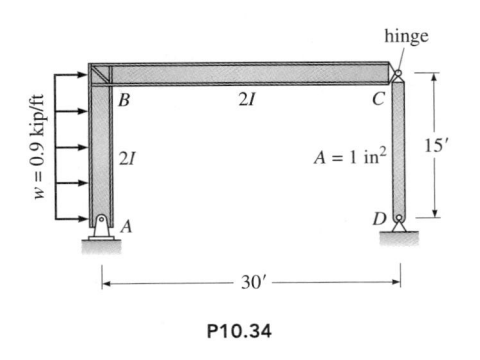

P10.35. 如圖 P10.35 所示之鋼質剛架，計算 B 點之傾角與支承 C 之水平位移。只考慮彎矩造成之變形。E = 200 GPa，I = 80 × 10⁶ mm⁴。

P10.34

P10.35

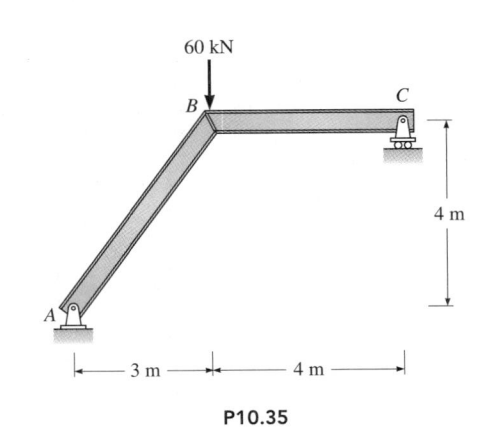

P10.36. 如圖 P10.36 所示之剛架，計算接點 C 之水平位移。桿件 ABC 之 E = 200 GPa，I = 600 × 10⁶ mm⁴，桿件 CD 之斷面積 A = 1,500 mm²。

P10.36

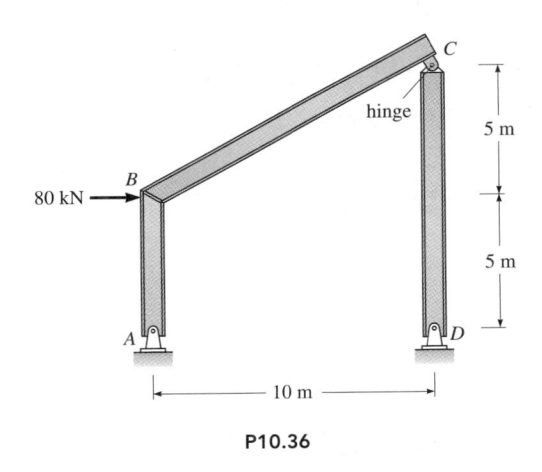

P10.37. 如圖 P10.37，求索狀載重作用下鉸接點 C 之垂直變位。載重拱形構架之斷面上造成正向應力，連接於拱形構架之柱只傳遞軸向力。假設樑柱皆未對拱形構架造成束制，所有反力為已知，拱形構架之桿件斷面積 $A = 20\ \text{in}^2$，$I = 600\ \text{in}^4$，$E = 30{,}000\ \text{kips/in}^2$。

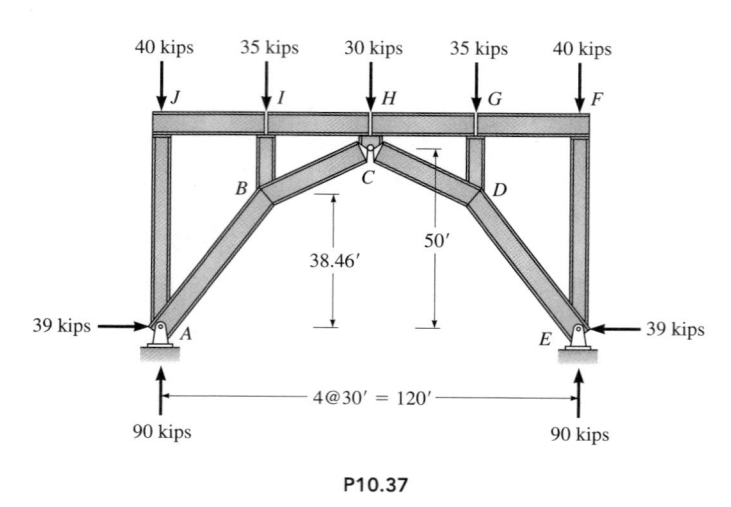

P10.37

P10.38. 如圖 P10.37 所示之拱形構架，當集中載重 60 kips 垂直作用於 B 點，求鉸接點 C 之水平與垂直變位。拱形構架相關性質如 P10.37。

P10.39. 如圖 P10.39 所示之樑，計算接點 C 之垂直變位。樑之 $I = 360 \times 10^6\ \text{mm}^4$，$E = 200\ \text{GPa}$，繩索斷面積 $A = 1600\ \text{mm}^2$，$E = 150\ \text{GPa}$。

P10.39

P10.40. 如圖 P10.40 所示之樑，使用有限累加方法，計算樑中點之變位。$E = 3000$ kips/in^2，區段選擇 3-ft。

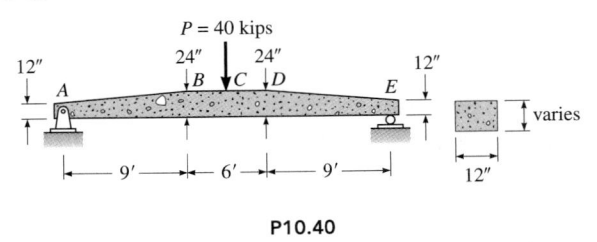

P10.41. 如圖 P10.41 所示之漸變樑，使用有限累加方法，計算接點 C 之變位。$E = 3500$ kips/in^2。

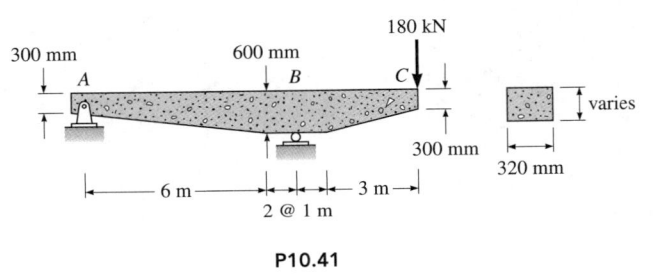

P10.42. 如圖 P10.42，求滾支承 D 之水平變位。$E = 3000$ kips/in^2。

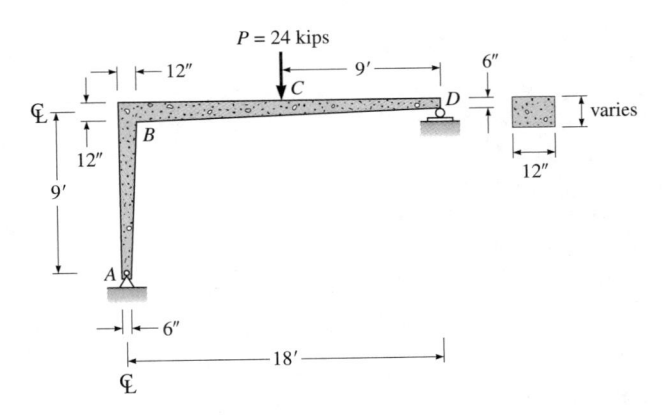

跨越俄亥俄河之東漢汀頓橋(East Huntington bridge)。這是一座 1500 呎長斜張橋，車道由深 5 呎之混凝土與鋼構混體大樑所形成，並以高強度鋼索與混凝土所建造，於 1985 年開始通車。本橋由 Arvid Grand and Associates 顧問公司所設計，讀者可將這座有著細長線條的現代橋樑與布魯克林橋的外型做一比較(參見第 1 章開頭之照片)。

CHAPTER 11

靜不定結構分析：柔度法
Analysis of Indeterminate Structures by the Flexibility Method

11.1 簡介
Introduction

柔度法 (flexibility method) 也稱為諧和變位法(method of consistent deformations)或疊加法(method of superposition)，是分析線性彈性靜不定結構的方法。雖然此法適用於幾乎是任何類型的結構上（樑、桁架、構架、薄殼等），其計算量隨靜不定度增加呈指數成長。所以，此法應用於低度靜不定結構時最具吸引力。

所有靜不定分析的方法皆要求，所獲得之解答要滿足力平衡 (equilibrium) 與變位相容 (compatibility) 的規定。所謂相容之意表示結構必須裝置妥當－不可存在缺口－且變形必須與支承所強制之束制情況諧和一致。在柔度法中，我們將在分析的每個步驟中，使用靜力平衡方程式來滿足力平衡之規定。至於變位相容的規定，可藉寫出一個或數個方程式來滿足（也就是相容方程式(compatibility equations)），這些方程式或者是陳述內部無間隙存在，或者是說明變位與支承所加諸之幾何條件相符合。

柔度法中一個關鍵的步驟是；要將靜不定結構分析以一個穩定靜定結構分析所取代。這個穩定靜定結構－稱為放鬆 (released) 結構或基底 (base) 結構。可藉由想像原來的靜不定結構中，某些束制（如支承）被暫時移除而得到。

11.2 贅力的概念
Concept of a Redundant

在 3.7 節中我們已經瞭解，至少需要三個既不屬於平行力系也不相當於共點力系的束制，才能產生一個穩定的結構；也就是說，在任何載重情況下，束制必須能防止結構發生剛體位移。舉例說明，在圖 11.1a 中，不論施加力系統的形態為何，銷支承 A 的水平與垂直反力以及滾支承 C 的垂直反力，防止樑發生移動或轉動。由於有三個平衡方程式可用來決定三個反力，此結構為靜定。

如果第三個支承設置在 B 點（如圖 11.1b），便多了一個額外的反力 R_B 在支撐此樑。由於在 B 點的反力對於結構的穩定性並非絕對必要的，它被稱為 **贅力** (*redundant*)。在許多結構中，指定特定反力為贅力的動作是隨意而無約束性的。比方說，在圖 11.1b 中之 C 點反力，在邏輯上也可被考慮成為一個贅力，因為 A 點銷支承與 B 點滾支承已提供足夠束制來產生一個穩定靜定結構。

雖然在 B 點滾支的加入使得結構成為一度靜不定（四個反力存在但只有三個靜力方程式可用），滾支也同時加諸了一個幾何限制，即在 B 點的垂直位移為零。此幾何條件允許我們寫出一個額外的方程式，可與三個靜力方程式一起用來決定所有反力的大小。在 11.3 節我們勾勒出柔度法主要之特色，並分析數個不同的靜不定結構以說明此方法的使用。

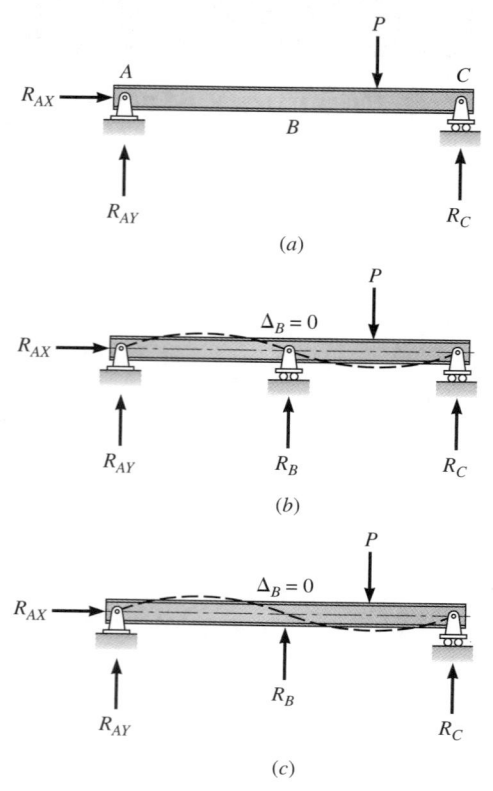

圖 11.1：(a) 靜定樑；(b) 將 R_B 視為贅力之靜不定樑；(c) (b) 圖中之放鬆結構以及視為外力之 B 點反力。

11.3 柔度法基本規則
Fundamentals of the Flexibility Method

在柔度法中，我們想像足夠數量的贅力束制（如支承），從一個靜不定結構中被移除，以便形成一個穩定的放鬆結構。移除的束制數量就等於靜不定度。在這個放鬆狀態下，將已指定大小的設計載重與大小未知的贅力分別作用到放鬆結構上。舉例說明，圖 11.1c 所示靜定放鬆結構，由圖 11.1b 中之樑選擇 B 點反力為贅力而來。由於圖 11.1c 之放鬆結構的載重與原始結構完全相同，其內力以及變形與原始結構所產生者也會相同。

接著我們分析受施加載重及贅力作用之靜定結構。此步驟中，結構分析細分為兩個單獨的案例；(1) 為外加載重部分，(2) 為每一個未知贅力的部分。每一個案例中，贅力作用點之變位皆加以計算，由於假設結構為彈性行為，這些個別的分析結果可被合併－即疊加－以獲得包含所有力量與贅力效應之分析結果。要求解贅力大小，贅力作用位置上之變位被累加起來，並設定等於已知之變位值。舉例說明，如果一個贅力束制由一個滾支所提供，則垂直於滾支移動面垂直方向上的變位為零。這個程序產生一組相容方程式，其方程式數量等於贅力數目。一旦我們決定了贅力值，結構之受力平衡狀態可由靜力方程式加以分析。在此，我們由考慮一度靜不定結構開始我們的柔度法研讀。稍後在 11.7 節將涵蓋更高度靜不定之結構。

為了說明前述的方法，我們將思考圖 11.2a 所示均佈載重樑的分析過程。因為只有三個靜力方程式可用來求解具四個束制的固定－滾支樑，此為一度靜不定結構。要決定反力，仍需要一個額外的方程式來彌補三個靜力方程式的不足。為了獲得此一額外方程式，我們任意選擇右端滾支承之反力 R_B 為贅力。圖 11.2b 所示樑之自由體圖重新繪自於圖 11.2a 所示之樑，但 B 點之滾支換成滾支所作用的反力 R_B。想像滾支被移除後，我們可將原本的靜不定樑視為一靜定懸臂樑，其上承載著一個均佈載重與一個未知的 R_B 力於自由端。在採用這樣的想法後，我們所獲得的結構為可利用靜力學方法分析的靜定結構。由於圖 11.2a 與 b 所示之樑承載完全相同的載重，其剪力與彎矩曲線乃至變形皆會完全一致。特別是，在 B 支承的變位 Δ_B 會等於零。為了強調滾支所提供的反力為贅力，我們將反力 R_B 改以符號 X_B 表示（如圖 11.2b）。

圖 11.2：以柔度法分析：(a) 一度靜不定樑；(b) 放鬆結構受到 w 載重與贅力 R_B 作用；(c) w 載重在放鬆結構上所造成之力量與位移；(d) 贅力 X_B 在放鬆結構上所造成之力量與位移；(e) 一單位贅力在放鬆結構上所造成之力量與位移。

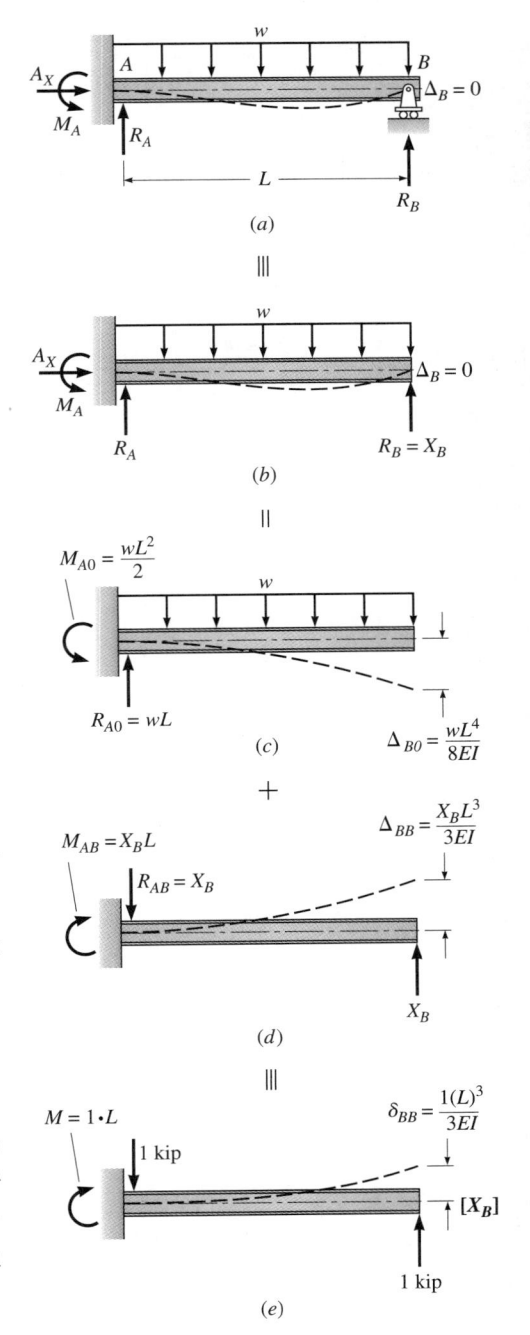

接下來，我們將懸臂樑的分析分為兩部分，如圖 11.2c 與 d 所示。圖 11.2c 所示為大小已知之均佈載重所造成的反力與 B 點變位 Δ_{B0}。外力所造成放鬆結構之變位將以兩個下標註示。第一個下標為變位的位置；第二個下標為零，用來區別放鬆結構與真實結構。圖 11.2d 所示為大小未知的贅力 X_B 所造成之反力與 B 點變位 Δ_{BB}。假設結構為彈性行為，我們可將圖 11.2c 與 d 兩個案例加成（疊加）在一起而得到圖 11.2b 或 a 之原始案例。由於真實結構之滾支設定了 B 點垂直位移必須為零的幾何限制，圖 11.2c 與 d 在 B 點位移之總和必須為零。這個幾何條件（或相容條件）可表示為

$$\Delta_B = 0 \tag{11.1}$$

將圖 11.2c 之外加載重與圖 11.2d 之贅力所造成之 B 點變位疊加，我們可將（式 11.1）寫為

$$\Delta_{B0} + \Delta_{BB} = 0 \tag{11.2}$$

變位 Δ_{B0} 與 Δ_{BB} 之求取可用彎矩面積法、虛功法、或由圖 11.3a 與 b 所示表列值。

圖 **11.3**：均質樑之位移。

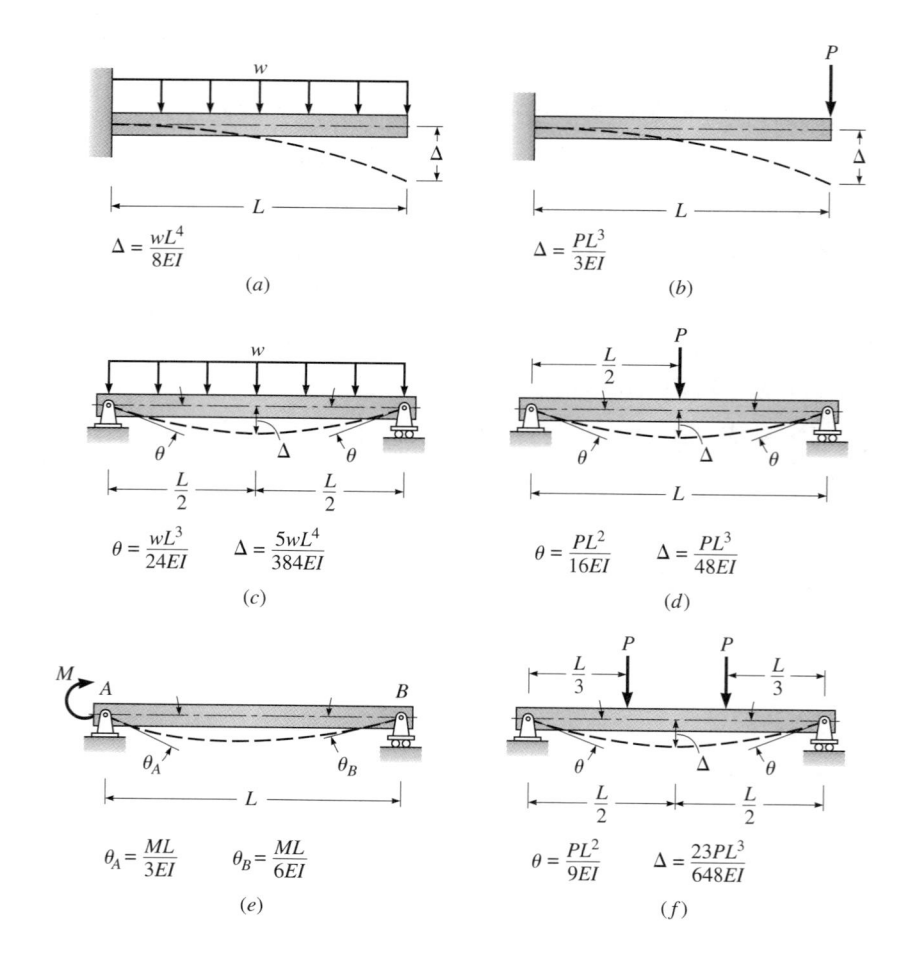

(a) $\Delta = \dfrac{wL^4}{8EI}$

(b) $\Delta = \dfrac{PL^3}{3EI}$

(c) $\theta = \dfrac{wL^3}{24EI}$ $\quad \Delta = \dfrac{5wL^4}{384EI}$

(d) $\theta = \dfrac{PL^2}{16EI}$ $\quad \Delta = \dfrac{PL^3}{48EI}$

(e) $\theta_A = \dfrac{ML}{3EI}$ $\quad \theta_B = \dfrac{ML}{6EI}$

(f) $\theta = \dfrac{PL^2}{9EI}$ $\quad \Delta = \dfrac{23PL^3}{648EI}$

11.3 柔度法基本規則

我們所使用的正負符號規則，乃是假設與贅力同方向的位移為正值。在柔度法中，我們可自由假設贅力作用的方向。如果贅力的方向選擇正確，解答之結果會是一個正值的贅力。反之，如果結果為負值，代表贅力的大小正確但方向與起始假設方向相反。

將位移以施加載重及構件性質表示時，我們可將（式11.2）表示為

$$-\frac{wL^4}{8EI} + \frac{X_B L^3}{3EI} = 0$$

求解 X_B 可得

$$X_B = \frac{3wL}{8} \tag{11.3}$$

X_B 求得之後，將之施加於圖11.2a所示結構，由靜力平衡我們便可決定在A點之反力；或由另一個替代方法，將圖11.c與d所對應之反力分量加成起來即為反力。舉例說明，在A點之垂直反力等於

$$R_A = wL - X_B = wL - \frac{3wL}{8} = \frac{5wL}{8}$$

同理在A點的彎矩等於

$$M_A = \frac{wL^2}{2} - X_B L = \frac{wL^2}{2} - \frac{3wL(L)}{8} = \frac{wL^2}{8}$$

一旦反力皆求得後，我們便可依5.3節所規定之符號規則，建立剪力與彎矩圖（如圖11.4）。

在上述的分析過程中，（式11.2）所示之相容方程式由兩個變位 Δ_{B0} 與 Δ_{BB} 所表示。在設定相容方程式時，通常我們將贅力表示為未知數。要寫出這種型式的相容方程式，我們可以先計算單位贅力作用在B點之結果，如圖11.2e所示，然後再乘上贅力之真正大小 X_B。為了標示單位載重（以及它所造成之所有力量與位移）皆乘上贅力大小，我們以中括號標於單位力旁（如圖11.2e）。單位贅力所產生之變位 δ_{BB} 稱為**柔度係數** (*flexibility coefficient*)；換句話說，柔度係數的單位是距離/每單位力，如in/kip或mm/kN。由於圖11.2d與e之樑相當，我們知道

$$\Delta_{BB} = X_B \delta_{BB} \tag{11.4}$$

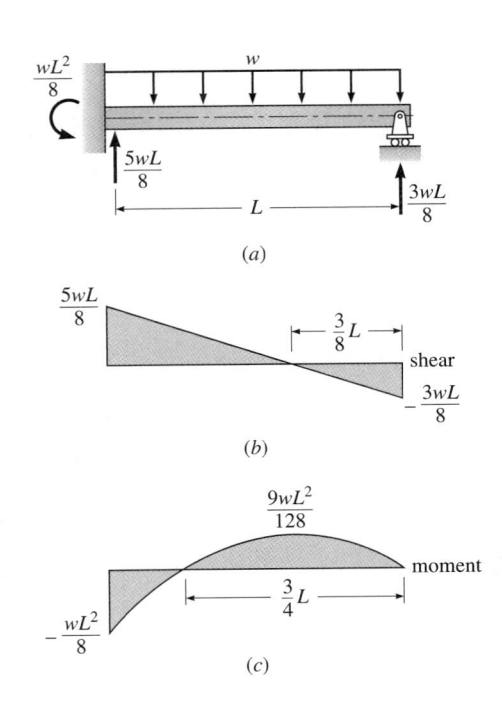

圖 11.4：圖 11.2a 所示樑之剪力與彎矩曲線。

將（式11.4）代入（式11.2）可得

$$\Delta_{B0} + X_B \delta_{BB} = 0 \tag{11.5}$$

因此

$$X_B = -\frac{\Delta_{B0}}{\delta_{BB}} \tag{11.5a}$$

將（式11.5a）套用至圖11.2中之樑，我們可計算 X_B 如下：

$$X_B = -\frac{\Delta_{B0}}{\delta_{BB}} = -\frac{-wL^4/(8EI)}{L^3/(3EI)} = \frac{3wL}{8}$$

X_B 計算後，原始樑上任何一點內力或反力，可由圖11.2c結果與圖11.2e結果乘上 X_B 相加後而獲得。比方說，固定端彎矩 M_A 等於

$$M_A = \frac{wL^2}{2} - (1L)X_B = \frac{wL^2}{2} - L\frac{3wL}{8} = \frac{wL^2}{8}$$

11.4 柔度法之另類觀點（將缺口閉合）
Alternative View of the Flexibility Method (Closing a Gap)

在某些型態的問題中－特別是我們以解除內部束制的方式來建立放鬆結構時－設定相容方程式較容易的方法，也許是將贅力視為將缺口閉合所需的力量。

所舉的第一個案例中，我們再次考慮一均佈載重樑，如圖11.5a所示其右端為未降伏滾支承。由於樑置於滾支上，樑底部與滾支頂部間之缺口大小為零。如同在前一節中，我們選擇B點反力為贅力，並考慮以圖11.5b所示靜定懸臂樑為放鬆結構。我們的第一個步驟是將均佈載重 $w = 2$ kip/ft 作用在放鬆結構上（如圖11.5c）並計算 Δ_{B0}，其值 7.96-in 代表支承原來位置與懸臂端開口（為了標示清楚，所示支承位置向右水平移動）。為了強調支承並未移動，我們標示樑端與滾支承的水平距離為零。

我們現在施加一單位載重（1-kip向上）在 B 點，並計算懸臂端之垂直變位 $\delta_{BB} = 0.442$ in（如圖11.5d）。變位 δ_{BB} 代表一單位贅力所閉合的缺口量。由於彈性行為，位移正比於載重。如果我們用 10 kips 而非 1 kip，缺口便會閉合 4.42 in（也就是說 10 倍之多）。如果我們考慮 X_B 為使缺口 Δ_{B0} 閉合所需之贅力大小，也就是說

$$\Delta_B = 0$$

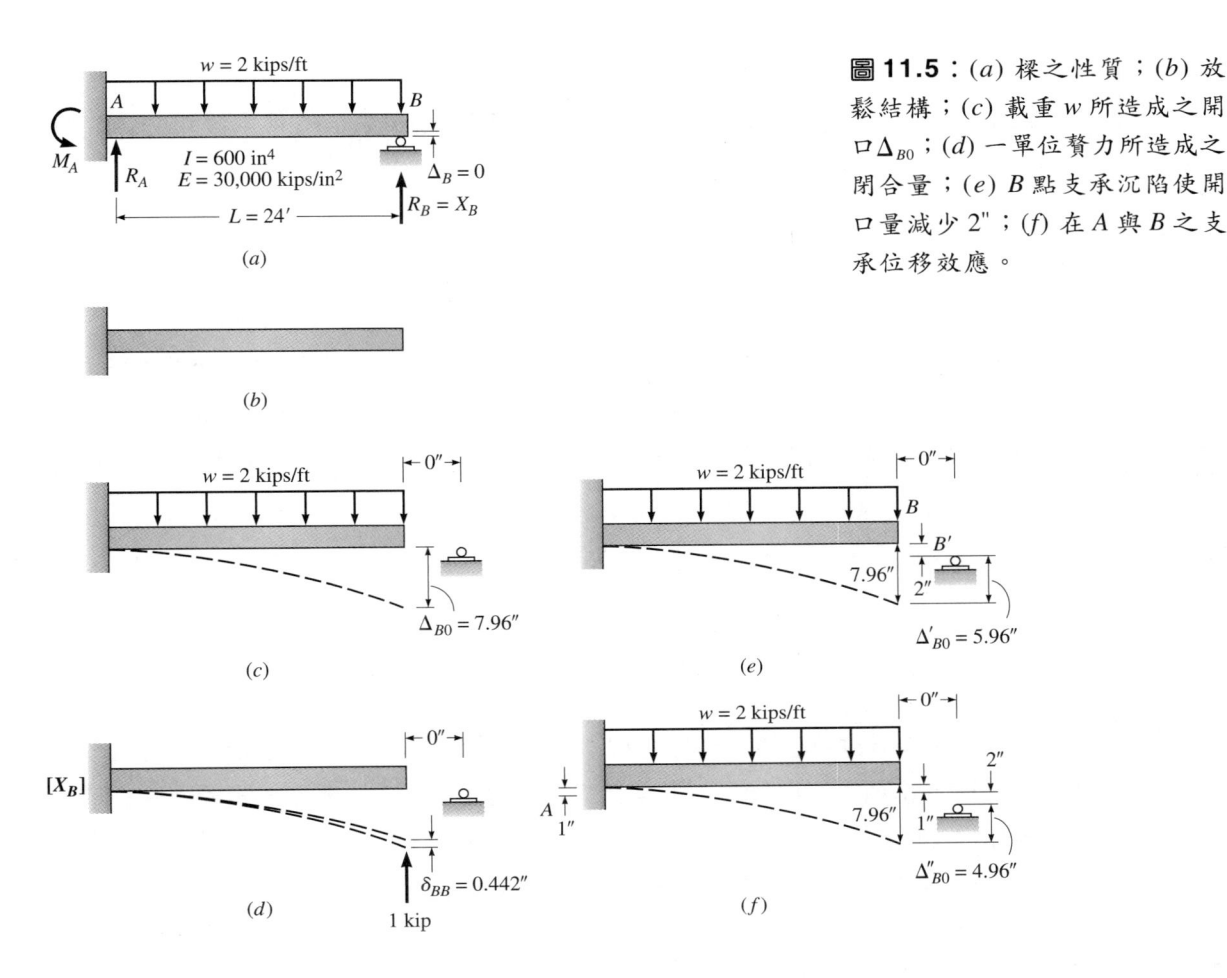

圖 11.5：(a) 樑之性質；(b) 放鬆結構；(c) 載重 w 所造成之開口 Δ_{B0}；(d) 一單位贅力所造成之閉合量；(e) B 點支承沉陷使開口量減少 2″；(f) 在 A 與 B 之支承位移效應。

Δ_B 為樑底部與滾支間的開口，我們可將此需求表示為

$$\Delta_{B0} + \delta_{BB} X_B = 0 \tag{11.6}$$

式中　Δ_{B0} = 外力所造成之開口，或更廣義的說；是由載重與其他效應（如支承位移）所產生之開口

　　　δ_{BB} = 單位贅力所閉合之開口量

　　　X_B = 贅力大小，使得開口閉合時之單位力倍數

在此，我們所使用的符號規則是，假設使得開口張開之位移為負值，而閉合者為正值。根據這個準則，δ_{BB} 必定為正。毫無疑問，（式 11.5）與（式 11.6）完全相同。以圖 11.3 來計算 Δ_{B0} 與 δ_{BB}，我們將這些值代入（式 11.6）並求解 X_B，可得

$$\Delta_{B0} + \delta_{BB} X_B = 0$$

$$-7.96 + 0.442 X_B = 0$$

$$X_B = 18.0 \text{ kips}$$

如果當載重作用時，支承 B 向下沉陷 2 in 至 B'（如圖 11.5e），開口之大小 Δ'_{B0} 會減少 2 in 成為 5.96 in。要求得關閉此開口之贅力 X'_B，我們再次將 Δ'_{B0} 代入（式 11.6）得

$$\Delta'_{B0} + \delta_{BB} X'_B = 0$$

$$-5.96 + 0.442 X'_B = 0$$

$$X'_B = 13.484 \text{ kips}$$

在最後一個案例中，假設 A 點固定端不慎被建造在其規劃位置上方 1 in 的 A' 點上，且假設一個 2 in 沉陷量亦發生於 B 點，因此開口 Δ''_{B0} 等於 4.96 in，如圖 11.5f 所示支承與受載樑自由端之距離。將此開口代入（式 11.6）中，我們可計算關閉開口所需贅力 X''_B 為

$$\Delta''_{B0} + \delta_{BB} X''_B = 0$$

$$-4.96 + 0.442 X''_B = 0$$

$$X''_B = 11.22 \text{ kips}$$

誠如讀者由此例所觀察到的，靜不定樑的支承沉陷與建造誤差皆會造成反力顯著的改變（如圖 11.6 比較 B 點無沉陷與具 2 in 沉陷之剪力與彎矩曲線）。雖然一根靜不定樑或一個靜不定結構，可能偶爾因非預期之支承沉陷所產生的彎矩，造成局部區域過度受力之情況，一個具延展性之結構通常擁有備用強度，可允許其變形但不致塌陷。

圖 11.6：支承沉陷對剪力與彎矩之影響；(a) 無沉陷時；(b) 支承 B 沉陷 2 in。

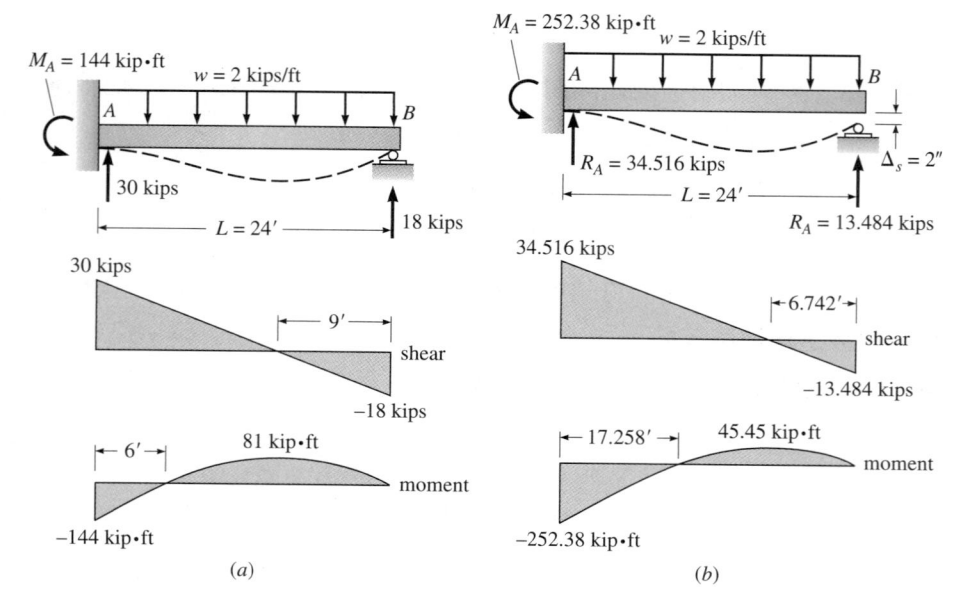

| 例題 **11.1** | 以固定端彎矩 M_A 為贅力，使用柔度法分析圖 11.7a 之樑。 |

解答：

A點固定端防止樑左端發生旋轉，移除旋轉束制但仍保持水平及垂直束制，相當於將固定支承替換為一個銷支承。圖11.7b所示為受贅力以及真實力加載之放鬆結構。我們將分別分析放鬆結構受到真實載重與贅力作用下之情形，如圖11.7c與d。由於$\theta_A = 0$，由均佈載重所造成θ_{A0}以及贅力所產生的$\alpha_{AA}X_A$相加之值也必須等於零。由這個幾何條件我們可寫出下列之相容方程式

$$\theta_{A0} + \alpha_{AA}X_A = 0 \tag{1}$$

其中　　θ_{A0} = 均佈載重在 A 點所造成之轉角
　　　　α_{AA} = 由一單位贅力所造成之 A 點轉角
　　　　X_A = 贅力（作用於 A 點之彎矩）

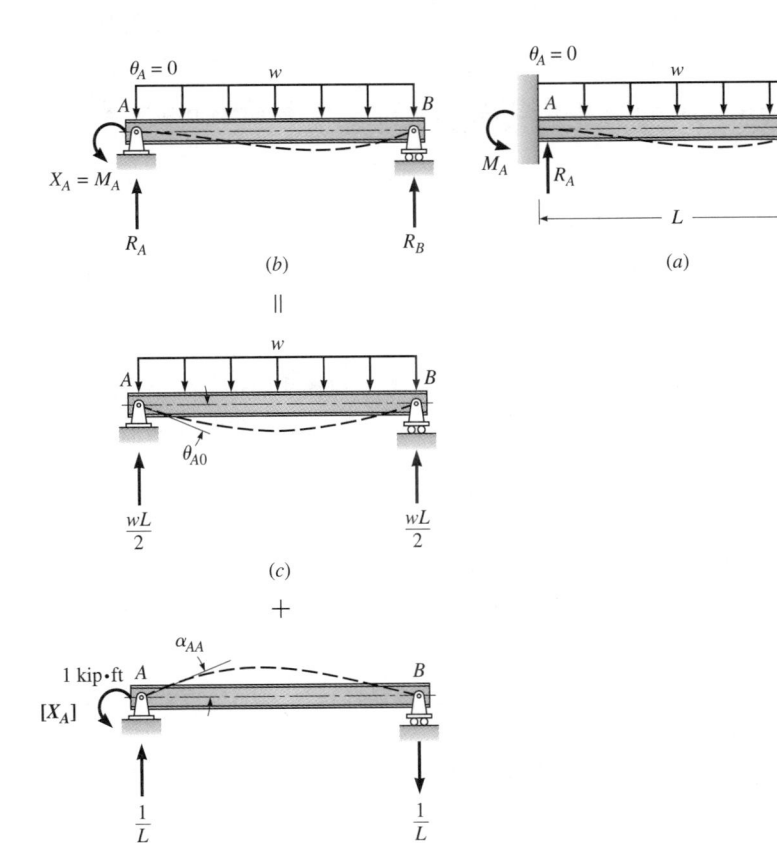

圖11.7：以M_A為贅力之柔度法分析示意圖：(a) 一度靜不定樑；(b) 以均佈載重及贅力 M_A 為外力載重之放鬆結構；(c) 均佈載重作用之放鬆結構；(d) 單位贅力在放鬆結構上所造成之反力。

由圖 11.3，我們可求得 θ_{A0} 與之 α_{AA} 之值，將之代入（式 1）中，我們發現

$$-\frac{wL^3}{24EI} + \frac{L}{3EI}X_A = 0$$

$$X_A = M_A = \frac{wL^2}{8} \tag{2}$$

由於 M_A 為正值，所假設之贅力方向（反時針方向）為正確的。所得之 M_A 值驗証了先前在圖 11.4 所示之解答。

例題 11.2

決定圖 11.8a 所示桁架之桿內力及反力。所有桿之 AE 值為定值。

解答：

由於桁架為外部一度靜不定（四個反力），需要一個相容方程式來求解。假定選擇 C 點滾支反力為贅力。我們將真實載重（如圖 11.8b）與贅力（如圖 11.8c）作用在放鬆結構上。由於滾支防止垂直位移（即 $\Delta_{CV} = 0$），在 C 點之位移加成必須滿足下列相容方程式；

$$\Delta_{C0} + X_C \delta_{CC} = 0 \tag{1}$$

其中 Δ_{C0} 為真實載重所造成之放鬆結構變位，而 δ_{CC} 為單位贅力所造成之放鬆結構變位（位移與力量皆向上為正）。

使用（式 10.24）利用虛功法求解 Δ_{C0} 與 δ_{CC}。計算 Δ_{C0} 時（如圖 11.8b），以圖 11.8c 之載重為 Q 系統。

$$\Sigma Q \delta_P = \Sigma F_Q \frac{F_P L}{AE}$$

$$1 \text{ kip}(\Delta_{C0}) = \left(\frac{5}{3}\right) \frac{-7.5(25 \times 12)}{AE}$$

$$\Delta_{C0} = -\frac{3750}{AE} \downarrow$$

計算 C 點單位載重所造成之 δ_{CC}（如圖 11.8c），我們仍舊使用圖 11.8c 之載重為 Q 系統。

$$1 \text{ kip}(\delta_{CC}) = \Sigma \frac{F_Q^2 L}{AE}$$

$$\delta_{CC} = \left(-\frac{4}{3}\right)^2 \frac{20 \times 12}{AE}(2) + \left(\frac{5}{3}\right)^2 \frac{25 \times 12}{AE}(2) = \frac{2520}{AE} \uparrow$$

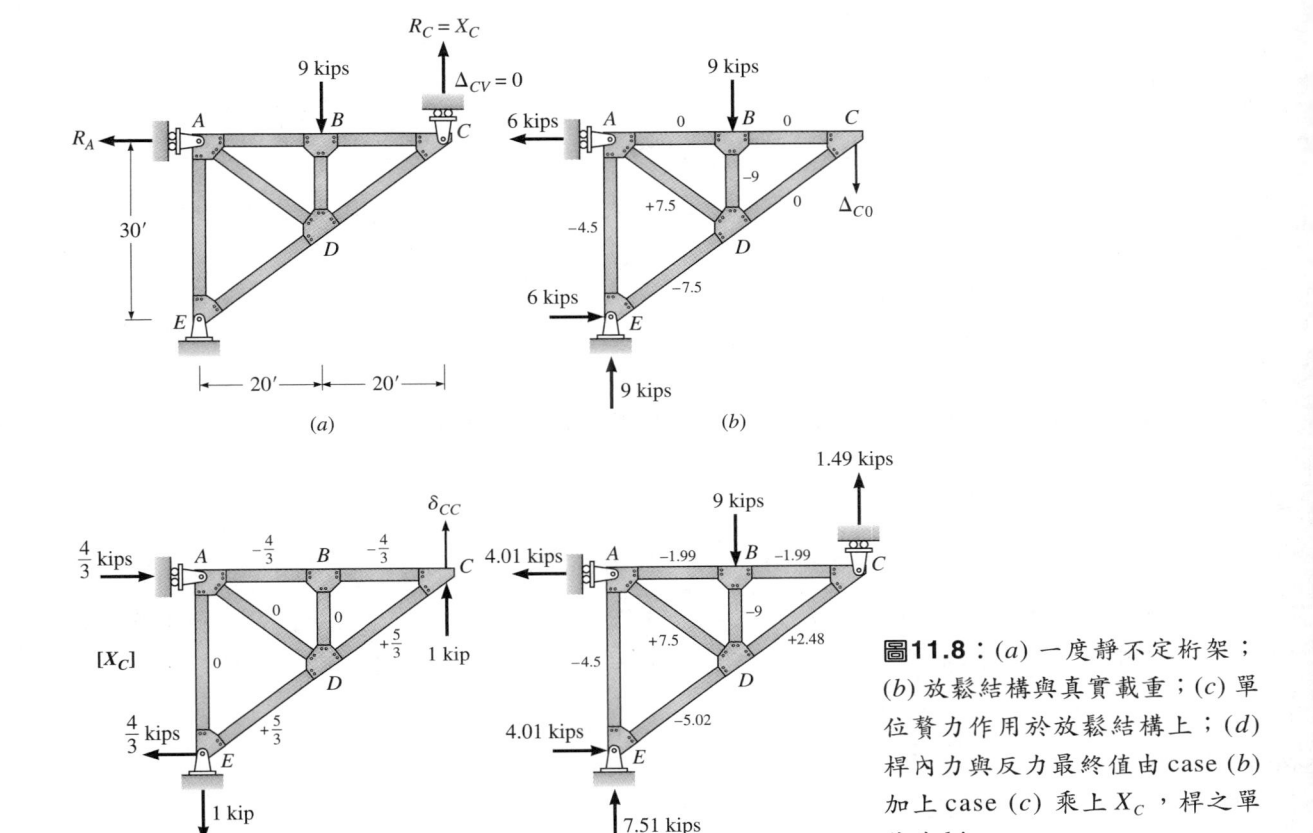

圖11.8：(a) 一度靜不定桁架；(b) 放鬆結構與真實載重；(c) 單位贅力作用於放鬆結構上；(d) 桿內力與反力最終值由 case (b) 加上 case (c) 乘上 X_C，桿之單位為 kips。

將 Δ_{C0} 與 δ_{CC} 代入（式1）可得

$$-\frac{3750}{AE} + \frac{2520}{AE} X_C = 0$$

$$X_C = 1.49$$

圖 11.8d 所示之最後反力與桿內力結果，是由圖 11.8b 之數值，加上圖 11.8c 之單位力反應乘上 1.49 倍而得。例如，

$$R_A = 6 - \tfrac{4}{3}(1.49) = 4.01 \text{ kips} \qquad F_{ED} = -7.5 + \tfrac{5}{3}(1.49) = -5.02 \text{ kips}$$

例題 11.3

決定圖 11.9a 所示構架之反力並繪構件之彎矩圖。EI 為定值。

解答：

假定我們選擇水平反力 R_{CX} 為贅力，來形成一個穩定靜定放鬆結構。我們將 C 點之銷支承替換成滾支以消除水平束制。外力在放鬆結構上所產生之變形及反力如圖 11.9b 所

示。贅力作用於放鬆結構上之反應如圖 11.9c 所示。由於真實結構在 C 點之水平位移 Δ_{CH} 為零，其相容方程式為

$$\Delta_{C0} + \delta_{CC} X_C = 0 \tag{1}$$

以彎矩面積定理計算 Δ_{C0}（如圖 11.9b 之變形圖）。由圖 11.3d 我們可計算出樑右端之傾角如下

$$\theta_{B0} = \frac{PL^2}{16EI} = \frac{10(12)^2}{16EI} = \frac{90}{EI}$$

由於接點 B 為剛性，柱 BC 之頂端旋轉角度亦等於 θ_{B0}。因為柱並未傳遞彎矩，它將保持直線且

$$\Delta_{C0} = 6\theta_{B0} = \frac{540}{EI}$$

以虛功法計算 δ_{CC}（如圖 11.9c）。將圖 11.9c 之載重同時當作 Q 系統與 P 系統（亦即 P 與 Q 相同）。計算 M_Q 與 M_P 時，我們選擇樑之原點為 A 點，柱之原點為 C 點。

$$1 \text{ kip}(\delta_{CC}) = \int M_Q M_P \frac{dx}{EI} = \int_0^{12} \frac{x}{2}\left(\frac{x}{2}\right)\frac{dx}{EI} + \int_0^6 x(x)\frac{dx}{EI} \tag{10.31}$$

積分並代入上下限可得

$$\delta_{CC} = \frac{216}{EI}$$

將 Δ_{C0} 與 δ_{CC} 代入（式 1）可得

$$-\frac{540}{EI} + \frac{216}{EI}(X_C) = 0$$

$$X_C = 2.5$$

最後，疊加圖 11.9b 之力量與圖 11.9c 乘上 $X_C = 2.5$ 倍後之結果，便是最終之反力值，如圖 11.9d 所示。

圖11.9：(*a*) 一度靜不定構架，R_{CX} 為贅力；(*b*) 作用在放鬆結構上之設計載重；(*c*) 單位贅力所造成之放鬆結構反力與變形；(*d*) 由 (*b*) 與 (*c*) 乘上 X_C 倍後之疊加結果，彎矩圖亦顯示於桿之一側。

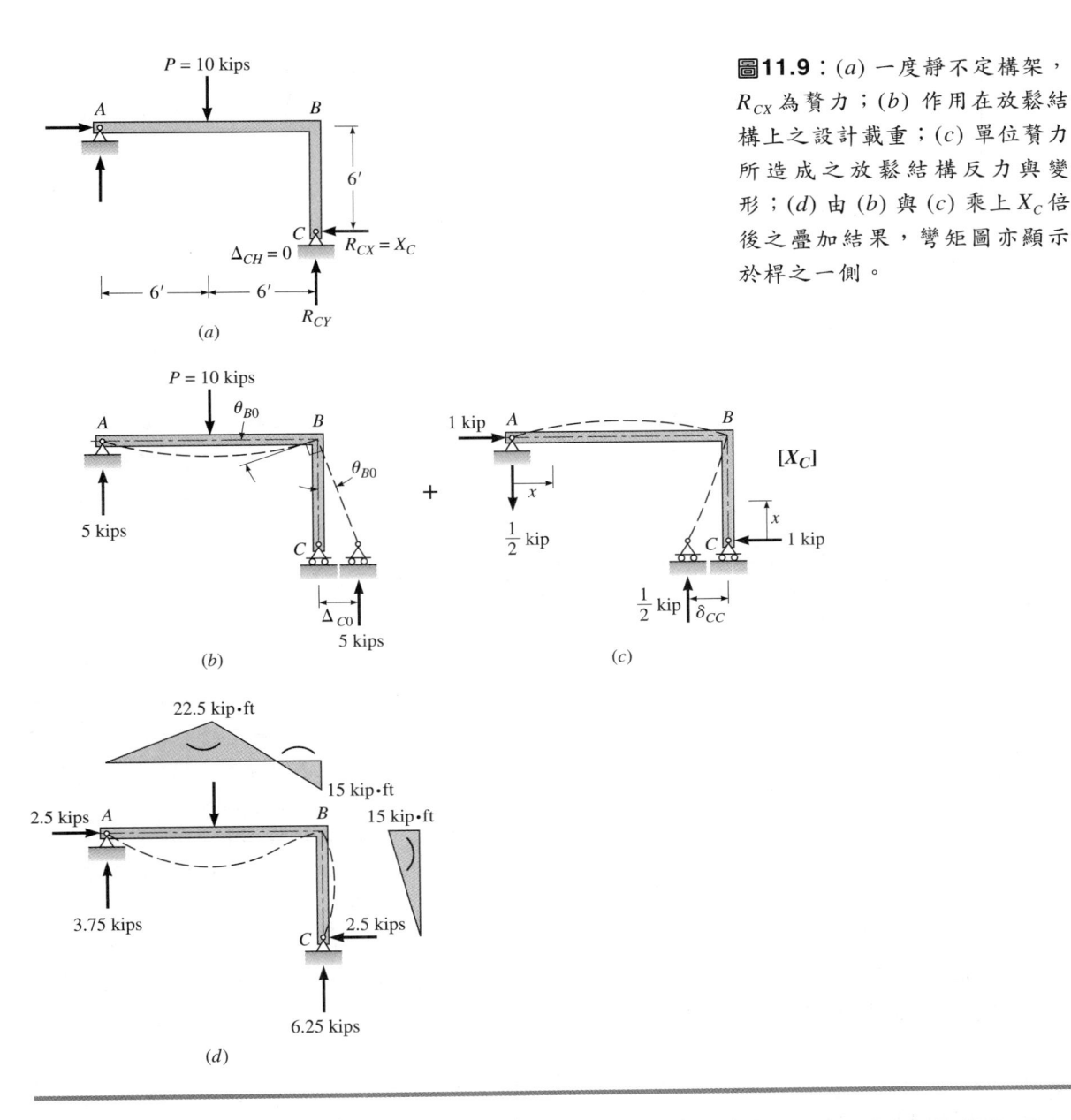

以柔度法決定圖11.10*a*所示連續樑之反力。已知 EI 為定值。　　　**例題 11.4**

解答：

此樑為一度靜不定（即有四個反力但只有三個靜力方程式）。假定我們隨意所選擇之贅力為 *B* 點之反力，則放鬆結構為 *A* 與 *C* 點間之簡支樑。真實載重與受贅力 X_B 作用下之放鬆結構，如圖11.10*b* 所示。由於滾支限制 *B* 點之垂直位移，可知此題之幾何條件為

$$\Delta_B = 0 \tag{1}$$

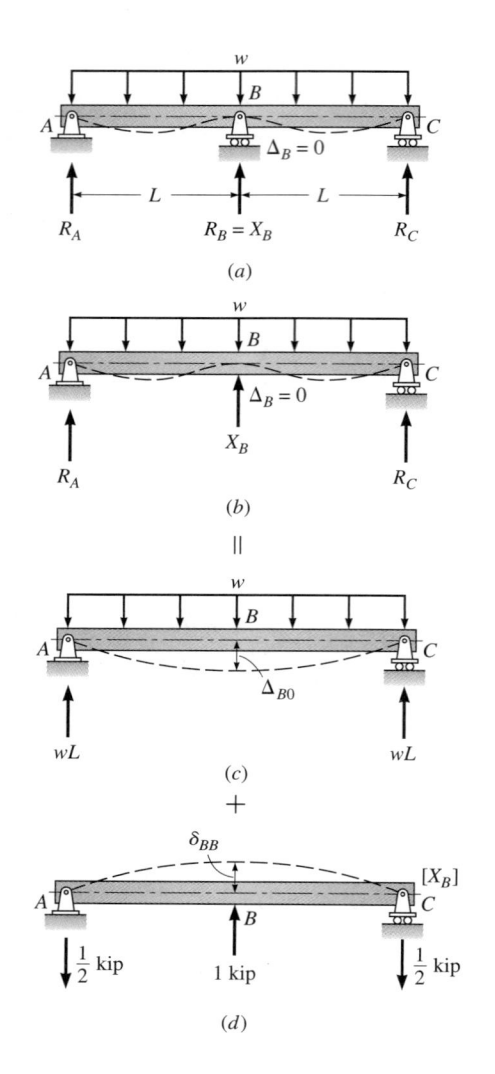

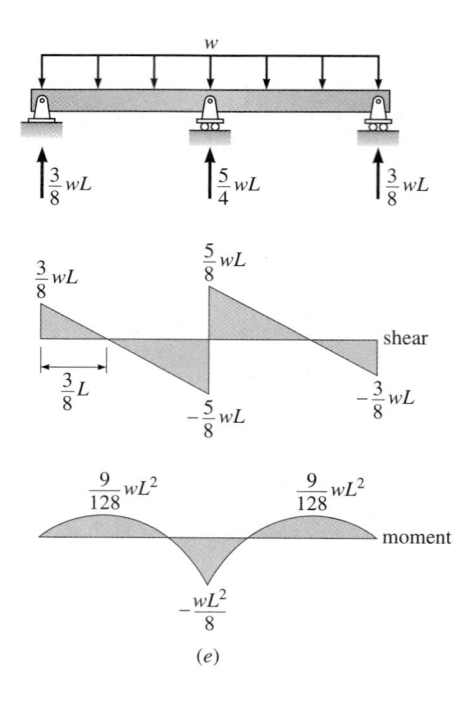

11-16　第11章　靜不定結構分析：柔度法

圖 11.10：以諧合變形進行分析：(a) 一度靜不定連續樑，B 點反力為贅力；(b) 承載外力與贅力之放鬆結構；(c) 外力載重於放鬆結構上；(d) 贅力作用於放鬆結構上；(e) 剪力與彎矩曲線。

要決定贅力之大小，我們疊加由 (1) 施加載重（如圖 11.10c）以及 (2) 單位贅力乘上 X_B 倍（如圖 11.10d）所引起之 B 點變位量。將（式 1）改寫為

$$\Delta_{B0} + \delta_{BB}X_B = 0 \tag{2}$$

利用圖 11.3c 與 d，我們計算 B 點之位移。

$$\Delta_{B0} = -\frac{5w(2L)^4}{384EI} \qquad \delta_{BB} = \frac{(1\text{ kip})(2L)^3}{48EI}$$

將 Δ_{B0} 與 δ_{BB} 代入（式 2）並求解 X_B 可得

$$R_B = X_B = 1.25wL$$

其他之反力可由圖 11.10c 與圖 11.10d 乘 X_B 倍後結果相加而得：

$$R_A = wL - \tfrac{1}{2}(1.25wL) = \tfrac{3}{8}wL$$

$$R_C = wL - \tfrac{1}{2}(1.25wL) = \tfrac{3}{8}wL$$

剪力與彎矩曲線繪於圖 11.10e 中。

11.5 內部解束之分析方式
Analysis Using Internal Releases

在前一節所示，以柔度法分析靜不定結構的例子中，支承反力被選為贅力。如果支承並未沉陷，相容方程式所表示的幾何條件，會是在贅力方向上之位移為零。現在我們要將柔度法延伸至；以移除內部束制來產生放鬆結構的另一類型案例。在這種情形下，一組內力被視為贅力，而相容方程式所依據的幾何條件是在贅力作用的斷面兩側，並沒有相對位移(*relative displacement*)，也就是沒有開口產生。

我們以一個在自由端具彈性連桿之懸臂樑的分析，開始我們的探討（如圖 11.11a）。由於固定端與連桿共作用四個束制在樑上，但平面結構卻只有三個平衡方程式可用，此結構為一度靜不定。分析此結構時，我們選擇桿 BC 之張力為贅力。圖 11.11b 所示為同時受到真實載重 6 kips 與贅力之放鬆結構。如同我們先前所說明，讀者可自由選擇贅力作用的方向，如果相容方程式之解為正值贅力，則假設之方向正確。而一個負值結果表示贅力方向必須反轉過來。由於贅力 T 被假設為對樑向上作用，而對連桿向下作用。樑向上之位移為正而向下為負，反之，連桿在 B 點向下位移為正而向上位移為負。

在圖 11.11c 中，設計載重作用在放鬆結構上，產生樑端以及未受力連桿間之開口 Δ_{B0}。圖 11.11d 所示為內部贅力 T 將開口閉合的作用。一單位的贅力使得桿伸長 δ_1 並讓懸臂端上移 δ_2。要計算出贅力的實際大小，我們將一單位贅力所造成之力量與位移乘上 T－亦即贅力大小。

求解贅力所需的相容方程式可建立在下面的觀察上；因為樑右端與連桿以一個銷接頭連接，樑端之位移與 BC 桿之變位必須相等。換言之，我們可說樑頂部與連桿的相對位移($\Delta_{B,\text{Rel}}$)為零（如圖 11.11b）。本節採用後者的表示方式。

將圖 11.11c 與 d 之變位疊加後，我們可寫出相容方程式

$$\Delta_{B,\text{Rel}} = 0$$
$$\Delta_{B0} + \delta_{BB}(T) = 0 \tag{11.7}$$

圖 11.11：(a) 以彈性連桿支撐之懸臂梁，將連桿力量 T 視為贅力；(b) 放鬆結構受 6-kip 載重與贅力 T 作用；(c) 6-kip 載重作用下之放鬆結構；(d) 將單位贅力作用在放鬆結構，以便求得柔度係數 $\delta_{BB} = \delta_1 + \delta_2$。註：所示梁變位形狀由 6-kip 載重所造成。在單位力作用下，梁向上變位 δ_2 而連桿向下變位 δ_1，開口被閉合量為 $\delta_1 + \delta_2$。

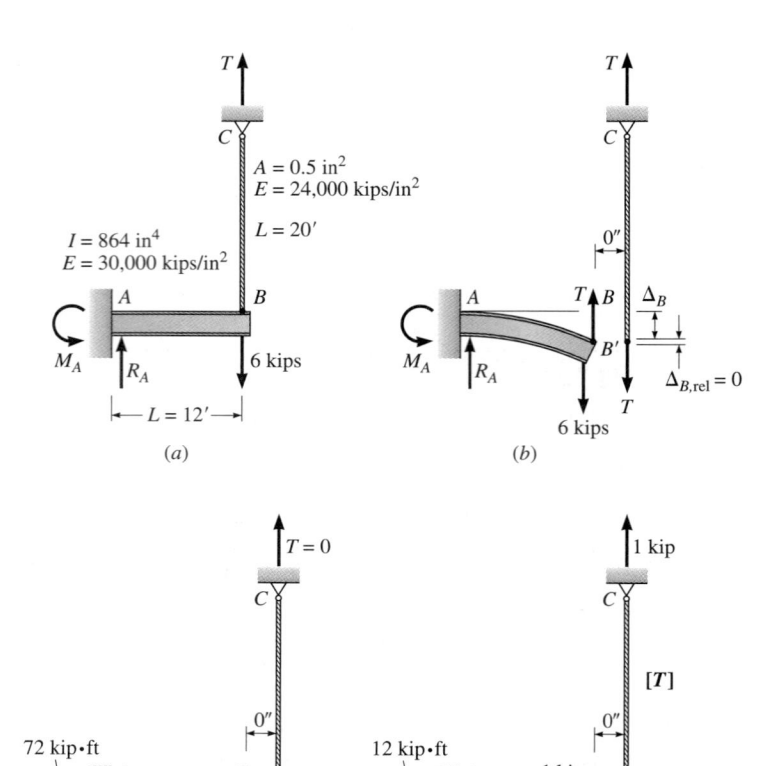

式中 Δ_{B0} 為梁之向下位移（也就是 6-kip 載重所造成放鬆結構之開口），而 δ_{BB} 為單位贅力所閉合之開口距離（即 $\delta_{BB} = \delta_1 + \delta_2$，如圖 11.11d）。

在圖 11.11c 中，Δ_{B0} 可由（式 11.3b）計算得到

$$\Delta_{B0} = -\frac{PL^3}{3EI} = -\frac{6(12 \times 12)^3}{3(30{,}000)864} = -0.2304 \text{ in}$$

而 $\delta_{BB} = \delta_1 + \delta_2$，其中 $\delta_1 = FL/(AE)$ 且 δ_2 可由（式 11.3b）得到

$$\delta_1 = \frac{FL}{AE} = \frac{1 \text{ kip}(20 \times 12)}{0.5(24{,}000)} = 0.02 \text{ in} \quad \delta_2 = \frac{PL^3}{3EI} = \frac{1 \text{ kip}(12)^3(1728)}{3 \times 30{,}000 \times 864}$$

$$= 0.0384$$

$$\delta_{BB} = \delta_1 + \delta_2 = 0.02 + 0.0384 = 0.0584 \text{ in}$$

將 Δ_{B0} 及 δ_{BB} 代入（式 11.7），我們計算出 T 等於

$$-0.2304 + 0.0584\,T = 0$$
$$T = 3.945 \text{ kips}$$

在 B 點之實際變位（如圖 11.11b），可由連桿長度之改變求得

$$\Delta_B = \frac{FL}{AE} = \frac{3.945(20 \times 12)}{0.5(24{,}000)} = 0.0789 \text{ in}$$

或將圖 11.11c 與 d 中樑端之變位相加而得

$$\Delta_B = \Delta_{B0} - T\delta_2 = 0.2304 - 3.945(0.0384) = 0.0789 \text{ in}$$

在贅力求得之後，反力及內力可由圖 11.11c 與 d 中力量的疊加而獲得，例如：

$$R_A = 6 - 1(T) = 6 - 3.945 = 2.055 \text{ kips}$$
$$M_A = 72 - 12(T) = 72 - 12(3.945) = 24.66 \text{ kip·ft}$$

例題 11.5

以 B 點內彎矩為贅力，分析圖 11.12a 所示連續樑。此樑為一度靜不定。EI 為定值。

解答：

為了說明本例題中轉角變形之改變，我們將想像在 B 點之兩側分別焊接一根指針於樑上。此兩根指針相隔距離為零且垂直於樑縱軸。當集中載重作用在 AB 跨上，接點 B 產生反時針旋轉，且樑軸與兩根指針皆會移動 θ_B 角度，如圖 11.12a 與 b 所示。因為兩根指針所在位置相同，仍應保持相互平行（也就是說，其夾角為零）。

接下來，我們想像在 B 點插入一個鉸接頭，形成一個包含兩個簡支跨的放鬆結構（如圖 11.12c）。此鉸接點可傳遞軸力與剪力但無法傳遞彎矩。在引進鉸接點之同時，我們想像原始結構 B 點內彎矩，被當成外力施加在鉸接點之兩側（如圖 11.12c 與 d）。由於放鬆結構中每一根構材之支承與載重方式，皆與原始方樑上之情形完全相同，放鬆結構與原始結構之內力會完全一致。

為了求解，我們對放鬆結構分別以 (1) 真實載重（如圖 11.12e）以及 (2) 贅力（如圖 11.12f）進行分析，再將兩個案例結果疊加起來。

相容方程式之設定則是根據；連續樑在 B 點之兩側端點不存在任何角度開口，這個幾何條件；或者說，兩個指針間之角度為零。因此，我們可寫出相容方程式如下：

$$\theta_{B,\text{Rel}} = 0$$
$$\theta_{B0} + 2\alpha M_B = 0 \tag{11.8}$$

圖 11.12：(a) 一度靜不定連續樑；(b) 接點 B 詳圖顯示縱軸之旋轉角 θ_B；(c) 真實載重 P 與贅力 M_B 作用在放鬆結構上；(d) 圖 (c) B 點之詳圖；(e) 真實載重作用之放鬆結構；(f) 贅力作用之放鬆結構；所示力量由單位贅力彎矩所產生。

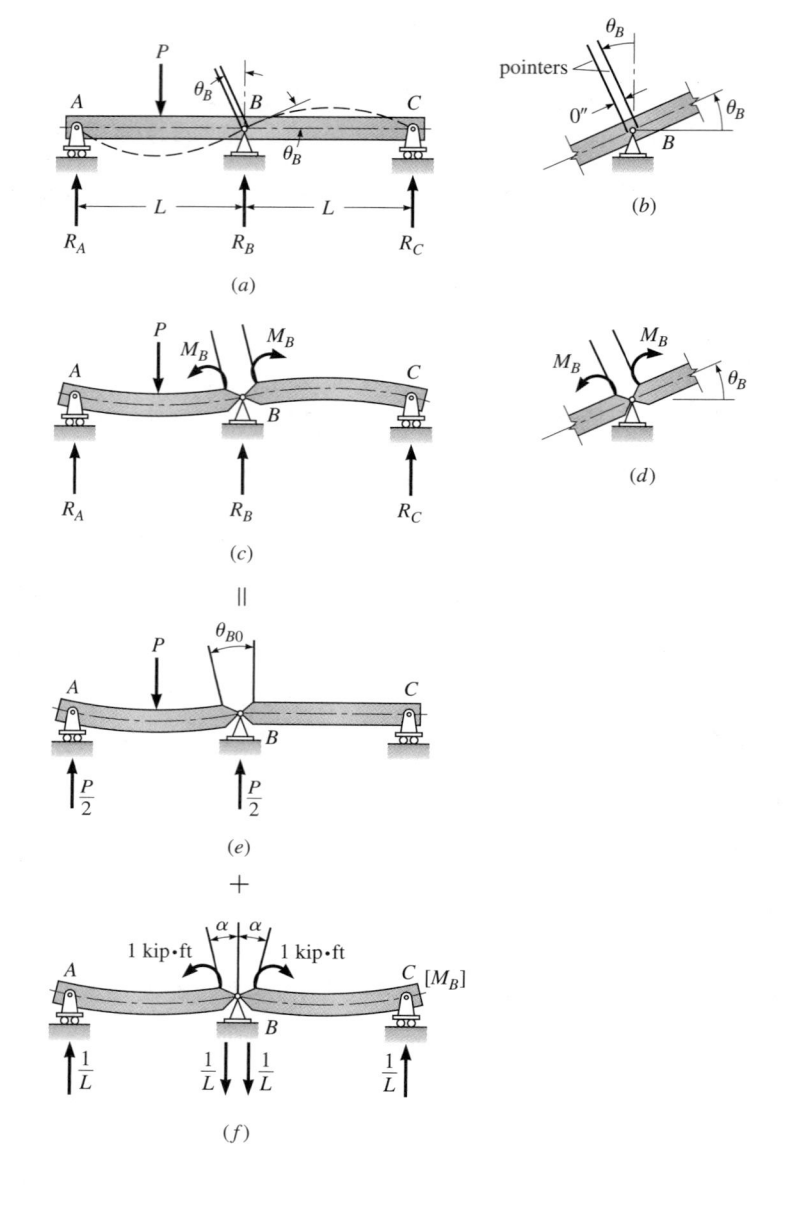

以圖 11.3d 計算 θ_{B0}：

$$\theta_{B0} = \frac{PL^2}{16EI}$$

以圖 11.3e 計算 α：

$$\alpha = \frac{1L}{3EI}$$

將 θ_{B0} 與 α 代入（式 11.8）求解贅力可得

$$\frac{PL^2}{16EI} + 2\frac{L}{3EI}M_B = 0$$

$$M_B = -\frac{3}{32}(PL)$$

將圖 11.12e 與 f 中之力量疊加，可計算得

$$R_A = \frac{P}{2} + \frac{1}{L}M_B = \frac{P}{2} + \frac{1}{L}\left(-\frac{3}{32}PL\right) = \frac{13}{32}P \uparrow$$

$$R_C = 0 + \frac{1}{L}\left(-\frac{3}{32}PL\right) = -\frac{3}{32}P \downarrow \quad \text{（負號表示原假設向上方向為誤）}$$

同理，θ_B 可由 AB 桿右端之旋轉角疊加而得

$$\theta_B = \theta_{B0} + \alpha M_B = \frac{PL^2}{16EI} + \frac{L}{3EI}\left(-\frac{3}{32}PL\right) = \frac{PL^2}{32EI} \circlearrowright$$

或由 BC 桿左端之角度疊加得

$$\theta_B = 0 + \alpha M_B = \frac{L}{3EI}\left(-\frac{3}{32}PL\right) = -\frac{PL^2}{32EI} \circlearrowright$$

例題 11.6

決定圖 11.13 所示桁架中各桿內力值。所有桿件 AE 值相同。

解答：

圖 11.13a 所示桁架為內部一度靜不定。總未知力量數（桿及反力）為 9，但只有 $2n = 8$ 個方程式可用來求解。由力學觀點來說，被用於傳遞側向力至支承 A 之一根額外對角構材，並非穩定桁架所必須要的。

作用在 D 點之 40-kip 水平力造成每根桿皆受力。我們選擇 AC 桿之軸力 F_{AC} 為贅力並表示為 X。想像 AC 桿被斷面 1-1 切開。在切面的兩側贅力被視為外力作用在桿件上（如圖 11.13b）。切面之詳圖如圖 11.13c 所示。為了能清楚標示切面上之內力，我們將桿偏移以方便表示。但事實上，切面兩側之桿在一直線上。為了強調桿端並無開口存在，我們在圖上標示兩端之相對位移 Δ_{Rel} 為零。

$$\Delta_{\text{Rel}} = 0 \tag{11.9}$$

而在真實結構中，兩端無間隙之條件便成為相容方程式之依據。

如同在前一例題中，我們也將結構分析細分為兩部分。在圖 11.13d 中，放鬆結構針對 40-kip 外力進行分析。當放鬆結構之桿受力時，斷面 1-1 兩端之桿便形成開口 Δ_0。圖 11.13e 所示為計算 Δ_0 之 Q 系統。在圖 11.13f 中，針對放鬆結構受到贅力作用進行分析。單位贅力所產生之桿端相對位移 δ_{00}，等於兩端分別之位移量 δ_1 與 δ_2 之和。計算 δ_{00} 時，我們仍使用圖 11.13e 所示力量為 Q 系統。此第二部分計算中，P 系統與 Q 系統完全相同。

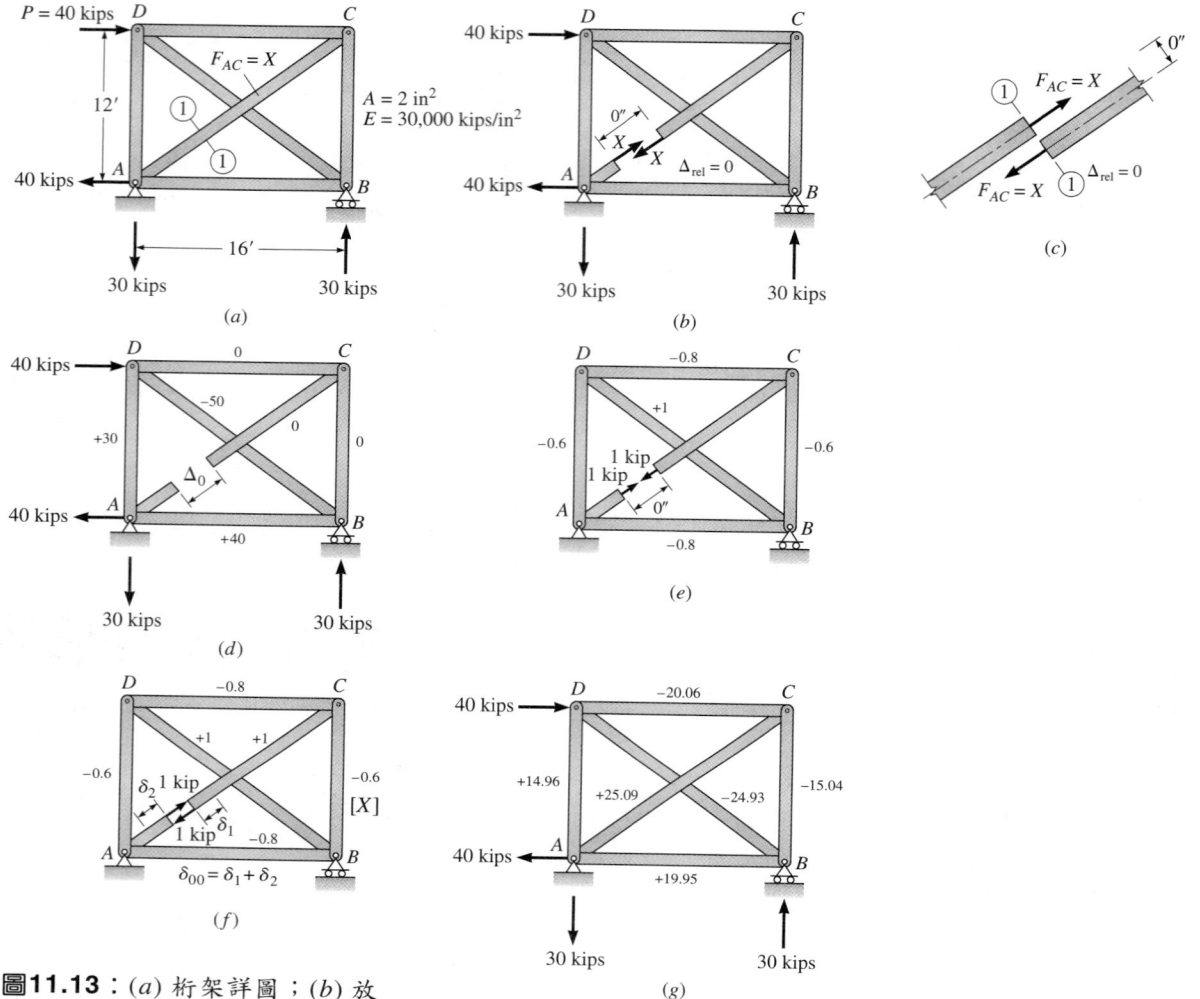

圖11.13：(a) 桁架詳圖；(b) 放鬆結構承載贅力 X 及 40-kip 載重；(c) 贅力詳圖；(d) 40-kip 作用於放鬆結構上；(e) 求 Δ_0 之 Q 系統；(f) 單位贅力作用於放鬆結構上；(g) 最終結果。

將（式11.9）之幾何條件式，以施加載重及贅力所產生的位移表示時，我們寫出

$$\Delta_0 + X\delta_{00} = 0 \qquad (11.10)$$

將 Δ_0 與 δ_{00} 之數值代入（式11.10）求解 X，可得

$$-0.346 + 0.0138X = 0$$
$$X = 25.07 \text{ kips}$$

至於 Δ_0 與 δ_{00} 之計算，我們以虛功法進行如下。

Δ_0：

使用圖 11.13d 之 P 系統以及圖 11.13e 之 Q 系統：

$$W_Q = \sum \frac{F_Q F_P L}{AE}$$

$$1\,\text{kip}(\Delta_0) = \frac{\overset{\text{bar }DB}{1(-50)(20 \times 12)}}{AE} + \frac{\overset{\text{bar }AB}{-0.8(40)(16 \times 12)}}{AE}$$

$$+ \frac{\overset{\text{bar }AD}{-0.6(30)(12 \times 12)}}{AE}$$

$$\Delta_0 = -\frac{20{,}736}{AE} = -\frac{20{,}736}{2(30{,}000)} = -0.346\,\text{in}$$

δ_{00}：

圖 11.13f 之 P 系統與圖 11.13e 之 Q 系統相同；因此，$F_Q = F_P$：

$$W_Q = \sum \frac{F_Q^2 L}{AE}$$

$$1\,\text{kip}(\delta_1) + 1\,\text{kip}(\delta_2) = \frac{(-0.6)^2(12 \times 12)}{AE}(2)$$

$$+ \frac{(-0.8)^2(16 \times 12)}{AE}(2)$$

$$+ \frac{1^2(20 \times 12)}{AE}(2)$$

由於 $\delta_1 + \delta_2 = \delta_{00}$，

$$\delta_{00} = \frac{829.44}{AE} = \frac{829.44}{2(30{,}000)} = 0.0138\,\text{in}$$

桿力量可由疊加圖 11.13d 與 f 之結果而得。例如：桿 DC、AB 與 DB 之力量為

$$F_{DC} = 0 + (-0.8)(25.07) = -20.06\,\text{kips}$$
$$F_{AB} = 40 + (-0.8)(25.07) = 19.95\,\text{kips}$$
$$F_{DB} = -50 + 1(25.07) = -24.93\,\text{kips}$$

最終之桿內力結果歸納如圖 11.13g 所示。

11.6 支承沉陷，溫度變化與製程誤差
Support Settlements, Temperature Change, and Fabrication Errors

支承沉陷、製程誤差、溫度變化、潛變及乾縮等因素都會使靜不定結構產生力量。為了確保此等結構之設計安全且不會過量變位，設計者必須探討這些因素的影響？特別當結構為非常規用途或設計者對該結構之行為特性不清楚時。

由於在標準實務運作上，設計者假設構材會被製造成與施工圖上完全一致的長度，且支承會不偏不倚被興建在圖上所指定的位置和高程上，在設計一般結構時，很少工程師會考量製程或施工誤差所造成的影響。如果施工中確實發生問題時，通常由現場人員加以解決。舉例說明，如果支承建得太低，可用墊片鋼板嵌入基腳板與柱之間。如果問題發生在完工後，業主發現不方便或者無法使用結構物時，通常以訴訟解決。

另一方面，大部分建築規範會要求對興建在可壓縮土壤上（軟黏土或鬆砂）之結構，設計工程師應考量差異沉陷所造成力量之影響，AASHTO規範也要求橋樑設計工程師，考量溫度變化與乾縮等因素所產生之力。

支承沉陷與製程誤差等因素之影響，在柔度法中很容易被列入考慮，只需將相容方程式中某些項略加修改即可。在我們的討論中，首先我們考慮支承沉陷。一旦瞭解如何將此影響納入相容方程式內，其他因素之影響也可輕易加以比照辦理。

案例一：贅力對應的支承會移動

如果一個既定的支承移動發生在贅力位置上，僅需將其相容方程式設定成等於支承移動量即可（在無支承沉陷之情形下，設定為零）。舉例說明，如果圖11.14所示之懸臂樑加載時，其 B 支承沉陷 1 in，我們便將相容方程式寫為

$$\Delta_B = -1 \text{ in}$$

疊加 B 點位移可得

$$\Delta_{B0} + \delta_{BB}X_B = -1$$

式中 Δ_{B0} 為施加載重所造成放鬆結構在 B 點的位移，而 δ_{BB} 為單位贅力所形成放鬆結構在 B 點之位移，如圖 11.2 所示。

依據先前所設立的符號規則，支承 Δ_B 的沉陷量被視為負值，因為它與假設之贅力方向相反。

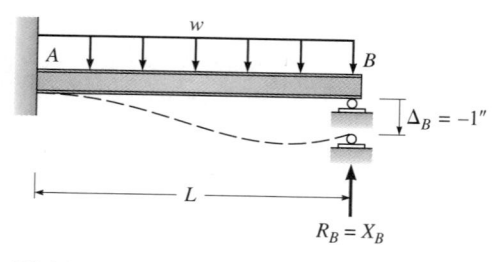

圖 11.14：支承沉陷發生在贅力作用位置上。

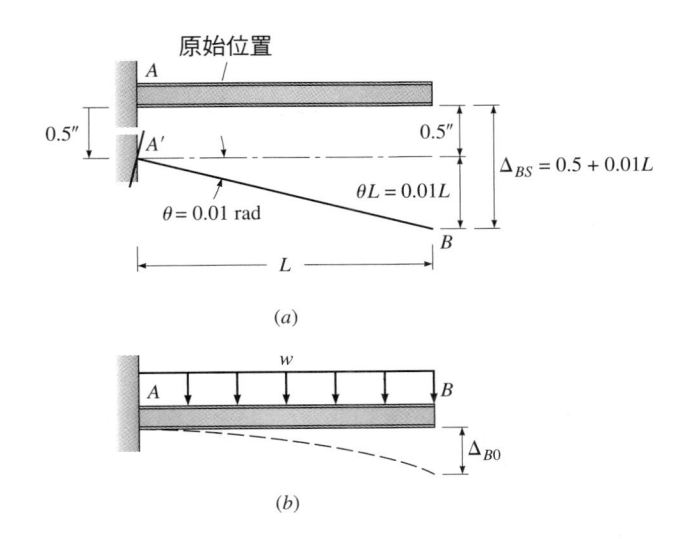

圖 11.15：(a) 支承 A 之沉陷與旋轉所造成在 B 點的變位；(b) 外力在 B 點所造成之變位。

案例二：移動支承與贅力無關

如果贅力與發生移動之支承無關時，可將支承位移之影響視為受載放鬆結構分析的一部分。在此步驟中，我們計算其他支承位移在贅力位置上所產生的位移量。當結構之幾何形狀簡單時，在放鬆結構之草圖上所示之支承移動，通常便足以決定出與贅力相關的位移量。但如果結構之幾何形狀複雜時，讀者可使用虛功法來計算該贅力位移。舉例說明，我們將建立圖 11.14 所示懸臂樑之相容方程式，假設支承 A 沉陷 0.5 in 並順時鐘旋轉 0.01 rad，而支承 B 沉陷 1 in。圖 11.15a 顯示支承 A 的 −0.5 in 沉陷及 0.01 rad 旋轉所造成之 B 點變位，標示為 Δ_{BS}。11.15b 所示為外力載重所造成的 B 點位移，我們可接著寫出求解贅力 X 所需的相容方程式如下：

$$\Delta_B = -1$$
$$(\Delta_{B0} + \Delta_{BS}) + \delta_{BB}X_B = -1$$

例題 11.7

如果圖 11.16a 所示連續樑之支承 B 與 C 分別沉陷 0.72 in 與 0.48 in，決定出沉陷所造成之反力。已知：EI 為定值，$E = 29{,}000$ kips/in^2 而 $I = 288$ in^4。

解答：

假定選擇支承 B 之反力為贅力。圖 11.16b 所示為支承 C 位於沉陷位置之**放鬆**結構。因為放鬆結構為靜定結構，C 點之沉陷位移並未使結構受力，故結構仍保持直線。由於樑之軸線自 A 點起線性變化，$\Delta_{B0} = 0.24$ in。因為支承 B 之最終位置比圖 11.16b 所示之位置還低，顯然 B 點反力必定向下作用才能將樑拉至支承沉陷位置。圖 11.16c 所示為單位贅力所造成之力量與位移。利用圖 11.3d 計算 δ_{BB}，可得

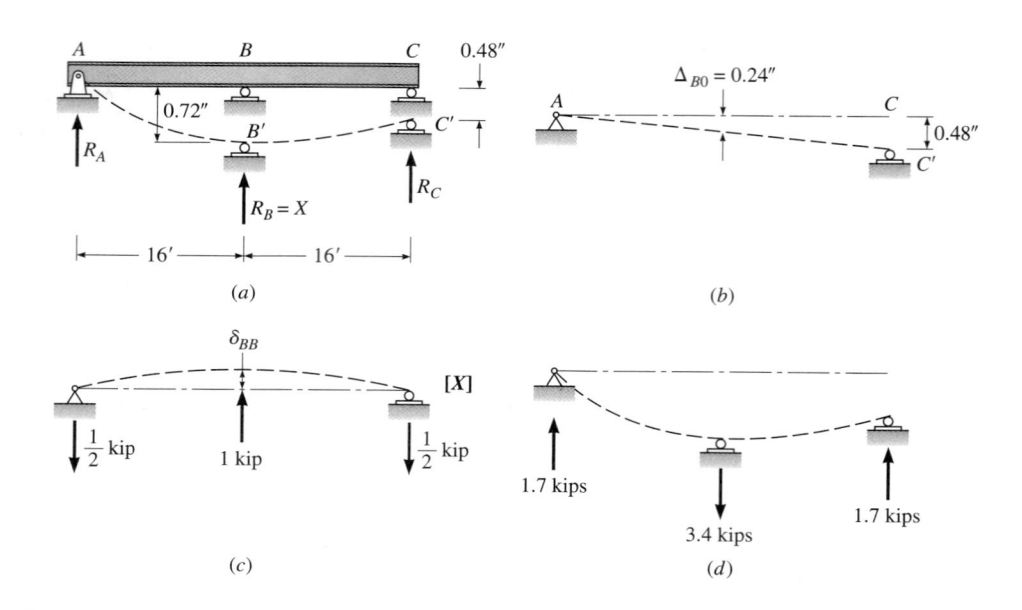

圖 11.16：(a) 支承沉陷之樑；(b) 支承 C 位於沉陷位置之放鬆結構（未產生內力或反力）；(c) 施加單位贅力；(d) 疊加 (b) 與 X 倍 (c) 之最後反力結果。

$$\delta_{BB} = \frac{PL^3}{48EI} = \frac{1(32)^3(1728)}{48(29{,}000)(288)} = 0.141 \text{ in}$$

由於支承 B 沉陷 0.72 in，相容方程式為

$$\Delta_B = -0.72 \text{ in} \qquad (1)$$

因為正方向由贅力之假設方向（向上）所建立，（式 1）之位移為負值（向下）。將 B 點在圖 11.16b 與 c 中之位移疊加，（式 1）可寫為

$$\Delta_{B0} + \delta_{BB} X = -0.72$$

將 Δ_{B0} 及 δ_{BB} 之數值代入，可計算 X 等於

$$-0.24 + 0.141 X = -0.72$$
$$X = -3.4 \text{ kips} \downarrow$$

各點反力值可由靜力平衡解得，或由圖 11.16b 與 c 之結果疊加而得，如圖 11.16d 所示。

例題 11.8

計算圖 11.17a 中桁架在支承 C 之反力。假設桿 AB 溫度增加 50°F，桿 ED 短了 0.3 in，支承 A 被建造於原訂位置右方 0.48 in，且支承 C 高於既定位置 0.24 in。所有桿件之 $A = 2 \text{ in}^2$，$E = 30{,}000 \text{ kips/in}^2$，溫度膨脹係數 $\alpha = 6 \times 10^{-6}$ in/in per °F。

11.6 支承沉陷，溫度變化與製程誤差　11-27

解答：

假定選擇支承 C 之反力為贅力。圖 11.17b 所示為放大尺度之放鬆結構變形圖。此變形是由支承 A 向右 0.48-in，桿 AB 伸長，以及桿 ED 縮短所造成。由於放鬆結構為靜定，支承 A 之位移與桿件長度之變化，並未產生任何內力與外力；然而，接點 C 移動了一個垂直距離 Δ_{C0}。在圖 11.17b 中所示支承 C 位置為其未受力之自然位置。圖 11.17c 所示為單位贅力所造成之力量與變位。

由於支承 C 之建造位置在其原訂位置上方 0.24 in 處，相容方程式為

$$\Delta_C = 0.24 \text{ in} \tag{1}$$

將圖 11.17b 與 c 中 C 點變位疊加，我們寫出

$$\Delta_{C0} + \delta_{CC} X = 0.24 \tag{2}$$

為了求解 X，我們以虛功法計算 Δ_{C0} 與 δ_{CC}。

計算 Δ_{C0} 時（如圖 11.17b），使用圖 11.17c 之力系統為 Q 系統。以（式 10.25），計算 AB 桿之 ΔL_{temp}：

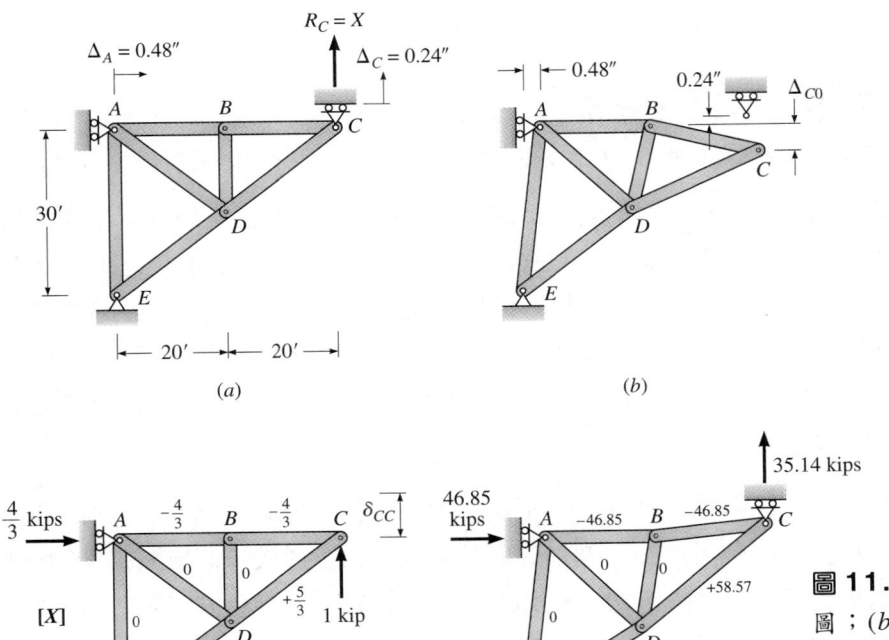

圖 11.17：(a) 靜不定桁架詳圖；(b) 放鬆結構受到支承 A 位移以及溫度變化與製程誤差引起之桿長變化後之變形圖；(c) 單位贅力所造成放鬆結構之力量與反力；(d) 分析結果。

$$\Delta L_{\text{temp}} = \alpha(\Delta T)L = (6 \times 10^{-6})50(20 \times 12) = 0.072 \text{ in}$$

$$\Sigma Q \delta_P = \Sigma F_Q \, \Delta L_P \tag{10.23}$$

其中 ΔL_p 由（式 10.26）求得

$$1 \text{ kip}(\Delta_{C0}) + \frac{4}{3} \text{ kips } (0.48) = \frac{5}{3}(-0.3) + \left(-\frac{4}{3}\right)(0.072)$$

$$\Delta_{C0} = -1.236 \text{ in} \downarrow$$

在例題 11.2 中，δ_{CC} 已計算過

$$\delta_{CC} = \frac{2520}{AE} = \frac{2520}{2(30,000)} = 0.042 \text{ in}$$

將 Δ_{C0} 與 δ_{CC} 代入（式 2）求解 X 可得

$$-1.236 + 0.042X = 0.24$$

$$X = 35.14 \text{ kips}$$

上述所有效應作用下各桿力與反力之值，由圖 11.17b（全部為零）加上圖 11.17c 乘上 X 倍而得，如圖 11.17d 所示。

11.7 多度靜不定結構之分析
Analysis of Structures with Several Degrees of Indeterminacy

靜不定度大於一的結構分析方式，與一度靜不定結構分析之流程相同。設計者選擇數個反力或內力成為贅力，以建立出一個靜定的放鬆結構。未知的贅力再以載重之型式與真實載重同時作用在放鬆結構上。接著針對每一個贅力以及真實載重，進行獨立的結構分析。最後，我們可寫出與贅力數目相同數量的相容方程式，並以對應贅力位置之位移表示出來。求解這些方程式便可計算出贅力大小。一但贅力大小為已知，剩下之分析項目可由靜力平衡方程式或疊加方式求得。

為了說明這個方法，我們考慮圖11.18a所示兩跨連續樑的分析。由於反力共提供五個束制而仍只有三個靜力程式可用，此樑為二度靜不定。為了形成一個放鬆結構（此例中，我們選擇懸臂固定於A點之靜定樑），我們選擇支承B與C之反力為贅力。由於支承沒有移動，在B與C的垂直變位為零。接下來，我們將樑分析分為三個案例，再將結果疊加起來。首先，針對施加載重分析放鬆結構（如圖11.18b）。接著針對每一個贅力個別分析放鬆結構（如圖11.18c與d）。每一個贅力所產生的效應，是先以單位贅力作用在放鬆結構上評估，再將之乘上贅力大小。為了標示單位重乘上了一個贅力大小的倍數，我們在圖中受力構材旁以中括號加註贅力表示。

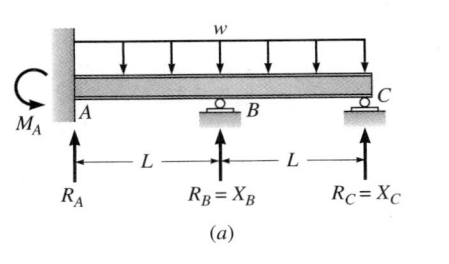

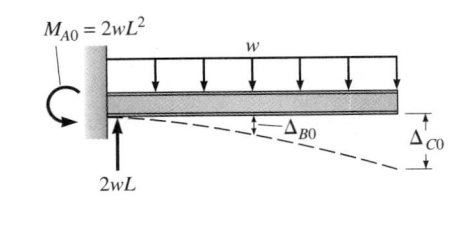

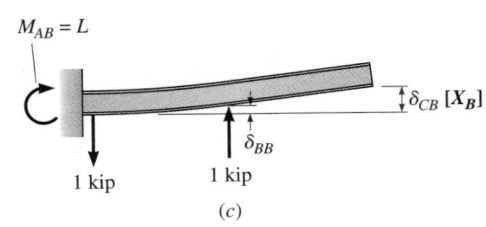

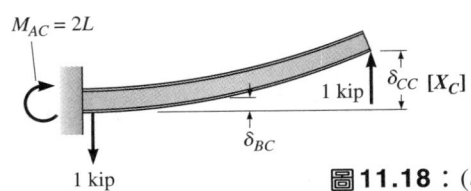

11.7 多度靜不定結構之分析

圖11.18：(a) 以 R_B 與 R_C 為贅力之二度靜不定樑；(b) 真實載重所造成放鬆結構之變位；(c) 於 B 點之單位贅力所造成放鬆結構之變位；(d) 於 C 點之單位贅力所造成放鬆結構之變位。

為了計算贅力的大小，我們接下來寫出在支承 B 與 C 位置上的相容方程式。這些方程式所陳述的是：由圖 11.18b 至 d 所示，B 與 C 點變位的總和必須為零。這些必要條件給予了下列的相容方程式：

$$\Delta_B = 0 = \Delta_{B0} + X_B\delta_{BB} + X_C\delta_{BC}$$
$$\Delta_C = 0 = \Delta_{C0} + X_B\delta_{CB} + X_C\delta_{CC} \tag{11.11}$$

一旦六個變位之值計算出來並代入（式11.11），贅力便可求得。在此，若使用 Maxwell-Betti 定律可節省一些計算工作（見 10.9 節），該定理要求 $\delta_{CB} = \delta_{BC}$。如讀者所見，隨著靜不定度增加，柔度法的計算份量快速增加。對於一個三度靜不定結構而言，讀者便需寫出三個相容方程式，包含了共12個變位的計算（利用 Maxwell-Betti 定律時則減少為9個變位計算）。

例題 11.9

分析圖 11.19a 所示之連續二跨樑，以支承 A 與 B 之彎矩反力為贅力；EI 為定值。載重作用於各跨中點。

解答：

放鬆結構為兩根簡支樑，係由安插一個鉸接頭於 B 點以及將支承 A 點固定端取代為銷支端而形成。兩根垂直於樑軸之指針連接於 B 點。此裝置是用來說明鉸接兩側樑之端點旋轉。受載外加載重與贅力之放鬆結構如圖 11.19c 所示。相容方程式建立在下列幾何條件上：

1. 固定支承 A 點之傾角為零

$$\theta_A = 0 \tag{1}$$

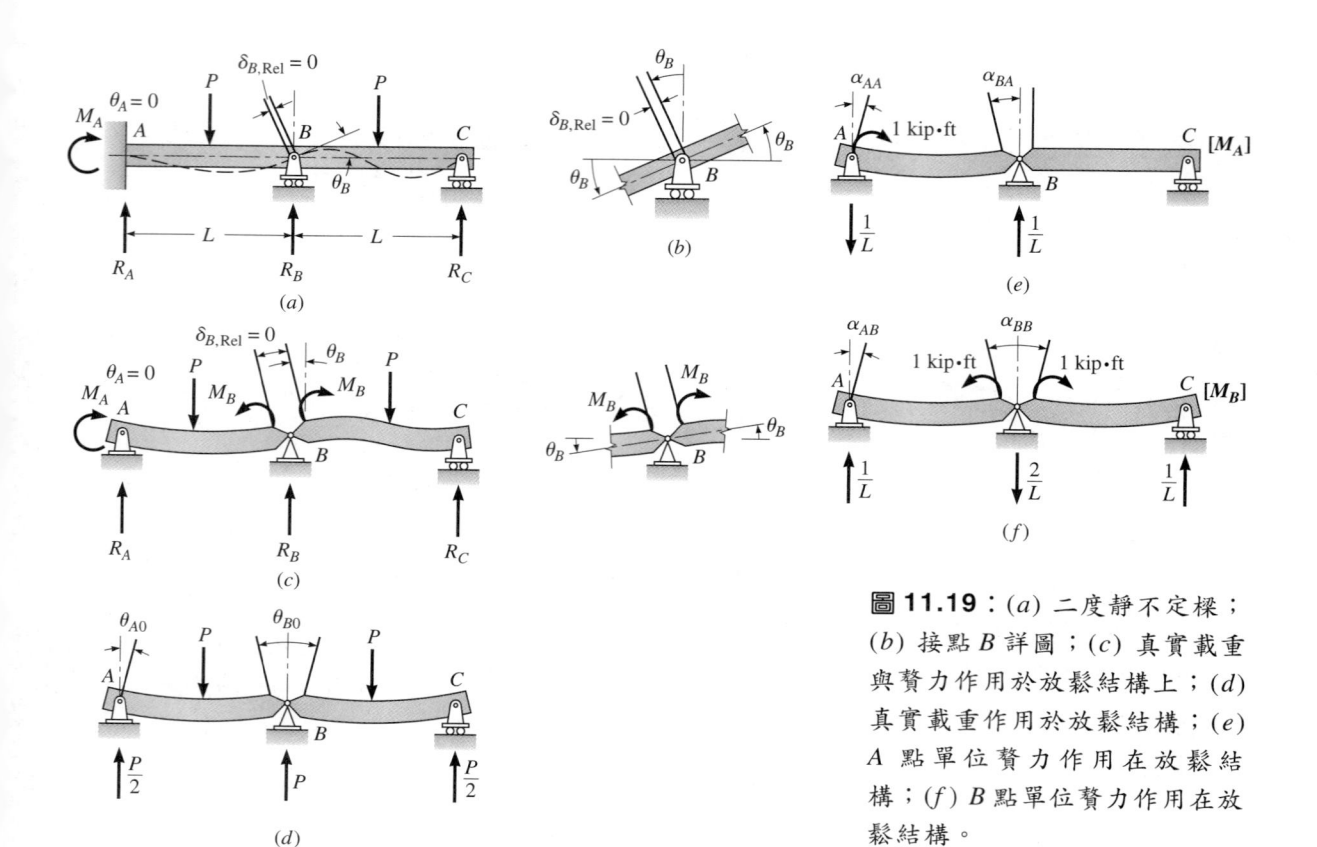

圖 11.19：(a) 二度靜不定樑；(b) 接點 B 詳圖；(c) 真實載重與贅力作用於放鬆結構上；(d) 真實載重作用於放鬆結構；(e) A 點單位贅力作用在放鬆結構；(f) B 點單位贅力作用在放鬆結構。

2. 中間支承兩側之樑傾角相同（如圖 11.19b）。其意義相當於：兩端之相對旋轉角為零（亦即指針平行）

$$\theta_{B,\text{Rel}} = 0 \tag{2}$$

放鬆結構分別針對施加載重分析於圖 11.19d 中，作用於 A 點之單位贅力分析於圖 11.19e，以及作用於 B 點之單位贅力分析於圖 11.19f。根據（式 1）與（式 2）疊加轉角變形，我們可寫出

$$\theta_A = 0 = \theta_{A0} + \alpha_{AA} M_A + \alpha_{AB} M_B \tag{3}$$

$$\theta_{B,\text{Rel}} = 0 = \theta_{B0} + \alpha_{BA} M_A + \alpha_{BB} M_B \tag{4}$$

利用圖 11.3d 與 e 計算轉角變形

$$\theta_{A0} = \frac{PL^2}{16EI} \qquad \theta_{B0} = 2\left(\frac{PL^2}{16EI}\right) \qquad \alpha_{AA} = \frac{L}{3EI}$$

$$\alpha_{BA} = \frac{L}{6EI} \qquad \alpha_{AB} = \frac{L}{6EI} \qquad \alpha_{BB} = 2\left(\frac{L}{3EI}\right)$$

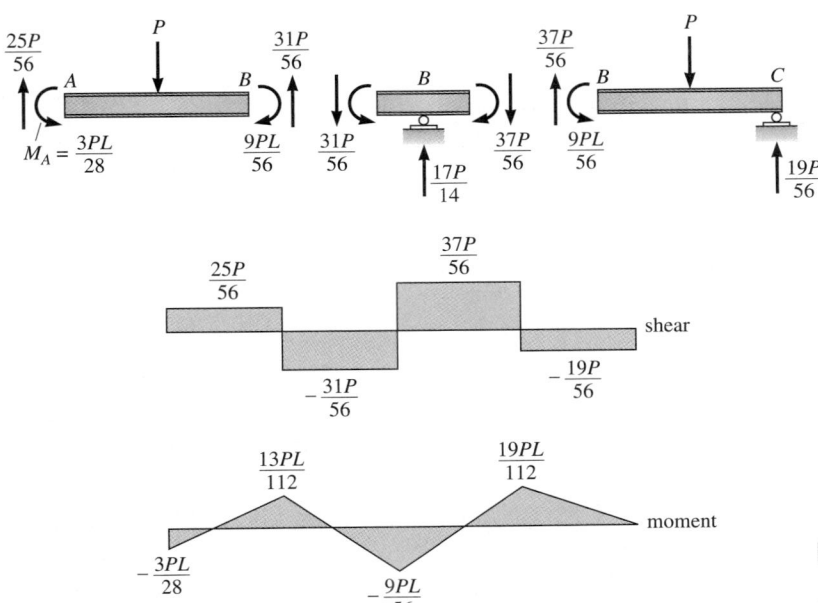

圖11.20：用來計算剪力以及剪力與彎矩圖之自由體。

將上述轉角變形代入（式3）與（式4）中，求解反力可得

$$M_A = -\frac{3PL}{28} \qquad M_B = -\frac{9PL}{56}$$

負號表示贅力之真正方向與圖11.19c所示原先假設方向相反。圖11.20所示為用以計算端點剪力之自由體，以及最終之剪力與彎矩曲線。

決定圖11.21a所示靜不定桁架中之桿內力與反力。 **例題 11.10**

解答：

由於 $b + r = 10$ 且 $2n = 8$，此桁架為2度靜不定。選擇1-1斷面之 F_{AC} 與 B_x 點水平反力為贅力。

受載重與贅力同時作用之放鬆結構如圖11.21b所示。

相容方程式之建立是依據 (1) B點無水平位移

$$\Delta_{BX} = 0 \tag{1}$$

以及 (2) 斷面1-1兩側之桿端沒有相對位移

$$\Delta_{1,\text{Rel}} = 0 \tag{2}$$

圖 11.21：(a) 桁架詳圖；(b) 受載 60-kip 及贅力 X_1 與 X_2 之放鬆結構；(c) 真實載重作用之放鬆結構；(d) 單位 X_1 贅力所造成放鬆結構之力量與位移；(e) 單位 X_2 贅力所造成放鬆結構之力量與位移；(f) 最終力量與反力 $= (c) + X_1(d) + X_2(e)$。

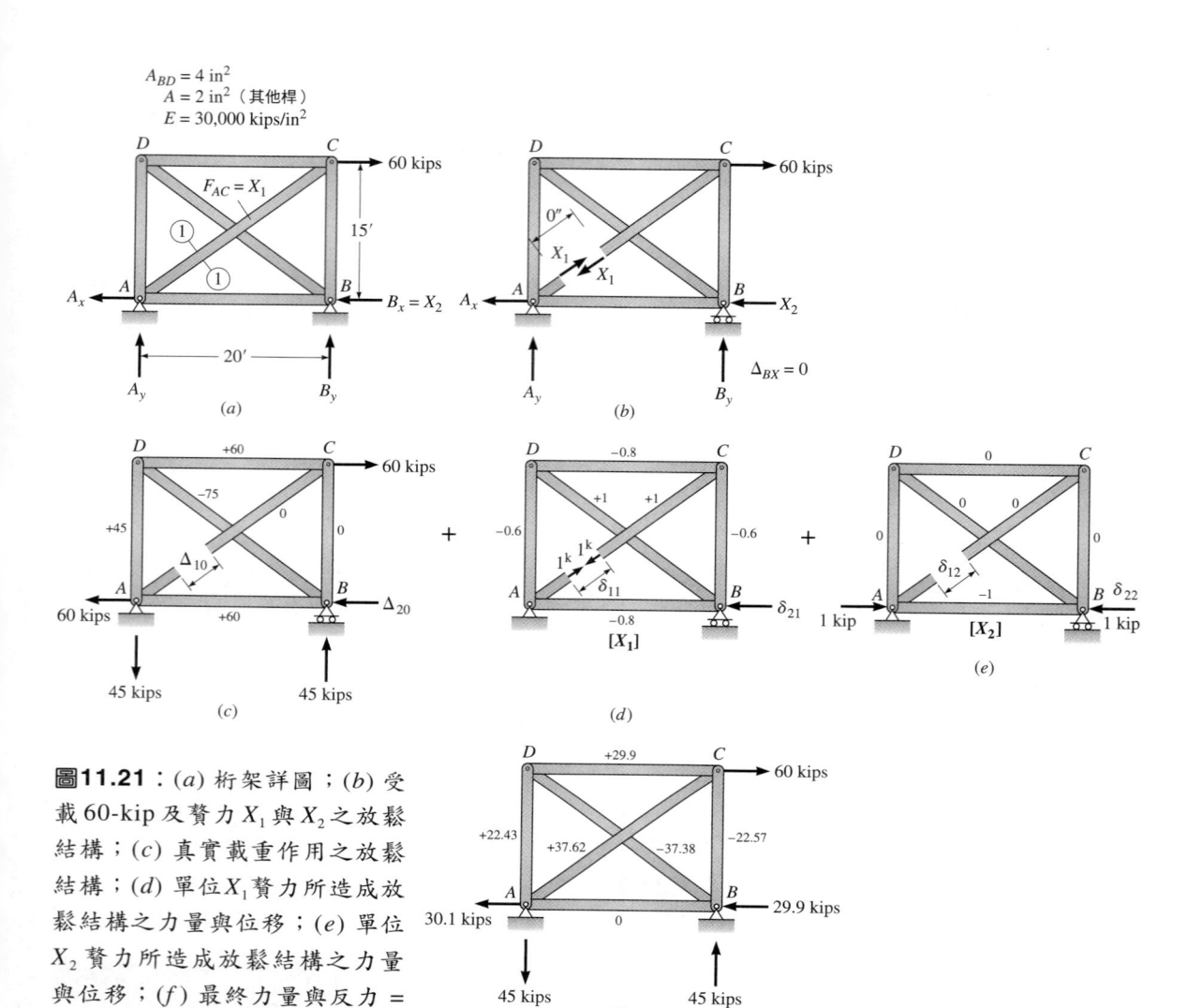

將放鬆結構在斷面 1-1 以及支承 B 之變位疊加（如圖 11.21c 至 e），我們可寫出相容方程式如下：

$$\Delta_{1,\text{Rel}} = 0: \quad \Delta_{10} + X_1\delta_{11} + X_2\delta_{12} = 0 \tag{3}$$

$$\Delta_{BX} = 0: \quad \Delta_{20} + X_1\delta_{21} + X_2\delta_{22} = 0 \tag{4}$$

為了完成計算，我們必須分別求得 Δ_{10}、Δ_{20}、δ_{11}、δ_{12}、δ_{21}、與 δ_{22} 六個變位。利用虛功法。

Δ_{20}：

以圖 11.21e 為 Q 系統，圖 11.21c 為 P 系統。

$$\sum \delta_P Q = \sum F_Q \frac{F_P L}{AE}$$

$$1 \text{ kip}(\Delta_{20}) = (-1)\frac{60(20 \times 12)}{2(30,000)} \tag{10.24}$$

$$\Delta_{20} = -0.24 \text{ in} \rightarrow$$

Δ_{10}：

以圖 11.21d 為 Q 系統。

$$1 \text{ kip}(\Delta_{10}) = (-0.8)\frac{60(20 \times 12)}{2(30,000)}(2) + (-0.6)\frac{45(15 \times 12)}{2(30,000)}$$

$$+ (1)\frac{-75(25 \times 12)}{4(30,000)}$$

$$\Delta_{10} = -0.6525 \text{ in} \quad (形成開口)$$

δ_{11}：

以圖 11.21d 之力系統同時為 P 與 Q 系統。由於 $F_Q = F_P$，$U_Q = F_Q^2 L/(AE)$，

$$1 \text{ kip}(\delta_{11}) = \frac{(-0.8)^2(20 \times 12)}{2(30,000)}(2) + \frac{(-0.6)^2(15 \times 12)}{2(30,000)}(2)$$

$$+ \frac{1^2(25 \times 12)}{2(30,000)} + \frac{1^2(25 \times 12)}{4(30,000)}$$

$$\delta_{11} = +0.0148 \text{ in} \quad (關閉開口)$$

δ_{21}：

以圖 11.21e 為 Q 系統，以圖 11.21d 為 P 系統。

$$1 \text{ kip}(\delta_{21}) = (-1)\frac{-0.8(20 \times 12)}{2(30,000)}$$

$$\delta_{21} = 0.0032 \text{ in}$$

δ_{12}：

以圖 11.21d 為 Q 系統，以圖 11.21e 為 P 系統。

$$1\text{ kip}(\delta_{12}) = (-0.8)\frac{-1(20 \times 12)}{2(30{,}000)}$$

（或者，由 Maxwell-Betti 定律，我們亦可知 $\delta_{12} = \delta_{21} = 0.0032$ in）

δ_{22}：

圖 11.21e 之力系統同時為 P 與 Q 系統。

$$1\text{ kip}(\delta_{22}) = (-1)\frac{(-1)(20 \times 12)}{2(30{,}000)}$$

$$\delta_{22} = 0.004 \text{ in}$$

將上述變位量代入（式 3）與（式 4）求解 X_1 與 X_2，可得

$$X_1 = 37.62 \text{ kips} \qquad X_2 = 29.9 \text{ kips}$$

反力之最後結果如圖 11.21f 所示。

例題 11.11　以諧和變位分析

(a) 選擇 C 點之水平及垂直反力為贅力（如圖 11.22a）。畫出載重與贅力作用下之放鬆結構，並清楚標示相容方程式需用到之位移參數。以這些位移參數寫出相容方程式，但不需計算。(b) 將 (a) 部分方程式修正以考量下列支承移動之情形：

C 點垂直向上位移 0.5-in

A 點順時針轉角 0.002-rad

解答：

(a) 如圖 11.22b

$$\Delta_1 = 0 = \Delta_{10} + \delta_{11}X_1 + \delta_{12}X_2$$
$$\Delta_2 = 0 = \Delta_{20} + \delta_{21}X_1 + \delta_{22}X_2$$

其中下標 1 與 2 分別標示 C 點垂直與水平方向。

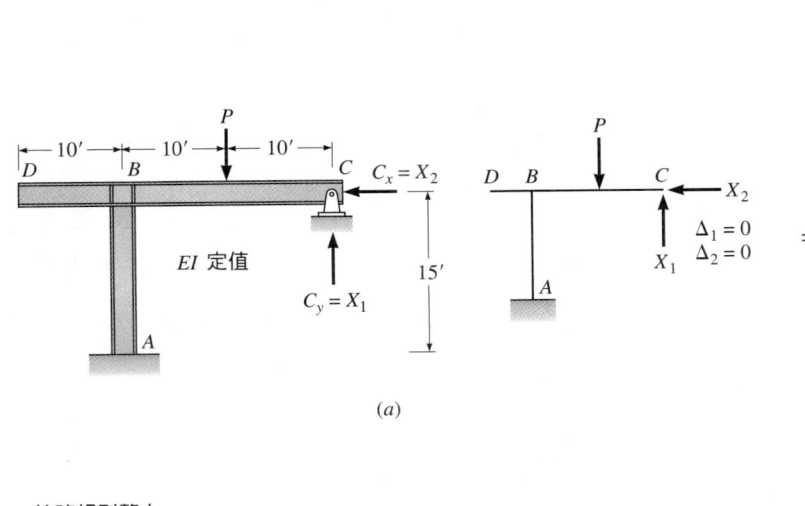

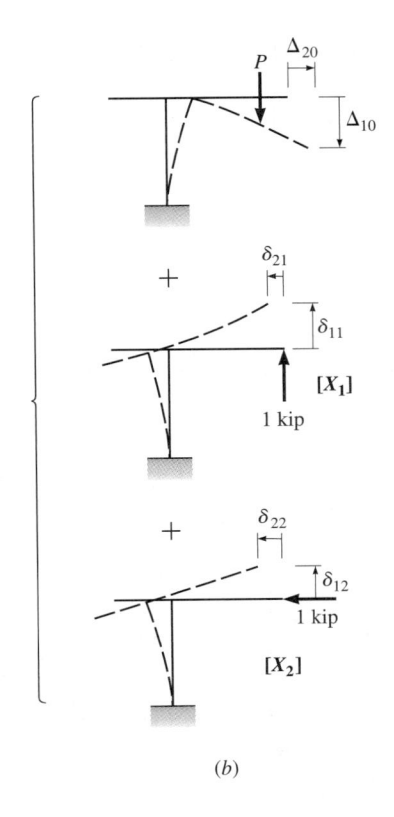

Note: Sign contained within symbol for displacement

(a)

(b)

圖 11.22

(b) 考慮支承移動之修正如下（如圖 11.22c）：

$$\Delta_1 = 0.5 = \Delta_{10} + (-0.48) + \delta_{11}X_1 + \delta_{12}X_2$$
$$\Delta_2 = 0 = \Delta_{20} + (-0.36) + \delta_{21}X_1 + \delta_{22}X_2$$

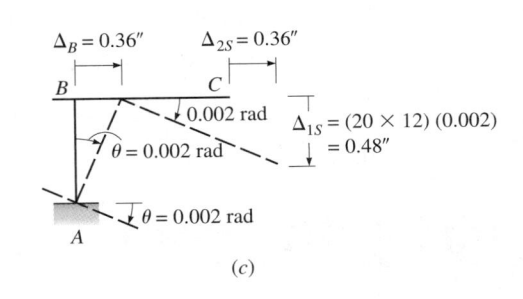

(c)

圖 11.22：(c) 支承 A 順時針旋轉所造成之位移。

11.8 彈性支承上之樑
Beam on Elastic Supports

某些結構受到載重作用時其支承會變形。比方說，在圖 11.23a 中所示 AB 樑的右側由 CD 樑所支撐，CD 樑受到 AB 樑端點反力作用時，便會產生變位。如果 CD 樑為彈性行為，它可被理想化為一個彈簧（如圖 11.23b）。彈簧受力 P 與產生的變位 Δ 間之關係可寫為

圖 11.23：(a) AB 樑之 B 點為彈性支承；(b) 彈性支承以一個線性彈簧代表 $(P = K\Delta)$。

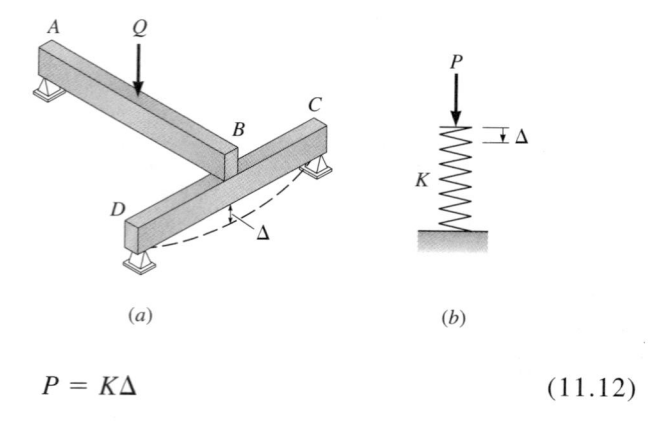

$$P = K\Delta \qquad (11.12)$$

式中 K 為彈簧勁度，單位為單位位移之力量。例如，如果一個 2-kip 之力量造成 0.5 in 之彈簧變形，則 $K = P/\Delta = 2/0.5 = 4$ kips/in。將（式 11.12）之 Δ 表示可得

$$\Delta = \frac{P}{K} \qquad (11.13)$$

除了下列一項不同點外，分析彈性支承上之樑的步驟與分析未變位支承上之樑相似。也就是說，如果彈簧力 X 被選為贅力，相容方程式必須規定在贅力位置上之樑變位等於

$$\Delta = -\frac{X}{K} \qquad (11.14)$$

負號是因為彈簧的變形方向，與彈簧作用在其所支承構材上之力的方向是相反的。比方說，如果彈簧受壓，它對樑的作用力向上但變位向下。倘若彈簧勁度很大，（式11.14）顯示變位 Δ 會很小。當 K 趨近無窮大時，（式 11.14）之右側便趨近零，則（式 11.14）便與簡支樑之相容方程式完全相同。我們將在例題 11.12 中說明（式 11.14）之用法。

例題 11.12

寫出圖 11.24a 所示樑之相容方程式，並決定 B 點之變位。彈簧勁度 $K = 10$ kips/in，$w = 2$ kips/ft，$I = 288$ in^4，以及 $E = 30{,}000$ kips/in^2。

解答：

圖 11.24b 所示為放鬆結構承載外力與贅力之情形。為了表示彈簧之變形，圖中彈簧偏右側繪出，但其真實位置仍在樑端點之正下方。依據前述之符號規則（即贅力方向之位移為正值），樑右端之位移向上為正而向下為負值。彈簧之變位為向下為正。因為樑端與彈簧相連，兩者之變形量相同皆為 Δ_B，亦即

$$\Delta_{B,\text{beam}} = -\Delta_{B,\text{spring}} \qquad (1)$$

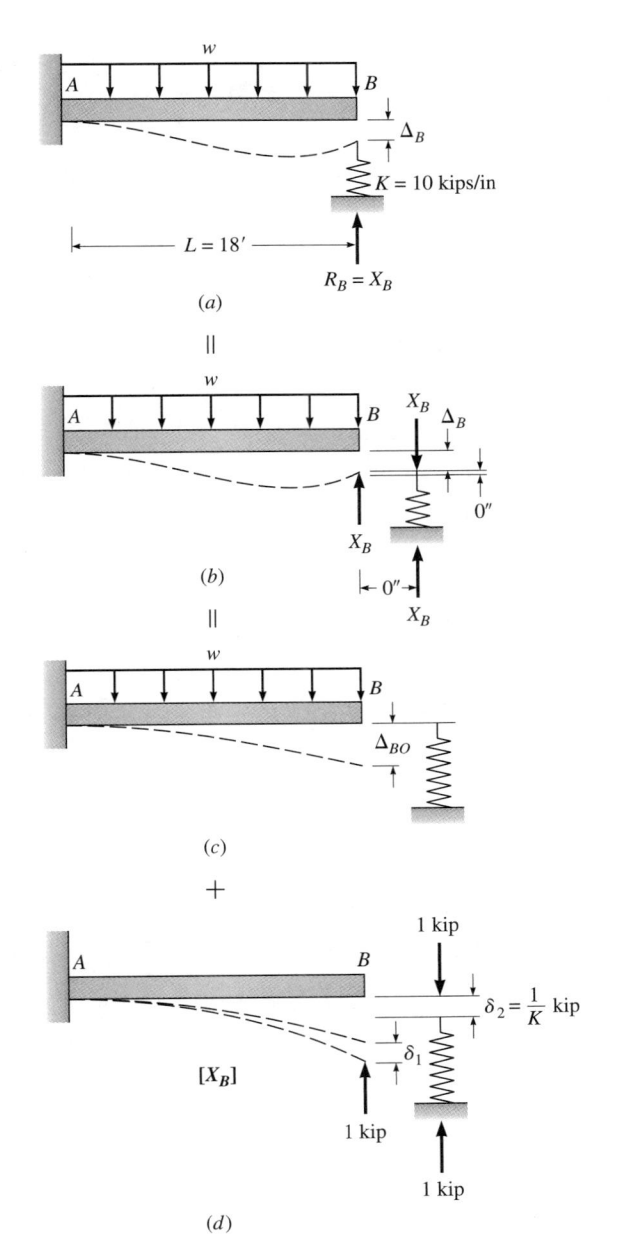

圖 11.24：(a) 在彈簧支承上之均佈載重樑；(b) 均佈載重及贅力 X_B 作用之放鬆結構，贅力可視為同時作用在樑與彈簧上之外力；(c) 真實載重作用之放鬆結構；(d) 單位 X_B 贅力作用在放鬆結構所產生之力量與位移。

（式1）兩側具有正負號差異之故，為樑端與彈簧之變位正值方向定義不同（樑向上為正，彈簧向下為正）。

利用（式11.3），我們可寫出彈簧之 Δ_B 如下：

$$\Delta_{B,\text{spring}} = \frac{X_B}{K} \tag{2}$$

將（式2）代入（式1）則得

$$\Delta_{B,\text{beam}} = -\frac{X_B}{K} \tag{3}$$

如果（式2）左側之 $\Delta_{B,\text{beam}}$ 由圖 11.24c 與 d 之 B 點變位疊加而得，我們將（式3）寫為

$$\Delta_{B0} + \delta_1 X_B = -\frac{X_B}{K} \tag{4}$$

以圖 11.3 計算 Δ_{B0} 與 δ_1 代入（式4），可得 X_B：

$$-\frac{wL^4}{8EI} + \frac{L^3}{3EI} X_B = -\frac{X_B}{K}$$

將各參數之指定值代入後，我們得到

$$-\frac{2(18)^4(1728)}{8(30,000)(288)} + \frac{(18)^3(1728)}{3(30,000)(288)} X_B = -\frac{X_B}{10}$$

$$X_B = 10.71 \text{ kips}$$

如果我們將 B 點改為滾支，不讓沉陷發生，則（式4）右側為零，而所解得之 X_B 會增至 13.46 kips。

總結
Summary

- 柔度法又稱為諧和變位法，是分析靜不定結構最古老之典型方法之一。
- 在一般用途結構分析電腦程式發展出來以前，柔度法為分析靜不定桁架的唯一方法。柔度法的精神在於移除束制，直到形成一個靜定放鬆結構為止。由於工程師可自由選擇那些束制被移除，這種非唯一性的分析選擇，使得柔度法不利於用來撰寫成為一般用途之電腦程式。
- 柔度法仍被使用於分析特定型態結構物，這些結構物的整體配置及結構元件皆被標準化，只是尺寸改變而已。則此種情形下，要被移除的束制可被設定，而利用這些指定參數亦可撰寫出電腦程式供快速分析之用。

習題

以諧和變位法求解

P11.1. 如圖 P11.1 所示之樑，計算反力，畫出剪力與彎矩曲線，找出最大變位位置。EI 為常數。

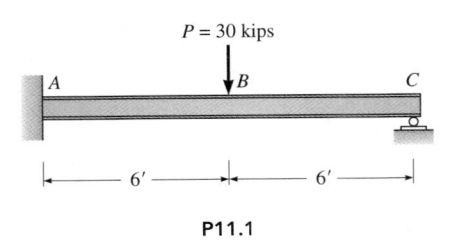

P11.2. 如圖 P11.2 所示之樑，計算反力，畫出剪力與彎矩曲線。EI 為常數。

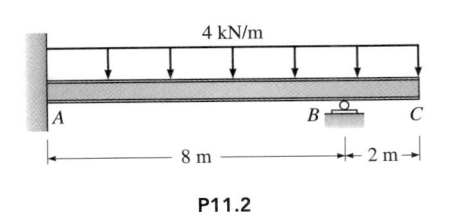

P11.3. 如圖 P11.3 所示之樑，計算反力，畫出剪力與彎矩曲線，標示出 AB 點間最大變位位置，並計算 C 點之變位值。EI 為常數。

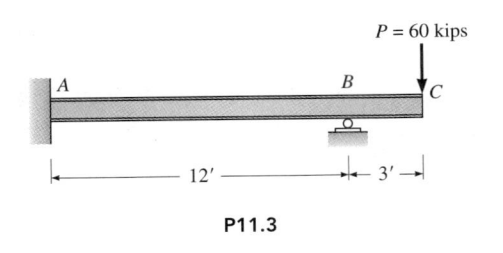

P11.4. 如圖 P11.4 所示之樑，計算反力及繪出剪力與彎矩曲線。EI 為常數。

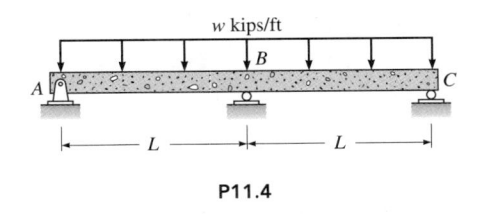

P11.5. 如圖 P11.5 所示之樑，計算反力及繪出剪力與彎矩曲線。EI 為常數。

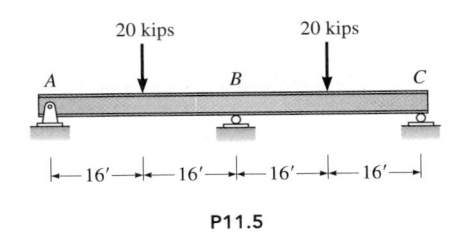

P11.6. 重解問題 P11.1，但假設載重作用時，支承 C 下沉 0.25 in。E = 30,000 ksi，I = 320 in^4。

P11.7. 求如圖 P11.7 所示樑之反力，當 60-kip 載重作用時，固定端順時針旋轉 0.003 rad，支承 B 下沉 0.3 in。E = 30,000 ksi，I = 240 in^4。AB 跨與 BC 跨分別為 12 ft 與 2 ft。

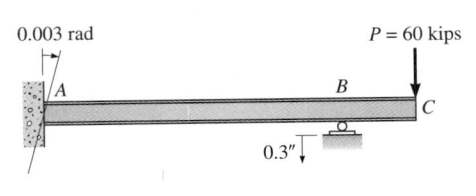

P11.8. 如圖 P11.8，計算反力及繪出剪力與彎矩曲線。*EI* 為常數。

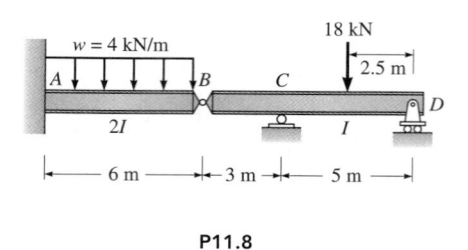

P11.9. 如圖 P11.9 所示之樑，計算反力及繪出剪力與彎矩曲線。*EI* 為常數。*B* 點視為鉸接。

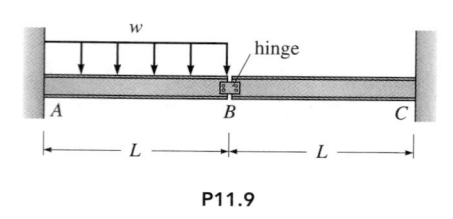

P11.10. (*a*) 計算如圖 P11.10 所示樑之所有反力，假設支承不移動，*EI* 為常數。(*b*) 當載重作用下，支承 *C* 點上移 288/(*EI*)，請重複 (*a*) 之計算。

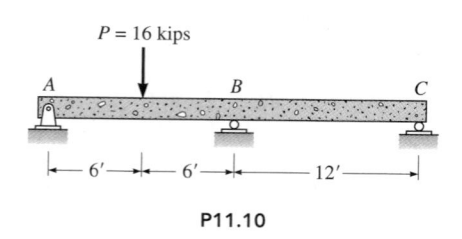

P11.11. (*a*) 如圖 P11.11 所示之樑，計算反力及繪出剪力與彎矩曲線。*EI* 為常數。$E = 30{,}000$ ksi，$I = 288$ in^4。(*b*) 在載重作用同時，支承 *B* 下沉 0.5 in、支承 *D* 下沉 1 in，重複 (*a*) 之計算。

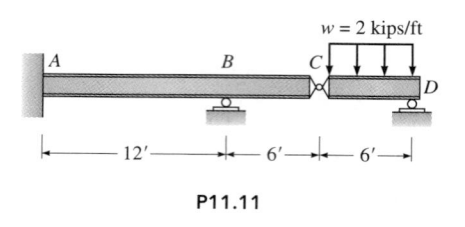

P11.12. 如圖 P11.12，計算反力及繪出剪力與彎矩曲線。*EI* 為常數。

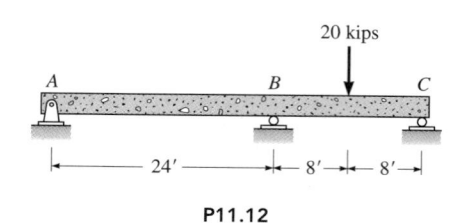

P11.13. 如圖 P11.13，計算反力及繪出剪力與彎矩曲線。*EI* 為常數。

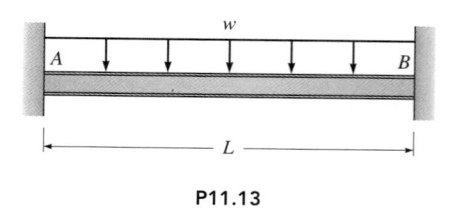

P11.14. 如圖 P11.14，計算反力及繪出剪力與彎矩曲線。*EI* 為常數。

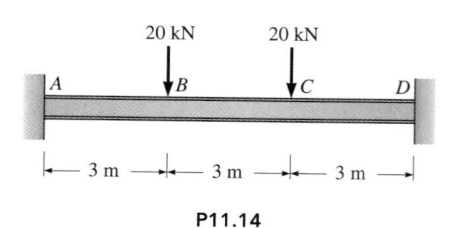

P11.15. 如圖 P11.1 所示之樑，假設無載重作用，支承 A 下沉 0.5 in，支承 C 下沉 0.75 in，計算反力及繪出剪力與彎矩曲線。$E = 29{,}000$ ksi，$I = 150$ in^4。

P11.16. (a) 如圖 P11.5，假設無載重作用，支承 B 低於設計高度 0.48 in，求支承反力。$E = 29{,}000$ ksi，$I = 300$ in^4。(b) 載重作用下，支承 B（圖 P11.5）下沉 $\frac{3}{2}$ in，求反力為何？

P11.17. 如圖 P11.17 所示之桁架，計算反力及所有桿件內力，所有桿斷面積 = 5 in^2，$E = 30{,}000$ kips/in^2。

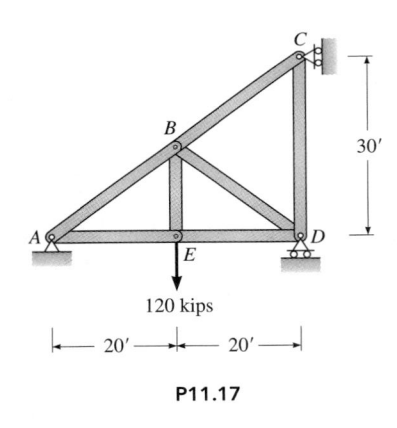

P11.17

P11.18. 如圖 P11.17 所示之桁架，移除 120 kips 之載重，若桿件 AB、BC 溫度增加 60°F，求反力及各桿內力。膨脹係數 $\alpha = 6 \times 10^{-6}$ in/in per °F。

P11.19. 如圖 P11.19 所示之桁架，計算反力及所有桿件內力，所有桿斷面積 = 5 in^2，$E = 30{,}000$ kips/in^2。

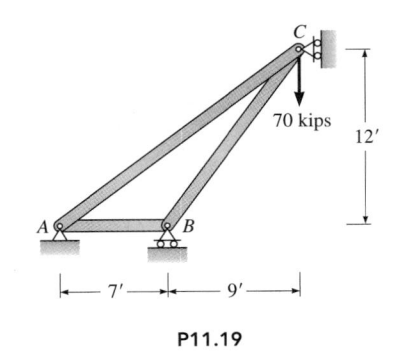

P11.19

P11.20. (a) 如圖 P11.20，求載重作用下所有反力及桿件內力。(b) 當載重作用下，若支承 B 亦下沉 1 in、支承 C 下沉 0.5 in，重新計算所有反力及桿件內力。所有桿斷面積 = 2 in^2，$E = 30{,}000$ kips/in^2。

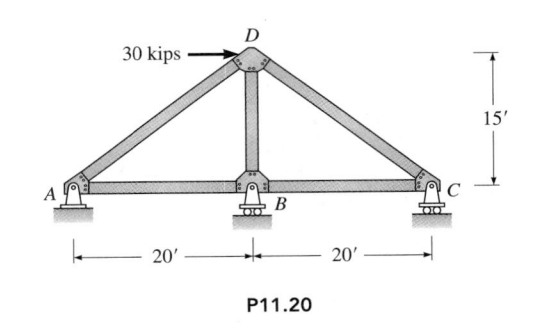

P11.20

P11.21. 如圖 P11.21 所示之桁架，計算反力及所有桿件內力。*BD* 桿斷面積 = 4 in²，其餘桿斷面積 = 2 in²，*E* = 30,000 kips/in²。

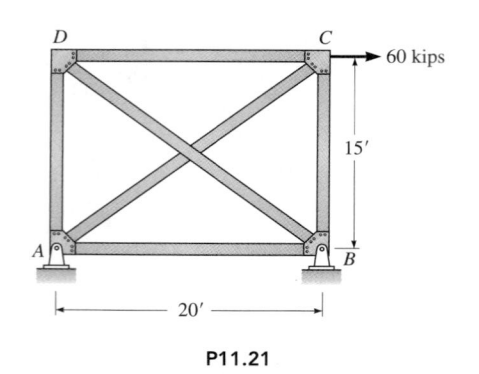

P11.22. 至 **P11.24.** 如圖 P11.22 至圖 P11.24 所示之桁架，計算載重作用下，所有反力及各桿內力。*AE* = 常數，*A* = 1000 mm²，*E* = 200 GPa。

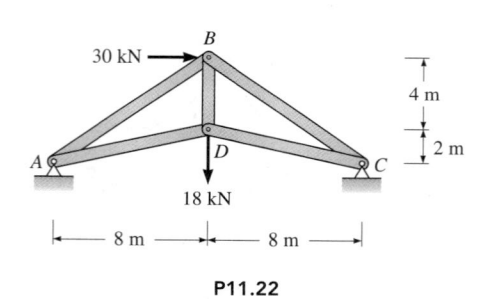

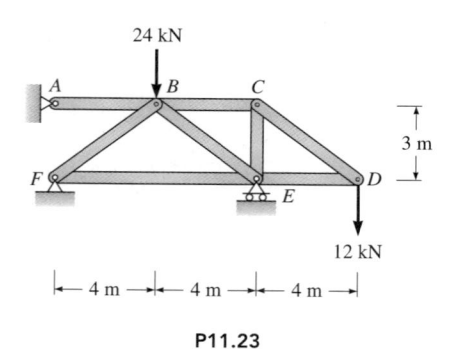

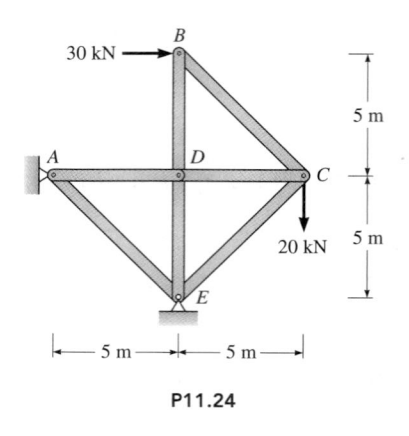

P11.25. 計算如圖 P11.25 所示剛架之所有反力。I_{AC} = 240 in⁴，I_{CD} = 180 in⁴，*E* = 30,000 kips/in²。

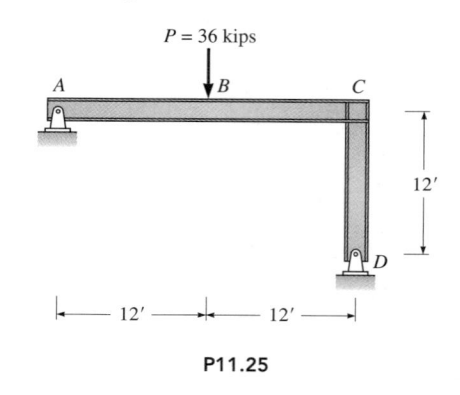

P11.26. 如圖 P11.25 所示之剛架，假設移除載重之作用，當桿件 *AC* 組裝時過長 1.2 in，求此時所有反力為何？

P11.27. 如圖 P11.27，求所有反力及繪出 *BC* 樑之剪力與彎矩圖形。*EI* 為常數。

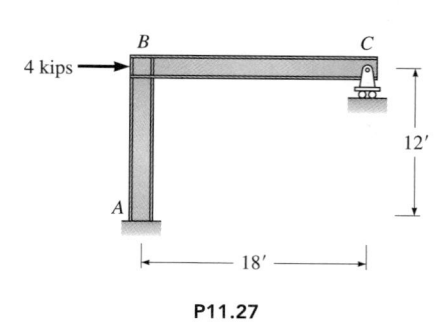

P11.28. 如圖 P11.27 所示剛架，當載重作用下，支承 C 下沉 0.36 in，支承 A 組裝於設計位置上方 0.24 in，求所有反力。

P11.29. (a) 如圖 P11.29 所示剛架，求所有反力及繪出所有桿件之剪力與彎矩圖。$EI = $ 常數。(b) 計算 48-kip 載重作用下，大樑 C 點之垂直變位值為何？

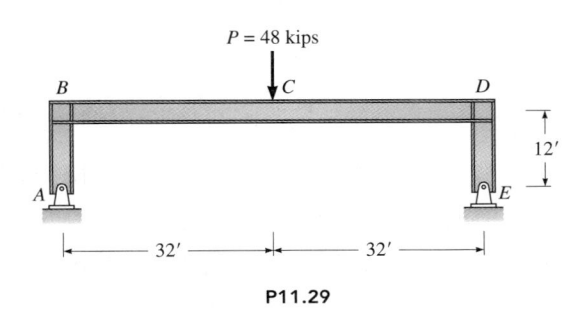

P11.29

P11.30. (a) 計算圖 11.30 上 C 點之反力為何？EI 為常數 (b) 計算接點 B 之垂直變位。

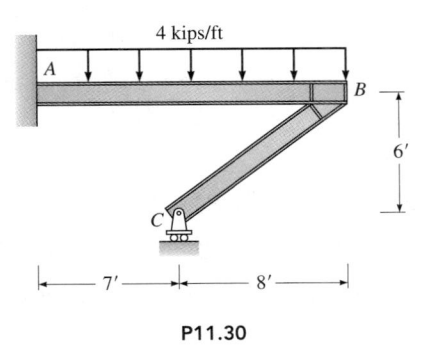

P11.30

P11.31. 如圖 P11.31，求支承 A、D 之反力。桿 AB 斷面積 $= 2$ in^2，$I_{AC} = 400$ in^4，$A_{AC} = 8$ in^2，$E = 30{,}000$ kips/in^2。

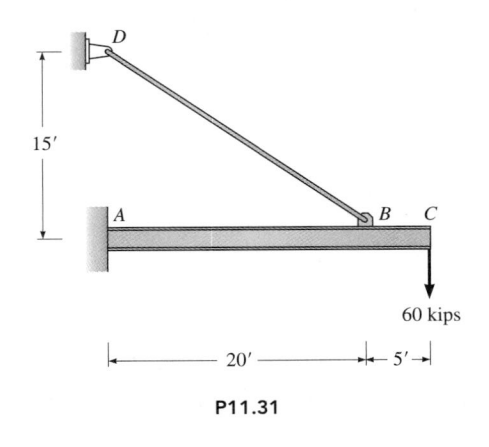

P11.31

P11.32. 如圖 P11.32，求 A、C 點之反力。所有桿件 EI 值為常數。

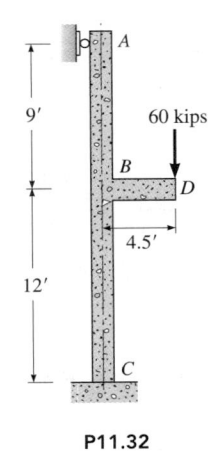

P11.32

P11.33. 求圖 P11.33 中，支承 A、E 之反力。所有桿件 EI 為定值。

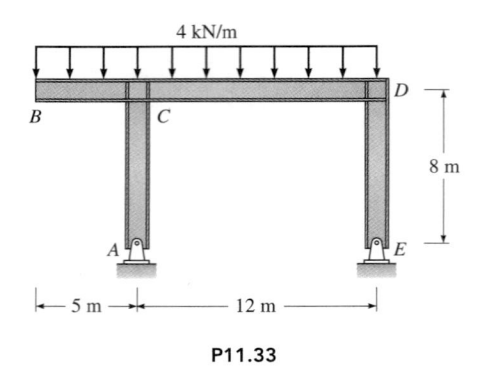

P11.34. 如圖 P11.34 所示之桁架，當上弦桿 (ABCD) 受 50°F 溫度變化時，求支承反力及桿件內力。所有桿 AE 為定值，$A = 10\ \text{in}^2$，$E = 30{,}000\ \text{ksi}$，$\alpha = 6.5 \times 10^{-6}\ \text{in/in per °F}$。

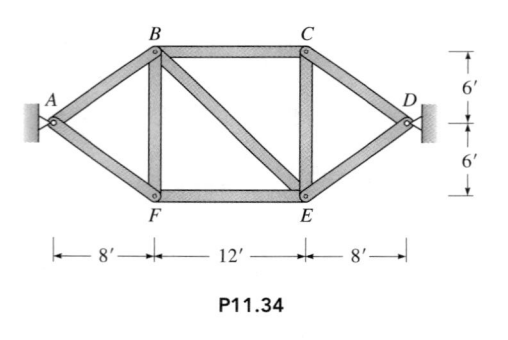

P11.35. 如圖 P11.35 所示之剛架，當上部桿件溫度增加 60°F 時，求反力值為何？ $I_{BC} = 3{,}600\ \text{in}^4$，$I_{AB} = I_{CD} = 1{,}440\ \text{in}^4$，$\alpha = 6.5 \times 10^{-6}\ \text{in/in per °F}$，$E = 30{,}000\ \text{ksi}$。

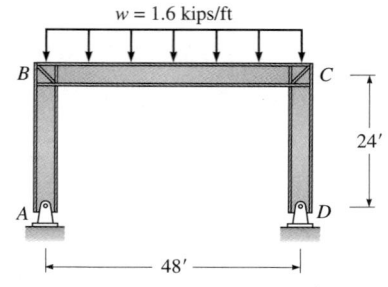

P11.36. 如圖 P11.36 所示之樑，求反力及繪出剪力與彎矩曲線。所以桿件 EI 為常數，$E = 200\ \text{GPa}$，$I = 40 \times 10^6\ \text{mm}^4$。

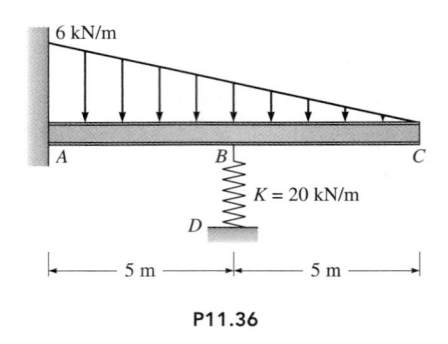

P11.37. 如圖 P11.37 所示之樑，求反力及繪出剪力與彎矩曲線。除載重作用外，支承 D 亦下沉 0.1 m。樑之 EI 值為常數。$E = 200\ \text{GPa}$，$I = 60 \times 10^6\ \text{mm}^4$。

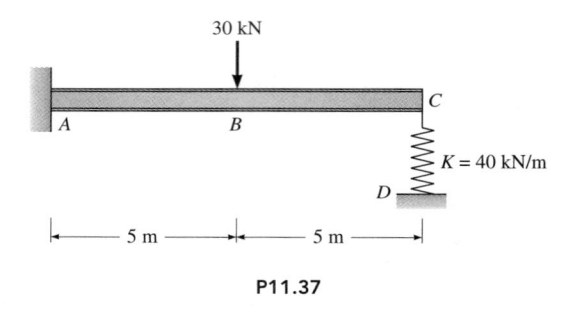

P11.38. 考慮如圖 P11.37 所示之樑，無載重作用也無支承下陷，當支承 A 順時針旋轉 0.005 rad 時，求反力及繪出剪力與彎矩圖。

P11.39. 如圖 P11.39 所示以銷支承連接之結構物，求 A 點垂直及水平位移。$E = 200$ GPa，所有桿件斷面積 $A = 500$ mm²。

P11.39

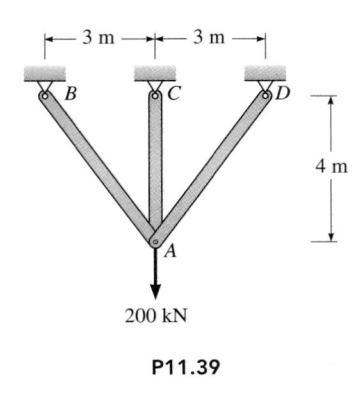

P11.40. 如圖 P11.39 所示以銷支承連接之結構物，求 A 點垂直及水平位移。$E = 200$ GPa，$A_{AB} = 1000$ mm²，$A_{AC} = A_{AD} = 500$ mm²。

P11.41. 如圖 P11.41 所示之桁架，求反力及所有桿內力。$E = 200$ GPa，所有桿件斷面積 $A = 1000$ mm²。

P11.41

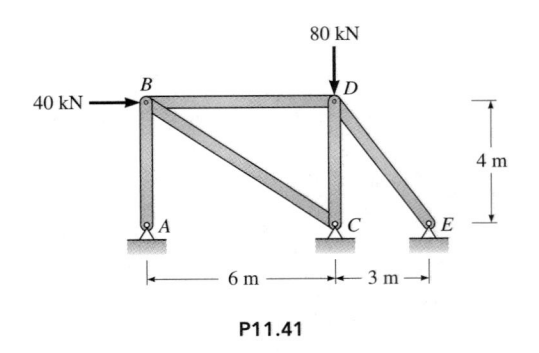

P11.42. 如圖 P11.41 所示之桁架無載重作用，但支承 A 下沉 20 mm，求反力及所有桿件內力。

P11.43. 如圖 P11.43 所示之桁架，求反力及所有桿件內力。$E = 200$ GPa，所有桿件斷面積 $A = 1000$ mm²。

P11.43

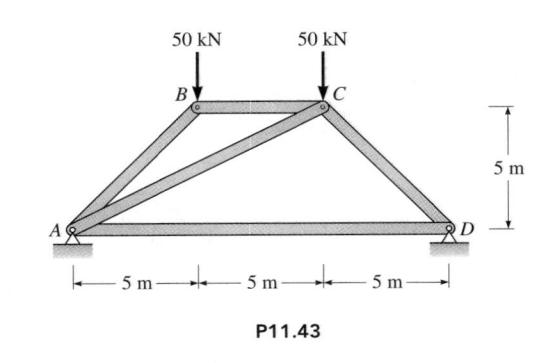

P11.44. 考慮圖 P11.43 所示無載重作用之桁架，桿件 AC 被製成 10 mm 過短，求反力及所有桿件內力。

照片中 16 層樓之鋼筋混凝土建築的破壞，發生在最後一段屋頂版澆置過程中，流動之混凝土造成支撐系統之坍塌。坍塌的主因；一是撐材配置密度不足，二是較低樓層之混凝土強度不足。由於建築物建造時間正值冬季，缺乏熱度使得多數新澆置混凝土結凍，因此混凝土無法發展出應有的設計強度。

CHAPTER 12

靜不定樑與構架分析：傾角變位法

Analysis of Indeterminate Beams and Frames by the Slope-Deflection Method

12.1 簡介
Introduction

傾角變位法(*slope-deflection method*)或稱傾角撓度法，為分析靜不定樑與構架之方法。此方法為位移法，因為在分析過程中，平衡方程式是以未知接點位移表示。

傾角變位法為重要的分析方法，因為它是第一個將勁度法(*stiffness method*)的觀念介紹給讀者的分析方法。此方法為許多分析各種型態結構—樑、桁架、殼等—之通用電腦程式的理論基礎。此外，彎矩分配法(*moment distribution method*)—常用於快速手算分析樑與構架的一個方法—也是建立於勁度公式之上。

在傾角變位法中，傾角變位方程式(*slope-deflection equation*)被用來，將一根構件的端點彎矩與其端點位移及端點間構件所受載重予以關聯起來。構件之端點位移包括一個旋轉位移以及一個垂直於桿縱軸的移動位移。

12.2 傾角變位法之說明
Illustration of the Slope-Deflection Method

為了介紹傾角變位法主要的特點，我們扼要說明一根兩跨連續樑的分析過程。如圖 12.1a 所示，此結構為一根單一構件，由 A 與 B 點之滾支承以及在 C 點的銷支承所支撐。我們想像樑可在支承之前後微小距離的位置被切開，細分為兩個樑分段 AB 與 BC 以及三個接點 A、B 與 C（如圖 12.1b）。由於接點在空間中視為一點，因此每一根構件之長度為接點間之距離。在這個問題中，旋轉位移 θ_A、θ_B 與 θ_C（也是構件端點的旋轉位移）是未知數。這些位移如圖 12.1a 中虛線所示放大尺度曲線。由於支承垂直方向未移動，接點的側向位移亦為零；因此，說明例題中沒有未知的接點平移位移。

我們開始以傾角變位法分析此樑時，先以傾角變位方程式（我們稍後將推導它），將每一根構件之端點彎矩以未知接點位移與外加載重表示出來。我們可將此步驟以下列方程式組表示：

$$\begin{aligned} M_{AB} &= f(\theta_A,\ \theta_B,\ P_1) \\ M_{BA} &= f(\theta_A,\ \theta_B,\ P_1) \\ M_{BC} &= f(\theta_B,\ \theta_C,\ P_2) \\ M_{CB} &= f(\theta_B,\ \theta_C,\ P_2) \end{aligned} \qquad (12.1)$$

式中 $f(\ )$ 代表 ( ) 內變數的函數。

圖12.1：(a) 受載重作用之連續樑（虛線表示變形）；(b) 接點與樑之自由體（符號規則：順時針方向之構件端點彎矩為正）。

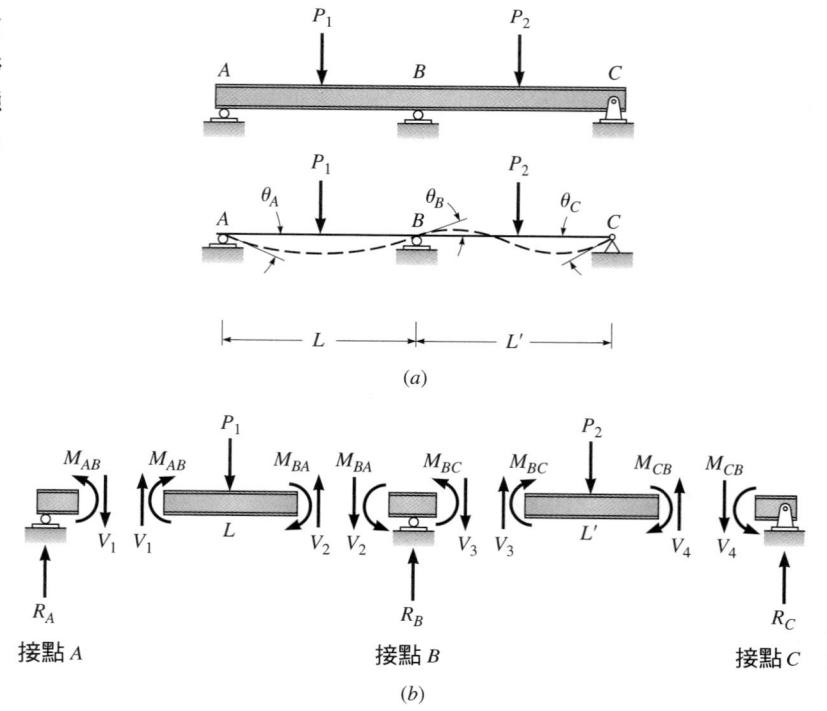

接下來，我們寫出各點的彎矩平衡方程式；也就是說，所有連結至某接點的樑，在該端點彎矩總和必須等於零。在此我們所使用之符號規則；假設所有未知彎矩為正且順時針方向作用於構件端點。由於施加在構件端點的彎矩代表接點對構材之作用力，大小相等方向相反之彎矩必須作用在接點兩側（如圖12.1b）。因此，三個接點的平衡方程式分別為；

$$\begin{aligned} &\text{在 }A\text{ 點：} & M_{AB} &= 0 \\ &\text{在 }B\text{ 點：} & M_{BA} + M_{BC} &= 0 \\ &\text{在 }C\text{ 點：} & M_{CB} &= 0 \end{aligned} \quad (12.2)$$

將（式12.1）代入（式12.2），我們獲得三個以三項未知位移為函數的方程式（方程式中，施加外力與構件性質為已知之指定值）。此三個未知接點旋轉角便可由三個聯立方程式求解得到。獲得接點旋轉角之後，我們可將這些值代回（式12.1），計算結構端點彎矩。一旦端點彎矩之大小與方向求得，我們將靜力方程式套用於樑之自由體，藉以計算端點剪力。最後，我們考慮接點之平衡便可求得支承反力（也就是，垂直方向之力加起來等於零）。

在12.3節中我們利用第9章發展出來的彎矩面積法，推導一根均勻斷面撓曲構材之傾角變位方程式。

12.3 推導傾角變位方程式
Derivation of the Slope-Deflection Equation

為了將關連構件端點彎矩與其端點位移及施加載重的傾角變位方程式發展出來，我們將分析圖12.2a所示連續樑之AB跨。由於連續樑中的差異沉陷也會造成彎矩，推導過程中，我們將包含此項效應。原本筆直之樑具均勻斷面，亦即軸上之 EI 值為常數。當沿軸可隨意變化之分佈載重 $w(x)$ 作用時，支承 A 與 B 分別沉陷 Δ_A 與 Δ_B 至 A' 與 B' 點。圖12.2b所示為AB跨自由體以及其上所有載重。彎矩 M_{AB} 與 M_{BA} 以及剪力 V_A 與 V_B 代表接點作用於樑端點之力。雖然我們假設沒有軸力作用，少至適量的軸向載重（如10%至15%構材之挫屈載重）並不會使推導結果無效。另一方面，巨大的軸向壓力會因軸向載重的偏心產生二次彎矩—即 P-Δ 效應—引起額外的變形，導致構件之撓曲勁度降低。在此，我們所用之符號規則是假設作用在構件端點之彎矩，順時針方向為正。桿件端之順時針旋轉也被視為正值。

在圖12.2c中，由分佈載重 $w(x)$ 與端點彎矩 M_{AB} 及 M_{BA} 所產生之彎矩曲線，依三部分之貢獻分別畫出。對應於分佈載重之彎矩曲線稱為簡支樑彎矩曲線（*simple beam moment curve*）。換句話說，在圖12.2c中，我們疊加了三個載重所造成之彎矩；(1) 端

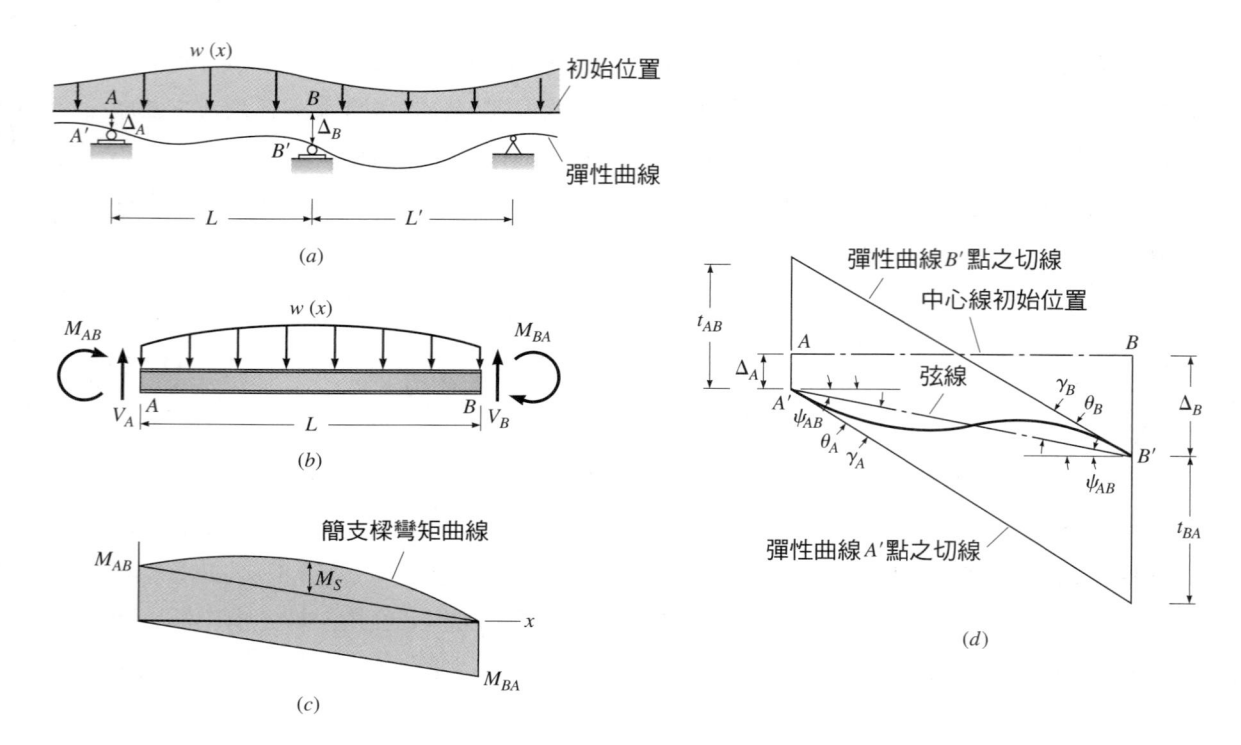

圖 12.2：(a) 載重作用下支承沉陷之連續樑；(b) AB 桿之自由體；(c) 分部作圖之彎矩曲線，M_S 之值為簡支樑的彎矩曲線；(d) 垂直尺度放大之 AB 桿變形圖。

點彎矩 M_{AB}，(2) 端點彎矩 M_{BA}，以及 (3) 樑端點之間的載重 $w(x)$。上述每個力所造成之彎矩曲線被畫在該力造成壓力之一側。

圖 12.2d 所示為 AB 跨之放大尺度變形圖。所有角度及旋轉皆呈現在其正值方向；也就是說，所有旋轉角度皆由其原始水平軸位置以順時鐘方向呈現。弦線－連接構件變形位置之端點 A′ 與 B′ －之傾角標示為 ψ_{AB}。欲確立弦線傾角究為正或負，我們可畫出穿過樑端點的水平線，如果水平線要順時鐘旋轉一個銳角才能與弦線重合，則此傾角為正值。若需要逆時鐘方向之旋轉，則為負值。注意在圖 12.2d 中，不論由樑的哪個點去評估，ψ_{AB} 皆為正值。而 θ_A 與 θ_B 代表構件之端點旋轉角。在 AB 跨的每一端，所畫之直線為彈性變形曲線的切線；t_{AB} 與 t_{BA} 為由切線至彈性曲線之正切偏距（垂直距離）。

在推導傾角變位方程式時，我們將使用彎矩面積第二定理，來建立構件端點彎矩 M_{AB} 與 M_{BA} 以及彈性曲線旋轉變形之關係，如放大尺度之圖 12.2d 所示。由於變形很小，弦線與彈性曲線在 A 點之切線夾角，γ_A 可表示為

$$\gamma_A = \frac{t_{BA}}{L} \tag{12.3a}$$

同理，弦線與彈性曲線在 B 點之切線夾角，γ_B 可表示為

$$\gamma_B = \frac{t_{AB}}{L} \tag{12.3b}$$

由於 $\gamma_A = \theta_A - \psi_{AB}$ 且 $\gamma_B = \theta_B - \psi_{AB}$，我們可將（式12.3a）與（12.3b）表示為

$$\theta_A - \psi_{AB} = \frac{t_{BA}}{L} \tag{12.4a}$$

$$\theta_B - \psi_{AB} = \frac{t_{AB}}{L} \tag{12.4b}$$

其中

$$\psi_{AB} = \frac{\Delta_B - \Delta_A}{L} \tag{12.4c}$$

要將 t_{AB} 與 t_{BA} 以施加彎矩表示，我們將圖12.2c之彎矩曲線除以 EI 值得到 M/EI 曲線，並應用第二彎矩面積原理，將 M/EI 曲線下面積分別針對 A 與 B 點，取一次矩得到 t_{AB} 與 t_{BA} 如下：

$$t_{AB} = \frac{M_{BA}}{EI}\frac{L}{2}\frac{2L}{3} - \frac{M_{AB}}{EI}\frac{L}{2}\frac{L}{3} - \frac{(A_M\bar{x})_A}{EI} \tag{12.5}$$

$$t_{BA} = \frac{M_{AB}}{EI}\frac{L}{2}\frac{2L}{3} - \frac{M_{BA}}{EI}\frac{L}{2}\frac{L}{3} + \frac{(A_M\bar{x})_B}{EI} \tag{12.6}$$

（式12.5）與（式12.6）中之前兩項代表 M_{AB} 與 M_{BA} 所對應之三角形面積一次矩。最後一項——（式12.5）之 $(A_M\bar{x})_A$ 與（式12.6）之 $(A_M\bar{x})_B$ ——代表簡支樑彎矩曲線面積針對樑端點的一次矩（下標表示一次矩之支點）。在此，我們所使用的符號規則為：假設使得正切偏距增加之彎矩曲線貢獻為正，使得正切偏距減少者為負。

為了說明承載均佈載重 w（如圖12.3）之樑的 $(A_M\bar{x})_A$ 項之計算，我們畫出拋物線型之簡支樑彎矩曲線，並計算曲線下面積與 A 點至面積形心距離之乘積：

$$(A_M\bar{x})_A = \text{area} \cdot \bar{x} = \frac{2L}{3}\frac{WL^2}{8}\left(\frac{L}{2}\right) = \frac{WL^4}{24} \tag{12.7}$$

由於彎矩曲線為對稱，此例中 $(A_M\bar{x})_B$ 等於 $(A_M\bar{x})_A$。

如果我們接著將（式12.5）與（式12.6）中之 t_{AB} 以及 t_{BA} 值代入（式12.4a）與（12.4b）中，我們可寫出

$$\theta_A - \psi_{AB} = \frac{1}{L}\left[\frac{M_{BA}}{EI}\frac{L}{2}\frac{2L}{3} - \frac{M_{AB}}{EI}\frac{L}{2}\frac{L}{3} - \frac{(A_M\bar{x})_A}{EI}\right] \tag{12.8}$$

$$\theta_B - \psi_{AB} = \frac{1}{L}\left[\frac{M_{AB}}{EI}\frac{L}{2}\frac{2L}{3} - \frac{M_{BA}}{EI}\frac{L}{2}\frac{L}{3} - \frac{(A_M\bar{x})_B}{EI}\right] \tag{12.9}$$

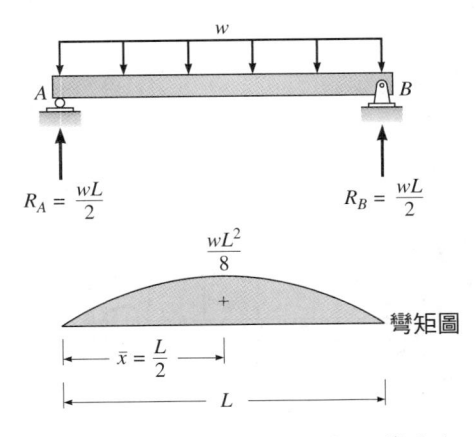

圖12.3：均佈載重所造成之簡支樑彎矩。

最後，我們將（式12.8）與（式12.9）聯立求解 M_{AB} 與 M_{BA}，可獲得傾角變位方程式如下：

$$M_{AB} = \frac{2EI}{L}(2\theta_A + \theta_B - 3\psi_{AB}) + \frac{2(A_M\bar{x})_A}{L^2} - \frac{4(A_M\bar{x})_B}{L^2} \tag{12.10}$$

$$M_{BA} = \frac{2EI}{L}(2\theta_B + \theta_A - 3\psi_{AB}) + \frac{4(A_M\bar{x})_A}{L^2} - \frac{2(A_M\bar{x})_B}{L^2} \tag{12.11}$$

在（式12.10）與（式12.11）中，包含 $(A_M\bar{x})_A$ 與 $(A_M\bar{x})_B$ 之最後兩項為只與構件端點間施加載重相關的函數。使用（式12.10）與（式12.11）計算與圖12.2a所示AB樑相同尺寸斷面與跨度，且承載相同載重之固定端樑的彎矩時，我們可賦予此兩尾項一個物理意義（如圖12.4）；稱做固定端彎矩 (fixed-end moments)。因為圖12.4所示樑之兩端皆為固定端，此時之構件端點彎矩 M_{AB} 與 M_{BA} 可將之標示為 FEM_{AB} 與 FEM_{BA}。同時，圖12.4之固定端限制樑端點既無旋轉也無位移，我們有

$$\theta_A = 0 \qquad \theta_B = 0 \qquad \psi_{AB} = 0$$

將這些值代入（式12.10）與（式12.11），我們得到固定端彎矩之表示式

$$\text{FEM}_{AB} = M_{AB} = \frac{2(A_M\bar{x})_A}{L^2} - \frac{4(A_M\bar{x})_B}{L^2} \tag{12.12}$$

$$\text{FEM}_{BA} = M_{BA} = \frac{4(A_M\bar{x})_A}{L^2} - \frac{2(A_M\bar{x})_B}{L^2} \tag{12.13}$$

利用（式12.12）與（式12.13）之結果，我們將（式12.10）與（式12.11）以 FEM_{AB} 與 FEM_{BA}，更簡化的表示如下：

$$M_{AB} = \frac{2EI}{L}(2\theta_A + \theta_B - 3\psi_{AB}) + \text{FEM}_{AB} \tag{12.14}$$

$$M_{BA} = \frac{2EI}{L}(2\theta_B + \theta_A - 3\psi_{AB}) + \text{FEM}_{BA} \tag{12.15}$$

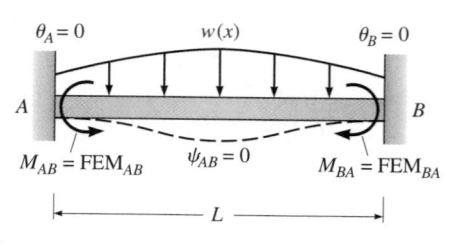

由於（式12.14）與（式12.15）具相同型式，我們可以一個單一方程式取代它們。我們以 (N) 代表近端而以 (F) 代表遠端。藉由此項之調整，我們可將傾角變位方程式寫為

$$M_{NF} = \frac{2EI}{L}(2\theta_N + \theta_F - 3\psi_{NF}) + \text{FEM}_{NF} \tag{12.16}$$

圖 12.4

在（式12.16）中，構件之尺寸比例出現在比值 I/L 項內。此比值稱做構材 NF 之相對撓曲勁度 (relative flexural stiffness)，以符號 K 標示

$$\text{相對撓曲勁度} \quad K = \frac{I}{L} \tag{12.17}$$

將（式12.17）代入（式12.16），我們將傾角變位方程式寫為

$$M_{NF} = 2EK(2\theta_N + \theta_F - 3\psi_{NF}) + \text{FEM}_{NF} \tag{12.16a}$$

任何一種載重型態所對應（式12.16）或（式12.16a）中固定端彎矩 (FEM_{NF}) 之值，可由（式12.12）與（式12.13）算出。例題12.1說明以這些方程式，求得作用於中跨之單一集中載重所產生之固定端彎矩，至於其他型態載重以及支承位移所造成的固定端彎矩值，則列於圖12.5中。

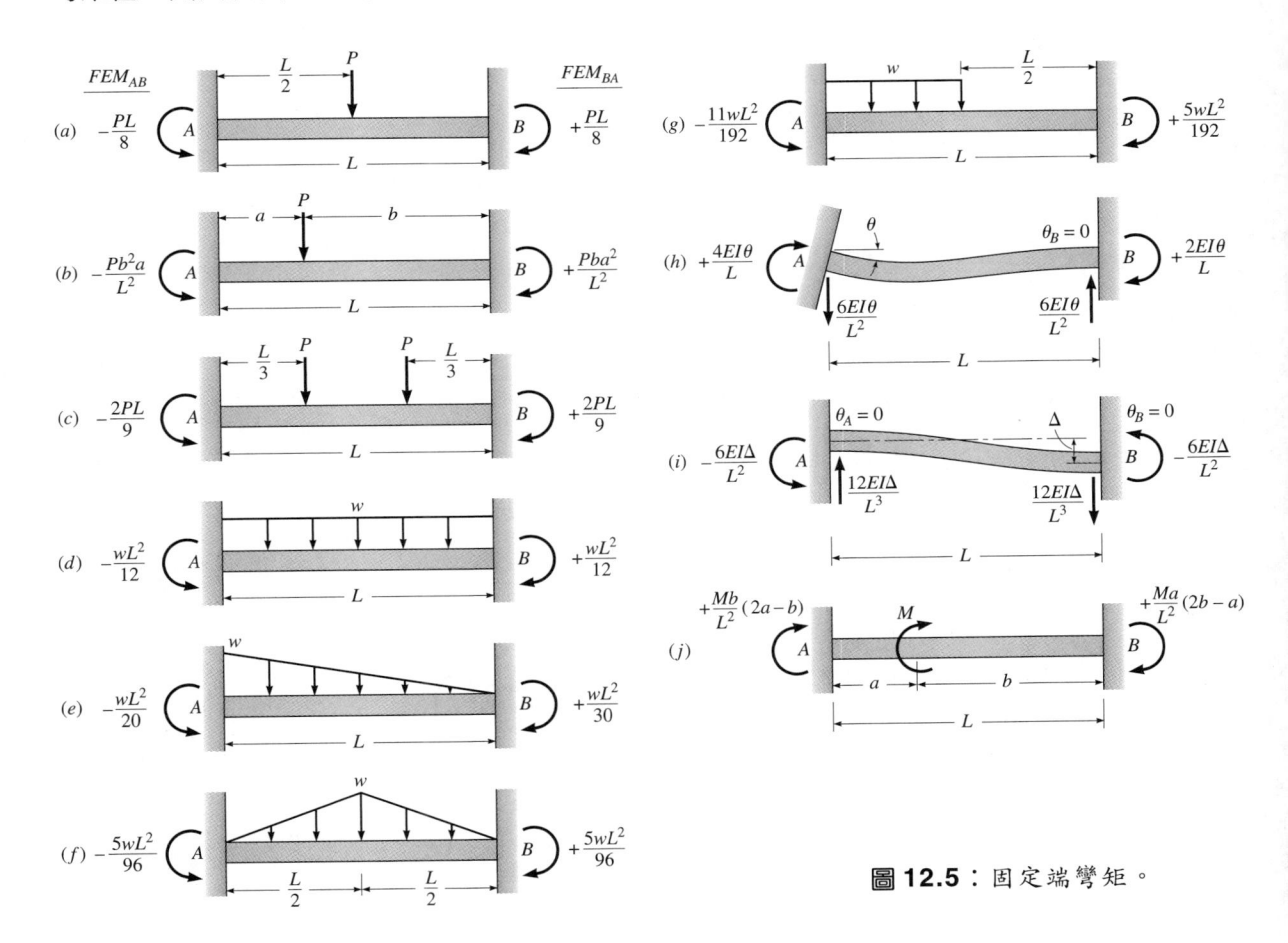

圖 **12.5**：固定端彎矩。

例題 12.1

利用（式 12.12）與（式 12.13），計算圖 12.6a 所示固定端樑，受中跨集中載重 P 作用下之固定端彎矩。已知 EI 為定值。

解答：

使用（式 12.12）與（式 12.13）時，我們需要針對圖 12.6a 所示樑之兩端，計算施加載重所造成簡支樑彎矩曲線下方面積之一次矩。為了建立簡支樑彎矩曲線，我們想像圖 12.6a 之 AB 樑由其固定支承被取下，放置於一組簡支承上，如圖 12.6b 所示。由中跨集中載重所造成之簡支樑彎矩曲線，如圖 12.6c 所示。由於彎矩曲線下之面積為對稱；

$$(A_M \bar{x})_A = (A_M \bar{x})_B = \frac{1}{2} L \frac{PL}{4} \left(\frac{L}{2}\right) = \frac{PL^3}{16}$$

利用（式 12.12）可得

$$\text{FEM}_{AB} = \frac{2(A_M \bar{x})_A}{L^2} - \frac{4(A_M \bar{x})_B}{L^2}$$

$$= \frac{2}{L^2}\left(\frac{PL^3}{16}\right) - \frac{4}{L^2}\left(\frac{PL^3}{16}\right) = -\frac{PL}{8} \quad \text{（負號表示反時針方向彎矩）}$$

利用（式 12.13）可得

$$\text{FEM}_{BA} = \frac{4(A_M \bar{x})_A}{L^2} - \frac{2(A_M \bar{x})_B}{L^2}$$

$$= \frac{4}{L^2}\left(\frac{PL^3}{16}\right) - \frac{2}{L^2}\left(\frac{PL^3}{16}\right) = +\frac{PL}{8} \quad \text{（順時針）}$$

圖 12.6

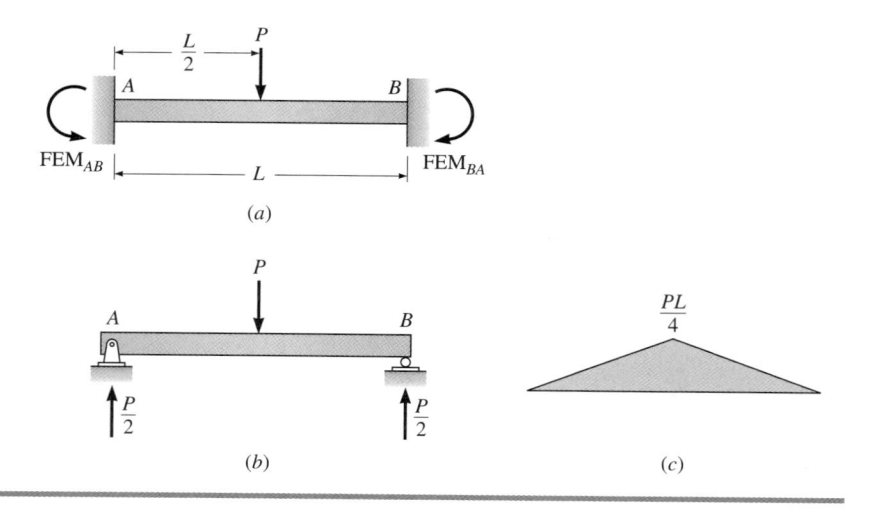

12.4 以傾角變位法分析結構
Analysis of Structures by the Slope - Deflection Method

雖然傾角變位法可用於分析任何形式之靜不定樑與構架，我們將先限制此法用於分析支承不沉陷的靜不定樑，以及用於分析側撐 (braced) 構架，此類構架之接點可自由轉動但被限制不可移動——此種束制可由撐材（如圖 3.23g）或支承所提供。對於這種結構而言，（式 12.16）中之弦線旋轉角 ψ_{NF} 為零。圖 12.7a 與 b 為數個結構範例，其接點不會側向移動但可自由旋轉。在圖 12.7a 中，接點 A 之位移遭固定支承所束制，而接點 C 受到銷支承限制。若忽略彎曲與軸向變形對桿長所產生之二階次要改變，由於 BC 桿連接至不可移動的支承 C，我們可假設 BC 桿對 B 接點產生水平位移的束制作用。而 AB 桿對 B 接點也產生垂直束制，因為其連接至 A 點之固定支承。受載後結構大致的變形曲線如圖 12.7 之虛線所示。

圖 12.7b 所示結構其輪廓與載重，皆針對通過 BC 桿中跨之垂直軸形成對稱。由於受軸對稱載重之對稱結構必定變形成為對稱型式，頂部接點在兩個水平方向上皆不會發生側向位移。

圖 12.7c 與 d 所示之範例構架包含了：在載重作用下既會旋轉也會側向移動的接點。在側向載重 H 作用下，圖 12.7c 中之接點 B 與 C 向右移動。這個位移造成 AB 與 CD 桿之弦線轉角 $\psi = \Delta/h$。由於 B 與 C 接點並未產生垂直位移——仍舊忽略柱的二階彎曲與軸向變形——樑之弦線轉角 ψ_{BC} 等於零。雖然圖 12.7d 所示構架僅承受垂直載重，接點 B 與 C 仍將側向移動一個距離 Δ，這是因為 AB 與 BC 桿的彎曲變形之故。在 12.5 節中，我們將考慮包含一或多根具弦線轉角之構件的結構分析。

圖 12.7：(a) 所有接點之位移皆受束制；所有弦線轉角 ψ 等於零；(b) 由於載重與結構皆對稱，接點不可移動但可自由旋轉，弦線轉角為零；(c) 與 (d) 未側撐構架具弦線轉角。

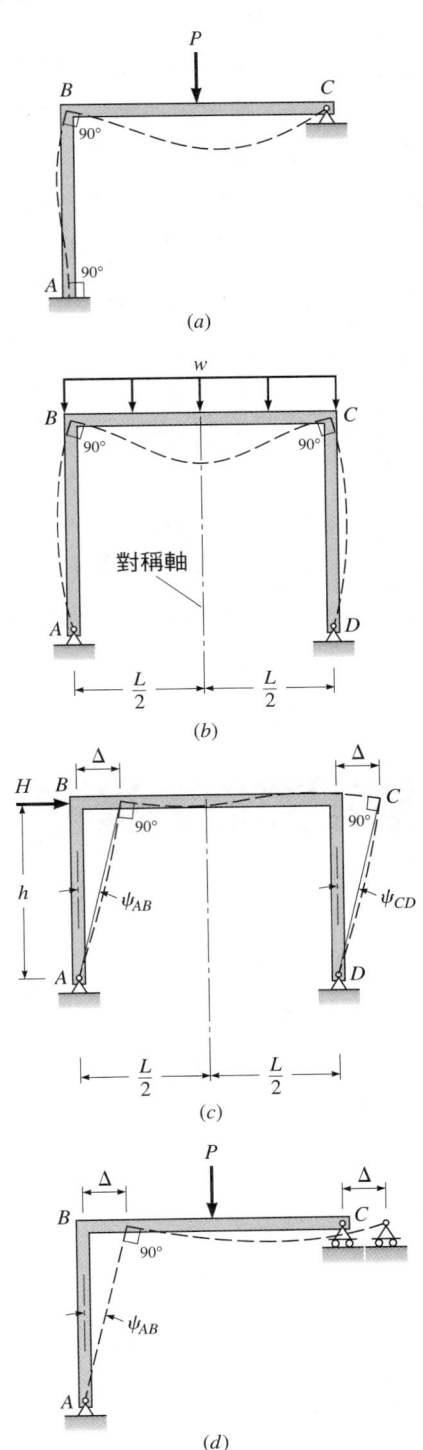

12.2節所討論之傾角變位法基本步驟扼要歸納如下：

結論

1. 確認所有未知的接點位移（含轉角）以便瞭解未知數的數目。
2. 運用傾角變位方程式（式12.16）將所有桿件端點彎矩以接點轉角及施加載重表示。
3. 在除了固定端以外的每個接點上，寫出彎矩平衡方程式，其意義為（連接至接點的各桿作用在此接點的）彎矩的總和為零。在固定端的平衡方程式所產生之等式為 0=0，故未提供任何有用的資訊。平衡方程式的數目必須等於未知位移的數目。

   所使用的彎矩符號規則為；假設正彎矩順時鐘方向作用。假如桿件端點彎矩為未知，將此彎矩顯示為順時鐘方向作用於桿件端點。桿件作用於接點之彎矩總是相等但反向於作用於桿件端之彎矩。如果一根桿件之端點彎矩的大小及方向為已知，將之呈現在正確的方向上。

4. 將以位移為函數的彎矩表示式（見步驟2），代入步驟3的平衡方程式中，並求解未知位移。
5. 將步驟4解得之位移值，代回步驟2之構件端點彎矩表示式，求得端點彎矩之值。一旦構件端點彎矩為已知，剩下的分析項目─如繪剪力與彎矩圖或求反力─由靜力學分析即可完成。

例題 12.2 與 12.3 說明上述歸納的程序。

例題 12.2

利用傾角變位法，決定圖12.8a中所示靜不定樑之構件端點彎矩。此樑為彈性行為且於中跨受一集中載重作用。決定出端點彎矩後，畫出剪力與彎矩圖。假如 $I = 240$ in^4 且 $E = 30,000$ kips/in^2，計算接點 B 之傾角。

解答：

由於 A 點為固定端，$\theta_A = 0$；因此，唯一之未知位移為 B 點之旋轉角 θ_B（ψ_{AB} 則為零，因為沒有支承沉陷）。利用傾角變位方程式，

$$M_{NF} = \frac{2EI}{L}(2\theta_N + \theta_F - 3\psi_{NF}) + \text{FEM}_{NF} \tag{12.16}$$

以及圖 12.5a 所示中跨集中載重所造成之固定端彎矩，我們可將圖 12.8b 所示構件端點彎矩表示為

$$M_{AB} = \frac{2EI}{L}(\theta_B) - \frac{PL}{8} \tag{1}$$

$$M_{BA} = \frac{2EI}{L}(2\theta_B) + \frac{PL}{8} \tag{2}$$

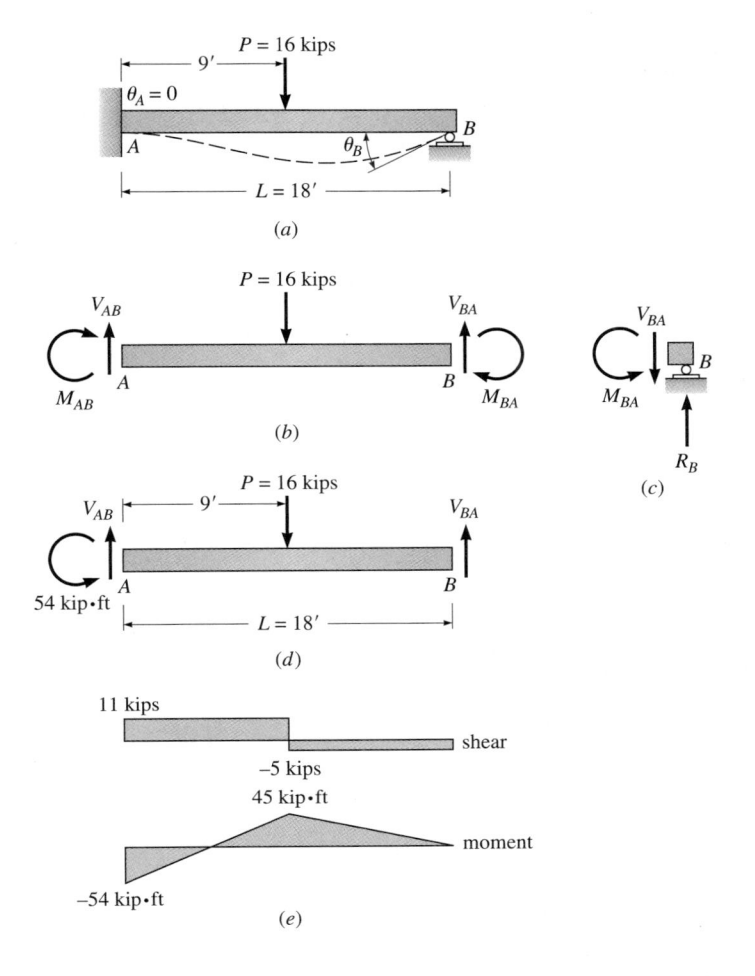

12.4 以傾角變位法分析結構　12-13

圖 12.8：(a) 樑具一未知位移 θ_B；(b) AB 樑之自由體；未知構件端點彎矩 M_{AB} 與 M_{BA} 表示為順時針方向；(c) 接點 B 之自由體圖；(d) 計算端點剪力之自由體；(e) 剪力與彎矩圖。

要決定 θ_B，我們接著寫出 B 點之彎矩平衡方程式（如圖 12.8c）：

$$\circlearrowleft^+ \quad \Sigma M_B = 0$$
$$M_{BA} = 0 \tag{3}$$

將（式 2）代入（式 3）求解 θ_B，可得

$$\frac{4EI}{L}\theta_B + \frac{PL}{8} = 0$$

$$\theta_B = -\frac{PL^2}{32EI} \tag{4}$$

其中負號表示 AB 桿之 B 端與接點 B 皆為反時針方向旋轉。要決定構件端彎矩，（式 4）所得之 θ_B 值代入（式 1）與（式 2），可得

$$M_{AB} = \frac{2EI}{L}\left(\frac{-PL^2}{32EI}\right) - \frac{PL}{8} = -\frac{3PL}{16} = -54 \text{ kip·ft}$$

$$M_{BA} = \frac{4EI}{L}\left(\frac{-PL^2}{32EI}\right) + \frac{PL}{8} = 0$$

由於 B 點為銷支，M_{BA} 必為零，上面 M_{BA} 之計算式可做為此項已知條件之檢核。

為了完成其他之分析結果，我們套用靜力方程式於圖 12.8d 所示之 AB 桿自由體上。

$$\circlearrowright^+ \quad \Sigma M_A = 0$$
$$0 = (16 \text{ kips})(9 \text{ ft}) - V_{BA}(18 \text{ ft}) - 54 \text{ kip·ft}$$
$$V_{BA} = 5 \text{ kips}$$
$$\uparrow^+ \quad \Sigma F_y = 0$$
$$0 = V_{BA} + V_{AB} - 16$$
$$V_{AB} = 11 \text{ kips}$$

要求取 θ_B，我們將各變數之數值代入（式4），以 inches 與 kips 為單位。

$$\theta_B = -\frac{PL^2}{32EI} = -\frac{16(18 \times 12)^2}{32(30,000)240} = -0.0032 \text{ rad}$$

將 θ_B 表示為角度時，可得

$$\frac{2\pi \text{ rad}}{360°} = \frac{-0.0032}{\theta_B}$$
$$\theta_B = -0.183°$$

顯然傾角 θ_B 相當小，用肉眼根本無法辨識。

註：當讀者使用傾角變位法時，必須根據既定格式來建立平衡方程式。亦即不需要猜測未知構件端點彎矩之方向，平衡方程式之解將自動產生位移與彎矩正確的方向。舉例說明，雖然直覺上我們知道圖 12.8a 中，變形圖顯示彎矩 M_{BA} 之方向必須為反時針方向，是因為梁受載重作用下左端為凹面向下之彎曲現象。但在圖 12.8b 中，我們將 AB 桿之端點彎矩 M_{AB} 與 M_{BA} 表示為既定之順時針方向。當解答顯示 M_{AB} 為 -54 kip·ft 時，我們便由 M_{AB} 之負號知道，此端點彎矩之方向為反時針方向。

例題 12.3 利用傾角變位法，決定圖 12.9a 所示側撐構架之構件端點彎矩。同時，計算 D 點反力以及畫出 AB 與 BD 桿之剪力與彎矩圖。

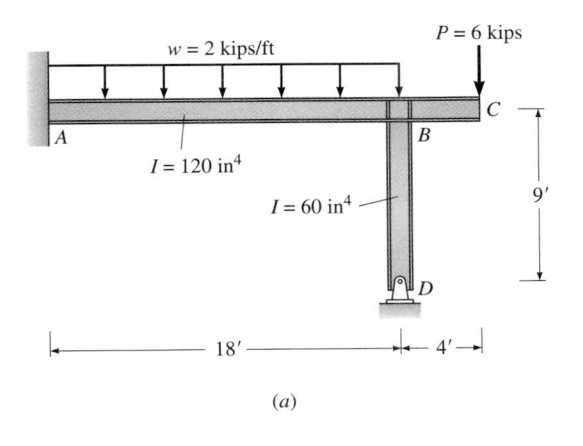

12.4　以傾角變位法分析結構　12-15

圖 12.9：(a) 構架詳圖；(b) 接點 D；(c) 接點 B（剪力與軸力省略以簡化作圖）；(d) 計算剪力與反力之構件與接點自由體（作用於 B 點之彎矩省略以簡化圖示）。

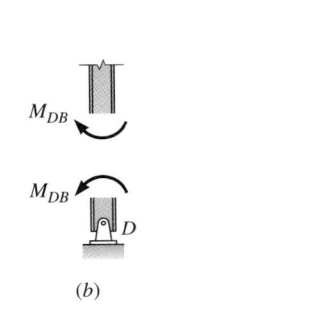

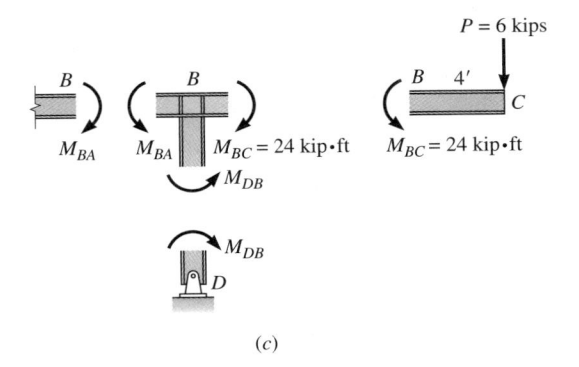

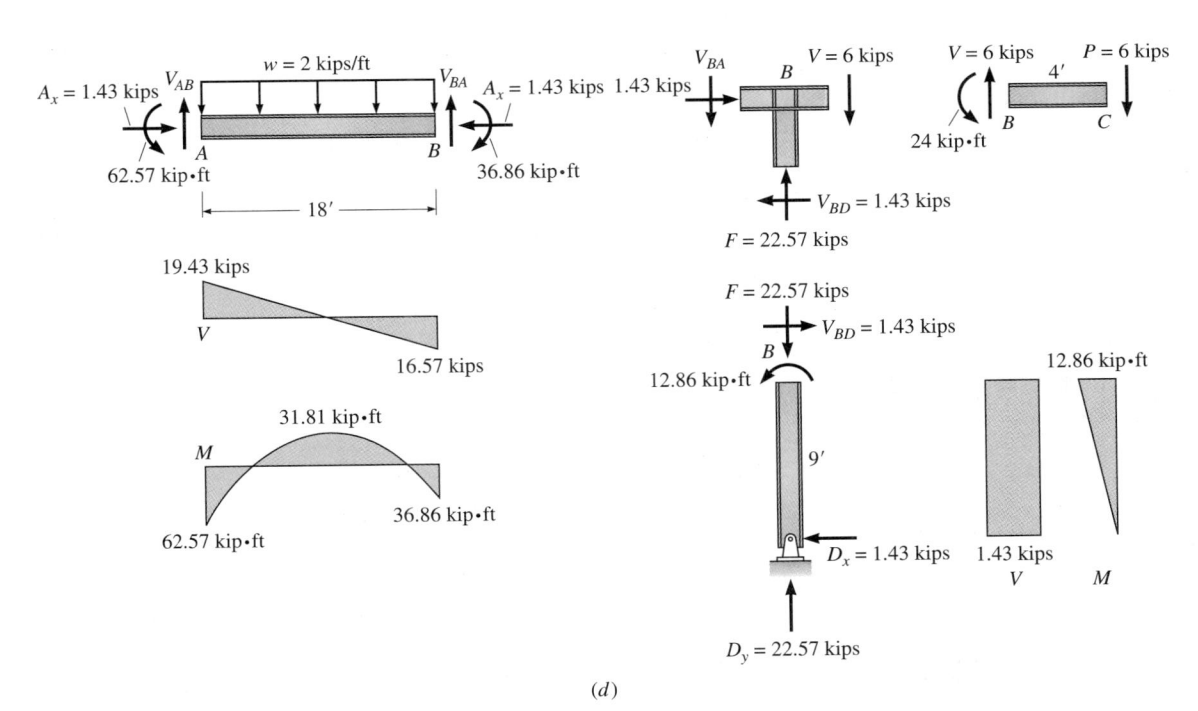

解答：

由於 A 點為固定端，θ_A 為零。因此，我們所需考慮之未知接點位移為 θ_B 與 θ_D。雖然懸臂桿 BC 作用在 B 點之彎矩，必須包含於接點平衡方程式內，由於懸臂段為靜定，我們並不需要將此懸臂段納入靜不定構架部分之傾角變位分析中；也就是說，BC 桿中任一斷面之剪力與彎矩是可用靜力方程式便加以決定的。在傾角變位分析中，我們可將懸臂段視為一個提供 B 點 6-kip 垂直力與 24 kip·ft 順時針彎矩之裝置。

利用傾角變位方程式

$$M_{NF} = \frac{2EI}{L}(2\theta_N + \theta_F - 3\psi_{NF}) + \text{FEM}_{NF} \tag{12.16}$$

作用於 AB 桿之均佈載重所造成之固定端彎矩為

$$\text{FEM}_{AB} = -\frac{wL^2}{12}$$

$$\text{FEM}_{BA} = +\frac{wL^2}{12}$$

將所有變數以 kip·in 代入，我們可得構件端點彎矩

$$M_{AB} = \frac{2E(120)}{18(12)}(\theta_B) - \frac{2(18)^2(12)}{12} = 1.11E\theta_B - 648 \tag{1}$$

$$M_{BA} = \frac{2E(120)}{18(12)}(2\theta_B) + \frac{2(18)^2(12)}{12} = 2.22E\theta_B + 648 \tag{2}$$

$$M_{BD} = \frac{2E(60)}{9(12)}(2\theta_B + \theta_D) = 2.22E\theta_B + 1.11E\theta_D \tag{3}$$

$$M_{DB} = \frac{2E(60)}{9(12)}(2\theta_D + \theta_B) = 2.22E\theta_D + 1.11E\theta_B \tag{4}$$

要求解未知接點位移 θ_B 與 θ_D，我們寫出在 B 與 D 點之平衡方程式。

在 D 點（如圖12.9b）： $\circlearrowleft^+ \Sigma M_D = 0$

$$M_{DB} = 0 \tag{5}$$

在 B 點（如圖12.9c）： $\circlearrowleft^+ \Sigma M_B = 0$

$$M_{BA} + M_{BD} - 24(12) = 0 \tag{6}$$

由於懸臂段 B 端之彎矩 M_{BC}，其大小及方向可由靜力分析決定之（對 B 點取彎矩），我們將它以正確之符號意義（逆時針）作用於 BC 桿端點，如圖 12.9c。另一方面，由於 M_{BA} 與 M_{BD} 為未知，它們被假設為正值之符號——順時針方向於構件端點而逆時針方向於接點上。

利用式（式2）至（式4），將（式5）與（式6）之彎矩以位移表示，我們可將平衡方程式寫成：

在D點： $\qquad 2.22E\theta_D + 1.11E\theta_B = 0 \qquad$ (7)

在B點： $(2.22E\theta_B + 648) + (2.22E\theta_B + 1.11E\theta_D) - 288 = 0 \qquad$ (8)

聯立（式7）與（式8）可得

$$\theta_D = \frac{46.33}{E}$$

$$\theta_B = -\frac{92.66}{E}$$

要求得構件端點彎矩，將θ_B與θ_D之值代入（式1）、（式2）與（式3）可得

$$M_{AB} = 1.11E\left(-\frac{92.66}{E}\right) - 648$$

$$= -750.85 \text{ kip·in} = -62.57 \text{ kip·ft}$$

$$M_{BA} = 2.22E\left(-\frac{92.66}{E}\right) + 648$$

$$= 442.29 \text{ kip·in} = +36.86 \text{ kip·ft}$$

$$M_{BD} = 2.22E\left(-\frac{92.66}{E}\right) + 1.11E\left(\frac{46.33}{E}\right)$$

$$= -154.28 \text{ kip·in} = -12.86 \text{ kip·ft}$$

構件端點彎矩為已知後，我們以靜力方程式決定所有構件端點之剪力。圖12.9d顯示構件與接點之自由體圖，但不包括懸臂段。所有桿件可傳遞剪力與彎矩以及軸力。剪力求得後，軸力與反力便可由考慮接點之平衡而求得。例如，作用於接點B垂直方向力之平衡，要求柱BD之垂直力F等於AB與BC桿作用於B點之剪力總和。

例題 **12.4**

利用對稱性簡化對稱結構之分析

決定圖12.10a所示剛性構架之反力，並繪出樑與柱之剪力與彎矩曲線。已知：$I_{AB} = I_{CD} = 120 \text{ in}^4$，$I_{BC} = 360 \text{ in}^4$，且所有構件之$E$為定值。

解答：

雖然B與C點皆會旋轉，它們並不會產生側向移動，原因是此結構與其載重皆對通過樑中心之垂直軸對稱。此外，θ_B與θ_C之大小會相等，但方向相反。θ_B為順時針是正值，θ_C

圖 12.10：(a) 對稱結構與載重；(b) 作用於接點 B 之彎矩（軸力與剪力忽略）；(c) 計算剪力作用之 BC 樑與 AB 柱的自由體，最終剪力與彎矩圖亦示於圖中。

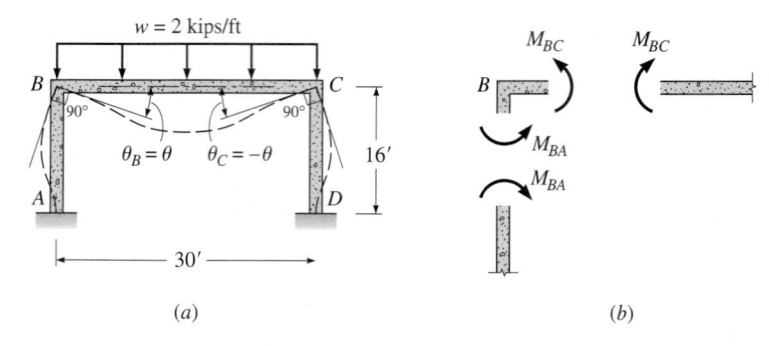

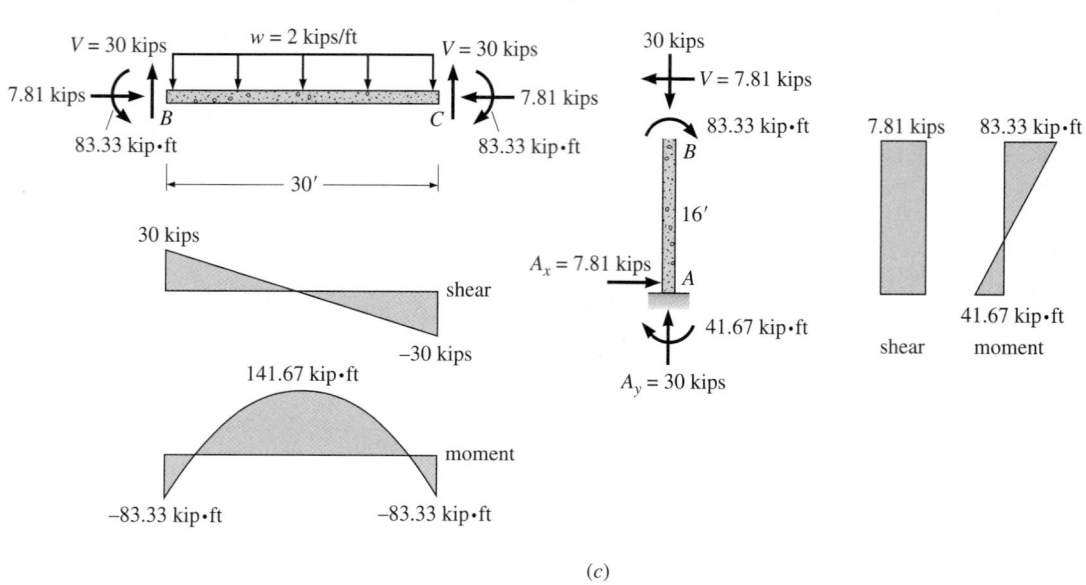

為反時針是負值。因此，本題之未知數只有一個旋轉角，我們可隨意選擇 B 或 C 任一點之平衡方程式，假定選擇 B 點。

以（式 12.16）將構件端點彎矩寫出，BC 桿之固定端彎矩由圖 12.5d 讀取，將各項之單位設定為 kips·inch，並代入 $\theta_B = \theta$ 與 $\theta_C = -\theta$ 之關係，

$$M_{AB} = \frac{2E(120)}{16(12)}(\theta_B) = 1.25E\theta_B \tag{1}$$

$$M_{BA} = \frac{2E(120)}{16(12)}(2\theta_B) = 2.50E\theta_B \tag{2}$$

$$M_{BC} = \frac{2E(360)}{30(12)}(2\theta_B + \theta_C) - \frac{WL^2}{12}$$

$$= 2E[2\theta + (-\theta)] - \frac{2(30)^2(12)}{12} = 2E\theta - 1800 \tag{3}$$

利用在 B 點之平衡方程式（如圖 12.10b），可得

$$M_{BA} + M_{BC} = 0 \tag{4}$$

將（式 2）與（式 3）代入（式 4）求解 θ，可得

$$2.5E\theta + 2.0E\theta - 1800 = 0$$

$$\theta = \frac{400}{E} \tag{5}$$

將（式 5）之 θ 值代入（式 1）至（式 3），便得構件端點彎矩

$$M_{AB} = 1.25E\left(\frac{400}{E}\right)$$
$$= 500 \text{ kip·in} = 41.67 \text{ kip·ft}$$

$$M_{BA} = 2.5E\left(\frac{400}{E}\right)$$
$$= 1000 \text{ kip·in} = 83.33 \text{ kip·ft}$$

$$M_{BC} = 2E\left(\frac{400}{E}\right) - 1800$$
$$= -1000 \text{ kip·in} = -83.33 \text{ kip·ft} \quad \text{（反時針方向）}$$

本例題分析之最後結果如圖 12.10c 所示。

利用對稱性關係將圖 12.11a 所示構架之傾角變位分析予以簡化。決定支承 A 與 D 點之反力。

例題 12.5

解答：

檢視構架之各項條件，可推知所有接點之轉角皆為零。其中 θ_A 與 θ_C 為零是因為固定支承之故。由於桿 BD 位於對稱軸上，我們可推論；只要結構為對稱則此桿必保持筆直。因為如果桿可向任一方向彎曲，則對稱之假設便失效。既然柱保持筆直，其上與下之 B 與 D 點便沒有發生旋轉；因此，θ_B 與 θ_D 也等於零。同時，沒有沉陷發生，各構件之弦線轉角皆為零。由於所有接點轉角為零且弦線角度為零，以（式 12.16）傾角變位方程式求取樑 BC 與 AB 之構件端點彎矩時，便僅剩下可由圖 12.5a 計算之固定端彎矩，$PL/8$：

$$\text{FEM} = \pm\frac{PL}{8} = \frac{16(20)}{8} = \pm 40 \text{ kip·ft}$$

圖 12.11b 所示為樑 AB、接點 B、以及柱 BD 之自由體。

圖 12.11：(a) 對稱受載之對稱構架（虛線為變形示意曲線）；(b) 樑 AB，接點 B 以及柱 BD 之自由體，樑 AB 之剪力與彎矩圖。

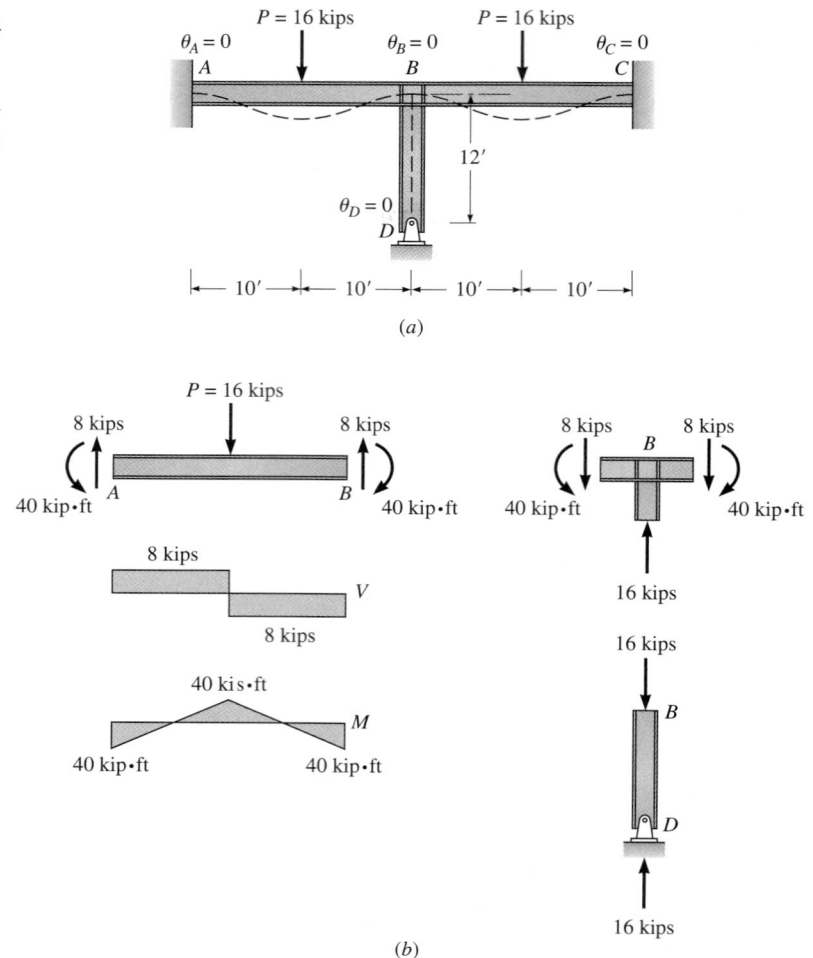

註：圖 12.11 所示構架之分析，顯示柱 BD 只傳遞軸力，原因為接點兩側之樑所施加於該點之彎矩相等但反向。相似的情形在多層建築之內柱中時常可見。這些建築多由連續鋼筋混凝土構架或焊接剛性接頭構架所組成。雖然剛性接頭可將彎矩由樑傳遞至柱，但彎矩的量是由接頭兩側樑所作用之彎矩**差值**所決定的。當樑跨長與其上載重皆大致相同時（此為建築物內常見之情況），彎矩之差異值會很小。因此，在初步設計階段中，柱之尺寸通常可僅以柱之載重分擔區域內，重力載重所造成之軸向載重大小，便可準確地設計出來。

例題 12.6 　決定圖 12.12 所示樑之反力，並畫出剪力與彎矩曲線。支承 A 興建時，意外地產生 0.009 rad 之傾角，而支承 B 之建造位置低於預訂位置 1.2 in。已知：EI 為定值，$I = 360 \text{ in}^4$，而 $E = 29{,}000 \text{ kips/in}^2$。

解答：

A 點之傾角以及弦線轉角 ψ_{AB}，可由題意中支承位移資料決定之。由於樑於 A 點固定剛接，其轉角為反時針方向，故 $\theta_A = -0.009$ rad。支承 B 之沉陷則產生相對於 A 點順時針方向之弦線角度

$$\psi_{AB} = \frac{\Delta}{L} = \frac{1.2}{20(12)} = 0.005 \text{ 弧度}$$

θ_B 為唯一之未知數，且因無載重作用，固定端彎矩為零。以傾角變位方程式（式12.16）表示構材端點彎矩時，

$$M_{AB} = \frac{2EI_{AB}}{L_{AB}}(2\theta_A + \theta_B - 3\psi_{AB}) + \text{FEM}_{AB}$$

$$M_{AB} = \frac{2E(360)}{20(12)}[2(-0.009) + \theta_B - 3(0.005)] \quad (1)$$

$$M_{BA} = \frac{2E(360)}{20(12)}[2\theta_B + (-0.009) - 3(0.005)] \quad (2)$$

寫出在 B 點之平衡方程式

$$\stackrel{+}{\circlearrowleft} \quad \Sigma M_B = 0$$

$$M_{BA} = 0 \quad (3)$$

將（式2）代入（式3）求解 θ_B 可得

$$3E(2\theta_B - 0.009 - 0.015) = 0$$

$$\theta_B = 0.012 \text{ 弧度}$$

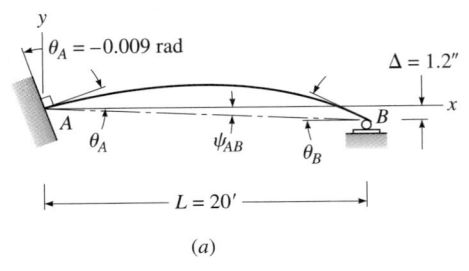

圖12.12：(a) 變形曲線；(b) 計算 V_A 與 R_B 所用之自由體；(c) 剪力與彎矩曲線。

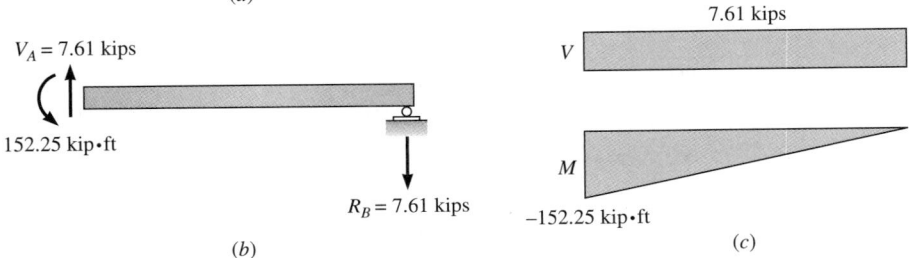

要計算 M_{AB}，我們可將 θ_B 代入（式 1）：

$$M_{AB} = 3(29{,}000)[2(-0.009) + 0.012 - 3(0.005)]$$
$$= -1827 \text{ kip·in} = -152.25 \text{ kip·ft}$$

最後，剩下之 B 點反力與 A 點剪力則可由靜力方程式求得（如圖 12.12b）

$$\circlearrowleft^+ \quad \Sigma M_A = 0$$
$$0 = R_B(20) - 152.25$$
$$R_B = 7.61 \text{ kips}$$
$$\uparrow^+ \quad \Sigma F_y = 0$$
$$V_{AB} = 7.61 \text{ kips}$$

例題 12.7   雖然圖 12.13 所示構架，正確地建築於其預定之位置上，樑 AB 之成品較標準尺寸長了 1.2 in。決定當構架安設於基座時，所造成之反力大小。已知：所有構件 EI 為定值，$I = 240$ in^4 且 $E = 29{,}000$ kips/in^2。

解答：

構架之變形如圖 12.13a 之虛線所示。當構架被連接至支承時，所引起之任何內力（軸力，剪力與彎矩）皆會產生額外之變形，但這些變位與 1.2-in 之製程誤差相較之下，都可予以忽略；因此，柱 BC 之弦線角度 ψ_{BC} 等於

$$\psi_{BC} = \frac{\Delta}{L} = \frac{1.2}{9(12)} = \frac{1}{90} \text{ 弧度}$$

至於樑 AB 之兩端，因仍在同一高程，其 $\psi_{BC} = 0$。所以，未知之位移為 θ_B 與 θ_C。

利用傾角變位方程式（式 12.16），以未知位移表示構件端點彎矩時，因為沒有外加載重，固定彎矩項為零。

$$M_{AB} = \frac{2E(240)}{18(12)}(\theta_B) = 2.222 E\theta_B \tag{1}$$

$$M_{BA} = \frac{2E(240)}{18(12)}(2\theta_B) = 4.444 E\theta_B \tag{2}$$

$$M_{BC} = \frac{2E(240)}{9(12)}\left[2\theta_B + \theta_C - 3\left(\frac{1}{90}\right)\right]$$
$$= 8.889 E\theta_B + 4.444 E\theta_C - 0.1481 E \tag{3}$$

$$M_{CB} = \frac{2E(240)}{9(12)}\left[2\theta_C + \theta_B - 3\left(\frac{1}{90}\right)\right]$$
$$= 8.889 E\theta_C + 4.444 E\theta_B - 0.1481 E \tag{4}$$

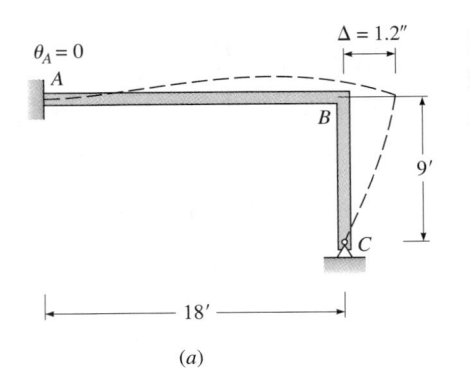

圖 12.13：(a) 樑 AB 被製成 1.2 in 過長；(b) 計算內力與反力之樑 AB、B 點與柱 BC 自由體圖。

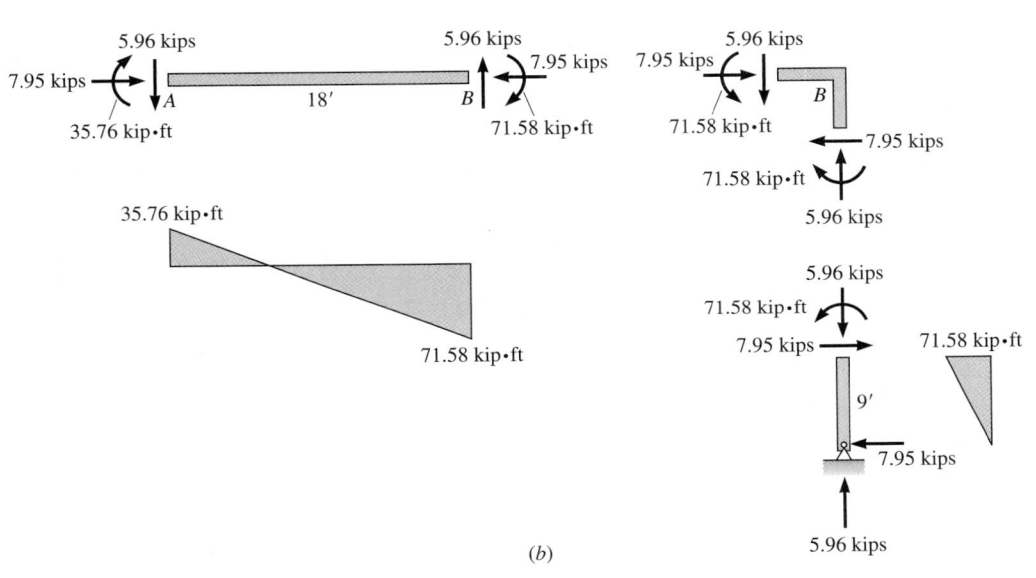

列出在 B 與 C 點之平衡方程，我們可得

接點 C：
$$M_{CB} = 0 \tag{5}$$

接點 D：
$$M_{BA} + M_{BC} = 0 \tag{6}$$

將（式2）至（式4）代入（式5）與（式6）求解 θ_B 與 θ_C，

$$8.889E\theta_C + 4.444E\theta_B - 0.1481E = 0$$
$$4.444E\theta_B + 8.889E\theta_B + 4.444E\theta_C - 0.1481E = 0$$
$$\theta_B = 0.00666 \text{ 弧度} \tag{7}$$
$$\theta_C = 0.01332 \text{ 弧度} \tag{8}$$

將所得 θ_B 與 θ_C 代入（式1）至（式3），可得

$$M_{AB} = 35.76 \text{ kip·ft} \qquad M_{BA} = 71.58 \text{ kip·ft}$$
$$M_{BC} = -71.58 \text{ kip·ft} \qquad M_{CB} = 0$$

圖 12.13b 所示為計算內力與反力之自由體圖以及彎矩曲線。

12.5 可自由側移之結構的分析
Analysis of Structures That Are Free to Sidesway

截至目前為止，我們已經使用傾角變位法分析靜不定樑與構架，其接點可自由轉動但不可移動。現在我們將此方法延伸至：分析接點也可自由側移（*sidesway*）的結構。舉例說明，圖12.14a 中之水平載重造成 BC 樑側向移動了一個距離 Δ。已知樑之軸向變形不明顯，我們可假設兩根柱頂之水平位移皆為 Δ。這個位移產生一個順時鐘方向的弦線轉角 ψ 在構架的兩個底部，等於

$$\psi = \frac{\Delta}{h}$$

其中 h 為柱長。

由於構架內共產生三個獨立位移變數（也就是 B 與 C 點之旋轉（θ_B 與 θ_C）以及弦線轉角 ψ），因此我們需要三個平衡方程式來求解。考慮作用在 B 與 C 點之彎矩平衡方程式，共可提供兩個方程式。由於在前面的問題中，我們已寫過這種型態之方程式（指彎矩平衡方程式）。在此，我們將只討論第二種型態之平衡方程式—*剪力方程式*（*shear equation*）。剪力方程式的建立是將作用於樑自由體上水平方向的力加總起來。比方說，對圖12.14b 中之樑而言，我們可寫出

$$\xrightarrow{+} \quad \Sigma F_x = 0$$
$$V_1 + V_2 + Q = 0 \tag{12.18}$$

在（式 12.18）中，柱 AB 之剪力 V_1 與柱 CD 之 V_2 的計算，是利用對作用於柱自由體之力取柱底之彎矩和而得到。如我們之前所陳述，作用於柱端之未知彎矩應以正值方向標示；也就是說，順時針作用於構件端點。對柱 AB 之 A 點取彎矩和，我們可得 V_1：

$$\circlearrowleft^+ \quad \Sigma M_A = 0$$
$$M_{AB} + M_{BA} - V_1 h = 0$$
$$V_1 = \frac{M_{AB} + M_{BA}}{h} \tag{12.19}$$

同理，柱 CD 之剪力可由對 D 點取彎矩和而得到

$$\circlearrowleft^+ \quad \Sigma M_D = 0$$
$$M_{CD} + M_{DC} - V_2 h = 0$$
$$V_2 = \frac{M_{CD} + M_{DC}}{h} \tag{12.20}$$

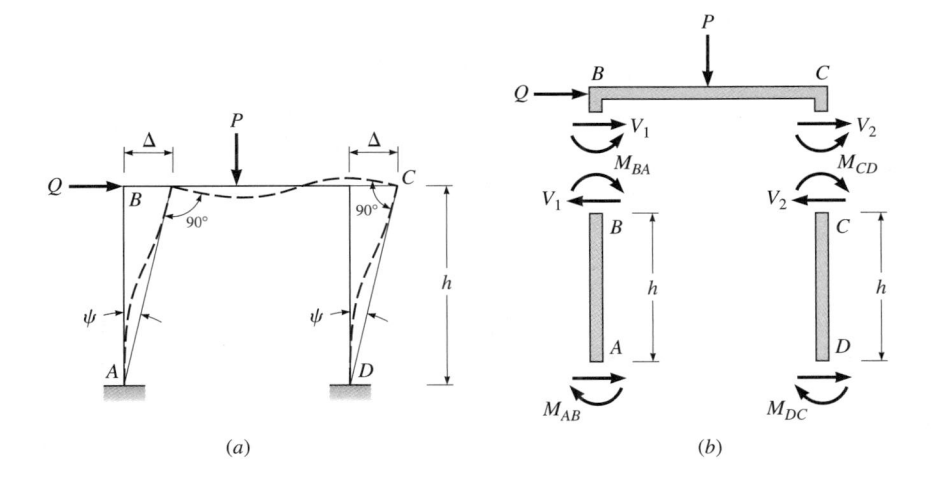

將（式 12.19）與（式 12.20）中 V_1 與 V_2 之值代入（式 12.18），我們可寫出第三個平衡方程式如下：

$$\frac{M_{AB}+M_{BA}}{h} + \frac{M_{CD}+M_{DC}}{h} + Q = 0 \qquad (12.21)$$

例題 12.8 與 12.9 說明，使用傾角變位法分析承載側向載重且可自由側移之構架。除非結構與載重型式同時為對稱，否則只承載垂直載重之構架，仍將經歷微量之側移。例題 12.10 將說明這個案例。

圖 12.14：(a) 無側撐構架，變形以放大尺度之虛線表示，柱弦線順時針旋轉 ψ 角；(b) 柱與樑之自由體圖；未知彎矩以正彎矩方向（順時針）表示，圖中柱之軸力與樑之剪力省略。

例題 12.8

利用傾角變位法分析圖 12.15a 所示之構架。所有構材之 E 值為常數。

$$I_{AB} = 240 \text{ in}^4 \qquad I_{BC} = 600 \text{ in}^4 \qquad I_{CD} = 360 \text{ in}^4$$

解答：

首先判斷共有三個未知數，θ_B、θ_C 與 Δ。將弦線轉角 ψ_{AB} 與 ψ_{CD} 以 Δ 表示

$$\psi_{AB} = \frac{\Delta}{12} \qquad 且 \qquad \psi_{CD} = \frac{\Delta}{18} \qquad 故 \qquad \psi_{AB} = 1.5\psi_{CD} \qquad (1)$$

計算所有桿件之相對彎曲勁度。

$$K_{AB} = \frac{EI}{L} = \frac{240E}{12} = 20E$$

$$K_{BC} = \frac{EI}{L} = \frac{600E}{15} = 40E$$

$$K_{CD} = \frac{EI}{L} = \frac{360E}{18} = 20E$$

圖12.15：(a) 構架詳圖；(b) 反力以及彎矩圖。

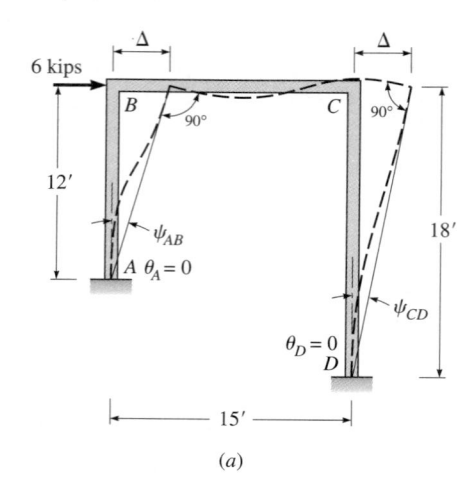

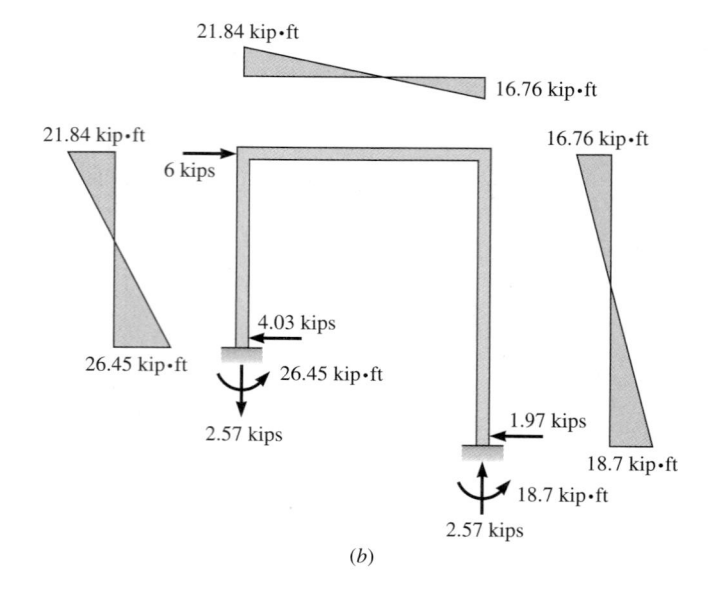

如果我們設定 $20E = K$，則

$$K_{AB} = K \qquad K_{BC} = 2K \qquad K_{CD} = K \tag{2}$$

接下來，以（式12.16）：$M_{NF} = (2EI/L)(2\theta_N + \theta_F - 3\psi_{NF}) + \text{FEM}_{NF}$，表示各桿之端點彎矩。因為各桿間皆不受外力，所有構件端點彎矩之表示式中 FEM_{NF} 項為零。

$$\begin{aligned} M_{AB} &= 2K_{AB}(\theta_B - 3\psi_{AB}) \\ M_{BA} &= 2K_{AB}(2\theta_B - 3\psi_{AB}) \\ M_{BC} &= 2K_{BC}(2\theta_B + \theta_C) \\ M_{CB} &= 2K_{BC}(2\theta_C + \theta_B) \\ M_{CD} &= 2K_{CD}(2\theta_C - 3\psi_{CD}) \\ M_{DC} &= 2K_{CD}(\theta_C - 3\psi_{CD}) \end{aligned} \tag{3}$$

在上列各式中，利用（式1）將 ψ_{AB} 以 ψ_{CD} 表示，並以（式2）將各式以參數 K 表示。

$$\begin{aligned} M_{AB} &= 2K(\theta_B - 4.5\psi_{CD}) \\ M_{BA} &= 2K(2\theta_B - 4.5\psi_{CD}) \\ M_{BC} &= 4K(2\theta_B + \theta_C) \\ M_{CB} &= 4K(2\theta_C + \theta_B) \\ M_{CD} &= 2K(2\theta_C - 3\psi_{CD}) \\ M_{DC} &= 2K(\theta_C - 3\psi_{CD}) \end{aligned} \tag{4}$$

平衡方程式為：

接點 B： $$M_{BA} + M_{BC} = 0 \tag{5}$$

接點 C： $$M_{CB} + M_{CD} = 0 \tag{6}$$

剪力方程式
（見式12.21）： $$\frac{M_{BA} + M_{AB}}{12} + \frac{M_{CD} + M_{DC}}{18} + 6 = 0 \tag{7}$$

將（式4）代入（式5）、（式6）與（式7）並合併各項。

$$12\theta_B + 4\theta_C - 9\psi_{CD} = 0 \tag{5a}$$

$$4\theta_B + 12\theta_C - 6\psi_{CD} = 0 \tag{6a}$$

$$9\theta_B + 6\theta_C - 39\psi_{CD} = -\frac{108}{K} \tag{7a}$$

聯立求解可得

$$\theta_B = \frac{2.257}{K} \qquad \theta_C = \frac{0.97}{K} \qquad \psi_{CD} = \frac{3.44}{K}$$

同時， $$\psi_{AB} = 1.5\psi_{CD} = \frac{5.16}{K}$$

由於所有角度為正值，各接點轉角與側移角度皆為順時針方向。將上面所得角度數值代入（式4），我們可得各構件端點彎矩。

$$M_{AB} = -26.45 \text{ kip·ft} \qquad M_{BA} = -21.84 \text{ kip·ft}$$
$$M_{BC} = 21.84 \text{ kip·ft} \qquad M_{CB} = 16.78 \text{ kip·ft}$$
$$M_{CD} = -16.76 \text{ kip·ft} \qquad M_{DC} = -18.7 \text{ kip·ft}$$

最後之分析結果歸納於圖 12.15b 中。

例題 12.9

以傾角變位法分析圖12.16a中之構架。已知：所有桿之 EI 為定值。

解答：

首先我們確定共有 θ_B、θ_C 與 ψ_{AB} 三個未知數。由於懸臂段為結構的一個靜定部分，我們不用將該部分之分析包括在傾角變位公式中。而是將懸臂段視為提供 C 點垂直 6-kip 載重與順時針 24 kip·ft 彎矩之一項裝置。

利用（式 12.16）將構件端點彎矩以位移表示（單位為 kip·ft）

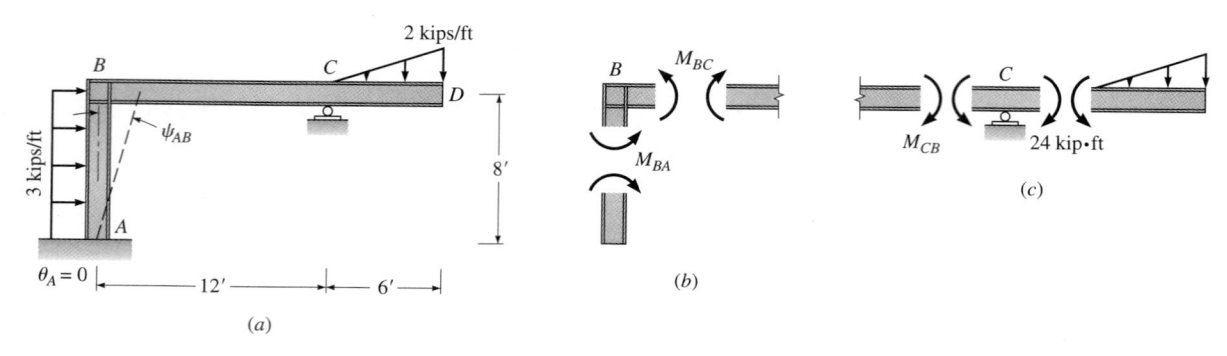

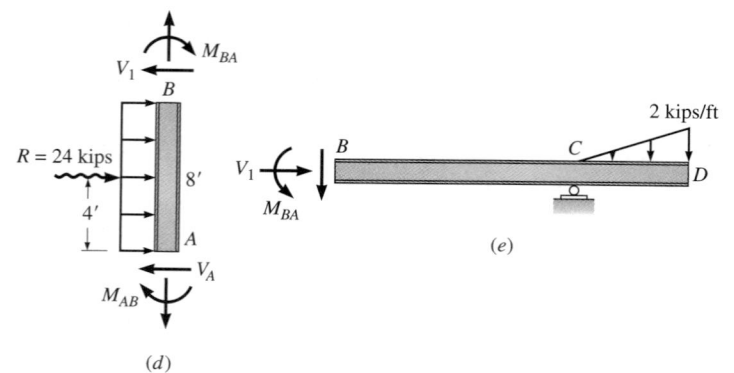

圖 12.16：(a) 構架詳圖：弦線轉角 ψ_{AB} 以虛線表示；(b) 作用於 B 點之彎矩（剪力與軸力省略）；(c) 作用於 C 點之彎矩（剪力與反力省略）；(d) 柱 AB 之自由體；(e) 建立第三個平衡方程式所用之樑自由體。

$$M_{AB} = \frac{2EI}{8}(\theta_B - 3\psi_{AB}) - \frac{3(8)^2}{12}$$

$$M_{BA} = \frac{2EI}{8}(2\theta_B - 3\psi_{AB}) + \frac{3(8)^2}{12} \tag{1}$$

$$M_{BC} = \frac{2EI}{12}(2\theta_B + \theta_C)$$

$$M_{CB} = \frac{2EI}{12}(2\theta_C + \theta_B)$$

接下來寫出 B 與 C 點之接合點平衡方程式

B 點（如圖 12.16b）：

$$+\circlearrowleft \quad \Sigma M_B = 0: \quad M_{BA} + M_{BC} = 0 \tag{2}$$

C 點（如圖 12.16c）：

$$+\circlearrowleft \quad \Sigma M_C = 0: \quad M_{CB} - 24 = 0 \tag{3}$$

剪力方程式（如圖 12.16d）：

$$\circlearrowleft^+ \quad \Sigma M_A = 0 \quad M_{BA} + M_{AB} + 24(4) - V_1(8) = 0$$

求解 V_1 可得
$$V_1 = \frac{M_{BA} + M_{AB} + 96}{8} \tag{4a}$$

將樑切割下來（如圖 12.16e），並考慮水平方向平衡方程式。

$$\rightarrow^+ \quad \Sigma F_x = 0: \quad \text{也就是說} \quad V_1 = 0 \tag{4b}$$

將（式 4a）代入（式 4b）

$$M_{BA} + M_{AB} + 96 = 0 \tag{4}$$

將（式 1）代入（式 2）至（式 4）並化簡，可得

$$10\theta_B - 2\theta_C - 9\psi_{AB} = -\frac{192}{EI}$$

$$\theta_B - 2\theta_C = \frac{144}{EI}$$

$$3\theta_B - 6\psi_{AB} = -\frac{384}{EI}$$

求解聯立方程式可得

$$\theta_B = \frac{53.33}{EI} \quad \theta_C = \frac{45.33}{EI} \quad \psi_{AB} = \frac{90.66}{EI}$$

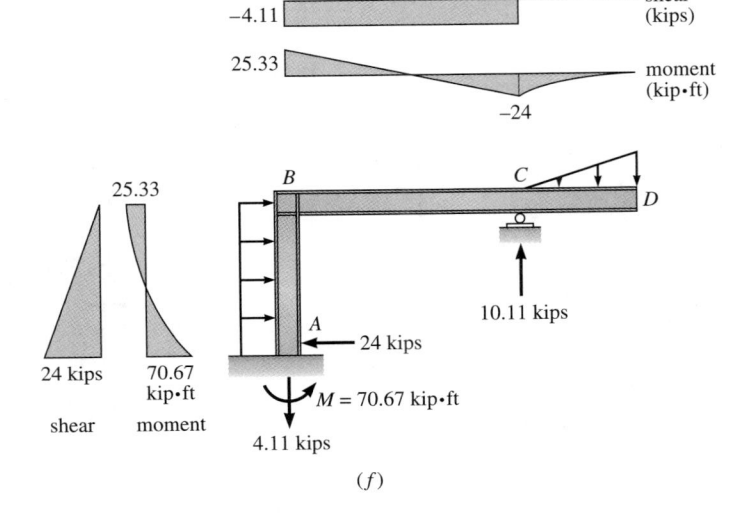

圖 12.16：(f) 反力以及剪力與彎矩曲線。

以上述角度數值代回（式1），則

$$M_{AB} = \frac{2EI}{8}\left[\frac{53.33}{EI} - \frac{(3)(90.66)}{EI}\right] - 16 = -70.67 \text{ kip·ft}$$

$$M_{BA} = \frac{2EI}{8}\left[\frac{(2)(53.33)}{EI} - \frac{(3)(90.66)}{EI}\right] + 16 = -25.33 \text{ kip·ft}$$

$$M_{BC} = \frac{2EI}{12}\left[\frac{(2)(53.33)}{EI} + \frac{45.33}{EI}\right] = 25.33 \text{ kip·ft}$$

$$M_{CB} = \frac{2EI}{12}\left[\frac{(2)(45.33)}{EI} + \frac{53.33}{EI}\right] = 24 \text{ kip·ft}$$

端點彎矩為已知後，我們可套用平衡方程式於每個自由體上，計算所有構件之剪力。圖12.16f 所示為最後之分析結果。

例題 12.10　以傾角變位法分析圖12.17a 所示構架。決定反力大小，畫出各構件剪力與彎矩曲線以及變形圖。如果 $I = 240 \text{ in}^4$ 且 $E = 30{,}000 \text{ kips/in}^2$，決定 B 點之水平位移。

解答：

未知位移為 θ_B、θ_C 與 ψ。由於支承 A 點為固定端，θ_A 與 θ_D 等於零。樑 BC 上之弦線轉角亦為零。

利用傾角變位方程式將構件端點彎矩以未知位移表示，並用圖12.5計算式中 FEM_{NF} 之值。

圖 12.17：(a) 假設無側撐構架中，柱之弦線轉角為正（見虛線），其變形如 (d) 所示；(b) 用於計算剪力之柱與樑自由體；

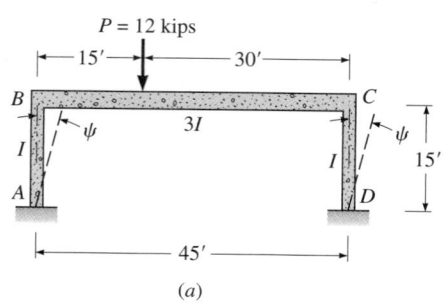

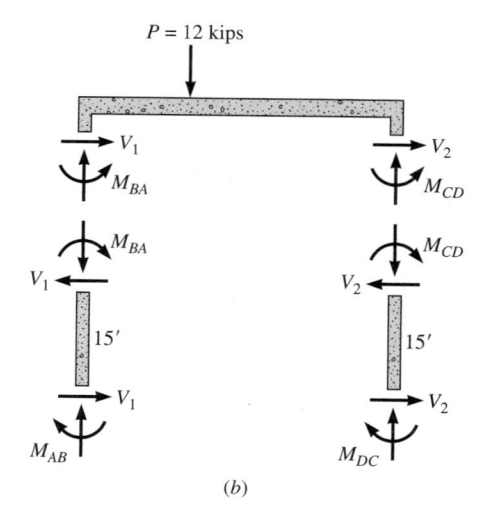

圖 12.17：(c) 構材端點彎矩與彎矩曲線；(d) 反力與變形圖。

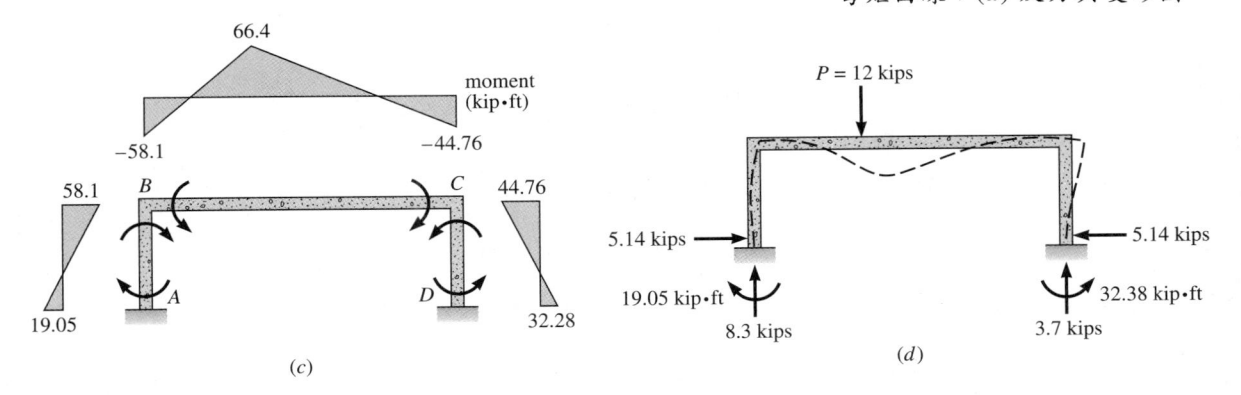

$$M_{NF} = \frac{2EI}{L}(2\theta_N + \theta_F - 3\psi_{NF}) + \text{FEM}_{NF} \quad (12.16)$$

$$\text{FEM}_{BC} = -\frac{Pb^2a}{L^2} = \frac{12(30)^2(15)}{(45)^2} \qquad \text{FEM}_{CD} = \frac{Pa^2b}{L^2} = \frac{12(15)^2(30)}{(45)^2}$$

$$= -80 \text{ kip·ft} \qquad\qquad = 40 \text{ kip·ft}$$

為了簡化傾角變位之表示式，設 $EI/15 = K$

$$M_{AB} = \frac{2EI}{15}(\theta_B - 3\psi) \qquad = 2K(\theta_B - 3\psi)$$

在 B 點：
$$M_{BA} = \frac{2EI}{15}(2\theta_B - 3\psi) \qquad = 2K(2\theta_B - 3\psi)$$

在 C 點：
$$M_{BC} = \frac{2EI}{45}(2\theta_B + \theta_C) - 80 = \frac{2}{3}K(2\theta_B + \theta_C) - 80$$

$$M_{CB} = \frac{2EI}{45}(2\theta_C + \theta_B) + 40 = \frac{2}{3}K(2\theta_C + \theta_B) + 40$$

(1)

式中
$$M_{CD} = \frac{2EI}{15}(2\theta_C - 3\psi) \qquad = 2K(\theta_C - 3\psi)$$

$$M_{DC} = \frac{2EI}{15}(\theta_C - 3\psi) \qquad = 2K(\theta_C - 3\psi)$$

而平衡方程式如下：

$$M_{BA} + M_{BC} = 0 \quad (2)$$

$$M_{CB} + M_{CD} = 0 \quad (3)$$

剪力方程式（如圖 12.17b 之樑）：

$$\xrightarrow{+} \quad \Sigma F_x = 0 \qquad V_1 + V_2 = 0 \tag{4a}$$

$$V_1 = \frac{M_{BA} + M_{AB}}{15} \qquad V_2 = \frac{M_{CD} + M_{DC}}{15} \tag{4b}$$

將（式 4b）之 V_1 與 V_2 代入（式 4a）可得

$$M_{BA} + M_{AB} + M_{CD} + M_{DC} = 0 \tag{4}$$

另一種獲得（式 4）之方式為，將（式 12.21）中之 Q 設定為零。

將（式 1）代入（式 2）、（式 3）與（式 4），以位移項表示平衡方程式如下：

$$8K\theta_B + K\theta_C - 9K\psi = 120$$
$$2K\theta_B + 16K\theta_C - 3K\psi = -120$$
$$K\theta_B + K\theta_C - 4K\psi = 0$$

求解聯立方程式，可得

$$\theta_B = \frac{410}{21K} \qquad \theta_C = -\frac{130}{21K} \qquad \psi = \frac{10}{3K} \tag{5}$$

將 θ_B、θ_C 與 ψ 之值代回（式 1），我們求得構件端點彎矩如下：

$$\begin{aligned}
M_{AB} &= 19.05 \text{ kip·ft} & M_{BA} &= 58.1 \text{ kip·ft} \\
M_{CD} &= -44.76 \text{ kip·ft} & M_{DC} &= -32.38 \text{ kip·ft} \\
M_{BC} &= -58.1 \text{ kip·ft} & M_{CB} &= 44.76 \text{ kip·ft}
\end{aligned} \tag{6}$$

構件端點彎矩及彎矩曲線之結果如圖 12.17c 所示；變形圖則如圖 12.17d。

計算 B 點之水平位移。使用（式 1）中之 M_{AB} 項，將所有變數之單位表示為 inches 與 kips，則

$$M_{AB} = \frac{2EI}{15(12)}(\theta_B - 3\psi) \tag{7}$$

由（式 5）之結果可知 $\theta_B = 5.86\psi$；將此值及各變數之數值代入（式 7），我們可算得

$$19.05(12) = \frac{2(30{,}000)(240)}{15(12)}(5.86\psi - 3\psi)$$

$$\psi = 0.000999 \text{ 弧度}$$

$$\psi = \frac{\Delta}{L} \qquad \Delta = \psi L = 0.000999(15 \times 12) = 0.18 \text{ in}$$

12.6 動不定性
Kinematic Indeterminacy

以柔度法分析結構時，我們首先求得結構的靜不定度(statical indeterminacy)。靜不定度決定了計算贅力時，我們所必須寫出之相容方程式數目，而贅力即為相容方程式內之未知數。

在傾角變位法中，位移—接點旋轉與平移皆是—為未知數。在此方法的基本步驟中，我們必須寫出與獨立接點位移數量一致的平衡方程式。獨立接點位移的數目便稱為動不定度(degree of kinematic indeterminacy)。要決定動不定度，我們只需算出可自由發生之獨立接點位移的數目。舉例說明，如果我們忽略軸向變形，圖12.18a之樑為一度動不定。如果我們要以傾角變位法分析此樑，只有B點的旋轉角會被視為未知數。

如果我們在廣義的勁度分析方法中，希望也將軸向勁度列入考慮，在B點的軸向位移將被視為一個額外的未知數。則此結構被歸類為二度動不定之結構。除非特別說明，否則在我們的動不定性討論中，軸向變形被忽略。

在圖12.18b中之構架被歸類為四度動不定性，因為接點A、B與C可自由旋轉，且樑可側向平移。雖然接點旋轉的數目容易確認，在某些型態的問題中，獨立接點位移的數目卻可能很難確定。決定獨立接點位移數目的一個方法是，引進虛構滾支當做接點之束制器。將結構之接點的平移移動完全束制住，所需使用之滾支數量便等於獨立接點位移的數目。例如：圖12.18c之結構會被歸類為八度動不定性，因為有六個接點旋轉以及兩個接點位移為可能之束制對象。在每一樓層所插入之虛構滾支（標示為1與2），防止該樓層所有接點向側方移動。在圖12.18d中之Vierendeel桁架會被歸類為11度動不定（也就是，8個接點旋轉以及3個獨立接點平移）。設置在接點B，C與H上之虛構滾支（標號1、2與3）阻止了所有接點的平移。

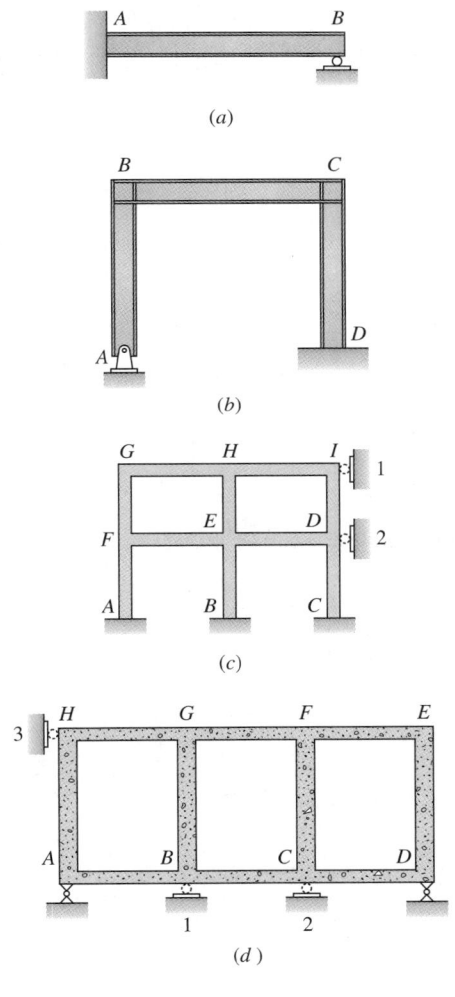

圖12.18：評定各結構之動不定性：(a)一度動不定，忽略軸向變形；(b)四度動不定；(c)八度動不定，虛構滾支加在點1與2；(d)十一度動不定，虛構滾支加在點1、2與3位置上。

總結
Summary

- 傾角變位法為早期分析靜不定樑與剛性構架的一個典型方法。此方法之未知數為接點位移。

- 對於具有大量接合點的高度靜不定結構而言，傾角變位法需要分析工程師求解方程式數與未知位移數一樣多之聯立方程組──此為費時之運算。雖然在擁有電腦程式之情形下，使用傾角變位法分析結構並不切實際。但熟悉此方法仍能提供讀者瞭解結構行為重要的洞察力。

- 傾角變位法的另一替代程序，彎矩分配法是於 1920 年代發展出來，以在假設的束制結構中分配接點之未平衡彎矩的方式，來分析靜不定樑與構架。縱使這個方法免除了求解聯立方程式，但仍相當冗長，特別是當有大量的載重條件需加以考量時。無論如何，彎矩分配法為一個有用的近似分析方法，可用於檢核電腦程式分析的結果以及進行初步研究。在第 13 章，我們將使用傾角變位方程式發展出來彎矩分配法。

- 廣義勁度 (general stiffness) 法為傾角變位法的一項變種方法，用於發展通用電腦分析程式，將在第 16 章中討論。此方法運用勁度係數 (stiffness coefficients)－意即產生單位接點位移所需之力。

習題

P12.1. 至 P12.2. 使用（式 12.12）與（式 12.13）計算固定端彎矩。見圖 P12.1 及 P12.2。

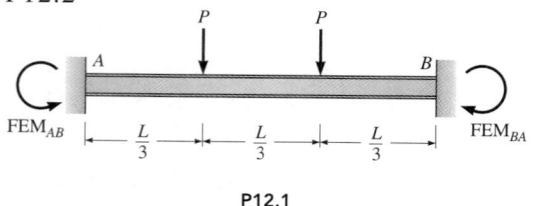

P12.1

P12.2

P12.3. 如圖 P12.3 所示之樑，繪出剪力與彎矩曲線。EI = 常數。

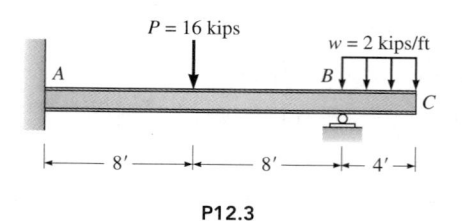

P12.3

P12.4. 如圖 P12.4，計算反力及繪出剪力與彎矩曲線。EI = 常數。

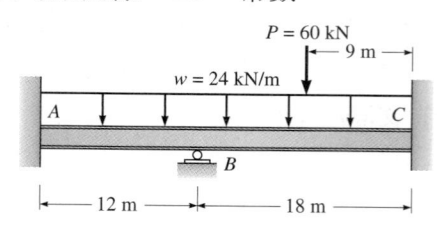

P12.4

P12.5. 如圖 P12.5 所示之樑，繪出剪力與彎矩曲線。$EI = $ 常數。

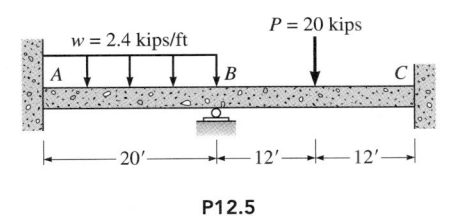

P12.5

P12.6. 如圖 P12.6 所示之剛架，繪出剪力與彎矩曲線。$EI = $ 常數。此題與 P12.5 有何不同？

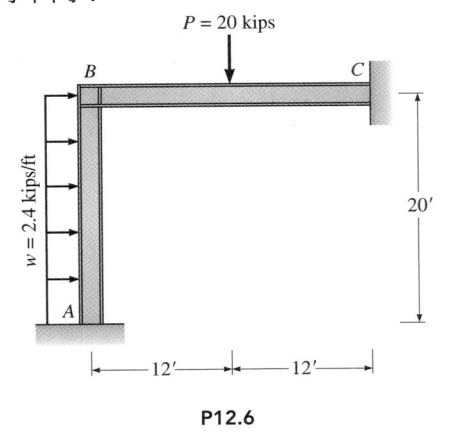

P12.6

P12.7. 如圖 P12.7，計算 A、C 點反力，繪出桿件 BC 之剪力與彎矩圖。$I = 2000$ in^4，$E = 3 \times 10^6$ lb/in^2。

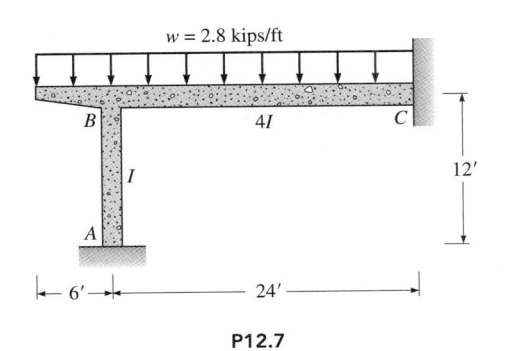

P12.7

P12.8. 如圖 P12.8，繪出樑 ABC 之剪力與彎矩圖。$EI = $ 常數。

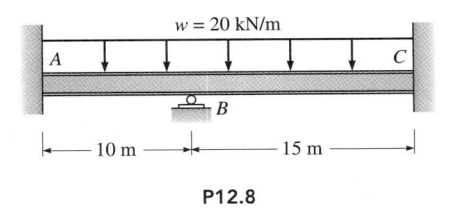

P12.8

P12.9. (a) 如圖 P12.9，載重作用下支承 B 下沉 0.5 in，求所有反力。$E = 30{,}000$ ksi，$I = 240$ in^4。(b) 計算接點 C 之變位。

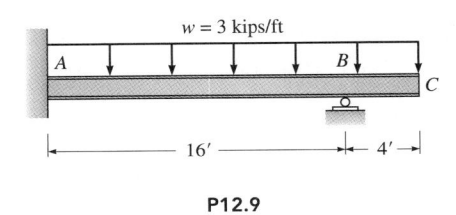

P12.9

P12.10. 如圖 P12.10，支承 A 旋轉 0.002 rad，支承 C 下沉 0.6 in，繪出剪力與彎矩圖，$I = 144$ in^4，$E = 29{,}000$ ksi。

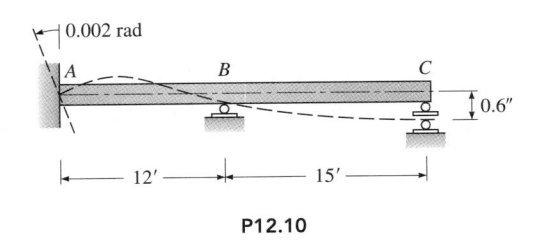

P12.10

下列 P12.11 至 P12.14 問題，可利用對稱特性加以簡化計算

P12.11. (a) 如圖 P12.11 所示之樑，求所有反力及繪出剪力與彎矩圖。$EI = $ 常數。(b) 計算載重下之變位。

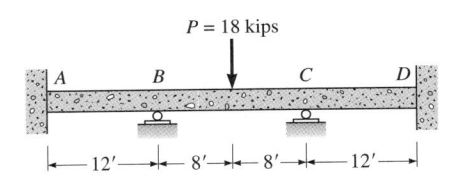

P12.11

P12.12. (a) 如圖 P12.12 所示之矩型環結構，求桿件 AB、AD 端點彎矩以及繪出剪力與彎矩圖。矩形環斷面積為 12 in × 8 in，E = 3000 ksi。(b) 求桿件 AD、AB 之軸力？

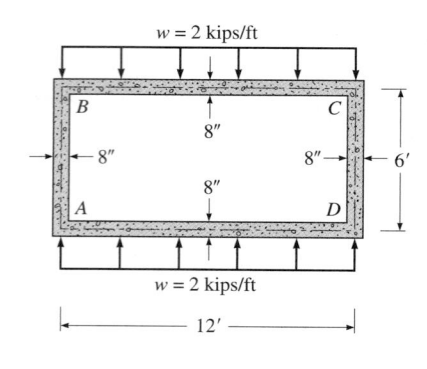

P12.12

P12.13. 圖 P12.13 所示，為一同時承受頂部設計載重以及側向土壓力荷重之單位長度混凝土隧道，假設牆底部 A、D 處為固定端條件，求 A、D 處之固定端彎矩值。

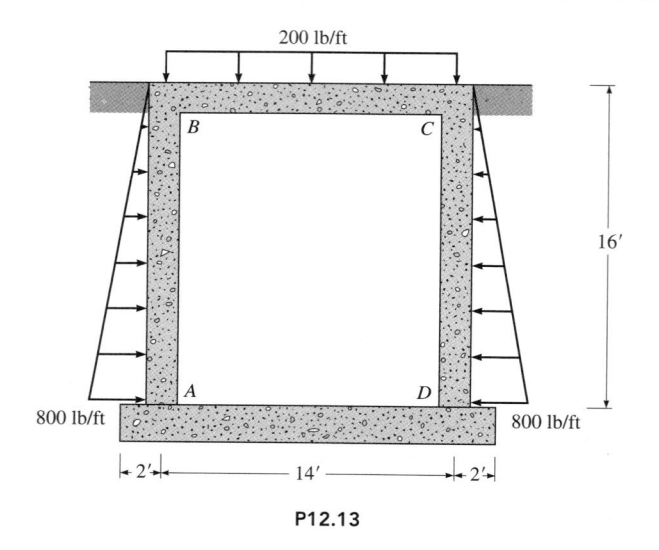

P12.13

P12.14. 如圖 P12.14 所示之樑，計算反力及繪出剪力與彎矩曲線。$E = 200$ GPa，$I = 120 \times 10^6$ mm^4。使用對稱簡化分析，支承 A、E 為固定端。

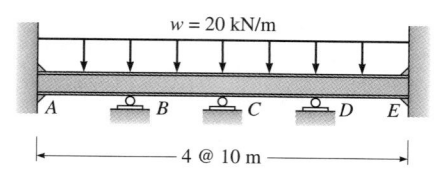

P12.14

P12.15. 考慮圖 P12.14 所示之樑無載重作用下，支承 B、D 皆下沉 24 mm，計算樑之反力及剪力與彎矩圖。

P12.16. 分析如圖 P12.16 所示之剛架，所有桿件之 EI = 常數。使用對稱簡化分析。

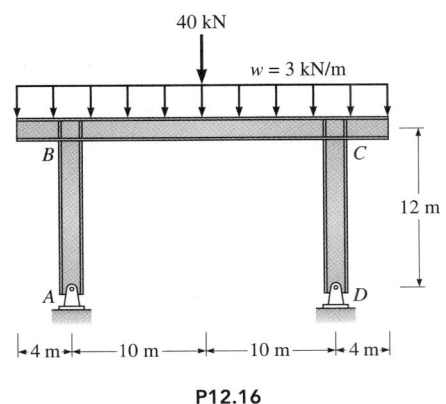

P12.17. 分析如圖 P12.17 所示之剛架，EI = 常數。A、D 為固定端。

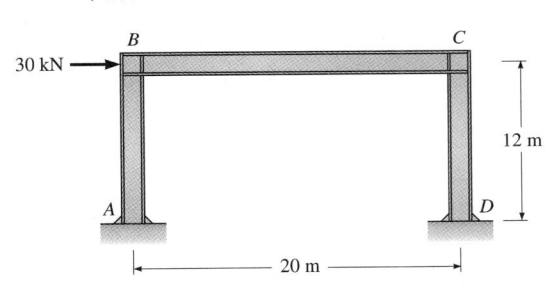

P12.18. 分析如圖 P12.18 所示之結構物，除載重作用外，支承 A 順時針旋轉 0.005 rad。所有桿件之 E = 200 GPa，I = 25 × 10^6 mm^4。A 為固定端。

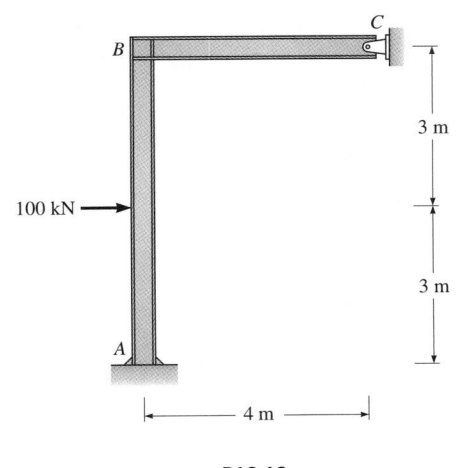

P12.19. 分析如圖 P12.19 所示之剛架，EI = 常數。支承 A、B 為固定端。

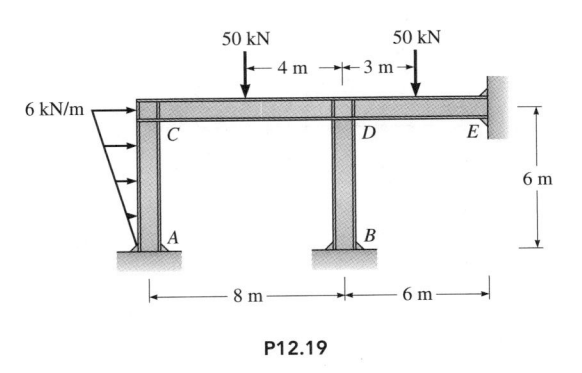

P12.20. (a) 如圖 P12.20 所示之剛架，繪出剪力與彎矩曲線。(b) 計算 BC 大樑中點之變位。E = 29,000 kips/in^2。

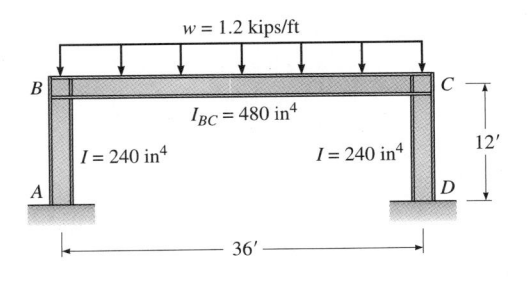

P12.21. 分析如圖 P12.21 所示之剛架，計算所有反力。$I_{BC} = 200$ in^4，$I_{AB} = I_{CD} = 150$ in^4。$E =$ 常數。

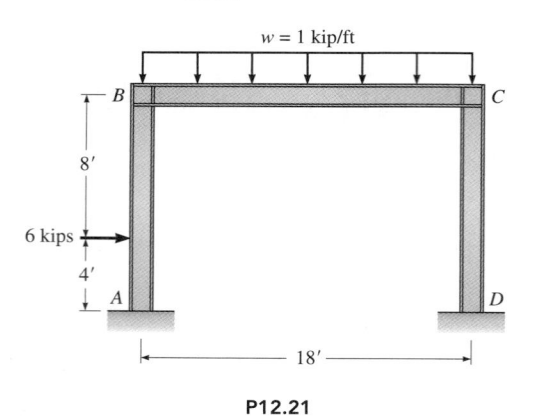

P12.21

P12.22. 分析如圖 P12.22 所示之剛架，$EI =$ 常數。因為載重非對稱，有產生側向位移之可能性。計算接點 B 之水平位移。所有桿件之 $E = 29{,}000$ kips/in^2，$I = 240$ in^4。

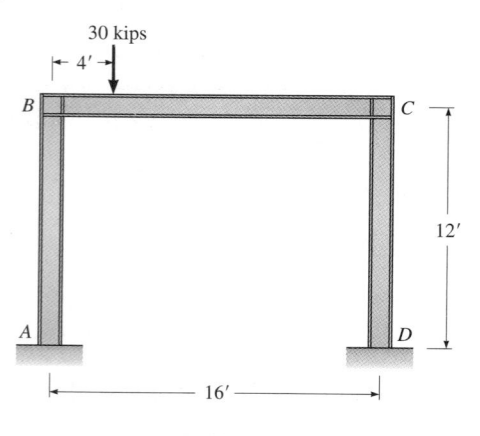

P12.22

P12.23. 如圖 P12.23 所示之 BC 樑，計算反力及繪出剪力與彎矩圖。EI 為常數。

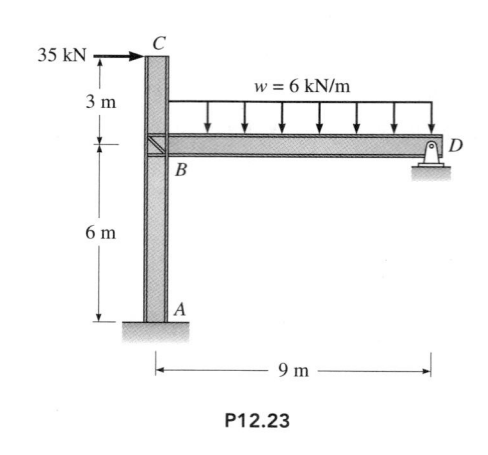

P12.23

P12.24. 求圖 P12.24 中所有反力，繪出桿件 BC 之剪力與彎矩圖，樑端 A、C 點固定於混凝土支承上，D 點之基版視為銷支承。EI 為常數。

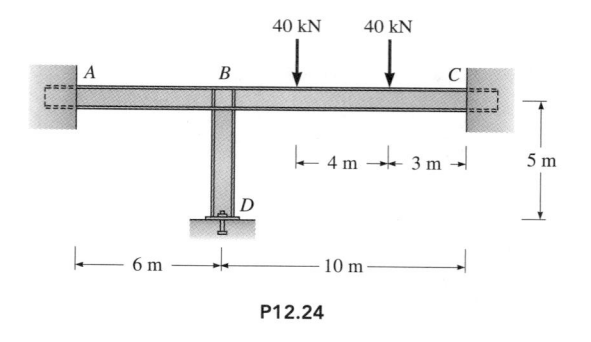

P12.24

P12.25. 求圖 P12.25 中 A、D 點所有反力。EI 為常數。

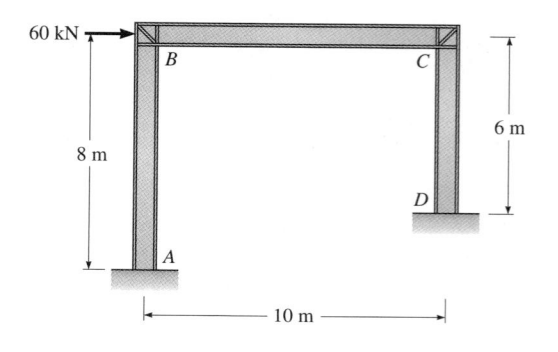

P12.25

P12.26. 如圖P12.26，當支承A建造完工時低於設計高程0.48 in，支承C亦不慎產生相對於垂直軸順時針旋轉角0.016 rad，求結構連接至這些支承時所引起之彎矩與反力圖。$E = 29{,}000$ kips/in^2。

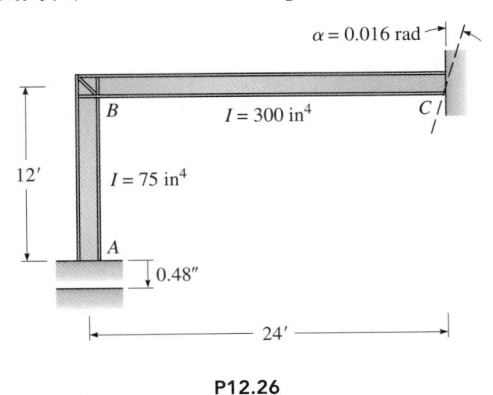

P12.26

P12.27. 如圖P12.27，桿件AB出廠時過長$\frac{3}{4}$ in，求當剛架組裝時之反力與彎矩為何？並繪出變形曲線。$E = 29{,}000$ kips/in^2。

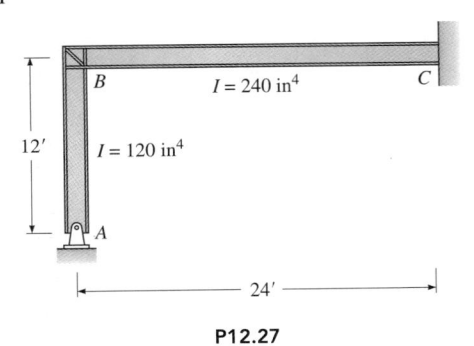

P12.27

P12.28. 如圖P12.28所示之剛架，試由傾角與變位建立平衡方程式，將方程式以適當之位移型式表示；所有桿件之EI為常數。

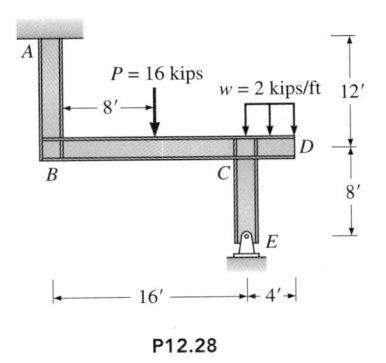

P12.28

P12.29. 分析如圖P12.29所示之剛架。EI為常數，A、D為固定端。

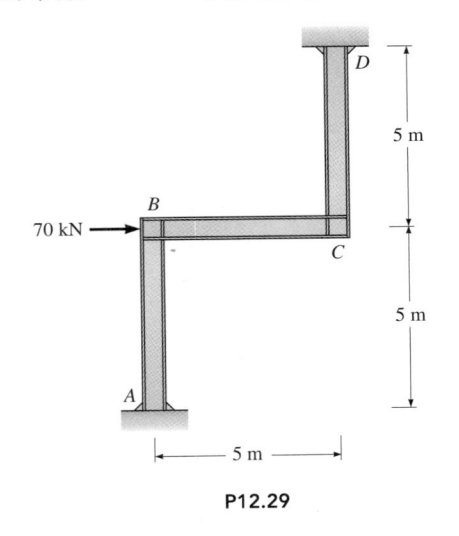

P12.29

P12.30. 如圖 P12.30，決定各結構物之動不定數。忽略軸向變形。

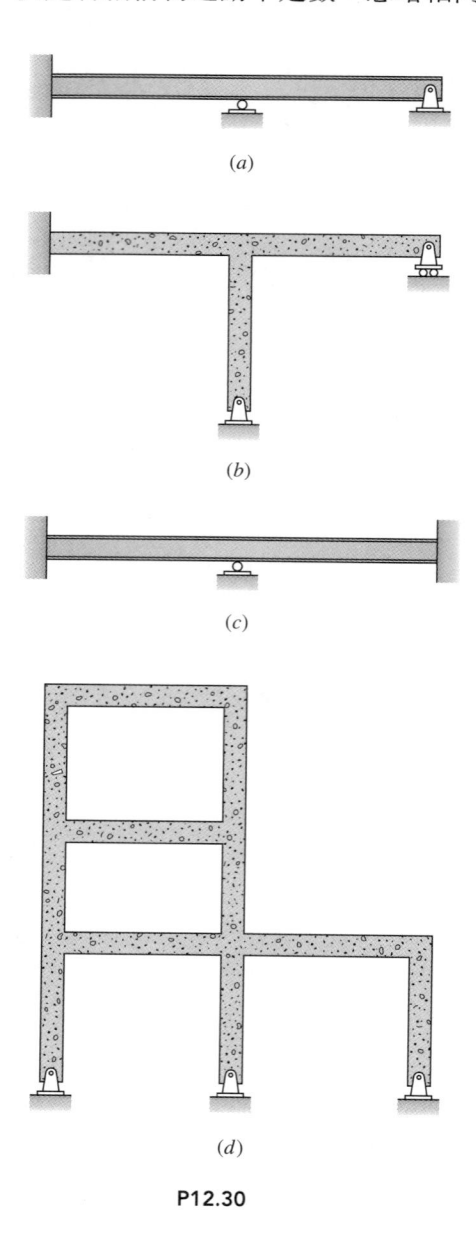

(a)

(b)

(c)

(d)

P12.30

習題 12-41

照片中之後拉預力混凝土剛架橋，總長 146 呎主跨長 60 呎，混凝土樑之邊緣厚度僅 7 吋。

CHAPTER 13

彎矩分配法
Moment Distribution

13.1 簡介
Introduction

彎矩分配法是1930年初,由美國大學教授Hardy Cross所發展出來,以一連串簡單計算求取靜不定樑與構架之構件端點彎矩的方法。此方法的基本想法是;連接至接點之所有桿件所作用的端點彎矩總和必為零,因為該接點處於平衡狀態。在許多情況下,彎矩分配法免除了求解龐大數量之聯立方程組的需求;比方說,不論以柔度法或傾角變位法分析高度靜不定結構時,便會產生龐大之方程式數量。既使連續之剛性接頭結構-焊接鋼構或鋼筋混凝土構架與連續樑-受到多重載重條件時,已可被一般電腦程式快速分析。彎矩分配法仍保持為一有用之分析工具,因為 (1) 它可用來檢核電腦計算之結果,或 (2) 當構材在其初步決定尺寸過程之設計階段中,可以此法進行近似分析。

在彎矩分配法中,我們想像結構中所有可自由旋轉或平移的接點,都被暫時的束制住。我們使用假想的夾鉗防止接點旋轉,並引入假想的滾支阻止接點的位移(滾支只在會側移結構中用到)。引進束制最初的用意,是要形成一個全部由固定端構件組成的結構。當我們將設計載重施加到此束制結構中,彎矩便在構件及夾鉗中生成。

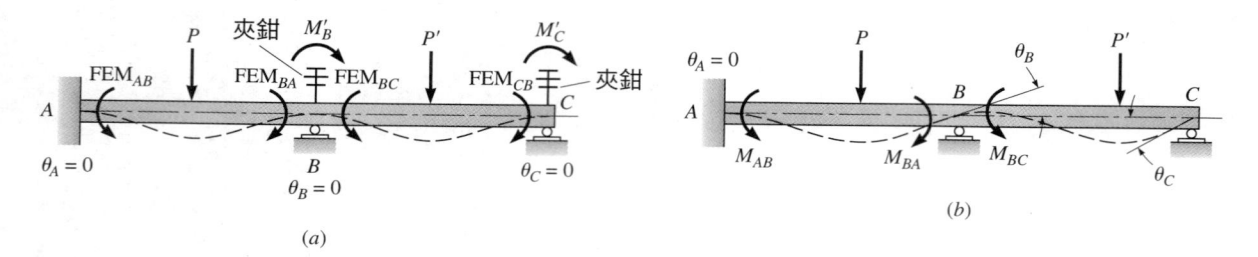

圖 13.1：以彎矩分配法分析連續樑：(a) 臨時夾鉗加在 B 與 C 點上，產生包含兩個固定端樑之束制結構；(b) 夾鉗移除後，樑變形至其平衡位置。

對一個側向移動受束制的結構而言（此為最常見之情況），分析的繼續進行方式是；一個接著一個依序將接點上的夾鉗移除，再將彎矩分配至連接至該接點的構件上。分配至構件端點的彎矩與各構件之撓曲勁度成正比。當所有夾鉗之彎矩都已被構件吸收後，此靜不定分析程序便完成。剩餘的分析項目為：建立剪力與彎矩曲線，計算軸力或反力─則可由靜力方程式完成。

舉例說明，以彎矩分配法分析圖13.1a所示連續樑的第一步驟是，使用假想之夾鉗固定住接點B與C，至於接點A原本即是固定端，並不需要夾鉗。當載重作用在個別跨長時，構件中形成固定端彎矩而夾鉗中形成束制彎矩（restraining moments，M'_B與M'_C）。隨著彎矩分配法繼續進行，在支承B與C之夾鉗會交替的被移除並輪流再放置上去。此一重覆的步驟一直延續到樑變形至它的平衡狀態位置為止，如圖13.1b所示虛線。在讀者學會分配彎矩至共接點構件的一些簡單規則後，將可迅速的分析許多型態的靜不定樑與構架。

首先我們只考慮由筆直均勻斷面構件所組成之結構。稍後，我們將延伸此分析程序至包含變斷面構材的結構上。

13.2 推導彎矩分配法
Development of the Moment Distribution Method

為了推導彎矩分配法，我們將使用傾角變位方程式，計算在圖13.2a所示連續樑中，各跨構件在一個阻止B點旋轉之夾鉗移除後，同時結構也已變形至其最終之平衡位置時的端點彎矩。雖然我們以分析只具有單一可自由旋轉接點的簡單結構來介紹彎矩分配法，這個案例將使得我們發展出本方法最重要的一個特點。

當集中載重P作用在AB跨上，原本筆直的樑會變形至虛線所示位置。在支承B點，變形樑之彈性曲線切線與水平線形成夾角θ_B。θ_B通常小於1°，故圖中以放大尺度之方式表示。在支承A與C，因為固定端之故，彈性曲線之斜率為零。在圖13.2b中，我們顯示為受載重樑已變形至其平衡位置時，支承B點的詳圖。此接點由一微量長度ds

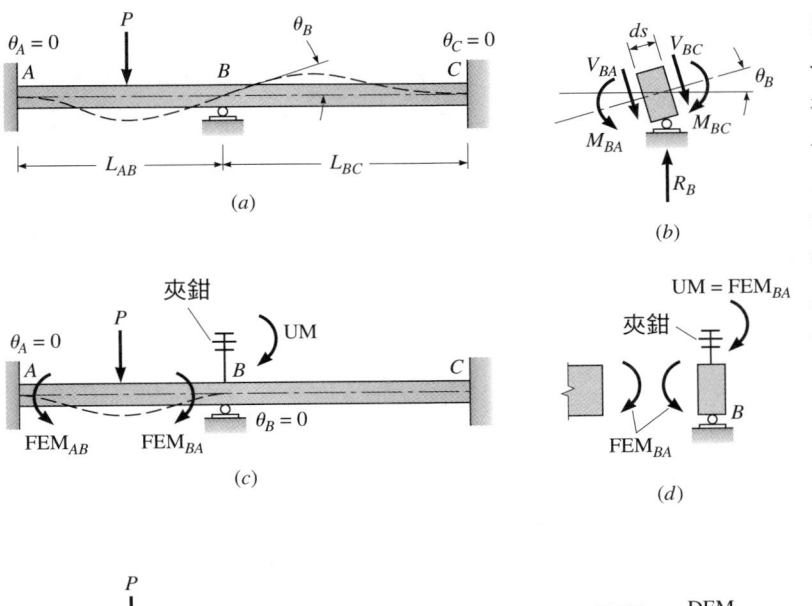

圖 **13.2**：彎分配法之分析階段：(a) 在變形位置上之受載樑；(b) 在變形位置上之接點 B 之自由體圖；(c) (B 點夾住時) 束制樑之固定端彎矩；(d) 夾鉗移除前接點 B 之自由體圖；(e) 夾鉗移除後之彎矩；(f) 接點旋轉 θ_B 產生之端點分配彎矩 (DEMs)，將不均衡彎矩 (UM) 予以平衡。

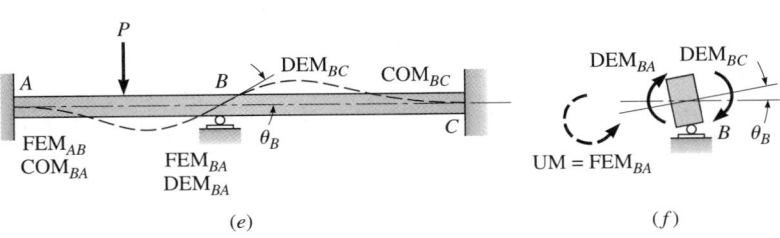

之樑元素所形成，受到樑 BC 與 AB 之剪力與彎矩以及支承反力 R_B 作用。如果我們對支承 B 之中心線取彎矩和，接點之彎矩平衡要求 $M_{BA} = M_{BC}$，其中 M_{BA} 與 M_{BC} 分別為桿件 AB 與 BC 作用在接點 B 之彎矩。由於元素側面至中心線的距離為一無窮小的微量，由剪力所產生之彎矩為二階之微量，可以不必考慮於彎矩平衡方程中。

現在我們要詳細考慮，數個讓我們能計算圖 13.2 所示之樑，其 AB 與 BC 跨之構件端點彎矩的步驟。第一個步驟中（如圖 13.2c），我們想像接點乃由一個巨型夾鉗鎖住無法旋轉。夾鉗的使用產生了兩根固定端樑。當 P 作用在 AB 之中跨時，構件兩端皆產生固定端彎矩 (FEMs)。這些彎矩值的求取可用圖 12.5 或由（式 12.12）與（式 12.13）計算。在這個階段中，樑 BC 仍無彎矩產生，因為並沒有載重作用在此跨內。

圖 13.2d 為樑 AB 端點與接點 B 間之彎矩作用示意圖。樑作用至接點一個逆時鐘方向彎矩 FEM_{BA}，為了阻止接點旋轉，夾鉗必須提供接點一個與 FEM_{BA} 相等但方向相反的彎矩。夾鉗內所產生的彎矩稱為**不均衡彎矩** (*unbalanced moment*；UM)。如果 BC 跨也受到加載，夾鉗之不均衡彎矩會等於連接於此接點之兩根桿件，在此接點的固定端彎矩差值。

如果我們現在將夾鉗移除，接點 B 將旋轉一個反時針轉角 θ_B 至其平衡位置上（如圖 13.2e）。當接點 B 旋轉時，在桿件 AB 與 BC 之端點將產生四個追加的彎矩，標示為 DEM_{BC}、COM_{BC}、DEM_{BA} 以及 COM_{BA}。在 B 點上的這些彎矩稱為**端點分配彎矩** (*distributed end moments*；DEMs)，其正負號與不均衡彎矩相反（如圖 13.2f）。換句話說，當接點達成平衡時，端點分配彎矩之總和便等於先前由夾鉗所平衡掉之不均衡彎矩。我們可將這個接點平衡的條件陳述如下：

$$\circlearrowright^+ \quad \Sigma M_B = 0 \tag{13.1}$$

$$\text{DEM}_{BA} + \text{DEM}_{BC} - \text{UM} = 0$$

其中　DEM_{BA} = 由接點 B 旋轉所造成 AB 桿之 B 端彎矩

　　　DEM_{BC} = 由接點 B 旋轉所造成 BC 桿之 B 端彎矩

　　　UM = 作用在接點的不均衡彎矩

在所有的彎矩分配計算中，符號規則皆與傾角變位法中所使用者相同：順時鐘方向之桿件端點旋轉角與作用於桿件端點之彎矩為正值，逆時鐘方向者為負值。在（式13.1）與圖13.2草圖中，正負號並未顯示，但這些以縮寫字母代表之彎矩已包含了上述的正負符號定義在其標示方向上。

接點 B 的旋轉在桿 AB 之 A 端與桿 BC 之 C 端所產生的彎矩，稱為**傳遞彎矩** (*carryover moments*；COMs)。我們將說明下列兩點：

1. 每一桿件端點彎矩最終值等於端點分配彎矩（或傳遞彎矩）與固定端彎矩（如果該跨受到載重）之總和。
2. 對於定斷面構件而言，每一跨之傳遞彎矩之正負號與端點分配彎矩相同，但前者大小只有後者的一半。

為了驗証圖13.2e所示AB與BC桿每一端點彎矩最終值的大小，我們將使用傾角變位方程式（式12.16），將桿件端點彎矩以桿件性質、外力載重以及接點B旋轉角表示：當 $\theta_A = \theta_C = \psi = 0$ 時，（式12.16）產生

AB桿：

$$M_{BA} = \frac{2EI_{AB}}{L_{AB}}(2\theta_B) + \text{FEM}_{BA} = \underbrace{\frac{4EI_{AB}}{L_{AB}}\theta_B}_{(\text{DEM}_{BA})} + \text{FEM}_{BA} \tag{13.2}$$

$$M_{AB} = \underbrace{\frac{2EI_{AB}}{L_{AB}}\theta_B}_{(\text{COM}_{BA})} + \text{FEM}_{AB} \tag{13.3}$$

BC 桿：

$$M_{BC} = \frac{2EI_{BC}}{L_{BC}}(2\theta_B) = \frac{4EI_{BC}}{L_{BC}}\theta_B \qquad (13.4)$$
$$\text{(DEM}_{BC})$$

$$M_{CB} = \frac{2EI_{BC}}{L_{BC}}\theta_B \qquad (13.5)$$
$$\text{(COM}_{BC})$$

（式 13.2）說明 AB 桿之 B 端總彎矩 M_{BA}（如圖 13.2e），等於 (1) 固定端彎矩 FEM_{BA} 與 (2) 端點分配彎矩 DEM_{BA} 之總和。DEM_{BA} 為（式 13.2）中右側的第一項，等於

$$\text{DEM}_{BA} = \frac{4EI_{AB}}{L_{AB}}\theta_B \qquad (13.6)$$

在（式 13.6）中，$4EI_{AB}/L_{AB}$ 項稱為 AB 桿 B 端之絕對撓曲勁度（*absolute flexural stiffness*）。它所代表的意義是：當遠端 A 點為固定端時，在 B 點產生一單位 (1 rad) 旋轉角所需之彎矩大小。如果樑為非稜柱形樑，也就是斷面沿軸變化之樑，在絕對撓曲勁度項之數係數字便不會是 4（見 13.9 節）。

（式 13.3）說明 AB 桿之 A 端總彎矩，等於固定端彎矩 FEM_{AB} 與傳遞彎矩 COM_{BA} 之和。COM_{BA} 為（式 13.3）中之第一項，等於

$$\text{COM}_{BA} = \frac{2EI_{AB}}{L_{AB}}\theta_B \qquad (13.7)$$

如果我們比較（式 13.6）與（式 13.7）中 DEM_{BA} 與 COM_{BA} 之值，可知此兩者間除係數為 2 與 4 之差異外完全相同，因此我們推論

$$\text{COM}_{BA} = \tfrac{1}{2}(\text{DEM}_{BA}) \qquad (13.8)$$

由於（式 13.6）與（式 13.7）所示之傳遞彎矩與分配彎矩皆為 θ_B 之函數－此兩彎矩有相同的符號意義－即 θ_B 順時針為正值，反時針為負值。

（式 13.4）說明，由於 BC 跨無外力載重，所以 BC 桿之 B 端彎矩只由 B 點旋轉角 θ_B 產生。同理，（式 13.5）指出 BC 桿之 C 端傳遞彎矩只由旋轉角 θ_B 造成。如果我們比較 M_{BA} 與 M_{CB}，前者為 BC 桿 B 端之分配彎矩，後者為 BC 桿 C 端之傳遞彎矩，可得到與（式 13.8）相同之結論；也就是，傳遞彎矩等於分配彎矩的一半。

接下來，我們可將在 B 點的端點分配彎矩大小（如圖 13.2f），以在 B 點夾鉗內之不均衡彎矩的百分比表示。將（式 13.2）的第一項與（式 13.4）代入（式 13.1）中

$$\text{DEM}_{BA} + \text{DEM}_{BC} - \text{UM} = 0 \tag{13.1}$$

$$\frac{4EI_{BC}}{L_{BC}}\theta_B + \frac{4EI_{AB}}{L_{AB}}\theta_B = \text{UM} \tag{13.9}$$

求解 θ_B 可得

$$\theta_B = \frac{\text{UM}}{4EI_{AB}/L_{AB} + 4EI_{BC}/L_{BC}} \tag{13.10}$$

如果我們令

$$K_{AB} = \frac{I_{AB}}{L_{AB}} \quad \text{與} \quad K_{BC} = \frac{I_{BC}}{L_{BC}} \tag{13.11}$$

式中比值 I/L 稱為相對撓曲勁度 (*relative flexural stiffness*)，我們可將（式13.10）寫為

$$\theta_B = \frac{\text{UM}}{4EK_{AB} + 4EK_{BC}} = \frac{\text{UM}}{4E(K_{AB} + K_{BC})} \tag{13.12}$$

如果將 $K_{AB}=I_{AB}/L_{AB}$（見式13.11）以及（式13.12）之 θ_B 代入（式13.6），我們可將端點分配彎矩 DEM_{BA} 表示為

$$\text{DEM}_{BA} = 4EK_{AB}\frac{\text{UM}}{4E(K_{AB} + K_{BC})} \tag{13.13}$$

如果所有構件的彈性模數 E 值相同，（式13.13）可簡化為（消去 $4E$）

$$\text{DEM}_{BA} = \frac{K_{AB}}{K_{AB} + K_{BC}}\text{UM} \tag{13.14}$$

$K_{AB}/(K_{AB} + K_{BC})$ 表示 AB 桿之相對勁度與所有連接於 B 點構件（AB 與 BC）總相對勁度之比值，稱為 AB 桿之分配因子 (*distribution factor*；DF_{BA})

$$\text{DF}_{BA} = \frac{K_{AB}}{K_{AB} + K_{BC}} = \frac{K_{AB}}{\Sigma K} \tag{13.15}$$

式中 $\Sigma K = K_{AB} + K_{BC}$ 代表連接至 B 點所有構件之相對撓曲勁度總和。利用（式13.15），我們可將（式13.14）表示為

$$\text{DEM}_{BA} = \text{DF}_{AB}(\text{UM}) \tag{13.16}$$

同理，BC 桿之端點分配彎矩可表示為

$$\text{DEM}_{BC} = \text{DF}_{BC}(\text{UM}) \tag{13.16a}$$

其中
$$\text{DF}_{BC} = \frac{K_{BC}}{K_{AB} + K_{BC}} = \frac{K_{BC}}{\Sigma K}$$

13.3 接點不平移之彎矩分配法：摘要
Summary of the Moment Distribution Method with No Joint Translation

至此，我們已經詳細討論了在分析特定連續結構時之基本彎矩分配原理，而這些結構的接點可自由旋轉但不可平移。將此方法具體應用於特定例題前，我們將此方法的步驟摘要如下：

1. 畫出欲分析結構之線桿圖。
2. 在每個可自由轉動之接點，計算各連接桿之分配因子，並將之記錄在線桿圖上該接點旁之方格內。每一接點上所有分配因子總合必須為 **1**。
3. 每根受載重桿之兩端寫下固定端彎矩。符號規則為順時針為正，反時針為負。
4. 計算第一個開鎖接點的不均衡彎矩。不均衡彎矩為所有連接至該接點構件端點的固定端彎矩總和。在第一個接點開鎖後，其相鄰接點上之不均衡彎矩會等於固定端彎矩與所有新增追加傳遞彎矩之總和。
5. 鬆開接點並將不均衡彎矩分配至所有連接至該接點的桿件端。端點分配彎矩由不均衡彎矩乘上每根桿件之分配因子來計算，分配彎矩之方向與不均衡彎矩之方向相反。
6. 寫出桿件在另一端之傳遞彎矩。傳遞彎矩與分配彎矩同向，但大小為分配彎矩的一半。
7. 將夾鉗鎖回去並推進至下一個接點進行開鎖分配彎矩的動作，依序於各接點重覆此分析動作，直到所有夾鉗之不均衡彎矩等於或相當接近零。

13.4 以彎矩分配法分析樑
Analysis of Beams by Moment Distribution

為了說明彎矩分配法的程序，我們將分析例題 13.1 中圖 13.3 所示之兩跨連續樑。由於只有支承 B 之接點可自由轉動，完整的分析僅需進行一次接點 B 的彎矩分配，在後續的問題中，我們將考慮包含多個可自由轉動接點之結構。

要求解例題 13.1，我們要計算桿件勁度、在接點 B 之分配因子、以及 AB 跨之固定端彎矩。這些資訊記錄在圖 13.4 中，事實上，此圖執行了彎矩分配法的計算過程。不過，為了讓草圖簡單扼要，AB 跨之 15-kip 載重以及接點之夾鉗並未顯示於圖上。因為接點 A 與 C 並不會鬆開，它們沒有分配因子。在 B 點夾鉗的不均衡彎矩就等於此點固定端彎矩總和。由於只有 AB 跨受載重作用，不均衡彎矩為 +30 kip·ft（未標示於圖上）。我們現在假設在 B 之夾鉗鬆開。接點會旋轉並產生 −10 與 −20 kip·ft 之彎矩在 AB 桿與 BC 桿的端點。這些彎矩直接記錄在支承 B 下方固定端彎矩的的下一列。傳遞彎矩，在 A 點 −5 kip·ft 與在 C 點 −20 kip·ft 則記錄在第三列。由於接點 A 與 C 為固定支承，並不會旋轉，因此分析過程至此結束。每一根桿件端點之最終彎矩，可由各行之彎矩值加成而求得〔註：在接點 B，支承兩側之彎矩相等但反向，乃因此接點處於平衡狀態之故〕。一旦端點彎矩為已知，每根樑之剪力可由樑之自由體套用靜力方程式求得。在剪力也求得之後，剪力與彎矩曲線便可建立，圖 13.5 所示為本例題之最後結果。

例題 13.1

以彎矩分配法決定圖 13.3 所示連續樑之構件端點彎矩。所有構件之 EI 為定值。

解答：

首先計算所有連接至接點 B 之構件勁度 K。

$$K_{AB} = \frac{I}{L_{AB}} = \frac{I}{16} \qquad K_{BC} = \frac{I}{L_{BC}} = \frac{I}{8}$$

$$\Sigma K = K_{AB} + K_{BC} = \frac{I}{16} + \frac{I}{8} = \frac{3I}{16}$$

算出接點 B 之分配因子，並標示於圖 13.4 上。

$$DF_{BA} = \frac{K_{AB}}{\Sigma K} = \frac{I/16}{3I/16} = \frac{1}{3}$$

$$DF_{BC} = \frac{K_{BC}}{\Sigma K} = \frac{I/8}{3I/16} = \frac{2}{3}$$

其次，將構件 AB 各端點之固定端彎矩求出（如圖 12.5）並標示於圖 13.4 中。

$$FEM_{AB} = \frac{-PL}{8} = \frac{-15(16)}{8} = -30 \text{ kip·ft}$$

$$FEM_{BA} = \frac{+PL}{8} = \frac{15(16)}{8} = +30 \text{ kip·ft}$$

圖 13.3

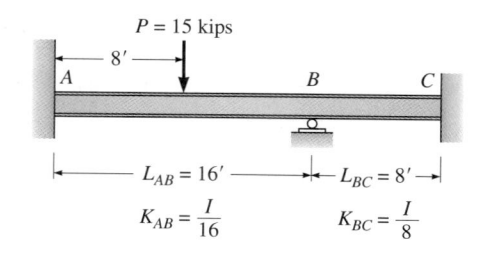

13.4 以彎矩分配法分析樑

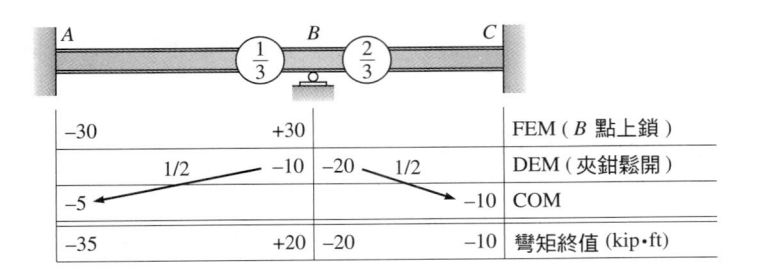

圖 **13.4**：彎矩分配計算表。

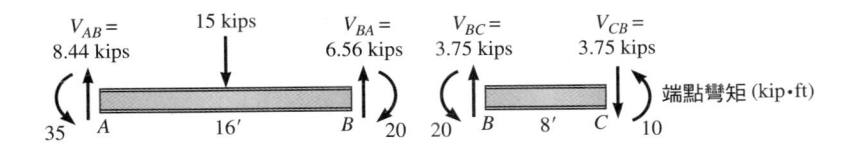

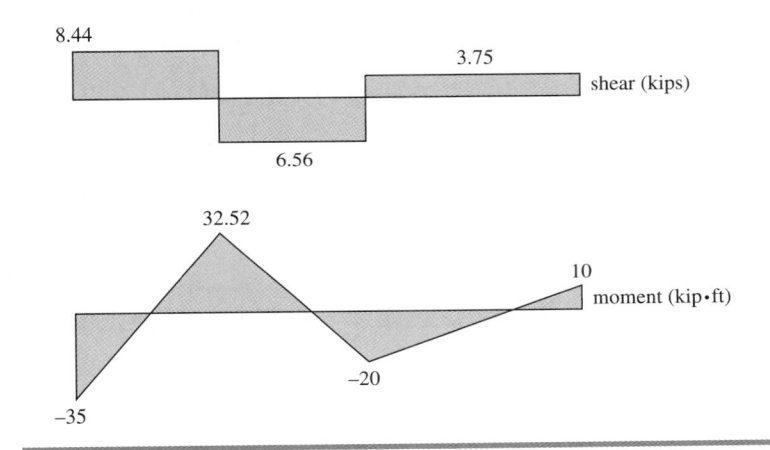

	A	B	C	
	1/3	2/3		
−30	+30			FEM（B 點上鎖）
	1/2 −10	−20 1/2		DEM（夾鉗鬆開）
−5			−10	COM
−35	+20	−20	−10	彎矩終值 (kip·ft)

圖 **13.5**：剪力與彎矩曲線。

在例題13.2中，我們延續彎矩分配法的使用，將之用於分析具有兩個可轉動接點的樑－接點B與C（如圖13.6）。如我們在圖13.7所示各階段之彎矩分配表列值所觀察到的，在接點B與C之夾鉗必須上鎖與鬆開好幾次，因為每次其中一個接點鬆開後，另一個接點上之夾鉗彎矩值會因新增的傳遞彎矩而改變。

分析過程起始於，將接點B與C以夾鉗固定。計算出分配因子與固定端彎矩並記錄在圖 13.7 之結構草圖上。為了方便依循分析過程中的每個步驟，圖 13.7 中右側行註明每一個運算動作的簡單描敘。隨著讀者逐漸熟悉彎矩分配法後，這個輔助作法可以中斷。

雖然我們可隨意選擇接點B或C來開始鬆開動作進行彎矩分配，在此我們假設由接點 B 之夾鉗開始鬆開。在接點 B 的不均衡彎矩等於接點兩側固定端彎矩之代數和

$$UM = -96 + 48 = -48 \text{ kip·ft}$$

要計算各桿之端點分配彎矩，我們將不均衡彎矩反向並乘上桿件之分配因子（B 兩側皆為 $\frac{1}{2}$）。在圖 13.7 第二列輸入端點分配彎矩 +24 kip·ft，而在第三列記錄傳遞至支承 A 與 C 之傳遞彎矩 +12 kip·ft。為了說明彎矩已被分配且接點 B 處於平衡狀態，我們在該接點之端點分配彎矩下方畫一底線標示。隨後，接點 B 之夾鉗再次上鎖。因為此時接點 B 為平衡狀態，夾鉗之彎矩為零。接下來，我們來分析接點 C，其夾鉗之不均衡彎矩為 +108 kip·ft，此不均衡彎矩為固定端彎矩 +96 kip·ft 與由接點 B 傳來之傳遞彎矩 +12 kip·ft 的和。將接點 C 之夾鉗移除時，隨著接點 C 轉動，接點左右兩側構件分別產生端點分配彎矩 −36 kip·ft 與 −72 kip·ft，且分別在接點 D 與 B 生成傳遞彎矩 −36 kip·ft 與 −18 kip·ft。由於所有可自由旋轉接點已被鬆開一次，我們完成一個循環的彎矩分配。此時，將夾鉗再次放置回接點 C。雖然 C 點夾鉗沒有任何彎矩，之前鬆開 C 點時的傳遞彎矩使得 B 點夾鉗產生了 −18 kip·ft 之彎矩；因此我們必須繼續彎矩分配的過程。我們現在第二次鬆開 B 點夾鉗，在接點兩側皆分配 +9 kip·ft 之彎矩以及傳遞 +4.5 kip·ft 之彎矩至遠端之接點 A 與 C。這個彎矩分配的過程不斷重覆直到夾鉗之彎矩已不重要為止。一般而言，設計者在端點分配彎矩已降至桿件端點彎矩 0.5% 以內時，便中止分配。在此範例問題中，我們在三個循環彎矩分配後結束分析。最終之桿件端點彎矩可由各行之彎矩和得知，如圖 13.7 最後一列數字所示。

例題 13.2　以彎矩分配法分析圖 13.6 之連續樑。所有構件 EI 為定值。

解答：

算出 B 與 C 點之分配因子，並記錄於圖 13.7。

在 B 點：

$$K_{AB} = \frac{I}{24} \quad K_{BC} = \frac{I}{24} \quad \Sigma K = K_{AB} + K_{BC} = \frac{2I}{24}$$

$$\text{DF}_{BA} = \frac{K_{AB}}{\Sigma K} = \frac{I/24}{2I/24} = 0.5$$

$$\text{DF}_{BC} = \frac{K_{BC}}{\Sigma K} = \frac{I/24}{2I/24} = 0.5$$

圖 13.6

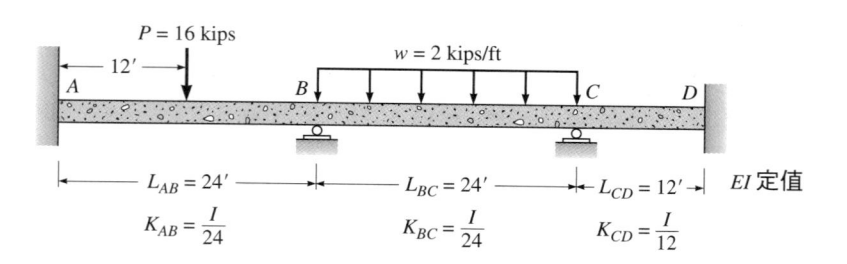

$P = 16$ kips，距 A 點 $12'$；$w = 2$ kips/ft 作用於 BC 段；$L_{AB} = 24'$，$L_{BC} = 24'$，$L_{CD} = 12'$；$K_{AB} = \frac{I}{24}$，$K_{BC} = \frac{I}{24}$，$K_{CD} = \frac{I}{12}$；EI 定值

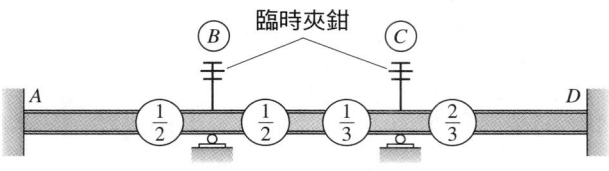

圖 13.7：彎矩分配詳表（彎矩單位：kip·ft）。

−48	+48	−96	+96			FEM（所有點上鎖）
	+24	+24				DEM（B 點鬆開）
+12			+12			COM
			−36	−72		DEM（C 點鬆開）
		−18			−36	COM
	+9	+9				DEM（B 點鬆開）
+4.5			+4.5			COM
			−1.5	−3		FEM（C 點鬆開）
		−0.76			−1.5	COM
	+0.38	+0.38				DEM（B 點鬆開）
+0.2			+0.2			COM
			−0.07	−0.13		DEM（C 點鬆開）
−31.3	+81.38	−81.38	+75.13	−75.13	−37.5	彎矩終值 (kip·ft)

在 C 點：

$$K_{BC} = \frac{I}{24} \quad K_{CD} = \frac{I}{12} \quad \Sigma K = K_{BC} + K_{CD} = \frac{3I}{24}$$

$$\text{DF}_{BC} = \frac{K_{BC}}{\Sigma K} = \frac{I/24}{3I/24} = \frac{1}{3} \quad \text{DF}_{CD} = \frac{K_{CD}}{\Sigma K} = \frac{I/12}{3I/24} = \frac{2}{3}$$

圖 13.7 所示為彎矩分配計算詳細過程列表。其中固定端彎矩之求取如后。

固定端彎矩之計算（如圖 12.5）：

$$\text{FEM}_{AB} = \frac{-PL}{8} = \frac{-16(24)}{8} = -48 \text{ kip·ft}$$

$$\text{FEM}_{BA} = \frac{+PL}{8} = +48 \text{ kip·ft}$$

$$\text{FEM}_{BC} = \frac{-wL^2}{12} = \frac{-2(24)^2}{12} = -96 \text{ kip·ft}$$

$$\text{FEM}_{CB} = \frac{+wL^2}{12} = +96 \text{ kip·ft}$$

至於 CD 跨，因無外力施加其固定端彎矩 $\text{FEM}_{CD} = \text{FEM}_{DC} = 0$。

例題 13.3 涵蓋了一根由外部支承所承載之連續樑的分析（如圖 13.8）。在分析之初，首先將接點 B 與 C 先以夾鉗束制，並計算每一跨之固定端彎矩（如圖 13.9）。在外部接點（C 點）分配因子 DF_{CB} 設定為 1，其原因為當此接點鬆開時，整個夾鉗之不均衡彎矩皆作用在桿 BC 端點。我們也可由 $\Sigma K = K_{BC}$，以及因為只有一根桿延伸入 C 點，瞭解到 C 點之分配因子為 1。如果我們以標準程序計算 DF_{CB}

$$DF_{CB} = \frac{K_{BC}}{\Sigma K} = \frac{K_{BC}}{K_{BC}} = 1$$

在 B 點的分配因子依循先前的計算方式，因為當 B 點鬆開時，A 與 C 終始保持束制。

雖然我們可選擇由 B 或 C 點開始開鎖動作，此例中，我們由 C 點開始，此夾鉗之不均衡彎矩 +16.2 kN·m。當接點 C 轉動時，由於滾支對樑端點無任何旋轉束制，構件之端點彎矩將為零。所發生之角變形大小和反時針端點分配彎矩 −16.2 kN·m，作用於 C 點時所造成之傾角相同，而 C 點的旋轉也造成在 B 點 −8.1 kN·m 之傳遞彎矩。剩下的分析步驟如同前述之案例。圖 13.10 所示為剪力與彎矩曲線。

例題 13.3

以彎矩分配分析圖 13.8 之樑，並畫出剪力與彎矩曲線。

解答：

$$K_{AB} = \frac{1.5I}{6} \quad K_{BC} = \frac{I}{6} \quad 因此 \quad \Sigma K = K_{AB} + K_{BC} = \frac{2.5I}{6}$$

計算在 B 點之分配因子：

$$DF_{AB} = \frac{K_{AB}}{\Sigma K} = \frac{1.5I/6}{2.5I/6} = 0.6 \quad DF_{BC} = \frac{K_{BC}}{\Sigma K} = \frac{I/6}{2.5I/6} = 0.4$$

$$FEM_{AB} = -\frac{wL^2}{12} = -\frac{3(6)^2}{12} = -9 \text{ kN·m}$$

$$FEM_{BA} = -FEM_{AB} = +9 \text{ kN·m}$$

$$FEM_{BC} = -\frac{wL^2}{12} = -\frac{5.4(6)^2}{12} = -16.2 \text{ kN·m}$$

$$FEM_{CB} = -FEM_{BC} = +16.2 \text{ kN·m}$$

圖 **13.8**

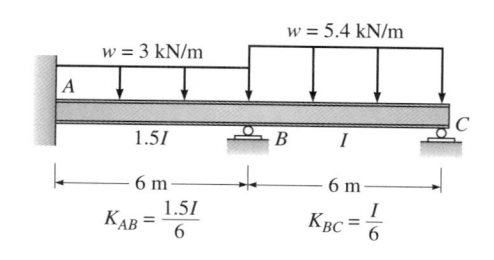

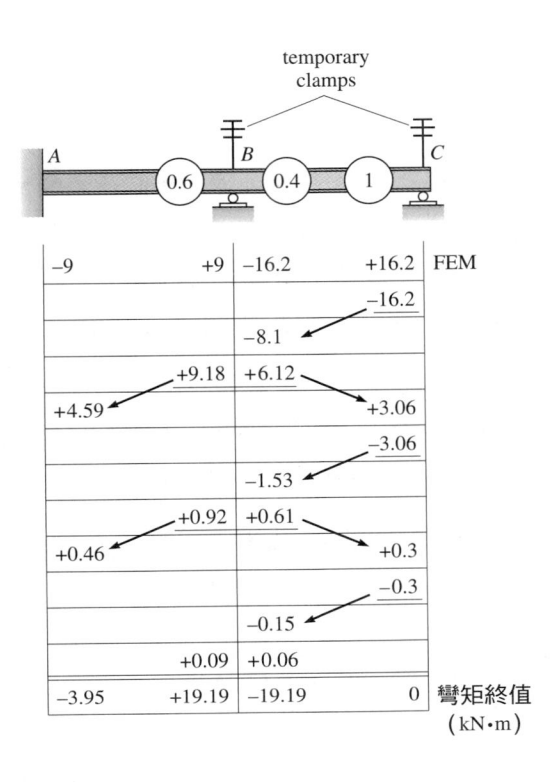

圖 13.9：彎矩分配詳細步驟（單位為 kN·m）。

−9	+9	−16.2	+16.2	FEM
			−16.2	
		−8.1		
	+9.18	+6.12		
+4.59			+3.06	
			−3.06	
		−1.53		
	+0.92	+0.61		
+0.46			+0.3	
			−0.3	
		−0.15		
	+0.09	+0.06		
−3.95	+19.19	−19.19	0	彎矩終值 (kN·m)

分析：如圖 13.9。

剪力與彎矩曲線：如圖 13.10。

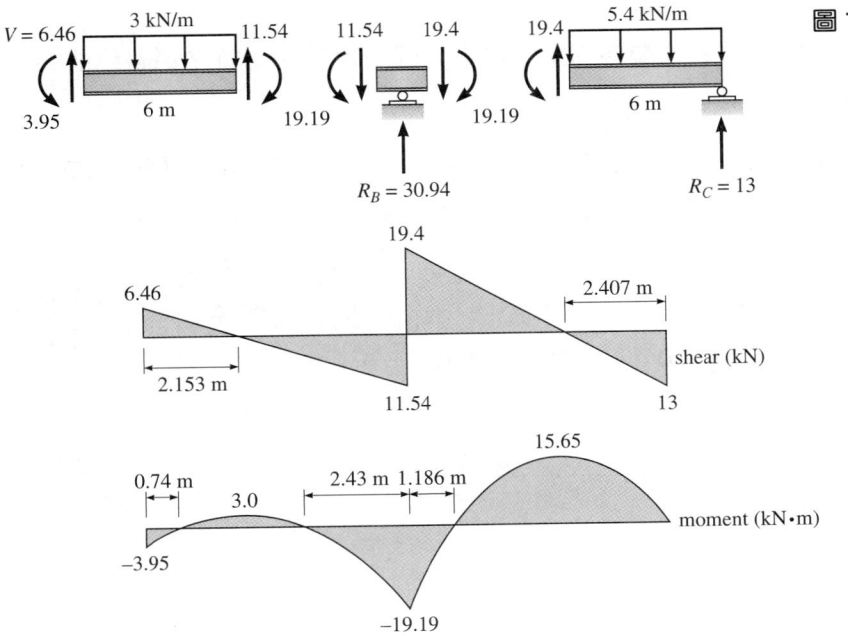

圖 13.10：剪力與彎矩曲線。

13.5 桿件勁度的修正
Modification of Member Stiffness

藉由調整某些構件之撓曲勁度，我們有時可減少分析一個連續結構時所需的彎矩分配循環次數。在本節中，我們考慮端點中止於銷支或滾支之外部支承的構件（例如圖 13.11 中之 AB、BF 與 DE 構件）。同時我也將說明懸臂桿之撓曲勁度為零。因此，當我們將包含懸臂桿之接點鬆開時，並沒有任何不均衡彎矩分配至懸臂桿。

為了量化端點條件對一根樑之撓曲勁度的影響，我們比較各種端點條件，在產生一單位構件端點旋轉角時 (1 rad)，所需的彎矩大小。舉例說明，如果樑的遠端固定無法旋轉，如圖 13.12a 所示，我們可用傾角變位方程式將作用彎矩表示為樑性質的函數。

在此 $\theta_A = 1$ (rad) 且 $\theta_B = 0$。由於沒有支承沈陷，也沒有接點間之載重，$\varphi_{AB} = 0$ 且 $\text{FEM}_{AB} = \text{FEM}_{BA} = 0$。將上列各項代入（式 12.16）中，可得

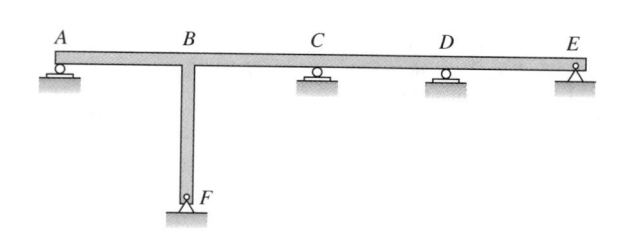

$$M_{AB} = \frac{2EI}{L}(2\theta_A + \theta_B - 3\varphi_{AB}) + \text{FEM}$$

$$= \frac{2EI}{L}[2(1) + 0 - 0] + 0 \tag{13.17}$$

$$M_{AB} = \frac{4EI}{L}$$

$4EI/L$ 項在先前已出現過，代表遠端為固定端之樑，受一彎矩作用時之絕對撓曲勁度（式 13.16）。

如果在 B 點支承為一個銷支承或滾支承，則可阻止垂直位移但無任何旋轉束制（如圖 13.12b）。我們再次以傾角變位方程式來計算桿件之撓曲勁度，此案例中，

$$\theta_A = 1 \text{ 弧度}, \theta_B = -\frac{1}{2} \text{ 弧度} \quad \text{（如圖 11.3e 所示 } \theta_A \text{ 與 } \theta_B \text{ 關係）}$$

$$\varphi_{AB} = 0 \text{ 且 } \text{FEM}_{AB} = \text{FEM}_{BA} = 0$$

圖 13.11

代入（式 12.16）可得

$$M_{AB} = \frac{2EI}{L}[2(1) - \tfrac{1}{2} + 0] + 0 \quad (13.18)$$

$$M_{AB} = \frac{3EI}{L}$$

比較（式 13.17）與（式 13.18），我們可知，當樑之一端受彎矩作用時，其遠端為銷支端時的勁度為其遠端為固定端時的 3/4。

如果構件被等量之端點彎矩彎曲成雙曲率之形狀（如圖13.12c），則旋轉之抵抗能力會增加，這是因為遠端 B 點的彎矩，所造成近 A 點的旋轉方向與在 A 點之彎矩方向相反。我們可利用傾角變位方程式將彎矩 M″ 與 A 點之轉角關聯起來，此時 $\theta_A = \theta_B = 1$ (rad)，$\psi_{AB} = 0$ 以及 $\text{FEM}_{AB} = 0$。

將上述結果套入後可得

$$M'' = \frac{2EI}{L}(2\theta_A + \theta_B - 3\psi_{AB}) \pm \text{FEM}_{AB} \quad (12.16)$$

$$= \frac{2EI}{L}[2(1) + 1] = \frac{6EI}{L}$$

式中之絕對勁度為

$$K''_{AB} = \frac{6EI}{L} \quad (13.19)$$

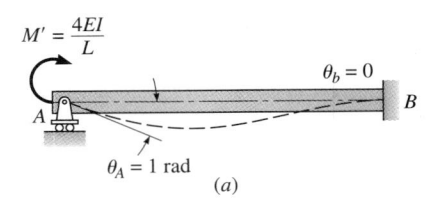

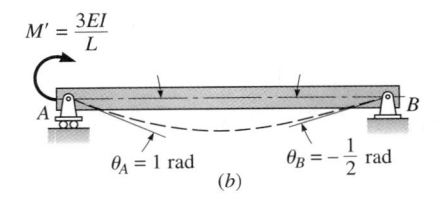

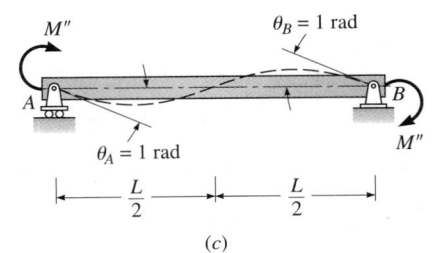

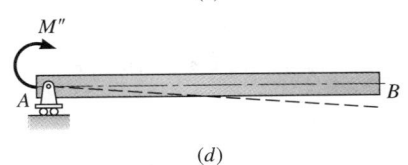

圖 13.12：(a) 遠端為固定端之樑；(b) 遠端無旋轉束制之樑；(c) 兩端受相同大小之順時彎矩；(d) 懸臂樑支承端受載。

比較（式 13.19）與（式 13.17），我們可發現；以等量端彎矩彎曲成雙曲率形狀之構件，其絕對撓曲勁度比遠端為固定端之勁度多出 50%。

懸臂桿之勁度

在圖 13.12a 與 b 中，在 B 點之固定支承與銷支承提供了垂直束制，阻止了樑針對支承 A 點產生順時針旋轉。由於這些樑皆被穩定支承著，它們有能力傳遞施加在 A 點的彎矩。另一方面，如果彎矩作用在圖 13.12d 所示懸臂樑之 A 端，此懸臂桿將無法發展出任何撓曲抗力；因為，右側沒有支承阻止樑對 A 點之順時針旋轉。當然，此結論讀者也可由圖 13.12d 之示意懸臂樑，實際上相當於是一個只能產生剛體旋轉的不穩定結構而領悟出。總之，我們可以知道懸臂段不具彎矩抵抗能力。當我們計算具有懸臂段之接點的分配因子時，懸臂段之分配因子為零；因此，不會有任何不均衡彎矩分配到懸臂桿件上。

當然，如果懸臂桿件受到載重作用，它仍可傳遞剪力與彎矩至它的支承接點；這個抵抗載重之行為與吸收接點不均衡彎矩的能力，為兩個獨立的函數毫不相干。

在例題 13.4 中，我們說明使用因數 $\frac{3}{4}$，修正圖 13.13 所示連續樑中具銷接端之構件勁度。在圖 13.13 的分析過程中，桿件 AB 與 CD 由於皆中止於銷接或滾接的支承上，其撓曲勁度 I/L 皆被降為 $\frac{3}{4}$ 倍。讀者或許會有些疑惑 $\frac{3}{4}$ 因數是否可適用於 CD 跨，因為其右端仍有一懸臂延伸段 DE。但是正如我們先前所討論的，懸臂段對於吸收 D 點夾鉗之不均衡彎矩之撓曲勁度為零。所以，只要 D 點夾鉗的作用被移除後，懸臂段之存在與否皆不影響 CD 桿之旋轉束制條件。

在圖 13.14a 所示之分析過程中，我們首先將所有接點鎖住使之無法旋轉。隨後施加載重，將計算出之固定端彎矩列於第一列。由圖 13.13b 所示懸臂段 DE 之自由體圖，我們可知彎矩平衡方程式，要求 DE 桿 D 端彎矩逆時鐘方向作用，且大小為 -60 kip·ft。

由於 AB 與 CD 桿之撓曲勁度已降為 $\frac{3}{4}$ 倍，在接點 A 點 D 之夾鉗首先（完全）被移除。當 A 點夾鉗移除時，在 AB 跨產生端點分配彎矩 $+33$ kip·ft 與傳遞彎矩 $+16.5$ kip·ft。接點 A 之總彎矩至此變為零。在接下來的分析過程中，接點 A 將始終保持不上鎖之狀態，由於接點 A 現在開始可自由旋轉，當接點 B 夾鉗鬆開時，將不會在此產生任何傳遞彎矩。

接下來，我們來到接點 D 並移除夾鉗束制，此接點最開始的不均衡彎矩，等於其兩側固定端彎矩之差異值

$$UM = +97.2 - 60 = +37.2 \text{ kip·ft}$$

當接點 D 旋轉時，桿 CD 上產生端點分配彎矩 -37.2 kip·ft 於 D 點，以及傳遞彎矩 -18.6 kip·ft 於 C 點。

註：此時接點 D 達到平衡，懸臂端所作用之 -60 kip·ft 彎矩，由桿 CD 之 D 端淨彎矩 $+60$ kip·ft 所平衡。在剩下的分析過程中，接點 D 將保持鬆開狀態，且當接點 C 夾鉗開鎖時，D 點並不會產生傳遞彎矩。我們繼續在接點 B 與 C 間分配彎矩，直到傳遞彎矩之大小已可被忽略為止。利用各支承間樑元素之自由體，我們可以靜力方程式計算各反力值，如圖 13.14 所示。

例題 13.4

以彎矩分配法分析圖 13.13a 所示之樑，利用構件 AB 與 CD 之修正撓曲勁度。已知 EI 為定值。

解答：

$$K_{AB} = \frac{3}{4}\left(\frac{360}{15}\right) = 18 \qquad K_{BC} = \frac{480}{20} = 24$$

$$K_{CD} = \frac{3}{4}\left(\frac{480}{18}\right) = 20 \qquad K_{DE} = 0$$

計算分配因子

B 點：

$$\Sigma K = K_{AB} + K_{BC} = 18 + 24 = 42$$

$$DF_{BA} = \frac{K_{AB}}{\Sigma K} = \frac{18}{42} = 0.43 \qquad DF_{BC} = \frac{K_{BC}}{\Sigma K} = \frac{24}{42} = 0.57$$

C 點：

$$\Sigma K = K_{BC} + K_{CD} = 24 + 20 = 44$$

$$DF_{BC} = \frac{K_{BC}}{\Sigma K} = \frac{24}{44} = 0.55 \qquad DF_{CD} = \frac{K_{CD}}{\Sigma K} = \frac{20}{44} = 0.45$$

計算固定端彎矩（如圖 12.5）

$$\text{FEM}_{AB} = -\frac{Pab^2}{L^2} = -\frac{30(10)(5^2)}{15^2} \qquad \text{FEM}_{BA} = \frac{Pba^2}{L^2} = \frac{30(5)(10^2)}{15^2}$$
$$= -33.3 \text{ kip·ft} \qquad\qquad = +66.7 \text{ kip·ft}$$

$$\text{FEM}_{BC} = -\frac{wL^2}{12} = -120 \text{ kip·ft} \qquad \text{FEM}_{CB} = -FEM_{BC} = 120 \text{ kip·ft}$$

$$\text{FEM}_{CD} = -\frac{wL^2}{12} = -97.2 \text{ kip·ft} \qquad \text{FEM}_{DC} = -\text{FEM}_{CD} = 97.2 \text{ kip·ft}$$

$$\text{FEM}_{DE} = -60 \text{ kip·ft}$$

負號代表彎矩逆時針方向作用於構端點上。

圖 13.13：(a) 連續樑；(b) 懸臂段 DE 之自由體。

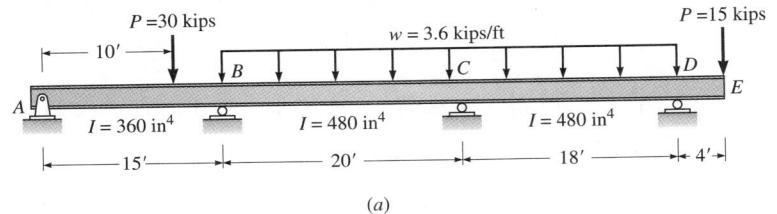

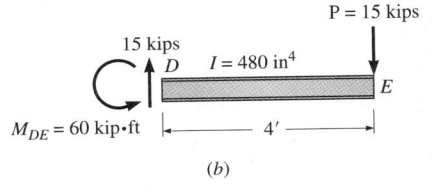

圖 13.14：(a) 彎矩分配計算；(b) 反力。

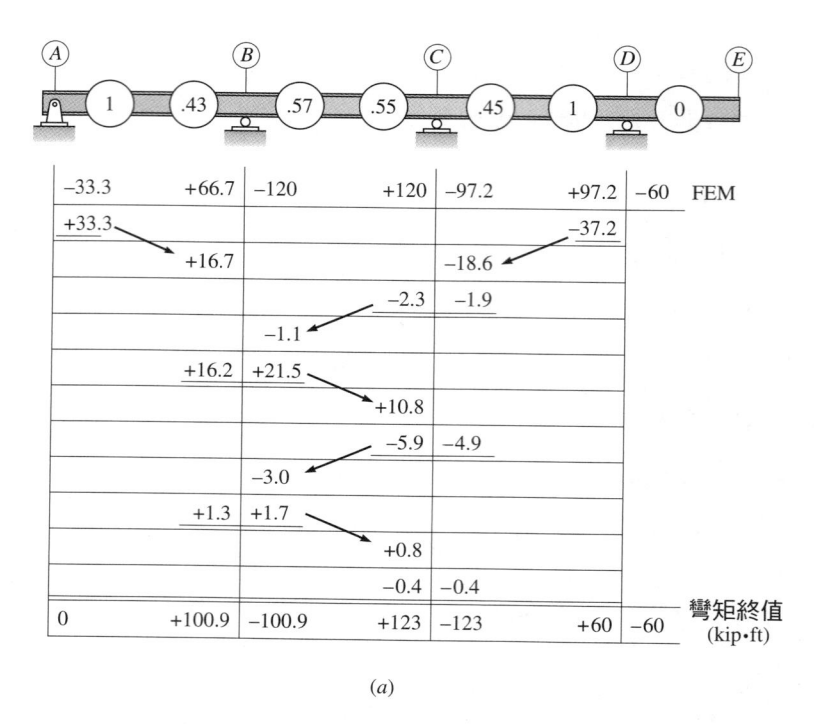

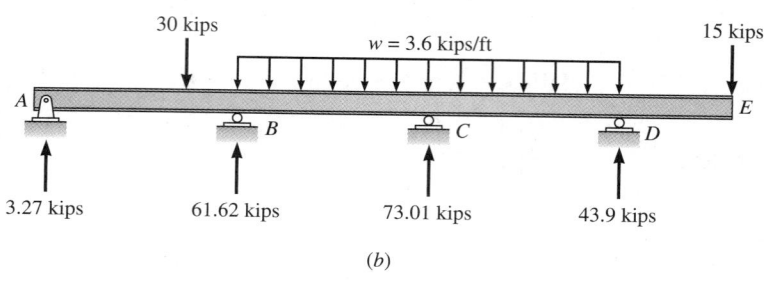

	A	B	C	D	E	
DF	1	.43 .57	.55 .45	1 0		
FEM	−33.3	+66.7 −120	+120 −97.2	+97.2 −60	
	+33.3			−37.2	
		+16.7	−18.6		
		−1.1	−2.3 −1.9		
		+16.2 +21.5	+10.8		
		−3.0	−5.9 −4.9		
		+1.3 +1.7	+0.8		
			−0.4 −0.4		
彎矩終值 (kip·ft)	0	+100.9 −100.9	+123 −123	+60 −60	

(a)

30 kips　　w = 3.6 kips/ft　　15 kips

A　　B　　C　　D　　E

3.27 kips　61.62 kips　73.01 kips　43.9 kips

(b)

　　例題13.5說明以彎矩分配法，分析接點不可移動但可轉動之構架的流程，結構計算之結果如圖13.15所示。首先我們計算分配因子，並記錄於圖13.16a所示構架之線桿圖上。A、B、C與D四個可自由轉動之接點開始時皆先上鎖。接著，施加外力載重產生固定端彎矩±120 kip·ft於AB跨，以及±80 kip·ft於BC跨。這些彎矩值記錄在圖13.16a所示樑上方。開始進行分析時，接點A與D必須先被鬆開，原因是桿AB與CD之勁度已被修正為$\frac{3}{4}$倍。當接點A旋轉時，在AB跨產生端點分配彎矩 +120 kip·ft 於A點，以及傳遞彎矩 +60 kip·ft 於B點。由於並沒有橫向載重作用在CD桿上，CD構件並沒有固定端彎矩；因此，當接點D之夾鉗鬆開時，並未在CD桿內形成任何彎矩。既然接點A與D在後續的分析步驟中保持不上鎖狀態，此兩接點不會產生任何傳遞彎矩。

　　在接點B之不均衡彎矩為 100 kip·ft ─兩個固定端彎矩 +120 與 −80 kip·ft，以及由接點A傳遞之彎矩 +60 kip·ft 的總和。將不均衡彎矩反向，分配至構件BA、BC與BF之B端，其端點分配彎矩分別為 −33、−22 與 −45 kip·ft。除此之外，尚有傳遞至BC

桿 C 端之 -11 kip·ft 與柱 BF 底端之 -22.5 kip·ft。接下來，鬆開接點 C 並將不均衡彎矩 $+69$ kip·ft －固定端彎矩 $+80$ kip·ft 與傳遞彎矩 -11 kip·ft 之和—進行分配。鬆開接點 C 也造成傳遞彎矩 -7.2 kip·ft 於接點 B，以及 -14.85 kip·ft 於柱 CE 之底端。在第二循環之彎矩分配完成後，傳遞彎矩已很小故可中止步驟。我們以一條雙底線代表中止分配，並將各構件之端點彎矩終值加成出來。由個別構件之自由體所計算之反力如圖 13.16b 所示。

例題 13.5

以彎矩分配法分析圖 13.15 所示構架。

解答：

計算 B 點之分配因子：

$$K_{AB} = \frac{3}{4}\left(\frac{2I}{20}\right) = \frac{3I}{40} \quad K_{BC} = \frac{I}{20} \quad K_{BF} = \frac{I}{10} \quad \Sigma K = \frac{9I}{40}$$

$$\text{DF}_{BA} = \frac{K_{AB}}{\Sigma K} = 0.33 \quad \text{DF}_{BC} = \frac{K_{BC}}{\Sigma K} = 0.22 \quad \text{DF}_{BF} = \frac{K_{BF}}{\Sigma K} = 0.45$$

計算 C 點之分配因子：

$$K_{CB} = \frac{I}{20} \quad K_{CD} = \frac{3}{4}\left(\frac{I}{9}\right) \quad K_{CE} = \frac{I}{10} \quad \Sigma K = \frac{14I}{60}$$

$$\text{DF}_{CB} = 0.21 \quad \text{DF}_{CD} = 0.36 \quad \text{DF}_{CE} = 0.43$$

計算 AB 與 BC 跨之固定端彎矩（如圖 12.5）：

$$\text{FEM}_{AB} = \frac{wL^2}{12} = \frac{-3.6(20)^2}{12} = -120 \text{ kip·ft}$$

$$\text{FEM}_{BA} = -\text{FEM}_{AB} = +120 \text{ kip·ft}$$

$$\text{FEM}_{BC} = \frac{-PL}{8} = \frac{-32(20)}{8} = -80 \text{ kip·ft}$$

$$\text{FEM}_{CB} = -\text{FEM}_{BC} = +80 \text{ kip·ft}$$

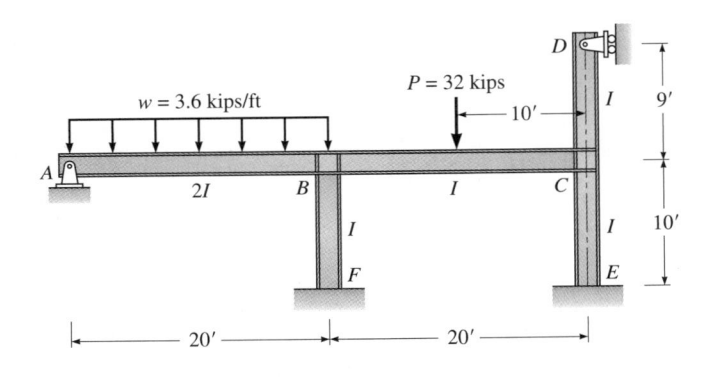

圖 13.15：剛性構架詳圖。

圖 13.16：(a) 彎矩分配法分析；(b) 構件自由體所計算之反力。

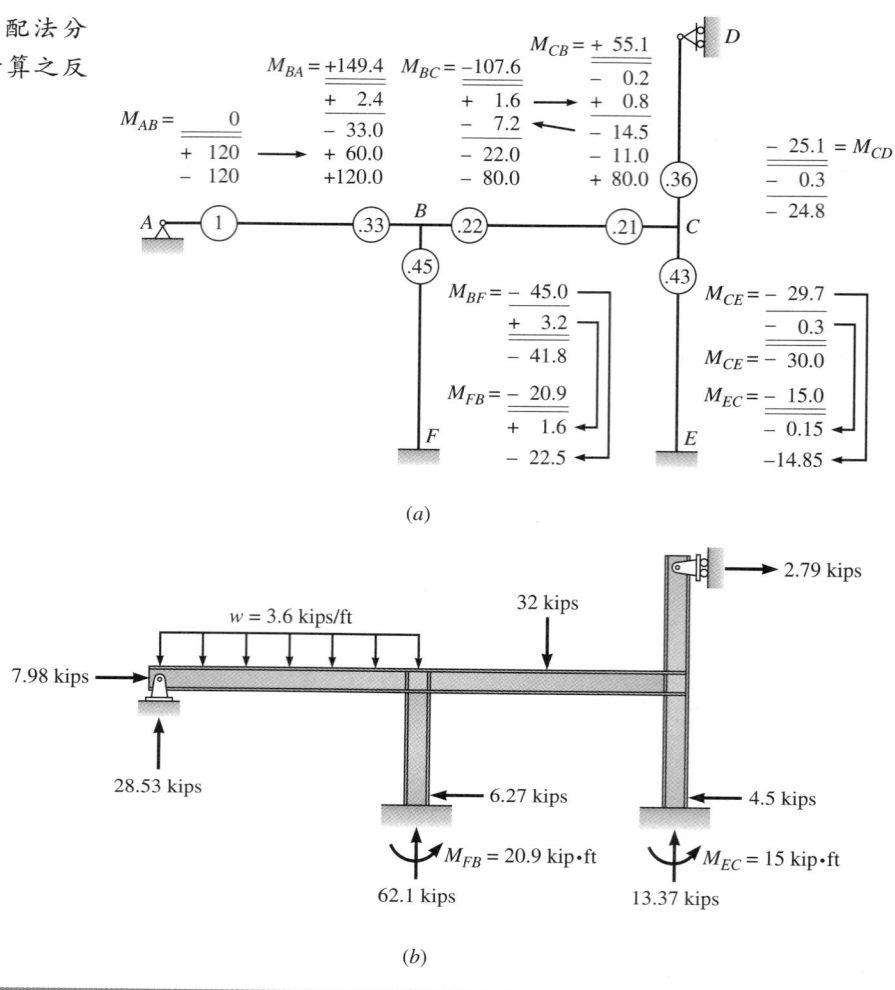

$M_{AB} = 0$
$\phantom{M_{AB} =}+120$
$\phantom{M_{AB} =}-120$

$M_{BA} = +149.4$
$\phantom{M_{BA} =}\underline{+2.4}$
$\phantom{M_{BA} =}-33.0$
$\phantom{M_{BA} =}+60.0$
$\phantom{M_{BA} =}+120.0$

$M_{BC} = -107.6$
$\phantom{M_{BC} =}+1.6$
$\phantom{M_{BC} =}-7.2$
$\phantom{M_{BC} =}-22.0$
$\phantom{M_{BC} =}-80.0$

$M_{CB} = +55.1$
$\phantom{M_{CB} =}-0.2$
$\phantom{M_{CB} =}+0.8$
$\phantom{M_{CB} =}-14.5$
$\phantom{M_{CB} =}-11.0$
$\phantom{M_{CB} =}+80.0$

$\phantom{M_{CD} =}-25.1 = M_{CD}$
$\phantom{M_{CD} =}-0.3$
$\phantom{M_{CD} =}-24.8$

$M_{BF} = -45.0$
$\phantom{M_{BF} =}+3.2$
$\phantom{M_{BF} =}-41.8$

$M_{FB} = -20.9$
$\phantom{M_{FB} =}+1.6$
$\phantom{M_{FB} =}-22.5$

$M_{CE} = -29.7$
$\phantom{M_{CE} =}-0.3$
$M_{CE} = -30.0$

$M_{EC} = -15.0$
$\phantom{M_{EC} =}-0.15$
$\phantom{M_{EC} =}-14.85$

分配係數：.33, .22, .21, .36, .45, .43

(a)

(b) 構件自由體：
- $w = 3.6$ kips/ft
- 32 kips
- 2.79 kips
- 7.98 kips
- 28.53 kips
- 6.27 kips
- 4.5 kips
- $M_{FB} = 20.9$ kip·ft, 62.1 kips
- $M_{EC} = 15$ kip·ft, 13.37 kips

支承沈陷、製程誤差以及溫度變化

在決定靜不定樑與構架中，由於製程偏差、支承位移以及溫度改變所造成之彎矩時，將彎矩分配法與傾角變位方程式合併使用，為一有效的分析方式。在此應用方式中，將適當位移導入結構的同時，所有可自由轉動之接點應在其初始位置上被夾鉗鎖住。將接點鎖住是為確保所有構件端點傾角值皆為零，並使得由指定位移值所造成之端點彎矩，可由傾角變位方程式加以計算得到。最後，將夾鉗之束制移除，使得結構得以變形至其最終平衡位置。

在例題13.6中，我們使用上述之合併程序，來決定支承未座落於指定位置上之結構的彎矩—此為營建施工過程中常發生之一般情況。在例題 13.7 中，此方法被用在求取包含一個製程誤差之構架的彎矩。

例題 13.6

決定圖 13.17a 所示連續樑之反力以及剪力與彎矩曲線。已知 A 點固定支承建造時，不慎造成逆時針方向 0.002 rad 之傾角，且 C 點支承興建之位置較原訂高程低了 1.5 in。$E = 29{,}000 \text{ kips/in}^2$，$I = 300 \text{ in}^4$。

解答：

圖 13.17b 所為樑之竣工位置示意圖。由於未受載之樑為筆直，但支承位置並未校準在一直線上，此樑必須受外力作用以便連接上支承位置。等到樑已固定於支承時，支承處必須產生反力將樑束制於定位上。同時，我們假設在 B 與 C 點位置，虛構夾鉗作用於接點上，使得樑之各端點皆可保持在水平位置上；也就是說，θ_B 與 θ_C 為零。接下來，我們使用傾角變位方程式

$$M_{NF} = \frac{2EI}{L}(2\theta_N + \theta_F - 3\psi) + \text{FEM}_{NF} \qquad (12.16)$$

求取圖 13.17b 所示受束制樑各端點之彎矩。

計算 AB 跨之彎矩：$\theta_A = -0.002$ rad，$\theta_B = 0$ 以及 $\psi_{AB} = 0$。由於 AB 跨上並無側向載重，$\text{FEM}_{AB} = \text{FEM}_{BA} = 0$

$$M_{AB} = \frac{2(29{,}000)(300)}{20(12)}[2(-0.002)] = -290 \text{ kip·in} = -24.2 \text{ kip·ft}$$

$$M_{BA} = \frac{2(29{,}000)(300)}{20(12)}(-0.002) = -145 \text{ kip·in} = -12.1 \text{ kip·ft}$$

計算 BC 跨之彎矩：$\theta_B = 0$，$\theta_C = 0$，$\psi = 1.5 \text{ in}/[25(12)] = 0.005$。

$$\text{FEM}_{BC} = \text{FEM}_{CB} = 0 \quad \text{因為 BC 跨同樣沒有載重}$$

$$M_{BC} = M_{CB} = \frac{2(29{,}000)(300)}{12(25)}[2(0) + 0 - 3(0.005)]$$

$$= -870 \text{ kip·in} = -72.5 \text{ kip·ft}$$

圖 13.17：(a) 支承於建造時錯置之樑，虛線為變形曲線；(b) B 與 C 點受臨時夾鉗束制於定位之樑。

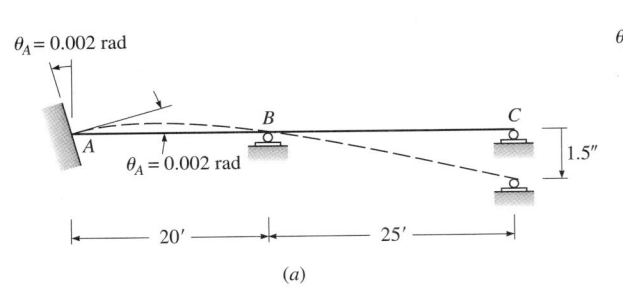

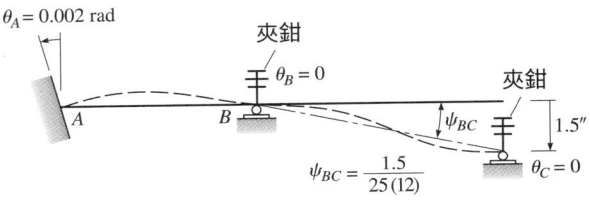

(a)

(b)

計算接點 B 分配因子：

$$K_{AB} = \frac{300}{20} = 15 \qquad K_{BC} = \frac{3}{4}\left(\frac{300}{25}\right) = 9 \qquad \Sigma K = 24$$

$$\text{DF}_{BA} = \frac{K_{AB}}{\Sigma K} = \frac{15}{24} = 0.625 \qquad \text{DF}_{BC} = \frac{K_{BC}}{\Sigma K} = \frac{9}{24} = 0.375$$

彎矩分配之計算過程列於圖 13.18a，剪力與彎矩計算列於圖 13.18b，而彎矩圖則如圖 13.18c 所示。

圖13.18：(a) 彎矩分配；(b) 計算剪力與反力之自由體；(c) 支承位移所引起之彎矩曲線。

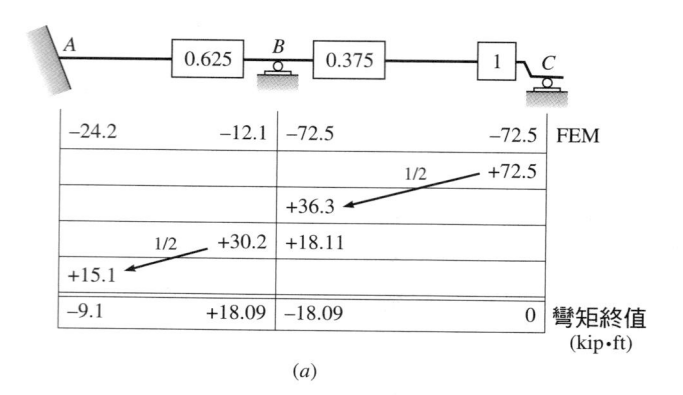

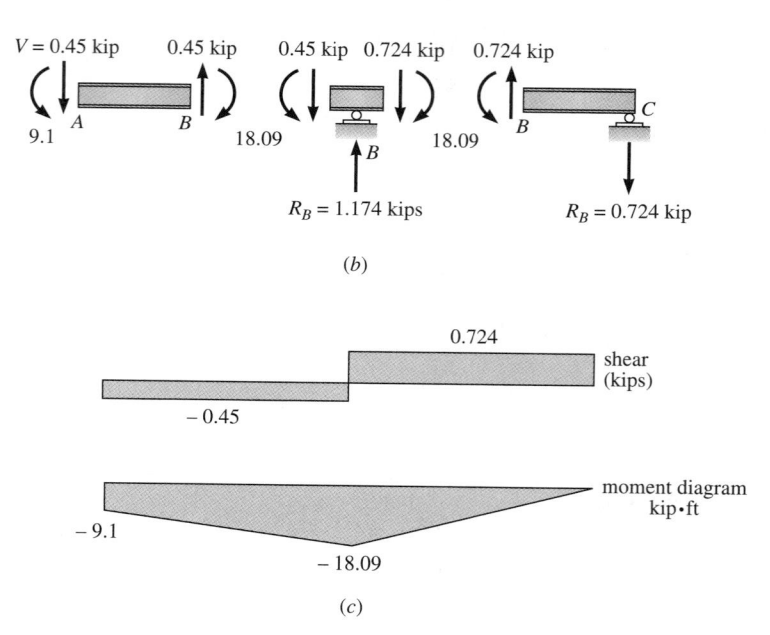

例題 13.7

如果圖 13.19a 所示構架之 AB 樑出廠時長度為 1.92 in 過長，當它被搭建時，將會造成構架產生多少彎矩？已知：$E = 29{,}000$ kips/in^2。

解答：

將 AB 樑之長度增加 1.92 in，並以夾鉗作用於 B 點以防止旋轉（如圖 13.19b）。以傾角變位方程式計算受夾鉗上鎖結構之固定端彎矩。

柱 BC： $\theta_B = 0 \quad \theta_C = 0 \quad \psi_{BC} = \dfrac{1.92}{12(12)} = +0.0133$ 弧度

且 $\text{FEM}_{BC} = \text{FEM}_{CB} = 0$（沒有載重作用於 BC 跨上）。

$$M_{BC} = M_{CB} = \frac{2EI}{L}(-3\psi_{BC})$$

$$= \frac{2(29{,}000)(360)}{12(12)}[-3(0.0133)]$$

$$= -5785.5 \text{ kip·in} = -482.13 \text{ kip·ft}$$

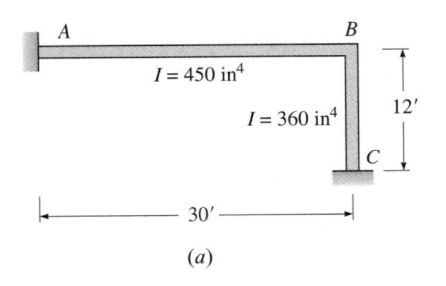

圖 13.19：(a) 構架；(b) 所發生之變形，其中 B 點上鎖無法旋轉 ($\theta_B = 0$)；(c) 彎矩分配分析（單位 kip·ft）；(d) 反力與變形圖；(e) 彎矩圖。

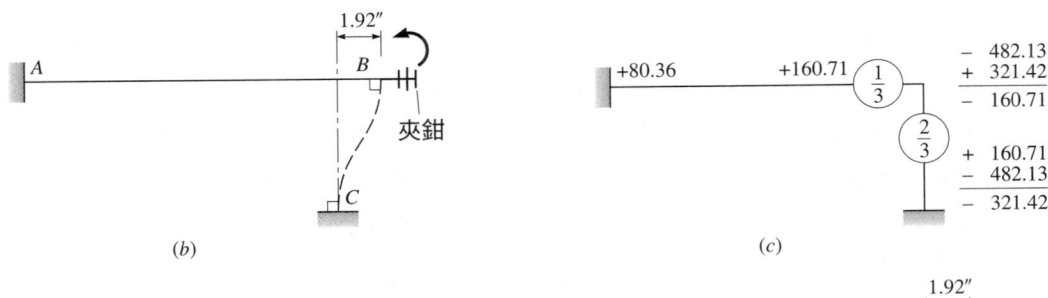

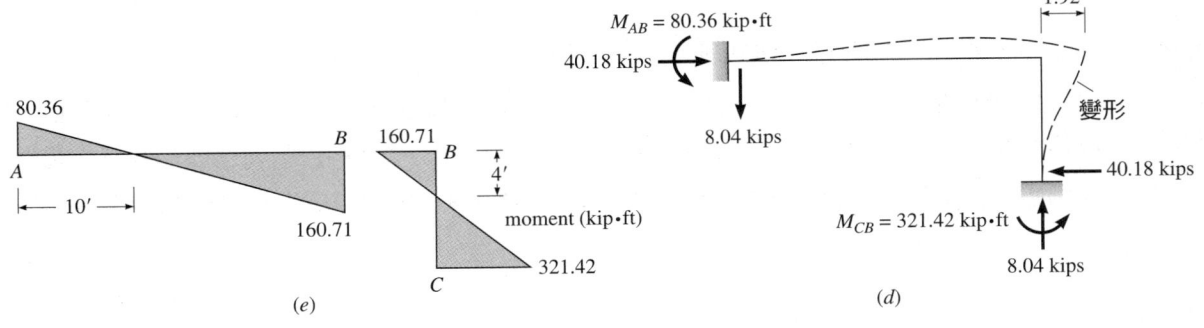

因為 $\psi_{AB} = \theta_A = \theta_B = 0$，所以構件 AB 上並沒有彎矩產生。

計算分配因子。

$$K_{AB} = \frac{I}{L} = \frac{450}{30} = 15 \quad K_{BC} = \frac{360}{12} = 30 \quad \Sigma K = 15 + 30 = 45$$

$$\text{DF}_{BA} = \frac{K_{AB}}{\Sigma K} = \frac{15}{45} = \frac{1}{3} \quad \text{DF}_{BC} = \frac{K_{BC}}{\Sigma K} = \frac{30}{45} = \frac{2}{3}$$

彎矩分配計算列於圖 13.19c 中。構件端點彎矩及反力計算則是，以切割下之各構件自由體套用靜力方程求得。反力及變形圖如圖 13.19d 所示。

13.6 可側移構架之分析
Analysis of Frames That Are Free to Sidesway

截至目前，我們所分析之結構為接點可自由旋轉但不能移動之構架。此類構架稱為*側撐*(*braced*) 構架。在這類結構中，因為結構接點之最終位置為已知（或為被指定之支承沈陷量），我們總是能夠決定出要被分配的起始彎矩值。

當一個無側撐(*unbraced*) 構架中某些接點為可自由平移時，設計者便必須將弦線轉角所造成之彎矩也考慮進來。由於未受束制之接點的最終位置為未知，側移之角度無法計算；因此，有多少桿件端點彎矩要被分配也就無法明確決定。為了介紹無側撐構架之分析方法，我們首先考慮一個無側撐構架在其可自由平移之接點上，受到一個側向載重作用的情形（如圖 13.20a）。在 13.7 節中，我們將延續此方法至載重作用於接點間，或具支承沈陷之無側撐構架。

在位於接點 B 之橫向載重作用下，樑 BC 向右水平平移一段距離 Δ。由於平移量 Δ 與旋轉角皆為未知，我們無法決定出在彎矩分配法中要被分配的端點彎矩為何？然而，如果結構為線性彈性行為，也就是，如果所有變位與內力皆與作用於 B 點之橫力大小成正比時，則間接之求解程序便可能存在。何謂線性彈性呢？比方說，如果使 P 加倍則所有力量與位移值也會加倍（如圖 13.20b）。工程師假設大部分結構行為為彈性，只要變位很小且應力不超過材料之彈性限度時，此假設為合理的。

如果變位與力量間為線性關係，我們可用下列步驟來分析圖 13.20a 之構架；

1. 讓構架之樑向右平移任意距離，但保持接點無法旋轉。通常我們可選擇一個單位位移量。為了將結構固定在此變形位置上，我們引入臨時束制（如圖 13.20c），這些束制包含在 B 點的滾支會維持一單位位移，以及在 A、B 與 C 之夾鉗會阻止接點旋轉。

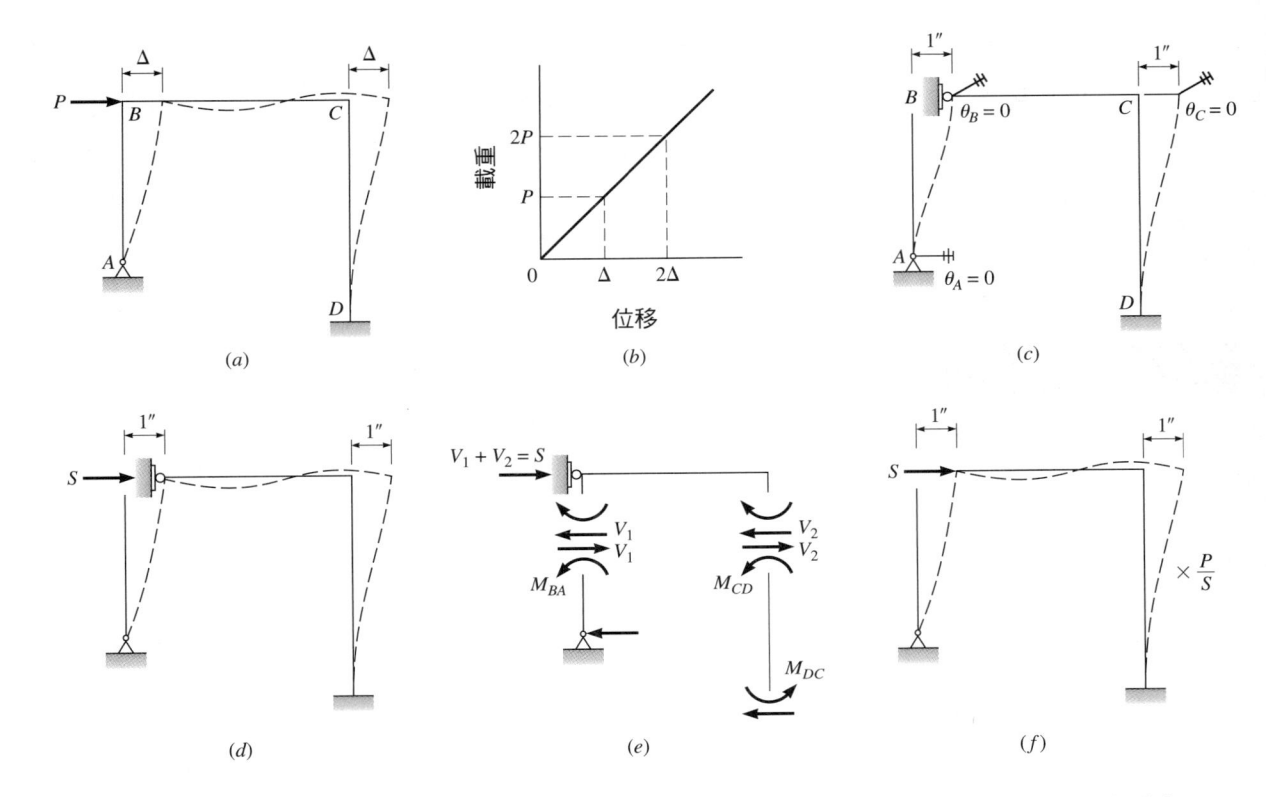

13.6 可側移構架之分析

(a) 圖示：受載構架，P 作用於 B 點，側移 Δ，支點 A 為鉸支，D 為固定支。

(b) 線性彈性載重-位移曲線：載重 P 對位移 Δ，2P 對 2Δ。

(c) 單位位移圖：B、C 點施加臨時滾支與夾鉗，$\theta_B = 0$，$\theta_C = 0$，$\theta_A = 0$，位移為 1″。

(d) 夾鉗移除後，力 S 作用於構架，產生單位側移 1″。

(e) 反力之計算：$V_1 + V_2 = S$，M_{BA}、M_{CD}、M_{DC}。

(f) 水平力 S 造成構架一單位側移，乘以 $\dfrac{P}{S}$。

由於所有位移為已知，我們可以傾角變位方程式計算出束制結構中柱之端點彎矩大小。因為所有接點轉角為零（$\theta_N = 0$ 與 $\theta_F = 0$），且沒有任何作用於接點間載重所造成之固定端彎矩（$\mathrm{FEM}_{NF} = 0$），加上 $\psi_{NF} = \Delta/L$，傾角變位方程式（式 12.16）被簡化為

$$M_{NF} = \frac{2EI}{L}(-3\psi_{NF}) = -\frac{6EI}{L}\frac{\Delta}{L} \tag{13.20}$$

當 $\Delta = 1$，（式 13.20）可寫為

$$M_{NF} = -\frac{6EI}{L^2} \tag{13.21}$$

圖 13.20：*(a)* 受載構架之位移；*(b)* 線性彈性載重位移曲線；*(c)* 構架之單位位移，臨時滾支與夾鉗用於束制構架；*(d)* 將變形後之構架的夾鉗移除，接點轉動至其平衡位置上，所有構件之端點彎矩皆為已知；*(e)* 反力之計算；*(f)* 水平力 S 造成構架一單位側移，將所有力量乘上 P/S 便獲得圖 *(a)* 所示 P 外力所造成之力量與變位。

在此階段，接點被夾鉗鎖住，因為沒有載重作用於樑上，此樑之彎矩為零。

2. 接下來，夾鉗被移除而彎矩被分配直到結構被放鬆至它的平衡位置上（如圖 13.20*d*）。在平衡位置上，B 點之臨時滾支作用一側向力 S 於構架上。使得構架產生此單位位移所需之力 S，稱為勁度係數(*stiffness coefficient*)。

3. 力量 S 之計算可由樑之自由體圖，取水平方向之力平衡得之（如圖 13.20*e*）。為使圖示精簡，圖 13.20*e* 中省略了柱之軸力與樑之彎矩的標示。作用在樑上之柱剪力 V_1 與 V_2 可由柱之自由體圖求得。

4. 我們將圖13.20d之構架變形位置，重新在圖13.20f中繪製一遍，但想像滾支被滾支所作用之 S 力量所取代。雖然，在此階段我們是針對水平力 S（而非 P）分析此構架。但是由於構架為線性行為，P載重所造成之力量與位移，可由圖13.20f中之結果乘上比例 P/S 而獲得。舉例說明，如果 P 等於 10 kips 而 S 等於 2.5 kips，則圖 13.20f 中之力量與位移必須乘上 4，才是 10-kip 載重所產生之結果。例題 13.8 說明本節所討論可側移型式之簡單構架的分析。

例題 13.8

決定圖 13.21a 所示構架，受 B 點 5 kips 水平載重作用下之反力與構件端點彎矩。並計算 BC 樑之水平立移。已知：$E = 30000$ kips/in^2，圖中 I 值之單位為 in^4。

解答：

首先，我們將各接點以夾鉗上鎖（如圖 13.21b），並加入一個臨時滾支於 B 點，以提供水平束制使構架向右移動一單位位移（1 in）。上鎖結構之柱彎矩可以（式 13.23）計算。

$$M_{AB} = M_{BA} = -\frac{6EI}{L^2} = -\frac{6(30,000)(100)}{(20 \times 12)^2} = -312 \text{ kip·in}$$
$$= -26 \text{ kip·ft}$$

$$M_{CD} = M_{DC} = -\frac{6EI}{L^2} = -\frac{6(30,000)(200)}{(40 \times 12)^2} = -166 \text{ kip·in}$$
$$= -13 \text{ kip·ft}$$

接下來，我們將夾鉗移除（但滾支仍在），並將柱彎矩進行分配直到所有接點平衡為止。詳細之計算結果如圖 13.21c 所示。至於 B 與 C 點之分配因子計算如下：

B 點：   分配因子

$$K_{AB} = \frac{3}{4}\left(\frac{I}{L}\right) = \frac{3}{4}\left(\frac{100}{20}\right) = \frac{15}{4} \qquad \frac{K_{AB}}{\Sigma K} = \frac{3}{7}$$

$$K_{BC} = \frac{I}{L} = \frac{200}{40} = \frac{20}{4} \qquad \frac{K_{BC}}{\Sigma K} = \frac{4}{7}$$

$$\Sigma K = \frac{35}{4}$$

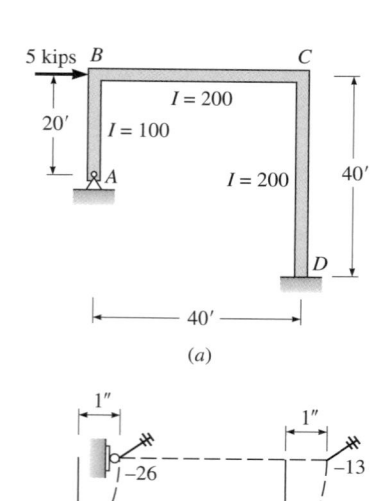

圖13.21：(a) 構架詳圖；(b) 一單位位移於上鎖結構所造成之彎矩 (kip·ft)；

C 點： 分配因子

$$K_{CB} = \frac{I}{L} = \frac{200}{40} = 5 \qquad \frac{5}{10} = \frac{1}{2}$$

$$K_{CD} = \frac{I}{L} = \frac{200}{40} = \underline{5} \qquad \frac{5}{10} = \frac{1}{2}$$

$$\Sigma K = 10$$

其次，我們針對柱基部取彎矩和，可計算柱之剪力（如圖 13.21d）。

計算 V_1

$$\circlearrowleft^+ \quad \Sigma M_A = 0 \quad 20V_1 - 8.5 = 0 \quad V_1 = 0.43 \text{ kip}$$

計算 V_2

$$\circlearrowleft^+ \quad \Sigma M_D = 0 \quad 40V_2 - 8.03 - 10.51 = 0 \quad V_2 = 0.46 \text{ kip}$$

考慮樑自由體之水平方向平衡（如圖 13.21d），計算在 B 點之滾支反力。

$$\rightarrow^+ \quad \Sigma F_x = 0 \quad S - V_1 - V_2 = 0$$

$$S = 0.46 + 0.43 = 0.89 \text{ kip}$$

截至目前，我們已求得在 B 點作用之 0.89 kip 側向載重所產生之內力與反力大小（如圖 13.21c 與 d 之分析結果歸納於圖 13.21e 中）。

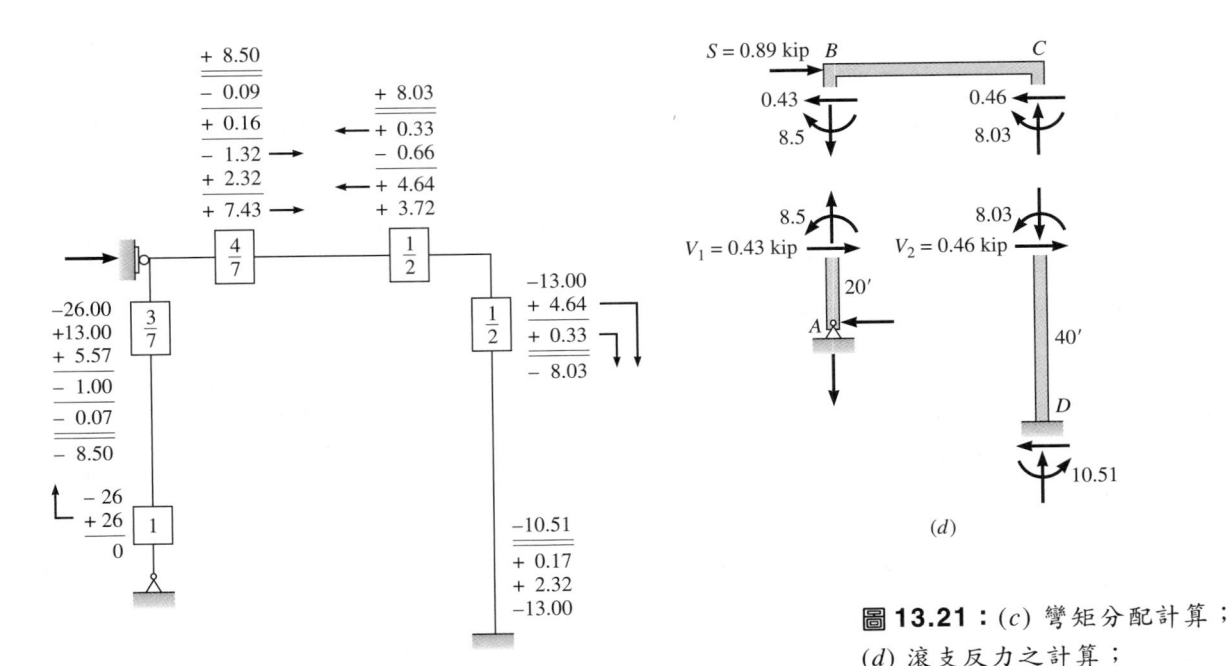

圖 **13.21**：(c) 彎矩分配計算；(d) 滾支反力之計算；

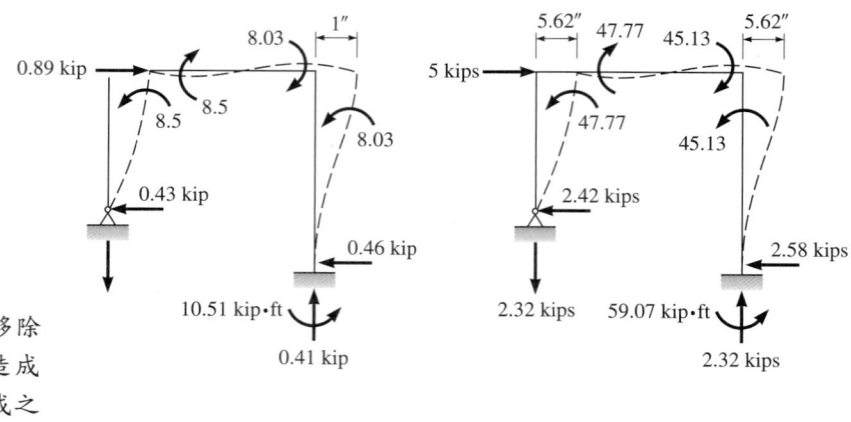

圖 13.21：(e) 圖 (b) 夾鉗移除後，單位位移在構架上所造成之力量；(f) 5-kip 載重所造成之反力與構件端點彎矩。

要計算 5-kip 載重所造之力量與位移，我們只須將上述結果乘上倍數 $P/S = 5/0.89 = 5.62$ 即可。最終之分析結果如圖 13.21f 所示。樑之水平位移 $= (P/S)(1\ \text{in}) = 5.62$ in。

13.7 受一般載重之無側撐構架分析
Analysis of an Unbraced Frame for General Loading

如果一個接點受載重作用的構架發生側移（如圖13.22a），我們必須將其分析過程細分為數個情況來進行。我們首先引用臨時束制（箝制力量）來阻止接點平移。引入之束制數量必須等於獨立接點位移或側移自由度（見 12.16 節）之數目。接著以彎矩分配法分析，被束制結構受到接點間載重作用之情況。俟所有構件之剪力由各別桿件之自由體計算出後，箝制力量可由考慮構件以及（或）接點平衡，利用靜力方程式求得。舉例說明，欲分析圖13.22a之構架，我們在 C（或 B）點導入一個臨時的滾支承，來防止上部接點之側移（如圖13.22b）。接著我們以標準彎矩分配的程序進行載重（P 與 P_1）作用下之結構分析，並決定出滾支承所提供之反力 R。這個步驟形成圖13.22b 所示 case A 之分析結果。

由於真實結構在接點 C 並沒有滾支存在，我們必須移除滾支承並允許結構將滾支所作用之 R 力量予以化解。為了消去 R，我們進行第二個分析─圖 13.22c 所示之 case B 分析。在此分析步驟中，我們作用一個反方向且大小為 R 之力量於 C 點（向右）。將 case A 與 B 之分析疊加，便產生與圖 13.22a 所示原始情況相等的結果。

例題13.9說明上述步驟用於簡單單艙構架之案例。由於這個構架為受到一個橫向載重作用在頂部接點的情形，先前已在例題 13.8 中分析過，我們將利用這些結果於 case B 之分析（亦稱為側移修正項，sidesway correction）。

13.7 受一般載重之無側撐構架分析　13-31

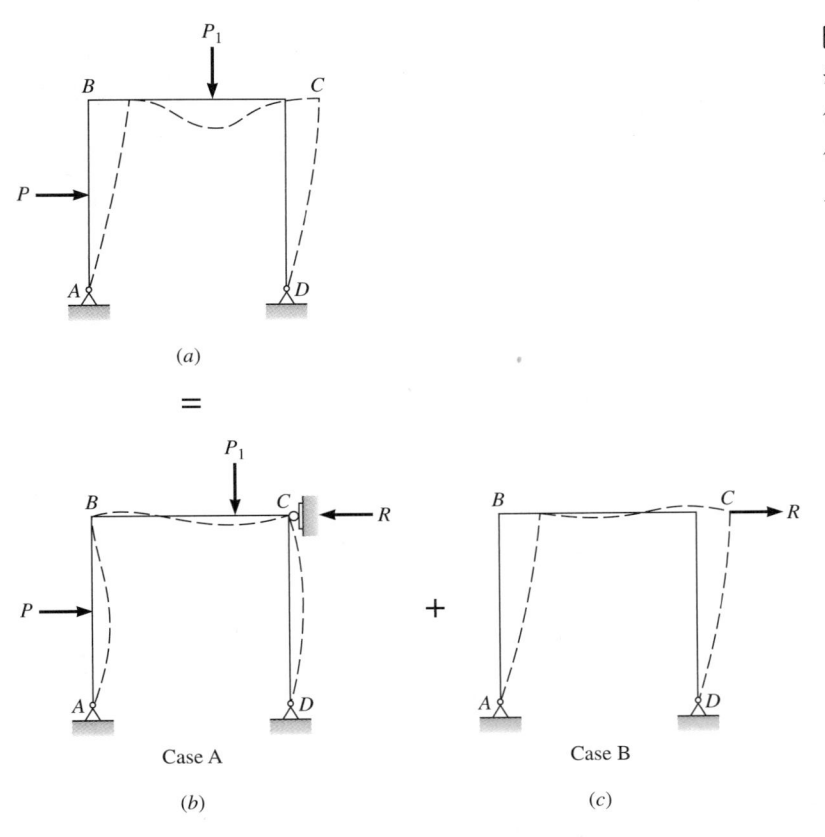

圖 13.22：(*a*) 未側撐構架之變形；(*b*) 臨時滾支在 C 點提供一個支持力 R 使得構架無法產生側移；(*c*) 側移修正，將支持力反向作用在結構之 C 點上。

Case A
(*b*)

Case B
(*c*)

例題 13.9

決定圖13.23*a*所示構架，受8-kip載重所產生之反力與構件端點彎矩。並計算 B 點之水平位移。每根構件之慣性矩單位為 in^4，如圖 13.21*a* 所示，$E = 30{,}000$ kips/in^2

解答：

由於本題之構架與例題 13.8 相同，我們將引用其側向載重分析結果 (case B)。因為構架可自由側移，分析步驟可分為兩個部分。在 case A 之分析中，B 點將具有一虛構之滾支以阻止構架側移（如圖 13.23*b*）。上鎖結構受 8-kip 載重作用下之分析如圖 13.23*d* 所示。8-kips 載重所造成之固定端彎矩等於

$$\text{FEM} = \pm \frac{PL}{8} = \pm \frac{8(20)}{8} = \pm 20 \text{ kip·ft}$$

分配因子已於例題 13.8 中計算。在彎矩分配完成後，柱之剪力、軸力以及 B 點臨時滾支之反力 R，皆可由圖 13.23*e* 所示自由體圖計算。由於在B點之滾支力量為4.97 kips，我們必預加入 case B 之側移修正量，如圖 13.23*c* 所示。

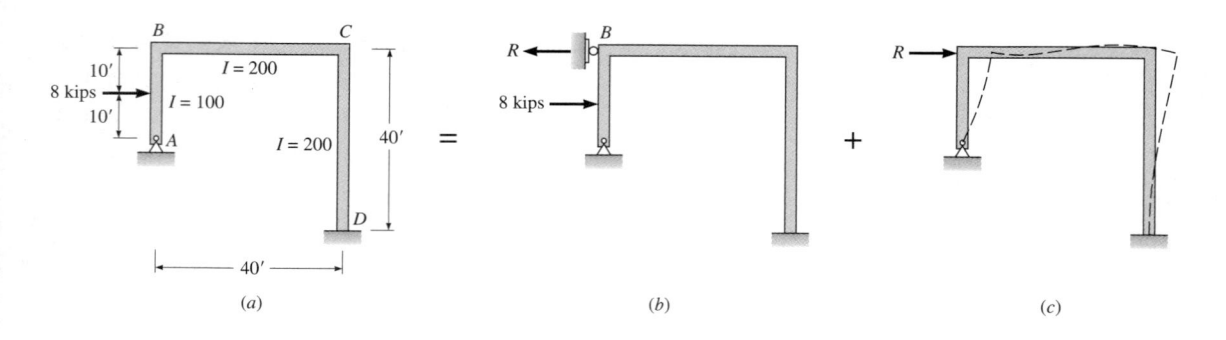

圖13.23：無側撐構架之分析：(a) 載重詳圖；(b) case A 解答（不允許側移）；(c) case B（側移修正）；(d) case A 分析；(e) case A 在 B 點束制力之計算；(f) 側移修正力，case B；(g) case A 與 case B 疊加之最後結果。

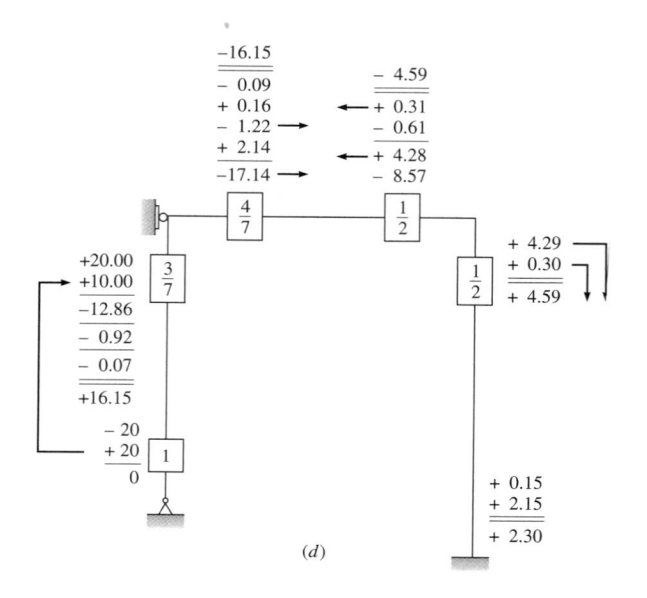

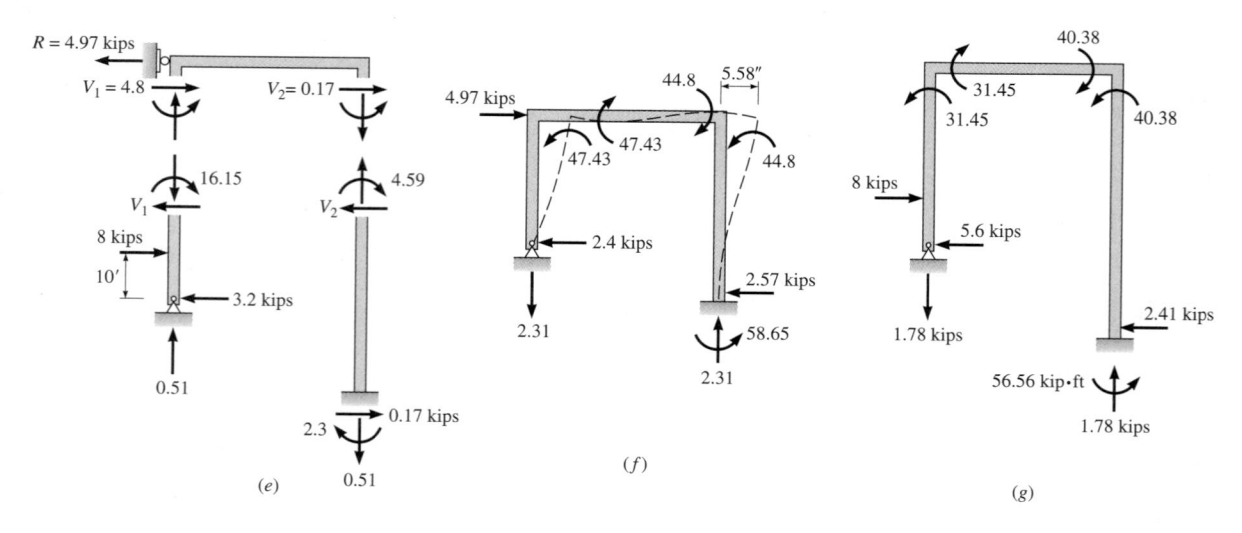

在圖 13.21e 中，我們已計算過一作用於 B 點之水平力 S = 0.89 kip 所造成之構架力量。因為，構架為彈性行為，我們可由比例關係推知 4.97 kip 載重所造成之力量與位移；也就是說，將圖 13.21e 所示之結果全部乘上 4.79/0.89 = 5.58 倍。計算之結果如圖 13.23f 所示。將 case A 與 case B 之結果疊加所獲得之最終結果，如圖 13.21g 所示。而樑之水平位移便等於 5.58 in 向右。

例題 13.10

如果例題 13.8 之構架的構件 BC 出廠時過長 2 in，決定當構架搭建於其支承時，此製造誤差所造成之彎矩與反力大小。構架之尺寸、性質以及分配因子等皆與例題 13.8 所計算者相同。

解答：

當構架連接至 D 點固定支承時（如圖 13.24a），製程誤差將使柱 AB 之底部位於支承 A 之左側 2 in 之位置。因此，我們必須強制柱 AB 之底部向右移動至 A 點。我們將構架彎曲使柱底扣上 A 點之前，將以一個滾支及一個夾鉗分別將 B 與 C 點固定於其彎曲前位置上。接著我們水平移動柱底部卻不允許 A 點產生旋轉 ($\theta_A = 0$)，並將之以銷接頭連接至支承。其次，再加上一個夾鉗於 A 點，使柱底無法發生旋轉。於是我們可以（式 13.22）之修正傾角變位方程式，計算出柱 AB 因弦線轉角所造成之端點彎矩。由於弦線轉角為逆時針方向，ψ_{AB} 為負值，且其值大小為

$$\psi_{AB} = -\frac{2}{20(12)} = -\frac{1}{20} \text{ rad}$$

$$M_{AB} = M_{BA} = -\frac{6EI}{L}\psi_{AB} = -\frac{6(30{,}000)(100)}{20 \times 12}\left(-\frac{1}{120}\right)$$

$$= 625 \text{ kip·in} = 52.1 \text{ kip·ft}$$

要計算移除上鎖結構上夾鉗之效果（如圖 13.24a），我們進行彎矩分配直到夾鉗之上鎖彎矩被構架完全吸納為止—注意在這個過程中，B 點之滾支始終於定位上。詳細之分配計算如圖 13.24b 所示。接下來我們利用柱與樑之自由體圖計算滾支之反力（如圖 13.24c）。由於滾支承作用於構架之反力為 0.85 kip 向左（如圖 13.24d），我們必須加上圖 13.24e 所示之側移修正項。修正力量之計算可由圖 13.21e 所示之基本計算以比例求得。圖 13.24f 所示之最終結果由圖 13.24d 與 e 之力量疊加而成。

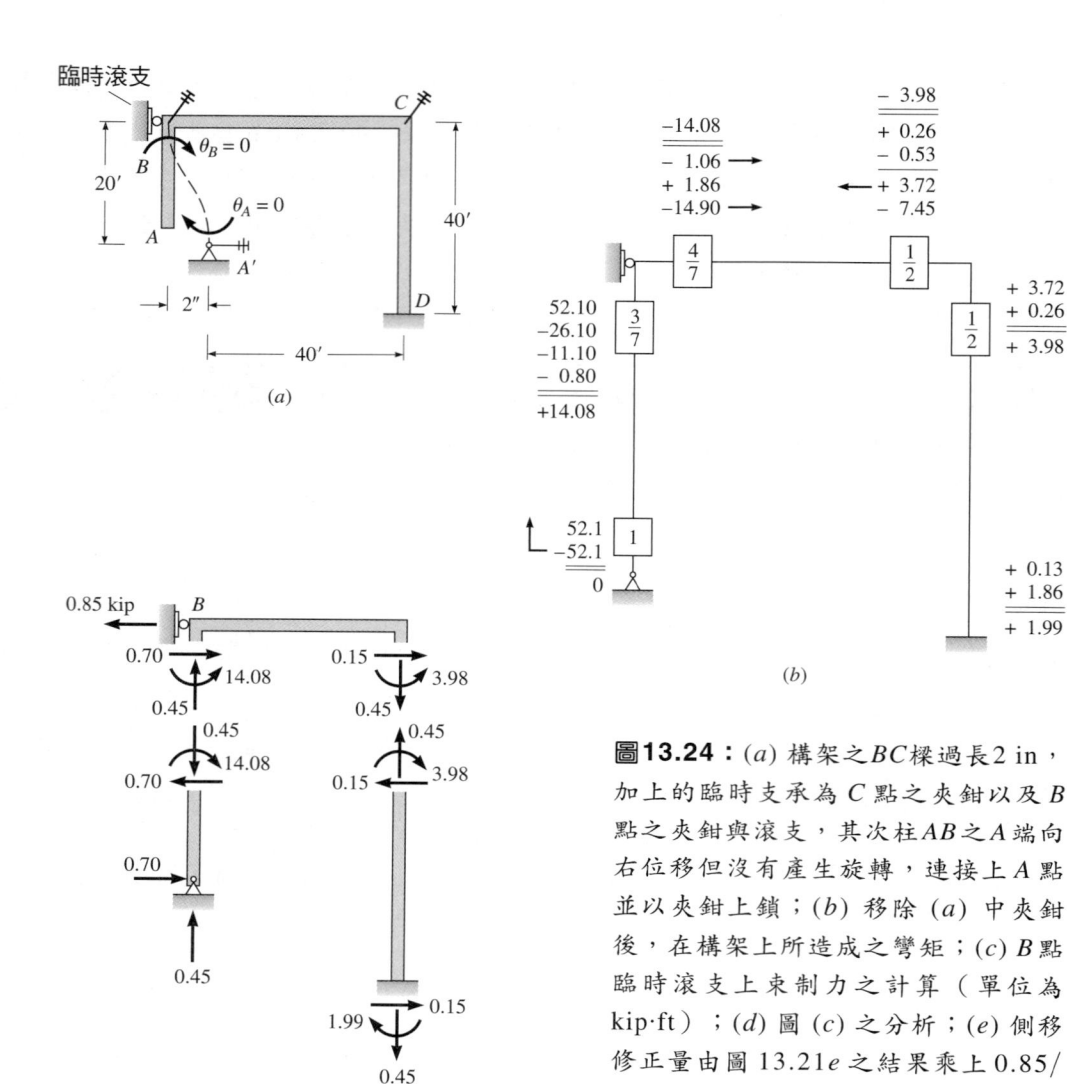

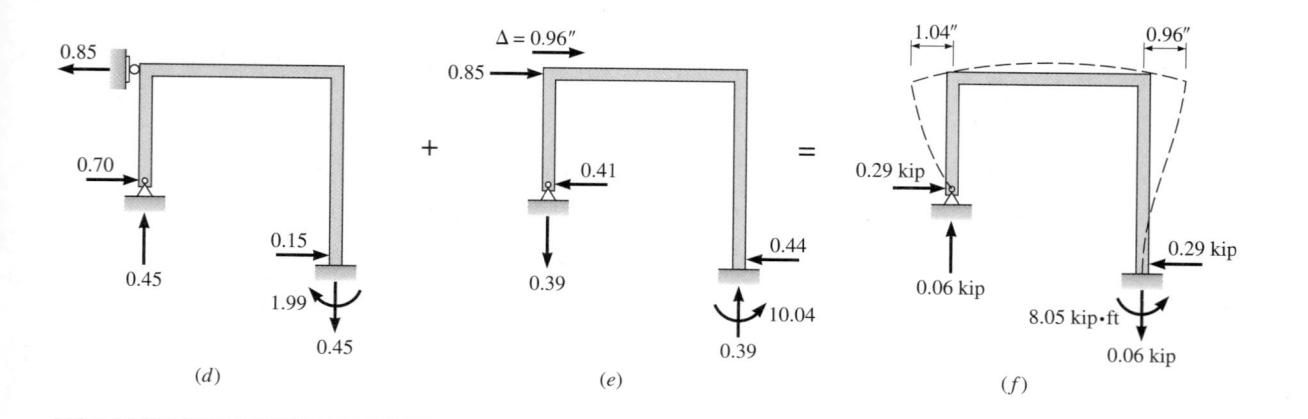

圖13.24：(a) 構架之 BC 樑過長 2 in，加上的臨時支承為 C 點之夾鉗以及 B 點之夾鉗與滾支，其次柱 AB 之 A 端向右位移但沒有產生旋轉，連接上 A 點並以夾鉗上鎖；(b) 移除 (a) 中夾鉗後，在構架上所造成之彎矩；(c) B 點臨時滾支上束制力之計算（單位為 kip·ft）；(d) 圖 (c) 之分析；(e) 側移修正量由圖 13.21e 之結果乘上 0.85/0.89 而得；(f) 最終結果。

13.8 多樓層構架之分析
Analysis of Multistory Frames

將彎矩分配法用於分析多層構架時，我們必須針對每一個側移自由度加入一項側移修正。由於針對不同情況重覆構架之結構分析相當費時，我們只摘要分析方法，讓讀者瞭解此解答的複雜度。在實務上，工程師會以電腦程式進行多側移自由度構架之分析。

圖 13.25a 所示為具兩個獨立側移角 ψ_1 與 ψ_2 之兩層構架。進行分析之初，我們引進兩個臨時束制，在接點 D 與 E 之滾支來阻止側移（如圖 13.25b）。接著我們使用彎矩分配法分析接點間具載重作用之束制結構（case A 解答）。在柱之剪力計算出來後，我們以樑之自由體求得滾支之反力 R_1 與 R_2。由於真實結構在接點 D 與 E 並未受力箝制，我們必須將滾支之力量消除。為了達到這個目的，我們需要構架在接點 D 與 E 受載重作用之兩組獨立解答（側移修正項）。最方便之側移修正項產生方式如下；導入一單位位移於其中一個滾支反力之位置上，同時間防止其他接點產生側向移動。本討論案例所用兩個側移修正項如圖 13.25c 與 d 所示。在圖 13.25c 中，我們束制接點 E 並導入一單位位移於接點 D。接著我們分析構架並計算在 D 與 E 點之箝制力 S_{11} 與 S_{21}。在圖 13.25d 中，我們引入一單位位移於 E 點但 D 點仍保持束制，並計算對應之箝制力 S_{12} 與 S_{22}。

分析的最後一個步驟是，將作用在束制結構虛構滾支上之力量以某種比例疊加（如圖 13.24b），如 case I 之 X 與 case II 之 Y（如圖 13.25c 與 d）。兩個側移修正案例（case I 與 II）用於疊加之大小必須使得接點 D 與 E 上箝制力消失。因此，要決定 X 與 Y 之值，我們寫出兩個方程式，分別代表 D 與 E 點上之側力為零。而方程式內疊加項之組成為基本案例 (case A) 與兩個修正項。對於圖 13.25 之構架而言，此兩方程式陳述

$$\text{在 } D \text{ 點：} \quad \Sigma F_x = 0 \tag{1}$$
$$\text{在 } E \text{ 點：} \quad \Sigma F_x = 0 \tag{2}$$

將（式 1）與（式 2）以圖 13.25b 至 d 所示之力量表示時

$$R_1 + XS_{11} + YS_{12} = 0 \tag{3}$$
$$R_2 + XS_{21} + YS_{22} = 0 \tag{4}$$

聯立求解（式 3）與（式 4），我們可決定 X 與 Y 值。檢視圖 13.25 可知 X 與 Y 分別代表在接點 D 與 E 之變位大小。舉例說明，如果我們考慮在接點 D 的變位 Δ_1，顯然全部之位移量皆由圖 13.25c 所示之 case I 修正項所提供，因為接點 D 在 case A 與 case II 中都是受束制的。

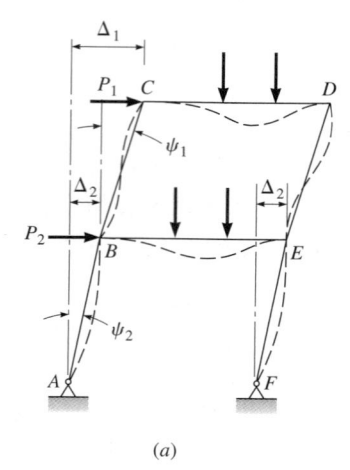

圖 13.25：(a) 具兩個側移自由度之建築構架；(b) 接點 D 與 E 上引入束制力；(c) case I 之修正為在 D 點引入單位位移；(d) case II 之修正為在 E 點引入單位位移。

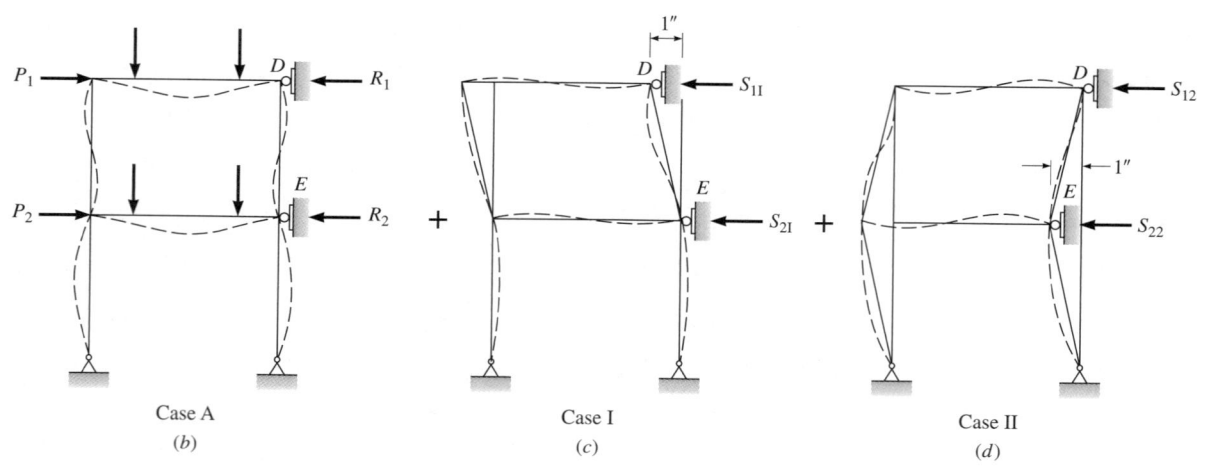

Case A
(b)

Case I
(c)

Case II
(d)

13.9 非稜柱構件
Nonprismatic Members

許多連續結構包含沿縱軸變化斷面之構件。有些構件為配合彎矩曲線之漸變斷面；另有一些構件，雖然斷面深度在某種長度範圍內保持不變，但在最大彎矩的位置上會加厚（如圖 13.26）。雖然彎矩分配法可用來分析上述結構，但其固定端彎矩、傳遞彎矩以及桿件勁度等參數，卻與那些用於分析稜柱 (prismatic) 構件所用者不同。在本節中，我們討論用於分析非稜柱構件結構之參數項目的求取步驟。由於求取這些參數項目與因子要可觀之計算心血，通常可預備輔助用之設計表（如表 13.1 與表 13.2）以方便求取這些計算值。

傳遞因數之計算

彎矩分配過程中，當一個夾鉗由接點移開時，某一部分之不均衡彎矩會分配至每一根連接至此接點的構件。圖 13.27a 所示為作用在一典型構件上之力量（典型構件之遠端為固定端，彎矩作用端為可自轉動但不可平移）。彎矩 M_A 代表端點分配彎矩而彎矩 M_B 為傳遞彎矩。如我們在 13.2 節所見，傳遞彎矩與端點分配彎矩相關連；例如：對一稜柱桿而言 COM=$\frac{1}{2}$(DEM)。我們可將傳遞彎矩 M_B 表示為

$$M_B = \text{COM}_{AB} = C_{AB}(M_A) \qquad (13.22)$$

其中 C_{AB} 為由 A 至 B 之傳遞因數。要求取 C_{AB}，我們將對應於圖 13.27a 載重之 M/EI 曲線，"分部"作用在圖 13.27b 所示之共軛樑上。如果我們設定 $M_A = 1$ 並進一步簡化（式 13.22），可得

$$M_B = C_{AB}$$

如果我們假設構件為稜柱桿（即 EI 為定值），我們可將 M/EI 曲線下面積對共軛樑支承 A 取一次矩求得 C_{AB}

$$\circlearrowright^+ \quad \Sigma M_A = 0$$

$$\left(\frac{1}{2}L\right)\left(\frac{1}{EI}\right)\left(\frac{L}{3}\right) - \left(\frac{1}{2}L\right)\left(\frac{C_{AB}}{EI}\right)\left(\frac{2L}{3}\right) = 0$$

$$C_{AB} = \frac{1}{2}$$

此數值當然驗証了 13.1 節的結果。在例題 13.11 中，我們使用這個程序來計算具變化慣性矩之樑的傳遞因數。由於樑並非對稱，兩端之傳遞因數並不同。

絕對撓曲勁度之計算

要計算非稜柱構件之分配因子，我們必須加以確定此構件之絕對撓曲勁度 K_{ABS}。一根桿件之絕對撓曲勁度可藉由計算，當產生一單位旋轉 (1 rad) 時所需之彎矩大小來量化。此外，為了進行桿件間之比較，其邊界條件也必須被標準化。由於在彎矩分配法中，構件之一端為可自由旋轉而另一端為固定端，我們將此定為標準邊界條件。

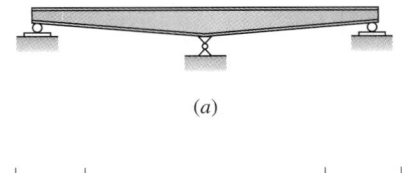

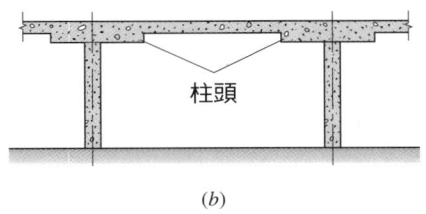

圖 13.26：(a) 具漸變斷面之樑；(b) 具柱頭之樓版，其設計乃將之視為變化深度之連續樑。

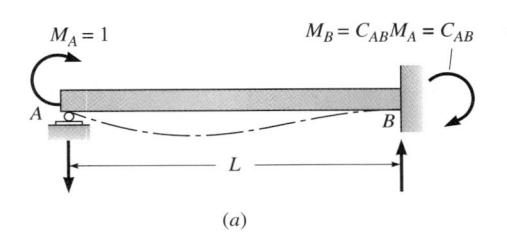

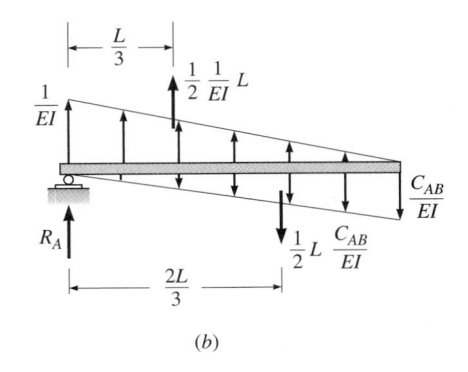

圖 13.27：(a) A 點受單位彎矩作用之樑；(b) 受 M/EI 曲線"分部"加載作用之共軛樑。

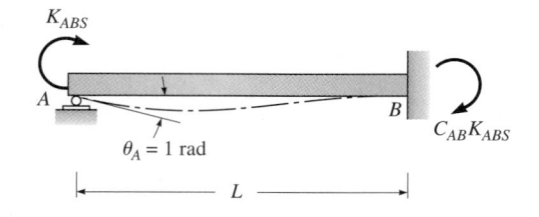

圖 13.28：用於計算 AB 樑之 A 端撓曲勁度的支承條件。撓曲勁度等於在 A 端產生一單位轉角所需之彎矩大小 K_{ABS}。

為了說明計算樑絕對撓曲勁度的方法，我們考慮圖 13.28 所示之均勻斷面樑。在樑之 A 端，我們施加一個彎矩 K_{ABS} 使支承 A 產生一個 1 rad 之旋轉角。假如我們假設 C_{AB} 已知，則在固定端之彎矩為 $C_{AB}K_{ABS}$。利用傾角變位方程式，我們可將彎矩 K_{ABS} 以構件性質表示如下：

$$K_{ABS} = \frac{2EI}{L}(2\theta_A) = \frac{4EI\theta_A}{L}$$

將 $\theta_A = 1$ 代入可得

$$K_{ABS} = \frac{4EI}{L} \tag{13.23}$$

由於傾角變位方程式只適用於稜柱桿，我們必須使用不同的方式來將非稜柱桿之絕對撓曲勁度，以構件性質表示。雖然有數種方法可用，在此我們使用彎矩面積法。由於在 B 點之傾角為零且在 A 點之傾角為 1 rad，此兩點間之 M/EI 曲線下面積必須等於 1。當慣性矩改變時，我們將所有斷面之慣性矩表示為最小慣性矩之倍數，並藉此產生 M/EI 曲線，此程序在例題 13.11 中說明。

折減絕對撓曲勁度

一旦非稜柱桿之傳遞因子與絕對撓曲勁度求得後，可藉以計算出其遠端為銷接端之樑的折減絕對撓曲勁度 K_{ABS}^R。為了建立 K_{ABS}^R 之表示式，我們考慮圖 13.29a 所示之簡支樑。如果一臨時夾鉗作用在接點 B，一個大小為 K_{ABS} 作用於 A 點的彎矩，將造成 A 點 1 rad 的轉角以及在接點 B 之傳遞彎矩 $C_{AB}K_{ABS}$。如果我們接著鎖住 A 點並放鬆 B 點（如圖 13.29b），在 B 點之彎矩減為零，而在 A 點之彎矩 K_{ABS}^R 等於

圖 13.29

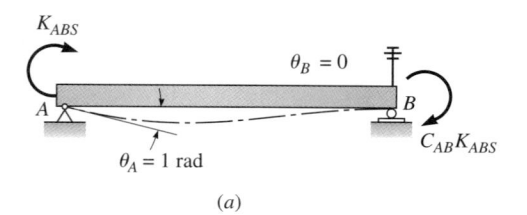

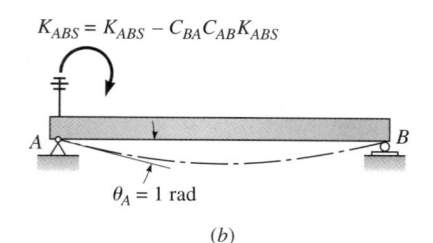

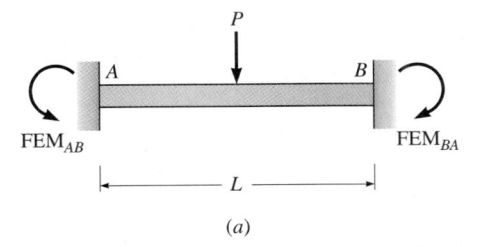

圖 13.30：EI 為定值之固定端樑；(b) 分部作圖之彎矩曲線；(c) 以 M/EI 圖彈性加載之共軛樑。

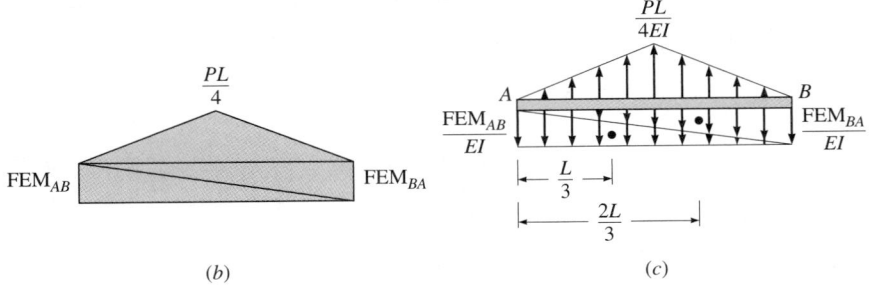

$$K^R_{ABS} = K_{ABS} - C_{BA}C_{AB}K_{ABS}$$

$$= K_{ABS}(1 - C_{BA}C_{AB}) \tag{13.24}$$

固定端彎矩之計算

欲計算在非稜柱構件中產生的固定端彎矩，我們將 M/EI 曲線加載在共軛樑上。當真實樑具兩個固定端時，共軛樑的支承為兩個自由端。為了方便計算，彎矩曲線應"分部"畫出以產生簡單之幾何面積形狀。在此階段，固定端彎矩為未知數。為了求解固定端彎矩，我們必須寫出兩個平衡方程式。為了讓共軛樑處於平衡狀態，M/EI 圖（載重）下方面積之總和必須等於零。另一方面，M/EI 曲線下面積對共軛樑任一端點之一次矩也必須為零。求解固定端彎矩時，我們取上述三個方程式中之二個為聯立方程組。

為了說明這個方法的基本原理，我們將計算一根中跨受集中載重之稜柱樑（EI為定值）之固定端彎矩。相同的步驟〔除了 M/EI 圖依變化慣性矩修正外〕將在例題 13.11 中，用於計算非稜柱樑之固定端彎矩。

圖 13.30a 所示樑之固定端彎矩

將 M/EI 曲線（如圖 13.30c）作用在共軛樑上，並對 A 點取一次矩，可得

$$\circlearrowleft^+ \quad \Sigma M_A = 0$$

$$-\frac{1}{2}\frac{PL}{4EI}L\frac{L}{2} + \frac{1}{2}\text{FEM}_{AB}L\frac{L}{3} + \frac{1}{2}\text{FEM}_{BA}L\frac{2L}{3} = 0 \tag{1}$$

由於結構與載重皆對稱，我們可令 $\text{FEM}_{AB} = \text{FEM}_{BA}$ 代入（式1）解得 FEM_{BA}：

$$\text{FEM}_{BA} = \frac{PL}{8}$$

例題 13.11

圖 13.31a 所示之樑具有變化慣性矩。決定 (a) 由 A 至 B 之傳遞因數，(b) 左端之絕對撓曲勁度，以及 (c) 中跨之載重 P 所引起之固定端彎矩。樑全長之 E 為定值。

解答：

(a) 計算傳遞因數 當我們作用一單位彎矩 (1 kip·ft) 於 A 點之樑端時，在另一端 B 點所造成之彎矩 C_{AB} 便是傳遞因數之大小。將彎矩曲線"分部"畫出，為兩個三角形彎矩圖。將彎矩曲線之左右兩段分別除以 EI 與 $2EI$ 成為 M/EI 圖，將此圖當成作用於共軛樑之載重（如圖 13.31c）。由於樑左右之 EI 值不同，M/EI 在中跨形成一不連續點。正彎矩代表向上作用之載重，負彎矩為向下之載重。計算 C_{AB} 時，我們將 M/EI 圖細分為矩型與三角型面積，並對 A 點取彎矩和。此步驟相當於在彎矩面積法中，令由 A 點至 B 點切線之距離（正弦偏距）為零。

$$\circlearrowleft + \quad \Sigma M_A = 0$$

$$\frac{1}{2EI}\frac{L}{2}\frac{L}{4} + \frac{1}{2}\frac{1}{2EI}\frac{L}{2}\frac{L}{6} + \frac{1}{2}\frac{1}{4EI}\frac{L}{2}\left(\frac{L}{2}+\frac{L}{6}\right)$$

$$-\frac{1}{2}\frac{L}{2}\frac{C_{AB}}{2EI}\left(\frac{2}{3}\frac{L}{2}\right) - \frac{C_{AB}}{4EI}\frac{L}{2}\left(\frac{L}{2}+\frac{L}{4}\right) - \frac{1}{2}\frac{L}{2}\frac{C_{AB}}{4EI}\left(\frac{L}{2}+\frac{2}{3}\frac{L}{2}\right) = 0$$

化簡上式並求解 C_{AB} 可得

$$C_{AB} = \frac{2}{3}$$

如果將 A 與 B 之支承條件交換（即 A 為固定 B 為滾支），並將單位彎矩作用於 B 點，我們可發現由 B 至 A 之傳遞因數 $C_{BA} = 0.4$。

(b) 計算絕對撓曲勁度 K_{ABS} 樑左端點之絕對撓曲勁度定義為；使得左端（A 點）產生一單位傾角（$\theta_A = 1$ rad）所需施加於該點之彎矩大小，K_{ABS}。而樑之右端為固定端且左端為垂直方向受更制之滾支端（如圖 13.31d）。圖 13.31e 所示為圖 13.31d 中載重所產生之 M/EI 曲線。因為 B 之傾角必須為零（固定端），樑端之傾角改變量會等於 1（由彎矩面積第一定理可知此值等於 M/EI 曲線下面積）。將曲線面積分成三角型與矩型，我們我計算曲線下面積為

13.9 非稜柱構件 13-41

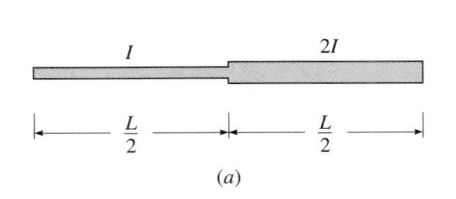

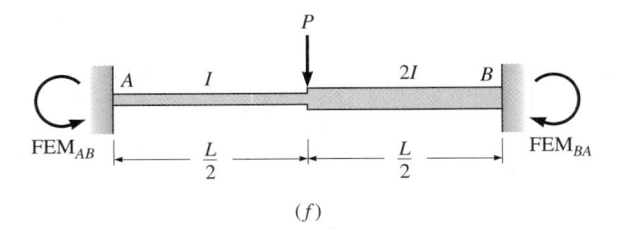

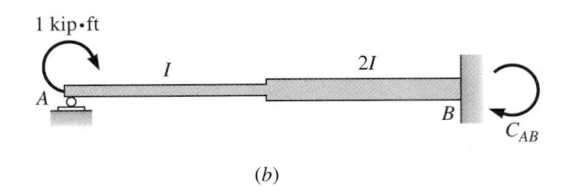

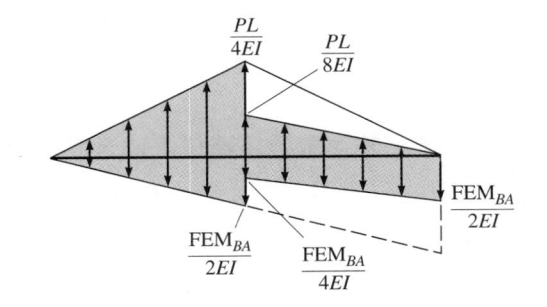

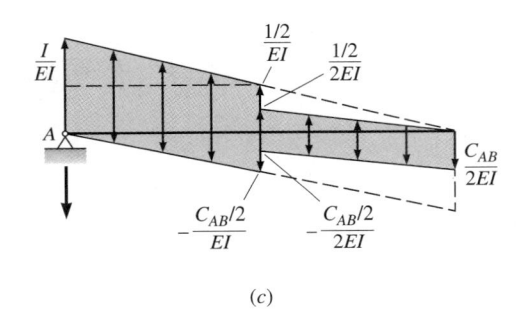

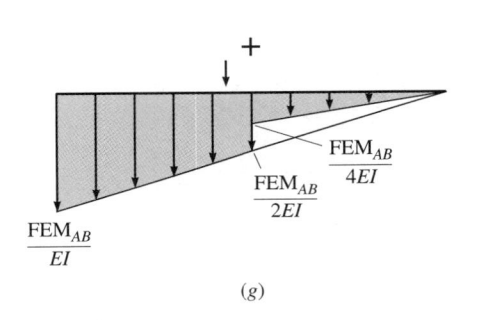

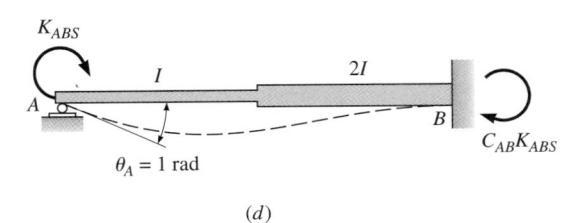

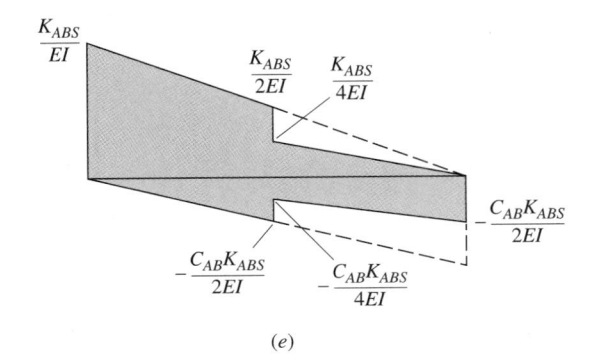

圖 13.31：(a) 具變化斷面之樑；(b) 計算由 A 至 B 傳遞因子所用之載重與邊界條件；(c) 受到 (b) 中所示載重所引起之 M/EI 圖作用之共軛樑；(d) 計算 AB 樑左端之絕對撓曲彎矩；(e) 圖 (d) 所示樑之 "分部" M/EI 圖；(f) 樑 AB 固定端彎矩之計算；(g) 圖 (f) 所造成之 "分部" M/EI 圖。

$$\Sigma \text{areas} = 1$$

$$\frac{1}{2}\frac{L}{2}\frac{K_{\text{ABS}}}{EI} + \frac{1}{2}\frac{L}{2}\frac{K_{\text{ABS}}}{2EI} + \frac{1}{2}\frac{L}{2}\frac{K_{\text{ABS}}}{4EI}$$

$$-\frac{1}{2}\frac{L}{2}\frac{C_{AB}K_{\text{ABS}}}{2EI} - \frac{C_{AB}K_{\text{ABS}}}{4EI}\frac{L}{2} - \frac{1}{2}\frac{C_{AB}K_{\text{ABS}}}{4EI}\frac{L}{2} = 1$$

將 (a) 所求得之 $C_{AB} = \frac{2}{3}$ 代入 K_{ABS} 可得

$$K_{\text{ABS}} = 4.36\frac{EI}{L}$$

(c) 中跨集中載重所造成之固定端彎矩 要計算固定端彎矩。我們將集中載重作用在兩端以夾鉗上鎖之樑中跨 (如圖 13.31f)。所得之彎矩曲線，我們以"分部"之型式畫出並轉換成作用於上鎖結構共軛樑之 M/EI 曲線，如圖 13.31g 所示【為避免作圖混淆，除了上半部 M/EI 曲線為集中載重與 FEM_{AB} 造成之載重外，下半部之 M/EI 曲線為左端固定端彎矩FEM_{AB}在共軛樑上之載重】。由於兩固定端彎矩皆為未知，我們寫出兩個方程式來求解：

$$\Sigma F_y = 0 \tag{1}$$

$$\Sigma M_A = 0 \tag{2}$$

將（式 1）以 M/EI 圖面積表示時，可得

$$\frac{1}{2}\frac{L}{2}\frac{PL}{4EI} + \frac{1}{2}\frac{L}{2}\frac{PL}{8EI} - \frac{1}{2}\frac{\text{FEM}_{BA}}{2EI}\frac{L}{2} - \frac{\text{FEM}_{BA}}{4EI}\frac{L}{2}$$

$$-\frac{1}{2}\frac{L}{2}\frac{\text{FEM}_{BA}}{4EI} - \frac{1}{2}\frac{\text{FEM}_{AB}}{EI}L + \frac{1}{2}\frac{\text{FEM}_{AB}}{4EI}\frac{L}{2} = 0$$

簡化並重新整理可得

$$\frac{5}{16}\text{FEM}_{BA} + \frac{7}{16}\text{FEM}_{AB} = \frac{3PL}{32} \tag{1a}$$

將（式 2）以 M/EI 圖面積以及其形心距 A 點距離乘積表示時，可得

$$\frac{9}{48}\text{FEM}_{BA} + \frac{1}{8}\text{FEM}_{AB}\frac{PL}{24} \tag{2a}$$

聯立（式 1）與（式 2）求解，則

$$\text{FEM}_{AB} = 0.106PL \qquad \text{FEM}_{BA} = 0.152PL$$

如預料中，我們發現右端之固定端彎矩大於左端，此為右端之構材勁度較大之故。

例題 13.12

以彎矩分配法分析圖13.32所示剛性構架。所有構材在垂直於結構平面之方向上，厚度為 12 in ($b = 12"$)。

解答：

由於本例題之樑具有變化（斷面）慣性矩，我們將利用表 13.2 來求得傳遞因子、勁度係數以及固定端彎矩。查詢表 13.2 所而之參數如下：

$$aL = 10 \text{ ft} \quad \text{因為 } L = 50 \text{ ft}, a = \tfrac{10}{50} = 0.2$$

$$rh_c = 6 \text{ in} \quad \text{因為 } h_c = 10 \text{ in}, r = 0.6$$

由表 13.2 可讀取

$$C_{CB} = C_{BC} = 0.674$$

$$k_{BC} = 8.8$$

$$\begin{aligned} \text{FEM}_{CB} = -\text{FEM}_{BC} &= 0.1007wL^2 \\ &= 0.1007(2)(50)^2 \\ &= 503.5 \text{ kip·ft} \end{aligned}$$

$$I_{\text{min girder}} = \frac{bh^3}{12} = \frac{12(10)^3}{12} = 1000 \text{ in}^4$$

$$I_{\text{column}} = \frac{bh^3}{12} = \frac{12(16)^3}{12} = 4096 \text{ in}^4$$

計算 B 與 C 點之分配因子：

$$K_{\text{girder}} = \frac{8.8EI}{L} = \frac{8.8E(1000)}{50} = 176E$$

$$K_{\text{column}} = \frac{4EI}{L} = \frac{4E(4096)}{16} = 1024E$$

$$\Sigma K = 1200E$$

$$\text{DF}_{\text{column}} = \frac{1024E}{1200E} = 0.85$$

$$\text{DF}_{\text{girder}} = \frac{176E}{1200E} = 0.15$$

彎矩分配計算如圖 13.32b 所示，反力之計算值如圖 13.32c 所示。

圖 13.32：(a) 剛性構架詳圖；(b) 以彎矩分配法分析；(c) 反力。

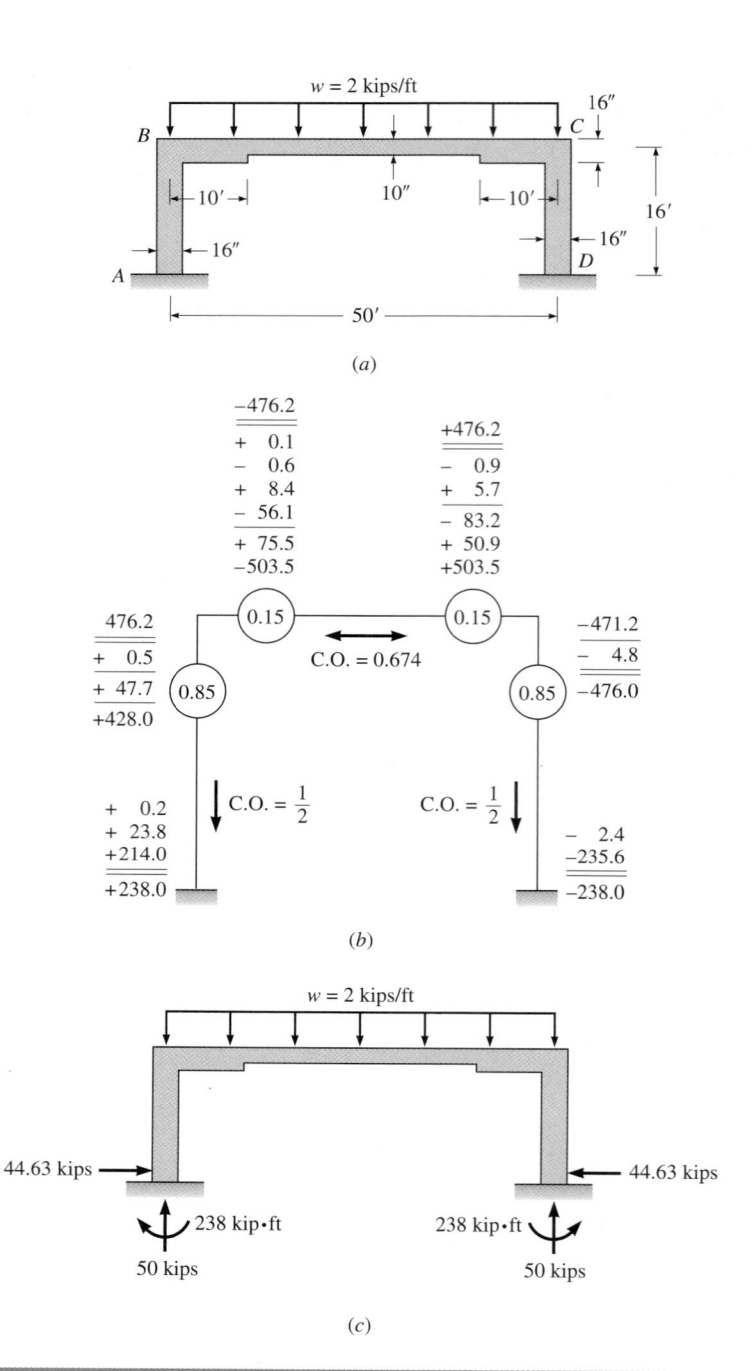

表 13.1 一端為均勻增厚斷面之構材（摘錄自 PCA 手冊中構架常數篇）

Note: All carryover factors are negative and all stiffness factors are positive. All fixed-end moment coefficients are negative except where plus sign is shown.

Right haunch		Carryover factors		Stiffness factors		Unif. load FEM coef. × wL²		Concentrated load FEM—coef. × PL														Moment M at b = (1 − aB)		Haunch load, both haunches FEM coef. × WB L²	
								0.1		0.3		0.5		0.7		0.9		1 − aB		FEM coef. × M					
aB	rB	C_AB	C_BA	k_AB	k_BA	M_AB	M_BA	M_AB	M_BA	M_AB	M_BA	M_AB	M_BA	M_AB	M_BA	M_AB	M_BA	M_AB	M_BA	M_AB	M_BA	M_AB	M_BA	M_AB	M_BA
0.1	0.4	0.593	0.491	4.24	5.12	0.0749	0.1016	0.0799	0.0113	0.1397	0.0788	0.1110	0.1553	0.0478	0.1798	0.0042	0.0911	0.0042	0.0911	0.0793	0.8275	0.0001	0.0047
	0.6	0.615	0.490	4.30	5.40	0.0727	0.1062	0.0797	0.0119	0.1378	0.0828	0.1074	0.1630	0.0439	0.1881	0.0029	0.0937	0.0029	0.0937	0.0561	0.8780	0.0001	0.0048
	1.0	0.639	0.488	4.37	5.72	0.0703	0.1114	0.0794	0.0125	0.1358	0.0873	0.1035	0.1716	0.0396	0.1974	0.0016	0.0966	0.0016	0.0966	0.0304	0.9339	0.0001	0.0049
	1.5	0.652	0.487	4.40	5.89	0.0690	0.1143	0.0792	0.0129	0.1346	0.0898	0.1012	0.1764	0.0373	0.2026	0.0008	0.0982	0.0008	0.0982	0.0161	0.9651	0.0000	0.0049
	2.0	0.658	0.487	4.42	5.97	0.0684	0.1156	0.0791	0.0131	0.1341	0.0910	0.1002	0.1786	0.0361	0.2050	0.0005	0.0990	0.0005	0.0990	0.0094	0.9795	0.0000	0.0050
0.2	0.4	0.677	0.469	4.42	6.37	0.0706	0.1126	0.0791	0.0134	0.1345	0.0925	0.1020	0.1788	0.0409	0.1975	0.0050	0.0890	0.0137	0.1581	0.1640	0.6037	0.0013	0.0171
	0.6	0.730	0.463	4.56	7.18	0.0664	0.1225	0.0785	0.0149	0.1302	0.1025	0.0942	0.1972	0.0335	0.2148	0.0037	0.0917	0.0080	0.1684	0.1241	0.7005	0.0010	0.0178
	1.0	0.793	0.458	4.74	8.22	0.0610	0.1353	0.0777	0.0168	0.1248	0.1154	0.0843	0.2207	0.0242	0.2368	0.0022	0.0951	0.0044	0.1815	0.0728	0.8245	0.0006	0.0187
	1.5	0.831	0.455	4.86	8.88	0.0576	0.1434	0.0772	0.0180	0.1214	0.1235	0.0781	0.2355	0.0182	0.2507	0.0012	0.0973	0.0026	0.1897	0.0403	0.9029	0.0003	0.0193
	2.0	0.849	0.453	4.91	9.20	0.0559	0.1473	0.0769	0.0186	0.1197	0.1276	0.0750	0.2429	0.0153	0.2576	0.0007	0.0984	0.0018	0.1939	0.0242	0.9418	0.0002	0.0196
0.3	0.4	0.741	0.439	4.52	7.63	0.0698	0.1155	0.0789	0.0149	0.1319	0.1013	0.0987	0.1899	0.0420	0.1929	0.0056	0.0868	0.0217	0.1929	0.2371	0.3457	0.0045	0.0338
	0.6	0.831	0.427	4.75	9.24	0.0698	0.1296	0.0777	0.0175	0.1255	0.1182	0.0877	0.2185	0.0338	0.2130	0.0045	0.0893	0.0338	0.2130	0.1935	0.4682	0.0036	0.0359
	1.0	0.954	0.415	5.09	11.69	0.0542	0.1511	0.0762	0.0215	0.1158	0.1440	0.0711	0.2621	0.0217	0.2436	0.0028	0.0930	0.0217	0.2436	0.1261	0.6548	0.0023	0.0391
	1.5	1.036	0.409	5.34	13.53	0.0497	0.1673	0.0751	0.0245	0.1085	0.1633	0.0587	0.2948	0.0128	0.2665	0.0017	0.0959	0.0128	0.2665	0.0750	0.7952	0.0014	0.0415
	2.0	1.078	0.407	5.48	14.54	0.0464	0.1762	0.0745	0.0262	0.1045	0.1740	0.0520	0.3129	0.0080	0.2792	0.0010	0.0974	0.0080	0.2792	0.0467	0.8725	0.0008	0.0448
0.4	0.4	0.774	0.405	4.55	8.70	0.0703	0.1117	0.0786	0.0156	0.1315	0.1035	0.0992	0.1855	0.0445	0.1773	0.0059	0.0849	0.0713	0.1938	0.2780	0.0876	0.0106	0.0509
	0.6	0.901	0.386	4.83	11.28	0.0646	0.1269	0.0774	0.0192	0.1240	0.1254	0.0875	0.2182	0.0377	0.1932	0.0049	0.0869	0.0611	0.2204	0.2456	0.2035	0.0089	0.0547
	1.0	1.102	0.367	5.33	16.03	0.0549	0.1548	0.0752	0.0257	0.1105	0.1658	0.0671	0.2780	0.0267	0.2222	0.0034	0.0904	0.0438	0.2689	0.1817	0.4177	0.0063	0.0616
	1.5	1.260	0.357	5.79	20.46	0.0462	0.1807	0.0732	0.0319	0.0982	0.2035	0.0484	0.3339	0.0173	0.2491	0.0022	0.0938	0.0284	0.3142	0.1198	0.6183	0.0037	0.0579
	2.0	1.349	0.352	6.09	23.32	0.0407	0.1975	0.0719	0.0358	0.0903	0.2278	0.0367	0.3699	0.0113	0.2664	0.0014	0.0959	0.0187	0.3434	0.0793	0.7479	0.0027	0.0720
0.5	0.4	0.768	0.371	4.56	9.45	0.0700	0.1048	0.0786	0.0154	0.1312	0.0993	0.0983	0.1679	0.0442	0.1769	0.0051	0.0836	0.0983	0.1679	0.2710	0.0493	0.0189	0.0556
	0.6	0.919	0.343	4.84	12.94	0.0651	0.1176	0.0774	0.0193	0.1240	0.1218	0.0884	0.1935	0.0386	0.1935	0.0038	0.0849	0.0884	0.1935	0.2593	+0.0493	0.0167	0.0702
	1.0	1.200	0.316	5.42	20.61	0.0561	0.1451	0.0749	0.0280	0.1096	0.1709	0.0706	0.2486	0.0299	0.1993	0.0027	0.0877	0.0705	0.2486	0.2203	0.1356	0.0131	0.0802
	1.5	1.470	0.301	6.10	29.74	0.0466	0.1777	0.0720	0.0384	0.0934	0.2290	0.0516	0.3137	0.0215	0.2255	0.0019	0.0909	0.0516	0.3137	0.1663	0.3579	0.0094	0.0918
	2.0	1.647	0.295	6.63	37.04	0.0393	0.2036	0.0698	0.0466	0.0807	0.2755	0.0370	0.3655	0.0153	0.2463	0.0014	0.0934	0.0370	0.3655	0.1209	0.5361	0.0067	0.1011
0.6	0.4	0.726	0.341	4.62	9.84	0.0675	0.0986	0.0782	0.0146	0.1280	0.0916	0.0923	0.1519	0.0419	0.1603	0.0056	0.0829	0.1154	0.1276	0.2103	+0.2862	0.0283	0.0769
	0.6	0.872	0.305	4.88	13.97	0.0630	0.1072	0.0771	0.0183	0.1214	0.1096	0.0835	0.1664	0.0368	0.1666	0.0048	0.0837	0.1068	0.1463	0.2221	+0.2453	0.0254	0.0813
	1.0	1.196	0.267	5.43	24.35	0.0560	0.1277	0.0748	0.0274	0.1092	0.1537	0.0705	0.1999	0.0299	0.1804	0.0038	0.0854	0.0926	0.1910	0.2190	+0.1321	0.0212	0.0913
	1.5	1.588	0.247	6.18	39.79	0.0482	0.1572	0.0718	0.0408	0.0939	0.2183	0.0455	0.2478	0.0237	0.1997	0.0030	0.0878	0.0762	0.2559	0.1926	0.0433	0.0171	0.1055
	2.0	1.905	0.237	6.92	55.51	0.0412	0.1870	0.0688	0.0544	0.0792	0.2839	0.0263	0.2960	0.0186	0.2189	0.0023	0.0901	0.0611	0.3215	0.1589	0.2243	0.0136	0.1197
0.7	0.4	0.657	0.321	4.86	9.96	0.0631	0.0954	0.0770	0.0138	0.1175	0.0846	0.0844	0.1461	0.0392	0.1582	0.0053	0.0827	0.1175	0.0846	0.1589	+0.3666	0.0372	0.0854
	0.6	0.770	0.275	5.14	14.39	0.0580	0.1006	0.0758	0.0167	0.1097	0.0955	0.0745	0.1543	0.0335	0.1621	0.0045	0.0832	0.1097	0.0955	0.1322	+0.3615	0.0330	0.0890
	1.0	1.056	0.224	5.62	26.45	0.0516	0.1122	0.0738	0.0243	0.0992	0.1203	0.0626	0.1710	0.0269	0.1694	0.0035	0.0841	0.0992	0.1213	0.1655	+0.3228	0.0280	0.0965
	1.5	1.491	0.196	6.24	47.48	0.0463	0.1304	0.0714	0.0371	0.0890	0.1633	0.0537	0.1959	0.0223	0.1796	0.0028	0.0854	0.0890	0.1633	0.1731	+0.2367	0.0241	0.1076
	2.0	1.944	0.183	6.95	73.85	0.0417	0.1523	0.0687	0.0530	0.0793	0.2149	0.0468	0.2255	0.0191	0.1915	0.0024	0.0869	0.0793	0.2149	0.1646	+0.1219	0.0210	0.1210
0.8	0.4	0.583	0.319	5.46	9.97	0.0585	0.0951	0.0741	0.0137	0.1040	0.0837	0.0793	0.1456	0.0380	0.1580	0.0053	0.0826	0.1023	0.0461	0.0804	+0.3734	0.0452	0.0917
	0.6	0.645	0.263	5.89	14.44	0.0516	0.0990	0.0721	0.0160	0.0921	0.0907	0.0667	0.1520	0.0311	0.1614	0.0043	0.0831	0.0950	0.0517	0.0150	+0.3956	0.0388	0.0951
	1.0	0.818	0.196	6.47	27.06	0.0435	0.1053	0.0696	0.0211	0.0781	0.1025	0.0521	0.1615	0.0232	0.1660	0.0031	0.0838	0.0863	0.0628	0.0588	+0.4118	0.0314	0.1004
	1.5	1.128	0.155	6.98	50.85	0.0385	0.1130	0.0676	0.0296	0.0692	0.1175	0.0432	0.1715	0.0184	0.1705	0.0024	0.0849	0.0802	0.0793	0.0990	+0.4009	0.0268	0.1064
	2.0	1.533	0.135	7.47	84.60	0.0355	0.1222	0.0658	0.0412	0.0638	0.1357	0.0384	0.1824	0.0159	0.1750	0.0020	0.0849	0.0759	0.1009	0.1150	+0.3684	0.0242	0.1133
0.9	0.4	0.524	0.356	6.87	10.10	0.0604	0.0948	0.0674	0.0157	0.1031	0.0835	0.0844	0.1439	0.0418	0.1568	0.0059	0.0824	0.0674	0.0157	0.3652	+0.2913	0.0550	0.0985
	0.6	0.542	0.295	7.95	14.58	0.0497	0.0991	0.0623	0.0184	0.0866	0.0913	0.0691	0.1510	0.0339	0.1605	0.0048	0.0830	0.0523	0.0184	0.2658	+0.3364	0.0460	0.0942
	1.0	0.594	0.206	9.44	27.16	0.0372	0.1052	0.0553	0.0226	0.0642	0.1023	0.0432	0.1603	0.0231	0.1656	0.0032	0.0837	0.0553	0.0226	0.1311	+0.3969	0.0337	0.1044
	1.5	0.695	0.142	10.48	51.25	0.0289	0.1098	0.0506	0.0266	0.0492	0.1105	0.0346	0.1680	0.0159	0.1692	0.0021	0.0842	0.0505	0.0266	0.0410	+0.4351	0.0255	0.1089
	2.0	0.842	0.107	11.07	86.80	0.0245	0.1147	0.0481	0.0305	0.0414	0.1159	0.0274	0.1723	0.0121	0.1714	0.0016	0.0845	0.0481	0.0306	0.0049	+0.4515	0.0213	0.1117

表 13.2
兩端皆為均勻增厚斷面之構材（摘錄自 PCA 手冊中構架常數篇）

Note: All carryover factors and fixed-end moment coefficients are negative and all stiffness factors are positive.

a	r	Carryover factors $C_{AB} = C_{BA}$	Stiffness factors $k_{AB} = k_{BA}$	Unif. load FEM coef. $\times wL^2$	\multicolumn{2}{c}{b=0.1} M_{AB} / M_{BA}	\multicolumn{2}{c}{0.3} M_{AB} / M_{BA}	\multicolumn{2}{c}{0.5} M_{AB} / M_{BA}	\multicolumn{2}{c}{0.7} M_{AB} / M_{BA}	\multicolumn{2}{c}{0.9} M_{AB} / M_{BA}	Haunch load, both haunches FEM coef. $\times wL^2$ $M_{AB} = M_{BA}$
0.1	0.4	0.583	5.49	0.0921	0.0905 / 0.0053	0.1727 / 0.0606	0.1396 / 0.1396	0.0606 / 0.1727	0.0053 / 0.0905	0.0049
	0.6	0.603	5.93	0.0940	0.0932 / 0.0040	0.1796 / 0.0589	0.1428 / 0.1428	0.0589 / 0.1796	0.0040 / 0.0932	0.0049
	1.0	0.624	6.45	0.0961	0.0962 / 0.0023	0.1873 / 0.0566	0.1462 / 0.1462	0.0566 / 0.1873	0.0023 / 0.0962	0.0050
	1.5	0.636	6.75	0.0972	0.0980 / 0.0013	0.1918 / 0.0551	0.1480 / 0.1480	0.0551 / 0.1918	0.0013 / 0.0980	0.0050
	2.0	0.641	6.90	0.0976	0.0988 / 0.0008	0.1939 / 0.0543	0.1489 / 0.1489	0.0543 / 0.1939	0.0008 / 0.0988	0.0050
0.2	0.4	0.634	7.32	0.0970	0.0874 / 0.0079	0.1852 / 0.0623	0.1506 / 0.1506	0.0623 / 0.1852	0.0079 / 0.0874	0.0187
	0.6	0.674	8.80	0.1007	0.0899 / 0.0066	0.1993 / 0.0584	0.1575 / 0.1575	0.0584 / 0.1993	0.0066 / 0.0899	0.0191
	1.0	0.723	11.09	0.1049	0.0935 / 0.0046	0.2193 / 0.0499	0.1654 / 0.1654	0.0499 / 0.2193	0.0046 / 0.0935	0.0195
	1.5	0.752	12.87	0.1073	0.0961 / 0.0029	0.2338 / 0.0420	0.1699 / 0.1699	0.0420 / 0.2338	0.0029 / 0.0961	0.0197
	2.0	0.765	13.87	0.1084	0.0976 / 0.0018	0.2410 / 0.0372	0.1720 / 0.1720	0.0372 / 0.2410	0.0018 / 0.0976	0.0198
0.3	0.4	0.642	9.02	0.0977	0.0845 / 0.0097	0.1763 / 0.0707	0.1558 / 0.1558	0.0707 / 0.1763	0.0097 / 0.0845	0.0397
	0.6	0.697	12.09	0.1027	0.0861 / 0.0095	0.1898 / 0.0700	0.1665 / 0.1665	0.0700 / 0.1898	0.0095 / 0.0861	0.0410
	1.0	0.775	18.68	0.1091	0.0890 / 0.0094	0.2136 / 0.0627	0.1803 / 0.1803	0.0627 / 0.2136	0.0084 / 0.0890	0.0426
	1.5	0.828	26.49	0.1132	0.0920 / 0.0065	0.2376 / 0.0492	0.1891 / 0.1891	0.0492 / 0.2376	0.0065 / 0.0920	0.0437
	2.0	0.855	32.77	0.1153	0.0943 / 0.0048	0.2555 / 0.0366	0.1934 / 0.1934	0.0366 / 0.2555	0.0048 / 0.0943	0.0442
0.4	0.4	0.599	10.15	0.0937	0.0825 / 0.0101	0.1601 / 0.0732	0.1509 / 0.1509	0.0732 / 0.1601	0.0101 / 0.0825	0.0642
	0.6	0.652	14.52	0.0986	0.0833 / 0.0106	0.1668 / 0.0776	0.1632 / 0.1632	0.0776 / 0.1668	0.0106 / 0.0833	0.0668
	1.0	0.744	26.06	0.1067	0.0847 / 0.0112	0.1790 / 0.0835	0.1833 / 0.1833	0.0835 / 0.1790	0.0112 / 0.0847	0.0711
	1.5	0.827	45.95	0.1131	0.0862 / 0.0113	0.1919 / 0.0852	0.1995 / 0.1995	0.0852 / 0.1919	0.0113 / 0.0862	0.0746
	2.0	0.878	71.41	0.1169	0.0876 / 0.0108	0.2033 / 0.0822	0.2089 / 0.2089	0.0822 / 0.2033	0.0108 / 0.0876	0.0766
0.5	0.0	0.500	4.00	0.0833	0.0810 / 0.0090	0.1470 / 0.0630	0.1250 / 0.1250	0.0630 / 0.1470	0.0090 / 0.0810	0.0833

總結
Summary

- 彎矩分配法為分析靜不定樑與構架之近似方法，它消彌了在使用傾角變位法時，所需用到之解聯立方程式的步驟。

- 彎矩分配的首要起始條件是，假設所有可自由轉動的接點被夾鉗束制住而形成固定端之條件。當載重作用時，便引發固定端彎矩。求解完整的步驟是藉由，連續依次序將接點開鎖 (unlocking) 與再上鎖 (relocking)，並將彎矩分配於連接至接點之所有桿件的兩個端點，直到所有接點形成平衡狀態為止。完整分析所需的時間，在構架會產生側移的情況下，會顯著增加。倘若固定端彎矩值之列表已備妥（見表13.1），此方法可被推廣至非稜柱桿件之分析

- 在端點彎矩求出後，構件之自由體可用以決定出剪力，一旦剪力為已知後，利用接點的自由體便可計算構件之軸力。

- 雖然彎矩分配法使得讀者洞悉連續結構行為的程序，在實務上，它的應用卻受到限制。原因是使用電腦分析不僅更快速也更準確。

- 但無論如何，彎矩分配法提供了一個簡單的步驟，來驗證受垂直載重作用下大型多樓層、多跨連續構架之電腦分析結果。在此種驗証方法中（將在15.7節中說明），我們隔絕出一個單獨樓板成為自由體圖（包含連接至樓板上下兩側之柱），並假設

柱之端點為固定端或柱之勁度已針對其邊界條件調整過。因為樓板上下兩側之力量對於被分析樓板的影響很小，在本討論中，這個近似方法對於計算一個樓板系統中的力提供很好的逼近結果。

習題

P13.1. 至 P13.10. 以彎矩分配法分析下列結構，求所有反力及繪出剪力與彎矩圖。並標示出每一跨反曲點位置以及最大剪力及彎矩之大小。若無特別說明時，EI 為常數。

P13.1

P13.2

P13.3

P13.4

P13.5

P13.6
$E_{AB} = 34$ MPa
$E_{BC} = 20$ MPa

P13.7

P13.8

P13.9

P13.10

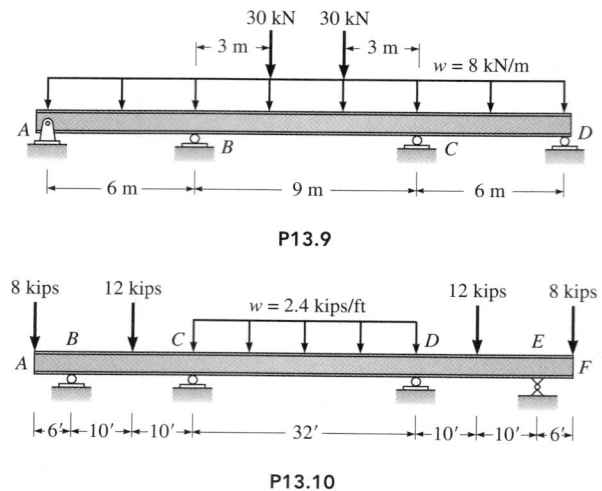

P13.11. 以彎矩分配法分析圖 P13.11 所示剛架，求所有反力及繪出剪力與彎矩圖。並標示出每一跨反曲點位置以及最大剪力及彎矩之大小。EI 為常數。

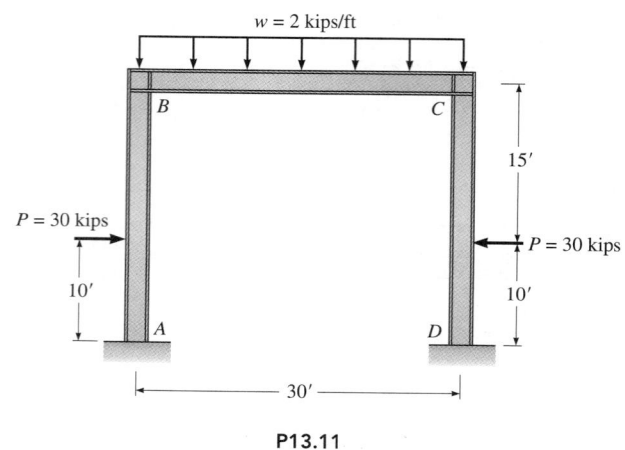

P13.11

P13.12. 以彎矩分配法分析圖 P13.12 所示之鋼筋混凝土箱型結構，仿照 13.5 節修正勁度，繪出頂版 AB 之剪力與彎矩圖。EI 為常數。

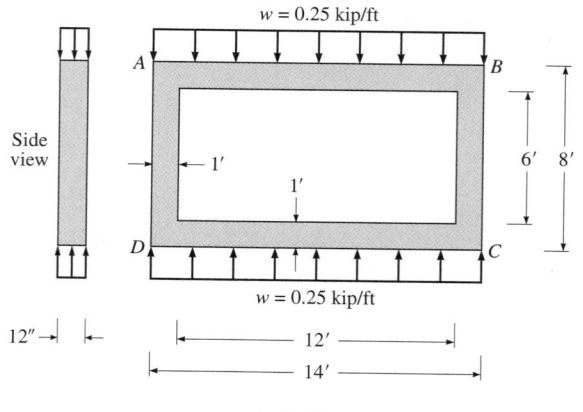

P13.12

P13.13. 以彎矩分配法分析圖 P13.13 所示剛架，求所有反力及繪出剪力與彎矩曲線。E 為常數，支承 A、D 為固定端。

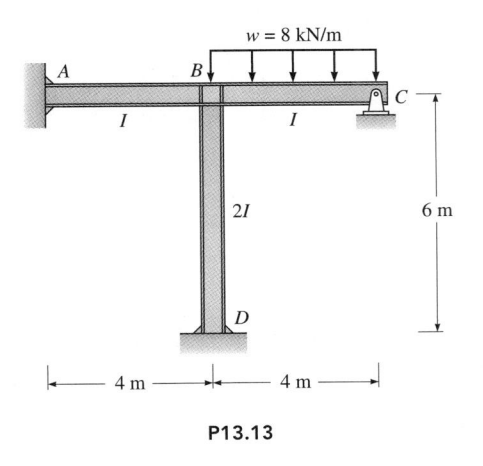

P13.13

P13.14. 如圖 P13.14 所示之方形環斷面為 12 in × 8 in。繪出彎矩剪力曲線。$E = 3000$ ksi。

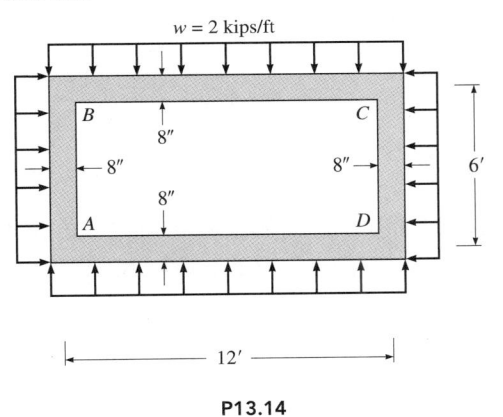

P13.14

P13.15. 以彎矩分配法分析圖 P13.15 所示剛架，求所有反力及繪出剪力與彎矩圖。並標示出每一跨反曲點位置以及最大剪力及彎矩之大小。E 與 I 皆如圖所示。

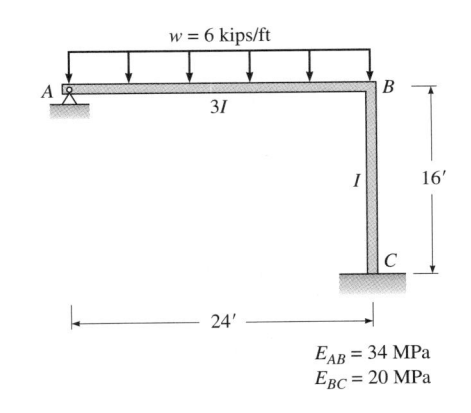

$E_{AB} = 34$ MPa
$E_{BC} = 20$ MPa

P13.15

P13.16. 以彎矩分配法分析圖 P13.16 所示剛架，求所有反力及繪出剪力與彎矩圖。並標示出每一跨反曲點位置以及最大剪力及彎矩之大小。EI 為常數。

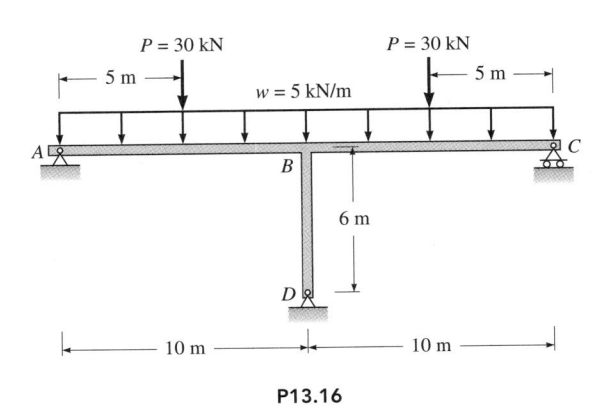

P13.16

P13.17. 以彎矩分配法分析圖P13.17所示剛架，求所有反力及繪出剪力與彎矩圖。並標示出每一跨反曲點位置以及最大剪力及彎矩之大小。E為常數，I如圖所標示。

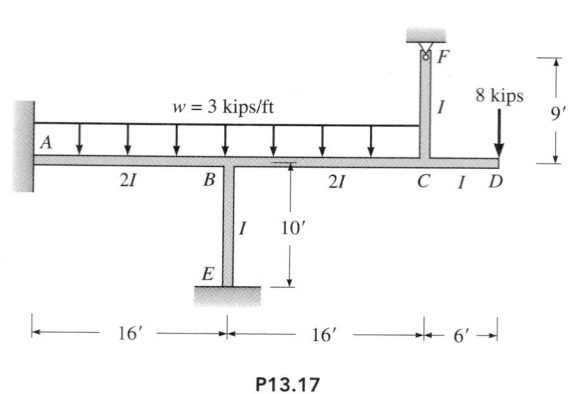

P13.18. 以彎矩分配法分析圖 P13.18 所示剛架，求所有反力及繪出剪力與彎矩圖。EI 為常數。

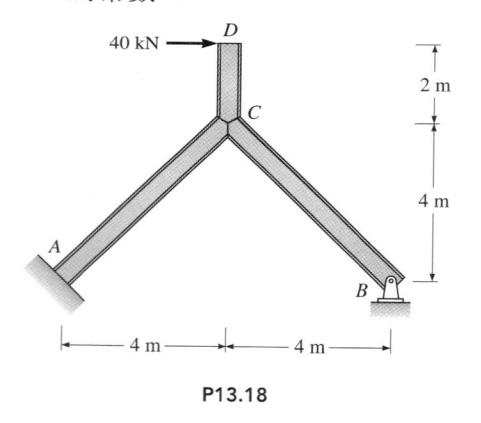

P13.19. 以彎矩分配法分析圖 P13.19 所示之樑，求所有反力及繪出剪力與彎矩圖。EI 為常數。

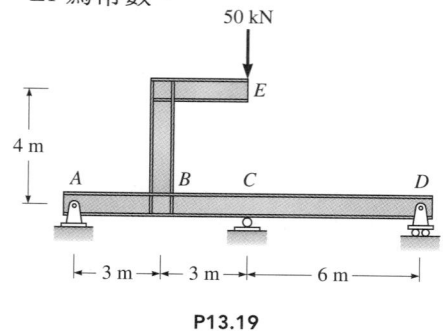

P13.20. 如圖P13.20，若支承B組裝時過低 1.2 in，則需在 B 點施加多少垂直力方可使樑與支承相連接，此時引起樑之彎矩為何？$I = 400\text{in}^4$，$E = 29{,}000 \text{ kips/in}^2$。

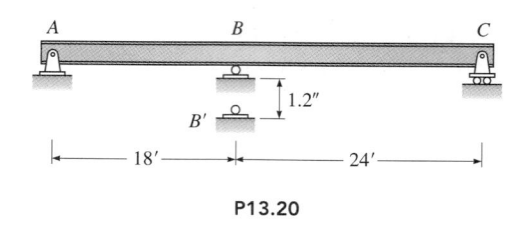

P13.21. 如圖P13.21，支承B於16-kip集中載重作用下沉陷$\frac{1}{2}$in，求樑之反力及繪出剪力與彎矩曲線。$E = 30{,}000 \text{ kips/in}^2$，$I = 600 \text{ in}^4$。

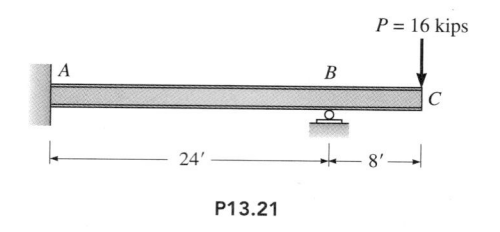

P13.22. 以彎矩分配法分析圖 P13.22 所示之 Vierendeel 桁架，繪出桿件 AB、AF 之剪力與彎矩圖，繪變形圖及求中跨變位值。$EI = $ 為常數，$E = 200 \text{ GPa}$，$I = 250 \times 10^6 \text{ mm}^4$。

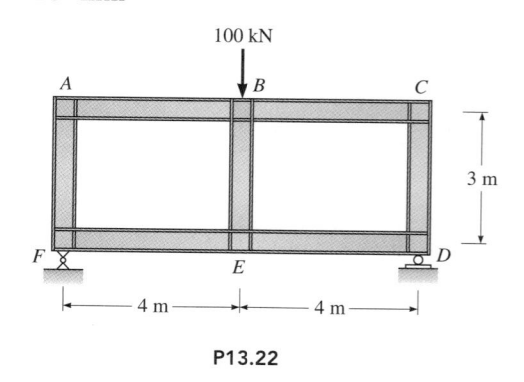

P13.23. 如圖P13.23，支承C組裝時過右 0.6 in，過低0.4 in，求當剛架連接於支承上時，產生之反力為何？亦繪出剪力與彎矩曲線及變形圖。$E = 29{,}000$ kips/in²。

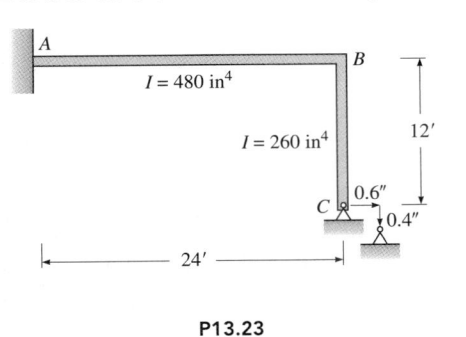

P13.24. 如圖 P13.24 所示之剛架，當溫度上升 $+80°F$ 時，求引起之彎矩值為何？熱膨脹係數 $\alpha_t = 6.6 \times 10^{-6}$ in/in per °F，$E = 29{,}000$ kips/in²。

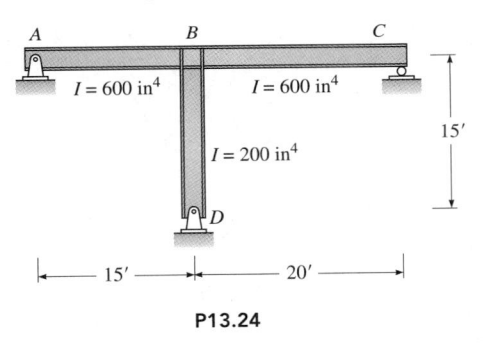

P13.25. 如圖 P13.25 所示之剛架，當剛架連接上銷支承 D 時，求反力及桿件彎矩值。所有桿件 EI 為常數，$I = 450$ in⁴，$E = 30{,}000$ kips/in²。

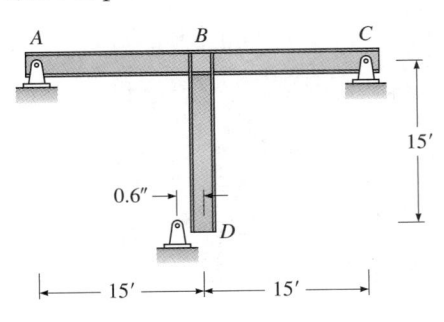

P13.26. 以彎矩分配法分析圖 P13.26 之結構，繪出剪力與彎矩曲線及變形圖。注意 I 之單位為 in⁴，E 為常數 $= 30{,}000$ kips/in²。

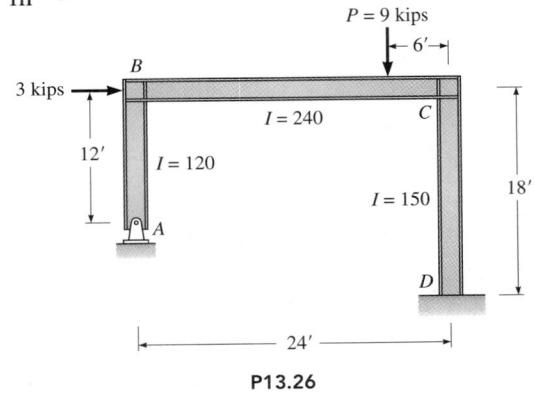

P13.27. 以彎矩分配法分析圖 P13.27 之剛架，繪出剪力與彎矩曲線及變形圖。E 為常數 $= 30{,}000$ kips/in²。

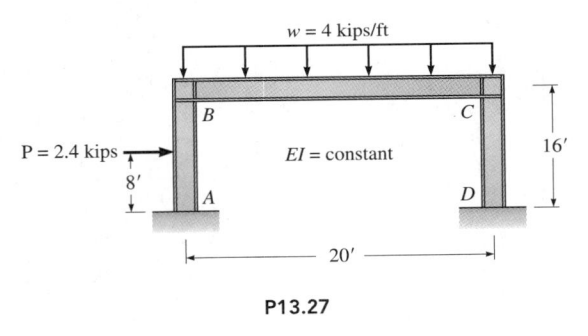

P13.28. 以彎矩分配法分析圖 P13.28 之剛架，繪出剪力與彎矩曲線及變形圖。注意 I 之單位為 in⁴，E 為常數 $= 30{,}000$ kips/in²。

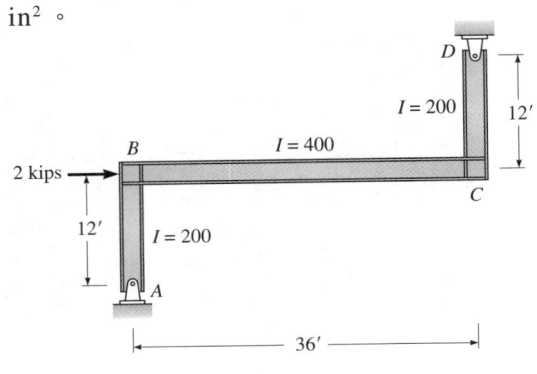

位於波士頓之聯邦準備銀行大樓，建築物兩側之桁架系統加強了結構抵抗側向載重的能力。

CHAPTER 14

靜不定結構影響線
Indeterminate Structures: Influence Lines

14.1 簡介
Introduction

為了要瞭解在一個指定位置上,特定之內力隨著活載重通過結構時如何變化,我們使用影響線。靜不定結構影響線的求法,基本上依循第 8 章求取靜定結構影響線相同的步驟;也就是說,當一個單位力移動橫跨過結構,將特定反力或內心之值畫在連續的載重點位置上。由於分析結構之電腦程式已被執業工程師廣泛使用,既使是分析高度靜不定結構在許多位置上受單位載重之反應,也是即快速且成本低。因此,某些過去用於建立影響線費時的傳統手算方法,對於現代工程師而言無多大價值。因此,在這一章中,我們的主要目標是:

1. 熟悉連續樑與構架中支承反力與內力之影響線形狀。
2. 發展出可迅速草繪出連續樑與構架影響線大略形狀之能力。
3. 確立如何將分佈載重放置於連續結構中,以便最大化樑與柱臨界斷面之剪力與彎矩。

在本章討論中,我們首先建立數個簡單靜不定樑之反力、剪力與彎矩的影響線。雖然靜定結構之影響線是由直線段所組成,靜不定樑與構架之影響線為曲線。因此,欲清楚定義一靜不定樑影響線的形狀時,我們通常必須算出較靜定樑時更多點的影響線（縱座標）值。對於一個靜不定桁架，或一個靜不定樑其載重係由底樑與簡支桿所形成之縱樑系統作用於框格點上；此兩種情況下，影響線將由框格點間之直線段所組成。

我們也將討論使用穆勒法（Müller-Breslau principle），繪製數種靜不定樑與構架之內力與反力的定性影響線。依據這些影響線之性質，我們將建立活載重放置位置之準則，藉以求得載重在這些結構之臨界斷面上（鄰近支承或中跨），所產生之最大剪力與彎矩值。

14.2 以彎矩分配法建立影響線
Construction of Influence Lines Using Moment Distribution

彎矩分配法為建立均勻斷面連續樑與構架影響線時之一項便利的技巧。此外，若輔以適當之圖表（如表 13.1），此法可很容易被延伸至建立包含變斷面之結構的影響線。

對於在每個位置上之單位載重，彎矩分配分析可提供所有構件端點彎矩。在端點彎矩為已知後，在重要斷面之內力以及反力，可由自由體套用靜力方程式而求得。例題 14.1 說明使用彎矩分配法，建立一個一度靜不定結構反力之影響線。為了簡化此例題之計算，影響線之縱軸值（如圖 14.1c 至 e）以 1/5 跨長間距計算。在真實的設計情況中（如橋之一根樑），更小之間隔─1/20 至 1/15 之跨長─更為恰當。

例題 14.1

(a) 以彎矩分配法建立圖 14.1a 所示樑在 A 與 B 點支承反力之影響線。

(b) 決定圖 14.1a 所示 16-kip 與 24-kip 輪載重組合置放於 3 與 4 號點位時，在 B 點所造成之彎矩大小。已知 $L = 25$ ft 且 EI 為定值。

解答：

(a) 影響線可由單位載重在樑軸上等間距 (0.2L) 的 6 個點上所造成之反應值求得。這 6 個位置如圖14.1a 中圈號所示。我們將討論在 1、2 與 6 號點上之計算值來說明此過程。

要建立左端點（1 號點）之影響線值，我們將單位載重直接置於支承 A 上（如圖 14.1a）。由於載重完全貫入支承，樑體並不受力；因此，$R_A = 1$ kip，$R_B = 0$ 且 $M_B = 0$。同樣的，如果單位載重作用在 6 號點上（即直接作用在固定支承上），$R_B = 1$ kip，$R_A = 0$ 以及 $M_B = 0$。這些反力便代表影響線在 1 與 6 號點位置上之值，如圖 14.1c、d 與 e 所示。

14.2 以彎矩分配法建立影響線

圖 14.1：(a) 單位載重在 A 點支承；(b) 單位載重在支承 A 右側 0.2L 位置；(c) 支承 A 反力之影響線；(d) 支承 B 反力之影響線；(e) 支承 B 彎矩之影響線。

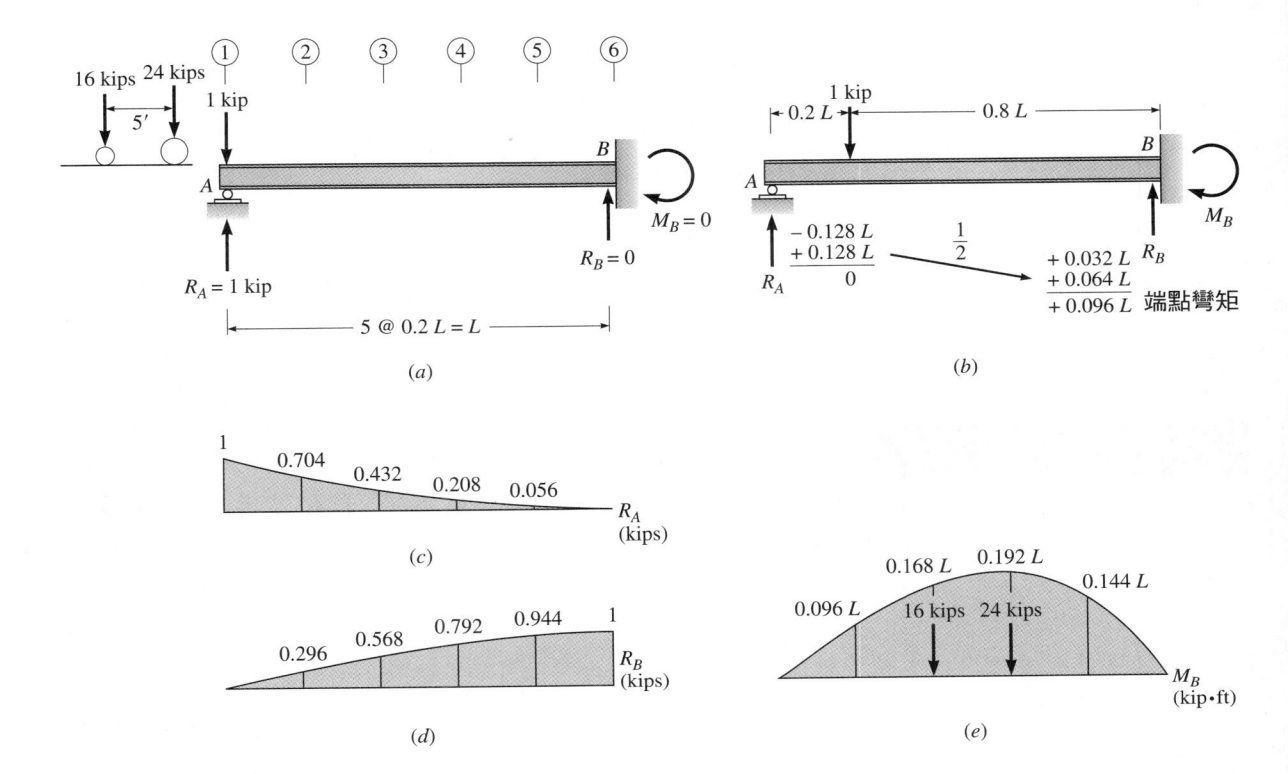

其次，我們將單位載重移至支承 A 右側 0.2L 處，並以彎矩分配法決定出 B 點之彎矩（如圖 14.1b）。

計算固定端彎矩（如圖 12.5）：

$$\text{FEM}_{AB} = -\frac{Pab^2}{L^2} = -\frac{1(0.2L)(0.8L)^2}{L^2} = -0.128L$$

$$\text{FEM}_{BA} = \frac{Pba^2}{L^2} = \frac{1(0.8L)(0.2L)^2}{L^2} = +0.032L$$

彎矩分配之計算如圖 14.1b 所示。一旦支承 B 之端點彎矩 0.096L 求得後，我們可由樑自由體上各力對 B 點之彎矩和，計算出 A 點之垂直反力：

$$\circlearrowleft^+ \quad \Sigma M_B = 0$$
$$R_A L - 1(0.8L) + 0.096L = 0$$
$$R_A = 0.704 \text{ kip}$$

計算 R_B

$$\uparrow^+ \quad \Sigma F_y = 0$$
$$R_A + R_B - 1 = 0$$
$$R_B = 0.296 \text{ kip}$$

其餘各點影響線之值的計算，可將單位載重移至 3、4 與 5 號點位置進行樑分析而得。在此，計算過程省略，我們僅將結果示於圖 14.1c 至 e。

(b) 輪載重造成之 B 點彎矩（如圖 14.1e）

$$M_B = \Sigma \text{ 影響線值} \times (\text{載重})$$
$$= 0.168L(16 \text{ kips}) + 0.192L(24 \text{ kips})$$
$$= 7.296L = 7.296(25) = 182.4 \text{ kip·ft}$$

例題 14.2 建立圖 14.1a 所示樑在 4 號斷面之剪力與彎矩影響線。以圖 14.1c 所示影響線來計算單位載重在不同位置時，A 點的反力值。

解答：

當單位載重作用於支承 A 與 B 點時（如圖 14.1a 中之 1 與 6 號點），樑並未受力；所以，在 4 號點上之剪力與彎矩皆為零。因此，圖 14.2e 與 f 之影響線之起始與終點值皆為零。

　　要求取單位載重在其他點位所造成之影響線值，我們將以 4 號點斷面左側之樑自由體，利用靜力方程式計算內力值。在圖 14.2a 所示自由體圖中，單位載重作用於 2 號點位置上。由圖 14.1c 所讀取之 A 點反力值為 0.704 kip。

$$\overset{+}{\uparrow} \;\; \Sigma F_y = 0$$
$$0.704 - 1 - V_2 = 0$$
$$V_2 = -0.296 \text{ kip}$$
$$\circlearrowleft^+ \;\; \Sigma M_4 = 0$$
$$(0.704 \text{ kip})(0.6L) - (1 \text{ kip})(0.4L) - M_2 = 0$$
$$M_2 = 0.0224L \text{ kip·ft}$$

圖 14.2b 所示為單位載重恰位於 4 號點左側之情形。在此情況下，平衡方程式顯示 $V_{4L} = -0.792$ kip 而 $M_{4l} = 0.125L$ kip·ft。如果單位載重向右移動一個微量距離，恰使載重通過斷面到達斷面 4 右側之自由體，則 A 點之反力不會改變，但單位載重卻已不再位於左側自由體上（如圖 14.2c）。利用平衡方程式，我們可算出而 $V_{4R} = 0.208$ kip 而 $M_{4r} = 0.125L$ kip·ft。圖 14.2d 所示為單位載重位於 5 號點時之自由體（單位載重已位於斷面右側）。計算可得 $V_5 = 0.056$ kip 而 $M_5 = 0.0336L$ kip·ft。利用單位載重在不同位置時，4 號斷面上之剪力與彎矩值，我們可畫出圖 14.2e 與 f 所示之剪力與彎矩影響線。

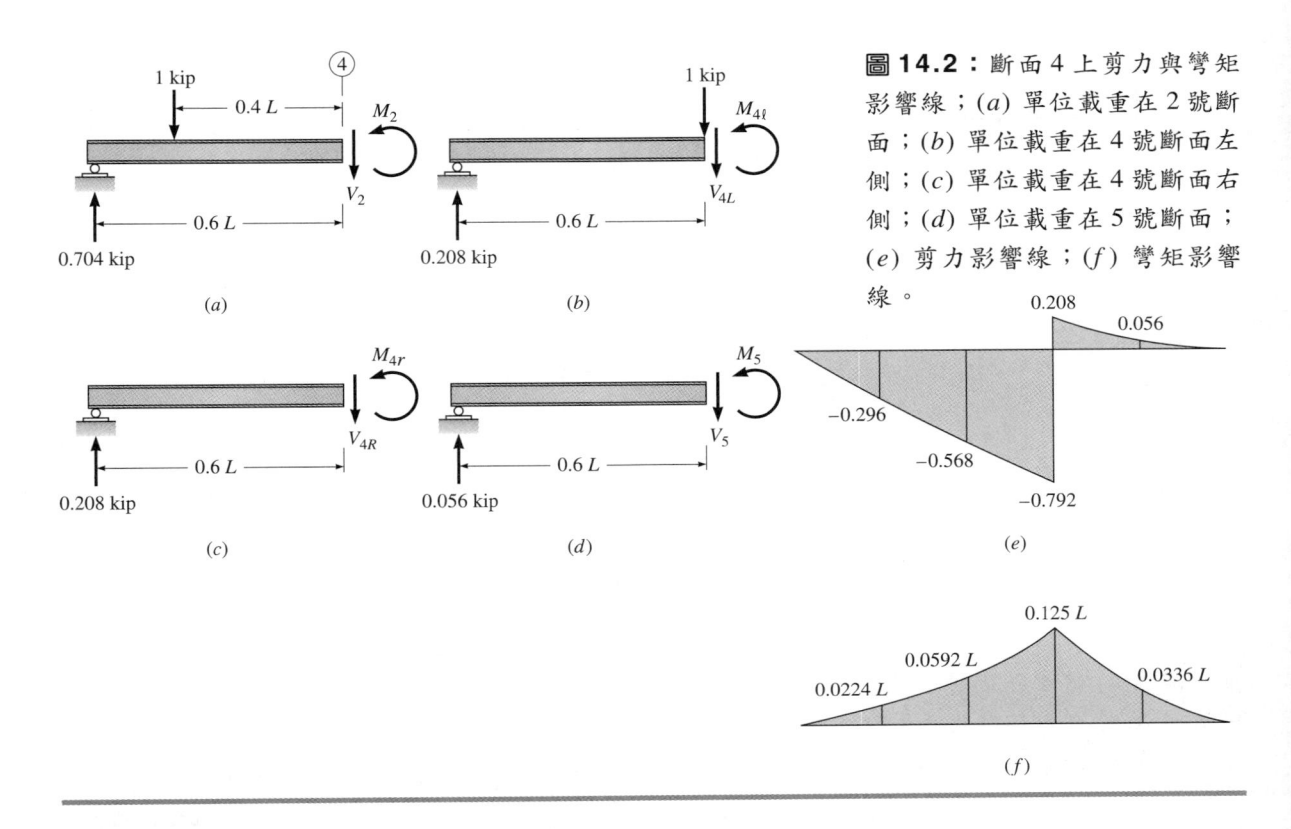

圖 14.2：斷面 4 上剪力與彎矩影響線；(a) 單位載重在 2 號斷面；(b) 單位載重在 4 號斷面左側；(c) 單位載重在 4 號斷面右側；(d) 單位載重在 5 號斷面；(e) 剪力影響線；(f) 彎矩影響線。

14.3 穆勒原理
Müller-Breslau Principle

（先前已於 8.4 節介紹並應用於靜定結構之）穆勒法陳述如下：

> 一個作用力的影響線形狀與於該作用力束制移除後之放鬆結構(released structure)變形相同，而放鬆結構之變形，係由施加一個對應於該被移除束制之位移所造成的。

本節我們首先利用 Betti 法則證實穆勒原理之正確性。接著我們使用穆勒原理針對數個常見之靜不定樑與構架，建立定性與定量之影響線。

為了證明穆勒原理的適用性，我們將考慮兩種建立圖 14.3a 所示連續樑在支承 A 點的反力影響線的步驟。在常用的方法中，我們沿著跨長上數個點作用單位載重，計算出對應之 R_A 值，並將此值畫於單位載重作用位置上。比方說，圖 14.3a 所示為用於建立影響線之單位載重位於樑上任意點 x 時之情況，其中 R_A 假設在所示方向上為正值（垂直向上）。

如果穆勒法正確，則我們應該也可利用下列方式求得 A 點反力影響線之正確形狀。將支承 A 移除（以產生放鬆結構），並於該點引進對應於反力 R_A 之一個垂直位移（如圖 14.3b）。我們所導入之對應於 R_A 的位移，可為垂直作用於 A 點之 1 單位載重。

將圖 14.3a 所示載重情形標示為系統 1，而圖 14.3b 為系統 2，我們現在將（式 10.40）所示之 Betti 法則套用於此兩系統。

$$\Sigma F_1 \Delta_2 = \Sigma F_2 \Delta_1 \qquad (10.40)$$

式中 Δ_2 為對應於 F_1 之系統 2 位移，而 Δ_1 為對應於 F_2 之系統 1 位移。如果系統中之力為彎矩，則所對應之位移為旋轉。將圖 14.3 之載重情況代入（式 10.40）可得

$$R_A \delta_{AA} + (1\ \text{kip})(\delta_{xA}) = 1(0) \qquad (14.1)$$

由於兩個系統中在支承 B 與 C 之反力並沒有產生虛功，其原因為在另一系統之支承沒有移動，（式14.1）中之兩邊相關於這些虛功項目之表示項被予以省略。由（式 14.1）求解 R_A，我們得到

$$R_A = -\frac{\delta_{xA}}{\delta_{AA}} \qquad (14.2)$$

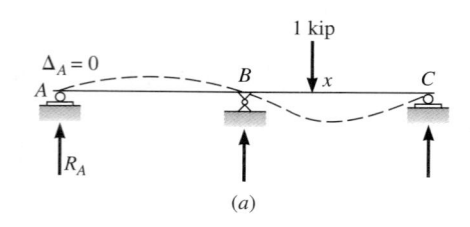

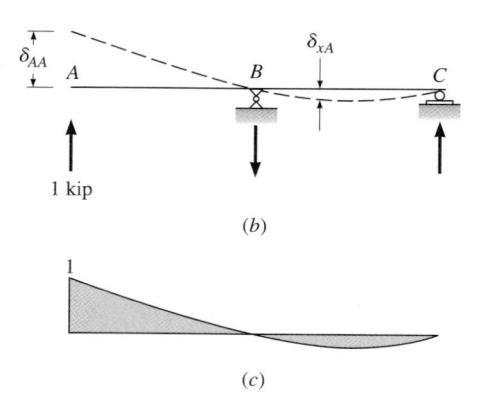

圖 14.3：(a) 建立 R_A 影響線所用之單位載重；(b) 使放鬆結構產生位移所導入之單位載重；(c) R_A 之影響線。

由於 δ_{AA} 為固定值，但 δ_{xA} 沿樑軸之位置變化，（式14.2）說明了；R_A 與圖 14.3b 所示變形曲線之縱座標值成比例關係。因此，R_A 影響線之形狀與在 A 點導入位移 δ_{AA} 之放鬆結構變形相同。因此，我們驗證了穆勒原理。R_A 影響線之最終結果如圖 14.3c 所示。在 A 點之縱軸值為 1 是因為在該點上，真實之一單位載重將會造成一單位 A 點反力。

一個如圖 14.3c 所示類型的定性影響線，通常對於許多不同類型式之分析的需求已相當足夠；然而，如果需要一個定量之影響線時，（式 14.2）說明定量影響線之建立可藉將變形曲線之縱值，除以導入於 A 點之位移大小 δ_{AA} 而獲得。

（式14.2）負號之意義　在建立影響線的第一步驟中，我們必須假設其正值的方向。舉例說明，在圖 14.3a 中，我們假設 R_A 之正值方向為垂直向上。（式14.1）中第一個虛功項永遠為正，原因是位移 δ_{AA} 與反力 R_A 同方向。第二項虛功〔$(1\ \text{kip})(\delta_{xA})$〕也是正值，因為 1 單位力與位移 δ_{xA} 皆向下。當我們將第二項移項至（式 14.1）右側時，產生了一個負號。此負號顯示 R_A 實際上為向下作用。如果單位載重位於 AB 跨中影響線值為正的區域內，包含 δ_{xA} 項之虛功將為負值；因此，當我們將此項移項至（式 14.1）右側時，R_A 之表示值便為正，顯示 R_A 為向上作用。

綜言之，我們推論在影響線為正值之區域，向下之載重產生正值方向之函數值。反之，在影響線值為負的區域，向下載重始終產生函數值朝向其負值方向。

14.4 樑之定性影響線
Qualitative Influence Lines for Beams

本節中，我們說明以穆勒法建立連續樑與構架中數種力量影響線。如 14.3 節所述之穆勒法步驟，我們首先移除結構傳遞影響線所代表之(力)函數的能力。在束制放鬆的位置上，我們導入對應該放鬆束制的一個位移，所造成之變形便是未尺度化之影響線。如果讀者不確定要導入何種位移時，想像一個對應於影響線函數之力，作用在束制解除位置上，並產生了該導入的位移。

在接下來的例子中，我們將畫出圖 14.4a 兩跨連續樑在 C 點正彎矩之影響線。C 點位於 BD 跨之中點。為了移除樑之撓曲強度，我們在 C 點嵌入一個鉸接頭。由於原始結構為一度靜不定，圖 14.4b 所示放鬆結構為穩定且靜定。接下來，我們導入對應於 C 點

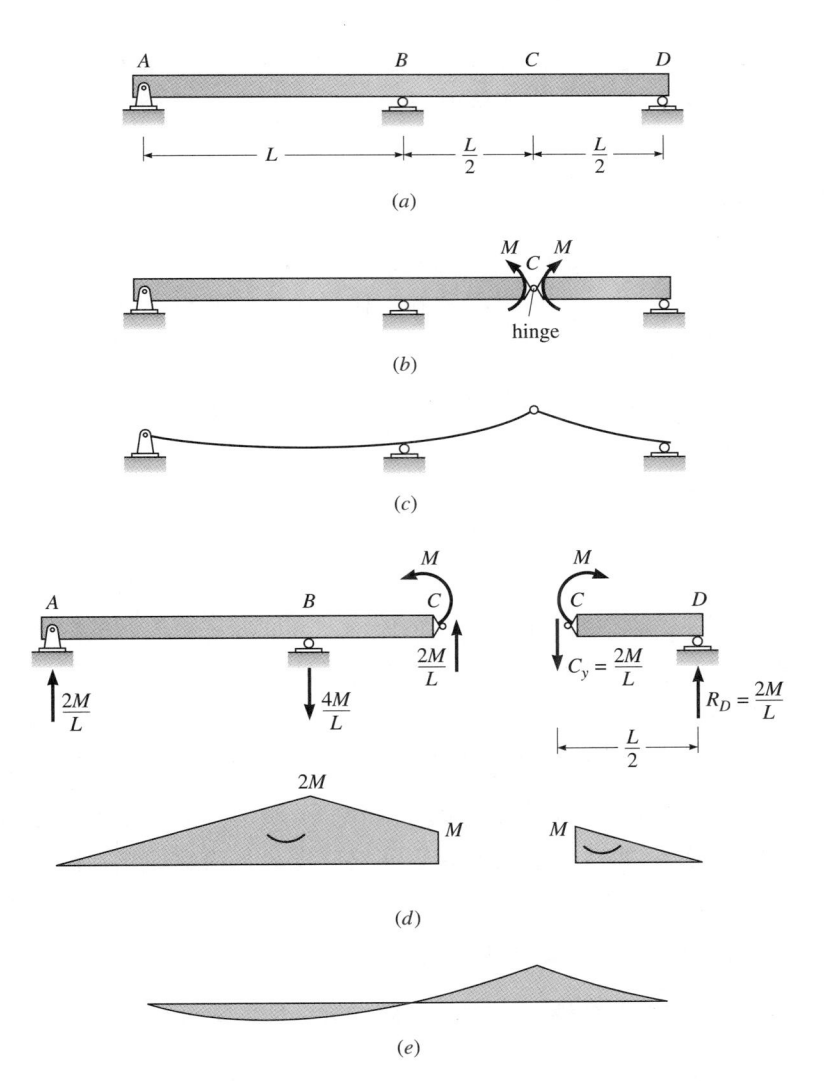

圖 **14.4**：以穆勒法建立 C 點彎矩之影響線：(a) 具兩跨的樑；(b) 放鬆結構；(c) 在 C 點束制移除並導入位移時，所造成之變形；(d) 建立放鬆結構變形所用之彎矩圖；(e) C 點彎矩之影響線。

正彎矩之一個位移，如標示於鉸接頭兩側之兩個曲線箭頭。在 C 點正彎矩的效應，是將各桿端點向著彎矩的方向轉動，也就是將鉸接頭向上移動。圖 14.4c 所示為樑之變形，亦為影響線之形狀。

雖然在 C 點的正彎矩顯然使得構件端點旋轉，但伴隨發生之垂直位移卻不明確。為了澄清鉸接頭兩側彎矩會產生位移，我們將檢視鉸接點兩側樑構件之自由體（如圖 14.4d）。我們首先對 C 點鉸接點取 CD 桿上力量之彎矩，計算出 D 點的反力。

$$\circlearrowleft^+ \quad \Sigma M_C = 0$$

$$M - R_D \frac{L}{2} = 0$$

$$R_D = \frac{2M}{L}$$

為了讓 CD 桿 y 方向之平衡成立，在鉸接點之垂直力必須相等且反向於 R_D。由於 C_y 代表左側自由體所作用（於右側）之力，一個等量但反向－向上－之力必須作用於桿 ABC 之接點 C 上。

接下來我們計算 ABC 桿在支承 A 與 B 之反力，並畫出各桿之彎矩曲線。由於兩根桿全長範圍內彎矩皆為正，桿件呈凹面向上彎曲，如彎矩圖面積內之短線所示。當 ABC 桿必須放置於支承 A 與 B 上（如圖 14.4c），C 點必須向上移動，才能使支承之束制與彎矩所造成之曲率相容一致。影響線之最終形狀如圖 14.5e 所示。雖然縱座標正負值之大小為未知，我們可以推理縱座標值在具鉸接點與載重之跨（右側）會比較大。一個一般性的規則可歸納如下；隨著遠離受力作用之跨，力在其他跨上之影響迅速減少。此外，包含鉸接頭之跨遠較連續跨來得柔軟。

連續樑影響線之補充案例

在圖 14.5 中，我們使用穆勒法繪製一個三跨連續樑中，數個內力與反力之定性影響線。在每個案例中，對應於影響線函數之束制被移除，然後對應於此束制之一個位移被導入結構中。圖 14.5b 說明在 C 點反力之影響線。圖 14.5c 所示，錕板設施移除了斷面之剪力強度但仍能傳遞軸力與彎矩。由於兩片板在剪力變形發生的同時必須保持平行，連接在板兩側構件之斜率必須相等，如圖右側所示細部標示。在圖 14.5d 中，負彎矩影響線之建立是利用導入一個鉸接點於樑之 C 點。由於樑在該點連接至支承，構件端點在彎矩作用下，鉸接點兩側可自由旋轉但不可垂直移動。在 F 點反力之影響線之產生，可由移除 F 點垂直支承並引入一個垂直位移而得（如圖 14.5f）。

在例題 14.3 中，我們說明使用定性影響線來決定，如何加載一個連續樑以產生某一斷面之最大剪力。

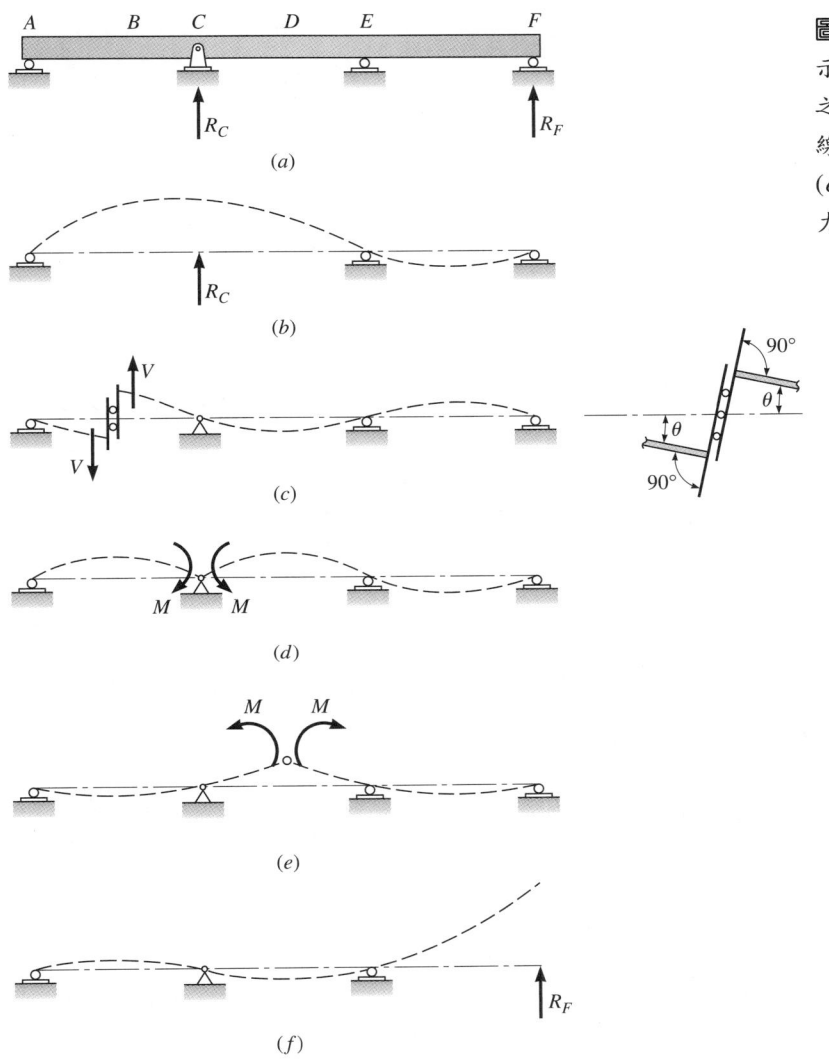

圖 14.5：以穆勒法建立 (a) 所示三跨連續樑之影響線；(b) R_C 之影響線；(c) B 點剪力影響線；(d) C 點負彎矩之影響線；(e) D 點正彎矩之影響線；(f) 反力 R_F 之影響線。

例題 14.3

圖 14.6a 所示連續樑傳遞大小為 4 kips/ft 之均佈活載重。此載重可被局部作用或全跨作用於樑上。計算 AC 桿中跨（B 點）之最大剪力值，已知 EI 為定值。

解答：

要求取使剪力最大化時活載重的分佈位置，我們首先建立在 B 點剪力之定性影響線。利用穆勒原理，我們在斷面 B 導入一個對應於正剪力方向之位移來生產如圖 14.6b 所示之影響線。由於影響線同時顯示正值與負值區域，我們必須探討兩種載重條件。第一個情形（如圖 14.6c）中，均佈載重只作用在負值影響線區段。第二個情形（如圖 14.6d）我們只加載 B 與 C 點間影響線值為正的區域。其次，我們利用彎矩分配法決定支承 C 位置

圖 14.6：斷面 B 最大剪力之計算：(a) 連續樑；(b) B 點剪力之影響線；(c) 在 B 點產生最大負剪力 17.19 kips 之分析結果；(d) 在 B 點產生最大正剪力 7.19 kips 分析結果。

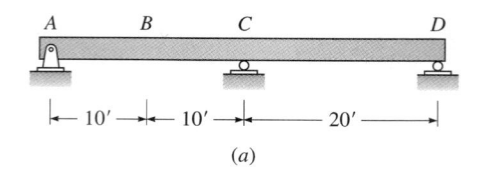

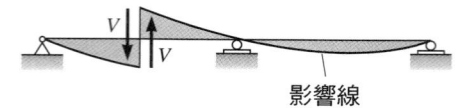

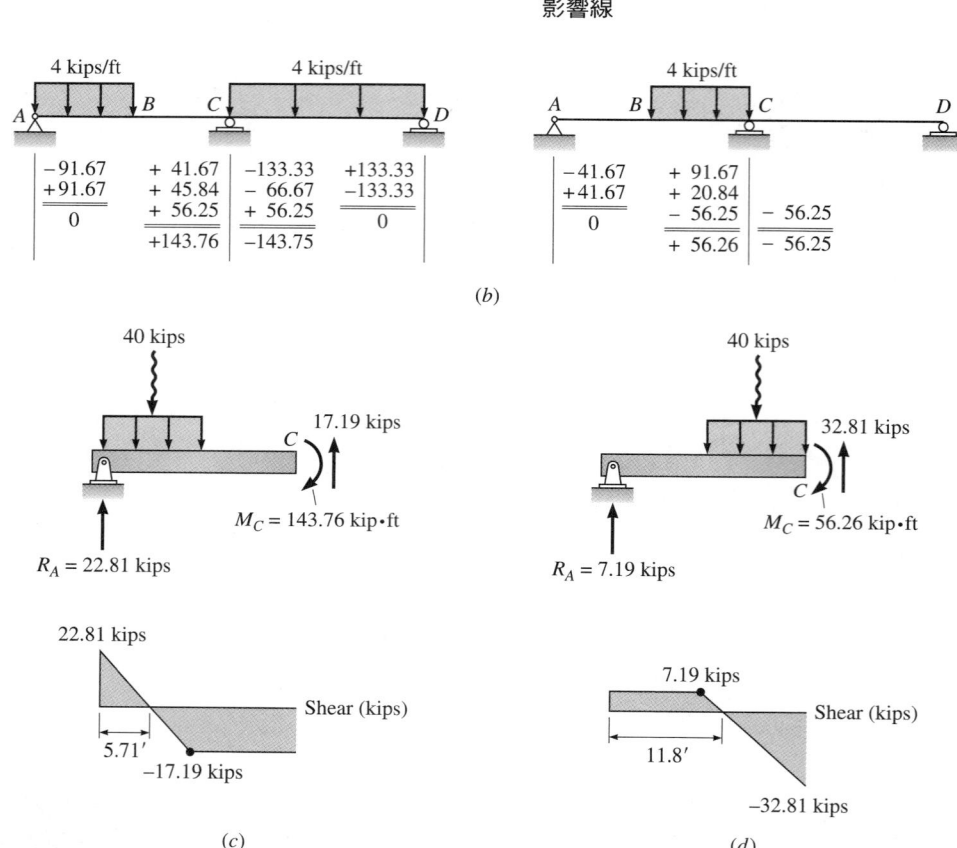

上樑的彎矩。由於樑對中央支承左右對稱，左右兩桿之勁度相同。因此，接點 C 之分配因數皆為 $\frac{1}{2}$。利用圖 12.5f，我們可算出 AC 與 CD 桿之固定端彎矩如圖 14.6c 所示。

$$\text{FEM}_{AC} = -\frac{11wL^2}{192} = -\frac{11(4)(20^2)}{192} = -91.67 \text{ kip·ft}$$

$$\text{FEM}_{CA} = \frac{5wL^2}{192} = \frac{5(4)(20^2)}{192} = 41.67 \text{ kip·ft}$$

$$\text{FEM}_{CD} = -\text{FEM}_{DC} = \frac{wL^2}{12} = \frac{4(20)^2}{12} = \pm 133.33 \text{ kip·ft}$$

彎矩分配之結果如圖 14.6c 中草圖下方計算過程所示。C 點之彎矩值為 143.76 kip·ft。緣自於分析過程中之四捨五入誤差，在接點 C 兩側之彎矩值存在些許差異。接下來，我們對作用於梁 BC 自由體上各力取 C 點彎矩和來計算 A 點反力。A 點反力求得後，剪力圖便可繪出如圖 14.6c 中之下端草圖。分析結果顯示 $V_B = -17.19$ kips。同理，圖 14.6d 所示載重之分析結果顯示 $V_B = +7.19$ kips。由於最大剪力取決於其值大小而非正負號，B 點斷面之尺寸設計必須足以承載 17.19 kips 之剪力。

例題 14.4

圖 14.7a 所示連續梁承載均佈活載重 3 kips/ft。假設此活載重可被任意施加於任一跨上全部或部分跨長，計算在桿 BD 中跨所會產生之最大正彎矩與負彎矩，已知 EI 為定值。

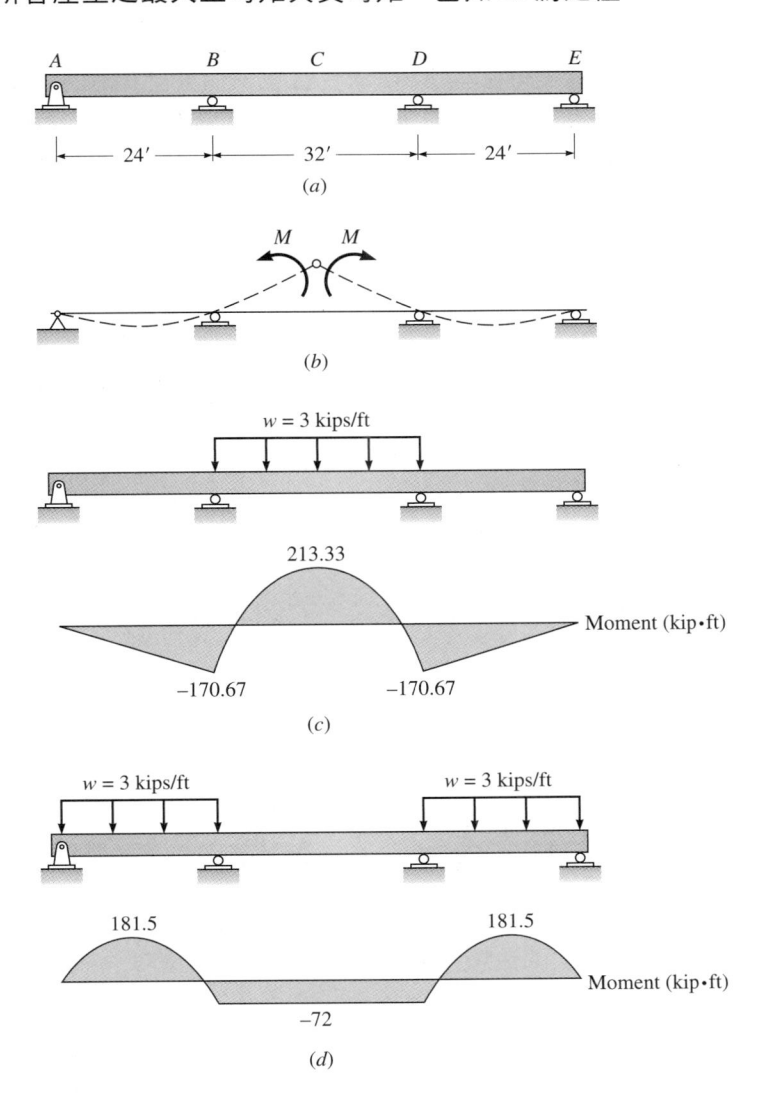

圖 14.7：(a) 梁詳圖；(b) 建立 C 點彎矩之定性影響線；(c) 產生 C 點最大正彎矩之載重位置；(d) 產生 C 點最大負彎矩之載重位置。

解答：

利用穆勒原理建立 BD 跨中點 C 位置之彎矩定性影響線。將一個鉸裝置崁入 C 點，並在此點導入一個對應於正彎矩方向之變形（如圖 14.7b）。圖 14.7c 所示載重分佈區域為影響線為正值之區段。利用彎矩分配法（計算過程未顯示），我們可計算出構件端點彎矩並建立彎矩曲線。最大正彎矩等於 213.33 kip·ft。

要求取 C 點最大負彎矩，將載重作用在影響線為負值之區段上（如圖 14.7d）。此載重情形下之彎矩圖如樑下方之草圖所示。最大負彎矩值為 −72 kip·ft。

註： 要求得斷面 C 之總彎矩時，我們必須將靜載重在 C 點所造成之正彎矩也合併進來。

例題 14.5

圖 14.8a 所示構架僅由樑 ABC 承受載重。假如此構架所傳遞之載重為可作用於樑 AB 與 BC 整跨或部分跨長之均佈載重 3 kips/ft，決定出於支承 D 點兩個水平方向上所產生之最大水平推力 D_x，所有構件之 EI 為定值。

解答：

水平推力之正值方向如圖 14.8a 所示。為了要利用穆勒原理建立支承 D 水平反力之影響線，我們移除 D 點之水平束制並更換支承為一個滾支（如圖 14.8b）。我們在 D 點施加一個水平力 F 以導入對應於 D_x 之位移。其變形如圖中之虛線所示，便是影響線。

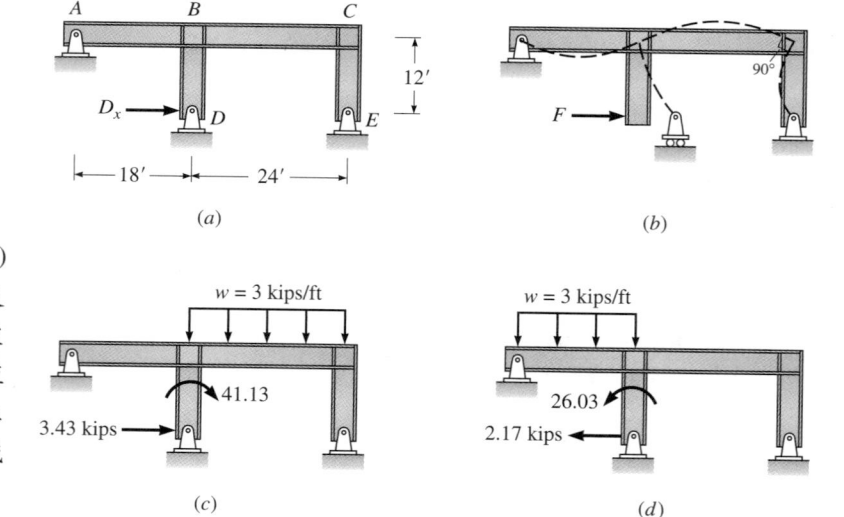

圖 14.8： (a) 構架之尺寸；(b) 建立影響線之形狀，利用滾支取代銷支以移除水平束制，虛線為影響線；(c) 產生最大正值（向右）側推力之載重分佈位置；(d) 產生最大負值推力之載重分析。

在圖 14.8c 中，因為整跨之影響線值皆為正值，我們將均佈載重作用於 BC 跨上。以彎矩分配法分析構架，我們可求得柱頂端之彎矩為順時針方向之 41.13 kip·ft。套用靜力方程式於柱 BD 之自由體上，我們可算得水平反力為 3.43 kips。

至於計算另一個方向上之最大水平推力，我們則是將影響線為負值的區域全部加載（如圖 14.8d），分析結果顯示推力大小為 2.17 kips 向左。

14.5 最大化多層建築受力時之活載重分佈型態
Live Load Patterns to Maximize Forces in Multistory Buildings

設計規範規定多層建築物之構材，需被設計來支承一個均佈活載重以及結構本身與非結構元件之靜載重。非結構元件包括牆、天花板、導管、管線、輕型附屬設施等。一般而言，我們針對靜載重與活載重分別進行分析。雖然靜載重之位置固定，活載重之位置卻需要加以改變來最大化某一特定斷面特定力量。在大部分的情況下，一個斷面之最大活載重力量是由樣式載重 (pattern loading) 所造成；也就是，活載重只作用於某些跨或跨之一部分，但不在其他跨上。藉由穆勒法來建立定性影響線，我們可求得最大化每根構件之臨界設計斷面力量時，所需加載之跨或跨之一部分的位置。

舉例說明，要求得最大化柱軸力之載重樣式，我們想像柱傳遞軸力之能力被移除，而有一個軸向位移導入結構中。如果我們希望決定出活載重應該擺放之跨位置，來最大化圖 14.9a 所示結構柱 AB 之軸力。我們將柱由支承 A 拆開，並在該點導入一個垂直位移 Δ。由 Δ 所產生之變形如虛線所示，便是影響線。由於活載重必須放置在所有影響線值為正的跨上，我們必須將活載重分佈於所有直接連接至柱及其上方各樓層柱之樑的全跨長（如圖 14.9b）。由於所有樓板位移量相同，一個給定之活載重在三樓或四樓所產生之柱 AB 軸力增量，與在二樓所造成者全相同。

除了軸力外，圖 14.9b 所示載重也造成柱受到彎矩作用。由於柱底為銷支承，最大彎矩會發生在柱頂端，如果所有樑之長度相同（此為常見之情形），在內部柱頂端接點受到兩側樑作用之大約相等但方向相反的彎矩，將抵銷或幾乎抵銷掉。因此，接點上之不均衡彎矩很小，在柱中之彎矩也就很小。所以，在內部柱之初步設計中，工程師可只考慮軸向載重便準確決定出柱之尺寸。

雖然圖 14.9b 所示載重型式所造成之力量，控制大部分內柱之尺寸，在某些情形下—例如相鄰跨長差異很大或（活載重/靜載重）比值很高時—我們可能需要驗證對於最大化彎矩（而非軸力）之載重型式而言，柱所具的強度是否也是足夠的。要建立柱彎矩之定性影響線，我們插入一個鉸接點在樓板樑之正下方 B 點，隨後施加一個旋轉位移在鉸接上與下方之結構端點上（如圖 14.9c）。我們可以想像此位移是由作用在結構上大

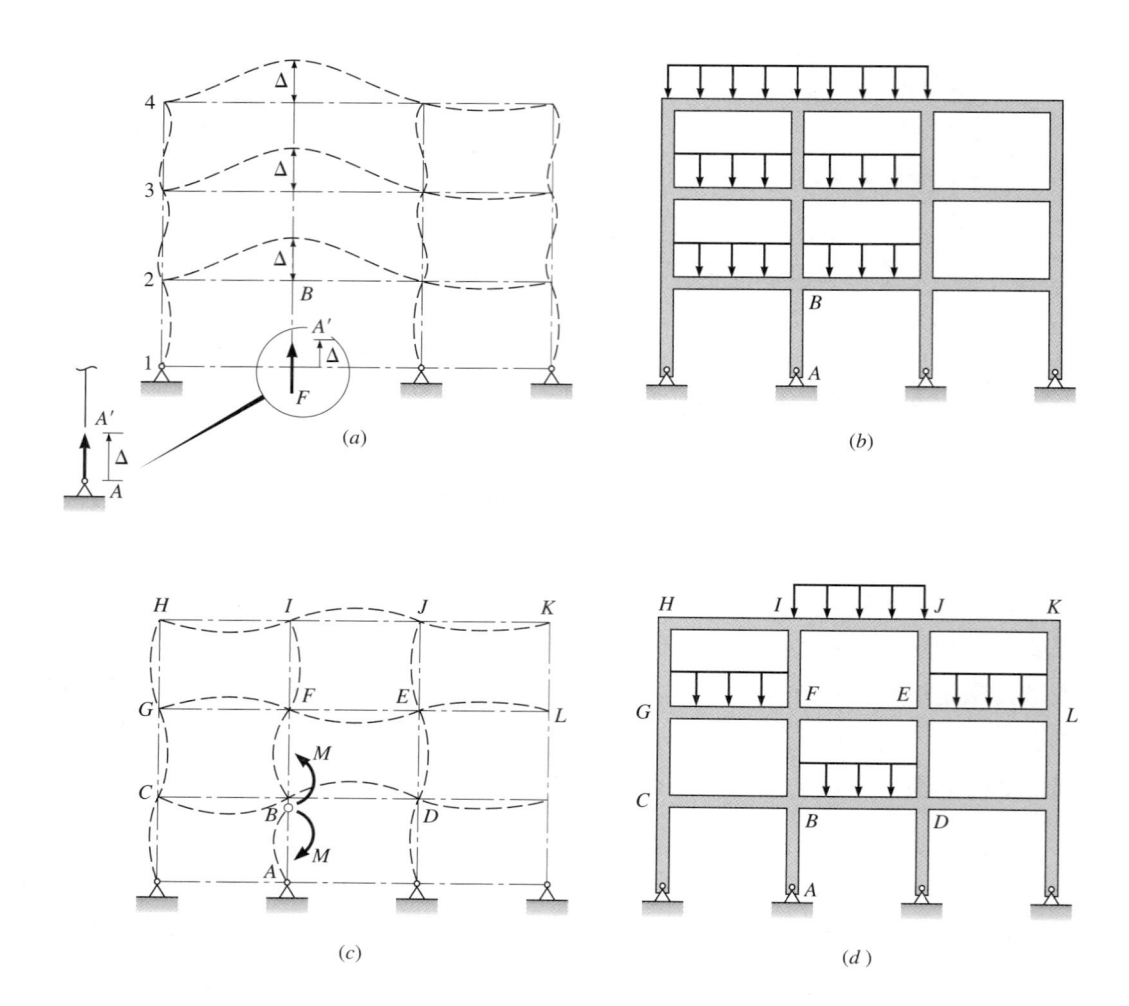

圖 14.9：最大化柱受力時的樣式載重：(a) 柱 AB 軸力之影響線；(b) 最大化柱 AB 軸力之活載重型式；(c) 柱 AB 彎矩之影響線；(d) 最大化柱 AB 彎矩之活載重位置，此時柱之軸力卻只有 (b) 圖中所示載重所造成軸力之一半。

小為 M 之彎矩所產生的。對應的變形如虛線所示。圖 14.9d 所示之棋盤樣式活載重最大化柱頂端之彎矩。由於這個樣式的載重在每根柱上方之樓層僅作用在一側的樑而已，對應於最大彎矩發生時的軸力大概是圖 14.9b 所示最大軸力載重型式下之軸力值的一半。因為在 B 點之彎矩所產生之影響線值，隨著與鉸接點之距離增加迅速減少，B 點柱彎矩之最大部分（約 90%）由 BD 跨之載重所造成。因此，我們通常能夠忽略作用於 BD 跨以外之跨上載重所造成的 B 點彎矩貢獻。舉例說明，美國 ACI 建築設計規則之 8.8.1 節便規定："柱之設計需能抵抗作用於單一鄰近跨度(single adjacent span)之因數化載重所造成之最大彎矩"。

靜載重彎矩

除了活載重外，我們必須考慮由靜載重所造成柱之內力，而結構之每一跨皆有靜載重作用。如果我們考慮圖14.9c中之BC與BD跨，我們可知BC跨之影響線為正而BD跨為負。在BD跨的垂直載重會產生草圖中所示方向之彎矩。而另一方面，BC跨上載重造成了反方向之彎矩，抵銷原本由BD跨載重所引起之彎矩。當一根內柱兩側之樑跨長約略相當時，同時加載於相鄰跨度之淨效應是；降低柱彎矩至不顯著之量。反之，由於外柱只有一側加載，外柱之彎矩將遠大於內柱之彎矩，但其軸力卻遠小於內柱之軸力。

例題 14.6

以穆勒原理求圖14.10a所示BC跨中點正彎矩，以及B點樑端負彎矩之影響線。構架之接點皆為剛性接頭。說明均佈活載應置放在那些位置，以使得彎矩產生最大值。

解答：

如圖14.10a所示正彎矩影響線，可由導入BC桿中跨一個鉸接點以及一組對應正彎矩之位移而得。虛線所示之變形便是影響線。如變形圖所顯示，影響線之值在BC跨兩側之樑迅速遞減，而在頂層樑上之彎矩量更是微小。此影響線透露在一個多層建築中，作用在某一樓層之垂直載重（或稱重力載重），在其他樓層所造成之**彎矩**效應相當有限。此外，在某一樓層中施加載重於其中一跨時，所造成之彎矩將隨與該跨之距離增加而迅速

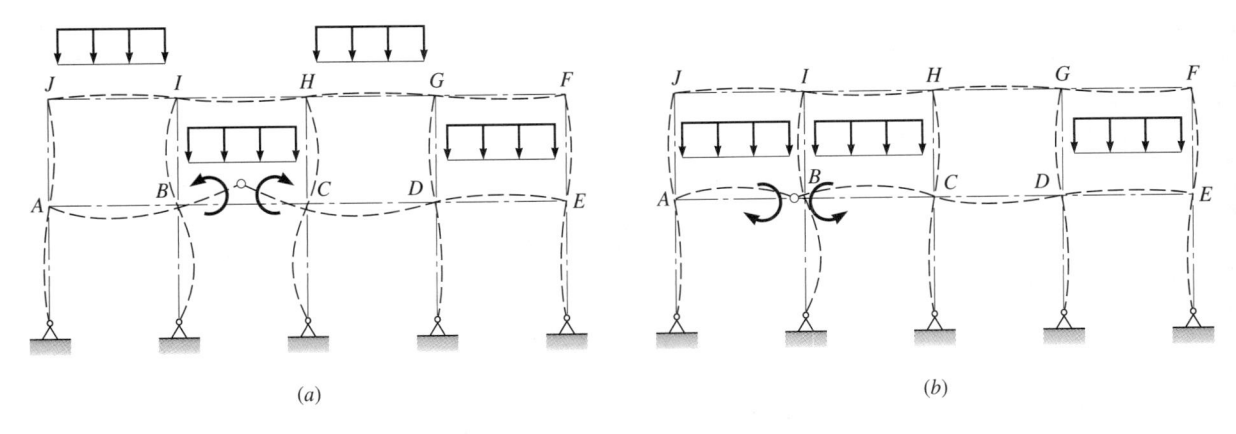

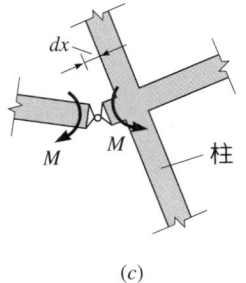

圖14.10： 產生連續構架中最大正彎矩與負彎矩之載重放置位置；(a) BC樑中跨正彎矩之影響線；(b) 鄰接樑柱接頭之樑端負彎矩的影響線；(c) 在(b)圖中鉸接點之詳圖。

減小。因此，作用於 DE 跨之載重對於 BC 跨之正彎矩貢獻相當小——約為 BC 跨本身載重所造成之百分之 5 或 6 而已。要獲得 BC 跨之最大正彎矩時，我們將活載重施加於所有影響線值為正值之跨長上。

圖 14.10b 所示為樑負彎矩之影響線及需被加載之樑。圖 14.10c 所示接點 B 詳圖是為了說明在圖 14.10b 中所導入之位移。正如之前所論述，樑 B 點負彎矩之主要貢獻來自於 AB 與 BC 跨之載重。由 DE 跨載重所造成之負彎矩貢獻相當少。由於，我們瞭解其他樓層載重所引起之 B 點負彎矩更是微乎其微，計算 B 點最大負彎矩值時，我們可僅加載於 AB、BC 以及 DE 跨上。

例題 14.7

(a) 利用穆勒原理以及（式 14.2），建立圖 14.11a 所示樑於支承 C 之彎矩影響線。

(b) 計算影響線於 B 點之值。已知 EI 為定值。

解答：

(a) 假設 M_C 順時鐘方向為正。如圖 14.11b 所示，將支承 C 取代為一個銷支承可形成一個放鬆結構。施加一單位之旋轉位移於 C 點（樑端之右側），所引起之變形便是 M_C 之影響線。

(b) 以共軛樑法計算（式 14.2）中之變位，可求得影響線在 B 點之值。圖 14.11c 所示為對應於圖 14.11b，受單位 M_C 彎矩之放鬆結構之共軛樑及其 M/EI 載重圖。為了求得共軛樑之反力，我們先計算出三角形載重之合力 R：

$$R = \frac{1}{2} L \frac{1}{EI} = \frac{L}{2EI}$$

由於放鬆結構 C 點之傾角等於共軛樑 C 點之反力，我們可對 A 點取彎矩和來計算 R_C

$$\alpha_{CC} = R_C = \frac{L}{3EI}$$

至於 B 點變位之計算，我們可利用圖 14.11d 所示自由體求取共軛樑之彎矩：

$$\delta_{BC} = M_B = \frac{L}{6EI}(0.4L) - R_1 \frac{0.4L}{3}$$

式中 $R_1 = M/(EI)$ 曲線之面積 $= \frac{1}{2}(0.4L)\frac{0.4}{EI} = \frac{0.08L}{EI}$

$$\delta_{BC} = \frac{0.4L^2}{6EI} - \frac{0.08L}{EI}\frac{0.4L}{3} = \frac{0.336L^2}{6EI}$$

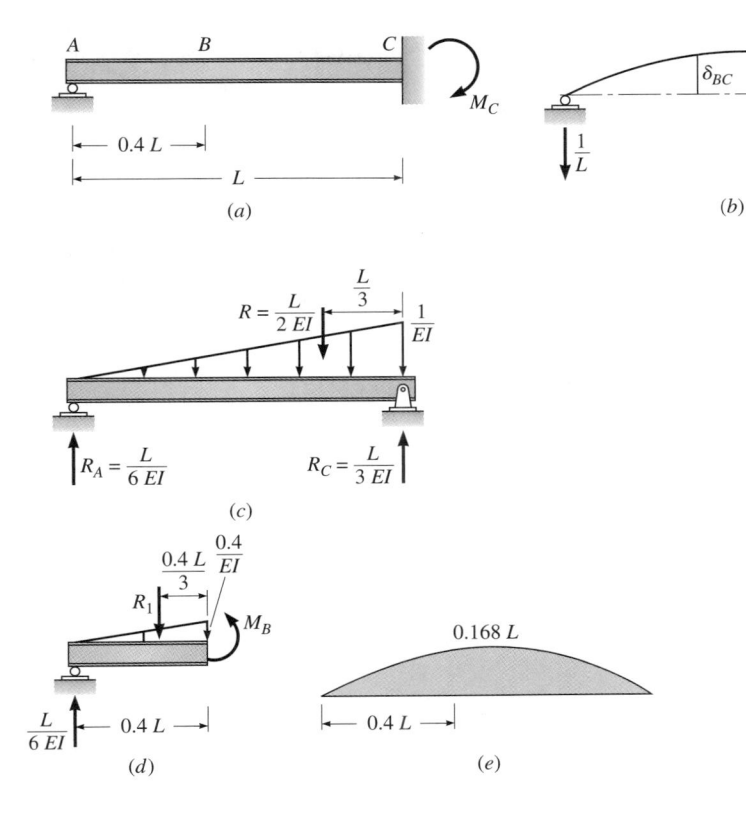

圖14.11：M_C之影響線：(a) 樑及M_C之正值方向；(b) 導入放鬆結構之位移α_{CC}；(c) 承載M/EI圖之共軛樑；(d) 共軛樑之彎矩對應於真實結構之位移；(e) M_C之影響線。

利用（式14.2）可得B點影響線之值為

$$M_C = \frac{\delta_{BC}}{\alpha_{CC}} = \frac{0.336L^2/(6EI)}{L/(3EI)} = 0.168L$$

此題影響線在例題14.1中已求過（如圖14.1e），其結果如圖14.11e所示。

例題 14.8

利用穆勒原理以（式14.2）建立圖14.12a所示樑之B點反力影響線。計算AB中跨以及B與C點之影響線值。已知：EI為定值。

解答：

如圖14.12a所示，令R_B之正值方向為向上。圖14.12b所示為放鬆結構受到對應於單位R_B之位移所形成之影響線（如虛線所示）。圖14.12c所示則為對應為圖14.12b之共軛樑與M/EI載重。放鬆結構之傾角可由圖14.12d所示之共軛樑剪力圖求得。此曲線顯示：共軛樑之最大彎矩（放鬆結構之最大變位）發生在剪力為零，距支承B右側相當接近B點之位置上。圖14.12e所示則為共軛樑之彎矩圖，其代表意義為放鬆結構之變形。為了求得影響線之縱軸值，我們可使用（式14.2）

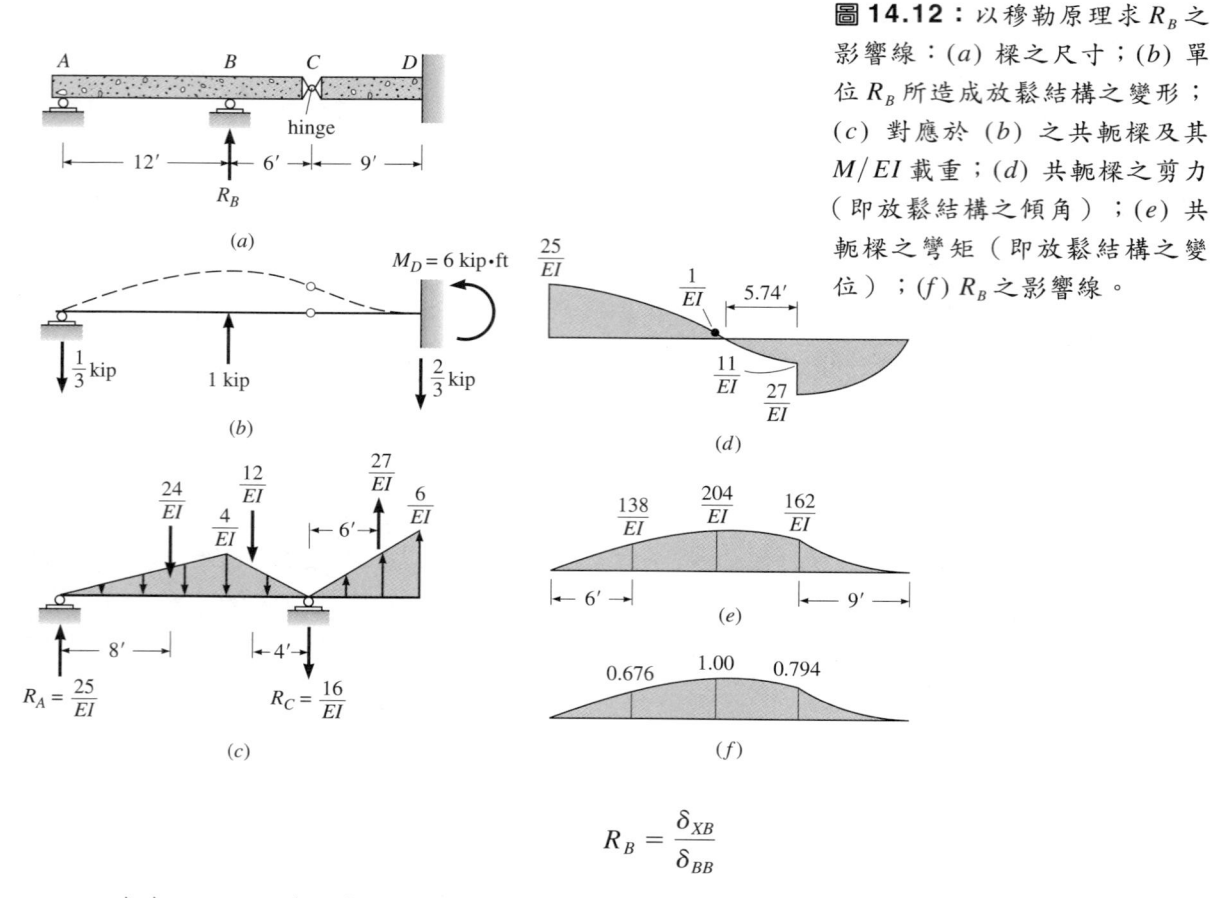

14-20　第 14 章　靜不定結構影響線

圖 14.12：以穆勒原理求 R_B 之影響線：(a) 樑之尺寸；(b) 單位 R_B 所造成放鬆結構之變形；(c) 對應於 (b) 之共軛樑及其 M/EI 載重；(d) 共軛樑之剪力（即放鬆結構之傾角）；(e) 共軛樑之彎矩（即放鬆結構之變位）；(f) R_B 之影響線。

$$R_B = \frac{\delta_{XB}}{\delta_{BB}}$$

式中 $\delta_{BB} = 204/EI$ 與 δ_{XB} 皆如圖 14.12e 所標示。

影響線計算結果如圖 14.12f 所示。

例題 14.9

針對圖 14.13 所示靜不定桁架，建立其 I 與 L 支承處反力以及上弦材 DE 之桿件力的影響線。桁架經由下弦材之框格點受載重作用，且所有構材之 EA 值為定值。

解答：

我們將以單位載重在連續之框格點作用，進行桁架的結構分析。由於此桁架為一度靜不定，我們可使用諧和變位法來分析。因為結構對稱的關係，我們可只考慮單位載重作用於 M 與 N 點時之情形即可。下面我們只呈現單位載重在框格點 N 位置之計算過程。

首先，求取中間支承之反力 R_L 的影響線。一旦，單位載重在各位置所造成之 R_L 反力值為已知，我們可利用靜力平衡方程式求出其他反力及桿內力，受各位置單位載重作用所引起之力量值。

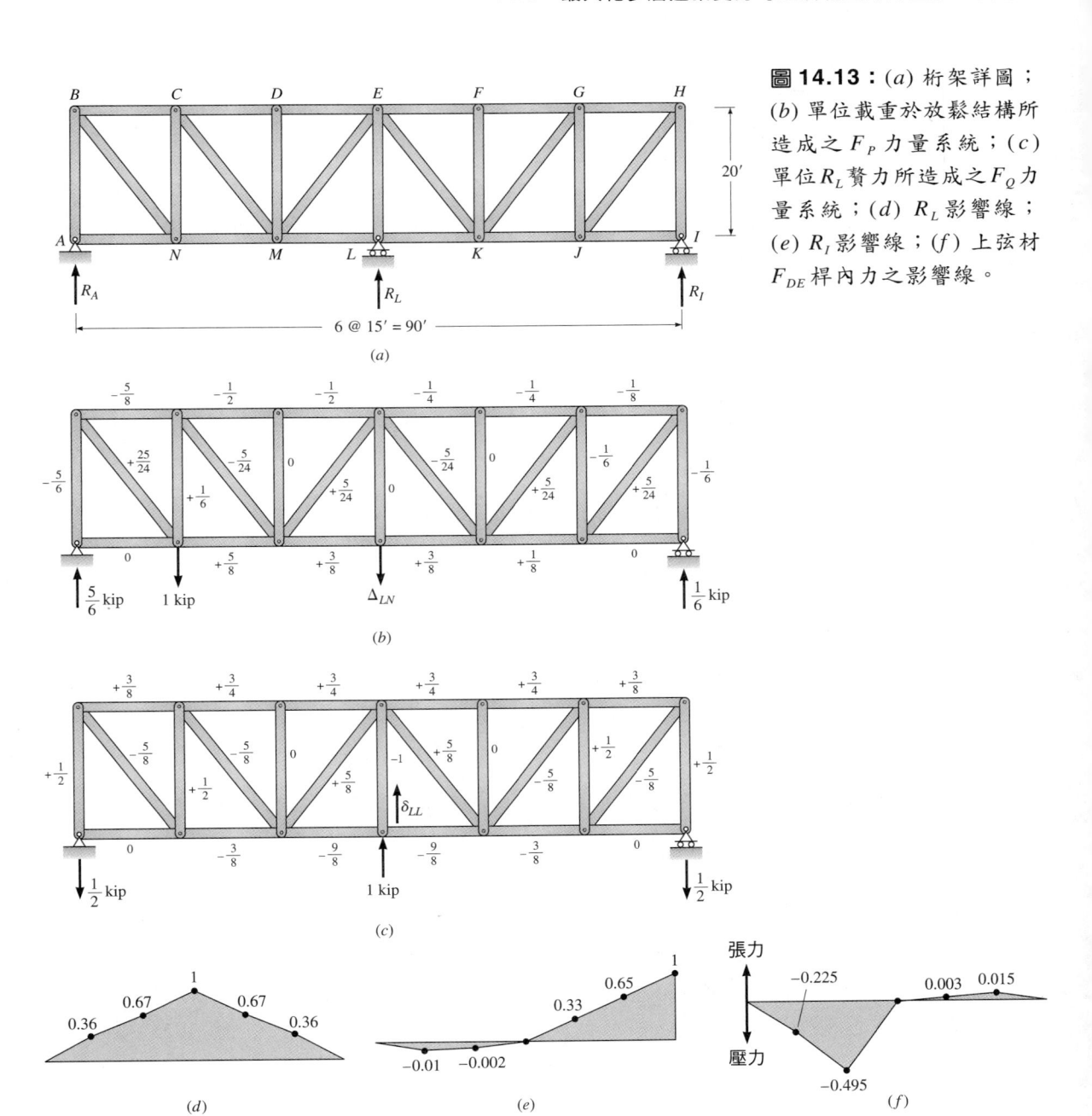

圖 14.13：(a) 桁架詳圖；(b) 單位載重於放鬆結構所造成之 F_P 力量系統；(c) 單位 R_L 贅力所造成之 F_Q 力量系統；(d) R_L 影響線；(e) R_I 影響線；(f) 上弦材 F_{DE} 桿內力之影響線。

選擇 R_L 為贅力。當單位載重位於 N 點時，放鬆結構各桿所受內力如圖 14.13b 所示。支承 L 之變位標示為 Δ_{LN}。圖 14.13c 所示則為單位贅力作用於放鬆結構時，所造成之各桿內力以及 L 點之垂直變位量 δ_{LL}。由於 L 位置之滾支承實際上未發生變位，相容方程式可寫為

$$\Delta_{LN} + \delta_{LL}R_L = 0 \tag{1}$$

其中位移之正值方向為向上。

利用虛功法計算 Δ_{LN}，可得

$$1 \cdot \Delta_{LN} = \sum \frac{F_P F_Q L}{AE} \qquad (2)$$

由於 AE 值為常數，可將之移至累加符號外側：

$$\Delta_{LN} = \frac{1}{AE} \sum F_P F_Q L = -\frac{64.18}{AE} \qquad (3)$$

式中 $\Sigma F_P F_Q L$ 之值可由表 14.1（第 5 欄）求得。

以虛功法計算 δ_{LL}：

$$(1 \text{ kip})(\delta_{LL}) = \frac{1}{AE} \sum F_Q^2 L = \frac{178.72}{AE} \qquad (4)$$

其中 $\Sigma F_Q^2 L$ 之值可由表 14.1 第 6 欄計算。

將 Δ_{LN} 與 δ_{LL} 之值代入（式 1）中，可得 R_L：

$$-\frac{64.18}{AE} + R_L \frac{178.72}{AE} = 0$$

$$R_L = 0.36 \text{ kip}$$

當我們接著將單位載重移至 M 點，並以諧和變位法再次計算時，可發現

$$R_L = 0.67 \text{ kip}$$

因此，呈現對稱關係之 R_L 影響線如圖 14.13d 所示。當單位載重位於支承 L 時，載重完全由支承傳遞，故 $R_L = 1$。其他各桿及反力之影響線可利用靜力方程式由此 R_L 影響線求得。圖 14.13e 所示為 R_I 反力之影響線。因為對稱之關係，R_A 之影響線將呈現與 R_I 影響線鏡像之外形。

如我們在這些影響線作圖中所見，桁架之桿內力以及反力之影響線幾近於線性變化。此外，因為支承間框格數量小，此桁架相對地屬於短且深之桁架，故為高勁度之結構。因此，構件之桿力大致侷限於載重所作用之跨長範圍內。舉例說明，當單位載重移入 LI 跨內時，左側跨內 DE 桿之軸力幾乎為零（如圖 14.13f）。如果在每跨度內增加框格之數量，使得結構之柔度增加，則由單位載重所造成之其他跨桿件內力將會提高。

表 14.1

桿件 (1)	F_P (2)	F_Q (3)	L (4)	$F_Q F_P L$ (5)	$F_Q^2 L$ (6)
AB	$-\frac{5}{6}$	$\frac{1}{2}$	20	-8.33	5.00
BC	$-\frac{5}{8}$	$\frac{3}{8}$	15	-3.52	2.11
CD	$-\frac{1}{2}$	$\frac{3}{4}$	15	-5.63	8.44
DE	$-\frac{1}{2}$	$\frac{3}{4}$	15	-5.63	8.44
EF	$-\frac{1}{4}$	$\frac{3}{4}$	15	-2.81	8.44
FG	$-\frac{1}{4}$	$\frac{3}{4}$	15	-2.81	8.44
GH	$-\frac{1}{8}$	$\frac{3}{8}$	15	-0.70	2.11
HI	$-\frac{1}{6}$	$-\frac{1}{2}$	20	-1.67	5.00
IJ	0	0	15	0	0
JK	$\frac{1}{8}$	$-\frac{3}{8}$	15	-0.70	2.11
KL	$\frac{3}{8}$	$-\frac{9}{8}$	15	-6.33	18.98
LM	$\frac{3}{8}$	$-\frac{9}{8}$	15	-6.33	18.98
MN	$\frac{5}{8}$	$-\frac{3}{8}$	15	-3.52	2.11
NA	0	0	15	0	0
BN	$\frac{25}{24}$	$-\frac{5}{8}$	25	-16.28	9.76
CN	$\frac{1}{6}$	$\frac{1}{2}$	20	1.67	5.00
CM	$-\frac{5}{24}$	$-\frac{5}{8}$	25	3.26	9.76
DM	0	0	20	0	0
EM	$\frac{5}{24}$	$\frac{5}{8}$	25	3.26	9.76
EL	0	-1	20	0	20.00
EK	$-\frac{5}{24}$	$\frac{5}{8}$	25	-3.26	9.76
FK	0	0	20	0	0
KG	$\frac{5}{24}$	$-\frac{5}{8}$	25	-3.26	9.76
GJ	$-\frac{1}{6}$	$\frac{1}{2}$	20	-1.67	5.00
JH	$\frac{5}{24}$	$-\frac{5}{8}$	25	-3.26	9.76
				$\Sigma F_Q F_P L = -64.18$	$\Sigma F_Q^2 L = 178.72$

總結
Summary

- 靜不定結構之定性影響線，可由第八章所介紹之穆勒法 (Muller-Breslau Principle) 加以建立。
- 定量影響線最容易求取的方式是；利用電腦來分析一個單位載重作用在個別構件 1/20 至 1/15 跨長間距的位置時之受力情形。而另一種取代建立影響線的作法是；設計者可直接將活載重沿跨長放置在連續的點上，並使用電腦分析以求取在臨界斷面上的力量大小。靜不定結構之影響線由曲線段所構成。
- 本章針對具連續構架之多層樓建築影響線的討論 (14.5節)，釐清了標準建築設計規範中，關於如何放置均佈活載重於樓層上，使得最臨界斷面產生最大彎矩的規定。

習題

P14.1. 如圖 P14.1 所示之樑，以彎矩分配法求接點 B 垂直反力及彎矩之影響線，並求每一跨影響線四分之一處之值，以對稱分析簡化計算，並以靜力分析以及已求出之影響線繪出 M_A 之影響線。

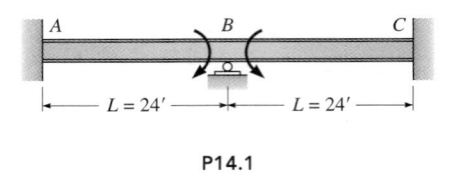

P14.2. (a) 如圖 P14.2 所示之樑，使用彎矩分配法，求支承 A 之彎矩及垂直反力 R_A 之影響線。並標示出每一跨 1/4 處影響線之值。(b) 使用反力之影響線求接點 B 之彎矩影響線，並計算由輪重引起之最大反力 R_A 值。

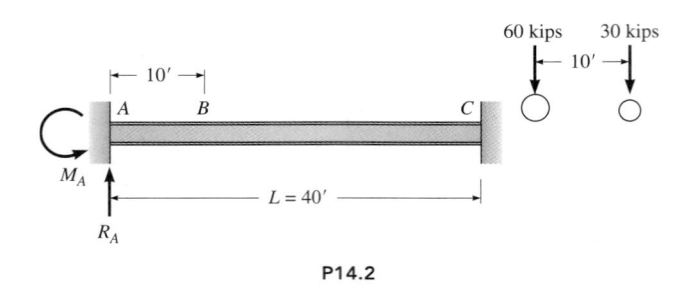

P14.3. 使用彎矩分配法，求 A 點反力及斷面 B 之剪力與彎矩影響線（圖 P14.3），標示出 E 點及 AB、CD 跨上每間隔 8-ft 間距之影響線值。

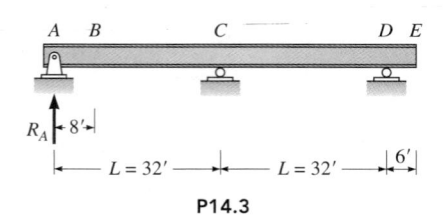

P14.4. (a) 繪出 B 點彎矩定性影響線（圖 P14.4）。(b) 假設樑可承受均佈載重 2 kips/ft 作用於全長或部分跨長，以及集中載重 20 kips 可作用於任何一處，求 B 點最大彎矩值為何？(c) 求由圖示輪重所能引起之最大 B 點彎矩為何？

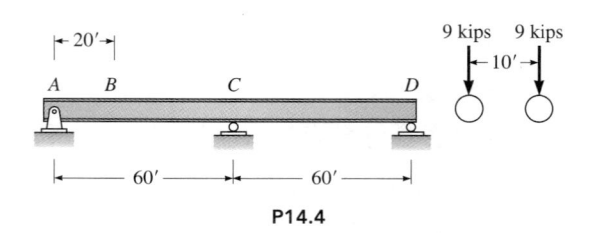

P14.5. (a) 繪出柱 AB（圖 P14.5）頂部之彎矩定性影響線，指出當均佈載重如何配置時，可得最大彎矩。(b) 繪出柱 AB 軸向力之影響線，並指出當均佈載重如何配置時，可得最大軸力。(c) 繪出樑 CD 中點之彎矩定性影響線。

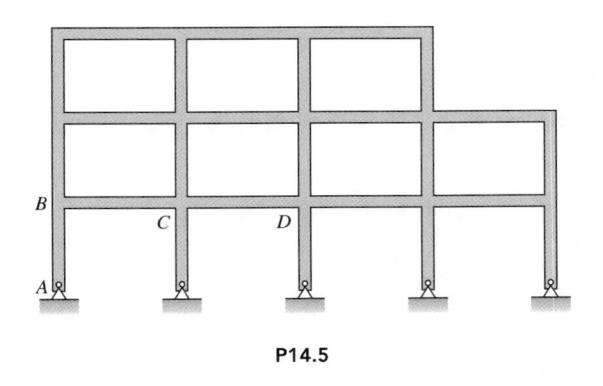

P14.5

P14.6. 求 D 點反力與彎矩，C 點垂直反力之定性影響線（如圖 P14.6），當大樑 ABDEF 承受均佈載重 3 kips/ft 作用於全跨或部分跨時，求其能引起之最大值為何？

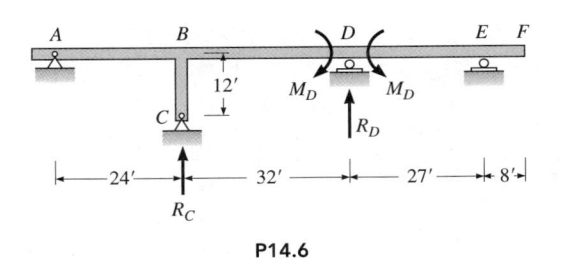

P14.6

P14.7. 如圖 P14.7，求 R_C、M_D 之影響線，使用穆勒法 (Müller-Breslau method)，求在點 A、B、C、D 與 E 上影響線之值。

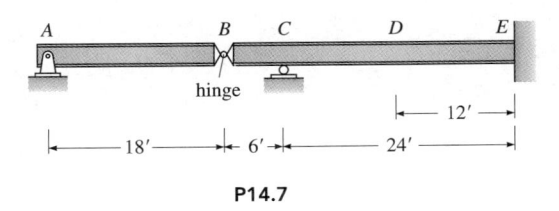

P14.7

世界上最長鋼拱橋之一的貝約訥橋 (Bayonne bridge, 1675 ft) 於 1931 年通車。照片中顯示；上弦拱平面之厚實桁架撐材不僅能加勁兩個側拱結構，並將側向風力傳遞至拱端之支承上。

CHAPTER 15

靜不定結構近似分析方法
Approximate Analysis of Indeterminate Structures

15.1 簡介
Introduction

至此，我們已使用求得真實解的方式分析靜不定結構。這些方法所求得之解答會滿足所有接點及支承上的力平衡與變形諧和條件。當結構為高度靜不定時，求真實解的方式（例如諧和變形或傾角變位）將會相當費時。既使是以電腦進行分析，如果結構具有許多接合點或者其外型複雜時，將耗費大量時間與精力方能求得解答。

如果設計者瞭解某些特定型式結構之行為，則有時可以一些簡單計算逼近真實分析的結果，推估得到結構上若干位置之力量大小。在一個近似分析方法中，我們將結構傳力行為或構材受力之分佈型式加以簡化。這些簡化假設通常使得我們只需使用靜力方程式，卻不需考慮額外之相容條件，便可計算反力或內力。

雖然近似分析所得之結果有時相差真實結果可達10或20百分比，這些近似值在某些設計階段卻相當有用。設計者將它們使用在下列幾個目的：

1. 在初步設計階段中，用於決定結構主要構材之尺寸。初步設計階段為建立結構初始輪廓及尺寸配比的時期。由於靜不定結構之力量分配取決於個別構材之勁度，在結構可準確被分析前，設計者需能有效逼近出構件大致的尺寸。

2. 用於確認真實分析結果的準確性。如讀者在作業練習時已發覺到，要將計算錯誤由一個結構分析過程中完全免除掉是相當難的。因此，設計者要能隨時以一個近似分析結果確認真實分析的解答，是非常重要的一個作法。當計算過程累計的誤差使得結構以過小之力量進行尺寸配比，結構可能遭到破壞。而結構遭到破壞之代價是無法計算的－生命損失、財產損失、名譽受損、訴訟以及造成公眾不便等。反之，如果用於尺寸配比之力量過大，顯然造成一種浪費。

當可簡化分析原理的基本假設被用於模擬一個複雜結構時，簡化後模式之真實分析結果通常未必優於近似分析的結果。在此種情況下，設計者可依據近似分析結果，加上適當之安全係數來進行設計。

設計者使用很多種技巧進行分析；包括：

1. 猜測連續樑與構架上反曲點的位置。
2. 以結構行為類似之另一型結構的分析結果來推測結構受力狀態。比方說，連續桁架內特定構件之內力，可由假設連續桁架為連續樑進行分析加以推估。
3. 僅分析部分結構而非整體結構。

在本章中，我們討論下列結構之近似分析方法：

1. 受垂直載重之連續樑與桁架。
2. 受垂直與橫向載重之簡單剛架以及多層樓建築構架。

15.2 受重力載重作用之連續樑的近似分析
Approximate Analysis of a Continuous Beam for Gravity Load

連續樑之近似分析通常由下列兩方法之一進行：

1. 猜測反曲點的位置。
2. 估計構件端點彎矩之大小。

方法一. 猜測反曲點位置

由於反曲點位置上彎矩為零（曲率變號之點），為了分析的目的，我們可將反曲點視為一個鉸接點。在每一個反曲點，我們便可寫出一個條件方程式（$\Sigma M = 0$）。因此每當我們引入一個鉸至一個反曲點，我們將靜不定度降低1次。引入與靜不定度相同數量之鉸後，便可將原本之靜不定樑轉換成可用靜力方程式分析的靜定樑。

我們可觀察圖15.1所示理想案例之反曲點位置，當作我們決定一連續樑上反曲點大致位置的準則。然後依據實際端點條件與理想案例之差異，可利用自己的判斷修正出最後的反曲位置。

圖 15.1：具理想化端點條件之樑的反曲點位置以及剪力與彎矩曲線。

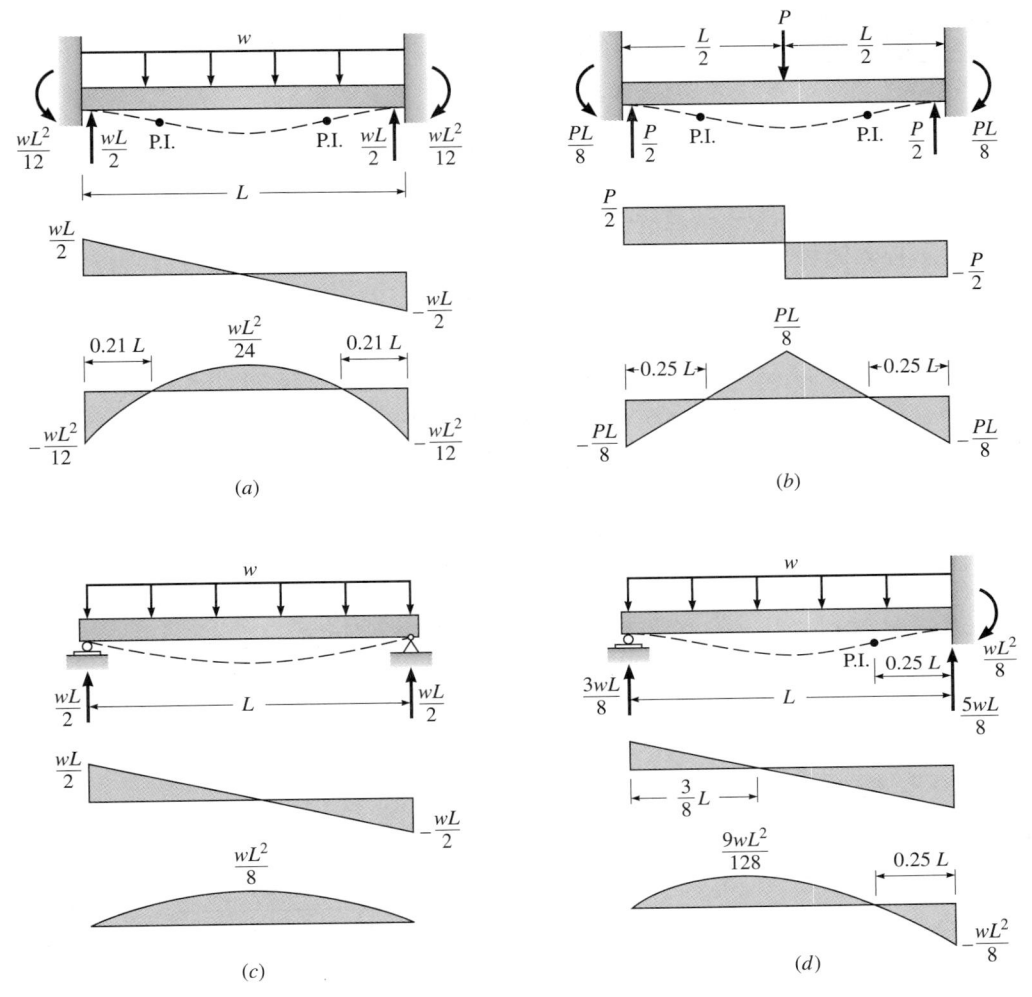

對於受均佈載重兩端皆為固定支承的樑而言（如圖 15.1a），反曲點位於距端點 0.21L 處。如果改以中跨受集中載重作用時（如圖 15.1b），反曲點則距端點 0.25L。當樑之端點不具旋轉束制時（如圖 15.1c），反曲點移至最外端點位置。由圖 15.1a（完全束制）與圖 15.1c（無束制）之結果，我們可知道反曲點位置之範圍。對於受均佈載重一端固接另一端簡支之樑而言，反曲點發生於距固定端0.25L處（圖15.1d）。

在連續樑近似分析之初始步驟中，讀者會發現素描一個變形草圖可幫助我們定出反曲點的大致位置。例題 15.1 與 15.2 說明利用圖 15.1 猜測反曲點位置來近似分析連續樑的方式。

例題 15.1

以假設反曲點位置的方式，進行圖15.2a所示連續樑的近似分析。

解答：

反曲點大略的位置標示在圖15.2a虛線所示變形圖上之黑點。雖然連續樑上的每一跨皆有一個反曲點，因為此樑為一度靜不定，我們只需猜測其中一點的位置即可。由於較長跨AC的變形示意圖可能比較短跨來得準確一些，我們將以此跨的反曲點猜測位置進行分析。

如果C點不能旋轉，AC桿的變形將和圖15.1d所示之樑相同，則反曲點將在C點左側$0.25L$處。因為AC跨比CE跨長，前者作用在C點之固定端彎矩會較大。因此，C點之傾角會是逆時針方向。而此旋轉會造成反曲點向右朝C點移動。我們隨意猜測反曲點座落於C支承左側$0.2L_{AC} = 4.8$ ft 的位置。

圖15.2： (a) 連續樑，猜測之反曲點如黑點所示；(b) 反曲點兩側之樑自由體圖；(c) 根據近似分析結果所繪之剪力與彎矩圖。註：真實分析所得之$M_C = -175.5$ kip·ft。

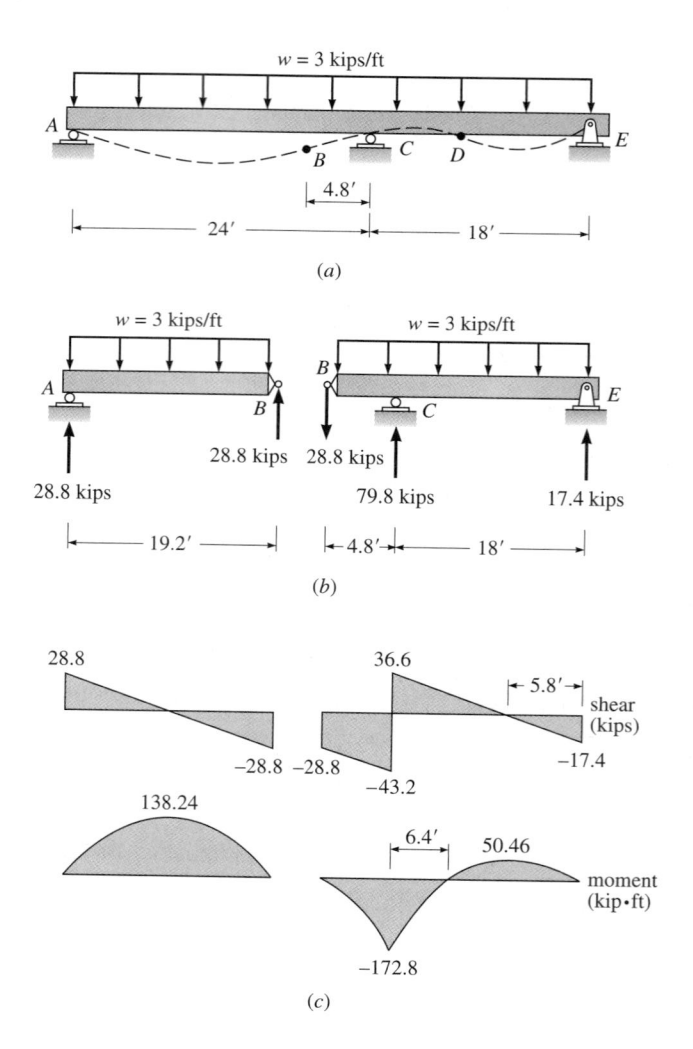

接下來，我們想像將鉸接點裝置在此猜測之反曲點位置上，並以靜力方程式進行分析。圖 15.2b 所示為分析結果。此近似分析結果所對應之剪力與彎矩曲線如圖 15.2c 所示。

例題 15.2

估計圖 15.3 a 所示樑在 BC 跨中點與支承 B 之彎矩值。

解答：

由於圖15.3a所示樑為二度靜不定，我們必須假設兩個反曲點位置後才能用靜力方程式進行分析。因為所有跨長相近且承載相同載重，我們可判斷支承B與C之傾角會等於零或接近零。因此，BC 跨虛線所表示之變形將與圖 15.1a 固定端樑之變形類似。藉此我們可假設反曲點會在每一支承距離為 $0.2L = 5$ ft 的位置形成。如果我們想像在此兩個位置加入鉸接裝置後，兩點間之 15-ft 段落便能以簡支樑型式進行分析。據此計算中跨之彎矩可得

$$M \approx \frac{wL^2}{8} = \frac{2(15)^2}{8} = 56.25 \text{ kip·ft}$$

其次，將鉸接點與支承 B 間之 5-ft 段落視為懸臂桿，我們可得 B 點彎矩為

$$M_B \approx 15(5) + (2)5(2.5) = 100 \text{ kip·ft}$$

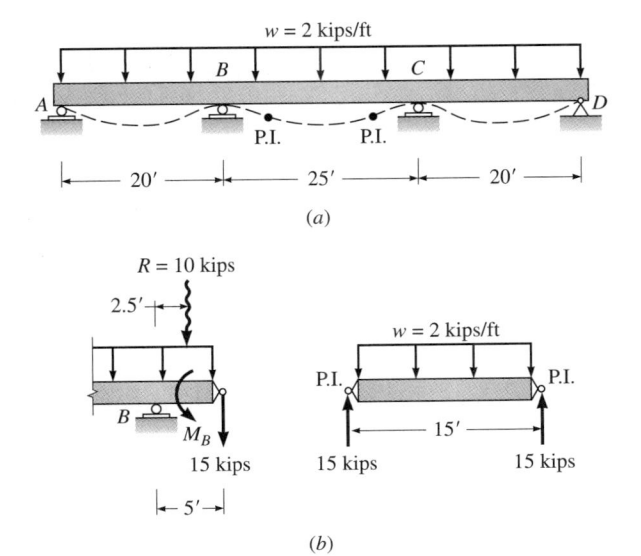

圖15.3：(a) 均佈受載之連續樑及假設之反曲點位置；(b) 中間跨之自由體。

方法二. 估計端點彎矩大小

在第12章與第13章靜不定樑的分析方法中，我們知道一旦構件端點彎矩已知後，連續樑各跨之剪力與彎矩曲線便能求得。端點彎矩的大小是端點支承或是鄰近桿件所施加之旋轉束制的函數。取決於構件端點所具有之旋轉束制大小，均佈載重所產生之端點彎矩可由零（簡支端）變化至另一端之最大值 $wL^2/8$（若一端為固定端另一端為簡支端）。

為了建立端點彎矩的對一個連續樑跨內所能產生之正與負彎矩大小的影響，我們再次考慮圖 15.1 所示各案例。由檢視圖 15.1a 與 c，我們可發現且歸納出；對於對稱邊界條件受到均佈載重之一跨，其剪力圖皆相同。因為介於支承與中跨間之剪力曲線面積等於簡支樑彎矩 $wL^2/8$，我們可寫出

$$M_s + M_c = \frac{wL^2}{8} \qquad (15.1)$$

式中 M_s 為端點負彎矩之大小，而 M_c 為中跨之正彎矩。

在連續樑中，相鄰構件所提供之旋轉束制，取決取於樑如何受載以及樑本身的撓曲勁度。比方說，在圖 15.4a 中當均佈載重作用在所有跨上時，B 與 C 點之傾角為零。此情況下，BC 桿之彎矩等於同跨長之雙端皆固定端之樑（如圖 15.4b）。另一方面，如果中跨加載而外側跨未加載（如圖 15.4c），則 B 與 C 點發生旋轉且端點彎矩降低了 35%。這是因為端點的旋轉會增加中跨的曲率，也使得正彎矩增加了 70%。端點旋轉造成在中跨的彎矩增加比率是在端點處增加量的兩倍之原因是；在端點原始的彎矩值便是在中跨的兩倍（原始之樑兩端為固定端），而在此兩位置彎矩之增減量是一樣的（見式 15.1），我們也觀察到構件端旋轉造成反曲點向外側支承移動（由 $0.21L_2$ 至 $0.125L_2$）。

現在，我們將應用圖 15.1 與圖 15.4 之結果，對圖 15.5 所示等跨受均佈載重作用之連續樑進行近似分析。因為所有跨長度相同且承載均佈載重，所有樑之中央會以凹面向上彎曲－表示中跨或中跨附近為正彎矩－而在跨越支承處會呈凹面向下彎曲－表示負彎矩。

首先，我們考慮內部跨 CD。由於作用在內部接點兩側的端點彎矩約略相等，接點無明顯旋轉，故支承 C 與 D 之傾角將保持水平－此與圖 15.1a 所示雙側固定之樑相當；因此，我們可假設在支承 C 與 D 點之負彎矩等於 $wL^2/12$。此外，CD 跨中跨處之正彎矩將約為 $wL^2/24$。

圖 15.4

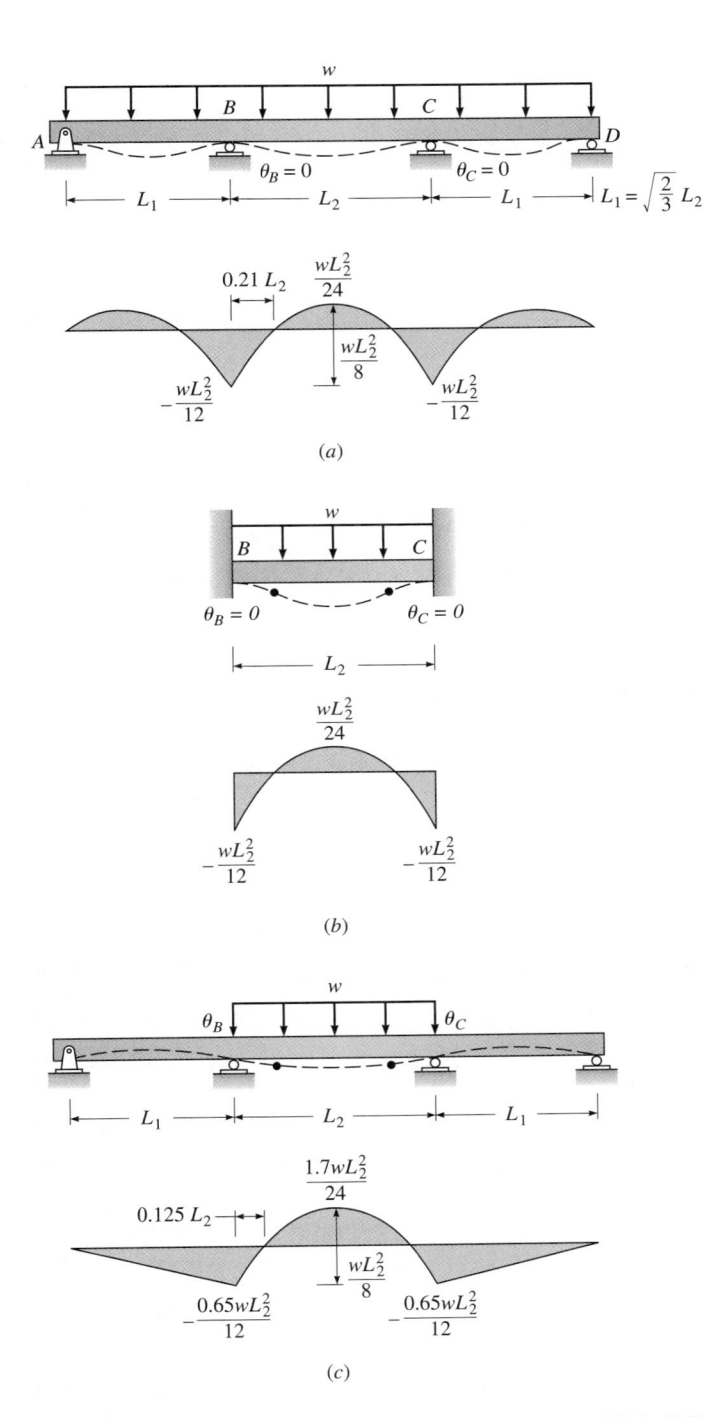

(a)

(b)

(c)

若要估計 AB 跨之彎矩，我們將使用圖 15.1d 樑之彎矩曲線為依據。如果支承 B 為完全固定，B 點的負彎矩會等於 $wL^2/8$。由於 B 點會發生少量的逆時針方向旋轉，負彎矩將被酌量降低。假設負彎矩發生 20% 之減少量，我們可估計 B 點負彎矩為 $wL^2/10$。負彎矩值設定後，針對外部跨之自由體進行分析，可得接近中跨之正彎矩等於 $wL^2/12.5$。同理，我們可計算得知 BC 跨之正彎矩約等於 $wL^2/30$。

圖 15.5

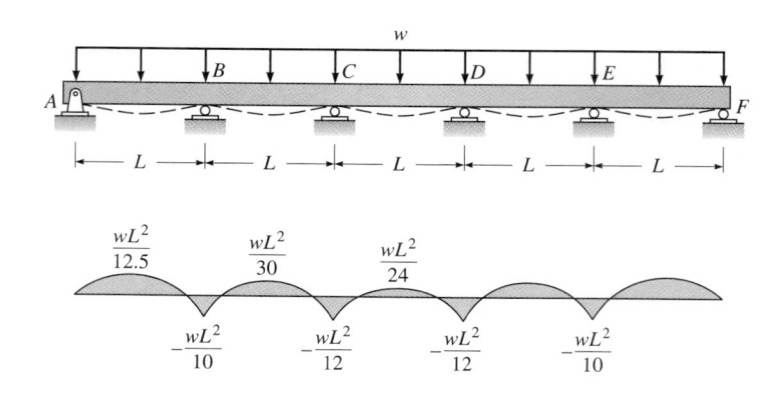

連續樑端點的剪力會受到端點彎矩差異值大小以及載重之大小與位置的影響。如果端點彎矩相等且樑對稱受載，端點反力會相等。圖 15.1 中反力之最大差異值發生在當一端為固定端而另一端為銷支端之情形，也就是說，(3/8) wL 在銷支端，而 (5/8) wL 在固定端（如圖 15.1d）。

15.3 受到垂直載重作用之剛架的近似分析
Approximate Analysis of a Rigid Frame for Vertical Load

用於支撐倉庫屋頂之剛架，其柱與樑的設計由彎矩控制。由於在柱與樑中的軸力通常很小可予以忽略，在近似分析當中，構材之尺寸由彎矩決定之。

剛架中，樑端點之負彎矩大小取決於柱與樑間之相對勁度。通常，樑為柱 4 至 5 倍長度。而另一方面，樑之慣性矩也遠大於柱之慣性矩。因此，剛架之柱與樑之相對勁度可能值涵蓋範圍很廣，樑之端點彎矩通常會是固定端彎矩的 20% 至 75%。這個因素使得近似分析所預測之彎矩值，有可能與真實分析結果產生明顯的差異。

如果均佈受載之剛架是由相同尺寸之構材所構成時，柱因長度較短將擁有相對於樑較高之撓曲勁度。在此種情形下，我們可假設柱所提供之旋轉束制約可造成固定彎矩 70% 至 85% 之端點彎矩（如圖 15.1a）。反之，如果建築細節導致構架是由淺柱支承深樑時，柱的撓曲勁度便很小，所造成之端點彎矩只有 15% 至 25% 之固定彎矩大小。圖 15.6 說明樑端負彎矩隨柱與樑間之勁度比變化的趨勢（樑固定於 C 點）。

另一個估計構架彎矩的方法是先猜測反曲點（彎矩為零）的位置。一旦這些點設定完成，構架之其餘內力計算可依靜力分析方式完成。如果柱勁度高且對樑造成極大旋轉束制，反曲點的位置將和固定端樑之情況相似（也就是在各端 $0.2L$ 之位置）。另一方面，如果柱相對於樑顯得柔性時，反曲點便向端點移動。在此種情形下，設計者可考慮將反曲點位置假設在與樑端相距 $0.1L$ 至 $0.15L$ 的地方。例題 15.4 說明以此種方法估計剛架內力的方式。

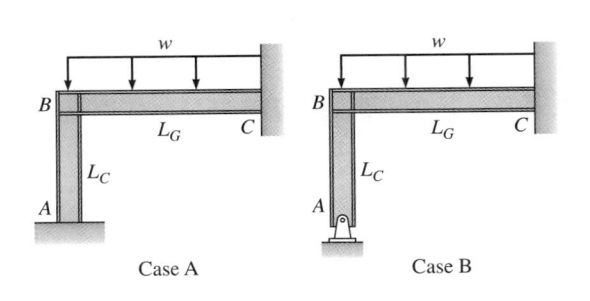

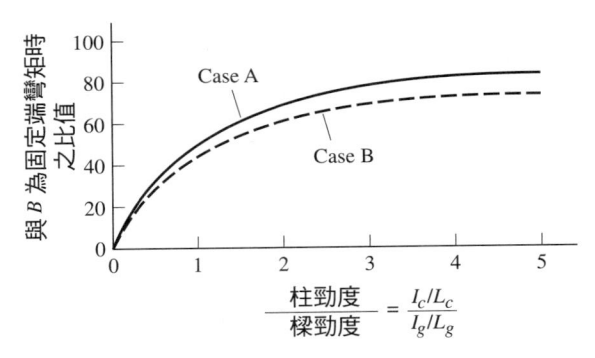

15.3 受到垂直載重作用之剛架的近似分析

第三種決定剛架彎矩的方法是；設計者可估計正負彎矩間之比例。一般而言，負彎矩約為正彎之 1.2 倍至 1.6 倍。由於承載均佈載重之樑的正負彎矩和必定等於 $wL^2/8$，只要正負彎矩比例確定，便可求得兩者之值。

圖 15.6：柱之勁度對遠端為固定端之 B 點的彎矩值影響曲線。Case A：柱基為固定端；Case B：柱基為銷接。

例題 15.3

以估計 B 與 C 點負彎矩之方式分析圖 15.7a 所示對稱構架。柱與樑之尺寸相同，即 EI 為定值。

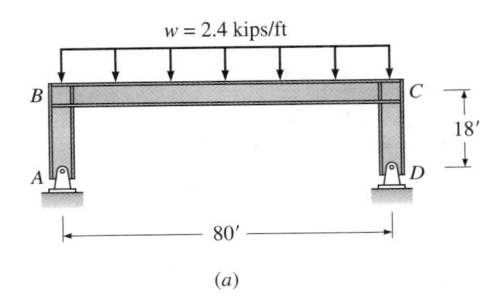

圖15.7：(a) 均佈載重對稱樑；(b) 樑之自由體及近似剪力與彎矩曲線；(c) 柱之自由體與近似端點彎矩。

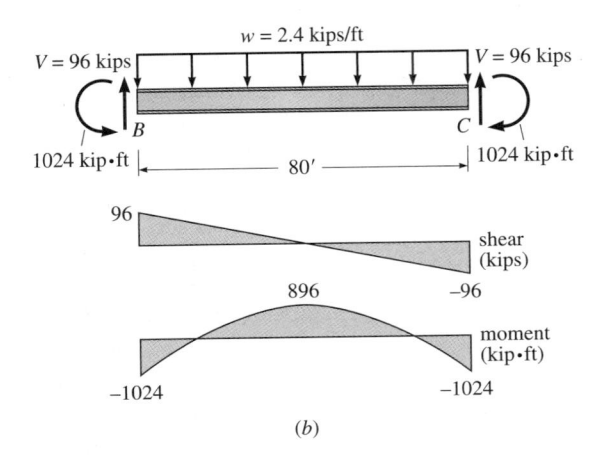

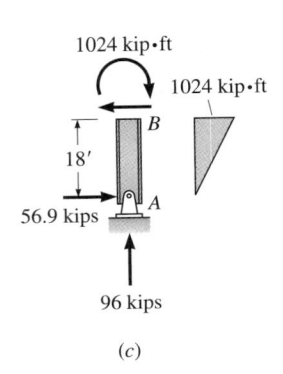

解答：

由於短柱較長樑勁度大了許多（撓曲勁度與長度呈反比）。我們假設 B 與 C 點負彎矩為兩端皆固定之相同尺寸樑的 80%。

$$M_B = M_C = -0.8 \frac{wL^2}{12} = -\frac{0.8(2.4)80^2}{12} = -1024 \text{ kip·ft}$$

接下來，將樑（圖 15.7b）與柱（圖 15.7c）分別以靜力方程式求取端點剪力，並繪出剪力與彎矩曲線。

此結構之真實解顯示樑之端點彎矩為 1113.6 kip·ft，而中跨彎矩為 806 kip·ft。

例題 15.4

以猜測樑反曲點位置的方式估計，圖 15.8a 所示構架之彎矩。

解答：

如果我們比較柱與樑之長度與慣性矩，可知柱因 I 值過小其勁度較低於樑。因此，我們隨意假設樑之反曲點距端點 $0.12L$。

圖 15.8：(a) 構架詳圖；(b) 樑在反曲點間之自由體；(c) 柱 AB 之自由體。

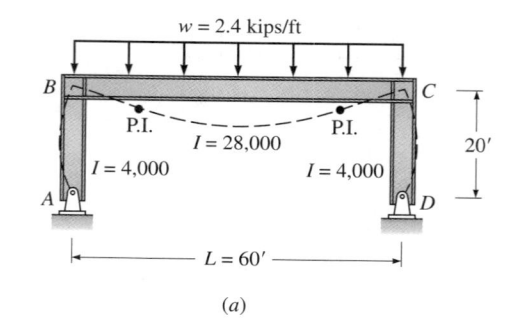

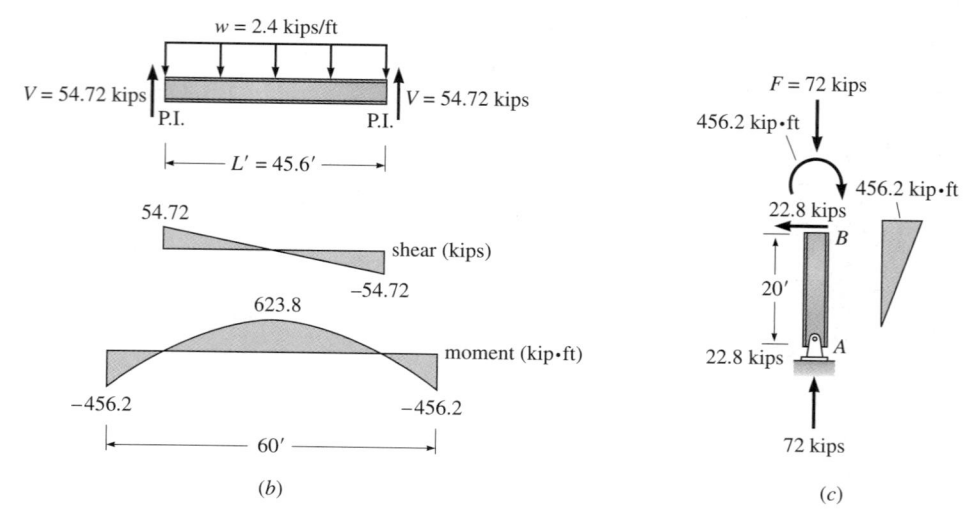

計算反曲點間之距離。

$$L' = L - (0.12L)(2) = 0.76L = 45.6 \text{ ft}$$

由於樑在反曲點間之段落，其行為如同簡支樑（意謂兩端彎矩為零），可知中跨彎矩為

$$M_c = \frac{wL'^2}{8} = \frac{2.4(45.6)^2}{8} = 623.8 \text{ kip·ft}$$

利用（式 15.1），我們可得樑之端點彎矩 M_s：

$$M_s + M_c = \frac{wL^2}{8} = \frac{2.4(60)^2}{8} = 1080 \text{ kip·ft}$$

$$M_s = 1080 - 623.8 = 456.2 \text{ kip·ft}$$

圖 15.8b 與 c 所示為樑與柱之彎矩曲線。樑端彎矩之真實值為 404.64 kip·ft。

15.4 連續桁架之近似分析
Approximate Analysis of a Continuous Truss

如同我們在 4.1 節所說明的，一個桁架的結構行為其實與樑相似（如圖 15.9）。桁架的上下弦材作用如同樑之翼材可傳遞彎矩，而桁架的斜桿作用與樑之腹材相同，用來傳遞剪力。既然桁架之行為與樑相同，分析桁架時可將之視為樑，而不必使用接點法或斷面法。換句話說，我們將桁架之框格載重作用在與桁架同跨長之虛構樑上，並求得樑之剪力與彎矩曲線。將上下弦材內力所形成之力矩 M_I，令等於外力在該斷面位置之彎矩 M（由彎矩圖得知），我們便可估計出弦材內之軸力。舉例說明，由圖 15.9b 可知桁架斷面 1 之內彎矩可由對下弦桿上 0 點取彎矩和得到

$$M_I = Ch$$

圖 15.9：(a) 樑；(b) 桁架內之內力。翼材之中心距離為 y，弦材之間距為 h。

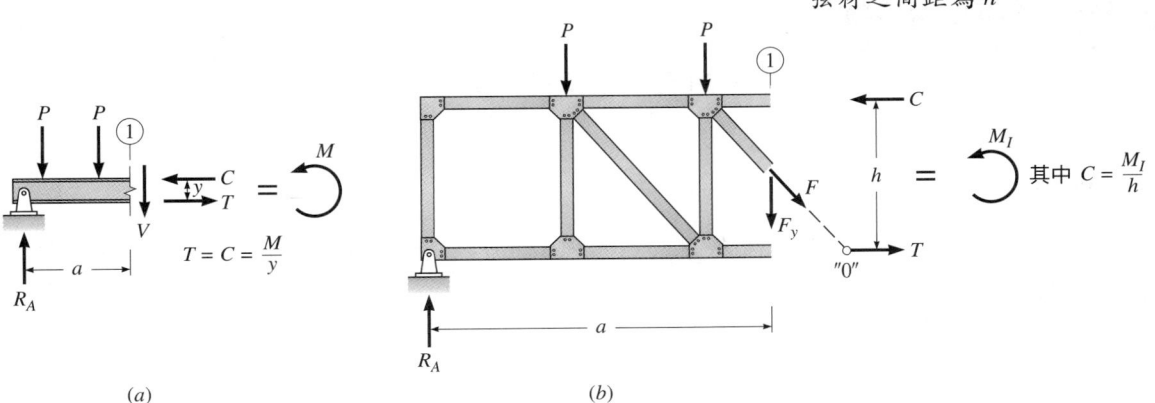

(a)

(b)

令 $M_1 = M$ 並求解 C 可得

$$C = \frac{M}{h} \qquad (15.2)$$

式中 h 為上下弦材之距離,而 M 為圖 15.9a 所示樑在斷面 1 之彎矩值。

當作用於桁架上之框格載重皆相同時,我們可以均佈載重 w 取代集中載重簡化樑的分析。為了達成此簡化計算方式,我們將框格載重總和 ΣP_n 除以跨長 L:

$$w = \frac{\Sigma P_n}{L} \qquad (15.3)$$

如果桁架之跨深比大於 10 以上時(即桁架相當細長),上式之代換所造成的差異便很小。因為計算整跨均佈載重所造成固端彎矩較之於計算數個集中載重所造成者簡單,我們將以(式 15.3)取代連續桁架之分析,成為一受均佈載重樑的分析。

同理,桁架斜桿力量之計算可由假設樑之剪力等於斜桿內力垂直分量而得到(如圖 15.9)。

為了說明此種類推樑行為之分析方式以及確認其正確性,我們將計算例題15.5所示靜定桁架中若干桿件內力。並以此法分析例題 15.6 所示之靜不定桁架。

例題15.5說明以樑類推方法所計算之靜定樑內力會等於真實值。此現象是由於靜定結構之內力分配與個別構材之勁度無關。換言之,靜定桁架內力的計算是由桁架之自由體利用靜力方程式求得。反之,連續桁架之內力受到弦材構件尺寸影響,弦材內力在接近內部支承的位置較大,因此該位置之構材斷面會較接近跨中心位置以及外側支承者來得大。所以,桁架之行為與一個具變化慣性矩的樑相當。為了調整近似分析中等效樑的變化勁度,設計者可隨意增加弦材力量約 15% 或 20%(亦即以均勻斷面連續樑近似桁架內力後再增加)。至於鄰近內部支承之斜撐材的內力可酌增 10%。此分析方式在例題 15.6 中說明。

例題 15.5

將圖 15.10a 所示桁架以樑的型式分析,計算上弦材(CD 桿)以及斜桿 BK 之軸力。將計算結果與接點法或斷面法所得者比較。

解答:

將作用在桁架下弦材之載重作用於跨長相同之樑上,並畫出其剪力與彎矩圖(如圖 15.10b)。

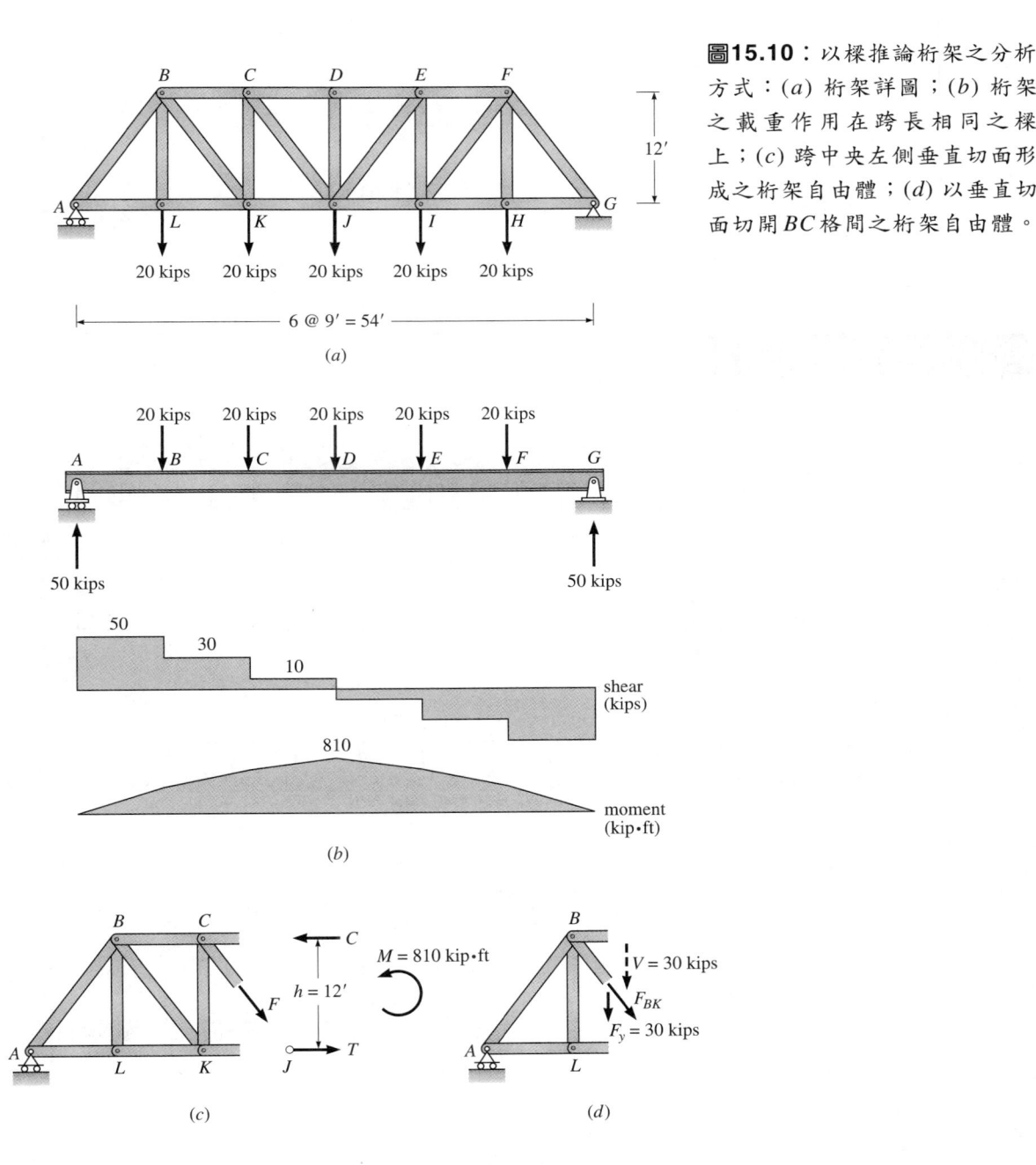

圖15.10：以樑推論桁架之分析方式：(a) 桁架詳圖；(b) 桁架之載重作用在跨長相同之樑上；(c) 跨中央左側垂直切面形成之桁架自由體；(d) 以垂直切面切開 BC 格間之桁架自由體。

以（式 15.2）計算 CD 桿之軸力（如圖 15.10c）。

$$\Sigma M_J = 0$$

$$C = \frac{M}{h} = \frac{810}{12} = 67.5 \text{ kips}$$

計算斜桿 BK 之力量。令 BC 間之剪力 30 kips 等於 BK 桿之垂直分量 F_y（如圖 15.10d）

$$F_y = V$$
$$= 30 \text{ kips}$$
$$F_{BK} = \frac{5}{4} F_y = 37.5 \text{ kips}$$

這些力量值與桁架真實解相同。

例題 15.6　估計圖 15.11 所示連續桁架 a、b、c 與 d 之內力。

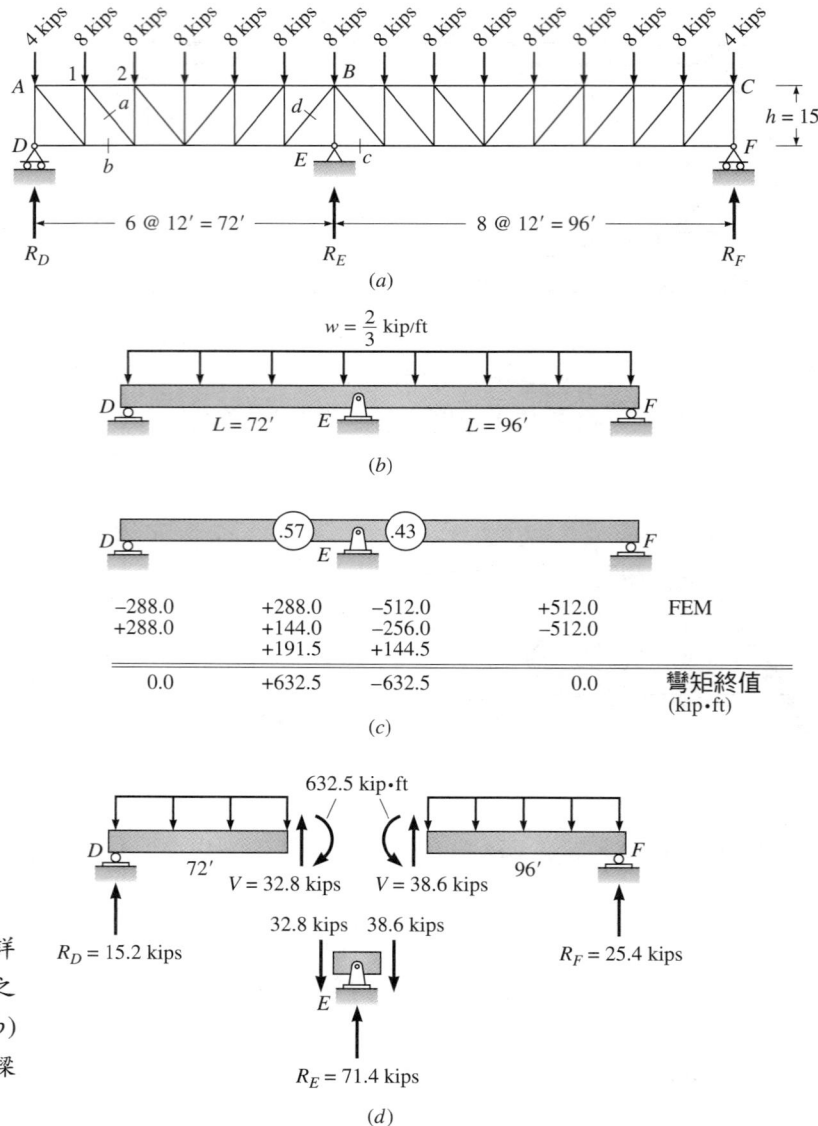

圖 15.11：(a) 桁架與載重詳圖；(b) 受等效均佈載重作用之樑；(c) 以彎矩分配法分析 (b) 之樑（單位 kip·ft）；(d) 以樑及支承 E 之自由體計算反力。

解答：

本桁架將先以定斷面連續樑進行分析（如圖 15.11b）。利用（式 15.3）將框格載重轉換為等效均佈載重。

$$w = \frac{\Sigma P}{L} = \frac{(8 \text{ kips})(13) + (4 \text{ kips})(2)}{72 + 96} = \frac{2}{3} \text{ kip/ft}$$

接下來，以彎矩分配法分析樑（如圖 15.11c 之計算）。以圖 15.11d 所示之自由體計算反力。

為了求取桿內力，我們可以垂直切面切開樑來計算；也可在反力求得後，直接分析桁架求得。

針對 a 桿（如圖 15.11e 之自由體）

$$\stackrel{+}{\uparrow} \Sigma F_y = 0$$
$$15.2 - 4 - 8 - F_{ay} = 0$$
$$F_{ay} = 3.2 \text{ kips}$$
$$F_a = \frac{5}{4} F_{ay} = \frac{5}{4}(3.2) = 4 \text{ kips}$$

至於 b 桿，對點 1 取彎矩和，此點位於支承 D 右側 12 ft 處（圖 15.11f）

$$\circlearrowleft^+ \Sigma M_1 = 0$$
$$(15.2)12 - 4(12) - 15F_b = 0$$
$$F_b = \frac{134.4}{15} = 8.96 \text{ kips}（張力），進位為 9 \text{ kips}$$

針對 c 桿，

$$中央支承之彎矩 = 632.5 \text{ kip·ft}$$
$$F_c = \frac{M}{h} = \frac{623.5}{15} = 42.2 \text{ kips}$$

隨意增加 10% 以考量在實際桁架之中央支承附近，弦材具有較大之勁度值。

$$F_c = 1.1(42.2) = 46.4 \text{ kips}（張力）$$

至於 d 桿，考慮在支承 E 左側之垂直切面自由體。

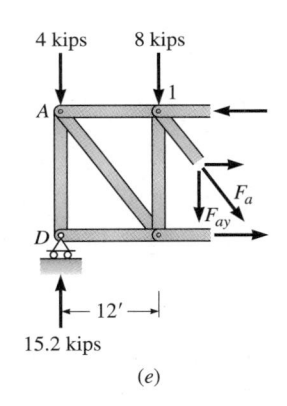

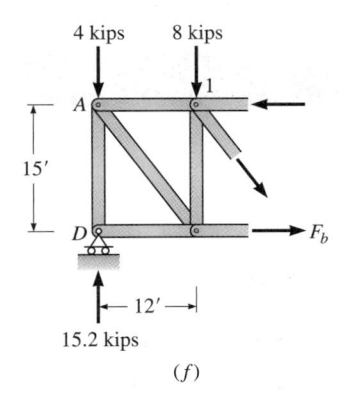

圖 **15.11**：(e) 斜桿之力量計算；(f) F_b 之計算。

$$\uparrow \quad \Sigma F_y = 0$$
$$15.2 \text{ kips} - 4 \text{ kips} - 5(8 \text{ kips}) + F_{dy} = 0$$
$$F_{dy} = 28.8 \text{ kips} \quad （張力）$$
$$F_d = \frac{5}{4} F_{dy} = \frac{5}{4}(28.8) = 36 \text{ kips}$$

增加 10% 後：$F_b = 39.6$ kips。

15.5 桁架變位之估計
Estimating Deflections of Trusses

虛功法是唯一允許我們求解桁架真實變位的方法，在這個方法中我們必須將桁架內所有桿之應變能計算出來。如果要驗證以此法所得變位是否為正確之數量級，我們可將桁架視為如圖 11.3 所示變位方程式為已知之樑進行近似分析。

樑的變位方程式在推導過程中係假設所有變形皆由彎矩產生。所有之方程式皆包含慣性矩 I 於分母項。由於淺樑之剪力變形不明顯，可被忽略掉。

與樑不同的是；桁架的垂直桿與斜桿所貢獻之變位和上下弦材者一樣重要。因此，如果我們使用樑方程式估計桁架之變位，其估計值可能僅為合理值之 50% 左右。根據這個論點，我們可將樑方程式所得之變位加倍，來考量桁架腹材在變位上之貢獻。

例題15.7說明使用樑變位方程式估計桁架變位的作法。樑方程式所使用之 I 值可依據中跨處弦材之面積決定。如果桁架端點附近之弦材面積較小，以中跨處之性質將高估桁架之勁度，則所獲得之變位結果將小於真實值。

例題 15.7 將圖15.12桁架視為一均勻斷面之樑，估計其中跨處之變位。桁架左右對稱，中央四個框格之上下弦材面積為 6 in²，其他弦材則為 3 in²。所有斜桿之面積 2 in²，垂直桿 1.5 in²。$E = 30,000$ kips / in²。

解答：

首先求在中跨之慣性矩 I。以上下弦材所提供之面積計算。若忽略弦材本身形心軸之慣性矩 (I_{na})，我們可由標準平行軸定理計算 I（見 1-1 斷面）

$$I = \Sigma(I_{na} + Ad^2)$$
$$= 2[6(60)^2] = 43{,}200 \text{ in}^4$$

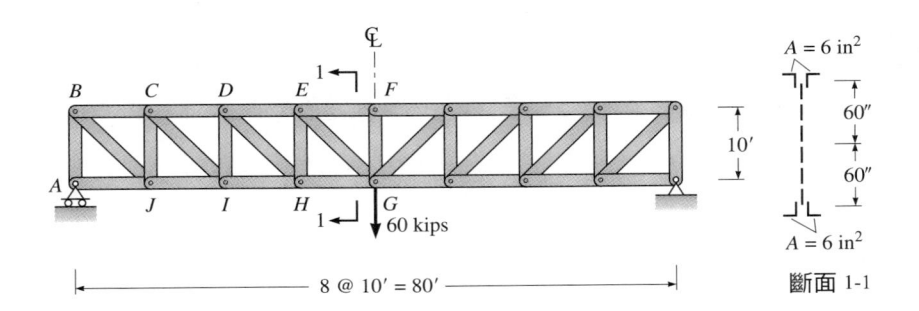

計算中跨之變位（如圖 11.3d）

圖 15.12

$$\Delta = \frac{PL^3}{48EI}$$

$$= \frac{60(80 \times 12)^3}{48(30,000)(43,200)}$$

$$= 0.85 \text{ in}$$

考慮腹材之貢獻，我們將Δ加倍：

$$\text{估計 } \Delta_{\text{truss}} = 2\Delta = 2(0.85) = 1.7 \text{ in}$$

以虛功法將實際斷面進行分析時，可得 $\Delta_{\text{truess}} = 2.07$ in。

15.6 具交叉斜桿之桁架
Trusses with Double Diagonals

具交叉型式斜桿之桁架是常見的結構系統之一。交叉斜桿通常嵌入建築之屋頂與牆體以及橋樑之橋板系統，不僅用來穩定結構也作為傳遞風等側向載重至端點支承之用。具交叉斜桿之每一個框格代表增加桁架一個靜不定度；因此，設計者必須針對每個框格做一個假設，方能進行近似分析。

如果對角構材由厚重之結構斷面所形成，並提供足夠之抗挫屈強度，可假設框格之剪力平均分擔於兩根斜桿上。抗挫屈的強度為構材長細比的函數－長度除以斷面迴旋半徑，也受邊界束制條件的影響。例題 15.8 說明兩根對角構材皆有效傳力之桁架的近似分析。

倘若對角構材細長－由輕型鋼形成之小尺寸斷面－設計者則可假設對角構材僅承受張力且受壓時會發生挫屈。由於對角構材之傾角方向決定它是否受張或受壓，分析過程中設計者必須知道那些構材有作用，而另一些是零力桿。此外，風及其他側向載重能由任一個側向作用而來，兩個方向之斜桿都是需要的。例題 15.9 說明具張力斜桿之桁架分析。

例題 15.8

分析圖 15.13 所示之靜不定桁架。每一個框格間內之桿皆相同，並具有足夠之強度與勁度傳遞張力或壓力。

解答：

以切面垂直切開桁架之1-1斷面。自由體如圖15.13b所示。假設每根斜桿分擔一半之剪力（支承 H 之反力為 120 kips）。由於反力向上，斜桿之垂直分量必須向下且等於 60 kips。為了滿足這項要求，AG 必須為受張而 BH 桿為受壓。因為桿之合力為垂直分量之 ($\frac{5}{3}$) 倍，每桿之內力為 100 kips。

接下來，在右側端之框格切割出2-2斷面。由垂直方向之平衡，可知框格內必須具有 60 kips 向下之剪力才能平衡反力之作用；因此，每根斜桿之垂直分量等於向下作用之 30 kips 力量。考慮斜桿之方向後，我們可得桿 DF 為 50 kips 張力而桿 CE 為 50 kips 壓力。如果我們將中央格間切開並考慮右側的自由體，我們可發現待平衡之剪力為 60 kips且斜桿之力量與圖15.13c所示之右側框格結果相同。一旦所有斜桿之力是決定後，可以接點法計算出弦材與垂直桿之力量。最終之計算結果列於圖15.13a 中。

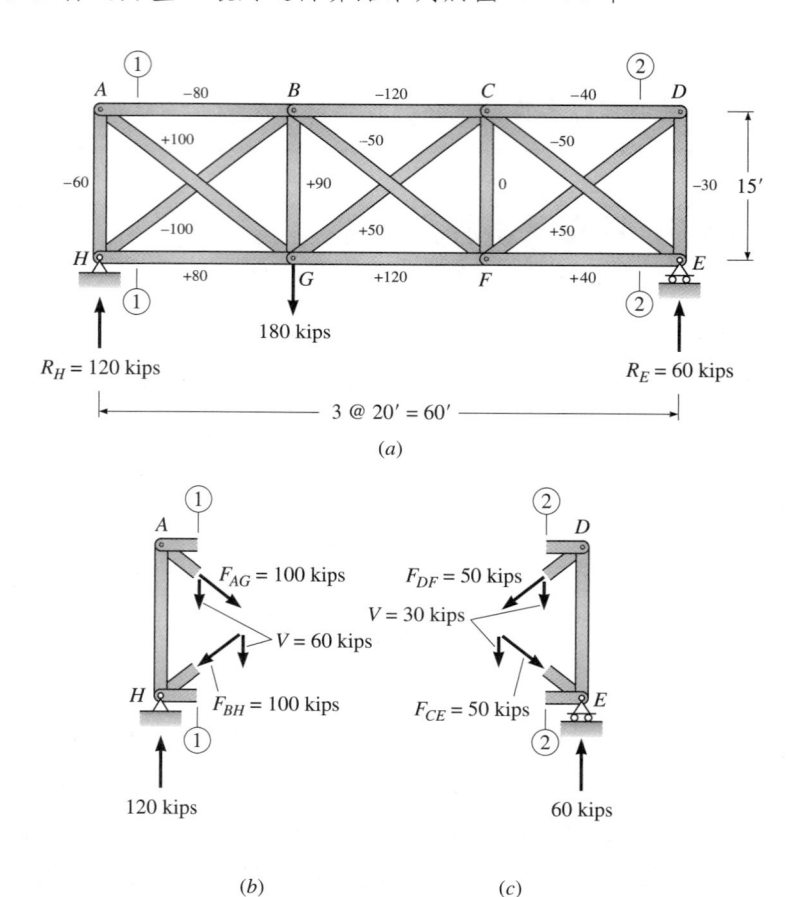

圖 15.13：(a) 兩根斜桿皆有作用之桁架；(b) 1-1 斷面所切割出之自由體；(c) 2-2 斷面所切割出之自由體。所有桿力量單位為 kips。

例題 15.9

圖 15.14a 所示桁架之對角構材由小尺寸鋼材所組成。對角材只可傳遞張力但受壓時挫屈。請針對所示載重進行分析。

解答：

由於桁架為外部靜定，我們首先計算反力。其次，我們逐次切開每個框格並求出滿足垂直方向力平衡之框格剪力的大小及方向。再依例題 15.8 所示方式辨識斜構材為張力或壓力（圖 15.14b 所示虛線代表壓力構件）。由於壓力構材會挫屈，框格內之剪力完全由張力斜桿所承受，而壓力桿之受力設為零。一旦壓力桿確定後，我們便可以接點法或斷面法分析此桁架。分析結果如圖 15.14b 所示。

圖 15.14：(a) 只有張力斜桿有作用之桁架；(b) 壓力桿以虛線表示，桿力量單位為 kips。

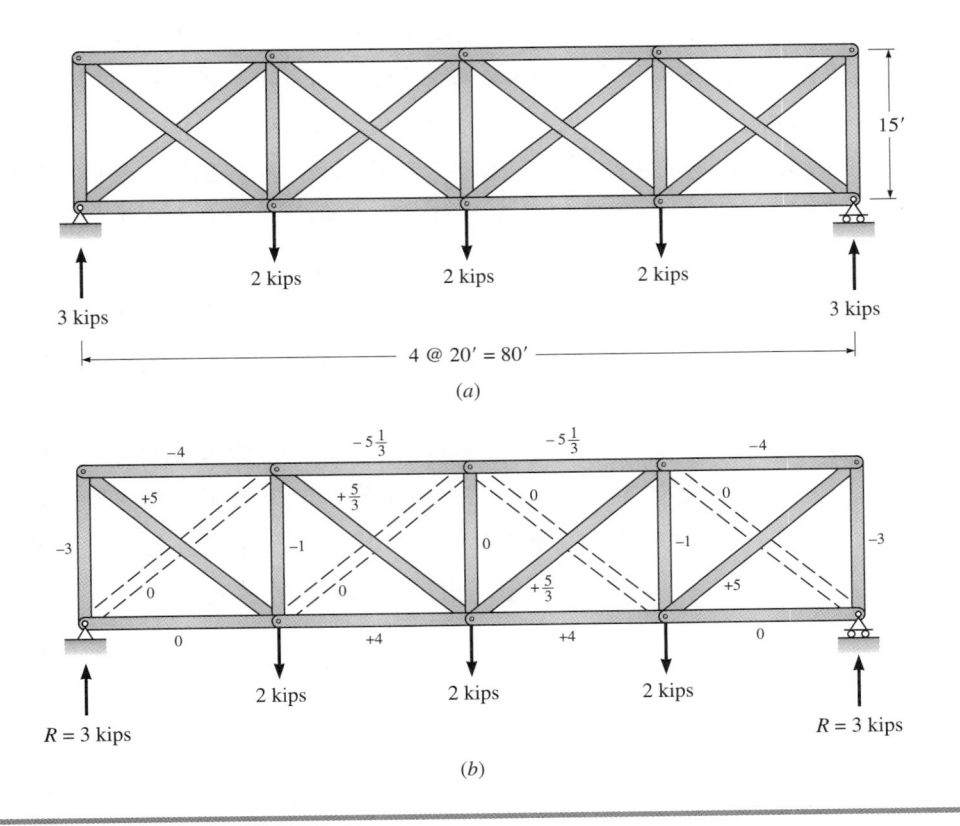

15.7 受重力載重之多樓層剛架的近似分析
Approximate Analysis of a Multistory Rigid Frame for Gravity Load

為了建立具剛性接點之高度靜不定多樓層構架之力量估計準則，我們將檢視圖15.15所示之對稱鋼筋混凝土建築構架的電腦分析結果。電腦分析同時考慮所有構件之軸向與撓曲勁度。構架之構材尺寸與性質代表了使用於建築小型辦公室與公寓之典型數值。為了簡化討論，本分析例中所有樑承受之均佈載重為 $w = 4.3$ kips/ft (6.4 ton/m)。實務上，建築規則允許設計者在較低樓層使用較小之活載重，其原因是各樓層之最大活載重在同一個時間發生的可能性不大。

樓板樑之受力

圖 15.16 所示為圖 15.15 構架左側跨之四根樑的剪力、彎矩和軸力情況。力之單位為 kips 而彎矩之單位為 kip·ft。圖中四根樑依序代表構架中相對樓層的樑（也就是，最上面一根樑代表屋頂位置，而最下面一根樑代表二樓地板位置）。我們可發現每根樑之右側彎矩－即樑與內柱接點處－皆大於左端之值，左端代表樑與外側柱之接點。右側形成較大彎矩是因為內部接點沒有旋轉，故形成一個固定支承。而內部接點沒有旋轉，是因為左側樑與右側樑作用於接點的彎矩大小相等但方向相反（如圖 15.18b 所示之箭號方向）。另一方面，外側接點處只有一根樑連接至柱，使得接點受到不均衡的彎矩，因此產生順時鐘方向之旋轉。當接點旋轉時，樑左端之彎矩降低，而右端之彎矩會因傳遞彎矩而更增加。因此，第一個內部接點之位置上的負彎矩總是大於固定端彎矩。在均佈載重作用的情形下，第一個內接點之負彎矩值約為 $wL^2/9$ 至 $wL^2/10$ 之間。隨著外部柱之柔度增加，樑之彎矩值趨近於圖 15.1d 所示之狀態。

圖 15.16a 顯示；屋頂樑外側端彎矩 70.7 kip·ft 小於其他樓層樑外側端彎矩之大小，原因是屋頂樑只由單一柱束制（E點）而樓板樑卻有兩根柱束制（即樓板上下各一根）。假設柱的尺寸性質及端點條件皆相同，兩根柱所提供之旋轉束制便是一根柱時的兩倍。至於圖 15.16d 所示，第二樓層樑在 B 點之彎矩亦小於上方樓層樑端點彎矩的原因是；該底層柱之基端為銷接且較長 (15ft)，因此柔度較上方樓層呈雙曲率彎曲之較短柱來得大。

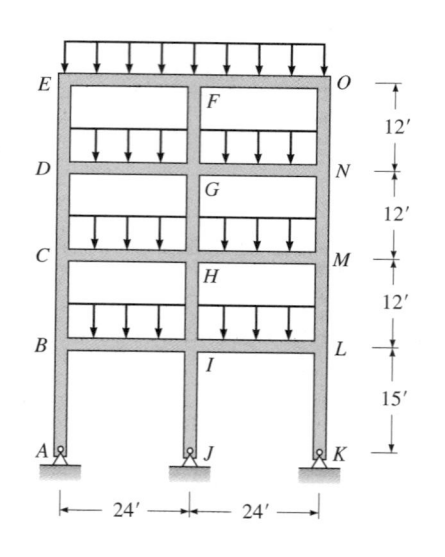

構件性質

桿件	A in²	I in⁴
外柱	100	1000
內柱	144	1728
樑	300	6000

圖 15.15：受垂直載重多樓層構架之尺寸及構材性質。

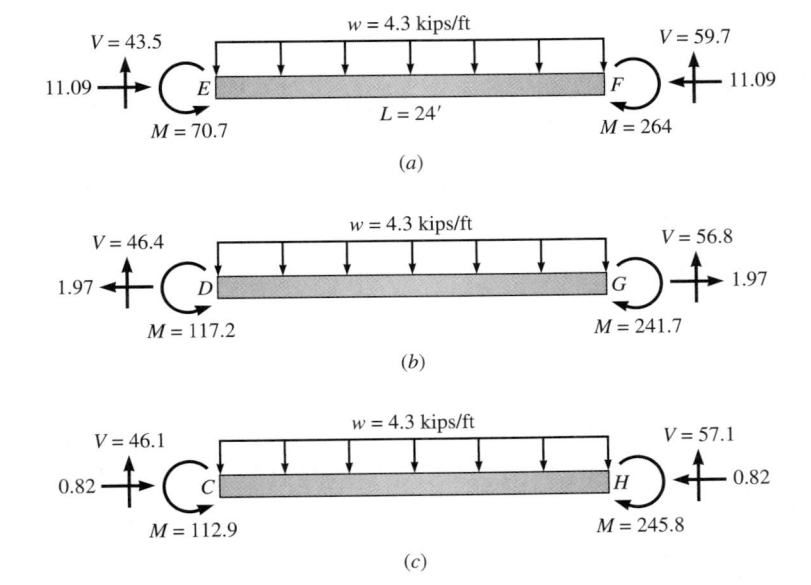

圖15.16：樑自由體及真實分析所得之內力：(a) 屋頂處；(b) 第四樓；(c) 第三樓；(d) 第二樓（單位為 kips 與 ft）。

如果我們比較第三與第四樓層樑的剪力與彎矩，可發現它們約略相同。此乃因為兩樓層之載重、跨長以及支撐柱的尺寸皆相同之故。因此，當我們在設計一個典型樓層之樑時，在其他相同條件之所有樓層上皆可使用此一相同設計尺寸。由於高層建築之較低樓層柱會較受力小之高層樓柱尺寸大些，其撓曲勁度也比小尺寸柱高；因此，樓板樑之外側端彎矩也會隨柱勁度增加而提高，此效應通常不致於很顯著，在實務考量上一般予以忽略。

估計樑端點剪力之大小

因為樑右端之彎矩大於左端彎矩（圖15.16），兩側之端點剪力並不相同。端點彎矩的差值使得均佈載重所引起的端點剪力，在左側會減少而右側會增加。對於有一側連接至外柱之樑，我們可約略假設全部載重 wL 的45%作用在外側端而55%傳遞至內側端。至於內側跨之樑，則仍令其兩側剪力相等(即 $V = wL/2$)。

樑之軸力

雖然柱之剪力使得樑受到軸力，所產生應力極小故可予以忽略。舉例說明，軸應力最大處在屋頂樑，此 11.09 kips 力也僅造成 37 psi 之應力（如圖 15.16a）。

樓板樑之剪力與彎矩近似值的計算

一般樓層中，樑受到重力載重所產生之剪力與彎矩幾乎全部由作用在該樓層上之載重所造成。因此，我們以分析單一樓層的方式取代分析整個建築物的過程，通常也可獲得足夠接近真值的樓板樑彎矩值近似值。要決定圖15.15中構架之一樓層剪力與彎矩，我們將只分析一個由樓板樑與柱所構成的簡單構架。圖 15.17a 所示為分析屋頂樑的構架。圖 15.17b 所示為分析第三樓層樑之構架。

　　設計規範中通常將柱連接至樓板的位置視為固定端進行分析。對於內部接點而言，其轉角確實很小，此假設相當合理。反之，每一樓層之同側外部接點皆向相同方向旋轉，使得外部柱會被彎曲成雙曲率型式（如圖 15.18c）。如同我們在圖 13.12c 中所說明的，彎曲成雙曲率型式之構材，其撓曲強度較兩端皆為固定端時高出 50%。所以，由圖15.17a與b近似分析所獲得之外部柱彎矩值，將較考慮整個結構時之分析結果明顯來得低。也因此，工程師應考慮將外部柱之勁度視情況以 1.5 倍之因數增加。

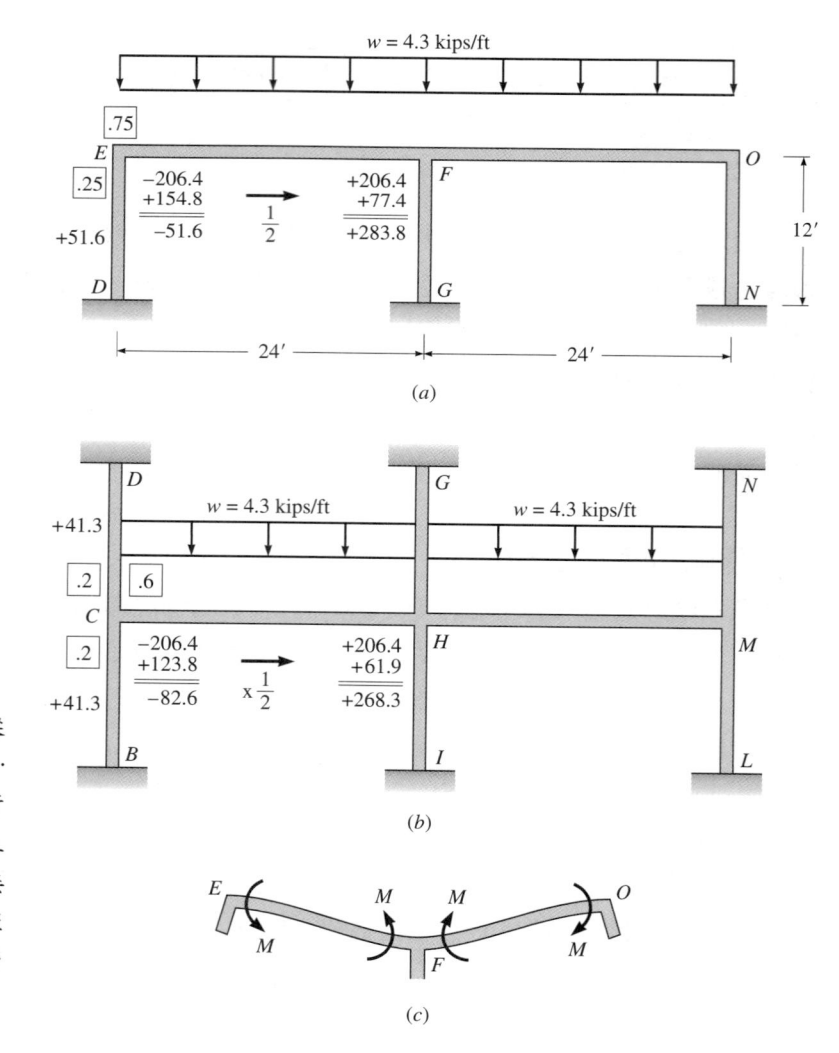

圖15.17：受垂直載重構架之樑的近似分析（所有單位為 kip·ft）：(a) 屋頂樑與其下方柱所形成之剛架；(b) 樓板樑與其上下柱所構成之剛架；(c) 內外接點間之位移差異所造成的彎矩（但近似分析中並不考慮此類彎矩）。

不過，由於小尺寸之柱較易隱藏於外牆內以及簡化牆體設計等建築考量，建築業主通常希望外部柱愈小愈好。因此，柱固定端之假設仍為鋼筋混凝土建築設計之標準規範條文。

圖15.17所示之構架分析以彎矩分配法在圖中進行計算。由於重力載重所造成之側移量很小（對稱時為零，其他情形也不大），在近似分析過程中我們將側移所產生之彎矩予以忽略。此外，結構為對稱讓我們可以假設中間接點不會旋轉可視為固定端。所以，我們只需取構架之一個半邊進行分析。表 15.1 所示構架近似分析結果與電腦結果之比較，顯示近似彎矩已相當接近真值。如果將外部柱之勁度增加 50%（但銷接端之 AB 柱除外），近似值與真值之差異只有 5 到 6 個百分點（見表 15.1 最後一行）。

表 15.1
樑端點彎矩之真值與近似值比較（所有單位為 kip·ft）

彎矩	真值（圖15.16）	近似值 假設柱端為固定端（圖15.17）	近似值 雙曲率彎曲，增加外柱勁度50%
M_{EF}	70.7	51.6	68.8
M_{FE}	264.0	283.6	275.2
M_{CH}	112.9	82.6	103.2
M_{HC}	245.8	268.3	258.0

對屋頂樑而言，近似彎矩值與真值之差異，主要是由端點垂直方向位移差量所造成。由於內柱所承受之載重為外柱的兩倍，但截面積卻只多出44%；因此，內柱所經歷之軸向變形會多於外柱。圖 15.17c 說明樓板樑兩端位移差異所造成之變形以及端點彎矩方向。此效應為柱長度的函數，在頂端樓層為最大並向柱基方向遞減。

在一個電腦分析中，構材的尺寸（截面與慣性矩）皆依據斷面之淨面積計算（此為標準作法）。如果將鋼筋面積對軸向勁度的影響加以考量，不同柱間的軸向變形差異會大幅減少。由於柱軸向變形差異所引起的樑彎矩通常很小，在近似分析法中我們將它忽略掉。

柱之軸力

作用在各樓層之柱上的載重，是由樑端之剪力與彎矩所造成的。圖 15.18a 所示每根樑端點的箭頭（樑端剪力）代表樑端作用在柱上之力量（為求圖示簡要，各樑所受之 4.3 kip/ft 均佈載重未畫於圖上）。作用在任一樓層柱上之軸力 F 等於其上方所有樓層樑剪力之總和。由於柱之軸力隨著它所支承樓層數目改變，柱載重約略正比於其上方之樓層數目。工程師通常會在多層建築之下部柱，以增加柱斷面尺寸或使用高強度材料來有效

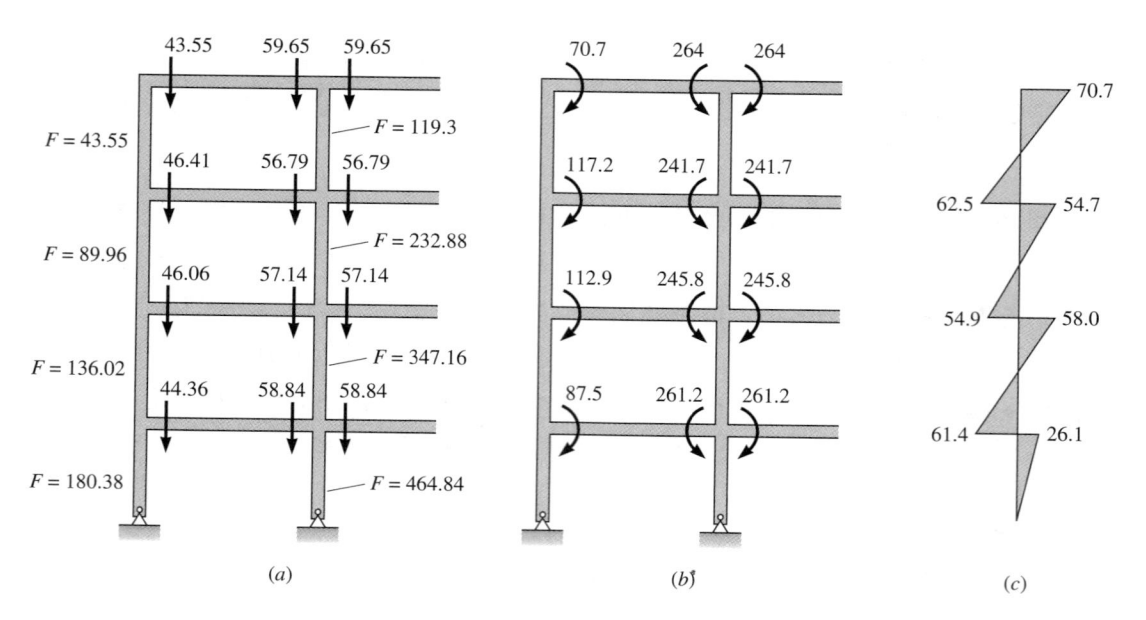

圖 15.18：圖 15.15 構架之電腦分析結果：(a) 樑承載 4.3 kip / ft 均佈載重之反作用力造成柱之軸力 (kips)；(b) 樑作用於柱之彎矩 (kips·ft)；(c) 外柱之彎矩曲線。註：彎矩不會累積但軸向載重會逐層累積。

承載逐層增加之載重。內部柱承載兩側樓板，其軸力通常為外部柱之兩倍－除非外牆之重量也很大（見圖 15.18a）

構架中樑端對柱所作用之彎矩如圖 15.18b 所示。由於連接至內柱的樑皆承載相同均佈載重且等長，它們在內部接點處作用至柱的端點彎矩大小會相同。因為柱兩側之彎矩方向相反，接點並不會旋轉。因此，內部柱並未產生彎矩。當我們進行內部柱之近似分析時，只需考慮軸向載重。如果我們考慮的是使活載重造成柱彎矩的樣式載重（pattern loads，見 14.5 節），柱會受到彎矩但軸力會降低，既使樑長度不同或承載不同大小之載重，內部柱上所造成的彎矩通常很小，在近似分析過程中可予以忽略。至於彎矩很小的原因如下：

1. 作用在柱的（不均衡）彎矩等於樑彎矩差異值。雖然樑端彎矩可能很大，彎矩間之差異通常很小。
2. 不均衡接點彎矩會依照各連接構材之勁度比例，分配至上下柱以及兩側之樑。由於樑的勁度通常大於或等於柱的勁度，不均衡彎矩分配至內柱的比例不大。

重力載重所造成之外柱彎矩

圖 15.18b 所示為樓層樑作用於內柱與外柱的彎矩。這些彎矩由其上、下柱（頂樓層便只有一柱）抵抗，使得柱彎曲成雙曲率形式，造成如圖 15.18c 之彎矩曲線。觀察這些彎矩曲線，我們可獲致下列結論：

1. 彎矩不會逐層累積在較低樓層。

2. 除底部柱因銷支承的關係外，所有外柱皆是雙曲率彎曲，在接近中間高度位置產生反曲點。
3. 因為頂樓樑端彎矩僅有一柱承載，最大彎矩會發生在支撐屋頂的柱頂。而較低樓層的彎矩則由兩根柱分擔。
4. 一特定層的柱受到最大應力的斷面將發生在底或頂端。也就是說；軸力在柱內為定值，但最大彎矩發生在兩端之一。

例題 15.10

以近似方法估計圖 15.19a 所示構架在柱 BG 與 HI 之軸力與彎矩。畫出樑 HG 之剪力與彎矩曲線。假設外柱 I 值 883 in⁴，內柱 I 值 1728 in⁴，而所有樑之 I 值 5000 in⁴，圈內數字代表柱線。

解答：

柱 HI 的軸力　假設樑 PD 與 IJ 均佈載重之 45% 傳遞至外柱

$$F_{HI} = 0.45(w_1 L + w_2 L) = 0.45[2(20) + 3(20)] = 45 \text{ kips}$$

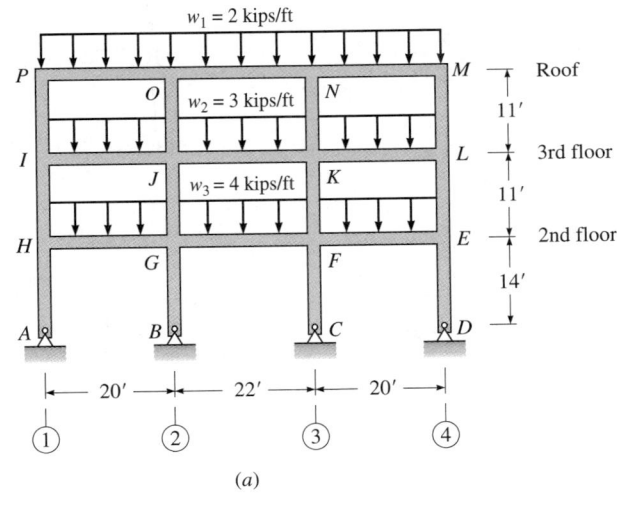

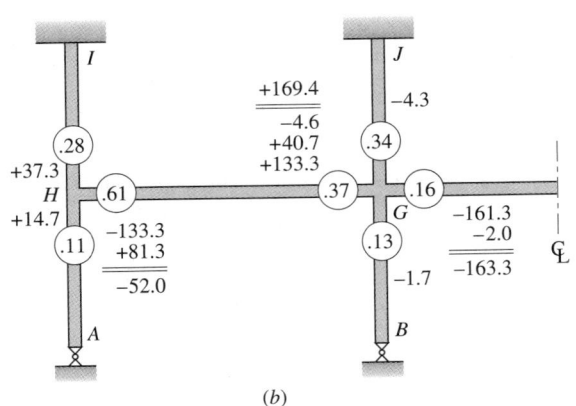

圖 15.19：(a) 建築構架；(b) 以彎矩分配法進行之第二樓層近似分析，因傳遞彎矩已很小，計算之彎矩值僅使用一個循環（單位 kip·ft）。

柱 BG 之軸力　假設左側外部樑之 55% 載重以及右側內部樑 50% 載重傳遞至此柱

$$F_{BG} = 0.55[2(20) + 3(20) + 4(20)] + 0.5[2(22) + 3(22) + 4(22)]$$
$$= 198 \text{ kips}$$

以彎矩分配法分析圖15.19b構架，計算柱以及樑 HG 之彎矩。假設樓層上方柱之遠端為固接。由於構架對稱，可只分析一半結構並調整中央跨之勁度。同時也將柱 HI 勁度增加50%以考量雙曲率彎曲之效果。分析結果如圖15.20所示。由於柱兩端之端彎矩約略相同，可設定柱 HI 頂部之端彎矩也等於柱底之彎矩值 37.3 kip·ft。

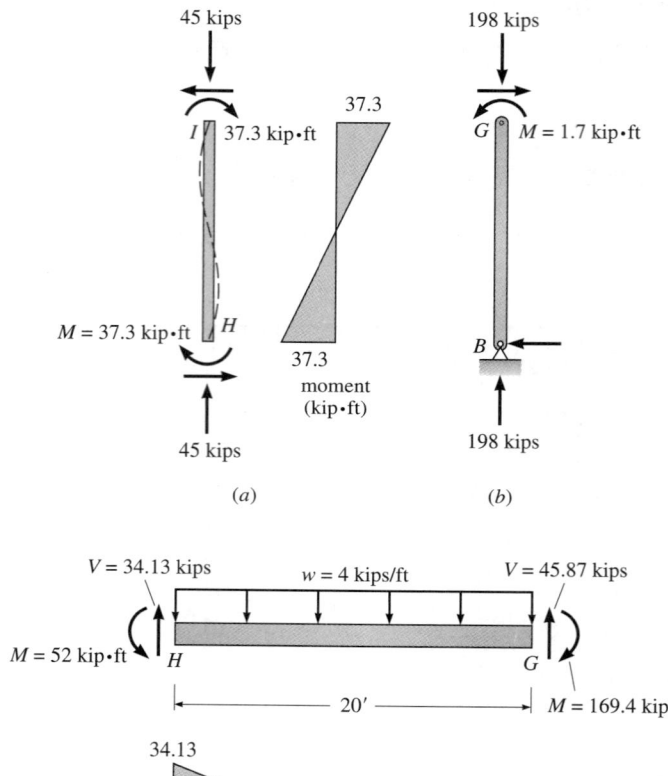

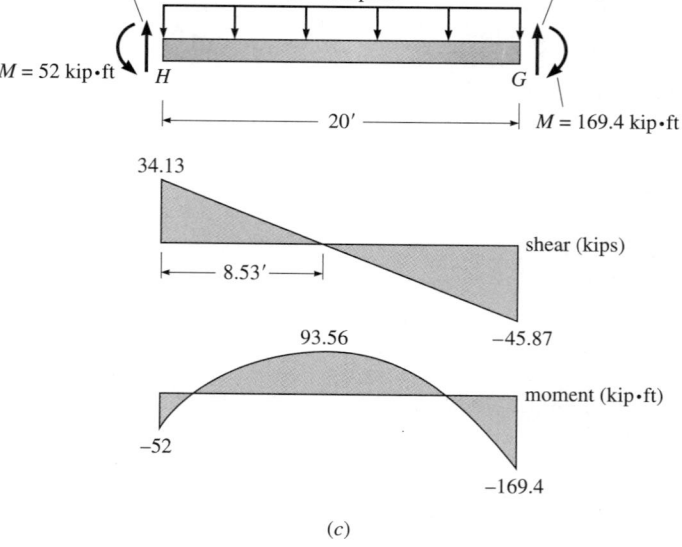

圖15.20：構架近似分析結果：
(a) 柱 HI；(b) 柱 BG；(c) 樑 HG 之剪力與彎矩曲線。

15.8 受側向載重之無側撐構架的分析
Analysis of Unbraced Frames for Lateral Load

雖然我們有興趣研究的是多樓層無側撐剛架的近似分析方法，我們首先以一個簡單單層矩型無側撐構架進行討論。利用此簡單結構的分析結果；(1) 讓我們瞭解側向力是如何使剛架受力而變形，以及 (2) 說明更複雜多樓層剛架之近似分析所需要的基本假設。作用在建築物上之側向載重，通常是風或地震產生之慣性力所造成的。

當重力載重遠大於側向載重時，設計者會先以重力載重初步設計一個建築構架，再以建築規範內所規定之數種重力與橫向載重組合對此構架進行檢核。

如同15.7節所述，外柱除外之所有柱，受重力載重作用時幾乎都是產生軸力。由於柱受正向應力時可有效傳遞軸向載重，以相當小之截面便可承載極大之軸力；此外，設計者本來便因建築考量傾向於使用較小斷面之柱。小尺寸柱較深尺寸柱容易隱藏於建築物之配置內。但小尺寸柱之撓曲勁度小於深斷面柱，通常小型柱之彎曲勁度相對小於其軸向勁度之能力。因此，輕到中度的側向載重便能造成多層無側撐構架顯著的側向位移。所以，有經驗的工程師通常會儘可能的，避免將必須承載橫向載重的結構設計成為無側撐構架的型式。取而代之的作法是，結合剪力牆或交叉斜撐至結構系統中，以有效傳遞橫向載重。

在15.9節中，我們將描敘無側撐多層樓建築構架受橫向載重時之分析方法，這些方法包括門型框架(*Portal*)法以及懸臂(*Cantilever*)法。對於 5 至 6 層樓高以內之低高度建築，其剪力主要是由柱之雙曲率彎曲作用抵抗時，門型框架法可視為最佳選擇。對於高層建築而言，將建築物視為垂直懸臂樑的懸臂法為最佳選擇。雖然上述兩法皆可合理獲得建築構架內構材之內力，但皆無法提供側向變位的近似值。由於高層建築之側向變位可以很大，完整之設計應將變位計算包括在內。

簡單銷支承構架之近似分析

圖 15.21*a* 所示，*A* 與 *D* 點銷支承之剛架為二度靜不定。為了要能進行結構分析，我們必須針對力量分配之方式進行一項假設。如果構架之兩柱相同（尺寸、材質與束制條件皆同），兩構材之撓曲勁度也相同。由於側向載重依柱之撓曲勁度分配，我們假設側向載重畫分為二，在每根柱底形成$P/2$之反力。此假設成立之後，垂直反力與內力便可以靜力分析求得。欲求得 *D* 點垂直反力，對 *A* 點取彎矩和（圖 15.21*a*）

$$\circlearrowleft^+ \quad \Sigma M_A = 0$$
$$Ph - D_y L = 0$$
$$D_y = \frac{Ph}{L} \uparrow$$

圖15.21：(a) 側向受載之構架；(b) 反力與彎矩曲線；樑中跨處為反曲點。

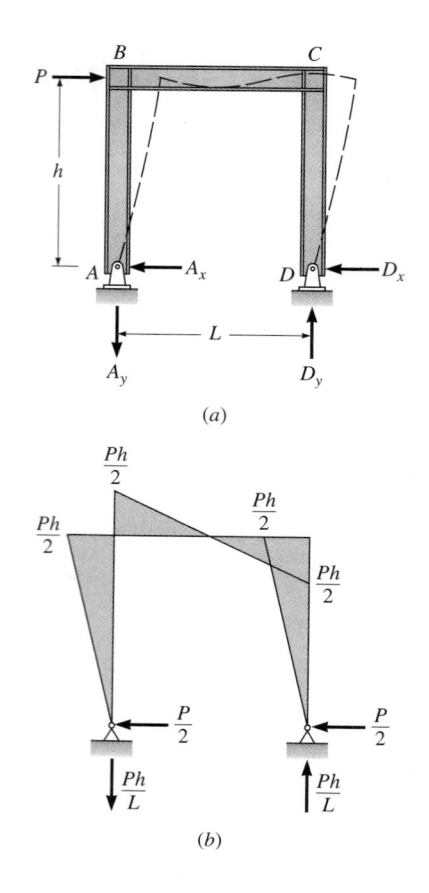

計算 A_y

$$\overset{+}{\uparrow} \quad \Sigma F_y = 0$$

$$-A_y + D_y = 0 \quad 因此 \quad A_y = D_y = \frac{Ph}{L} \downarrow$$

構件之彎矩曲線如圖 15.21b 所示。由於樑中跨處之彎矩為零，該點為反曲點且樑呈雙曲率型式彎曲（變形如圖 15.21a 虛線所示）。

柱腳為固定支承之構架的近似分析

如果剛架之柱基以固接方式防止發生旋轉，該柱將彎曲成雙曲率之變形（如圖 15.22）。柱反曲點的位置取決於樑與柱間之撓曲勁度比例。反曲點的位置將高於柱之中點高度，且只有在樑的勁度為無窮大時，其理論反曲點位置才會在此下限位置。雖然樑勁度相對於柱勁度減小時，反曲點位置向上移動，對於典型構架而言，設計上可假設反曲點位置高度為柱高度之 60%。實務上，

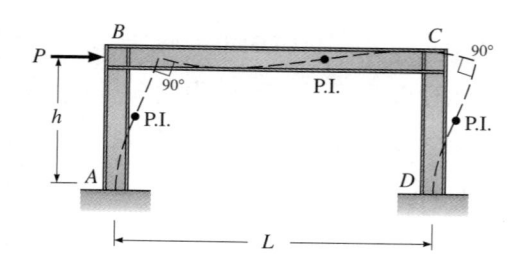

圖15.22：柱腳為固定支承之受側向載重剛性構架。

固定支承的條件是很難達成的，原因是基礎結構並不會是完全剛性的，當固定支承旋轉時，反曲點位置便上升了。

因為圖15.22所示構架為三度靜不定，我們需要力分配與反曲點位置等三個假設。一旦假設成立後，便可以靜力方程式求出近似之反力與內力大小。如果柱尺寸一致，我們可假設側向載重平分於各柱，形成柱底側向反力（也等於柱剪力）$P/2$。如前所述，我們可以考慮假設反曲點位置在60%柱高處，如果已有三個假設時，我們未必需要下列一個常用的假設，即樑中跨為反曲點。例題15.11將使用上述各假設進行構架分析。

例題 15.11

估計圖15.23a所示B點受水平力4 kips作用之構架，其基底反力大小。各柱完全相同。

解答：

假設4-kip載重平分至兩根柱，則柱之剪力與A、D點反力皆等於2 kips。假設柱反曲點位於柱高60%處，即9 ft。反曲點上及下方構架自由體如圖15.23b所示。考慮上部自由體時，我們取左側柱反曲點（E點）之彎矩和可計算出右側柱之軸力為$F = 0.6$ kip。其次，將反曲點處之力反向作用在下部自由體時，我們可以靜力方程式計算基座處之彎矩

$$M_A = M_D = (2 \text{ kips})(9 \text{ ft}) = 18 \text{ kip·ft}$$

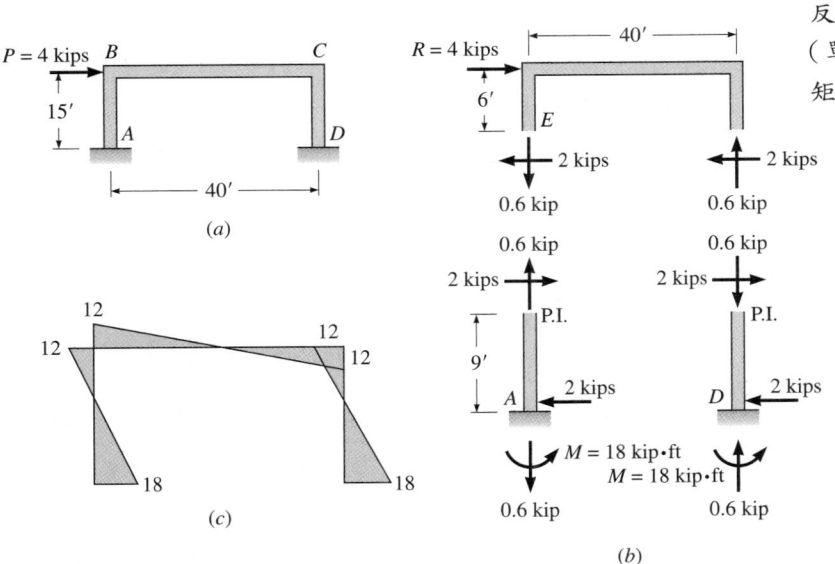

圖15.23：(a) 構架尺寸；(b) 柱反曲點之上部與下部自由體（單位為kips與kip·ft）；(c) 彎矩圖 (kip·ft)。

15.9 門型框架法
Portal Method

在側向載重作用下，多樓層剛性構架之樓板會因樑與柱皆呈雙曲率彎曲而發生側向變位。如果我們忽略樑內微小的軸向變形，便可假設同一樓層上所有接點之側向變位量皆相同。圖15.24所示為兩層樓高構架之變形曲線。彎矩為零的反曲點以黑點表示，位於所有構材接近中點的位置。圖上亦顯示柱與樑典型之彎矩曲線。

門型框架法是用於估計側向受載多層構架之桿件內力的一種方法，其基本假設如下：

1. 內部柱之剪力為外部柱剪力之兩倍。
2. 柱之反曲點在中點高度。
3. 樑之反曲點在中跨位置。

第一個假設是因為內部柱通常較外部柱承載多一倍之樓板面積。但外部柱有時除了樓板載重外尚需承載外牆之重量。如果開窗面積大，外牆重量很小。反之，如果外牆為厚磚牆且開窗面積小，外柱之載重有可能與內部柱相當。在此種情況下，設計者可針對第一項假設進行修正。至於特定樓層上，各柱所分配到之剪力則約略正比於各柱之撓曲勁度 (EI/L)。

由於同一樓層之柱其長度相同且常由相同材料所構成，柱之撓曲勁度應與其截面之慣性矩成正比。因此，如果柱之斷面尺寸能先估計時，設計者便能將剪力依各柱慣性矩之比例加以分配。

第二個假設說明受側向載重構架之柱會彎曲成雙曲率形狀。這是由於樓板上下之柱的尺寸通常相似，每根柱之頂端及底部之束制程度相當；因此，反曲點發生在接近中點高度附近。

當底層柱連接至銷支承時，柱則呈單一曲率彎曲。此種情形下，反曲點發生在彎矩為零的柱基上。

最後一個假設則是陳述；在側向受載構架之樑上，反曲點會落於中跨附近。這是因為樑全長之剪力為定值，使樑彎曲成雙曲率，且兩端之端彎矩大小相當而方向也一致之故。相同的情形我們在圖15.21與15.22之樑也可觀察到，以門型框架法分析多層剛架的步驟摘要如下：

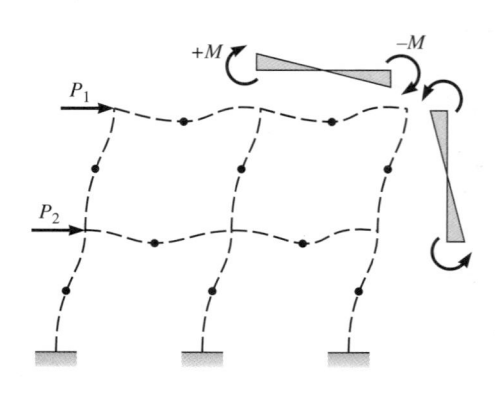

圖 15.24：剛性構架之變形；反曲點位於所有構材之中央黑點位置。

1. 將兩樓層間之柱於其中點處以一切面切開。因切面為柱之反曲點位置，在切面上只有剪力與軸力作用。分配至各柱之剪力總合必須等於切面上方所有側向載重之總和。除非柱之性質顯示不同之分配比例，否則可假設內柱之剪力為外柱之兩倍。
2. 計算柱端點之彎矩。柱端彎矩等於柱剪力乘上半樓層高度。
3. 以接點平衡計算樑端之彎矩，由外部接點開始著手，並於同樓層左右依序以樑及接點之自由體進行逐點計算。由於假設所有樑之中點為反曲點，樑之兩端彎矩大小相等且方向相同。在每個接點上，樑之彎矩必須可與柱之淨彎矩形成平衡狀態。
4. 計算樑之剪力。將樑彎矩和除以跨長。
5. 將樑之剪力作用在相鄰之接點，計算柱之軸力。
6. 完整之分析可由構架上層向下逐點進行。計算程序如例題 15.12 所示。

例題 15.12

例題15.12 以門型框架法分析圖15.25a之構架，假設支承A、B 與 C 皆在基腳板加勁可視為固定端。

解答：

以水平切面切開頂層柱之中點（如圖中斷面1），考慮圖15.25b之切面上方自由體，各柱之剪力和會等於切面上方之側向載重（L點之3 kips）。若設定外部柱之剪力為V_1而內部柱為$2V_1$，則

$$\rightarrow + \quad \Sigma F_x = 0$$
$$3 - (V_1 + 2V_1 + V_1) = 0 \quad \text{因此} \quad V_1 = 0.75 \text{ kip}$$

將反曲點處之剪力乘上半樓層高度 (6 ft) 可計算得柱頂之彎矩值。柱作用在頂部接點之彎矩以曲箭號表示，接點作用在柱之力則會是大小相等值方向相反。

將 L 點割離之自由體（如圖15.25c）中，由 x 方向之力平衡可得 F_{LK} = 2.25 kips。由於平衡條件要求柱之彎矩必須與樑彎矩反向但等量，可得 M_{LK} = 4.5 kips·ft，樑 LK 之剪力為已知後，便可計算 V_L 與 F_{LG}（如圖15.25d）。將接點 L 之 F_{LG} 與 M_{LK} 反作用力作用在圖15.25d 樑自由體上。由於樑剪力為定值，且假設中跨為反曲點，可得樑右端之彎矩 M_{LK} 為 4.5 kip·ft 且順時針作用於樑端。我們可發現所有樓層上之所有樑端點彎矩皆同方向（順時鐘）。對 K 點取彎矩和可計算樑之剪力為

$$V_L = \frac{\Sigma M}{L} = \frac{4.5 + 4.5}{24} = 0.375 \text{ kip}$$

再回到接點 L 自由體（圖15.25c）。由於柱之軸力等於樑之剪力，F_{LG} = 0.375 kip 張力。接下來在 K 點（如圖15.25e）以力平衡方程式求得作用於該接點之所有未知力。以切面1與2割下二至三樓層間之柱與樑（如圖15.25f之自由體）。沿2號切面計算各反曲點位置之剪力。

圖 15.25：門型框架分析法。(a) 剛架細節；(b) 通過柱反曲點之切面 1 所隔離出之屋頂自由體；(c) 接點 L 之自由體（單位為 kips 與 kip·ft）；(d) 用於計算樑剪力之樑 LK 自由體；(e) 接點 K 之自由體；(f) 1 與 2 號切面所切割出之柱樑自由體，切面編號如圖 (a)。

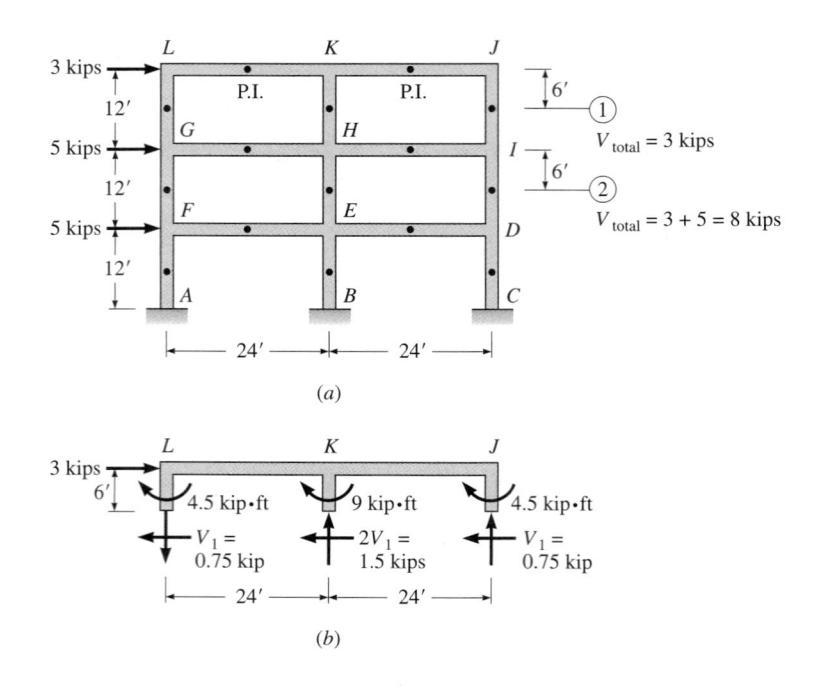

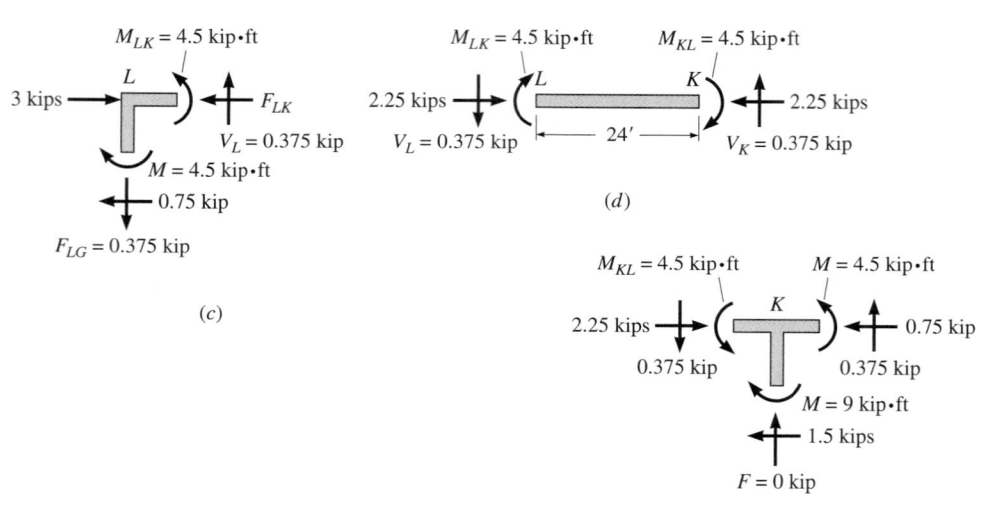

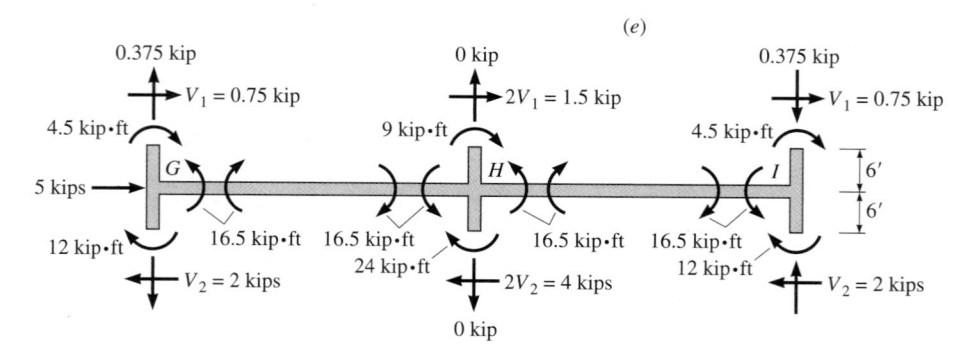

$$\rightarrow + \quad \Sigma F_x = 0$$
$$3 + 5 - 4V_2 = 0$$
$$V_2 = 2 \text{ kips}$$

將剪力值乘上半樓層高度便可計算出作用在點 G、H 與 I 之彎矩（見曲箭號）。仿照前述分析頂樓層的步驟，由外部接點（如 G 點）開始計算樑與柱之力量。圖 15.26 之建築示意圖標示了最終所得之剪力、軸力與彎矩值。

圖15.26：門型框架分析結果，箭號代表接點作用於構材之力量。構材作用於接點之力為其反方向。軸力 C 代表壓力 T 代表張力，所有力量為 kips 彎矩為 kip·ft。

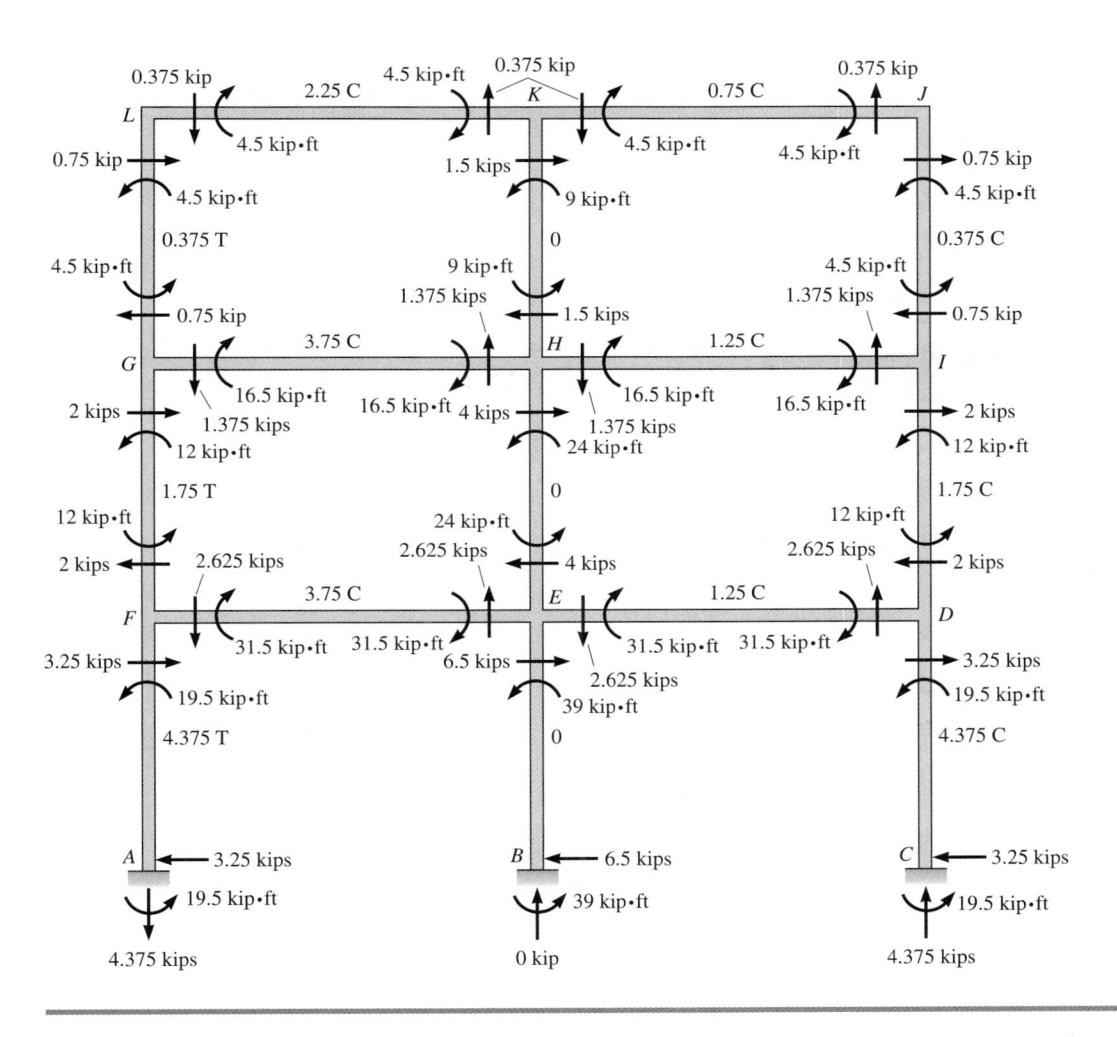

Vierendeel 桁架之分析方法

門型框架法也可用於近似分析 Vierendeel 桁架（如圖 15.27a），Vierendeel 桁架不具斜桿，因此其弦材與垂直桿間形成矩型開口。由於斜桿不存在，桁架的主要特徵便不明顯（也就是說，力量傳遞不再倚靠由構件產生軸力的方式進行）。剪力必須在上弦材及下弦材間傳遞，於是在弦材中形成彎矩。由於垂直構件的主要作用是，在接點處提供平衡掉作用於弦材淨彎矩的抵抗彎矩，這些垂直桿幾乎都受到極大之應力作用。

分析 Vierendeel 桁架時，我們假設(1)上下弦材料尺寸相同，所以剪力平均分配於弦材上；以及(2)所有構件皆呈雙曲率彎曲且反曲點位於中跨處。在對稱載重之情況下，圖 15.27 之四框桁架的中間垂直桿不會產生彎矩，其原因是該桿位於對稱軸上。桁架變形如圖 15.27d 所示。

以門型框架法分析 Vierendeel 桁架時，我們以垂直切面將各框格切開（即切開 $M = 0$ 之反曲點）。接著算出各反曲點的剪力與軸力大小。當反曲點之力量為已知時，其他力量便可以靜力方程式求得。例題 15.13 將說明分析之細節。

例題 15.13 利用門型框架法進行圖 15.27 之 Vierendeel 桁架的近似分析。

解答：

由於結構為外部靜定，反力可由靜力方程式求得。其次，以 1-1 斷面切開第一個框格形成如圖 15.27b 之自由體，因為切面處為弦材之反曲點，切面無彎矩作用。假設上下弦材之剪力相同，則支承 A 之 9-kip 反力需要弦材內具有 4.5 kips 之剪力。接下來，我們針對底弦之反曲點取彎矩和，可求得上弦材受到 5.4 kips 之軸壓力。x 方向之力平衡告訴我們，底弦材受到 5.4 kips 之軸張力作用。

欲求得第二個框格之內力，我們以 2-2 斷面通過第二框格之反曲點，形成如圖 15.27c 之自由體，如同前述方式，將未均衡之 3 kip 剪力平均由上下弦材分擔，並針對底弦之反曲點取彎矩和計算出弦材內之軸力。分析結果如圖 15.27d 之變形圖所示。接點作用在構材上之彎矩標示於圖之左半側。剪力與軸力則標示於右半側。因為對稱的關係，中心線兩側之內力值相同。

探討圖 15.27d 所示力量，可發覺 Vierendeel 桁架之行為一半像桁架一半像樑。由於弦材構件之彎矩是由剪力所造成，具有最大剪力值之端框彎矩也最大，而剪力最小之中框彎矩也最小。另一方面，因為外力所造成之彎矩部分由弦材之軸力所抵抗，框格載重造成最大彎矩之中跨處的軸力也是最大。

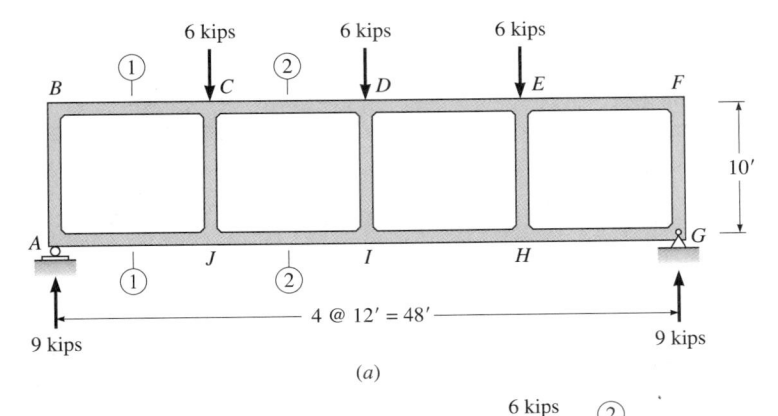

圖 15.27：(a) Vierendeel 桁架詳圖；(b) 用於求取第一框格反曲點處力量之自由體；(c) 計算第二框格反曲點力量之自由體；(d) 變形圖：黑點代表反曲點，曲箭號代表作用在構材端點之彎矩。剪力與軸力單位為 kips，彎矩為 kip·ft。結構對其中心線對稱。

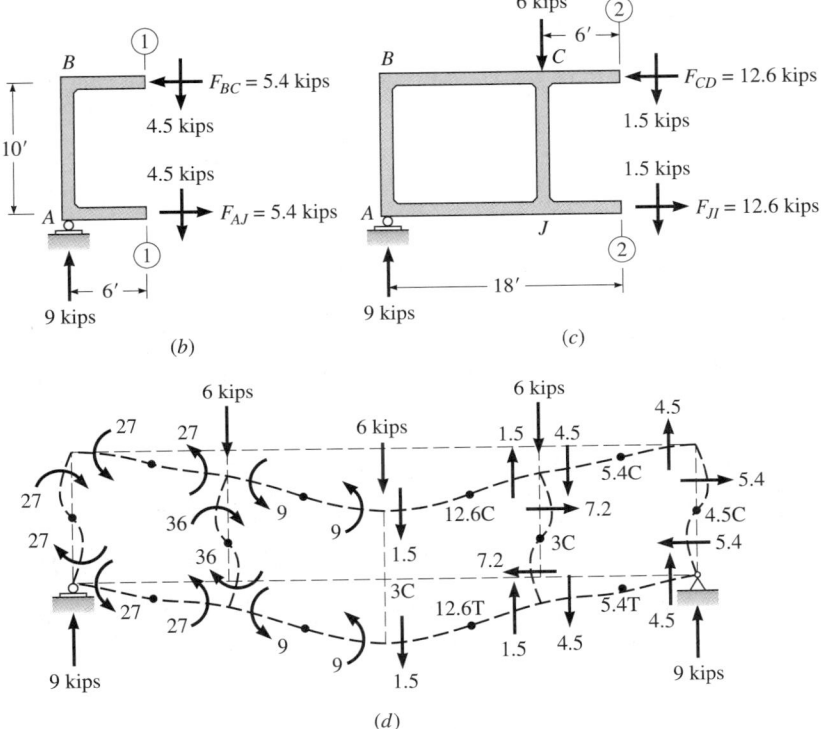

15.10 懸臂法
Cantilever Method

第二種用於分析側向載重構架的方法稱為懸臂法。此法之基本假設是建築構架之行為如同一根懸臂樑。利用此法時，我們假設虛擬樑之斷面為各柱截面積所形成。比方說，圖 15.28b 所示虛擬樑之 A-A 截面，便由 A_1、A_2、A_3 與 A_4 四個面積所組成。我們也假設在任意橫切面上，柱之軸向應力與樑一樣，與距中性軸之長度成正比。這些軸應力所造成之柱內力會形成內力偶，並與橫向載重所造成之傾倒力矩互相平衡。懸臂法也和門型框架法一樣，假設在所有樑與柱之中跨處形成反曲點。

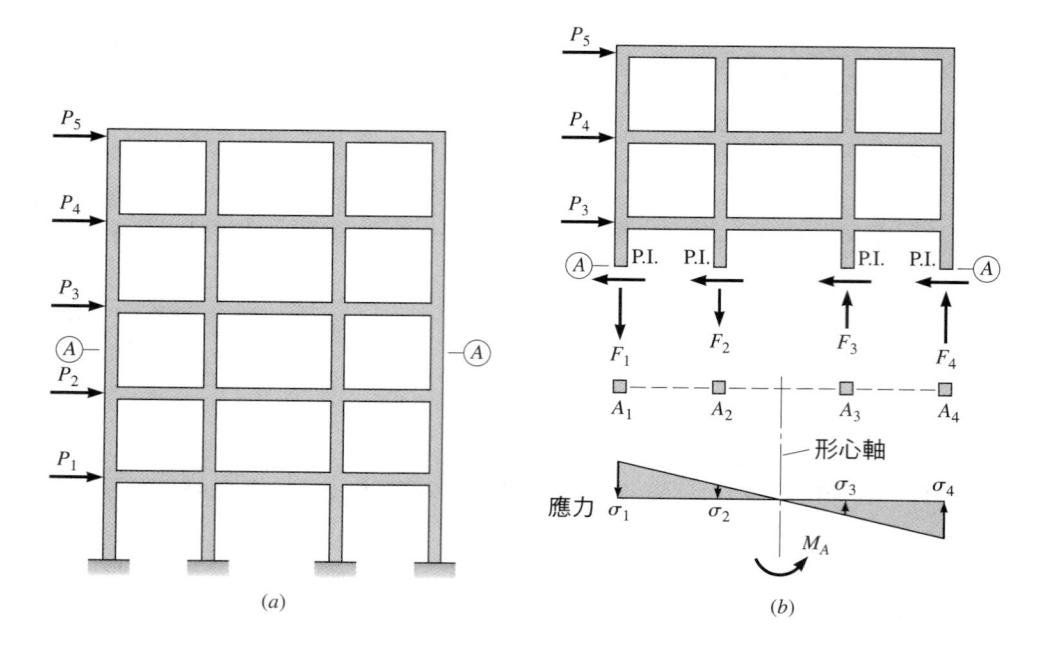

圖 15.28：(a) 受側向載重之構架；(b) A-A 斷面所切割之自由體，柱之軸應力大小假設與距四根柱面積形心之距離成正比（σ_1 至 σ_4）。

以懸臂法分析構架時，我們進行下列數個步驟：

1. 將每一樓層之柱由中點以橫切面整層切開形成帶柱之自由體，由於切面通過反曲點，該切開處作用之力只有軸力與剪力。

2. 計算一特定樓層之柱在反曲點處之軸力時，將柱軸力所形成之內力矩等於切面上方所有橫向載重造成之彎矩。

3. 考慮各接點垂直方向之力平衡可求得樑之剪力。樑剪力等於柱軸力之差值。由外側接點開始橫向進行各點之計算。

4. 計算樑之彎矩。由於剪力為定值，樑彎矩會等於

$$M_G = V\left(\frac{L}{2}\right)$$

5. 由接點之力矩平衡計算柱之彎矩。由最頂層之外部接點逐點向下計算。

6. 將柱之彎矩和除以柱長求得柱之剪力。

7. 將柱剪力作用於接點，利用 x 方向力平衡計算樑之軸力。

此分析過程之細節說明於例題 15.14。

以懸臂法估計圖 15.29a 所示側向受載構架之力量。假設內柱之面積為外柱的兩倍。	**例題 15.14**

解答：

首先計算柱之軸力。將構架以1-1斷面切開頂層柱之中點高度。斷面上方之自由體如圖 15.29b 所示。既然切開處為反曲點，各柱僅軸力與剪力作用於其上。計算作用於A點之 4 kips 力所造成之彎矩，取對稱軸與 1-1 斷面交叉處 z 點為參考點，外彎矩等於

$$M_{ext} = (4 \text{ kips})(6 \text{ ft}) = 24 \text{ kip·ft} \tag{1}$$

計算柱軸力所造成之內彎矩。柱軸向應力之假設狀態如圖 15.29b 所示。我們設定內柱之軸應力標示為 σ_1。由於軸應力隨距形心距離線性變化，在外柱之應力為 $3\sigma_1$。將柱面積乘上應力便得各柱之軸力。接下來，我們計算各柱軸力針對 z 點之彎矩和。

$$M_{int} = 36F_1 + 12F_2 + 12F_3 + 36F_4 \tag{2}$$

將（式2）之力量以 σ_1 表示，則

$$\begin{aligned} M_{int} &= 3\sigma_1 A(36) + 2\sigma_1 A(12) + 2\sigma_1 A(12) + 3\sigma_1 A(36) \\ &= 264\sigma_1 A \end{aligned} \tag{3}$$

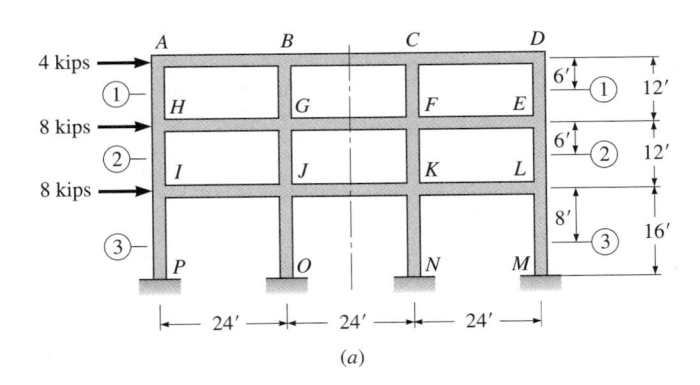

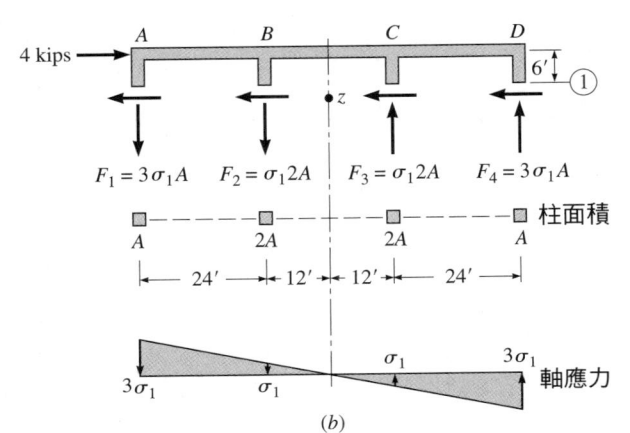

圖 15.29：以懸臂法分析；(a) 受側向載重之連續構架；(b) 1-1 斷面切開之頂層自由體，軸應力與距柱面積形心位置成正比。

將（式1）等於（式3），可得

$$24 = 264\sigma_1 A$$

$$\sigma_1 A = \frac{1}{11}$$

將$\sigma_1 A$之值代入柱軸力之表示式可得

$$F_1 = F_4 = 3\sigma_1 A = \frac{3}{11} = 0.273 \text{ kip}$$

$$F_2 = F_3 = 2\sigma_1 A = \frac{2}{11} = 0.182 \text{ kip}$$

接下來計算第二層樓柱之軸力。將2-2斷面切開第二樓之柱反曲點，並考慮切面上方之結構自由體。計算外力在2-2斷面之彎矩

$$M_{\text{ext}} = (4 \text{ kips})(12 + 6) + (8 \text{ kips})(6) = 120 \text{ kip·ft} \tag{4}$$

計算柱軸力在2-2斷面所造成之內彎矩。由於2-2斷面之軸應力變化與1-1斷面處相同（如圖15.29b），內彎矩表示式也如（式3）。但為了標明此內彎矩為斷面2-2之結果，將下標改為2。令內彎矩等於外彎矩，則

$$120 \text{ kip·ft} = 264\sigma_2 A$$

$$\sigma_2 A = \frac{5}{11}$$

柱之軸力為

$$F_1 = F_4 = 3\sigma_2 A = \frac{15}{11} = 1.364 \text{ kips}$$

$$F_2 = F_3 = 2\sigma_2 A = \frac{10}{11} = 0.91 \text{ kip}$$

若要計算第一層之柱軸力，將3-3斷面切開反曲點，並考量切面上方之結構為自由體。由所有施加載重所造成3-3斷面之外彎矩為

$$M_{\text{ext}} = (4 \text{ kips})(32) + (8 \text{ kips})(20) + (8 \text{ kips})(8) = 352 \text{ kip·ft}$$

將此外彎矩352 kip·ft等於（式3）所示之內彎矩。式中下標改為3以代表3-3斷面之內彎矩。

$$264\sigma_3 A = 352$$

$$\sigma_3 A = \frac{3}{4}$$

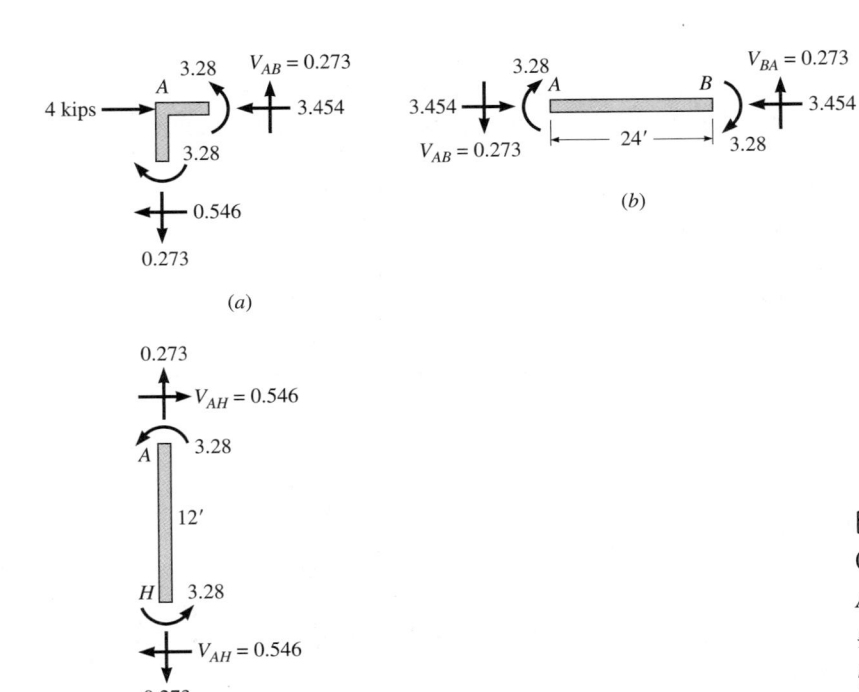

圖 15.30：(a) 用來計算 $V_{AB} = 0.273$ kip 之 A 點自由體；(b) 樑 AB 自由體，用於求取樑之端彎矩；(c) 用於計算剪力之自由體。彎矩單位為 kip·ft，力量單位為 kips。

計算各柱之軸力。

$$F_1 = F_4 = 3\sigma_3 A = 3\left(\frac{4}{3}\right) = 4 \text{ kips}$$

$$F_2 = F_3 = 2\sigma_3 A = 2\left(\frac{4}{3}\right) = 2.67 \text{ kips}$$

當所有柱之軸力已求得後，構架中其他桿件力量可由接點、柱與樑之自由體，依序利用靜力平衡方程式求得。為了說明這個步驟，我們將描敘計算樑 AB 與柱 AH 內力之過程。

計算樑 AB 之剪力時，考慮接點 A 之垂直力平衡（如圖 15.30a）

$$+\uparrow \Sigma F_y = 0 \qquad 0 = -0.273 + V_{AB} \qquad V_{AB} = 0.273 \text{ kip}$$

計算樑 AB 之端彎矩。因為中跨被假設為反曲點，兩個端彎矩大小相等方向相同。

$$M = V_{AB} \frac{L}{12} = 0.273(12) = 3.28 \text{ kip·ft}$$

將樑端點彎矩作用在 A 點，並取彎矩和可得柱頂之彎矩等於 3.28 kip·ft（底端彎矩也等於此值）。

計算柱 AH 之剪力。由於假設柱中點為反曲點，柱之剪力等於

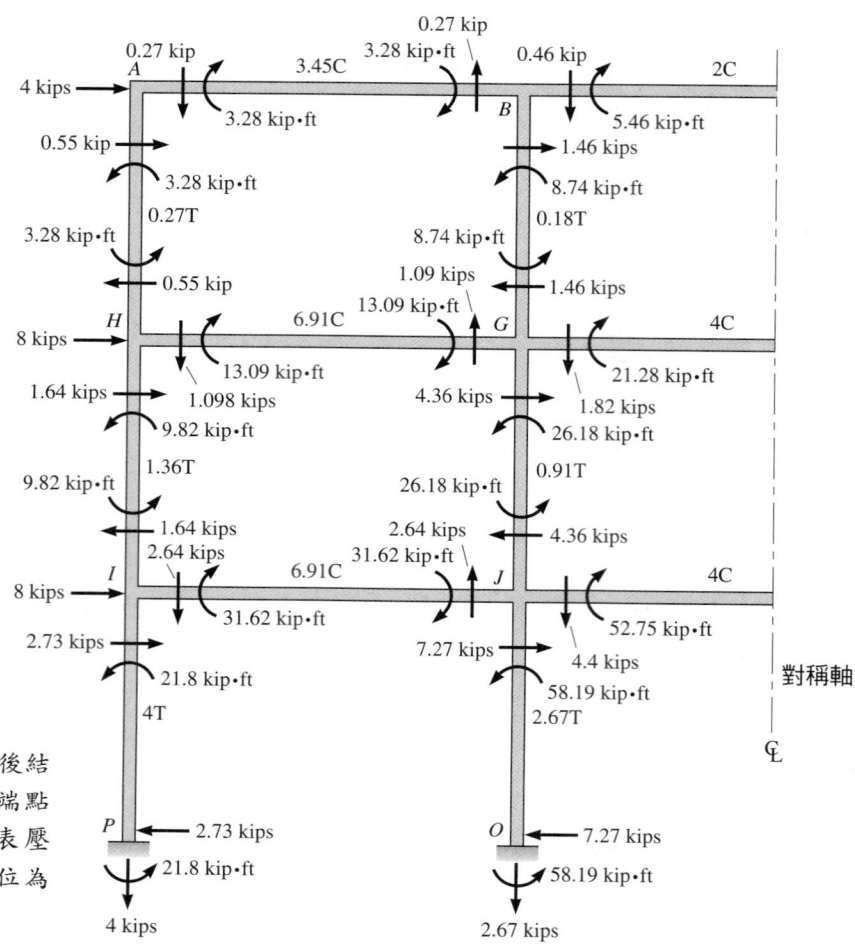

圖15.31：懸臂法分析之最後結果，箭頭代表作用於構件端點力量之方向。軸力 C 代表壓力，T 代表張力。力量單位為 kips，彎矩為 kip·ft。

$$V_{AH} = \frac{M}{L/2} = \frac{3.28}{6} = 0.547 \text{ kip}$$

若要計算樑 AB 之軸力，我們將軸剪力反向作用於 A 點。由 x 方向之力平衡可知；樑之軸力等於 4 kips 外力與柱 AH 剪力之差值。

接點作用在構材之力歸納於圖15.31。因為結構對稱且載重反對稱之故，垂直對稱軸兩側相對位置之剪力與彎矩值必須相等。應相等但卻存在些微差異之力量值，肇因於計算過程之進位誤差。

總結
Summary

- 由於分析具很多節點與桿件之高度靜不定結構時,很難避免不發生計算錯誤,我們通常會以某些近似分析方法來驗證電腦分析或特定手算方法之結果。除此之外,在初步設計階段欲決定構材尺寸配比時,設計者可使用近似法分析決定出大致之設計作用力大小,並藉此定出初始構材尺寸。
- 本章涵蓋數種常用之近似分析方法。當工程師需要獲得大量結構行為之資訊時,使用這些方法可讓他們以很少的計算量,求得準確率在 10% 至 15% 之力量估計值。
- 分析連續結構時,簡化分析過程的方式之一是設定特定跨內反曲點之位置(彎矩為零)。此種假設使得切割下之自由體為靜定單元,可以靜力方程式直接分析。通常設計者可畫出大致之變形圖,這樣有助於決定出反曲點之位置(曲率變化為凹向上與凹向下之交界點)。
- 連續桁架之弦材、斜桿與垂直桿內力之分析,可由將桁架視為連續樑的分析獲得。求得樑之剪力與彎矩圖後,弦材內力可由特定斷面之樑彎矩除以桁架深度求得。斜桿之垂直分量則假設等於樑剪力之大小與方向。
- 傳統上,用於分析受到側向風力或地震力之多樓層構架的古典方法是本書在 15.9 與 15.10 節之門型框架法與懸臂法。

習題

P15.1. 以假設反曲點位置之方式估計圖 P15.1 樑在 B 點之彎矩值,並畫出 AB 跨之剪力與彎矩曲線。

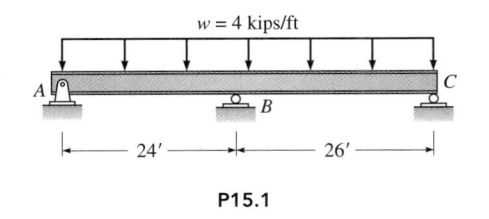

P15.1

P15.2. 猜測圖 P15.2 中各跨之反曲點位置。計算支承 B 與 C 之彎矩並畫剪力與彎矩圖。EI 為定值。

Case 1: $L_1 = 3$ m
Case 2: $L_1 = 12$ m

以彎矩分配法檢核你的計算結果。

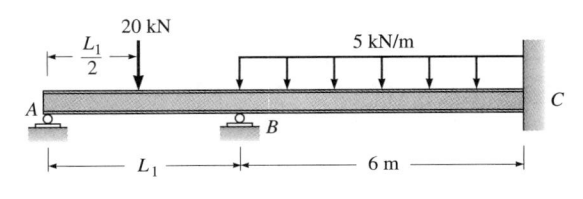

P15.2

P15.3. 假設圖 P15.3 樑之反曲點位置，估計 B 與 C 點之彎矩。然後計算 A 與 C 點之反力。EI 為定值。

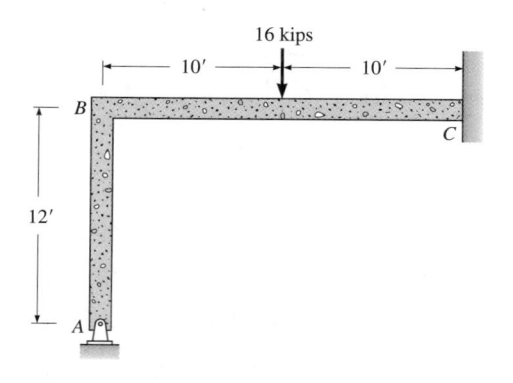

P15.4. 以你所假設之構件端點彎矩值計算圖 P15.4 中所有反力，EI 為定值。如果 $I_{BC} = 8 I_{AB}$，你會如何調整你的端點彎矩假設值？

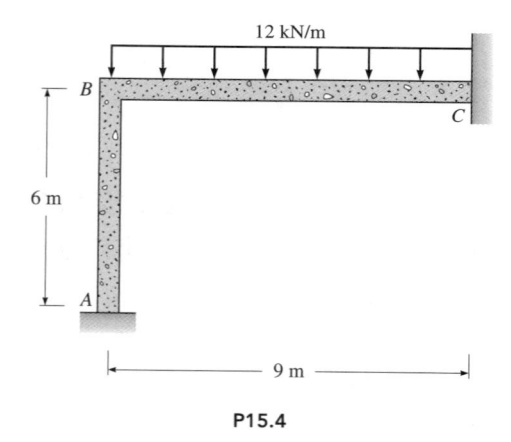

P15.5. 假設圖 P15.5 樑之反曲點位置，估計支承 C 之彎矩以及 BC 跨之最大正彎矩。

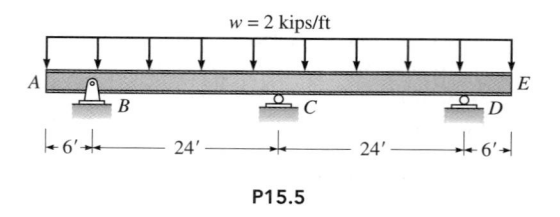

P15.6. 估計圖 P15.6 中支承 C 之彎矩。依據此估計值計算 B 與 C 點之反力。

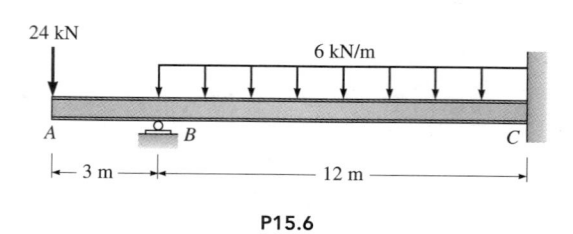

P15.7. 估計圖 P15.7 中 B 點彎矩並畫出 AB 與 BC 跨之剪力與彎矩曲線。

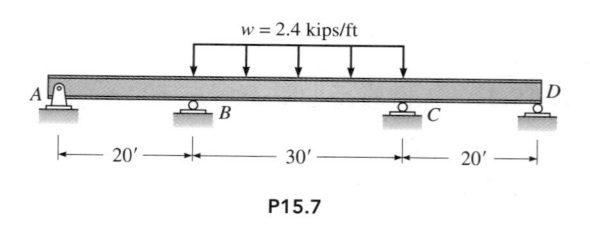

P15.8. 圖 P15.8 之構架以一深樑建造來限制其變位量。但為了建築用途之故，此樑之深度應盡可能的減小。假設樑端點彎矩為固定端彎矩之 25%，計算反力並畫樑之彎矩圖。其次，以假設樑反曲點位置之方式重新分析。A 與 D 點假設為銷支承。

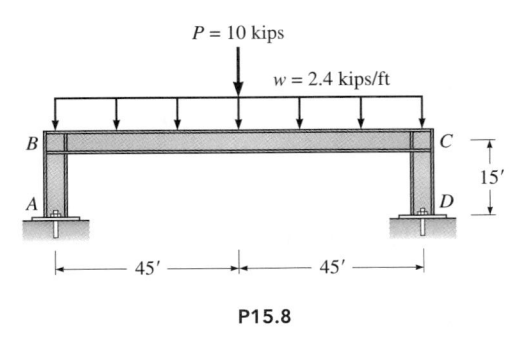

P15.9. 圖 P15.9 之樑與柱尺寸相同。以假設樑反曲點位置之方式近似分析此構架。分析應包含計算反力與畫出柱 AB 與 BC 之彎矩曲線。

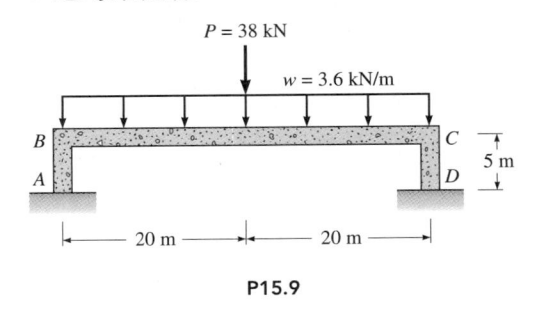

P15.8

P15.9

P15.10. 將圖 P15.10 桁架視為連續樑進行近似分析。計算 DE 與 EF 桿之內力以及 A 與 K 處之反力。

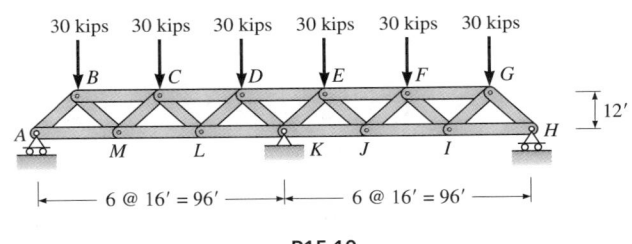

P15.10

P15.11. 以近似分析決定圖 P15.11 中 A 與 B 點反力，求取桿 a、b、c 與 d 之內力。已知 P = 9 kN。

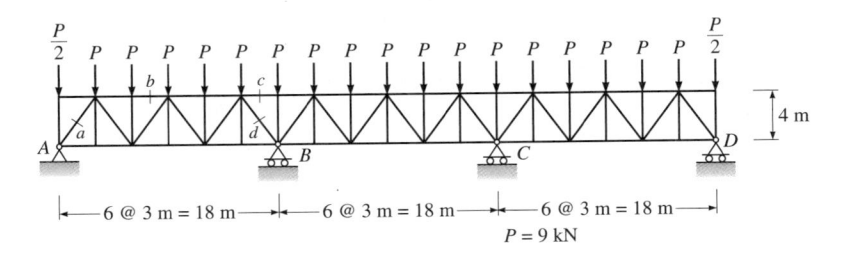

P15.11

P15.12. 將圖P15.12之桁架以定斷面之樑分析，計算中跨之變位量。上、下弦桿之面積為 5 in³。$E = 29000$ ksi。桁架深 9 ft。

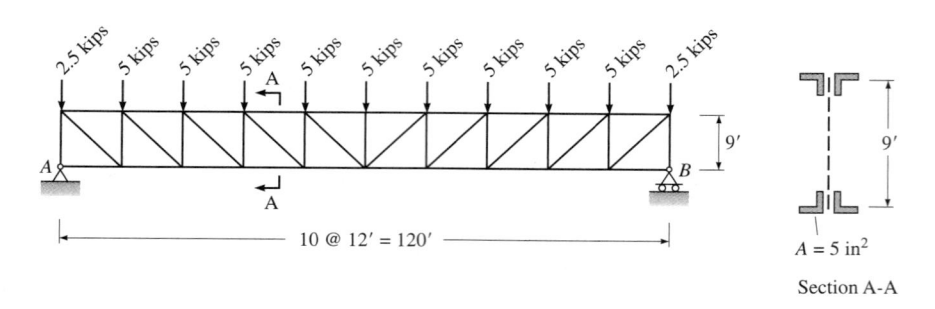

P15.12

P15.13. 估計圖P15.13中桁架各桿內力。假設斜桿可傳遞張力或壓力。

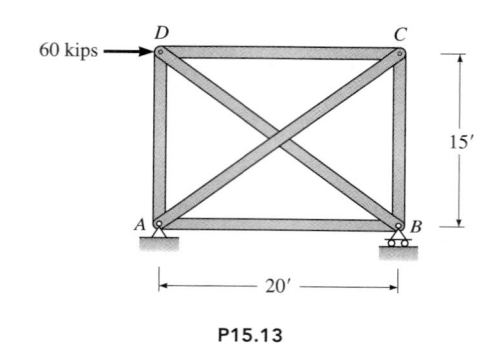

P15.13

P15.14. 估計圖P15.14中桁架在下列兩種情形下，各桿之內力。(a)斜桿細長只能傳遞張力；(b)斜桿不會挫屈可傳遞張力或壓力。

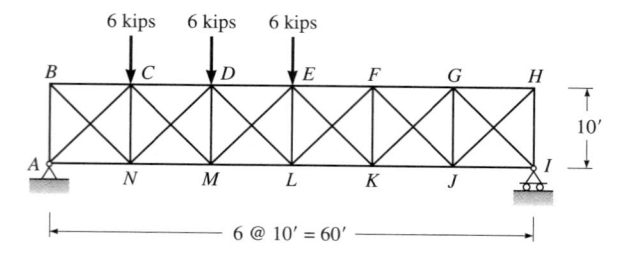

P15.14

P15.15. (a)圖P15.15構架各桿相同，在3.6 kips/ft均佈載重作用下，估計軸力大小以及柱 AH 與 BG 頂端之彎矩。同時計算樑 IJ 與 JK 端點之剪力與彎矩。(b)假設所有柱為12 in 見方($I = 1728$ in^4)且所有樑之慣性矩為12000 in^4。將第二樓層視為上下皆與固定端連接之單一樓層自由體，進行近似分析。

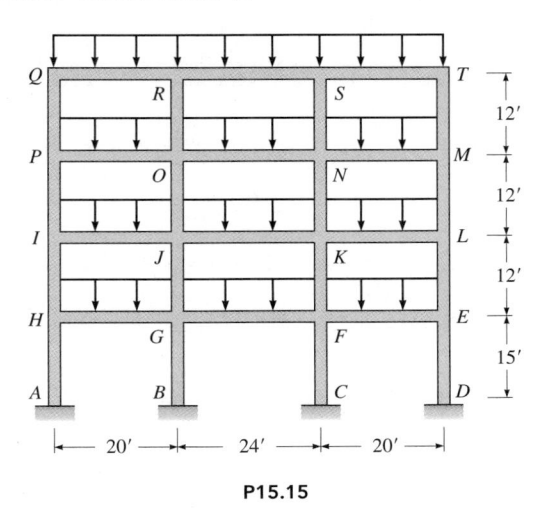

P15.15

P15.16. (a)以近似分析法計算圖P15.16所示構架之反力，並畫出柱AB與樑BC彎矩曲線。(b)如果支承 A 與 D 為固定端，重覆上述近似計算。

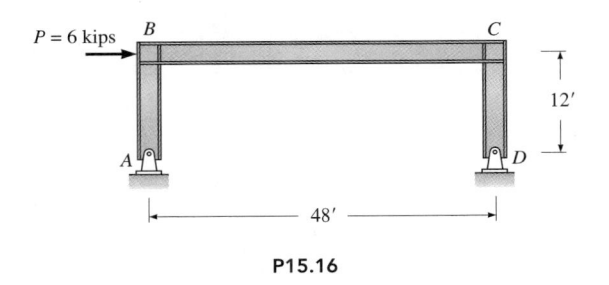

P15.16

P15.17. 對圖P15.17之Vierendeel桁架進行近似分析，計算作用在構件 AB、BC、IB 與 HC 之自由體上的彎矩與軸力。

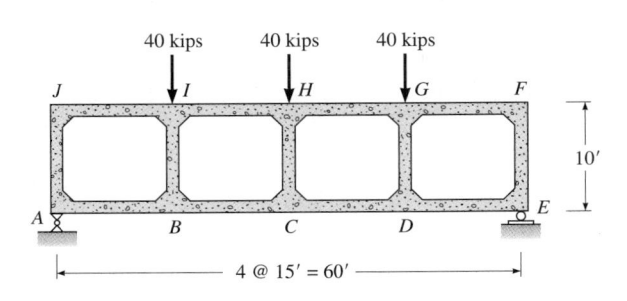

P15.17

P15.18. 以近似分析法決定圖 P15.18 中 Vierendeel 桁架各桿之端彎矩與軸力。

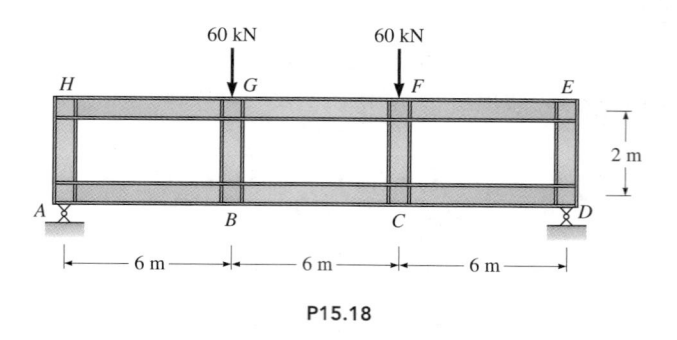

P15.18

P15.19. 決定圖 P15.19 所示構架各構件之彎矩與軸力。使用門型框架法，並與懸臂法所得之結果進行比較。假設內部柱面積為外部柱之兩倍。

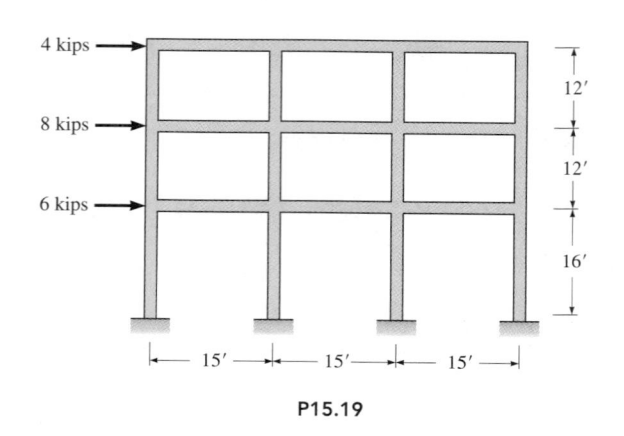

P15.19

P15.20. 以門型框架法分析圖 P15.20 之二層樓構架。再以懸臂法重覆分析。假設內部柱面積為外部柱之兩倍。柱與基礎以基板相連可視為銷支承。

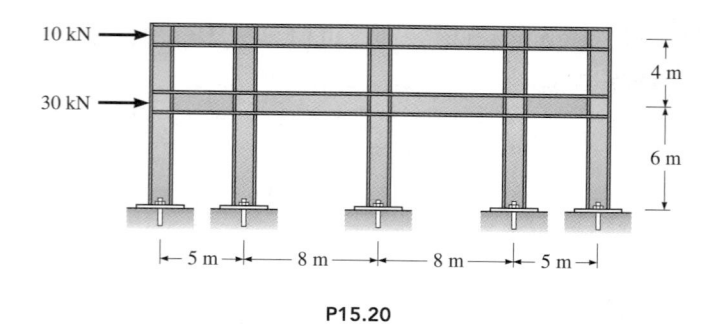

P15.20

APPENDIX

附錄

表 A.1
各種簡易形狀之面積性質

形狀	圖示	面積	形心距離, $\bar{x}$
(a) 三角形		$\dfrac{bh}{2}$	$\dfrac{b+c}{3}$
(b) 正三角形		$\dfrac{bh}{2}$	$\dfrac{b}{3}$
(c) 凸拋物線型		$\dfrac{2bh}{3}$	$\dfrac{3b}{8}$
(d) 凹拋物線型		$\dfrac{bh}{3}$	$\dfrac{b}{4}$
(e) 三次拋物線		$\dfrac{bh}{4}$	$0.2b$
(f) 矩形		bh	$\dfrac{b}{2}$

GLOSSARY
名詞解釋

Absolute flexural stiffness（絕對撓曲勁度）：在樑的銷支端造成 1 rad 旋轉角所需之彎矩大小，樑之遠端為固定端。

Abutment（橋臺、墩座）：將載重由結構構材傳遞至基礎的端點元件或牆體。

Base shear（基底剪力）：傳遞至基礎之建築物總橫向慣性力或風力，會等於作用於所有樓層力量之總和。

Beam-column（樑柱構件）：同時傳遞軸力與彎矩之柱。當軸力顯著時，將折減柱之撓曲勁度。

Bearing wall（承重牆）：承載樓板以及屋頂載重之結構牆，通常為加強磚造或鋼筋混凝土造。

Bernoulli's Principle（伯努力原理）：風吹過障礙物時風速增加導致風壓降低。建築規範制訂建築物的牆與屋頂所受設計風力時，會將此項原理之影響加以考量。

Box beam（箱型樑）：矩型斷面之中空樑。將構件中央部分挖空可有效降低構件重量，卻不致顯著影響其彎曲勁度。

Braced frame（側撐構架）：接點可自由旋轉但不可側移之結構構架。其側移抗力由交叉斜撐或靠連接至剪力牆與固定支承所提供。

Buckling（挫屈）：柱、板與殼受壓時之一種破壞模式。載重達挫屈載重時，柱之原始外型不再穩定而形成彎曲之輪廓。

Building code（建築技術規則與規範）：特定行政區域內管理設計與施工事項的條款彙編而成之書冊。這些條款規定建築物與其他結構建築細節、結構與機電設計等方面之最低標準與需求。

Cable sag（鋼索下垂量）：鋼索與其兩端弦線之垂直距離。

Cooper E 80 loading（Cooper E 80 載重）：鐵路工程中 AREMA 手冊內之一種載重型式，包括代表兩火車頭之輪載重以及代表貨櫃車之均佈載重。

Cross-bracing（交叉斜撐）：橫越柱頂至鄰柱底部呈 X 型配置之輕型對角構材。其作用如同將側向載重傳遞至基礎的桁架。

Dead load（靜載重）：又稱重力載重。結構及其牆、地板、管線等元件之重量載重。

Diagonal bracing（對角斜撐）：見交叉斜撐 (Cross-bracing)。

Diaphragm action（隔牆作用）：專指樓版與屋頂版將版平面內載重傳遞至支承構材之能力。

Ductility（韌性、延展度）：材料或結構破壞前所能承受大變形的能力，脆性行為的反義詞。

Dynamic analysis（動力分析）：將結構運動行為所造成之慣性力加以考量之分析方式。動力分析中，需將結構之勁度、質量以及阻尼效應皆予以考慮。

Factored load（因數放大載重）：將設計載重乘上大於 1 之載重因子加以放大後之載重。

First-order analysis（一階分析）：假設結構變形很小，將計算過程建立在結構原始幾何外形條件之分析方式。

Flexibility coefficient（柔度係數）：單位載重或彎矩所造成之變位大小。

Free-body diagram（自由體圖）：用於力學分析之結構或部分結構的受力（所有力）作用示意圖。

Floor beam（地板樑或稱底樑）：樓板系統中垂直於跨長方向被橫向配置的構件。底樑通常承受由縱樑傳來之載重，並將之再傳遞至主要結構構材，如桁架、大樑與拱等的框格接點上。

Geometrically unstable（幾何不穩定）：專指無法有效將各方向之自由剛體移動束制住的支承配置。

Girder（大樑）：大型結構樑。其上通常承載一或多根次要之橫樑。

Gravity load（重力載重）：見靜載重 (Dead load)。

Gusset plate（襯板）：用於形成桁架之接點的結合板。構件間之力量藉由襯板會先傳遞至接合點。

Hurricane region（颶風區域）：指風速高達 90 mph（145 km/hr）以上之沿海地區。

Idealized structure（理想化結構）：以線條所繪之簡化結構示意圖，圖中標示載重、尺寸及支承條件。

Impact（衝擊）：移動中物體之動能所轉換成之額外作用力。動能與物體質量及速度平方成正比。

Indeterminate structure（靜不定結構）：結構之反力及內力無法單由靜力方程式求得者。

Inertia forces（慣性力）：移動中之物體，其質量所造成之力量。

Kinetic energy（動能）：運動中物體所擁有之能量。動能與物體質量及速度平方成正比。

Leeward side（背向側）：建築物迎風面之另一側。

Link（連桿）：見二力桿件 (two-force member)。

Live load（活載重）：可被移上或卸下結構之載重型態，例如：傢俱、車輛、人員、補給品等之重量。

Load factor（載重因子）：在以構材破壞強度為基準之強度設計法中，用於決定構材尺寸時所套用之安全係數，載重被放大之因數。

Membrane stress（薄膜應力）：載重所造成的板與殼之平面應力。

Modulus of elasticity（彈性模數）：量測材料勁度性質的一種物理量，定義為應力對應變之比值，通常以 E 表示。

Moment of inertia（慣性矩）：斷面積的性質之一，為量測斷面彎曲容量之物理量。

Moment curves by parts（分部彎矩曲線）：針對每一外力所繪之個別彎矩圖，目的是產生形心性質為已知的簡單幾何形狀（參見附錄）。

Monolithic construction（無接縫建築）：所有構件可視為連續單元之結構。

Natural period（自然週期）：結構自然擺動時往返一次所需之時間。

Nonprismatic（非稜柱桿）：專指構材其截面積沿縱軸改變者。

P-delta effect（P-Δ效應）：由於構件軸之側移使得軸力產生額外之二次彎矩。

Panel point（框格點、格間點）：底樑（地板橫樑）匯入大樑或桁架之點位。有時也指桁架之接點。

Pattern loading（樣式載重）：專指決定出結構特定斷面內力最大值時活載重所應放置之區域。此過程中會使用影響線。

Pier（樑墩、柱墩）：用來承載結構支承並將上部結構載重傳遞至基礎之鋼筋混凝土或加強磚造牆體。

Planar structure（平面結構）：所有構件皆在同一平面之結構稱之。

Principle of superposition（疊加原理）：一組載重所造成之應力與變位會等於個別載重所造成反應之總和。

Point of inflection（反曲點）：樑軸上曲率為零之位置。

Prestressing（預力）：利用張力鋼棒或鋼索錨定於構材之方式，使得構材產生有利力學行為之應力。

Rigid frame（剛架）：以剛性接頭連接撓曲構材所形成之構架結構。

Section modulus（斷面模數）：截面積之一項特性，用於量測構材傳遞彎矩之能力。

Seismic loads（地震載重）：地震之地表運動所造成之載重。

Service loads（服務載重）：建築規則所規定之各種設計載重。

Serviceability（服務工作度）：在各種載重條件作用下，結構仍可正常運作之能力。

Shear connection（剪力接頭）：可傳遞剪力但無彎矩之接合型態。通常指夾型角鋼連接於樑腹板之接頭型態。

Shear wall（剪力牆）：傳遞所有樓層側向載重至基礎之深而堅固之結構牆。

Sidesway（側移）：受載時結構接點可自由橫向位移。

Slenderness ratio（長細比）：用於量測構材細長程度之參數 l/r（l 為構件長度 r 為迴旋半徑）。當長細比增加時，柱之抗壓強度降低。

Static wind pressure（靜力風壓）：建築規則中所列代表風壓作用於牆或屋頂之均佈載重。壓力為風速、距地面高度以及地表糙度之函數。

Strain（應變）：長度改變量除以原長度。

Stress（應力）：單位面積上之力量。

Stringer（縱樑）：橋縱軸方向之小樑，用於支承橋版並傳遞重至橫向之底樑。

Tributary area（載重分擔面積）：特定樑或柱所支承之樓板或牆之面積。柱之分擔區域通常為其四週框格中心線所圍成之面積。

Two-force member（二力桿件）：只傳遞軸力之構件。構件端點間不受到載重。

Unbraced frame（無側撐構架）：此類構架之側向勁度由其自身構件之彎曲強度提供。

Vierendeel truss（Vierendeel 桁架）：不具有對角構材之剛性桁架。此類結構之剪力由上下兩弦材所傳遞，故會造成很大之彎曲應力。

Virtual work（虛功法）：利用功能原理計算單一位移分量之分析方法。

Virtual displacement（虛位移）：結構系統以外之力（未必為真實存在之力）所造成之位移。用於虛功法中。

Vortex shedding（漩渦分離）：風吹拂過構材時，受到表面摩擦力圍禁時之一種現象。少量原先受陷於構材輪廓之空氣粒子，遠離構件時會加速並造成空氣壓力返復的改變而引起構件振動。

Web connection（腹板接頭）：見剪力接頭 (shear connection)。

Wind bracing（抗風側撐）：以傳遞側向風載重至地面及降低風力所引起側移為目的之側撐系統。

Windward side（迎風側）：建築物正面受風作用之一側。

Work-energy（功能原理）：本定理說明"儲存於一變形結構之能等於作用於結構上之力量所做之功"。

Zero bars（零力桿）：在特定載重條件下，保持未受力狀態之桁架桿件。

ANSWERS TO SELECTED PROBLEMS

習題解答

CHAPTER 2
2.1 weight = 416.7 lb/ft
2.2 weight = 5.57 kN/m
2.3 weight = 22.45 lb/ft

CHAPTER 3
3.1 $R_A = 11.25$ kN, $R_B = 18.75$ kN
3.2 $A_x = 0, A_y = \frac{1}{12}$ kip, $C_y = \frac{1}{12}$ kip
3.3 $A_x = 10.59$ kN, $A_y = 22.06$ kN
3.4 $A_x = 5$ kips, $A_y = 9$ kips, $M_A = 90.5$ kip·ft
3.5 $A_x = 5.4$ kips, $A_y = 7.65$ kips
3.6 $A_x = 15$ kips, $A_y = 7.5$ kips, $R_c = 81.5$ kips
3.7 $A_y = 21.4$ kips, $C_y = 25.6$ kips
3.8 $A_x = 53.48$ kN, $C_y = 35.3$ kN, $C_x = 26.525$ kN
3.9 $A_x = 6.92$ kips, $A_y = 49.82$ kips, $E_y = 2.18$ kips
3.10 $A_x = 30$ kips, $D_y = 80$ kips, $E_y = 40$ kips
3.11 $A_x = 36$ kN, $A_y = 48$ kN, $B_y = 122.2$ kN, $C_y = 45.78$ kN
3.24 $A_x = 23$ kips, $A_y = 10$ kips, $M_A = 148$ kip·ft
3.25 $A_x = 17.68$ kips, $F_{BD} = 37.5$ kips, $M_A = 17.68$ kip·ft
3.26 $F_a = -8$ kips, $F_b = 10$ kips, $F_c = -8$ kips
3.27 $A_x = 5.6$ kips, $A_y = 5.6$ kips, $C_x = 25.6$ kips, $C_y = 38.4$ kips
3.28 (a)1度靜不定；(b)穩定靜定；
(c)穩定靜定；(d)不穩定；(e)不穩定；
(f)穩定靜定。

CHAPTER 4
4.1 (a)2度靜不定；(b)穩定靜定；(c)不穩定；
(d)穩定靜定；(e)不穩定；(f)3度靜不定。
4.2 (a)2度靜不定；(b)穩定靜定；(c)穩定靜定；
(d)1度靜不定；(e)不穩定；(f)穩定；
(g)不穩定。
4.6 $F_{AC} = 120$ kips, $F_{CB} = 169.7$ kips
4.7 $F_{BE} = 20$ kips, $F_{BC} = -25$ kips, $F_{EC} = 30$ kips
4.8 $F_{CD} = 32$ kips, $F_{CB} = -30$ kips
4.9 $F_{CD} = -150$ kips, $F_{BF} = -20$ kips, $F_{BC} = -120$ kips, $F_{BE} = 113.14$ kips
4.10 $F_{cd} = -75$ kips, $F_{ed} = 100$ kips, $F_{bc} = 125$ kips
4.11 $A_y = 72$ kips, $F_{bh} = -72$ kips, $F_{hg} = 18$ kips
4.12 $F_{fg} = -60$ kips, $F_{bg} = 80$ kips, $F_{de} = 60$ kips
4.13 $F_{hi} = 10$ kips, $F_{id} = 0$, $F_{cd} = -10$ kips
4.14 $F_{cg} = 36.58$ kips, $F_{CD} = 40$ kips, $F_{EF} = -50$ kips
4.31 $F_{cj} = 22.5$ kips, $F_{cd} = 49.5$ kips
4.32 $F_{kj} = -131.1$ kips, $F_{cL} = 16$ kips, $F_{bL} = 30$ kips
4.33 $F_{ab} = 0$, $F_{bc} = 50$ kips
4.35 $F_{bc} = -45$ kips, $F_{CE} = 30$ kips, $F_{DE} = 45$ kips
4.36 $F_{ij} = -30$ kips, $F_{ik} = 22.5$ kips, $F_{kb} = 67.5$ kips, $F_{bc} = 80$ kips
4.37 $F_{ab} = -16.8$ kips, $F_{bc} = -22.4$ kips, $F_{EF} = 28.28$ kips

CHAPTER 5
5.1 $V = \dfrac{wx^2}{2L}; M = \dfrac{wx^3}{6L}$
5.4 From B to C, $V = -7; M = 150 - 7x$
5.5 (a) $V_1 = 8 - 3x; M = -\frac{3}{2}(x_1 - 4)^2 - 4x_1$
5.7 $A - B, M = (-x_1^3/9) + 21.57x_1$
5.8 origin at B; $M = -60 + 48x - 3x^2$
5.13 $M_B = 218.4$ kip·ft
5.14 $M_B = 156$ kip·ft
5.15 $M_B = 66.67$ kip·ft; $M_E = -362$ kip·ft
5.16 $M_D = -132$ kip·ft
5.25 $M_A = -180$ kip·ft; $R_C = 12$ kips; $R_A = 60$ kips
5.28 $M_B = 159.4$ kip·ft; $M_C = -161.28$ kip·ft
5.29 $M_a = 108$ kip·ft; $M_C = 104.1$ kip·ft
5.30 $M_b = -281.8$ kip·ft
5.35 $M_E = -24$ kip·ft; $M_C = 0$
5.37 $M_b = 42$ kip·ft; $M_e = -102$ kip·ft
5.40 $V = 27 - x^2/4; M = 27x - x^3/12$
5.44 (a)3度靜不定；(b)1度靜不定；
(c)1度靜不定；(d)3度靜不定；
(e)9度靜不定；(f)7度靜不定。
5.45 (a)1度靜不定；(b)7度靜不定；
(c)3度靜不定；(d)2度靜不定；
(e)1度靜不定。

CHAPTER 6
6.2 $A_X = 53.33$ kN; $h_C = 4.125$ m; $h_D = 2.1$ m
6.3 $A_X = B_X = 2160$ kips; $T_{max} = 2531.4$ kips at B
6.4 45 degrees
6.5 $T = 28.02$ kips

CHAPTER 7
7.1 $h = 10'$; $T = 538.5$ kips; $h = 40'$; $T = 235.85$ kips
7.2 $M = 375$ kip·ft; $T = 114.46$ kips; $V = 27.83$ kips to right of $\frac{1}{4}$ point
7.5 $AH_X = -20$ kips, $AH_Y = -30$ kips
7.9 $A_Y = 38.75$ kN; $A_X = 12.5$ kN; $C_Y = 21.25$ kN
7.10 $y_1 = 5.82$ ft; $y_2 = 9.01$ ft
7.11 $h = 38.46$ ft

CHAPTER 8
8.34 $M_{max} = 108$ kip·ft; $V_{max} = 24$ kips
8.35 $M_{max} = 88.8$ kip·ft @ $L/2$
8.38 $M_{max} = 365.4$ kip·ft; $V_{max} = 43.2$ kips

CHAPTER 9
9.1 $\theta_B = PL^3/2EI$; $\delta_B = PL^3/3EI$
9.2 $\delta_B = wL^4/8EI$; at $L/2$; $\delta = 17wL^4/384EI$
9.3 $\theta_A = ML/3EI$; $\theta_B = ML/6EI$
9.4 max defl. at $x = 0.52 L$; $y_{max} = 0.0065 wL^4/EI$
9.5 $\theta_A = ML/4EI$; $\theta_B = 0$
9.6 $\theta_A = PL^2/16EI$
9.7 $\theta_C = 27/EI$; $\delta_B = 60.75/EI$
9.8 $\theta_C = 300/EI$; $\delta_B = 1440/EI$; max $\delta = 1568/EI$
9.10 $\delta_C = 8977.5/EI$; $I = 445.78$ in^4
9.11 $\delta_A = 1440/EI$; max defl. at $x = 6.9$ ft from C
9.12 δ_B right $= 367.5/EI$; max $\delta = 6000/EI = 0.58$ in Note: θ_B left $= 540/EI$
9.13 $\theta_A = PL^2/9EI$; $\delta_C = 23\, PL^3/648EI$
9.14 $\delta_C = ML^2/18EI$; δ_{max} at $x = 0.577L$
9.15 $\delta_C = 1781/EI$; $\theta_C = 522/EI$
9.16 $\theta_B = 96/EI$; $\delta_A = 1188/EI$
9.17 at hinge $\delta_C = 2880/EI$; $\theta_D = 384/EI$
9.18 $\delta_{DX} = 448/EI$; $\delta_{DV} = 0$
9.19 $\delta_{EX} = 1980/EI$; $\delta_A = 450/EI$
9.20 minimum $I = 25.74$ in^4
9.21 defl. of hinge $= 972/EI$
9.22 $\delta_{DX} = 17,496/EI$; $\delta_{DV} = 19,440/EI$
9.24 $P = 8.5$ kips
9.25 $F = 5wL/4$
9.29 $\theta_C = 180/EI$, $\delta_C = 1440/EI$
9.30 $\delta_A = 5400/EI$, $\delta_C = 1620/EI$
9.31 max $\delta = 444.8/EI$

CHAPTER 10
10.1 $\delta_{BH} = 0.95$ in; $\delta_{BV} = 0.28$ in
10.3 $\delta_{CH} = 3.79$ cm; $\delta_{CV} = 0$
10.5 $\delta_{EV} = -0.09$ in
10.6 $\delta_{DV} = 0.895$ in; $\delta_{BH} = 8/3$ in $\rightarrow$
10.7 $\delta_{EH} = 29$ mm; $\delta_{EV} = 56.5$ mm $\downarrow$
10.8 $\delta_{BH} = 0.47$ in; $\delta_{CV} = 0.39$ in
10.10 $\delta_{GH} = 1$ in $\leftarrow$
10.11 $\delta_{DV} = 1.479$ in
10.12 $P = 1.49$ kips
10.13 $\delta_{BH} = 1$ in; $\delta_{BY} = 3/4$ in
10.15 2 in to right
10.16 (b) $I = 3732.48$ in^4
10.17 $P = 3wL/8$
10.18 $\delta_{DV} = 0.964$ in
10.19 $\delta_C = 11.74$ mm
10.20 $I_{min} = 364.4$ in^4
10.21 midspan $\delta = 0.86$ in
10.22 $\theta_A = ML/4EI$; $\theta_B = 0$
10.23 $\delta_B = 24,468.7/EI$, $\theta_C = 2958.75/EI$
10.24 $\delta_{DY} = 0.147$ in; $\delta_{DX} = 0.48$ in
10.28 $M_A = 48$ kip·ft
10.29 $\delta_{BV} = 1.74$ in
10.30 $\delta_{BV} = 0.592$ in; $\Delta L_{DE} = 4$ in
10.31 $\delta_{EV} = 0.712$ in
10.32 (a) $\theta_A = 40/EI$; (b) minimum $I = 99.15$ in^4
10.33 $\delta_{CV} = 0.96$ in; $\delta_{BV} = 0.432$ in
10.34 $I_{min} = 4203.9$ in^4
10.40 $\delta_{\mathcal{C}} = 0.606$ in

CHAPTER 11
11.1 $M_A = -67.5$ kip·ft; $R_c = 9.375$ kips
11.3 $R_B = 82.5$ kips; $M_A = 90$ kip·ft; $\delta_c = 2160/EI$
11.5 $R_A = 6.25$ k; $R_B = 27.5$ k
11.9 $M_A = 5wL^2/16$; $R_A = 13wL/16$; $R_c = 3wL/16$
11.10 $R_A = 6.5$ kips; $R_B = 11$ kips
11.11 $R_A = 4.49$ kips; $R_B = 10.49$ kips
11.12 $R_B = 13.53$ kips; $R_c = 8.24$ kips
11.13 $M_A = wL^2/12$; $R_A = wL/2$
11.17 $R_{AY} = 35.33$ kips; $R_{AX} = 32.9$ kips, $R_D = 84.67$ kips
11.19 $R_B = 47.12$ kips; $R_c = 65.84$ kips
11.20 (a) $R_B = 5.9$ kips; $R_c = 8.3$ kips; (b) $R_B = 49.64$ kips; $R_c = 36.07$ kips
11.21 $B_x = 29.9$ kips; $B_y = 45$ kips
11.25 (a) $D_x = 8.1$ kips; $D_y = 22.05$ kips; (b) $D_x = 2.6$ kips; $D_y = 1.3$ kips
11.27 (a) $R_c = 0.89$ kips; $M_A = 32$ kip·ft; (b) $R_c = 0.78$ kips; $M_A = 33.96$ kip·ft
11.30 (a) $R_c = 33.86$ kips
11.31 $M_A = 85.34$ kip·ft; $R_{AX} = 105.7$ kips; $R_{AY} = 19.267$ kips
11.32 $R_A = 15.74$ kips; $M_c = 60.54$ kip·ft

CHAPTER 12

12.3 $R_B = 14.5$ kips; $M_A = 40$ kip·ft
12.5 $M_B = 69.09$ kips; $R_B = 33.75$ kips; $M_c = 55.45$ kip·ft
12.6 $M_B = 69.09$ kip·ft; $M_c = 55.45$ kip·ft
12.11 $R_A = 3.27$ kips; $M_{AB} = 13.09$ kip·ft
$M_{BA} = 26.18$ kip·ft
12.12 $M_{BC} = -16$ kip·ft
12.26 $M_{AB} = -17.62$ kip·ft; $M_{BA} = -35.24$ kip·ft; $R_{AY} = 7.76$ kips
12.27 $R_{AY} = 1.5$ kips; $R_{AX} = 1.12$ kips; $M_{CB} = -22.43$ kip·ft

CHAPTER 13

13.1 $M_A = -84$ kip·ft; $M_B = -156$ kip·ft; $M_c = -210$ kip·ft
13.2 $M_A = -7.95$ kN·m; $M_B = -85.35$ kN·m; $M_c = -118.43$ kN·m
13.3 $M_A = -80.5$ kip·ft; $M_B = -126.9$ kip·ft; $R_B = 43.86$ kips
13.4 $M_A = -43.5$ kN·m; $R_B = 28.69$ kN
13.5 $M_A = 50.4$ kip·ft, $R_A = 15.6$ kips down
13.6 $M_B = -121$ kip·ft; $R_B = 88.34$ kips; $R_A = 66.95$ kips
13.7 $N_B = -209.64$ kip·ft; $M_c = -252.8$ kip·ft; $R_c = 95.25$ kips
13.8 $M_B = -143.2$ kip·ft; $R_A = 13.64$ kips; $R_B = 63.72$ kips
13.9 $R_A = 9$ kN; $R_B = 105$ kN; $M_B = -89.98$ kN·m
13.10 $R_B = 8.86$ kips; $M_c = -150.74$ kip·ft; $R_c = 49.54$ kips
13.11 $M_{BC} = 127.06$ kip·ft; $A_x = 16.14$ kips; $M_A = 80.47$ kip·ft
13.15 $M_B = -121$ kip·ft; $A_y = 67$ kips; $A_x = 11.34$ kips
13.16 $R_A = 28.03$ kN; $M_B = -119.75$ kN·m
13.17 $M_A = 63.15$ kip·ft; $R_{AY} = 23.84$ kips; $R_{EY} = 48.93$ kips; $M_{BA} = 65.7$ kip·ft
13.20 $M_B = 60.6$ kip·ft; $R_B = 5.89$ kips
13.28 $M_{BC} = M_{CD} = 12$ kip·ft

CHAPTER 14

14.2 (b) $R_A = 85.31$ kips
14.4 (b) $M_B = 887$ kip·ft
(c) $M_B = 179.8$ kip·ft
14.6 $R_D = 104.44$ kips
$M_D = 296.1$ kip·ft

INDEX

索引

A

ASCE 建築最小設計載重標準 (ASCE Standard for Minimum) 2-22

B

base 基底 11-3

P

P 系統 (P system) 10-10
P 彎矩 (P-delta moment) 5-7,5-34

Q

Q 系統 (Q-system) 10-10

一劃

一個平行 (parallel) 3-30
一個共點 (concurrent) 3-30
一個循環 13-12
一組內力 11-17
一階 (first-order) 5-7

二劃

二力桿 (two-force member) 3-22
二次彎矩 (secondary moment) 5-7
力偶 (couple) 3-4

三劃

不可定 (indetminate) 3-4
不正確 5-40
不均衡彎矩 (unbalanced moment；UM) 13-5,13-16
不相容 (incompatible) 3-28
不穩定 (unstable) 3-27

四劃

內在 4-22
內側 5-10
內部 11-17
內部靜定 (internally determinate) 3-37

分析 (analysis) 1-5
分配因子 (distribution factor；DFBA) 13-8
分部彎矩曲線 (moment curves by parts) 5-35
分擔面積 (tributary area) 2-5,2-14
反力 (reactions) 3-11
反應修正因子 (response modification factor) 2-32
手算方法 14-3
支座 (abutments) 1-14

五劃

主要分析 (primary analysis) 5-8
主要彎矩 (primary moment) 5-7, 5-34
代數和 5-33
功 (Work) 10-4
功能法 (work-energy method) 10-3
半穿越橋 (half-through bridge) 8-18
可定 (determinate) 3-19
可定性 (determinacy) 3-4
右手定則 (right-hand rule) 3-4
四輪 8-30
外力之合力 5-9
外在 4-22
外在可定 (externally determinate) 3-29
外部 3-37, 5-43, 13-16
外壓係數 (external pressure coefficient) 2-26
平面 (planar) 1-4
平面內 (in-plane) 5-8
平衡 (equilibrium) 11-3
正切偏距 (tangential deviation) 9-10
正方形板 2-5
正弦定律 (law of sines) 3-5
母體 (base) 3-31, 5-43

用途係數 (occupancy importance factor) 2-32
甲板桁架 (deck truss) 8-25
矛盾 (inconsistent) 3-28
共軛支承 (conjugate supports) 9-32
共軛樑法 (conjugate beam method) 9-44
共點力系統 3-30
因數化強度需求 (required factored strength) 2-36
因數放大載重 (factored loads) 5-4

六劃
地形因子 (topographic factor) 2-25
地震基底剪力 (seismic base shear) 2-33
多樓層 15-29
曲率 (curvature) 9-5
自由側移 (sidesway) 12-24
自由體圖 (free-body diagrams；FBD) 3-15

七劃
均佈載重 15-8
折減因子 (reduction factor) 5-5
束制 (restraints) 3-11
材料力學 3-16, 5-8
每一層樓 2-14

八劃
固定端接 (fixed ended) 5-5
固定端彎矩 (fixed-end moments) 12-8
奇數 9-14
所需之強度 (required strength) 5-4
拉曳係數 (drag factor) 2-19
拋物線 (parabola) 1-14
拋物線 (parabolic) 3-8
放大尺度 12-6
放鬆 (released) 3-31, 8-12, 11-3, 11-4, 11-6, 14-7
直線力 (linear force) 3-4
虎克定律 (Hooke's law) 9-6
迎風面 2-28
近似 15-4
長細比 (slenderness ratio) 1-10
門柱－橫樑系統 1-7

阻尼器 (dampers) 2-20
非稜柱形 (nonprismatic) 10-35
非彈性 10-4

九劃
勁度法 (stiffness method) 12-3
勁度係數 (stiffness coefficient) 13-27
垂直 4-19
建築規則 (building code) 2-4
柔度係數 (flexibility coefficient) 11-7
活載重 2-11, 2-12, 9-41
相反 13-9
相容 (compatibility) 11-3
相容方程式 (compatibility equations) 11-3, 11-5, 11-36
相對位移 (relative displacement) 11-17
相對撓曲勁度 (relative flexural stiffness) 12-9, 13-8
相關位置固定 8-32
負值 9-7
重力載重 (gravity load) 2-21
重要性因子 (importance factor) 2-24
風向因子 (wind direction factor) 2-25
風速暴露係數 (velocity exposure coefficient) 2-24

十劃
差值 12-20, 15-23
框架 (Portal) 15-29
框格點 8-18
格間點 (panel points) 8-18
真實載重 (actual load) 10-10
索線 7-12
索線外型 (funicular shape) 7-3, 7-12
索線多邊形 (funicular polygon) 6-6
索線拱 (funicular arch) 6-11
缺口閉合 11-8
能量守恆定理 (principle of the conservation of ener) 10-4, 10-44
能量法 (work-energy) 5-8
陣風因子 (gust factor) 2-26

十一劃

偶數 9-14
側撐 (braced) 12-11, 13-26
側撐構架 (braced frame) 5-6
剪力 5-8, 8-3, 9-32
剪力方程式 (shear equation) 12-24
剪力牆 (shear walls) 2-21
副桿 (secondary member) 3-28
動不定度 (degree of kinematic indeterminacy) 12-33
國際建築規則 (International Building Code) 2-4
基底剪力 (base shear) 2-31
強度設計法 (strength design) 5-4
接點法 (method of joints) 4-8
推估 15-3
斜撐扶壁 (flying buttresses) 1-8
旋渦分離 (vortex shedding) 2-19
桶型拱 (barrel arch) 7-5
條件方程式 (equation of condition) 3-24
設計 (design) 1-5
設計風壓力 (design wind pressure) 2-25
設計強度 (design strength) 5-4
貫穿桁架 (through truss) 8-25
連續樑 (continuous beam) 5-5

十二劃

單一剛體 3-26
單一鄰近跨度 (single adjacent span) 14-16
幾何不穩定 (geometrically unstable) 3-29
減量 8-32
無側撐 (unbraced) 13-26
無側撐構架 (unbraced frame) 5-6, 5-40
無接縫 (monolithic) 1-9
無摩擦銷 (frictionless pin) 1-21
等量橫力法 (equivalent lateral force procedure) 2-31
結構分析 (structural analysis) 1-3
結構設計規範 (structural code) 2-3
絕對最大活載重彎矩 (absolute maximum live load mome) 8-36

絕對最大彎矩 (absolute maximum moment) 8-36
絕對撓曲勁度 (absolute flexural stiffness) 13-7
虛 (virtual) 10-13
虛功法 (method of virtual work) 10-4
虛外功 (external virtual work) 10-10
虛載重 (dummy load) 10-10
虛應變能 (virtual strain energy) 10-10
軸力 8-3

十三劃

傳遞彎矩 (carryover moments；COMs) 13-6
傾角 9-32
傾角改變 9-28
傾角改變量 9-10
傾角變位方程式 (slope-deflection equation) 12-3,4,34
稜柱桿 (prismatic members) 10-35
節點 (nodes) 3-7
腳螺栓 (anchor bolts) 1-20
載重因子 (load factors) 5-4
隔牆作用 (diaphragm action) 2-22
零 12-11
零力桿 4-12

十四劃

實功法 (method of real work) 10-4, 10-8
對稱 15-8
慣性力 (inertia force) 2-31
摺板 (folded plates) 1-17
構造方程式 (equation of construction) 3-24
端點分配彎矩 (distributed end moments；DEMs) 13-6

十五劃

增量—減量法 (increase-decrease method) 8-29
廣義勁度 (general stiffness) 12-34
彈性 9-29, 10-4
彈性曲線 (elastic curve) 9-4
彈性剪力 (elastic shear) 9-33

彈性載重 9-28
彈性載重法 (elastic load method) 9-44
彈性彎矩 (elastic moment) 9-33
影響面積 (influence areas) 2-13
影響線 8-4
撐材 (bracing) 3-28
樑柱 (beam-columns) 1-11, 1-16
線性 10-6
衝擊因子 2-38
複合作用 (composite action) 1-17
複合桁架 (compound truss) 4-7
複雜桁架 (complex truss) 4-7
銷支承 (pin support) 1-20

十六劃

穆勒原理 (The Muller - Breslau Principle) 8-12
諧和變位法 (method of consistent deformations) 11-3, 11-38
鋼構造手冊 (Manual of Steel Construction) 9-41

十七劃

靜（可）定 (statically determinate) 3-19
靜力平衡狀態 3-18
靜力相等 (statically equivalent) 3-7
靜力學 3-3, 5-8
靜不可定 3-19
靜不定 (indeterminate) 3-19
靜不定度 (degree of indeterminacy) 3-30, 12-33
靜不定結構 3-40
靜定 4-21, 11-4
靜定結構 3-40
靜載重 2-5
薄膜應力 (membrane stresses) 1-18

十八劃

擾流板 (spoilers) 2-20
斷面法 (method of sections) 4-8
斷面模數 (section modulus) 5-4
簡支樑 (simply supported beam) 5-5, 8-36
簡支樑彎矩曲線 (simple beammoment curve) 12-5
簡易繩索理論 (general cable theorem) 6-8
簡單桁架 (simple trusses) 4-6
贅力 (redundant) 11-4
贅餘束制 (redundants) 3-31
雙重積分法 9-4

十九劃

穩定 3-29, 4-21
穩定性 (stability) 3-4

二十劃

懸垂量 (sag) 1-14
懸臂 (Cantilever) 15-29
懸臂分部 (cantilever parts) 5-14
懸臂樑 (cantilever) 5-5

二十一劃

鐵路工程手冊 2-18

二十二劃

彎矩 5-8, 8-3, 9-32, 14-17
彎矩分配法 (moment distribution) 1-10, 2-3, 12-34
彎矩包絡線 (moment envelope) 8-36
彎矩面積法 (moment-area method) 9-44
彎矩面積法第一定理 (first moment-area principle) 9-11
彎矩面積法第二定理 (second moment-area theorem) 9-12
疊加法 (method of superposition) 11-3
疊加原理 (Principle of Superposition) 5-33

二十三劃

變位 9-32

彎矩圖與最大變位公式

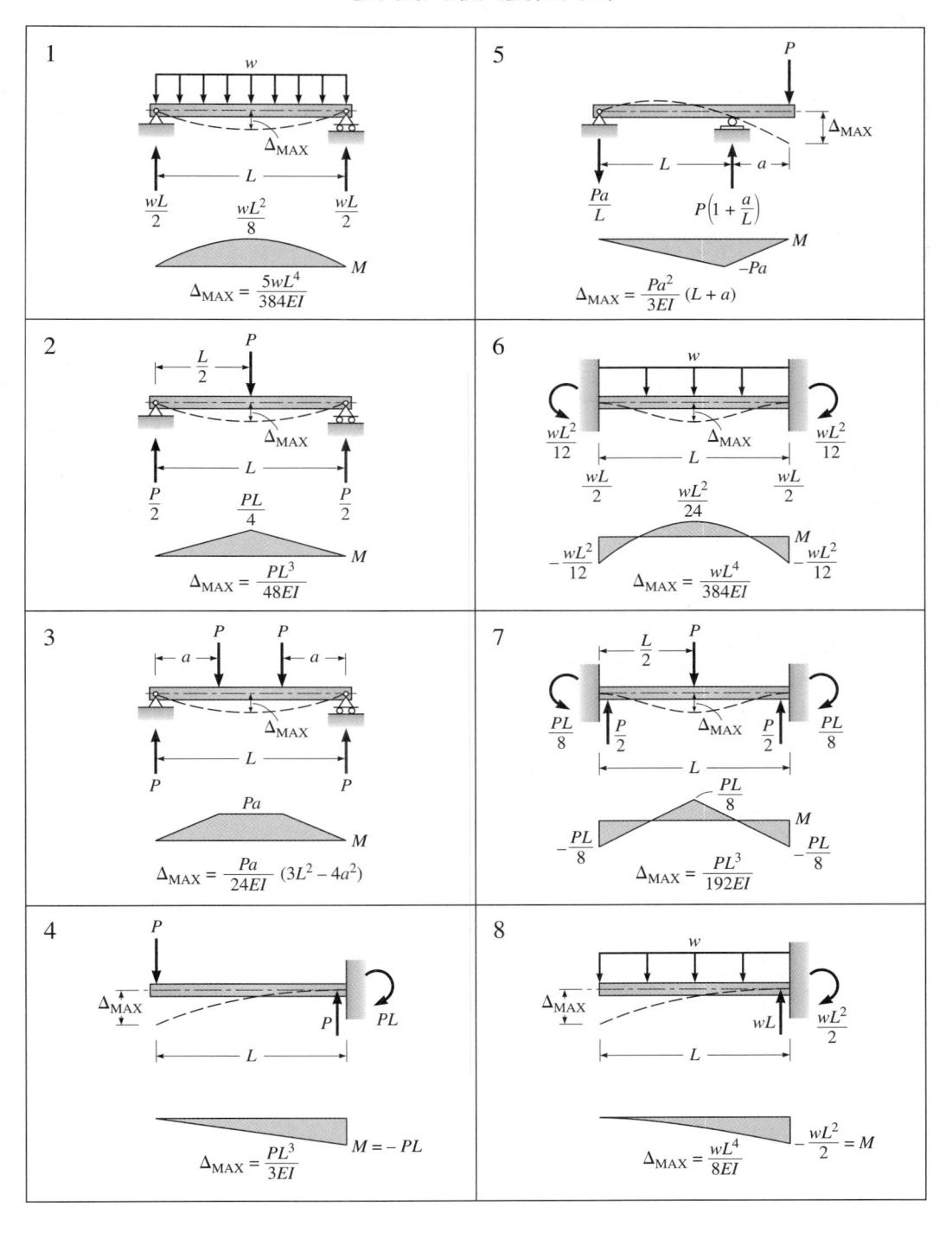

1
Simply supported beam with uniform load w, length L.
Reactions: $\dfrac{wL}{2}$, $\dfrac{wL}{2}$
Max moment: $\dfrac{wL^2}{8}$
$$\Delta_{MAX} = \dfrac{5wL^4}{384EI}$$

2
Simply supported beam with point load P at midspan ($L/2$).
Reactions: $\dfrac{P}{2}$, $\dfrac{P}{2}$
Max moment: $\dfrac{PL}{4}$
$$\Delta_{MAX} = \dfrac{PL^3}{48EI}$$

3
Simply supported beam with two point loads P at distance a from each support.
Reactions: P, P
Max moment: Pa
$$\Delta_{MAX} = \dfrac{Pa}{24EI}(3L^2 - 4a^2)$$

4
Cantilever beam with point load P at free end.
Reactions: P, PL
$M = -PL$
$$\Delta_{MAX} = \dfrac{PL^3}{3EI}$$

5
Overhanging beam with load P at overhang a.
Reactions: $\dfrac{Pa}{L}$, $P\left(1 + \dfrac{a}{L}\right)$
Moment: $-Pa$
$$\Delta_{MAX} = \dfrac{Pa^2}{3EI}(L + a)$$

6
Fixed-fixed beam with uniform load w, length L.
End moments: $\dfrac{wL^2}{12}$, $\dfrac{wL^2}{12}$
Reactions: $\dfrac{wL}{2}$, $\dfrac{wL}{2}$
Midspan moment: $\dfrac{wL^2}{24}$
Moment diagram: $-\dfrac{wL^2}{12}$, $-\dfrac{wL^2}{12}$
$$\Delta_{MAX} = \dfrac{wL^4}{384EI}$$

7
Fixed-fixed beam with point load P at midspan ($L/2$).
End moments: $\dfrac{PL}{8}$, $\dfrac{PL}{8}$
Reactions: $\dfrac{P}{2}$, $\dfrac{P}{2}$
Midspan moment: $\dfrac{PL}{8}$
Moment diagram: $-\dfrac{PL}{8}$, $-\dfrac{PL}{8}$
$$\Delta_{MAX} = \dfrac{PL^3}{192EI}$$

8
Cantilever beam with uniform load w.
Reactions: wL, $\dfrac{wL^2}{2}$
$-\dfrac{wL^2}{2} = M$
$$\Delta_{MAX} = \dfrac{wL^4}{8EI}$$

固定端彎矩

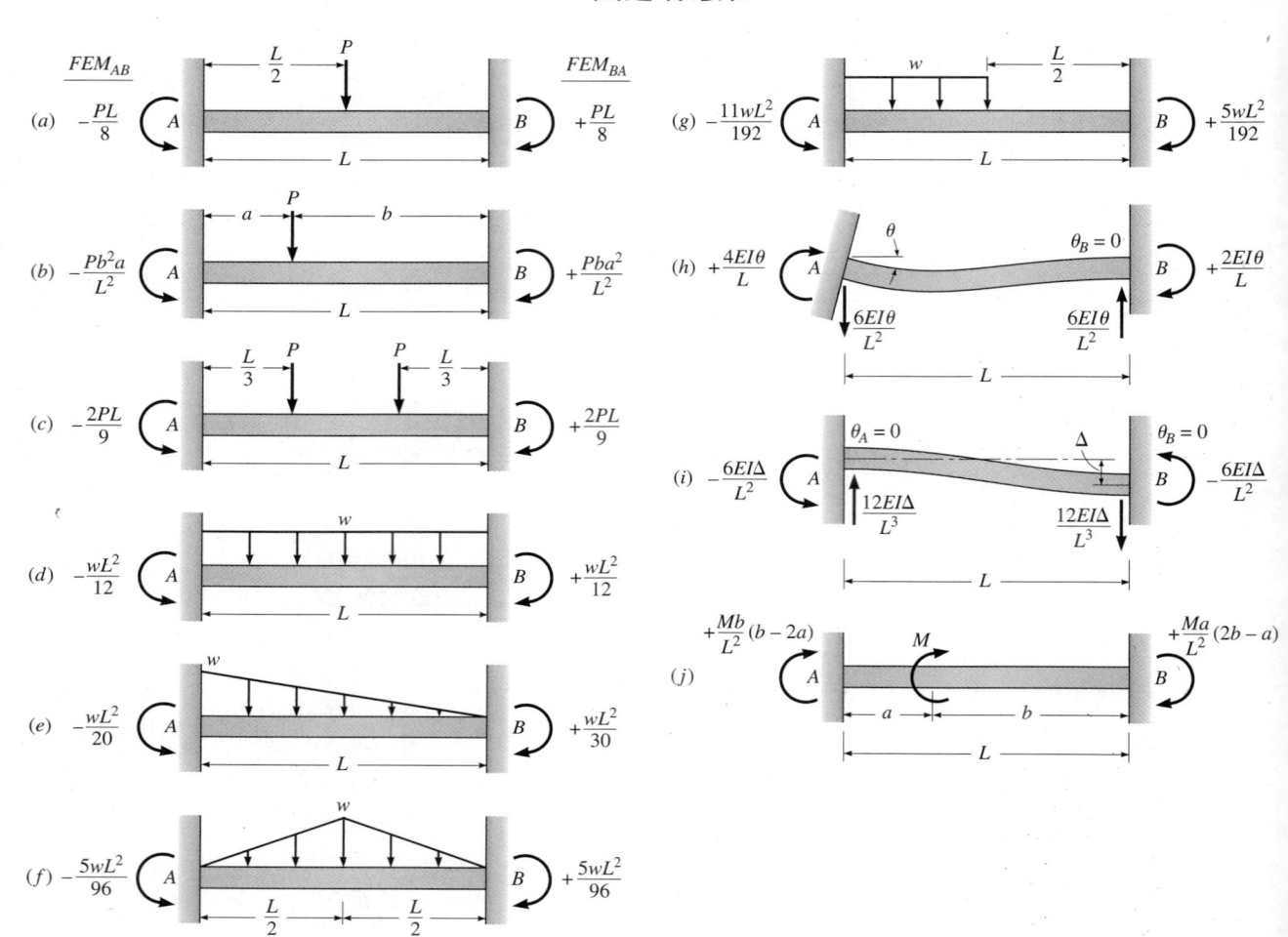

$\underline{FEM_{AB}}$ $\underline{FEM_{BA}}$

(a) $-\dfrac{PL}{8}$ $+\dfrac{PL}{8}$

(b) $-\dfrac{Pb^2 a}{L^2}$ $+\dfrac{Pba^2}{L^2}$

(c) $-\dfrac{2PL}{9}$ $+\dfrac{2PL}{9}$

(d) $-\dfrac{wL^2}{12}$ $+\dfrac{wL^2}{12}$

(e) $-\dfrac{wL^2}{20}$ $+\dfrac{wL^2}{30}$

(f) $-\dfrac{5wL^2}{96}$ $+\dfrac{5wL^2}{96}$

(g) $-\dfrac{11wL^2}{192}$ $+\dfrac{5wL^2}{192}$

(h) $+\dfrac{4EI\theta}{L}$ $+\dfrac{2EI\theta}{L}$ (with $\dfrac{6EI\theta}{L^2}$ reactions)

(i) $-\dfrac{6EI\Delta}{L^2}$ $-\dfrac{6EI\Delta}{L^2}$ (with $\dfrac{12EI\Delta}{L^3}$ reactions)

(j) $+\dfrac{Mb}{L^2}(b-2a)$ $+\dfrac{Ma}{L^2}(2b-a)$